泰安年鉴

TAIAN YEARBOOK

2018

泰 安 市 人 民 政 府 主办
泰安市地方史志办公室 编

方志出版社
Publishing House of Local Records

编 辑 说 明

1. 《泰安年鉴》以马克思列宁主义、毛泽东思想、邓小平理论、“三个代表”重要思想、科学发展观和习近平新时代中国特色社会主义思想为指导，坚持辩证唯物主义和历史唯物主义的立场、观点、方法，存真求实，全面、客观、系统地记述2017年度全市政治、经济、文化及各项社会事业发展的新情况、新进展、新变化，旨在为各级领导机关提供决策依据，为社会各界和人民群众提供信息资料，为建设富裕文明幸福新泰安服务，为宣传、研究泰安服务。

2. 《泰安年鉴》每年出版一卷。本卷为总第28卷，文字资料时限为2017年1月1日至12月31日。为增强资料的时效性、新闻性，部分资料时限适当上溯或下延。

3. 该年鉴采用分类编辑法。框架结构的主体由栏目、分目、条目三个层次组成，有的栏目增设子分目层次。以条目为基本记载单元，条目标题以黑体字加【 】标示。条目中分段落的以楷形标题引领，同一段落内分层次的以“①②③……”引领。

4. 本卷设30个栏目，依次为：特载、大事纪要、市情概览、中国共产党泰安市委员会、泰安市人民代表大会、泰安市人民政府、中国人民政治协商会议泰安市委员会、纪检·监察、民主党派·工商联、人民团体、法治、军事、经济管理、经济合作·项目建设、农业、工业·信息产业、交通·邮政、商贸流通·对外及对港澳台经贸、旅游业·会展业、建设·环保、泰山景区·开发区、财政·税务、金融、科技·教育、文化·体育、卫生和计划生育、社会管理·居民生活、县市区、人物、附录。

5.《泰安年鉴》内容记载坚持以经济建设为中心。本卷进一步规范概况等综合性条目内容，充实各栏目信息资料，强化“三强”企业培植、全域旅游经济发展、山水名城建设、会展经济、扶贫开发和招商引资、项目建设等记载内容，并增加图表，以增强资料性、实用性和可读性。

6. 为方便文字记述，文中以市、县（市、区）、乡镇（街道）、村（居）来体现记述范围，以“年内”指代2017年、“上年”指代2016年、“年末”指代2017年年末。正文中副市级以上负责人署名，且职务冠名前，职称缀名后。一般使用法定计量单位，但在记述农业用地时亦可用亩。数字一般记至万以上，小数点后保留两位小数，但在记述人均收入、人均生活支出和在岗职工平均工资时，可记述至个位。

7. 为方便读者查阅，本卷进一步完善主题索引，适度增加索引量。读者可通过中（英）文目录、主题索引以及页眉和大事纪要等检索渠道查找所需信息资料。

8. 本卷资料和数据均由市直部门、各县（市、区）及有关单位提供，并经负责人审核。全市综合性数据由市统计局提供或审定。增加值、绝对数均按当年价格，增长速度按可比价格计算。

泰安市地方史志编纂委员会

《泰安年鉴（2018）》编审人员

幸福泰安

国家首批对外开放城市
国家历史文化名城
国家卫生城市
国家园林城市
国家森林城市
国家节水型城市
国家首批新能源示范城市
国家分布式光伏发电应用示范区
全国文明城市提名城市
全国外贸竞争力百强城市
全国科技进步考核先进市
全国无偿献血先进城市
全国创业先进城市
全国双拥模范城
全国民族团结进步模范集体
全国文化体制改革工作先进地区
全国基层中医药工作先进单位
全国人口和计划生育综合改革示范市
全国婚育新风进万家活动示范市
全国资源综合利用“双百工程”示范基地
全国首批社会组织建设创新示范区
全国水生态文明城市建设试点
全国家庭急救模范城市
中国优秀旅游城市
中国特色魅力城市
中国人居环境奖
中国城市综合创新力50强
中国商帮推荐投资城市
中国投资环境百佳城市
中国城市公益百强榜
中国自驾车旅游品牌十大目的地

中华泰山

世界文化与自然遗产
世界地质公园
首例“世界摄影基地”
全国文明风景旅游区
全国首批“中国森林氧吧”
全国旅游服务质量标杆单位
全国“旅游服务最佳景区”
全国首批“港澳青少年游学基地”
全国首批“十大游学景区”
国家地质公园
国家森林公园
国家首批重点风景名胜区
国家AAAAA级旅游景区
国家级风景名胜区综合整治十佳单位
国家级服务标准化示范单位
国家级全民健身登山基地
国家级海峡两岸交流基地
国家级摄影创作基地
中华十大名山
中国书法名山
中国楹联名山
中国最美的十大名山
中国旅游品牌十大景区
中国最令人向往的地方
中国民间文化遗产旅游示范区
中国最值得外国人去的50个地方
中国自驾车旅游品牌十大景区
顾客十大满意风景名胜区
最佳资源保护十大风景名胜区
欧洲人最喜爱的中国十大景区

灵山大街西段

泰安（2017）

总面积：7762平方公里

年末常住人口：564.5 万人

生产总值：3578.4亿元

第一产业：274.6亿元

第二产业：1627.9 亿元

工　业：1365.3 亿元

第三产业：1675.9亿元

三次产业构成：7.7 ：45.5 ：46.8

人均地区生产总值：63433元

地方财政收入：207.1亿元

地方财政支出：356.0亿元

金融机构人民币各项存款余额：3325.2亿元

城乡居民储蓄存款余额：2095.8亿元

金融机构人民币各项贷款余额：2103.6亿元

全社会固定资产投资：2992.5亿元

社会消费品零售额：1608.3亿元

外贸进出口总值：154.4亿元

出口总值：119.5亿元

进口总值：35.0亿元

实际利用外资：39.5亿元

旅游总人数：6894.9万人次

旅游消费总额：757.6 亿元

普通高等学校：9所

普通高等学校在校生：12.7万人

中等职业学校：16所

中等职业学校在校生：4.5万人

技工学校：8所

技工学校在校生：2.5万人

普通中学：183所

普通中学在校生：32.8万人

小学：516所

小学在校生：28.2万人

发明专利授权数：425件

卫生机构床位：31856张

卫生技术人员：36727人

全社会用电量：181.3亿千瓦时

城区供水综合生产能力：23.0万立方米/日

城市道路面积：2900.0万平方米

城镇居民人均可支配收入：32739元

城镇居民人均消费性支出：19376元

农村居民人均可支配收入：15674元

农村居民人均消费性支出：10100元

长城路北段

《泰安年鉴（2018）》单位审稿人名单

（以姓氏笔画为序）

于海涛 王　宁 王　峰 王　骞 王天宇 王玉坚 王传宝 王庆涛 王序东 王　波 王春梅 王新民
亓　涛 车传祥 贝绍阳 卞　涛 方　斌 方士浩 孔凡洪 叶　炜 玄绪峰 巩华仁 巩相会 毕于民
曲宏伟 吕卫东 吕军德 吕怀玉 朱志平 乔建博 任建宙 刘月永 刘文明 刘　华 刘兆泉 刘连功
刘忠义 刘学永 刘彦涛 刘焕星 刘新功 江　东 许传升 孙兰俊 纪　萍 苏有森 杜广华 李　达
李成涛 李华民 李向影 李　芳 李作超 李诚实 杨化军 杨军昌 杨承修 杨树国 杨　灏 肖永琪
时　平 邹本忠 宋宪春 张　军 张　涛 张　斌 张　鑫 张广银 张庆峰 张均康 张步军 张京洲
张建东 张春华 张俊敏 张　博 张鲁玉 张德臣 张耀民 陈　岩 陈　勇 陈文远 陈庆华 陈晓娜
苗丰平 范宝品 国文丽 周　杰 郑允幸 孟庆新 孟宪军 项　颖 赵玉镇 郝　燕 胡兆柱 段爱华
侯衍奎 姚红秋 姚志刚 袁久亮 袁久党 贾志秋 柴　力 徐从军 徐剑波 徐　敏 高建广 高树顺
黄正玉 梁立元 梁孝祥 梁国言 梁晨阳 彭春雷 董世武 董　军 董彦和 蒋永斌 程　波 程悦明
曾凡秀 靳兆宏 翟松杰 滕先森 戴　冰 鞠允平

《泰安年鉴（2018）》单位中心撰稿人名单

（以姓氏笔画为序）

丁　婧 马　峰 马久虎 马　琳 王　斌 王　乾 王元志 王玉梅 王立峰 王亚楠 王百灵 王先琪
王传其 王延学 王　征 王建伟 王玲玲 王　勇 王桂林 王　涛 王琳琳 王　雷 王　磊 韦　芹
毛　永 孔　谦 石亚男 田　倩 白　霞 边晓冬 邢曙光 吕　睿 吕虎振 朱　涛 朱传伏 乔　鹏
任延勇 任建波 刘　丽 刘　钊 刘　峰 刘　文 刘玉朴 刘田田 刘　伟 刘　凯 刘彦涛 刘冠银
刘艳芳 刘淑文 刘锦多 刘德超 齐敏华 闫　超 闫　铮 安其心 安　鲁 许　兵 孙一鸣 孙启峰
孙珺富 阴　鹏 苏　军 苏智伟 杜　梅 杜荣立 杜　娟 杜继祥 李　红 李　明 李　乾 李　梅
李申圣 李国庆 李　波 李春霞 李贵友 杨　宁 杨　凯 杨雯茜 杨　蕾 吴　擎 吴向军 吴克欣
侣　亚 谷国安 汪　洋 沈　扬 沈红叶 宋礼鹏 张　文 张　帅 张　成 张　帆 张　楠 张　军
张　丽 张　兵 张作祥 张　波 张宗起 张昭澎 张培明 张焕远 张淑蕾 张景浦 张婷婷 张嘉楠
张　磊 陈　栋 陈　潇 陈　曦 陈广建 陈来明 陈雪飞 邵小庆 邵　振 武　赟 武　雪 范明强
范盛有 林　营 和沐雯 周　言 周长坤 单美菁 赵同健 赵传勇 赵红明 赵欣欣 郝　航 郝　飞
郝贞明 侯胜男 祝　捷 姚　娟 姚　文 贾同林 贾秀梅 徐子璋 徐德力 高　炜 高　磊 高文星
高　珍 郭志刚 郭启辉 郭　建 郭洪省 桑运昌 黄　磊 黄　伟 曹丙珂 曹梅玲 常　晨 梁　波
隋晶晶 葛宗泰 董　卫 董玉文 蒋　钰 韩　伟 韩　惠 韩长清 韩　念 韩　超 景　婧 程文涛
程建民 焦　健 裴　鹏 翟　曜 颜　健 魏菡秋 瞿祥耀

2017年7月18-19日，省委书记刘家义（前排左二）到泰安市调研经济社会发展情况。图为在泰开集团调研

（王国梁 摄）

2017年4月18日，市委书记王云鹏（前排中）到旅游经济开发区和高铁新区调研经济社会发展情况
（王国梁 摄）

2017年1月20日，市委副书记、市长李希信（右三）到岱岳区调研社区工作 （朱新宇 摄）

2017年11月8日，市委副书记张涛（前排左）到东平县调研。图为在东平观摩农业招商引资和重点建设项目（李庆林 摄）

2017年7月28日，在“八一”建军节到来之际，市人大常委会主任唐福泉（右一）到武警泰安市公安消防支队慰问官兵（苏智伟 摄）

2017年7月28日，市政协主席周桂萍（右三）到东平县调研“三强”企业发展情况

（吴向军 供）

2017年2月13日，中国共产党泰安市第十一次代表大会在泰山国际会展中心开幕　（赵文文　摄）

2017年2月22日，泰安市第十七届人民代表大会第一次会议在泰山国际会展中心开幕　（赵文文　摄）

2017年2月21日，中国人民政治协商会议第十三届泰安市委员会第一次会议在泰山国际会展中心开幕　（隋　翔　摄）

2017年4月1日，全市科学发展暨招商引资和项目建设大会召开，全面部署全市招商引资和项目建设工作，通报表扬2016年度科学发展综合考核先进县（市、区）和单位，“五型”机关建设示范单位，社会治安综合治理工作先进县（市、区）、乡镇（街道）、单位和个人，全市信访工作先进单位和个人。左图为获奖单位上台领奖，右图为会议现场　（司　刚　摄）

2017年5月31日，全市科学技术奖励大会召开，表彰为泰安市科技事业和专利发展作出突出贡献的科技工作者。左图为会场，右图为市委书记王云鹏（前排左）为获得2016年泰安市科学技术最高奖的泰山林业科学研究院研究员王长宪颁奖　　（司　刚　摄）

2017年4月28日，泰安市庆祝“五一”国际劳动节暨当好建设富裕文明幸福新泰安主力军动员会召开，表彰为全市经济社会发展作出突出贡献的先进集体和先进个人。图为颁奖现场　　（司　刚　摄）

2017年4月14日，全市“重效率、勇担当、作表率”主题活动动员会议召开　　（司　刚　摄）

2017年8月29日，全市脱贫攻坚推进会召开。会议强调要坚持精准扶贫、精准脱贫基本方略，强化问题导向，拿出实招硬招，向最难处聚焦聚力，确保如期完成脱贫攻坚任务　　（司　刚　摄）

2017年5月22日，全市创建全国文明城市推进会议召开，对全市创建工作进行再部署、再推进。会议强调要坚定信心、突出重点、狠抓落实，全力以赴打好创城迎审攻坚战　　（司　刚　摄）

2017年7月13日，全市旅游发展暨全域旅游推进会议召开。会议强调要以改革的思路、开放的视野、创新的办法，努力创建国家全域旅游发展示范区，奋力推进全市旅游发展走在前列　　（司　刚　摄）

近年来，泰安市委、市政府把招商引资和项目建设作为经济工作的总抓手，一年两次对6个县（市、区）、泰安高新区、泰山景区、泰安旅游经济开发区（高铁新区）招商引资和项目建设情况进行现场观摩、打分评价，全市抓招商上项目的氛围越来越浓，力度越来越大，效果越来越好，招商引资和重点项目建设发生质的变化。2017年，市委、市政府分别于6月1—5日、12月7—11日组织全市招商引资和项目建设检查考核。图为会议现场

图为与会人员在高新区观摩考察

图为与会人员在泰山景区观摩考察

图为与会人员在旅游经济开发区（高铁新区）观摩考察

图为与会人员在泰山区观摩考察

图为与会人员在岱岳区观摩考察

图为与会人员在高新区观摩考察

图为与会人员在泰山景区观摩考察

图为与会人员在新泰市观摩考察

图为与会人员在肥城市观摩考察

图为与会人员在宁阳县观摩考察

图为与会人员在东平县观摩考察

（本版照片均由司刚拍摄）

2017年9月13日，中国农业企业“走出去”培训暨“一带一路”国家经贸合作洽谈会在泰安举办。11个“一带一路”沿线国家工商会代表计25人出席，全国100余家企业参加会议。图为中国贸促会副会长卢鹏起致开幕辞（赵传勇 供）

2017年8月10—11日，2017（北京）泰安经济合作推介会在北京举行。北京及周边地区的100多名工商界和企业界人士参会，泰安高新区和7家在京企业分别作情况介绍。图为市政府副市长袁久党致辞（赵传勇 供）

2017年8月20日，京鲁（泰山）新旧动能转换跨区域协作项目签约仪式在泰山区举行。市委副书记、市长李希信，市委常委、常务副市长展宝卫等领导出席活动。仪式上，泰山区与北京跨区域协作中心签订建设“京鲁（泰山）新旧动能转换产业园区”战略合作框架协议，并与中建环球投资控股集团有限公司等7家企业签订建设“人工智能·智能制造产业园”等7个项目（司 刚 摄）

2017年2月18日，泰安市2017年春季重点项目建设集中开工仪式举行，泰安高新区设主会场，各县（市、区）设分会场，市县两级集中开工289个项目，总投资1185.94亿元，年度计划投资634.44亿元。图为市委书记、市人大常委会主任王云鹏，市委副书记、市长李希信等市领导为山东泰开箱变有限公司新能源箱变研发生产项目开工奠基（赵文文 摄）

2017年8月26日，泰安市现代农业“一圈一带”项目推介暨重点招商项目签约仪式在泰山国际会展中心举行。山东省农业厅与泰安市人民政府就共同推进全市“一圈一带”现代农业发展，签署战略合作协议。泰山慢谷教育小镇等16个重点项目现场签约　　（司　刚　摄）

2017年12月19—21日，香港中旅国际投资有限公司总经理室首席战略官、中旅智业文化发展（深圳）有限公司总经理张正启一行到泰安市参观考察。图为泰安市人民政府与香港中旅国际投资有限公司举行合作备忘录签字仪式　　（司　刚　摄）

2017年12月9日，泰山新闻出版小镇首批项目签约仪式举行。泰山新闻出版小镇项目坐落于泰安高新区，拟分为南北两区建设。项目计划总投资70亿元，建成后预计年可实现产值105亿元，实现利税21亿元　　（隋　翔　摄）

2017年7月12日，市实体经济招商引资和重点项目建设指挥部举行招商引资和重点项目集中签约仪式　　（司　刚　摄）

图为航拍泰安国家高新区工业园　　（陈　阳　摄）

图为泰安润恒现代农副产品冷链物流产业园　　（隋　翔　摄）

2017年9月7日，2017中国泰安投资合作洽谈会重点项目签约仪式举行，市领导王云鹏、李希信、张涛、唐福泉、周桂萍出席活动。在集中签约仪式上，签约48个成熟项目，其中内资项目44个、外资项目4个；投资额在10亿元以上项目42个，50亿元以上项目15个 （司　刚　摄）

2017年9月8日，“牵手才智·助跑泰安”科技招才引智签约仪式举行，28个人才合作项目登台签约 （司　刚　摄）

2017年9月8日，第二届“外国专家泰安行”活动启动仪式举行，美国、意大利、法国、德国、白俄罗斯等30个国家的100多名外国专家齐聚泰安，进行项目洽谈 （司　刚　摄）

2017年9月19日，2017中国世界遗产旅游推广联盟（泰安）大会暨纪念泰山世界文化与自然双遗产三十周年论坛举行。全国世界遗产地的20个省、自治区、直辖市代表相聚泰安，共商“遗产与旅游”，推进联盟合作。会议发布12条中国世界遗产产品线路，泰山入围中国世界遗产产品线路名单 （隋　翔　摄）

2017年9月7日上午，“鲁能杯”第三十一届泰山国际登山比赛暨第二十二届全国全民健身登泰山比赛和登泰山万人徒步行活动起跑仪式在山东农业大学东校区操场举行，海内外3366名登山健儿报名参赛。图为运动员冲出起跑线 （司　刚　摄）

2017年9月6日，首届泰山（润恒城）农副产品博览会在泰安润恒现代农副产品冷链物流产业园开幕。市委书记王云鹏（前排中），市委副书记、市长李希信（前排右二），市人大常委会主任唐福泉（后排右三），市政协主席周桂萍（后排左三）等出席开幕式　（司　刚　摄）

2017年9月6—12日，第三十一届泰山国际登山节暨2017中国泰安投资合作洽谈会举办。该届登山节共安排开幕式和经贸板块、旅游板块、科技板块、文体板块等四大板块44项主题活动。其中，开幕式和经贸板块包括第三十一届泰山国际登山节暨2017中国泰安投资合作洽谈会开幕式、2017中国泰安投资合作洽谈会等13项活动；旅游板块包括2017中国世界遗产旅游推广联盟（泰安）大会暨纪念泰山世界文化与自然双遗产三十周年论坛、“平安泰山”中国宝玉石旅游文化展暨首届“泰山玉杯”玉雕大赛系列等7项活动；科技板块包含“牵手才智·助跑泰安”科技招才引智签约仪式等6项活动；文体板块包括第三十一届泰山国际登山比赛暨第二十二届全国全民健身登泰山比赛等18项活动。

2017年9月7日，“平安泰山”中国宝玉石旅游文化展暨首届“泰山玉杯”玉雕大赛举行，入选大展的作品包含38位全国玉雕大师的近300件作品。图为市领导参观玉石展　（司　刚　摄）

2017年9月7日，“健康中国·相约泰山”全民健身活动倡议仪式在泰山玉皇顶停机坪举行。图为俄罗斯表演者安娜（红衣）展示东岳太极拳　（崔　倩　摄）

2017年9月6日晚，第三届泰山艺术节开幕式暨“泰山魂”大型民族音乐会在泰山国际会展中心举行　（陈　阳　摄）

2017年8月26日，2017泰山国际农业机械博览会在泰山国际会展中心开幕。展会以“安全、环保、创新、共赢”为主题，重点展示农业机械供应链领域各个环节的新技术、新产品，打造农机购销互动的平台，树起泰山农机旗帜，打造齐鲁农机品牌。展会吸引10余家驻华政府机构和国外农机部门官员到会参展，25个海外采购团到会洽谈贸易，170多家国内外农机企业布展。图为与会领导按动启动球（司　刚　摄）

2017泰山国际农业机械博览会展会一角（司刚　摄）

2017年9月6日，“2017第二届泰山国际福祉暨康复设备博览会”在泰山国际会展中心开幕，125家企业单位参展，参展产品达3000余种。图为工作人员介绍肌电前臂假肢情况（隋　翔　摄）

2017年8月12—13日，中国电子游戏超级联赛2017山东游戏动漫博览会在泰山国际会展中心举办。展会邀请5000多名参展人员，设游戏、游艺设备及主题经营场景展区，射箭馆、汽车博物馆、航模军迷馆情景主题展区，传统文化艺术皮影、雕刻创新等七大展区，总面积1万平方米（张　通　摄）

2017年5月12—22日，第三届苏杭丝绸服装商品（泰安）博览会在泰山国际会展中心举办。全国20多个省、市300余家知名企业参展，参展商品涵盖时尚服装、丝绸服饰、休闲服饰、针纺织品、家居床品、鞋帽箱包、日用百货等10多个系列上万品种（张　通　摄）

2017年9月6日，全市经济社会发展成果展在泰山国际会展中心开幕，全市236家企业参展，展出分室内展区和室外展区，其中室内展区由全市概况、体育用品、6个县（市、区）及泰山景区、泰安高新区、泰安旅游经济开发区等11个展区组成，展出面积1万平方米，重点展示全市招商引资、项目建设和旅游业所取得的成绩。左图为展会上科技含量十足的机器人，右图为市领导王云鹏、李希信以及到泰安参加第三十一届泰山国际登山节暨2017中国泰安投资合作洽谈会的波兰希维托赫洛维采市经贸考察团一行看展　（陈　阳　隋　翔　摄）

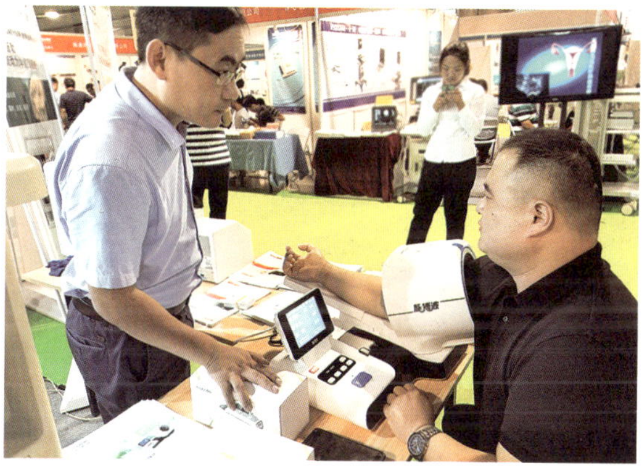

2017年9月26—27日，2017中国（泰安）医疗设备新产品、新技术展览会暨首届医院管理泰山论坛在泰山国际会展中心举办。左图为展会一角，右图为与会者体验先进的医疗设备　（张　通　董文一　摄）

2017年11月16—17日，2017年泰山老年健康长寿产业博览会在泰山国际会展中心举办。展会面积1万平方米，全国近200家行业主流产品企业参展，展出产品400余种。图为参会的老年人现场体验先进设备带来的便利　（司　刚　摄）

2017年12月22—25日，第七届国际奢华珠宝玉石黄金首饰博览会在泰山国际会展中心举办

（张　通　摄）

2017年8月9—10日，泰安市迎来全球摄影界“奥林匹克大会”——第五届世界摄影大会的众多摄影师，来自美国、加拿大、意大利等42个国家和地区的300余名摄影师用镜头记录泰安自然与人文之美。图为在泰山之巅的大观峰，国际摄影艺术联合会向泰安市授牌，命名泰山为“国际摄影艺术联合会认定摄影基地”，泰山由此成为国际摄联在全球指定的第一个“世界摄影基地” （司　刚　摄）

右图为“东岳大帝”为国际摄联主席里加尔多·布西（意大利）赐福 （司　刚　摄）

2017年4月11日，2017泰山东岳庙会启会仪式在岱庙天贶殿举行。庙会主题为“逛东岳庙会　祈平安富贵”，时间为4月11—16日。设1个岱庙主会场、泰山国际会展中心和林校操场2个分会场。岱庙主会场推出帝王巡游展演及传统戏曲、民间竞技等20余项活动；首次设立的泰山会展中心和林校操场分会场，组织开展旅游商品及特色小吃展销等活动，为东岳庙会注入新的元素与活力。图为启会仪式上，帝王巡游再现历史 （司　刚　摄）

2017年4月23日，按照中国田径协会A2类标准打造的山东华通杯2017泰山国际马拉松赛，在泰山国际会展中心正式开赛，国内外的19278名马拉松选手奔跑在“最美、最具挑战马拉松赛道”。图为选手开跑 （赵文文　摄）

2017年12月17日，泰安市主题党日活动中心正式投入使用，“灯塔—泰山网”综合管理服务平台门户开通上线运行。图为市委书记王云鹏（左二）等领导出席揭牌仪式 （司　刚　摄）

2017年8月9日，2017“平安泰山·好客泰安”平安纳福仪式暨泰安特色文化展演推广活动在岱庙举行。参加第五届世界摄影大会的摄影师们分3组对摄影书画展示及非遗文化展演、泰山特色沙画表演、泰山禅茶表演进行拍摄，并共同考察拍摄东岳太极表演、泰山皮影表演等非遗文化展演 （司　刚　摄）

2017年6月30日，泰安市“我爱我家、人人文明、处处风景”百万市民助力创建全国文明城市志愿服务主题实践活动启动仪式举行，并发出倡议书，动员广大市民争当志愿者，从自身做起，从身边小事做起，摒弃不文明言行，积极劝导不文明言行，为全市争创全国文明城市贡献力量 （司　刚　摄）

2017年8月29日，全市公安机关“迎接十九大忠诚保平安”誓师大会在市林校操场举行。参加誓师大会的2000名警员代表全市公安民警和现役官兵庄严宣誓，对党忠诚、服务人民、执法公正、纪律严明，坚决打赢十九大安全保卫仗 （司　刚　摄）

天平湖大桥　　（王树寅　摄）

雨后的天平湖，绿草如茵与湖光山色相映成趣　　（陈　阳　摄）

高铁新区风光 （王文正　周传军　摄）

泰安长城路 （陈 阳 摄）

目　录

特　载

大事记

市情概览

中国共产党泰安市委员会

泰安市人民政府

中国人民政治协商会议泰安市委员会

纪检·监察

民主党派·工商联

军　事

经济管理

经济合作·项目建设

农　业

工业·信息产业

交通 · 邮政

商贸流通·对外及对港澳台经贸

旅游业·会展业

建设·环保

泰山景区·开发区

财政·税务

金 融

科技·教育

文化 · 体育

卫生和计划生育

社会管理 · 居民生活

县市区

人　物

附　录

contents

Special Record

Chronicle of Major Events

Overview of Tai'an City

Tai'an Municipal Committee of the CPC

Tai'an Municipal People's Congress

Tai'an Municipal People's Government

Tai'an Municipal Committee of Chinese People's Political Consultative Conference

Discipline Inspection and Supervision

Democratic Parties, Federation of Industry and Commerce

Mass Organizations

Political Legal System

Military Affairs

Economic Management

Economic Cooperation & Project Construction

Agriculture

Industry and Information Business

Transportation and Postal Service

Business Circulation, Foreign Trade and Trade with Hong Kong, Macao and Taiwan

Tourism and Exhibition Industry

Construction and Environmental Protection

Mount Tai Scenic Zone & Development Zones

Finance and Taxation

Finance

Science Technology and Education

Culture and Sports

Health Administration and Family Planning

Social Management and Residents Live

Cities, Districts and Counties

Figures

Appendix

特　载

全市领导干部会议召开

本报5月9日讯（最泰安全媒体记者 王国梁）今天上午，全市领导干部会议召开，宣布省委关于市委主要负责同志的任职决定。省委决定：崔洪刚同志任中共泰安市委委员、常委、书记兼市委党校校长。

省委组织部常务副部长惠新安到会宣布省委决定并讲话。崔洪刚出席会议并讲话，市委副书记、市长李希信主持会议并讲话。

崔洪刚在讲话中表示，完全拥护省委决定，坚决服从组织安排。他说，从黄河之滨、渤海之州的滨州，来到山城相依的历史文化名城泰安，有机会投身泰安开发建设，有机会服务全市560多万人民，深知责任重大，深感使命光荣。泰安是一个有历史、有文化、有活力、有潜力的城市，特别是近年来，牢牢把握“践行新理念，增创新优势，建设新泰安”的奋斗目标，攻坚克难、奋发作为，经济社会健康发展，各项改革深入推进，社会大局和谐稳定，开创了泰安砥砺奋进、加快发展的新局面。

崔洪刚表示，作为一名新泰安人，将虚心向勤劳朴实的泰安人民学习，向作出贡献的老领导学习，向兢兢业业的同志们学习，像泰山松一样深深扎根泰安，尽心竭力推动泰安发展、造福泰安人民，奋力续写新时代加快发展的新篇章，以实际行动回报组织培养和人民期望。一是旗帜鲜明讲政治。认真落实习近平总书记“五个过硬”要求，树牢“四个意识”、坚定“四个自信”、恪守“四个服从”，坚决维护以习近平同志为核心的党中央权威和集中统一领导，在思想上、政治上、行动上与以习近平同志为核心的党中央保持高度一致。深入学习习近平新时代中国特色社会主义思想和党的十九大精神，坚持学而思、学而悟、学而行，在学懂弄通做实上下功夫，自觉用习近平新时代中国特色社会主义思想武装头脑、指导实践、推动工作。全面落实习近平总书记视察山东、全国人代会出席山东团讨论所作的重要讲话、重要指示批示精神，对中央和省委各项部署要求，不打折扣、不搞变通、不讲条件地坚决落实到位，推进泰安各项事业沿着正确的方向乘风破浪、行稳致远。二是聚精会神抓发展。坚持发展是第一要务，牢牢把握“位次前移、走在前列”目标定位，接好发展的“接力棒”，走好脚下的“新长征”，一件事情接着一件事情办，一年接着一年干，确保泰安的改革发展再创新业绩、续写新篇章。紧紧扭住供给侧结构性改革这条主线，把加快新旧动能转换作为经济发展的突破性工作，聚焦聚力加以推进，打开通道、拉开框架、增创优势。切实抓住用好发展机遇，以实施泰山山水林田湖草生态保护修复工程为契机，着力构建泰安绿色发展新格局。充分发挥基础优势，深入推进乡村振兴战略的实施，为全省打造乡村振兴的“齐鲁样板”贡献泰安力量。把创优发展环境摆在突出位置，努力打造精简高效的政务生态、充满活力的创新创业生态、彰显魅力的自然生态、诚信法治的社会生态，为经济社会发展提供强力支撑。三是坚定不移惠民生。始终保持“一枝一叶总关情，一心为民不忘本”的为民情怀，把践行以人民为中心的发展思想放在心中最高位置，尽己所能让人民群众共享改革发展成果。始终站在群众立场上想问题、作决

2018年5月9日，全市领导干部会议召开，宣布省委关于泰安市主要负责同志的任职决定。图为省委组织部常务副部长惠新安（中），新任市委书记崔洪刚（右），市委副书记、市长李希信（左）出席会议并讲话

（司　刚　摄）

策、干事情，从群众最急最盼的事情干起，从群众最不满意的地方改起，让每一位生活在泰安的百姓都更加体面、更感自豪，更有获得感、幸福感和安全感。深入推进脱贫攻坚，在精准扶贫、精准脱贫上下更大功夫，坚决打赢脱贫攻坚战，确保全面小康路上一个不少、一户不落。倾心关注弱势群体，促进社会公平，最大限度地将人民群众的愿望集中起来、智慧凝聚起来、力量发挥出来，共同为泰安发展出力，在共建共治中共享美好幸福生活。四是从严从实抓党建。牢固树立抓好党建是最大政绩的理念，自觉担负起全面从严治党第一责任人的责任，时刻把加强党的建设扛在肩上、抓在手上。按照中央决策部署和省委工作安排，结合开展“大学习、大调研、大改进”，在全市组织好“不忘初心、牢记使命”主题教育，引导全市广大党员干部牢记宗旨，坚定信念。高度重视干部队伍建设，坚持正确选人用人导向，认真落实“信念坚定、为民服务、勤政务实、敢于担当、清正廉洁”的好干部标准，鼓励干部担当干事，充分调动干部的积极性。强化基层基础，突出政治功能，积极推进过硬支部建设，推动基层党组织全面进步全面过硬。坚持无禁区、全覆盖、零容忍，坚持重遏制、强高压、长震慑，始终保持惩治腐败高压态势。坚持严字当头、实字托底，持续纠正“四风”，推进党风政风社风进一步好转。五是自律担当作表率。带头严守党的政治纪律和政治规矩，始终心存敬畏、慎独慎微、保持清醒，坚守从政为官的“底线”，不越制度法规的“红线”，筑牢党内监督的“防线”，忠实践行“忠诚、干净、担当”的庄严承诺。带头弘扬泰安领导班子团结共事的好传统，严格执行民主集中制，充分听取同志们的意见建议，主动接受各方面监督。带头弘扬“泰山石敢当”精神，攻坚克难、勇于负责，以踏石留印、抓铁有痕的劲头抓好工作落实。严以律己、率先垂范，严格遵守廉洁从政各项规定，从严要求家人及身边工作人员，清清白白做人，干干净净从政，认认真真履职，努力做一身正气、勤政廉政、两袖清风的好干部。

市委副书记、市长李希信在讲话中表示，完全拥护省委的决定，坚决执行市委决策部署，全力支持好、配合好崔洪刚同志的工作，确保泰安各项工作有序衔接、有效推进，在新的起点上实现经济社会更好更快发展。全市各级各部门要把思想和行动统一到省委的决定和要求上来，在以崔洪刚同志为班长的市委带领下，坚持以党的十九大精神和习近平新时代中国特色社会主义思想为指导，旗帜鲜明讲政治，全心全意谋发展，清正廉洁守底线，不忘初心、牢记使命，团结一致、真抓实干，统筹推进稳增长、促改革、调结构、惠民生、防风险各项工作，让省委放心、让全市人民满意。

（本文选自《泰安日报》2018年5月10日）

政府工作报告

——2018 年 1 月 6 日在泰安市第十七届人民代表大会第二次会议上

泰安市人民政府市长 李希信

各位代表：

现在，我代表市人民政府向大会报告工作，请予审议，并请市政协各位委员提出意见。

一、2017 年政府工作回顾

2017 年是新一届政府的开局之年。面对艰巨繁重的改革发展稳定任务，在中共泰安市委的坚强领导下，全市上下深入践行五大发展新理念，努力增创五大发展新优势，经济社会发展取得新成绩。

（一）经济运行保持平稳向好，转型升级不断加快。全市预计实现地区生产总值 3460 亿元，增长 6.8% 左右。完成一般公共预算收入 207.1 亿元，同口径增长 3.9%。完成固定资产投资 3100 亿元，增长 7% 左右。实现社会消费品零售总额 1600 亿元，增长 10% 左右。城镇和农村居民人均可支配收入分别达到 32750 元、15650 元，增长 8.1% 和 8.5%。三次产业结构调整为 8.5∶43.3∶48.2。规模以上工业增加值增长 6.5% 左右，主营业务收入过亿元的企业达到 810 家，其中过 10 亿元的 70 家。新增中国驰名商标 4 件、山东名牌产品 24 个。服务业增加值占生产总值比重提高 1.5 个百分点，税收增长 12.6%，占全部税收比重达到 49%。加快构建全域旅游发展新格局，预计接待游客 6700 万人次，旅游消费总额突破 700 亿元，分别增长 8% 左右和 12% 左右。电子商务交易额突破千亿，达到 1050 亿元，增长 33%。粮食生产保持稳定。蔬菜种植、奶牛存栏、苗木花卉、泰山茶等特色产业有了新发展。规模以上农业龙头企业、农民合作社、家庭农场分别发展到 960 家、8337 家和 3938 家。省知名农产品区域公用品牌和企业产品品牌达到 13 个，地理标志证明商标达到 39 件。休闲农业、观光农业、光伏农业发展迅速。

（二）基础设施建设持续加强，城乡面貌不断改观。《泰安市城市总体规划（2011—2020 年）（2017 年修订）》获批实施。重大基础设施加快建设，以环山路、明堂路、万官大街、桃花源路相连接的中心城区外环线，以泰楼路、一天门大街、新 104 国道、环山路相连接的城市大环线即将贯通。开工海绵城市项目 33 个，建成地下管廊 10.1 千米。泰安城区新开通和调整公交线路 67 条。深入开展治理违法建设行动，累计拆违治违 97163 处、4392 万平方米，新增绿化用地面积 174 万平方米。

统筹城乡一体发展，预计常住人口城镇化率提高 2 个百分点左右。新改建农村公路 442 千米，全市所有贫困村达到道路通畅标准，具备通车条件的建制村全部通公交车或客车。105 国道东平绕城北段改建工程建成通车。投资 29 亿元，完成水利工程 7100 项，王家院水库、胜利水库大坝除险加固等工程全面完工。8.9 万农村人口饮水安全问题得到解决。岱岳区和新泰市列入国家水土保持重点县，东平县入围全国高效节水示范县。肥城市列入全省中等城市试点，宁阳县列入全省 I 型小城市试点。满庄镇入选第二批全国特色小镇。2 个乡镇、3 个村被评为全省第四批美丽宜居小镇、村庄，新增省级美丽乡村 28 个。大力推进“厕所革命”，完成农村改厕 31.02 万户。

（三）重点领域改革深入推进，开放力度不断加大。圆满完成 37 项省级以上改革试点任务。供给侧结构性改革扎实推进，“三去一降一补”有效落实。深化国资国企改革，国有资产保值增值率达到 108%。现代预算制度主体框架基本确立，市以下财政事权和支出责任划分改革正式启动。预计全市金融机构新增贷款增长 8.5%；3 家企业在“新三板”成功挂牌，瑞星集团在香港借壳上市；金融风险得到有效防控化解。事业单位分类改革稳妥推进。综合行政执法体制改革高标准完成。扎实推进农村土地“三权”分置，集体产权制度改革全面铺开。供销社综合改革取得明显成效。首创“河长巡查制度”，市县乡村四级河长组织体系全面建立。探索实行田长制，夯实耕地保护责任。

对外开放进一步扩大。预计新批外商投资企业 56 家，实际使用外资 37.54 亿元，增长 10%。完成进出口总额 150 亿元，增长 11.4%，其中出口 116.2 亿元，增长 7%。对外承包工程合同额增长 6.6%，境外实际投资额增长248.2%。岱银集团在马来西亚设立纺织工业园，泰安高新区中德（泰安）安全科技产业园、柬埔寨金泰综合开发区等项目积极推进。

（四）民生保障水平较大提高，社会事业不断进步。各项民生财政支出282.2亿元，占一般公共预算支出比重达到79.3%。加大脱贫攻坚力度，落实各级财政专项扶贫资金2.7亿元，实施财政产业扶贫项目459个，预计5.6万人实现稳定脱贫；创新推进东平县易地扶贫搬迁、黄河滩区迁建、移民避险解困“三大工程”，为全省易地扶贫搬迁提供了样本。实施就业优先战略，全年新增城镇就业5.55万人，城镇登记失业率2.35%。新泰市被确定为全国返乡就业试点县。预计全年发放各项社会保险待遇160亿元。城乡低保、特困供养及专项救助水平不断提高，社会救助体系日益完善。我市被确定为国家康复辅助器具产业综合创新试点地区。实施棚户区改造34039套，完成农村危房改造3147户。投入51.89亿元，新改扩建中小学237处，推进解决中小学大班额问题，基本完成“全面改薄”任务。新改扩建幼儿园101处，全面完成学前教育二期三年行动计划。泰安一中新校区建成招生，市特教中心落成启用。现代职业教育体系不断完善。健康泰安加快建设，高端医疗康养产业迅速隆起。新泰市、肥城市通过国家卫生城市复审。稳妥实施全面“二孩”政策，人口形势保持稳定。深入实施文化惠民工程，公共文化服务体系不断完善；东平县被评为“地名文化千年古县”。深入推进全国文明城市创建，市民文明意识和城市文明程度得到提升。体育事业取得新成绩，泰山国际登山节登泰山比赛，被评为首批国家体育旅游精品赛事。对口援建工作成效明显。国防动员、双拥共建、人民防空、民兵预备役和妇女儿童、老龄工作都有新提高。外事侨务、民族宗教、史志档案等社会事业全面进步。社会治理不断加强，平安建设深入推进，圆满完成党的十九大安保维稳工作。泰山区获全国平安建设先进区称号。食品药品监管能力明显提升。安全生产形势持续稳定。

（五）工作推进机制日趋完善，行政能力不断提升。着眼提高履职能力，建立健全“五大工作机制”，各项决策部署得到高效落实。政务督查典型经验在全国政府督查系统交流推广。群众诉求渠道更加畅通，“12345”热线等民生平台累计受理群众来电42万件，近30万个问题得到解决。坚持依法行政，认真落实全面从严治党要求，坚决贯彻中央八项规定精神，锲而不舍纠“四风”转作风。严格落实“一岗双责”，政府系统廉政建设不断加强。积极推进“两学一做”学习教育常态化制度化，深入开展“重效率、勇担当、作表率”主题活动，健全正向激励和容错纠错机制，大力倡树“不找借口、争创一流”进取精神，形成了比学赶超、争先进位、竞相发展的浓厚氛围。

各位代表，2017年是泰安发展历史上极不平凡的一年，是非常重要的一年，也是十分关键的一年。这一年，在市委的领导下，推进完成了几项重大战略性任务。

一是重点抓了功能区调整，城市发展空间进一步拓展。立足泰安长远发展，对泰安高新区、泰山景区、泰安旅游经济开发区管辖范围进行调整整合，规划实施“南北两大功能区”“东西两大新城组团”，拉开了城市发展大框架，这是关系全市发展的百年大计。南部，泰安高新区由118平方千米拓展到748平方千米。北部，泰山景区由192平方千米拓展到452平方千米。东部，积极推进济泰同城化，30平方千米的组团式、生态化、节点式新型社区和新型园区正加紧规划。西部，将高铁新区与泰安旅游经济开发区整合，实现了51.2平方千米区域的南北贯通。同时，按照产城融合发展思路，着力抓好京沪高铁以西、新104国道以东约116平方千米的岱岳区新城区规划建设，培育区域核心增长极。

二是重点抓了新旧动能转换重大工程，“四新”经济进一步发展壮大。把新旧动能转换作为贯彻新发展理念、深化供给侧结构性改革的重大举措，筛选提报了一批重大政策、工程和项目，纳入国家和省战略规划盘子。康平纳智能染整装备项目入选全省新旧动能转换重大工程项目。深入推动信息化和工业化、制造业与互联网深度融合，泰开集团、石横特钢、泰山玻纤、山能重装、岱银集团、瑞星集团、华鲁锻压等传统行业企业，持续实施技改扩规，延链补链强链，市场竞争力明显增强。泰邦生物、海斯摩尔、晶泰星光电科技、皆瑞金属3D打印、瑞福锂业、诺莱产业园、润德生物等战略性新兴产业不断壮大。峰松物流、润恒物流、泺亨物流、华能能源交通、唯品会仓储物流基地等现代物流业加快发展。泰山云谷、神农智谷、泰山云安智能小镇、跨境电商、农村电商，摩拜和ofo共享单车等数字经济、共享经济蓬勃发展。

三是重点抓了工业发展布局，“三强”企业培植力度进一步加大。围绕做大做强工业经济，着力构建“一高三强两突破”工业布局。泰安高新区30平方千米高新高端产业聚集区起步区加快建设，全区国家级高新技术企业达到51家，高新技术产业产值占规模以上工业企业产值的比重达到60.6%，被确定为国家知识产权试点园区。出台了大力培植“三强”企业意见，预计“三强”企业主营业务收入、利润、利税增幅分别高于全市规模以上工业企业14个、31个和42个百分点。新泰市围绕培强做大煤电化、高端装备制造、战略性新兴产业三大产业集群，加快资源枯竭型城市转型发展。肥城市围绕锂电、石墨、盐岩等产业打造产业集群，工业转型升级速度加快。

四是重点抓了招商引资体制机制创新，一批重大项目建设进一步加快。调整完善指挥部领导体制和工作机制，将原来十大指挥部整合为五大指挥部；充分发挥泰山国际登山节品牌作用，搭建成果集中展示的大舞台和项目引进签约的大擂台；修订经济社会发展综合考核办法，加大招商引资工作分值权重，对县（市、区）、泰安高新区、泰山景区及市直部门招商工作分别实行“6+2”和分类绩效考核；实行项目春季集中开工和一年两次现场观摩、打分评价，全市抓招商上项目的干劲越来越足、氛围越来越浓，招商引资和重点项目建设发生了质的变化。131个市级重点项目完成投资510亿元，6个省重点项目完成投资62.1亿元。预计到位市外资金336亿元，增长12.5%。泰山康养高速大成、徂徕山抽水蓄能电站、新泰采煤沉陷区光伏领跑技术基地、阿斯德科技、晋煤明升达洁净煤气化、泰山玻纤产业园、中京生物医药科创园、汉世伟循环农业产业园等一批投资过百亿元项目加快建设。

五是重点抓了融资创新园区平台建设，支撑保障措施进一步完善。组建市财金集团，设立产业直投基金。改建新建了国泰民安、金融控股等四大国有资本投资运营公司，走出了一条“国资撬动、市场运作、多元融资、滚动发展”的新路子。泰山创新谷进入实体建设阶段；中研复合材料产业技术研究院、石墨烯技术应用研究院、新泰中关村信息谷创新基地、泰山健康产业园加快建设；国家级工程实验室、企业技术中心分别达到2家和4家，建成国家级工程技术研究中心1家。全市研究与试验发展经费占GDP比重连续3年超过全省平均水平，新认定高新技术企业58家。出台突破园区转型发展意见，园区体制机制逐步顺畅，发展环境日益优化。泰安高新区在全国147个国家级高新区排名中前移8个位次。肥城经济开发区被批准为省级经济开发区。

六是重点抓了“放管服”改革和生态文明建设，营商环境进一步优化。出台了“1+4”一揽子“放管服”改革方案，连续10批削减市级行政权力事项509项，将2424项市级行政权力事项授权（委托）泰安高新区行使，授权部门全部刻制“2号章”。在建设领域推行“一窗受理，代办服务”和“容缺预审，绿色通道”。扩展“双随机一公开”覆盖范围，明确了248项随机抽查事项，建立了公共信用信息共享平台。首批公布市县两级154项“零跑腿”和1237项“只跑一次”事项清单。实施“五十证合一、一照一码”改革，事项整合数量位居全省首位。

深入推进绿色生态发展，泰山山水林田湖草生态保护修复工程成功入选全国试点，我市项目投资达到193亿元，被确定为拉动全省全局工作重大事项和新旧动能转换重大工程。规范河砂资源管理，整顿山石资源开采，加强泰山石、山泉水保护。以中央、省环保督察为契机，抓好环保突出问题整改，关停“散乱污”企业6809个，淘汰燃煤小锅炉2820个，关闭搬迁禁养区内养殖场6467个。实施大气、水、土壤污染防治“三大战役”，主要污染物排放总量持续下降，空气质量稳居全省内陆城市前列，大汶河、东平湖水质达到南水北调要求。实施“绿满泰安”行动，全市森林覆盖率达到39.62%，莲花山国家森林公园被确定为“中国森林氧吧”，5个乡镇、25个村入选全省首批省级森林镇村。大力开展生态示范创建，建成省级以上生态乡镇65个，省级生态村30个。

各位代表，工作充满挑战，成绩来之不易。这是新一届市委科学决策、坚强领导的结果，是市人大、市政协及社会各界有效监督、全力支持的结果，凝聚着全市人民的辛劳和智慧，得益于方方面面的支持和奉献。在此，我代表市人民政府，向全市广大干部群众、各民主党派、工商联、无党派人士，向人民解放军和武警驻泰安部队及驻泰安单位，向关心支持泰安发展的港澳台同胞、海外侨胞及海内外朋友，表示崇高的敬意和衷心的感谢！

在看到成绩的同时，必须清醒地看到，我们的工作还面临不少困难和挑战。主要表现在：推动高质量发展还存在一些弱项和短板，传统产业转型升级力度不够大，新兴产业发展速度不够快，企业通过科技创新的内生动力不够强，新旧动能转换任务还很艰巨；投入不足，大项目少，拉动力弱的局面还没有根本改观；实体经济发展还面临诸多困难，融资难、融资贵的问题还没有根本解决；城市综合服务功能还不够完善，城市管理、社会治理还存在薄弱环节，公共服务、民生保障与群众期盼还有差距；干部执政本领和工作作风与新时代新要求还不相适应，行政效能、发展环境还需进一步提升和优化等。面对这些矛盾和问题，需要我们以敢于担当的勇气，采取更加切实有效的措施，付出艰辛的努力，认真加以解决。

二、2018 年政府工作安排

2018 年是贯彻党的十九大精神的开局之年，是改革开放 40 周年，是决胜全面建成小康社会、实施“十三五”规划承上启下的关键一年，做好今年的政府工作意义重大。

总体要求是：**全面贯彻党的十九大精神，以习近平新时代中国特色社会主义思想为指导，按照中央和省市委决策部署，坚持稳中求进工作总基调，坚持新发展理念，坚持以人民为中心的发展思想，紧扣我国社会主要矛盾变化，按照高质量发展的要求，以“走在前列、位次前移”为目标，以供给侧结构性改革为主线，加快实施新旧动能转换重大工程，统筹推进稳增长、促改革、调结构、惠民生、防风险等各项工作，推动质量变革、效率变革、动力变革，加快推进富裕文明幸福新泰安建设进程。**

主要预期目标：**生产总值增长 7% 左右；一般公共预算收入增长 6%；固定资产投资增长 8% 左右；社会消费品零售总额增长 10% 左右；外贸进出口保持稳定增长；实际利用外资增长 10% 左右；城镇居民人均可支配收入增长 8% 左右，农村居民人均可支配收入增长 8.5% 左右；服务业增加值占比提高 1.5 个百分点左右；战略性新兴产业增加值占生产总值比重提高 1 个百分点以上；研发投入占 GDP 比重高于全省平均水平；常住人口城镇化率和户籍人口城镇化率均提高 1 个百分点左右；全面完成省政府下达的节能减排降碳等约束性指标。**

*（一）加快新旧动能转换，在建设现代化经济体系上实现新突破。*借势借力谋划发展全局。山城一体是泰安最大的特色，人文生态是泰安最核心的价值所在，与省会同城是泰安最优越的条件。全市各级必须放远眼光、放宽视野、放大格局，发挥我市“两山一河”人文生态和资源优势，依托正在建设的济泰高速和青兰高速、即将开通运营的济青高铁和北京至上海“复兴号”高铁，以及正在谋划争取的“一山一水一圣人”黄金旅游线城际高铁，巧借济南、青岛、北京、上海的人才、科技、资本和市场等生产力要素，大力发展现代物流、电子商务、会展经济、休闲度假、研学旅游、康养居住、教育培训、文化体育、科技服务和高新高端等特色现代化产业。

加快产业转型升级步伐。大力推进供给侧结构性改革，重点在“破立降”上下功夫，实现“三去一降一补”新突破。坚持工业强市和主体支撑作用不动摇，继续大力实施“一高三强两突破”，强力推动泰安高新区高新高端产业集聚，打造新旧动能转换示范区；强力推动“三强”企业培植，支持各县（市、区）构建科学合理、运营良好的梯次企业组织格局；强力突破新泰市、肥城市工业龙头带动作用，实现凤凰涅槃、转型发展。加大优势产业集群培植力度，立足现有基础，规划发展特高压输变电装备、新材料、现代物流、文化旅游等四大千亿产业集群。大力培育发展新能源、节能环保、生物医药、高端装备等战略性新兴产业，做大做强一批拥有自主知识产权、核心竞争力强的行业领军企业。积极推动互联网、大数据、人工智能和制造业深度融合，加快化工、纺织、煤炭、钢铁等传统产业投资、技术、管理创新。深化国有企业改革，完善国有资本授权经营体制，上半年全部纳入国资统一监管体系。积极发展混合所有制经济，推动国有资本做强做优做大。促进非公有制经济发展，培育壮大中小微企业。大力弘扬工匠精神，深入实施质量强市和品牌战略。加大企业家培育培养力度，激发和保护企业家精神。

加快实施服务业载体培育工程，着力推进服务业重点行业和领域转型升级。充分发挥旅游经济的王牌牵引作用，进一步强化“大景区、大旅游、大项目、大目标”意识，深入实施“旅游 +”战略，推进旅游产业跨界融合发展，全力创建国家全域旅游示范市。围绕“两山一河”，强力推进旅游大项目建设，科学规划、精心实施建设好南北两大景区。整合全市旅游资源，加大旅游营销推广力度，扩大“平安泰山”品牌知名度。推动乡村旅游提档升级，打造“一带三环多片”乡村旅游格局。健全旅游综合执法机制，持续开展旅游环境综合整治，加快旅游厕所、智慧旅游平台、旅游集散中心、旅游标识牌等服务设施建设。

实施乡村振兴战略。坚持农业农村优先发展，全力推进城乡统筹和一二三产融合发展。围绕产业兴旺，优化区域布局，着力打造环泰城都市农业圈和沿汶河特色产业带，加快推进现代农业产业园建设，构建现代农业产业新体系。增加绿色优质农产品供给，大力发展现代生态农业、智慧农业、田园综合体等农村新产业新业态。着力构建全市现代水网，加快 55 座小型水库除险加固、13 个大中型水库维修养护和山洪灾害防治等项目建设。围绕生态宜居，深入开展农村人居环境三年整治行动，大力推进“厕所革命”，加快建设美丽乡村。稳步推进农村新型社区建设，全面完成农村社区服务中心建设三年行动计划。建设“四好农村路”，改造农村公路280千米。围绕乡风文明，深入开展乡村文明行动，推动移风易俗、文明进步、崇德向善的淳美乡风。加强特色村居、传统村落保护，挖掘文化内涵，开展镇村历史文化展示工程，留住乡村记忆。围绕治理有效，创新农村社会治理，健全自治、法治、德治治理体系；落实第二轮土地承包到期后再延长30年的政策，让农村更加和谐稳定。围绕生活富裕，深化农村土地“三权”分置制度改革，发展适度规模经营，大力培育新型农业经营主体。全面推进农村集体产权制度改革，持续深化供销社综合改革，保障农民财产权益，支持农民就业创业，不断提高农民收入水平。

（二）聚焦关键要素支撑，在增强经济发展内生动力上实现新突破。加大科技创新力度。突出我市区域特色，集聚各类创新资源，创造性地抓好科技研发投入、高新技术产业壮大、科技园区建设等工作。加快构建以泰山创新谷为核心的科技创新体系，完成5万平方米物理空间建设，发挥市科技创新服务云平台作用，推动更多科技成果在泰安转化，形成在全省乃至全国具有品牌影响力的科技创新中心。大力发展高新技术产业，实施高新技术企业和创新型企业培育计划，力争高新技术企业达到160家；落实好省市小微企业创新券管理使用优惠政策，新增科技型中小企业200家以上，力争年底全市高新技术产业产值同比增长10%以上，占规模以上工业总产值比重达到30.8%以上。深化与国内著名高校院所多方位、深层次合作，做强做大一批高水平产业研究院。加大资金政策支持力度，积极推动重大科技成果产业化。创新人才引进使用模式，加大对高层次创新人才、产业领军人才和高技能人才的引进力度，促进人才链、创新链和产业链精准衔接。

创新现代投融资模式。坚持“财政＋基金＋金融”投融资模式，加快政府融资平台市场化转型。扩大产业直投基金规模，设立新旧动能转换基金，支持“四大”优势产业集群、“三强”企业发展。设立文化旅游发展投资基金，支持做强文化旅游产业。设立风险投资基金，支持“双创”、小微种子和上市后备等企业发展。研究设立人才科技基金，支持人才引进、人才培养和高科技产业发展。设立泰山云安智能小镇基金，打造网络信息安全高地。用好80亿元的PPP基金，支持城市、园区基础设施改善和生态文明建设。着力抓好金融服务实体经济，构建多层次、多样化、覆盖全市各类企业的政金企合作体系。积极开展“资本市场年”活动，加快规模企业规范化公司制改制，推动企业上市挂牌，不断扩大直接融资规模。发展壮大泰安银行、农商银行等地方金融机构。积极推进大宗商品交易平台建设，形成辐射全国的大宗商品交易中心。

加快园区载体建设。充分发挥园区聚集生产要素、推进产业转型升级、扩大对外开放的重大载体作用，坚持园区建设与城市发展走向一致、与产业布局高度契合原则，持续完善管理体制、用人分配机制和市场运作机制，加快各级各类园区功能整合和转型发展。鼓励园区积极承接外资项目，大力引进世界500强和跨国企业集团，着力培育壮大外贸进出口企业，整体提升园区的发展活力和开放水平。加大对园区的考核力度，促进各级各类园区不断发展壮大，实现位次前移。支持新泰经济开发区、肥城高新技术产业开发区争创国家级园区。

大力优化营商环境。深入推进“放管服”改革，继续取消下放一批行政许可等权力事项，全面推进“互联网＋政务服务”、“双随机一公开”监管和政务服务大厅“一窗受理，集成服务”，试点推进“证照分离”，加快社会信用体系建设，努力打造审批事项少、办事效率高、服务质量优和诚实守信的服务环境。

（三）着力提升城市功能品质，在城市转型发展上实现新突破。城市发展举足轻重，必须充分发挥城市经济的龙头带动作用，强化城市意识，尊重城市发展规律，走“环境—人才—科技—产业”内涵发展之路，全面提升城市发展水平。

进一步加快功能区建设。强化科学规划理念，高水平开展空间发展战略研究。加快泰城南北两大功能区和东西两大新城组团规划建设，着力打造“北依泰山、南接徂徕、汶水环绕、山城一体”的现代化生态宜居名城。南部，着力发展高端装备制造业和战略性新兴产业，规划建设八大特色产业园，构建“一区多园”发展格局。北部，加大泰山核心景区保护提升，加快建设以“泰山慢谷”为主题的大景区。东部，加快建成集旅游休闲、户外运动、科技研发、高端制造、生态绿地为一体的现代化产业新城。西部，加速泰安旅游经济开发区、高铁新区的融合升级改造，打造旅游服务、总部办公、高端居住等为一体的现代化宜居新城。

进一步完善配套设施。加大济泰高速、青兰高速泰城段升级、京台高速拓宽改造和泰山西出口建设的推进力度，加快形成泰城高速外环线；加大泰楼路拓宽升级建设的推进力度，加快形成贯穿泰山景区、泰山区、徂汶景区南北三区的大通道。加快推进市垃圾处理厂和第四污水处理厂扩容改造工程。积极推进引黄入泰工程，开工建设泰城应急饮用水源地和泰城西部供热中心项目。重启范镇60万吨LNG天然气储备项目，缓解我市气源不足、供求结构性矛盾。抢抓国家棚户区改造政策机遇“窗口期”，年内完成棚户区改造57569户、老旧小区改造8595户，力争3年内全市棚户区和老旧小区全部完成改造。完善城市管理体系，加快智慧城市建设，健全智能交通、智能管网、智能城管、智能安全保障体系。加大城市交通治堵力度，不断优化道路通行环境。强化城市综合执法，加大城市违法建设治理力度。高度重视城市社区建设，不断提高社区服务水平。

（四）围绕优势主导产业集群发展，在招商引资和项目建设上实现新突破。坚持把招商引资和项目建设作为转型发展的总抓手，以增量带动存量优化、总量扩张、质量提升，不断增强经济发展后劲。充分发挥泰山国际登山节平台作用，形成“年初下达任务、春季集中开工、季度调度督导、年中年末考核、全年跟踪督查”的闭环招商机制。强化招商引资指挥部资源整合、整体作战能力，进一步完善考核体系，最大限度调动全市各级抓招商上项目的积极性和主动性。转变招商理念，创新招商方式，强化配套服务，进一步发挥企业和园区的招商主体、载体作用，大力实施产业招商、定向招商、精准招商和招才引智，下大气力抓好一批扩大产业影响、促进产业集聚、引领产业发展的“三强”企业，一批“四新”“四化”重大产业项目，一批能够促进质量变革、效率变革、动力变革重大科技创新项目，一批关系泰安长远布局、长远影响、长远发展的重大基础设施工程，一批有突出特色、有强大活力、有明显竞争力的重要发展载体和平台。

密切关注国家重点扶持领域和产业发展方向政策措施，精心策划100个前期推进项目，筛选确定130个左右市级重点建设项目，争取更多项目、资金和政策落户泰安。着力抓好徂徕山抽水蓄能电站、泰山慢谷、新泰采煤沉陷区光伏领跑技术基地二期等项目建设。加快推进在建的青兰高速泰安至东阿段、宁梁高速、京沪高速新泰段改扩建等工程；积极推进青兰高速莱芜至泰安段、董梁高速新泰至宁阳段、新泰至台儿庄高速等项目前期工作。争取东平湖湖区航道完工，大清河航道和老湖、银山作业区开工建设。

（五）牢记绿水青山就是金山银山，在生态环境建设上实现新突破。高水平、高标准搞好生态文明规划建设，全面提升以“文化生态”为内涵的城市核心竞争力。

全力以赴搞好生态保护修复。加快实施泰山山水林田湖草生态保护修复试点工程，努力打造“生态友好、环境美丽、功能完善、文化永续”的生态功能区。科学划定城镇、农业、生态空间以及生态保护红线、永久基本农田、城镇开发边界，建立健全主体功能区差异化协调发展长效机制。深入落实最严格水资源管理制度，加快水生态文明建设。

坚决打赢污染治理攻坚战。大力开展“蓝天碧水净地”三大行动，巩固扩大环保督察和环保攻坚工作成果。加大燃煤污染、工业无组织排放、城市扬尘、汽车尾气等整治力度，确保各项污染物浓度持续下降、蓝天白云天数持续增加。加大水污染防治力度，实施水源地保护区综合整治，实现大汶河上游支流水质逐步改善。严格保护耕地，加大土壤污染防治力度。

坚持不懈抓好造林绿化。继续实施“绿满泰安”行动，集中抓好城区绿色空间、荒山绿化攻坚、绿色廊道、森林镇村、河湖湿地景观林、破损山体植被恢复“六大生态绿化工程”。注重城市绿化景观节点设计，突出“山水石松竹”五大元素，努力打造城区重要路段和窗口区域的园林景观。抓好公路、铁路、河流“三边”生态廊道和大汶河水系生态林带建设。加快荒山绿化进程，力争3年基本实现宜林荒山绿化全覆盖。集中连片实施农田林网建设，打造一批高标准农田林网示范区。

（六）坚持以人民为中心的发展思想，在民生保障和社会治理上实现新突破。坚持尽力而为、量力而行，努力在发展中补齐民生短板，不断增强人民群众获得感、幸福感、安全感。

坚决打赢精准脱贫攻坚战。坚持精准方略，瞄准特定贫困群众精准帮扶，向深度贫困区域聚焦发力，实施贫困村提升、富民产业培育、社会保障兜底等行动，抓好东平县易地扶贫搬迁、黄河滩区迁建、移民避险解困“三大工程”，确保贫困群众搬得出、稳得住、逐步能致富。深化大扶贫格局，扶贫同扶志、扶智相结合，激发贫困人口内生动力，建立健全稳定脱贫长效机制，确保高质量完成脱贫攻坚各项任务。

进一步提高社会保障水平。落实好就业创业政策，抓好大中专毕业生、返乡农民工、就业困难人员等重点群体就业工作，年内确保城镇新增就业4.5万人以上，城镇登记失业率控制在3.5%以内。继续推进全民参保工作，将符合条件的各类群体全部纳入社会保障制度。完善社会保险政策体系，积极试行职工长期护理保险制度。深化医保支付方式改革，强化医保基金监管。进一步提高城乡低保、农村特困供养标准，加强医疗救助、临时救助。积极推进养老事业、养老产业发展。

大力繁荣发展社会事业。坚持教育优先发展，加大教育投入，启动义务教育优质均衡发展创建，办好学前教育、义务教育、特殊教育和高中教育，努力让每个孩子都能享有公平而有质量的教育；完善职业教育，深化产教融合、校企合作；着力解决中小学大班额突出问题和“全面改薄”工作任务；保障进城务工人员随迁子女平等接受义务教育，做好家庭经济困难学生资助工作；大力发展民办教育；支持驻泰安高校做大做强，深入推进校地融合发展。持续深化医药卫生体制改革，加快健全分级诊疗制度、优质高效医疗卫生服务体系和现代医院管理制度；加强基层医疗卫生服务体系和全科医生队伍建设；稳妥实施全面“二孩”政策；加强重大疾病综合防治，促进中医药事业健康发展。积极弘扬泰山文化；健全现代公共文化服务体系，深入实施文化惠民工程；持续开展“全民阅读”活动，建设书香泰安；加快泰山出版小镇、泰山博物院建设，创建泰山文化生态保护区；加强文物保护利用和文化遗产保护传承。加大全国文明城市创建工作力度。大力发展体育事业和体育产业。依法管理宗教事务，增进民族团结。认真抓好全民国防教育、国防动员和退役军人管理保障工作。关心支持老龄、妇女儿童、残疾人事业发展。繁荣发展其他各项社会事业。

坚决打赢风险防控攻坚战。强化社会治安风险防控，深入推进平安泰安建设，着力抓好矛盾纠纷排查化解和治安要素管控，完善立体化社会治安防控体系，夯实基层基础。强化安全生产风险防控，推进“安如泰山”科学预防体系和预防重特大事故试点，打好化工产业安全生产转型升级攻坚战。强化食品药品安全风险防控，确保群众饮食用药安全。强化金融风险防控，建立全域金融风险防控体系，全力防范化解企业资金链风险，严厉打击恶意逃废金融债务行为。强化政府债务风险防控，建立政府债务风险防控机制。强化应急安全风险防控，加强应急管理和处置能力建设，确保社会和谐稳定。

三、全面加强政府自身建设

新时代、新目标、新任务，对政府自身建设提出了新的更高要求。我们必须不忘初心再出发，勇担重任立潮头，努力开创政府各项工作新局面。

一是强化政治建设，增强凝聚力。始终把抓好政府系统党的建设作为第一责任和最大政绩，切实增强“四个意识”，自觉在政治立场、政治方向、政治原则、政治道路上同以习近平同志为核心的党中央保持高度一致，坚决维护党中央权威和集中统一领导，坚决贯彻落实党中央国务院、省委省政府和市委各项决策部署。把严守政治纪律和政治规矩放在首位，知敬畏、存戒惧、守底线，始终做政治上的明白人。

二是强化本领建设，增强创新力。适应新时代新要求，全面系统地学习习近平新时代中国特色社会主义思想，真正领会内涵要义和精神实质，增强行动自觉。牢牢把握发展第一要务，围绕推动高质量发展谋划思路举措，善于结合实际创造性地用好机遇、推进改革、解决问题。学好用好大数据，善于运用互联网技术和信息化手段开展工作。更加注重培养政府系统党员干部的专业能力、专业精神，鼓励更多的优秀干部投身招商引资主阵地、园区建设主战场、民生改善最前沿，练就新时代新作为的过硬本领。健全完善正向激励、考核评价、容错纠错、澄清保护机制，旗帜鲜明为敢于担当、踏实做事、不谋私利的干部撑腰鼓劲。

三是强化法治建设，增强公信力。坚持依法行政、严格执法、全面执法，带头尊法学法守法用法，自觉运用法治思维和法治方式推动工作。健全完善执法责任、效能监察、政务公开、举报投诉、复议应诉制度，确保权力依法公正高效运行，始终接受监督。坚持向人大报告工作和向政协通报工作制度，认真执行人大及其常委会的决议、决定，自觉接受人大的法律监督和政协的民主监督，认真办理人大代表议案、建议和政协提案。加强同各民主党派、工商联、人民团体和社会各界人士的联系。推进依法科学民主决策，认真落实重大行政决策法定程序，严格行政决策责任追究，提高决策科学化、民主化、法治化水平。

四是强化作风建设，增强执行力。巩固“两学一做”常态化制度化学习教育成果，深入开展“不忘初心、牢记使命”主题教育，驰而不息反对和纠正“四风”，尤其大力整治形式主义、官僚主义，防止“四风”问题反弹回潮。大力弘扬担当之风，以功成不必在我、建功必须有我的胸怀，讲大局、讲奉献、讲责任，争做改革发展的表率。大力弘扬实干之风，紧紧围绕全市重点难点工作，始终做到心中有数、心中有责，尽职尽责、务求实效，争做实干落实的表率。大力弘扬为民之风，扎实推进“12345”便民服务热线和媒体民生平台互联互动，让群众每一项诉求都在阳光下操作，以实际行动取信于民，争做勤政为民的表率。

五是强化廉政建设，增强约束力。落实全面从严治党主体责任，切实履行“一岗双责”，不断完善惩治和预防腐败体系，推动政府系统全面从严治党向纵深发展。坚决支持国家监察体制改革，实现对所有行使公权力公职人员监察全覆盖。加大审计监督力度，强化执纪问责，突出抓好扶贫领域腐败和作风问题专项治理，严惩任何形式的贪污腐败、徇私枉法等违纪违法行为。严格执行廉洁自律准则和纪律处分条例，严格落实中央八项规定实施细则，始终做到一身正气、一尘不染，以清廉政风赢得广大人民群众的信任和支持。

各位代表，逐梦之旅无坦途，破浪前行须奋进。让我们紧密团结在以习近平同志为核心的党中央周围，在中共泰安市委的坚强领导下，带着对事业的激情，带着对家乡的感情，带着对人民的深情，不忘初心，砥砺前行，为加快建设富裕文明幸福新泰安而努力奋斗！

名词解释

1.“五大发展新优势”：增创工业经济发展新优势，充分发挥其主体支撑作用；增创旅游经济发展新优势，充分发挥其王牌牵引作用；增创城市经济发展新优势，充分发挥其龙头带动作用；增创农业融合发展新优势，充分发挥其强基固本作用；增创社会和谐发展新优势，充分发挥其民生保障作用。

2.“三去一降一补”：去产能、去库存、去杠杆、降成本、补短板。

3.“三权”分置：坚持农村土地集体所有权，稳定农户承包权，放活土地经营权，引导土地经营权有序流转。

4.“全面改薄”：全面改善贫困地区义务教育薄弱学校基本办学条件。

5.“五大工作机制”：快速高效的工作推进机制，依法规范的运行机制，比学赶超的激励机制，作风转变的引领机制，从严治政的监督机制。

6.“一高三强两突破”：做好“一高”（泰安高新区）文章，培植“三强”（区域拉动力强、行业竞争力强、财税贡献能力强）企业，实现“两突破”（突破新泰、肥城工业的龙头带动作用）。

7.“1+4”一揽子改革方案：“1”是指深化放管服改革综合实施方案，“4”是指投资建设项目区域化评估评审、优化投资建设项目审批流程、推行“多证合一”和提高不动产登记效能等4个单项工作方案。

8.“双随机一公开”：在监管过程中随机抽取检查对象，随机选派执法检查人员，抽查情况及查处结果及时向社会公开。

9.“五十证合一、一照一码”：把工商、税务、人社、公安、商务、交通等22个部门办理的50项涉企证照事项整合到一张营业执照上，核发加载统一社会信用代码的营业执照。

10.“破立降”：“破”就是淘汰落后产能，破除无效低效供给，破除对旧模式、旧路径的依赖心理。“立”就是培育产业发展新优势，加快发展新动能。“降”，就是降低实体经济成本。

11.“一带三环多片”：一带（大汶河旅游带）、三环（环泰山、环徂徕山、环东平湖）、多片（乡村旅游集聚片区）。

12.“四新”“四化”：新技术、新产业、新业态、新模式；产业智慧化、智慧产业化、跨界融合化、品牌高端化。

编校　戚淑娟　　审稿　周美广

大事纪要

大事记

1月

6日　泰安文旅产业基金对接大会暨泰山文化旅游金融创新论坛举行。市委副书记、市长李希信，普世南山集团董事长井欣出席会议。会上，李希信同井欣一起为泰安市首只文化旅游产业基金——泰安汇竑文化旅游基金投资中心揭牌。

7日　市委副书记、市长李希信主持召开市政府经济工作务虚会，分析经济工作形势，研究谋划2017全市经济发展改革稳定各项工作。

9日　市委召开常委班子2016年度民主生活会暨征求意见座谈会，按照聚焦政治合格、执行纪律合格、品德合格、发挥作用合格4个方面要求，征求社会各界代表对市委常委班子及成员在理想信念、政治纪律和政治规矩、作风、担当作为、组织生活、落实全面从严治党责任等方面的意见和建议，为开好市委常委班子民主生活会打下基础。市委书记、市人大常委会主任王云鹏主持会议并讲话。

10日　市委召开常委会议，传达学习全省经济工作会议精神，研究贯彻落实意见。市委书记、市人大常委会主任王云鹏主持会议并讲话，市委副书记、市长李希信等出席会议。

12日　全市经济工作会议召开。会议全面贯彻中共十八大和十八届三中、四中、五中、六中全会精神，深入学习贯彻中央和全省经济工作会议精神，总结全市2016年经济工作，研究部署2017年经济社会发展任务。市委书记、市人大常委会主任王云鹏，市委副书记、市长李希信出席会议并讲话。

△　政协第十二届泰安市委员会常务委员会第三十一次会议召开。会议审议通过关于召开政协第十三届泰安市委员会第一次会议的决定；审议通过政协第十二届泰安市委员会增补委员协商名单；审议通过有关人事事项。

△　副省长王书坚到泰安走访慰问贫困村、困难企业、困难职工、困难群众、残疾人家庭及生活困难党员，并到非公企业联系点山东岱银集团进行调研。市委副书记、市长李希信陪同活动。

13日　中共泰安市纪委十届八次全体会议召开。会议深入学习贯彻中共十八届六中全会和十八届中央纪委七次全会、省纪委十届八次全会精神，总结2016年全市党风廉政建设和反腐败工作，部署2017年任务。市委书记、市人大常委会主任王云鹏出席会议并讲话。

△　省政协主席刘伟到基层政协联系点肥城市，走访慰问困难职工和群众，调研基层政协工作、委员企业发展和委员履职情况。市委书记、市人大常委会主任王云鹏陪同调研。

14日　市委召开常委班子2016年度民主生活会。会议以学习贯彻中共十八届六中全会精神为主题，围绕"两学一做"学习教育的要求，对照《关于新形势下党内政治生活的若干准则》《中国共产党党内监督条例》，紧密联系思想和工作实际，开展批评和自我批评，不断增强领导班子、领导干部发现和解决自身问题的能力。省委常委、组织部部长杨东奇全程参加指导并作重要讲话。市委书记、市人大常委会主任王云鹏主持会议，市委副书记、市长李希信及市委常委出席会议。

15日　市十六届人大常委会第三十六次会议召开。会议听取市政府关于提请任命市政府组成人员职务的议案；听取市人大常委会主任会议关于提请补选李希信为山东省十二届人民代表大会代表的报告等。

18日 市委书记、市人大常委会主任王云鹏，市政协主席、党组书记辛显明等赴济南走访慰问省军区、省武警总队，为子弟兵带去全市人民的深情祝愿和崇高敬意。

19日 省委常委、统战部部长吴翠云到泰安市看望中国工程院院士束怀瑞、于振文和中国科学院院士印象初，走访慰问新中国成立前老党员和生活困难党员。市委书记、市人大常委会主任王云鹏等陪同。

△ 市委副书记、市长李希信等到省公安厅警卫局、省公安消防总队走访慰问，表达全市人民对子弟兵的崇高敬意和新春祝福。

△ 省政协副主席许立全带领省政协民族和宗教委员会部分委员到泰安市调研宗教工作并看望慰问宗教界代表人士。

20日 副省长、九三学社山东省委主委王随莲到泰安走访慰问原九三学社山东省委副主委李永昌和困难社员。

△ 泰安市召开县（市、区）委书记抓基层党建述职评议会议，听取各县（市、区）和市直有关部门党（工）委书记2016年度履行抓基层党建责任情况汇报，并进行述职评议。市委书记、市人大常委会主任王云鹏，市委副书记、市长李希信，市委副书记张涛，省委组织部有关负责人出席会议。

2月

4日 中国共产党泰安市第十届委员会第十三次全体会议举行。出席市委委员28人、候补市委委员6人。市委书记王云鹏作重要讲话。全会表决通过市第十一次党代会工作报告和市纪委向市第十一次党代会的工作报告，表决通过《十一届市委委员候选人预备人选名单》《十一届市委候补委员候选人预备人选名单》《十一届市纪委委员候选人预备人选名单》，投票通过《泰安市出席省第十一次党代会代表候选人预备人选名单》。

△ 政协第十二届泰安市委员会常务委员会第三十二次会议召开。会议审议通过政协第十三届泰安市委员会第一次会议议程（草案）；审议通过政协第十三届泰安市委员会委员名单；审议通过政协第十二届泰安市委员会常务委员会工作报告及报告人等。

9日 市委副书记、市长李希信主持召开第四十九次市政府常务会议，研究《政府工作报告》（讨论稿）、2016年国民经济和社会发展计划执行情况与2017年计划（草案）起草及2016年财政预算执行情况和2017年预算安排等议题。

13—16日 中国共产党泰安市第十一次代表大会在泰山国际会展中心泰山会堂举行。大会应到代表423人，实到代表415人。王云鹏代表中国共产党泰安市第十届委员会，向大会作题为《践行新理念，增创新优势，为建设富裕文明幸福新泰安而奋斗》的报告。大会选举产生中国共产党泰安市第十一届委员会；选举产生10名中共泰安市第十一届委员会常务委员会委员；选举王云鹏为市委书记，李希信、张涛为市委副书记。全会通过中共泰安市第十一届纪律检查委员会一次全会选举结果的报告。

18日 泰安市举行2017年春季重点项目建设集中开工仪式，市、县两级集中开工289个项目，总投资1185.94亿元，年度计划投资634.44亿元。泰安高新区设主会场，各县（市、区）设分会场。市委书记、市人大常委会主任王云鹏，市委副书记、市长李希信等出席主会场开工仪式。

21—25日 政协第十三届泰安市委员会第一次会议在泰山国际会展中心召开。会议应到委员413人，实到402人，符合政协章程的有关规定。市委书记、市人大常委会主任王云鹏代表中共泰安市委在会上讲话。大会经过充分酝酿，选举周桂萍为第十三届市政协主席，徐恩虎、张庆明、刘君、王昌元、马纯勇、程明、孙岱峰为市政协副主席，魏武为市政协秘书长。大会一致通过市政协十三届一次会议决议和市政协十三届一次会议提案审查情况的报告。新当选的市政协主席周桂萍在会上讲话。

22—26日 泰安市第十七届人民代表大会第一次会议在泰山国际会展中心召开。全市各行各业、各条战线的442名人大代表参加会议。市委书记、市人大常委会主任王云鹏宣布泰安市第十七届人民代表大会第一次会议开幕。市长李希信代表市人民政府作政府工作报告。大会以无记名投票的方式选举产生市十七届人大常委会主任、副主任、秘书长和市政府市长、副市长，市中级人民法院院长，市人民检察院检察长。唐福泉当选市十七届人大常委会主任；张书盈、王淑玲、陶长江、刘学保、曹步山当选市十七届人大常委会副主任；李起峰当选市十七届人大常委会秘书长；李希信当选市人民政府市长；展宝卫、鞠向群、成丽、张红旗、赵德健、袁久党当选市人民政府副市长；朱旭光当选市中级人民法院院长，苏金森当选市人民检察院检察长。

3月

6—7日 省政协副主席陈光

率调研组到泰安市就“降低企业经营成本，大力振兴实体经济”进行专题调研。市政协主席、党组书记周桂萍陪同调研。

9日 全省基层安全生产监管工作经验交流会在新泰市召开。副省长、省公安厅厅长孙立成，市委副书记、市长李希信出席会议。孙立成对泰安市在安全生产工作上取得的成绩给予充分肯定。李希信代表市委、市政府致辞。

13日 全市扶贫开发工作会议召开，贯彻落实全国、全省扶贫开发工作会议精神，回顾总结上年工作，安排部署2017年脱贫攻坚任务。会议传达市委书记王云鹏，市委副书记、市长李希信对扶贫开发工作的重要指示。市委副书记张涛出席会议并讲话。

14日 全市安全生产工作会议召开。市委书记王云鹏对做好2017年安全生产工作作出批示。市委副书记、市长李希信出席会议并讲话。

15日 市委书记王云鹏等驻泰安全国人大代表视察京沪高铁泰安站出站口改造情况。市委副书记、市长李希信等陪同视察。

17日 水利部副部长田学斌率国家防汛抗旱总指挥部黄河流域防汛抗旱检查组到东平县检查防汛抗旱准备工作。副省长王随莲，市委副书记、市长李希信陪同活动。

△ 市委党校举行2017年春季开学典礼。市委书记、市委党校校长王云鹏出席开学典礼并讲话。

21日 省林业科技创新年暨“送科技下乡”启动仪式在泰安市举行。省林业厅厅长刘均刚、市委副书记张涛出席启动仪式。

22日 泰安市人民政府与国网山东省电力公司举行战略会谈，就共同推进坚强智能电网建设签署合作协议。市委书记王云鹏，国网山东省电力公司总经理蒋斌出席活动并分别致辞。市委副书记、市长李希信主持活动。

△ 市委副书记、市长李希信主持召开第一次市政府常务会议，研究《关于进一步加强招商引资工作的意见》《泰安市重点建设项目管理与推进办法》的起草等议题。

△ 政协第十三届泰安市委员会常务委员会第二次会议召开。会议传达学习全国“两会”精神和市第十一次党代会精神；审议通过《政协泰安市委员会2017年工作要点》和《政协泰安市委员会2017年协商工作计划》等。

23日 省环境保护督察组第五组对泰安市开展环境保护督察动员汇报会召开，省环境保护督察组第五组组长董书华就做好督察工作讲话，市委书记王云鹏作动员汇报，市委副书记、市长李希信主持会议。

△ 市委理论学习中心组围绕“加强党的建设，充分发挥核心作用”进行专题学习。市委书记王云鹏主持学习活动并讲话。

24日 市委、市政府召开全市治理违法建设行动动员会议，对全市治理违法建设行动作出部署，动员全市上下进一步统一思想、强化措施、狠抓落实，坚决打赢治理违法建设攻坚战，为建设富裕文明幸福新泰安创造有利条件。市委书记王云鹏主持会议并讲话，市委副书记、市长李希信出席会议并讲话。

27—31日 市委书记王云鹏，市委副书记、市长李希信率市党政考察团赴济宁、菏泽、济南、淄博、潍坊学习考察创新招商引资工作机制、推进项目建设工作机制、骨干企业培植、传统产业改造升级、新兴产业培育、城市及园区建设等方面的经验做法。

28—29日 全省春季农业生产暨现代农业产业园区建设工作会议在肥城市召开。市委副书记、市长李希信致辞并作典型发言。

本月 省政府网站发布《山东省人民政府关于下达2017年省重点项目名单的通知》，公布120项省重点建设项目名单和10项省重点预备项目名单。泰安市有6个项目列为省重点建设项目，分别是建设光伏电站450兆瓦、农业大棚4942个的新泰采煤沉陷区光伏领跑技术基地一期项目，总建筑面积4.8万平方米的泰安云谷创客空间项目，总建筑面积10万平方米的山东中物泰安物流园区项目，年产环保设备800台（套）的山东达沃斯环保工程有限公司环保设备生产项目，年产特种扁平纤维1万吨、短切纤维4万吨的泰山玻璃纤维有限公司池窑拉丝短切纤维项目，总建筑面积54.5万平方米的东平县“十三五”易地扶贫搬迁工程项目。

4月

1日 泰安市委、市政府召开全市科学发展暨招商引资和项目建设大会，对全市招商引资和项目建设工作进行全面部署。市委书记王云鹏出席会议并讲话，市委副书记、市长李希信主持会议。

6日 市委副书记、市长李希信到岱岳区调研重点项目建设、“三强”企业培植和违法建设治理工作，强调要强化城市意识、工业意识、精品意识、大局意识，加大依法治区力度，促进岱岳区实现快速崛起。

7—8日 全省旅游特色小镇暨精品民宿建设座谈会在泰安天颐湖畔召开，“平安泰山·山东好时节”旅游营销、泰山天颐湖旅游度假区国家AAAA级旅游景区揭牌、“泰山文明之光”全国首届长跑比赛暨全民健身环湖跑比赛、山东“全域旅游与新业态”泰山·岱岳高端研讨班、豪霆·山东泰山赛车场启动等系列活动一并举行。省旅发委主任于凤贵，市委副书记、市长李希信等分别参加活动。

11—12日　省委常委、省纪委书记陈辐宽在东平县召开聚焦扶贫领域整治、查处群众身边不正之风和腐败问题工作座谈会，并就泰安市学习贯彻中央纪委七次全会和省纪委八次全会精神、推进党风廉政建设和反腐败工作等进行调研。市委书记王云鹏陪同活动，市委副书记、市长李希信参加有关活动。

14日　全市“重效率、勇担当、作表率”主题活动动员会议召开。会议强调，在全市广大党员干部中开展的“重效率、勇担当、作表率”主题活动，要以“触及灵魂”的标准抓查摆，以“刮骨疗伤”的勇气抓整改，在全市上下形成实干、敢干、快干、干好的浓厚氛围。市委书记王云鹏出席会议并讲话。

△　全市全面深化改革工作会议召开。市委书记王云鹏出席会议并讲话。

18日　市委书记王云鹏到高铁新区和旅游经济开发区调研经济社会发展情况。强调“两区”要站在全市发展大局谋划发展，高标准规划，高标准建设，全力打造现代化生态宜居新城。

19—20日　省人大常委会副主任夏耕带领立法调研组到泰安市就《山东省风景名胜区条例（草案修改稿）》进行立法调研，实地考察全市有关风景名胜区保护管理工作情况并召开座谈会。市人大常委会主任唐福泉陪同调研。

21日　市十七届人大常委会第二次会议召开。常委会全体组成人员实地到高铁新区、旅游经济开发区现场视察有关重点城建项目建设与管理情况。会议听取市政府关于全市重点城建项目建设与管理、耕地保护、交通运输工作情况的报告，市中级人民法院关于执行工作情况的报告等。

23日　按照中国田径协会A2类标准打造的“山东华通杯”2017泰山国际马拉松赛在泰山国际会展中心正式开赛，国内外19278名马拉松选手奔跑在“最美、最具挑战马拉松赛道”。

24日　市工商联（总商会）第十次代表大会开幕。市委书记王云鹏，省委统战部副部长、省工商联党组书记、常务副主席李法信，市委副书记、市长李希信等出席大会。

26—27日　中国泰山第三届国际高治会暨大数据产业发展学术研讨会举行。省人大常委会副主任、农业大数据产业技术创新战略联盟理事长温孚江，科技部中国农村技术开发中心主任贾敬敦，市委副书记、市长李希信等分别参加活动。会议期间，举行项目集中签约及泰山农业大数据研究院、中国技术交易所泰山服务中心、山东物联网应用产业园暨CPK标识认证服务中心等上线仪式。

28日　市委、市政府召开会议，庆祝“五一”国际劳动节，表彰为全市经济社会发展作出突出贡献的先进集体和先进个人，激励和鼓舞全市广大劳动者为建设富裕文明幸福新泰安建功立业。市委书记王云鹏，市委副书记、市长李希信等出席会议，并为受到表彰的先进集体和先进个人颁奖。

△　副省长、省公安厅厅长孙立成到泰山景区调研假日旅游安全工作。

△　泰安市召开招商引资和重点项目建设工作调度会议，深入贯彻落实全市科学发展暨招商引资和项目建设大会精神，调度新体制机制的运行情况及各指挥部的工作开展情况。市委书记、市招商引资和重点项目建设领导小组组长王云鹏，市委副书记、市长、市招商引资和重点项目建设领导小组组长李希信出席会议并讲话。

△　市政府与国家开发银行山东省分行签订“十三五”全面深化合作开发性金融合作备忘录。市委书记王云鹏，市委副书记、市长李希信，国家开发银行山东省分行党委书记、行长钟小龙出席签约仪式。

5月

3—4日　泰安市召开全市脱贫攻坚工作推进会，回顾总结前一阶段脱贫攻坚工作情况，对下步工作进行再部署、再动员。市委书记王云鹏出席会议并讲话。

12日　全市推进“两学一做”学习教育常态化制度化工作座谈会召开。会议强调，要坚决贯彻落实习近平总书记重要指示精神和中央、省委部署要求，坚持高标准、严要求，拿出硬措施、实招数，确保在推进“两学一做”学习教育常态化制度化上取得新进展、见到新成效。市委书记王云鹏出席会议并讲话。市委副书记、市长李希信主持会议。

13日　“中国体育彩票杯”2017中国·泰山国际山地户外运动挑战赛在泰安市开赛。

17日　全市过硬党支部建设工作座谈会在新泰市召开。会议强调，全市各级党组织要以强烈的政治责任感、昂扬向上的精神状态和求真务实的作风，把每个基层党支部打造成坚强战斗堡垒，为建设富裕文明幸福新泰安提供强有力的组织保障。省委组织部副部长刘炳国、市委书记王云鹏出席会议。

△ 在收看全省全面实行河长制工作动员部署电视会议后，泰安市召开会议，贯彻落实中央、省会议精神，研究分析全市河长制工作及防汛抗旱形势，安排部署当前及下一阶段重点工作和推进措施。市委书记王云鹏，市委副书记、市长李希信出席会议。

△ 省政协副主席赵家军率领省政协调研组到泰安市就推动实施优秀传统文化传承与创新工程进行调研。市政协主席周桂萍陪同活动。

19日 国务委员王勇到泰安市调研考察安全生产工作。强调要全面贯彻党中央、国务院关于加强安全生产工作的决策部署，以防范遏制重特大事故为重点，强化红线意识，坚持标本兼治、综合治理、系统建设，统筹推进改革发展各项工作，加快提升安全生产整体水平。国务院副秘书长孟扬，副省长王书坚，市委书记王云鹏，市委副书记、市长李希信陪同活动。

19—20日 省环保厅厅长王安德到泰安市就新旧动能转化等工作进行调研，并先后在新泰市和肥城市分别召开全省环保行业扶贫工作现场会议和环保局长座谈会。市委副书记、市长李希信参加活动。

21—22日 副省长、省工商联主席王随莲到泰安市出席全国助残日相关活动，并就工商联工作进行调研。

22日 市委、市政府召开全市创建全国文明城市推进会议，对泰安市创建工作进行再部署、再推进，动员全市上下全力以赴打好创城迎审攻坚战。市委书记王云鹏等出席会议。

23日 芬兰罗凡涅米市市长艾斯克•罗特沃宁率代表团到泰安访问，两市在泰安师范附属学校分校泰山大安小学举行教育合作签约仪式。市委副书记、市长李希信出席活动。

27日 市委全面深化改革领导小组召开第二十四次会议。会议听取全市农村集体产权制度改革工作情况汇报，研究审议并通过《“突破园区转型发展，实现新旧动能转换”的实施意见》《关于加快旅游业改革发展的意见》《泰安市旅游业发展行动计划（2017—2020）》等改革文件，研究部署下一步改革工作。市委书记、市委全面深化改革领导小组组长王云鹏主持会议并讲话。市委副书记、市长、市委全面深化改革领导小组副组长李希信等参加会议。

31日 市委、市政府召开全市科学技术奖励大会，表彰为泰安市科技事业和专利发展作出突出贡献的科技工作者。市委书记王云鹏，市委副书记、市长李希信等出席会议。

6月

1—5日 全市招商引资和项目建设检查考核暨突破园区转型发展实现新旧动能转换大会召开。会议深入贯彻落实省委、省政府关于实施新旧动能转换重大工程的决策部署，检查考核年内全市招商引资和项目建设情况，动员全市上下统一思想、凝聚共识，坚定不移抓好招商引资和项目建设，突破园区转型发展，加快新旧动能转换，打开泰安发展新通道。市委书记王云鹏，市委副书记、市长李希信等参加会议。

6日 国务院副秘书长、国家信访局局长舒晓琴率国家信访局调研组，到泰安市调研信访工作。强调要切实践行以人民为中心的发展思想，继续巩固、完善、提升网上信访工作，全力打造好用管用、群众会用愿用的主渠道。省委常委、秘书长于晓明，省信访局局长王伟华，市委书记王云鹏等陪同调研。

8日 中央纪委驻最高人民法院纪检组组长、最高人民法院党组成员刘海泉带领督察组到泰安市督察司法体制改革工作。

15日 省政协副主席王乃静带领调研组到泰安市，就加快推进全省煤炭清洁高效开发利用工作进行专题调研。

18日 市委召开常委会议，传达学习省第十一次党代会精神，研究贯彻落实意见。市委书记王云鹏主持会议并讲话，市委副书记、市长李希信传达省第十一次党代会精神。

19日 市委理论学习中心组在泰山国际会展中心泰山会堂举行专题辅导报告会，邀请中国规划设计研究院院长杨保军，美国能源基金会项目副总裁、博士何东全，分别就“城市文化与城市特色”和“以人为本的城市规划与设计”作专题辅导。市委副书记、市长李希信主持会议并讲话。

21—22日 省人大常委会副主任张新起带领视察组到泰安市视察村镇建设工作情况。市人大常委会主任唐福泉等陪同活动。

23日 中国检验检疫科学研究院、山东特种设备检验检测集团、清华启迪科技服务有限公司以及市政府四方签订中检科泰山中心战略合作协议，标志着投资80亿元的第四代高科技园区——中检科泰山中心项目正式落户岱岳区。中国检验检疫科学研究院院长李新实，市委副书记、市长李希信等出席签约仪式。

27日　市十七届人大常委会第三次会议召开。会议听取市政府关于全市知识产权工作情况的报告、关于全市全域旅游工作情况的报告等。

7月

2日　全市“重效率、勇担当、作表率”主题活动领导小组第二次会议召开。市委书记王云鹏主持会议并讲话，市委副书记、市长李希信等出席会议。会上，主题活动各专项行动组、市直机关工委分别汇报主题活动开展情况和下一步工作计划，各牵头领导分别作补充。

△　市委全面深化改革领导小组召开第二十五次会议。会议审议通过《泰安市群团改革方案》《泰安市总工会改革实施方案》《共青团泰安市委改革实施方案》等。市委书记、市委全面深化改革领导小组组长王云鹏主持会议并讲话。市委副书记、市长、市委全面深化改革领导小组副组长李希信出席会议。

3日　中国共产党泰安市第十一届委员会第三次全体（扩大）会议举行。会议传达学习省第十一次党代会精神，动员全市上下以省党代会精神为指导，践行新理念，增创新优势，全力加快富裕文明幸福新泰安建设。出席会议的有市委委员46人、候补市委委员8人。市委书记王云鹏作重要讲话。

4日　泰安市召开全市化工产业安全生产转型升级专项行动动员部署视频会议。市委书记王云鹏出席会议并讲话。强调各级要把化工产业安全生产转型升级作为推进新旧动能转换的重中之重，助推全市化工产业结构调整、转型升级、提质增效，坚决打赢化工产业安全生产转型升级攻坚战，为全社会创造一个安全生产的良好氛围。

△　政协第十三届泰安市委员会常务委员会第三次会议召开。市委副书记张涛就学习贯彻省第十一次党代会精神作专题辅导报告。市政协主席周桂萍等出席会议。

4—5日　省委宣传部副部长兼省文明办主任刘宝莅到泰安市检查指导全国文明城市创建工作。市委书记王云鹏会见刘宝莅一行。

11日　泰安市社会科学界第四次代表大会开幕。大会全面总结市社会科学界第三次代表大会后的工作，研究部署今后五年全市社会科学事业的主要目标、发展思路和工作任务，选举产生市社科联新一届委员会和主席团。市委书记王云鹏、省社科联副主席孙淑娜到会祝贺。

12日　泰安市实体经济招商引资和重点项目建设指挥部举行招商引资和重点项目集中签约仪式。市委书记、市招商引资和重点项目建设领导小组组长王云鹏等出席活动。全国各地的90名工商界、学术界、金融界、教育界人士参加签约仪式。

13日　泰安召开全市治理违法建设行动推进会议，通报全市治理违法建设行动进展情况，对发挥党员干部示范带头作用、推动治理违法建设行动深入开展作出安排部署。市领导王云鹏等出席会议。

△　全市旅游发展暨全域旅游推进会议召开。会议强调，全市上下要迅速行动起来，以改革的思路、开放的视野、创新的办法，举全市之力创建国家全域旅游发展示范区，开创全市旅游发展新局面。市委书记王云鹏、省旅发委主任于风贵等出席会议。

14日　全省部分地市政法委书记座谈会在泰安召开。会议贯彻落实省第十一次党代会精神，研究进一步加强和改进政法工作的任务措施。省委常委、政法委书记林峰海主持会议。省委政法委常务副书记李占国，省委政法委副书记、省综治办主任李娥，市委副书记张涛等出席会议。

18—19日　省委书记刘家义到泰安市调研经济社会发展情况。强调要深入贯彻落实习近平总书记系列重要讲话和视察山东重要讲话、重要指示批示精神，把思想和行动统一到省第十一次党代会部署上来，加快推进新旧动能转换，不断提高发展质量效益，促进经济社会持续健康发展。省直有关部门领导、市委书记王云鹏等陪同调研。

20日　市委理论学习中心组在泰山国际会展中心泰山会堂举行专题辅导报告会，邀请原浙江省委常委、杭州市委书记，现浙江省人民政府咨询委员会副主任、杭州城市学研究理事会理事长王国平，就“打造新型城镇化2.0”作辅导报告。市委书记王云鹏主持报告会并讲话。

25日　市委副书记、市长李希信主持召开第三次市政府常务会议，传达全省环境保护突出问题综合整治攻坚动员大会精神并研究贯彻落实意见，研究全市安全生产及全面实行河长制工作情况等议题。

26日　市委召开常委会议，传达省委书记刘家义到泰安市考察指导工作时的重要指示精神，研究贯彻落实意见。市委书记王云鹏主持会议并讲话。

△　市委全面深化改革领导小组第二十六次会议召开。会议传达学习中央全面深化改革领导小组第三十七次会议精神，听取全市全面实行河长制工作情况、行政职能事业单位改革试点工作情况等。市委

书记、市委全面深化改革领导小组组长王云鹏主持会议并讲话。市委副书记、市长、市委全面深化改革领导小组副组长李希信，市委副书记、市委全面深化改革领导小组副组长张涛等参加会议。

28—30日 市委书记王云鹏带队赴珠三角地区开展集中招商活动。王云鹏一行先后到深圳、广州等地走园区、入企业，参观考察深圳汴商股份有限公司、深圳华大基因股份有限公司和广州唯品会肇庆物流园。

31日 中国科学院战略咨询研究院副院长、研究员樊杰及财政部、国土资源部、环境保护部有关领导和专家一行到泰安，对山东省申报的泰山山水林田湖生态保护修复工程进行实地考察论证。市委副书记、市长李希信等参加活动。

本月 “八一”建军节来临之际，市委书记王云鹏，市委副书记、市长李希信等领导分别到驻泰安部队走访慰问，向部队广大官兵致以节日问候。

8月

1日 全市环境保护突出问题整改攻坚会议召开。会议强调，各级各部门要时刻绷紧环境保护这根弦，以“功成不必在我”的境界，以“钉钉子”精神，以“踏石留印、抓铁有痕”的作风彻底整治环保突出问题，扎实做好各项工作，推动全市环境保护和生态文明建设再上新水平。市委书记王云鹏主持会议并讲话，市委副书记、市长李希信出席会议并讲话。

△ 全市总河长会议暨第一次专题会议召开。会议强调，全市各级各部门单位要进一步统一思想，提高认识，以高度的政治使命感和历史责任感，凝心聚力，合力攻坚，确保全面实行河长制工作落到实处、取得实效。市委书记王云鹏出席会议并讲话。市委副书记、市长李希信主持会议。

△ 市委副书记、市长李希信主持召开第四次市政府常务会议，总结分析上半年经济运行情况，科学研判形势，安排部署下一步任务。

4日 市委书记王云鹏到东平湖调研防汛工作。强调要坚持“防大汛、抗大洪、抢大险、救大灾”的思想不动摇，全力做好防御大洪水备战工作，坚决打赢防汛攻坚战，确保东平湖安全度汛。

7日 济宁市委书记王艺华率济宁市党政考察团到泰安市考察新旧动能转换、招商引资项目建设、城市建设、文化旅游产业发展等方面的工作。市委书记王云鹏，市委副书记、市长李希信陪同活动。

△ 市委理论学习中心组进行集体学习研讨，深入学习习近平总书记在省部级主要领导干部“学习习近平总书记重要讲话精神，迎接党的十九大”专题研讨班上的重要讲话精神，进一步统一思想、明确方向，把思想和行动统一到习近平总书记重要讲话精神上来，以优异成绩迎接中共十九大胜利召开。市委副书记、市长李希信主持会议并讲话。

7—8日 省人大常委会委员、农业与农村委员会主任委员战树毅带领省人大常委会第一检查组到泰安对贯彻实施安全生产“一法一条例”情况进行执法检查。市委副书记、市长李希信等陪同活动。

9—10日 国际摄影艺术联合会主席里卡尔多·布西与出席第五届世界摄影大会的300名摄影家齐聚泰安，用快门记录下泰安的自然与人文之美。10日上午，在泰山之巅的大观峰，国际摄影艺术联合会向泰安市授牌，命名泰山为“国际摄影艺术联合会认定摄影基地”，泰山由此成为国际摄联在全球指定的第一个“世界摄影基地”，为泰安与世界各地增进了解、扩大交流、加强合作搭建的一个重要平台。市委副书记、市长李希信等出席活动。

△ 市委举办学习贯彻省第十一次党代会精神专题培训班。市委书记王云鹏作开班辅导报告。强调全市各级要以坚定的思想自觉学习领会好省党代会精神，以铁的信念和纪律旗帜鲜明讲政治，以走在前列的目标定位谋划好工作，以改革创新开放为根本动力加快推进新旧动能转换，以抓好党建作为最大政绩推进全面从严治党向纵深发展，以提高干事创业能力为保障推动各项工作落实，坚持以人民为中心的发展思想推动全面发展、协调发展。市委副书记、市长李希信等出席。

△ 省政协副主席翟鲁宁到泰安市就扶贫工作进行专题调研。市委副书记张涛、市政协主席周桂萍等陪同活动。

15日 副省长任爱荣到泰安市督导解决中央环保督察组转办信访问题。强调要坚决贯彻绿色发展理念，切实解决中央督察组转办信访问题，持续提升生态文明建设水平。市委书记王云鹏陪同活动。

△ 全市环保突出问题整改工作推进会议召开，针对当前环保突出问题开展整改工作，进行再部署、再强调、再推进。市领导王云鹏等出席。

14—18日 市委副书记、市长李希信率团参加省政府在香港举办的2017香港山东周活动，组织开展一系列项目推介活动。其间，签约项目9个，协议外资额13.7亿美元。省委副书记、省长龚正出席泰安市有关活动。

17—18日　市委书记王云鹏对肥城市、宁阳县环保突出问题整改工作进行督导。强调各级要主动自查自纠，坚决抓好问题整改，以环境保护倒逼产业转型升级，推动新旧动能转换。

21日　市委副书记、市长李希信主持召开第五次市政府常务会议，听取第三十一届泰山国际登山节暨2017中国泰安投资合作洽谈会筹备情况的汇报，对活动期间的各项内容进行安排部署。

21—22日　省政协副主席许立全带领调研组到泰安，就“发挥政协民主监督在全面从严治党中的作用”进行专题调研并座谈。市政协主席周桂萍等参加活动。

23日　市委召开常委会议，听取全市当前经济形势汇报，研究下一步工作措施。市委书记王云鹏，市委副书记、市长李希信等出席会议。

23—24日　省委常委、省纪委书记陈辐宽深入东平县镇村一线，检查中央纪委扶贫领域监督执纪问责工作电视电话会议和全省脱贫攻坚推进会精神贯彻落实情况。市委书记王云鹏等陪同活动。

25日　市十七届人大常委会第四次会议召开。市人大常委会主任唐福泉主持会议。会议听取市政府关于泰安市2016年市级财政决算和2017年上半年全市及市级财政预算执行情况的报告；听取市政府关于对泰安市2017年全市新增政府债务限额及市级预算调整方案（草案）的报告等。

26日　2017泰山国际农业机械博览会在泰山国际会展中心开幕。该次展会由泰安市人民政府、山东省农业机械管理局主办，以“安全、环保、创新、共赢”为主题，重点展示农业机械供应链领域各个环节的新技术、新产品，打造农机购销互动的平台，树起泰山农机旗帜，打造齐鲁农机品牌。农业部总畜牧师马爱国，农业部农机化司司长李伟国，市委书记王云鹏，省农业厅厅长王金宝，市委副书记、市长李希信等出席活动。

△　全市现代农业“一圈一带”项目推介暨重点招商项目签约仪式在泰山国际会展中心举行。农业部总畜牧师马爱国，市委书记王云鹏，省农业厅厅长王金宝，市委副书记、市长李希信出席活动。

29日　全市脱贫攻坚推进会召开，贯彻落实习近平总书记扶贫开发战略思想和关于脱贫攻坚的新指示、新部署、新要求，落实全省脱贫攻坚推进会议精神，坚持精准扶贫、精准脱贫基本方略，强化问题导向，拿出实招硬招，向最难处聚焦聚力，确保如期完成脱贫攻坚任务。市委书记王云鹏出席会议并讲话。市委副书记、市长李希信主持会议。

30日　市委全面深化改革领导小组召开第二十七次会议。会议传达学习省委书记刘家义在省委深改组第三十五次会议上的讲话精神，研究审议《中共泰安市委十届十次全体会议重要改革举措实施规划（2016—2020年）》。市委书记、市委全面深化改革领导小组组长王云鹏主持会议并讲话。市委副书记、市长、市委全面深化改革领导小组副组长李希信，市委副书记、市委全面深化改革领导小组副组长张涛及领导小组成员出席会议。

△　市委召开常委会议，听取关于落实环境保护突出问题整改措施的情况汇报，研究部署下一步工作。会议强调，各级、各部门要按照省委、省政府要求，进一步提高政治站位，增强政治定力，正视工作中遇到的各类问题，做到举一反三，统筹推进，求真务实，做好立行立改、边督边改工作，解决群众反映强烈的突出环境问题，确保中央环保督察取得实实在在的效果。市委书记王云鹏主持会议并讲话。市委副书记、市长李希信等出席会议。

9月

4日　在第33个教师节来临之际，市委书记王云鹏走访山东农业大学和泰安一中，代表市委、市政府，向广大教师和教育工作者致以节日的问候和崇高的敬意。

5日　泰安市举行2017年教师节庆祝大会，表扬全市教育战线上涌现出的先进集体和先进个人。市委书记王云鹏出席会议并讲话。

6日　第三十一届泰山国际登山节暨2017中国泰安投资合作洽谈会开幕式举行。（详见第三十一届泰山国际旅游文化节）

7日　“鲁能杯”第三十一届泰山国际登山比赛暨第二十二届全国全民健身登泰山比赛和登泰山万人徒步行活动起跑仪式在山东农业大学东校区举行。（详见第三十一届泰山国际旅游文化登山节）

△　省政协副主席赵润田到泰安市调研提案成果转化情况。赵润田一行先后到旅游经济开发区拆违现场、高铁新区、英雄山初级中学等项目进行实地调研，对泰安市政协提案工作起到的实效作用充分肯定。市政协主席周桂萍陪同活动。

23日　中国报业教育发展联盟成立大会暨“ZAKER泰安”上线仪式在泰山国际会展中心举行。人民日报社副社长、中国报业协会理事长张建星，市委书记王云鹏等出席活动表示祝贺。

26 日　市政协十三届四次常委会议召开。会议听取市政府关于政府系统 2017 年提案办理情况的通报，审议通过《关于加快推进“三强”企业培植的调研报告》及有关人事事项。市政协主席周桂萍出席会议并讲话。

27 日　泰安市召开贯彻省重点工作推进会工作会议，贯彻落实省委、省政府重点工作推进情况视频会议精神，按照“一切围绕十九大、一切服从十九大、一切捍卫十九大”的要求，分析形势，明确目标任务，强化责任措施，研究部署安保维稳，风险防控和维护国庆节、中秋节旅游秩序等工作，为中共十九大胜利召开营造良好环境。市委书记王云鹏出席会议并讲话。市委副书记、市长李希信主持会议。

28 日　全市卫生与健康大会召开。会议贯彻落实全国、全省卫生与健康大会精神，研究部署新形势下全市卫生与健康工作，加快推进健康泰安建设，为践行新理念、增创新优势、建设富裕文明幸福新泰安打好健康基础。市委书记王云鹏出席会议并讲话。市委副书记、市长李希信主持会议。

30 日　市委书记王云鹏，市委副书记、市长李希信，市人大常委会主任唐福泉，市政协主席周桂萍，泰安军分区司令员邹风亭等领导到泰安革命烈士陵园，与社会各界群众一起，参加公祭烈士仪式，深切悼念革命先烈，缅怀他们的不朽功绩，向人民英雄致以崇高敬意。

10月

1 日　市委副书记、市长李希信到市政中心、泰山景区天外村游人中心看望慰问坚守在岗位上的一线工作人员，督导检查假日安全服务保障工作。

10 日　市委副书记、市长李希信会见到泰安考察的日本大曹工程株式会社社长高野早人一行。日本考察团考察的废旧锂电池回收再利用项目符合环保要求，是泰安市希望着力发展和支持的项目，泰安各相关部门给予重点关注和大力支持。

11 日　省委常委、组织部部长杨东奇围绕激励干部担当作为、以实际行动迎接中共十九大胜利召开到泰安市调研。市委常委、组织部部长高尚山陪同活动。

13 日　市委理论学习中心组开展学哲学用哲学专题学习，学习贯彻习近平总书记“7·26”重要讲话和关于学哲学用哲学的重要指示精神，深入学习《实践论》《矛盾论》等经典著作，掌握马克思主义立场、观点和方法，自觉运用马克思主义哲学武装头脑、指导实践、推动工作。市委书记王云鹏主持会议并讲话。市委副书记、市长李希信等参加专题学习。

16—17 日　市委副书记、市长李希信督导检查全市安全生产工作，强调各级、各部门要强化安全举措，落实安全责任，全力做好安全生产工作，坚决把各种隐患消除在萌芽状态。

20 日　中国科协学会服务中心领导带领调研组到泰安，就全市创新驱动助力工程实施情况进行实地调研。省科协副主席纪洪波、市委副书记张涛陪同活动。

26 日　市委召开常委会议，传达学习中共十九大精神。市委书记王云鹏出席会议并讲话。市委副书记、市长李希信等出席会议。

△　市委全面深化改革领导小组召开第二十九次会议。会议传达全省全面深化改革督察工作会议精神，研究审议《泰安市推进新旧动能转换改革实施方案》《关于进一步加强专项小组改革督察工作的通知》，对下一步改革工作进行安排部署。市委书记、市委全面深化改革领导小组组长王云鹏主持会议并讲话。市委副书记、市长、市委全面深化改革领导小组副组长李希信等出席会议。

△　在收听收看全省领导干部会议后，泰安市召开全市领导干部会议，贯彻落实全省领导干部会议精神，推动中共十九大精神在泰安落地生根。市委书记王云鹏，市委副书记、市长李希信，市委副书记张涛，市人大常委会主任唐福泉出席会议。

31 日　市十七届人大常委会第五次会议召开。会议传达学习中共十九大精神，安排部署常委会贯彻落实工作；听取市政府关于市级行政事业性国有资产管理工作情况的报告等。市人大常委会主任唐福泉等出席会议。

11月

2 日　市委召开常委会议，传达学习省委十一届二次全会精神和省纪委十一届二次全会精神，分析前三季度全市经济运行情况，研究部署下一步工作。市委书记王云鹏主持会议并讲话。市委副书记、市长李希信，市委副书记张涛，市人大常委会主任唐福泉及市委常委等出席会议。

3 日　中国共产党泰安市第十一届委员会第四次全体会议在泰安举行。出席会议的有市委委员 42 人、市委候补委员 9 人。市纪律检查委员会委员和有关方面负责人列席会议。会议由市委常委会主持。

市委书记王云鹏作重要讲话。全会深入学习贯彻中共十九大和十九届一中全会精神，传达学习省委十一届二次全会精神，审议通过《中共泰安市委关于深入学习宣传贯彻党的十九大精神加快富裕文明幸福新泰安建设进程的意见》。

10日　根据中央决策部署和省委工作安排，省委宣讲团中共十九大精神报告会在泰安市举行。省委宣讲团成员、省委讲师团团长孔繁轲作宣讲报告。市委副书记、市长李希信，市委副书记张涛等出席报告会。

12日　省委常委、常务副省长李群带领省直有关部门负责人到泰安，就全市城市规划和泰山山水林田湖生态保护修复试点工程进行实地调研。市委书记王云鹏，市委副书记、市长李希信分别陪同活动。

13日　根据中央决策部署和省委工作安排，省委常委、常务副省长李群到泰安市泰山区，就深入学习贯彻中共十九大精神进行宣讲。省政府副秘书长辛树人，市委常委、宣传部部长王永征出席报告会。

14日　市委书记王云鹏主持召开市委理论学习中心组学习贯彻中共十九大精神辅导报告会暨宣讲工作动员会议，围绕落实全面从严治党新要求作辅导报告，并对全市中共十九大精神宣讲工作进行安排部署。

15—16日　中青旅联盟2017年总经理培训大会暨泰安旅游推介会在泰安举行，中青旅联盟的100家成员单位齐聚泰山脚下，考察泰安旅游，洽谈交流合作。

19日　市委书记王云鹏在市管领导干中共十九大精神第一期专题学习班作辅导报告，强调要深刻学习习近平新时代中国特色社会主义思想，全面落实中共十九大部署，按照“走在前列、位次前移”的目标定位谋划推动工作。

23日　市委副书记、市长李希信会见到泰安考察投资的奥地利全球化领袖公司总经理克里斯毕喜乐一行，双方就下一步合作项目进行深入交流。

30日　市委理论学习中心组进行集体学习，深入学习贯彻中共十九大精神，围绕深刻领会和切实把握习近平新时代中国特色社会主义思想进行学习研讨。市委书记王云鹏主持并作总结讲话。市委副书记、市长李希信，市人大常委会主任唐福泉，市政协主席周桂萍及中心组成员参加学习研讨。

12月

4日　市委召开常委会议，听取全市国防后备力量建设情况汇报，研究下一步工作意见。市委书记王云鹏主持会议并讲话。市委副书记、市长李希信，市人大常委会主任唐福泉，市政协主席周桂萍，泰安军分区司令员邹风亭及市委常委出席会议。

△　市委副书记、市长李希信主持召开第六次市政府常务会议，研究《泰安市政务信息系统整合共享实施方案》等文件起草情况，并就圆满完成2017年目标任务提出具体要求。

7—11日　全市招商引资和项目建设检查考核会议召开。会议检查考核年内全市招商引资和项目建设情况，动员全市上下进一步振奋精神、凝心聚力、坚定信心、找准差距，坚定不移抓好招商引资和项目建设，以新的发展理念引领新的发展实践，努力开创全市发展新局面。市委书记王云鹏，市委副书记、市长李希信等参加会议。

8—9日　第三届世界名山学术研讨会暨区域社会文化发展论坛在泰山学院国际交流中心举行，英国、德国、罗马尼亚、南非、巴西、中国等国家的世界名山代表及专家学者200人参加研讨会。该次学术研讨会在加强世界名山跨区合作、宣传推介、学术交流等方面起到积极推动作用。

10日　山东高速集团董事长、党委书记孙亮到泰安市调研交通基础设施和合作大项目建设情况。市委副书记、市长李希信陪同调研。

13日　全市村和城市社区“两委”换届选举工作领导小组第一次会议暨县（市、区）委书记“两委”换届选举情况汇报会召开。市委书记、市村和城市社区“两委”换届选举工作领导小组组长王云鹏强调，全市各级党组织要提高政治站位，着眼长远发展，勇于担当、攻坚克难，高标准、高质量推进换届选举工作，为加快富裕文明幸福新泰安建设提供坚强组织保证。

14日　市委召开常委会议，传达学习中共中央办公厅印发习近平总书记关于进一步纠正“四风”、加强作风建设重要批示的通知，研究贯彻落实意见。市委书记王云鹏主持会议并讲话。市委副书记、市长李希信等出席会议。

18日　由新华社经济参考报社主办、泰安市人民政府承办的首届国家网信安全生态建设高层研讨会在泰安市举办。中国工程院院士沈昌祥、倪光南，中国科学院核心科研智库机构，中国互联网协会、中国计算机学会等10家网信联盟协会，以及包括360、浪潮、同方等在内的上百家网信领域高管齐聚泰山脚下，共商国家网信安全产品生态建设大计。

19—21日 香港中旅国际投资有限公司总经理室首席战略官、中旅智业文化发展（深圳）有限公司总经理张正启一行到泰安市参观考察。市委副书记、市长李希信会见考察团一行。考察团到徂徕山汶河景区等地参观考察，了解泰安市旅游交通、游览服务、旅游安全设施等情况。

22日 政协第十三届泰安市委员会常务委员会第六次会议召开。市政协主席周桂萍主持会议并讲话。会议审议通过关于召开政协第十三届泰安市委员会第二次会议的决定（草案）；审议通过政协第十三届泰安市委员会第二次会议议程（草案）、日程（草案）及有关事项；听取市政府负责人通报《政府工作报告（征求意见稿）》起草情况和基本概况等。

24日 市委副书记、市长李希信主持召开第七次市政府常务会议，研究《政府工作报告》（讨论稿）、2017年国民经济和社会发展计划执行情况和2018年计划（草案）及2017年财政预算执行情况和2018年预算安排等议题。

26日 市十七届人大常委会第六次会议召开。市人大常委会主任唐福泉，副主任张书盈、王淑玲、陶长江、刘学保、曹步山等出席会议。会议听取关于市第十七届人大二次会议筹备工作情况的报告，市人大常委会代表资格审查委员会关于补选代表的代表资格的审查报告等。

29日 全市经济工作暨金融工作会议召开。会议学习贯彻中央和全省经济工作暨金融工作会议精神，总结全市2017年经济工作，研究部署2018年经济工作和金融工作任务。市委书记王云鹏出席会议并讲话。市委副书记、市长李希信主持会议。

【概况】 9月6—12日，第三十一届泰山国际登山节暨2017中国泰安投资合作洽谈会在泰安举办。该届登山节共安排开幕式和经贸板块、旅游板块、科技板块、文体板块四大板块44项主题活动。

开幕式和经贸板块包括第三十一届泰山国际登山节暨2017中国泰安投资合作洽谈会开幕式、2017中国泰安投资合作洽谈会、泰安市经济社会发展成果展、第二届外国专家泰安行、泰安市经济合作项目推介会、2017百家知名外商泰安行、2017首届泰山国际农业机械博览会、首届国际直销品牌博览会、第二届泰山国际福祉暨康复设备博览会、2017第二届泰山国际残疾人论坛、“叙游子乡情、谋家乡发展”恳谈会、2017首届泰山（润恒城）农副产品博览会以及2017中国国际建筑钢结构及配套产业博览会等活动。旅游板块包括2017中国世界遗产旅游推广联盟全域旅游发展（泰山）巅峰会议、“中华泰山 天下泰安”2017泰安全域旅游网络抢票活动、2017“情系泰山 牵手泰安”全市经济社会发展旅游成果展暨国内百家知名旅行商（电商、融媒体）泰山会盟活动、“平安泰山”中国宝玉石旅游文化展暨首届“泰山玉杯”玉雕大赛系列活动、2017中国（泰山）国际旅游航拍大赛暨中国融媒体泰安采风行、2017泰山国际啤酒节以及2017第五届泰山音乐节等活动。该次活动为全市经济社会的快速发展聚人气、增机遇，鼎力将泰山国际登山节打造成世界了解泰安的窗口、招商引资的平台、游客和市民的欢乐大舞台。

【开幕式】 9月6日，第三十一届泰山国际登山节暨2017中国泰安投资合作洽谈会开幕式在泰山脚下隆重举行。市委书记王云鹏出席活动并宣布大会开幕。市委副书记、市长李希信出席并致辞。波兰希维托赫洛维采市市长大卫·科斯坦姆斯基应邀出席。市委副书记张涛、市人大常委会主任唐福泉、市政协主席周桂萍、泰安军分区司令员邹风亭出席。李希信代表市委、市政府和560万名热情好客的泰安人民，向来宾们表示热烈欢迎。一年一度的泰山国际登山节已经成为发展大众体育、激励全民健身的盛大节日，成为宣传泰山、展示泰安的重要窗口，成为推动经贸合作、促进人文交流的重要平台。该届泰山国际登山节策划了“经贸板块”“旅游板块”“科技板块”“文体板块”四大板块共44项主题活动，并举办全市经济社会发展成果展，充分发挥泰山国际登山节的品牌效应，让世界更好地了解泰安，让泰安更好地走向世界。中国节能环保集团、中国建筑集团、中国图书进出口（集团）总公司、迪卡侬集团、美国蔻驰、普华永道、华润集团等560家国内外知名企业集团，以及来自20个国家和地区的1200名客商参加了中国泰安投资合作洽谈会。开幕式结束后，与会领导和来宾一同参观了泰安市经济社会发展成果展。

【经贸活动】 9月6日，首届泰山（润恒城）农副产品博览会在泰安润恒现代农副产品冷链物流产业园开幕。市委书记王云鹏，市委副书记、市长李希信出席开幕式。泰安润恒现代农副产品冷链物流产业园是全市重点食品物流龙头项目。该项目采用现代化管理手段，依托科学规范的运营管理体系、高标准的检验检疫流程和完善的电子信息管理系统，实施食品质量安全源头追溯，为山东乃至华东地区重要的农副产品集散地。泰山（润恒城）农副产品博览会是第三十一届泰山国际登山节暨2017中国泰安投资合作洽谈会系列重要经贸洽谈活动之一。借助泰山国际登山节这一重大平台，把泰山（润恒城）农副产品博览会办成在全国有一定影响力和知名度的博览会。开幕式结束后，与会领导现场参观了博览会各个展区。

9月6日，作为第三十一届泰山国际登山节系列活动之一的“2017第二届泰山国际福祉暨康复设备博览会”在泰山国际会展中心开幕，125家企业单位参展，参展产品达3000余种，其中不乏无障碍汽车等高科技产品。中国残疾人辅助器具中心副主任王保华、山东省残联理事长仉兴玉、市委副书记张涛等出席开幕式。

9月7日，2017中国泰安投资合作洽谈会重点项目签约仪式举行。来自海内外的朋友齐聚雄伟壮丽的泰山脚下，共商合作发展大计。市委书记王云鹏，市委副书记、市长李希信等出席活动。6个县市区、泰安高新区、泰山景区、泰安旅游经济开发区按照市委、市政府确立的标准，共提报了48个项目。签约仪式上，还签署了一批具有全局性、战略性、有意向性的项目；市政府与华能能源交通产业控股有限公司、东旭集团签署了合作框架协议。

【文化活动】 9月6日，第三届泰山艺术节开幕式暨“泰山魂”大型民族音乐会在泰山国际会展中心举行。省文联副主席、省美术家协会副主席杨枫，市委常委、宣传部部长王永征等出席活动。简短开幕式后，“泰山魂”大型民族音乐会在情绪炽热的民族管弦乐合奏《龙腾虎跃》中拉开帷幕。该次音乐会由山东歌舞剧院民族乐团演奏。音乐会上，除了民族管弦乐合奏、联奏，还有唢呐独奏《一枝花》、吹打乐《繁花似锦》等，精彩纷呈，赢得热烈掌声。泰山艺术节创办于2015年，已经成为全市一张亮丽的文化名片。该届艺术节在近两个月的时间里，构筑艺术展览、舞台演出、学术研讨、群众文化四大活动板块15项活动。

9月7日，市委书记王云鹏，市委副书记、市长李希信等市领导到泰山国际会展中心实地察看“平安泰山”中国宝玉石旅游文化展举办情况。王云鹏一行到泰山玉精品展区，驻足观赏泰山玉雕作品，详细了解泰山玉的成因、分类及泰山玉雕的雕刻技巧。该次展览涵盖玉石种类之多，为泰城历年来之最。入选大展的作品包含了38位全国玉雕大师的近300件作品，珠宝玉石总价值将超10亿元，其中最经典的玉石雕刻名作单件价值就超过1亿元。

9月9日，泰山石敢当文化论坛在文化艺术中心举行。副市长成丽出席活动。该次论坛以“保护·传承·发展”为主题，邀请国内有一定影响力的相关专家学者，针对泰山石敢当文化的保护、传承和发展等方面进行研讨，内容丰富，时代性强，对于传承发扬中华优秀文化，加深泰安在全国乃至世界文化领域里的影响起到重要作用。

【体育活动】 9月7日，“鲁能杯”第三十一届泰山国际登山比赛暨第二十二届全国全民健身登泰山比赛和登泰山万人徒步行活动起跑仪式在山东农业大学东校区操场举行。国家体育总局登山运动管理中心党委书记、中国登山协会副主席续川，山东省体育局纪检组组长王嗣华，波兰友好城市希维托赫洛维采市市长大卫·科斯坦姆斯基，市委书记王云鹏，市委副书记、市长李希信等出席活动。续川、王嗣华为比赛鸣枪发令。王云鹏宣布登山比赛开始。该届比赛紧紧围绕“建设国际知名体育休闲城市”目标，以赛事活动为核心，以“聚集人气、扩大影响”为宗旨，精心组织了12项体育赛事活动，目的是发挥体育赛事的桥梁和纽带作用，促进带动经贸、旅游、科技、文化等主题活动的开展，让世界更好地了解泰安，让泰安更好地走向世界。赛事吸引了来自海内外3366名登山健儿报名参加登山比赛，有1万余名各界群众参加泰山徒步行活动。经过紧张激烈的角逐，各个组别的冠军相继产生。

9月7日，第三十一届泰山国际登山节暨第四届“康王河”杯全民健身嘉年华在天地广场拉开帷幕。泰城市民齐聚一堂，以丰富多彩的活动，感受全民健身热情。当天活动还有激情的拉丁舞表演、柔美的瑜伽展示、震撼的少儿武术健身操秀。作为第三十一届泰山国际登山节的重要组成部分，“康王河杯”全民健身嘉年华活动已经成功举办了三届。该活动既是对全市全民健身成果的展示和检验，也是对各类健身项目的普及和推广，已经有越来越多的市民受到感染，加入到全民健身的行列中，共享体育带来的健康和快乐。

编校　冯宪谟　　审稿　高兴学

市情概览

环境·资源·人口

【位置面积】 泰安市位于山东省中部，处北纬 35° 38′ ～ 36° 28′，东经 116° 20′ ～ 117° 59′。北以泰山与济南市为界，南与济宁市相连，西隔黄河与聊城市及河南省濮阳市相望，东与莱芜市、淄博市、临沂市相邻。东西长约 176.6 千米，南北宽约 93.5 千米，面积 7762 平方千米，占全省面积的 4.94%。泰安城为市政府驻地，位于泰山南麓，北距省会济南 66.8 千米，南至孔子故里曲阜 74.6 千米，处于山东省“一水、一山、一圣人”旅游热线的中间。

【建置沿革】 泰安市是国务院公布的国家历史文化名城。早在 6000 至 4000 年前，汶河两岸的氏族部落创造了繁盛的“大汶口文化”。此后，历代在此设邑、置郡、建府。秦代设济北郡，郡治博阳（故城在今岱岳区旧县村）。汉武帝封禅泰山时置泰山郡，郡治始为博县，汉元封二年（前 109）移至新建之奉高（今岱岳区范镇故县村），北魏时又移治至钜平县（今岱岳区大汶口附近）。北齐改为东平郡，郡治博县。唐宋时分属兖州、郓州（北宋末改称东平府）。金天会十四年（1136）设泰安军，治岱岳镇（今泰安城），泰安之名由此始。境内分属泰安军（金大定二十二年，即 1182 年升为州）与东平府，隶山东西路。元明设置泰安州。清雍正十三年（1735），升泰安直隶州为泰安府，增置泰安县为府治，降东平直隶州为散州，泰安府时辖泰安、新泰、莱芜、肥城、东阿、平阴六县及东平一州，隶山东行省。抗日战争时期，抗日民主政权设立泰山区、泰西区。1950 年 5 月，泰山、泰西两区合并为泰安专区，成立泰安区行政督察专员公署（同年 12 月改称泰安区专员公署），机关驻泰安城。1958 年 10 月，撤销泰安专署，辖县分属济南市和聊城专署。1961 年 7 月，复置泰安专署。1967 年，成立泰安地区革命委员会替代专署。1978 年 7 月，撤销泰安地区革命委员会，成立泰安地区行政公署。1985 年 3 月，撤销泰安地区，原县级泰安市升格为地级市，实行市管县体制。

【行政区划】 2017 年，泰安市辖泰山、岱岳两个区，宁阳、东平两个县，代省管辖新泰、肥城两个市（县级）。全市有乡、镇、街道 88 个（乡 6 个、镇 62 个、街道 20 个），村（居）民委员会 3754 个。其中，泰山区辖 2 个镇、5 个街道，岱岳区辖 9 个镇、2 个街道，泰安高新区辖 1 个乡、4 个镇、1 个街道，泰山景区辖 1 个乡、2 个镇，新泰市辖 1 个乡、16 个镇、3 个街道，肥城市辖 10 个镇、4 个街道，宁阳县辖 1 个乡、10 个镇、2 个街道，东平县辖 2 个乡、9 个镇、3 个街道。

【人口状况】 2017 年年末，全市有常住人口 564.51 万人。常住人口中，泰山区 74.35 万人，岱岳区 61.12 万人，高新区 40.81 万人，泰山景区 10.13 万人，新泰市 127.42 万人，肥城市 96.89 万人，宁阳县 77.45 万人，东平县 76.33 万人。年末，按常住人口计算，全市人口密度 727 人 / 平方千米。其中，市区 834 人 / 平方千米，新泰市 713 人 / 平方千米，肥城市 759 人 / 平方千米，宁阳县 688 人 / 平方千米，东平县 570 人 / 平方千米。

【民族概况】 2017 年年底，泰安市有汉族、回族、满族、壮族、蒙古族、朝鲜族、苗族、侗族、藏族、维吾尔族、彝族、布依族、瑶族、白族、土家族、土族、哈尼族、傣族、黎族、傈僳族、畲族、水族、纳西族、达斡尔族、仡佬族、俄罗斯族、仫佬族、撒拉族、毛南族、鄂伦春族、佤族、拉祜族、景颇族、布朗族、锡伯族、阿昌族、怒族、鄂温克族、东乡族、羌族、哈萨克族、德昂族、柯尔克孜族、赫哲族、裕固族45个民族。汉族547.57万人，占全市总人口的98.5%；44个少数民族8.2万人，占全市总人口的1.5%。其中，少数民族中回族人数为7.9万人，占全市少数民族总人口的96%。少数民族人口在全市呈大分散、小集中分布。全市6个县（市、区）88个乡镇（街道）中，少数民族居住较集中的有39个乡镇（街道）的130个村（居）。其中，少数民族人口占全村人口50%以上的民族村（居）51个，少数民族人口1000人以上的乡镇（街道）20个，少数民族人口1万人以上的县（市、区）有泰山区、岱岳区、新泰市、肥城市。

【土地资源及特征】 全市有土地77.62万公顷。其中，农用地58.45万公顷（耕地36.40万公顷、园地3.99万公顷、林地10.97万公顷，其他农用地7.09万公顷），建设用地12.96万公顷，未利用地6.20万公顷。全市人均占有耕地0.064公顷（0.967亩），农民人均占有耕地0.164公顷（2.457亩）。境域地势自东北向西南倾斜，有山地、丘陵、平原、洼地、湖泊等地貌类型。山地集中分布在境域北部和东部，占全市面积的18.3%，其中泰山雄踞境域北部，其主峰玉皇顶海拔1545米，为山东省第一高峰。丘陵主要分布在新泰市西南部、宁阳县东部、岱岳区西北部、肥城盆地边缘及东平县北部，占全市面积的41.1%，海拔在120米～400米之间。平原主要分布在山麓及河流沿岸，占全市面积的40.6%，海拔在60米～120米之间，其中山东省著名四大山麓平原之一的泰（安）莱（芜）肥（城）宁（阳）平原，大部分在泰安市境内。洼地主要分布在东平县“三湖”（老湖、新湖、稻屯洼）周围，占全市面积的11%，海拔在38米～60米之间。湖泊集中在东平县，“三湖”水面6.35万公顷（含市外部分），其中东平湖系山东省第二大淡水湖，为古梁山水泊遗存水域。

【气候特征】 泰安市属于暖温带大陆性半湿润季风气候区，四季分明，寒暑适宜，光温同步，雨热同季。春季干燥多风，夏季炎热多雨，秋季晴和气爽，冬季寒冷少雪。2017年，全市年平均日照时数2119.9小时，较常年（2313.3小时）偏少193.4小时；年平均气温14.6℃，较常年（13.6℃）偏高1.0℃；年平均降水量621.3毫米，较常年（664.5毫米）偏少6.5%。泰山山顶2017年年日照时数2563.5小时，较常年（2663.8小时）偏少100.3小时；年平均气温6.9℃，较常年（5.9℃）偏高1.0℃；年降水量904.6毫米，较常年（1046.2毫米）偏少13.5%。

【水源特征】 全市境内有大小河流466条，分属黄河、淮河两大流域。大汶河属黄河流域，为市内第一大河，主流起源于莱芜市钢城区汶源街道办事处台子村，自东向西流经全市，由下游的大清河流入东平湖注入黄河，境内流域面积6093平方千米，占全市面积的78.5%。新泰市的东汶河及宁阳县的汉马河、洸府河、宁阳沟属淮河流域的泗河、沂河水系，流域面积1305平方千米，占全市面积的16.8%。全市有水面270平方千米，占全市面积的3.5%，主要包括湖泊、水库、坑塘及部分矿区积水洼地，其中水库687座，总库容9.36亿立方米。发现温泉4处，其中岱岳区桥沟温泉面积8.5万平方米，水深0.5米～8米，混合水温在41℃～49℃之间，水质清澈透明，无臭、无味、无毒，属一级水。全市多年平均水资源总量11.8亿立方米，其中地表水6.9亿立方米、地下水7.4亿立方米（地表水与地下水互相转化的重复量为2.5亿立方米），多年平均可利用量10.66亿立方米。

【生物资源】 全市有野生、栽培及引种成功的高等植物1600余种及变种、亚种、变型，分属191科、775属，陆生脊椎动物4纲300多种，浮游植物8门99种属，浮游动物四大类71种。农作物害虫天敌3纲39科113种。粮食作物主要有小麦、玉米、红薯（俗称地瓜）、高粱、大豆、大麦等。经济作物主要有花生、芝麻、棉花、大麻、烟草、蔬菜等。木本植物分属71科、471种（变种）。用材树种主要有黑杨、毛白杨、刺槐、榆树（又称白榆）、泡桐等50余种。经济林树种主要有苹果、樱桃、核桃、桃、板栗、大枣、杏等30余种，其中“肥城桃”“泰山板栗”“新泰苹果”“宁阳大枣”等被批准为国家地理标志证明商标和农业部农产品地理标志产品。观赏树种有40余种，主要有雪松、圆柏、银杏、槐树（又称国槐）等。以泰山命名的珍稀树木有泰山花楸、泰山柳、泰山椴、泰山盐肤木等20多种，基本上都属于濒危保护级别。古树名木19483株，隶属27科45种，主要有汉柏、唐槐、六朝松等。牧草分属35科、95属、118种，以禾本科最多，菊科次之。全市天然草场年产鲜草约2.5亿千克。中药材分属110科、448种，有10余种属于“道地药材”，为具有全国知名度的药材，如泰山灵芝、泰山何首乌、泰山四叶参、泰山黄精、泰山紫草、汶香附、肥城栝楼、穿山龙、白花丹参、徐长卿等。泰山“四大名药”（泰山何首乌、泰山四叶参、泰山黄精、泰山紫草）被列为国家地理标志证明商标。肥城栝楼属地方名优品种。水生植物 40 种，分属 2 门、18 科、30 属，集中分布于东平“三湖”，主要有藕、芡实、菱角、苇、蒲草等。畜禽品种 50 多个，主要有牛、马、羊、猪、鸡、鸭等，其中东平、宁阳一带的鲁西黄牛为全国四大良种牛之一，役肉兼用。小尾寒羊为稀有品种，主要产地东平县被列为全省小尾寒羊保种基地。水生动物以东平湖、稻屯湖为最多，主要有中华绒螯蟹（毛蟹）、鳖、虾、蚌等。鱼类分属 8 目、15 科、48 种，主要有鲫、鲤、鲢、草鱼等，其中泰山赤鳞鱼（又名螭霖鱼）、东平湖大青虾、东平湖鲤鱼为国家地理标志产品，“泰山金螭霖”被列为国家地理标志证明商标。野生动物有两栖动物 7 种、爬行动物 12 种、鸟类 200 多种。珍稀动物有属国家一级保护动物的白鹳、大鸨、梅花鹿（引进品种）等。

【矿产资源】 境内地下矿产资源丰富，种类齐全，分布较广，具有优势矿产多、资源储量大特点。已发现矿产 63 种，探明资源储量的矿产地 101 处。探明资源储量居全省第一位的矿产有自然硫、石膏、岩盐、钾盐、蛇纹岩和玉石，第二位的有铝土矿，第三位的有铁矿，第四位的有煤矿。耐火黏土、水泥用灰岩、制碱用灰岩等也占有重要地位。铁主要分布在东平县和岱岳区角峪一带，保有资源储量 5.4 亿吨。煤主要分布在新泰市、肥城市、宁阳县、东平县，保有资源储量 20.0 亿吨。自然硫系国内发现唯一的沉积型自然硫矿床，探明资源储量折合纯硫 3.2 亿吨。石膏主要分布在大汶口和汶东两盆地，保有资源储量 380.0 亿吨。岩盐矿分布在大汶口盆地中，地跨肥城市、岱岳区两市区，面积约 36.4 平方千米，氯化钠平均含量 86.76%，保有资源储量 71.6 亿吨。石灰岩除泰山区外，其余 5 县（市、区）均有分布。花岗石主要分布在岱岳区、新泰市、肥城市等地，品种主要有泰山红、泰山花、泰山青、吉祥绿、龙岗红等。耐火黏土主要分布在岱岳区、肥城市等地。

2017 年泰安市人口和自然资源情况

表 1

指　标	单　位	2017 年
人　口		
年末人口总数（户籍）	万人	571.33
人口密度（户籍）	人 / 平方千米	736.06
年末人口总数（常住）	万人	564.51
人口密度（常住）	人 / 平方千米	727.27
土　地		
全市土地面积	平方千米	7762
各类土地面积所占比重		
山　地	%	18.3
丘　陵	%	41.1
平　原	%	40.6
森　林		
森林覆盖率	%	39.6
造林面积	公顷	6113
水文、水利		
水资源总量	亿立方米	11.8
地表水资源量	亿立方米	6.9
地下水资源量	亿立方米	7.4
水面养殖面积	千公顷	8.9

经济和社会发展综述

【概况】 2017 年，全市上下深入学习贯彻中共十九大精神，认真落实市第十一次党代会各项部署，坚持稳中求进总基调，践行新理念，增创新优势，实施“四个一”（一个中心，即以提高经济发展质量和效益为中心；一条主线，即以推进供给侧结构性改革为主线；一项硬任务，即以项目建设为抓手，坚定不移地做大做强实体经济；一个根本着力点，即以人民满意为标准，最大限度地提升人民群众的获得感）发展战略和“一高三强两突破”[做好“一高”（泰安高新区）文章，培植“三强”（区域拉动力强、行业竞争力强、财税贡献能力强）企业，实现“两突破”（突破新泰、肥城工业的龙头带动作用）］发展格局，大力推动供给侧结构性改革，扎实推进新旧动能转换重大工程，着力保障和改善民生，真抓实干，锐意改革，经济发展平稳向好，转型升级向高质量转变，新动能呈现新活力，重点改革深入推进，民生保障更加完善，城乡发展实现新突破，社会事业全面进步，富裕文明幸福新泰安建设进程不断加快。

【经济综合】 ①经济运行稳中向好。初步核算，2017年，全市实现国内生产总值（GDP）3578.4亿元，按可比价格计算（下同），比上年增长6.8%，全年增速保持稳定。第一产业增加值274.6亿元，增长3.4%；第二产业增加值1627.9亿元，增长6.8%；第三产业增加值1675.9亿元，增长7.3%。三次产业结构由上年的8.2∶45.6∶46.2调整为7.7∶45.5∶46.8，“三、二、一”的产业结构形态进一步巩固。人均生产总值63433元，增长6.3%。②物价水平涨势平稳。居民消费价格指数（CPI）累计上涨1.8%，全年各月涨幅基本平稳。12月八大类价格同比“六涨二降”。其中，衣着、居住、生活用品及服务、交通和通信、教育文化和娱乐、医疗保健价格同比分别上涨6.2%、1.7%、1.4%、1.8%、2.8%和6.4%，食品烟酒、其他用品和服务价格同比分别下降0.82%和0.1%。12月，工业生产者出厂价格同比上涨8.7%，其中非金属矿物制品业，化学原料和化学制品制造业，造纸和纸制品业，木材加工和木、竹、藤、棕、草制品业出厂价格增长较快，同比分别上涨40.9%、21.1%、16.2%、14.0%。工业生产者购进价格同比上涨6.7%，环比上涨1.2个百分点。③就业形势总体良好。全市新增就业5.55万人，其中困难群体就业3846人。新增农村劳动力转移就业7.01万人，城镇登记失业人员2.5万人，登记失业率2.35%，低于全年控制目标。举办大中专毕业生招聘会156场次，提供就业岗位3.32万个。培训各类人员5.21万人，其中创业培训1.06万人、就业技能培训4.15万人。培训在职职工9.73万人，失地农民培训9749人。④大众创业更加活跃。年末，实有各类市场主体32.9万户，增长13.3%；实有注册资本（金）5823.8亿元，增长43.8%，户均注册资本177.1万元，增长26.5%。新登记各类市场主体5.6万户，比上年增长15.4%，注册资本（金）总额1365.8亿元，增长55.1%。其中，新登记企业14534户，增长19.6%，占新登记市场主体的26.2%，注册资本（金）1297.9亿元，增长57.9%。

【农林牧渔业】 ①粮食生产总体平稳。2017年，粮食播种面积36.48万公顷（547.2万亩），比上年增加1000公顷（1.5万亩），增长0.3%。其中，夏粮播种面积16.93万公顷（254万亩），下降4.2%；秋粮播种面积19.55万公顷（293.3万亩），增长4.5%。粮食单产463千克/亩，减少0.6千克，下降0.1%。粮食总产253.4万吨，增加35万千克，增长0.1%。其中，小麦总产11.8亿千克，下降4.8%；玉米总产12.8亿千克，增长3.8%。②特色农业大力发展。农作物总播种面积57.7万公顷（865.89万亩）。蔬菜播种面积10.6万公顷（159.2万亩），总产量617.3万吨。年末实有茶园面积2800公顷（4.2万亩），增长10.5%；茶叶总产量620吨，增长49.1%。果园面积2.78万公顷（41.7万亩），下降8.9%；园林水果产量53.4万吨，下降9.3%。年内，新发展有机食品686.67公顷（1.03万亩）；新增绿色食品认证11个，面积4533.33公顷（6.8万亩）；新增

2017年泰安市主要农产品产量

表2

种　类	产　量	单　位	增长（%）
粮　食	253.4	万吨	0.1
油　料	22.2	万吨	-2.1
蔬　菜（含菜用瓜）	617.3	万吨	-1.4
园林水果	53.4	万吨	-9.3
生猪年末存栏	116.1	万头	-32.2
牛年末存栏	15.9	万头	-40.0
其中：奶牛	9.9	万头	-38.8
家禽年末存养	2605.8	万只	-32.3
肉类总产量	40.5	万吨	6.6
奶类产量	27.9	万吨	-29.1
禽蛋产量	24.3	万吨	-3.0

无公害农产品52个，面积3666.67公顷（5.5万亩）。农业部农产品地理标志登记总数达9件。③“绿满泰安”成效显现。全年完成造林作业面积6113公顷（9.2万亩），完成“三边”绿化822.75千米，新建完善高标准农田林网7226.67公顷（10.84万亩），新发展名优经济林面积3733.33公顷（5.6万亩），经济林产品总产量达107万吨，全市有国家级林业龙头企业1家、省级林业龙头企业31家、国家级核桃示范基地1处、省级标准化示范园12处、全省十佳旅游观光果园5处。有5个乡镇、25个村居创建为首批“省级森林镇村”，7个乡镇、30个村居创建为“市级森林镇村”，全市“中国森林氧吧”达到3处。截至年末，全市共有森林公园28处，其中国家森林公园6处、省级森林公园1处；国家湿地公园3处，省级湿地公园3处。在第九届中国花卉博览会上，展品获金奖1个、银奖4个、铜奖7个、优秀奖7个。在第十四届中国林产品交易会上，展品获金奖28个、银奖11个，金奖总数居全省第一。④渔业发展稳定。开展增殖放流，完成东平湖放流苗种3041万尾，黄前、东周等水库增殖放流苗种1368万尾。建立科技示范基地3处，示范面积133.33公顷（2000余亩），带动养殖面积1333.33公顷（2万余亩）。全市水产品产量8.2万吨，渔业产值17.9亿元。⑤畜牧业下降明显。年末生猪、牛、羊分别存栏116.1万头、15.9万头和93.3万只，分别比上年下降32.2%、40.0%、27.5%；全年出栏猪、牛、羊分别为258.3万头、18.6万头和172.0万只，增长10.0%、15.6%，下降3.5%；猪、牛、羊肉产量分别为21.4万吨、4.0万吨和2.5万吨，增长8.0%、16.0%，下降3.5%；牛奶产量32.5万吨，下降29.1%。家禽存栏2605.8万羽，下降32.3%，出栏9048.7万羽，增长11.3%；禽肉产量12.1万吨，增长4.8%，禽蛋产量24.3万吨，下降3.0%。⑥农业基础扎实稳固。年末拥有农业机械总动力505万千瓦。种植业耕种收综合机械化水平达86.7%，实现农机经营总收入28亿元。农村集中式供水工程3951处，其中千吨万人以上67处；机电井22.7万眼，其中规模以上4.2万眼。新增水土流失综合治理面积5.56千公顷。

2017年泰安市主要工业产品产量

表3

种　类	产　量	单　位	增　长（%）
原　煤	1328.4	万吨	-8.2
发电量	110.5	亿千瓦时	-12.0
钢　材	438.5	万吨	-12.0
焦　炭	216.6	万吨	-0.8
原　盐	111.8	万吨	52.2
化学肥料	95.9	万吨	-5.2
塑料制品	21.1	万吨	-2.5
水　泥	685.6	万吨	-15.2
纸面石膏板	12385.0	万平方米	-22.5
起重机	54.4	万吨	22.7
电力电缆	27.5	万千米	-5.6
工业锅炉	15235.0	蒸吨	5.6
变压器	2750.7	万千伏安	1.4
玻璃纤维纱	58.7	万吨	18.5
小麦粉	169.3	万吨	3.4
白　酒	8814.2	万升	5.1
液体乳	27.6	万吨	-3.3
机制纸	43.6	万吨	12.1
布	63666	万米	-7.8

【工业】①工业生产稳中有升。全市实现工业增加值1365.3亿元，比上年增长6.2%，其中规模以上工业增加值增长6.7%。规模以上国有工业增长12.1%，集体工业增长11.9%，股份制工业增长5.7%，外商及港澳台商投资工业增长15.4%。轻、重工业分别增长14.6%和3.7%。②产品产量增长面扩大。在统计的120种工业产品中，64种产品产量比上年增长，增长面比上年多7种，增长超过20%的有16种。③工业企业效益得到改善。1641家规模以上工业企业实现主营业务收入

11月12日，省委常委、常务副省长李群（前排中）到泰安调研泰山山水林田湖草生态保护修复试点工程，市委书记王云鹏（右一）等陪同活动

（王国梁　摄）

4860.6亿元，比上年增长2.2%；利润总额303.7亿元，利税总额459.8亿元，分别增长2.3%和2.0%。④工业新动能引领作用突出。装备制造业增加值增长13.2%，拉动全部规模以上工业增加值增长5.1个百分点，装备制造业占比达38.1%，同比提高0.4个百分点。“三强”工业企业完成增加值同比增长14.1%，超过全部规上工业企业7.4个百分点。规模工业前100名企业完成产值现价同比增长22.7%，占比达41.3%，拉动规模以上工业产值增长8.5个百分点。六大高耗能行业完成增加值同比下降5.0%，低于全部规模工业11.7个百分点；六大高耗能行业增加值占全市规模以上工业的23.1%，同比降低1.6个百分点。

【固定资产投资】①固定资产投资保持稳定。固定资产投资完成2992.5亿元，比上年增长7.2%。从投资项目建设性质看，新建项目完成投资1647.2亿元，增长16.4%。②投资结构调整优化。第一产业投资59.9亿元，增长15.2%；第二产业投资1402.5亿元，增长4.4%，其中工业投资1393.1亿元，增长5.6%；第三产业投资1530.1亿元，增长9.5%。三次产业投资结构由上年的1.8∶48.4∶49.8调整为2∶46.9∶51.1。

【房地产业】房地产开发项目完成投资163.1亿元，比上年下降9.9%，其中商业营业用房完成投资22.4亿元，同比增长9.0%。房屋施工面积1912万平方米，增长4.2%，其中住宅施工面积1512.5万平方米，增长2.3%；商业营业用房施工面积184.5万平方米，增长1.1%。商品房销售面积为330万平方米，同比增长28.7%；商品房销售额186.8亿元，增长37.5%。商品房待售面积158万平方米，同比下降1.2%。其中，商品住宅待售面积103.9万平方米，同比下降8.7%。

【建筑业】361家资质以上建筑企业完成总产值766.3亿元，比上年增长18.2%，其中建筑业企业在外省完成产值293.4亿元，增长43.8%，外省产值占建筑业总产值比重为35.9%，同比提高6.8个百分点，省外市场规模不断扩大。34家一级资质企业完成产值476.9亿元，建筑业企业竞争力快速提升。

【国内贸易】①贸易市场稳中趋旺。实现社会消费品零售总额1608.3亿元，比上年增长10.0%。其中，城镇消费品零售额1417.3亿元，增长10.0%，乡村消费品零售额191.0亿元，增长9.9%。批发业、零售业、住宿业、餐饮业分别实现零售额406.7亿元、1001.9亿元、38.5亿元、161.3亿元，分别增长2.3%、11.9%、20.7%、16.9%。电子商务村级服务站达3464个，全市电子商务网络交易额1050.3亿元，增长44%。②商品销售呈现新特点。限额以上批发零售企业统计数据显示，消费升级类快速增长，家用电器和音像器材类实现零售额60.2亿元，比上年增长14.6%；化妆品类实现零售额6.8亿元，增长15.9%。基本生活类商品增势稳定，服装类商品实现零售额36.7亿元，增长12.1%；鞋帽类商品实现零售额11.6亿元，增长13.0%；粮油食品类商品实现零售额111.7亿元，增长9.7%。汽车类产品趋于饱和，销售趋缓，汽车类实现零售额88.0亿元，仅增长1.5%。

【交通】完成交通投资53.4亿元，比上年增长176.6%，创历史新高。全市公路通车里程达15473.2千米，增长0.8%，公路密度达到199.3千米/百平方千米。高速公路开工项目7个，新改建高速公路总里程348千米，完成投资36.49亿元。普通国省道路网建设累计完成投资8.76亿元，完成改建和大中修90.2千米，105国道东平绕城改建一期工程、S250肥梁线东平大羊至东平梁山界段、S103济临线新泰辉城至交巡队段等6个大修工程和S103济临线曈里大桥危桥改造工程建成通车。新改建农村公路442千米，帮扶68个贫困村建设扶贫道路92.9千米。全市公路、水路运输完成客运量2986万人、旅客周转量19.7亿人千米；完成货运量7815万吨、货物周转量161.8亿吨千米。全市营运性汽车保有量达2.5万辆，集约化客运线路61条，集约化客车比例达58.5%。泰安城区新增公交车350辆，新开通公交线路55条，优化调整12条，建成9个公交首末站和33个公交充电站，"交通一卡通"系统升级。

【邮电通信业】 邮政行业业务总量达13.5万件，比上年增长27.2%。其中，邮政函件158.54万件，包裹9.0万件，汇兑7.18万笔；快递业务量4867.04万件，增长24.7%。邮政行业业务收入10.08亿元，增长20.2%。其中，快递业务收入4.55亿元，增长23.1%。电信业务总量7.1亿元，下降6.8%，移动业务收入24.2亿元，增长5.9%。年末固定电话户数63.8万户，下降11.3%；移动电话582.9万户，下降1.6%；上网用户239.0万户，下降0.6%。

【对外及对港澳台经济】 ①进出口贸易较快增长。实现外贸进出口总额154.4亿元，比上年增长14.5%。其中，出口119.5亿元，增长9.8%；进口35.0亿元，增长34.3%。②利用外资增势强劲。新批准利用外商直接投资项目58个，合同外资176.1亿元，比上年增长221.6%，实际到账外资39.5亿元，增长15.6%。③对外合作力度加大。新签对外承包工程合同额3.5亿美元，比上年增长6.7%；完成对外承包工程营业额4.7亿美元，增长15.2%；派出各类劳务人员3433人次，增长7.9%；境外实际投资7381.2万美元，增长261.5%。

【全域旅游】 接待境内外游客6894.9万人次，实现旅游消费总额757.6亿元，分别比上年增长9.8%和14.5%。其中，国内游客6855.4万人次，实现消费722.7亿元，分别增长9.9%和14.8%。泰山景区接待游客546.8万人次，实现门票收入4.1亿元；方特欢乐世界、花样年华、宝泰隆、天颐湖、太阳部落、刘老根大舞台、泰山温泉城、莲花山、春秋古城、水浒影视城10家景区共接待游客1007.2万人次，实现营业收入8.5亿元。成功创建国家AAA级旅游景区7家、AA级旅游景区6家。

【财政税收】 实现地方一般公共预算收入207.1亿元，同口径增长3.9%。其中，税收收入146.8亿元，同口径增长6.2%。各项税收中，国内增值税30.6亿元，同口径增长23.7%；改征增值税及营业税21.2亿元，同口径下降4.6%；企业所得税11.9亿元，下降1.3%；个人所得税6.4亿元，增长28.9%。全市一般公共预算支出356亿元，增长7.7%。其中，各项民生支出282.2亿元，增长6.1%，占全部财政支出的79.3%。国、地两税实现收入245.5亿元，增长8.0%，其中国税140.2亿元、地税105.3亿元。

【金融】 金融机构人民币各项存款余额3295.8亿元，比年初（下同）增长8.8%。其中，住户存款余额2131.8亿元，增长9.5%。各项贷款余额2103.6亿元，增长8.6%。其中，住户贷款比年初增加170.9亿元，同比多增87.6亿元；中长期贷款余额1150.9亿元，比年初增加173.6亿元，增长17.8%。

【保险业】 保险公司达54家，比上年增加1家，实现保费收入112.1亿元，增长19.6%。其中，财险保费收入25.5亿元，增长23.8%；人身险保费收入86.6亿元，增长18.4%。保险赔付32.9亿元，增长2.0%。其中，财险赔付11.9亿元，增长26.8%；人身险赔付21.0亿元，下降8.2%。

【科技】 研究与试验发展经费83.1亿元，占GDP比重为2.51%，比上年提高0.1个百分点，连续3年超过全省平均水平；规模以上工业企业R&D（研究与开发）投入75.9亿元，占R&D总投入的91.25%，同比增长8.1%。规模以上工业企业实现高新技术产业产值1633.3亿元，同比增长18.8%，占规模以上工业总产值的比重达29.76%，比上年提高1.46个百分点。新增高新技术企业20家，总数达139家；新增科技型中小企业130家，总数达782家；全市科技企业孵化器、众创空间等孵化平台达36家，其中国家级、省级、市级分别为7家、16家、13家。全市发明专利申请1837件，授权425件；全市PCT（专利合作协定）国际专利申请26件。农大肥业、路德工程材料分别获得第十九届中国专利奖优秀奖。截至年末，每万人口有效发明专利拥有量达2.96件，比上年末增加0.55件。全市国家知识产权优势企业7家，山

8月11日，市委副书记、市长李希信（前排左一）等调研部分“创城”工作现场　（王　军　摄）

东省知识产权示范企业16家，通过《企业知识产权管理规范》管理体系认证企业30家。落实普惠性科技政策，148家企业享受研发经费加计扣除15.3亿元，50家企业获研发财政后补助2349.6万元，9家企业实现专利权质押融资1.2亿元，4家企业获得科技成果转化贷款1470万元。引进创新创业高层次人才93人，其中两院院士7人、外籍院士1人、“千人计划”专家3人、国家特殊津贴专家2人、长江学者3人。

【教育】 全市9所普通高校招生4.0万人，在校生12.7万人，专任教师6491人；16所中等职业学校在校生4.5万人，专任教师2231人；183所普通中学在校生32.8万人，专任教师2.48万人；516所小学在校生28.2万人，专任教师1.91万人。学龄儿童入学率、成人识字率均达100%，小学毕业生升学率达98.5%，初中升入普通高中升学率达57.02%。

【文化事业】 年末，全市有公共图书馆7家、文化馆7家、美术馆9家；88个乡镇（街道）全部建成综合文化站，其中国家一级站5个；90%以上村（社区）建成基层综合性文化服务中心。省级以上文化产业示范园区（基地）11家，其中国家级文化产业示范基地1家、省级文化产业示范基地10家。国有文物收藏单位33家，可移动文物6.47万件（套），共17万件。世界文化遗产3处，全国重点文物保护单位14处、省级78处、市级110处。博物馆数量达39家，其中非国有博物馆30家，藏品达36.68万件。各级非遗项目629个，其中国家级11个、省级42个。全市各级共开展各类群众文化艺术活动3.6万余场次，各类送戏下乡演出3857余场次。放映公益电影5.92万场，观影人数比上年提升20%以上。

【广播电视】 截至年末，全市有线数字电视用户121.2万户，增加11.2万户，增长10.2%，入户率达58.7%，提高5.3个百分点；广播人口综合覆盖率、电视人口综合覆盖率分别达到90%和78%。

【档案】 全市各级各类档案馆馆藏档案（非电子）27.7万卷（件、盘、张、册），电子档案11715GB，全年1.42万人次利用档案2.76万卷（件、盘、张、册）。

【医疗卫生】 全市拥有卫生机构4260个。其中，医院103家，疾病预防控制中心9个，专科疾病防治机构9个，妇幼保健机构8个，卫生院69家。各类卫生机构拥有床位31856张，卫生技术人员（不含村卫生室）3.67万人，其中执业（助理）医师1.35万人、注册护士1.60万人。

【体育事业】 新成立市级单项体育协会6个、健身俱乐部6个，市级单项运动协会发展到43个，俱乐部107个。组织举办全民健身运动会赛事项目695项，列全省第三位；日常活动815项，列全省第一位。全市社会体育指导员数量达1.3万余人，超过全市总人口的2.3‰。开展免费体质监测“五进”活动，共监测96个单位1.1万余人次。28名运动员参加第十三届全运会决赛，取得4金、4银、5铜、2个第四、7个第五、2个第六、4个第七、3个第八名的历史最好成绩；35人与省队签订试训协议，20余名运动员参加全国级以上比赛，取得亚洲级铜牌1枚，全国级金牌14枚、银牌16枚、铜牌11枚；派出20个项目697名运动员参加山东省锦标赛，取得金牌40枚、银牌31枚、铜牌43枚，总分1917分。成功举办、承办全运会攀岩入围赛、中国泰山国际山地户外运动挑战赛、泰山国际登山比赛、泰山国际马拉松赛、中国坐标城市定向赛、T60环山徒步走等大型赛事活动。全年销售体育彩票7.48亿元，目标任务完成率达134%。

【城乡建设】①城乡一体化统筹推进。城镇化率达60.63%，比上年提高1.57个百分点，高于全省平均水平0.05个百分点。泰安市列入山东省大城市试点，肥城列入全省中等城市试点、第二批新型城镇化试点，宁阳县列入全省I型小城市试点。②城市基础设施日益完善。以环山路、明堂路、万官大街、桃花源路相连接的泰安中心城区外环线加紧贯通，城市道路微循环逐步改善。万官大街东段及上跨京沪铁路互通立交桥、佛光路、双龙路北段、东湖路东段、擂鼓石大街东段、环山路绿道基本竣工或具备通车条件。开工建设徂徕山景区环湖路二期建设工程等海绵城市建设项目33个，累计形成海绵城市汇水面积41.29平方千米；开工建设高铁新区纵一路、新泰市瑞山路综合管廊等城市地下综合管廊项目，累计建成地下管廊10.1千米。泰安城区已建成城市污水处理厂5座，日处理规模29万吨，出水水质稳定达到《城镇污水处理厂污染物排放标准》一级A排放标准。启动并分期建设引黄济泰应急水源工程，推进黄前水库至三合水厂输水管线工程和徂汶净水厂工程建设。新建中压及以上天然气管道47千米，天然气化率、管道燃气气化率分别达100%、88%。国电联网全线贯通，新增集中供热面积400万平方米。③城乡人居环境逐步改善。全市改造棚户区3.40万套，开工率100%；基本建成1.31万套，基本建成率112%。实施老旧小区改造项目28个，改造面积143万平方米。完成淙河等4条黑臭水体整治任务，完成冯庄河污水管网工程9.5千米。泰安城区全年栽植各类乔灌木61.6万株、模纹花卉材料188.2万株，新增草坪地被17.7万平方米，花园路绿化工程被评为“中国景观园林优质金奖”。④村镇建设快速推进。完成村镇建设总投资127亿元，完成农村危房改造3147户，全部为建档立卡贫困户。全市59个建制镇有污水处理设施，建成并运行污水处理项目77个，日污水处理能力22.4万吨。满庄镇被列入全国特色小镇，2个乡镇、3个村被评为全省第四批美丽宜居小镇、村庄，新增省级美丽乡村28个。推进“厕所革命”，完成农村改厕31.02万户。

8月25日，市委副书记张涛（前排左三）到肥城调研美丽乡村建设工作（李庆林　摄）

【环境保护】①生产能耗大幅下降。全市万元GDP能耗比上年下降8.26%，万元GDP电耗下降7.83%，全市规模以上工业万元增加值能耗下降13.70%。②建设节能稳步推进。建成投产全市首个建筑产业化生产基地，并被评为全省装配式建筑示范基地，明确应用装配式建筑技术项目8个、103.96万平方米。泰安市被评为山东省装配式建筑示范城市，4个工程被评为山东省装配式建筑示范项目。新增绿色建筑评价标识面积230万平方米，岱岳区满庄镇、新泰市羊流镇被评为山东省绿色生态示范城镇，全市县城及以上城市规划区实现绿色建筑发展的全覆盖。③环境保护成效显著。全市$PM_{2.5}$、PM_{10}、SO_2平均浓度分别为56微克/立方米、103微克/立方米、25微克/立方米，与2015年比，分别改善20.0%、19.5%、39.0%，NO_2平均浓度为39微克/立方米，与2015年持平；蓝天白云258天，同比增加21天。主要河湖大汶河（王台大桥断面）、东平湖COD均值分别为17.08毫克/升、17.14毫克/升，同比分别改善3.76%、3.33%，氨氮均值分别为0.15毫克/升、0.07毫克/升，同比分别改善18.05%、36.23%。新增建制镇污水处理能力2.9万吨，改造城市雨污合流制管网32千米。立案查处环境违法案件719件，罚款6798.7万元。④生态市建设再上新台阶。全市划定生态红线区21处，其中水源涵养红线区11处、生物多样性红线区10处，总面积812平方千米，占全市面积的

10.47%。泰山区、新泰市已获得省级生态区市命名，肥城市通过省级验收，全市建成省级以上生态乡镇 65 个（其中国家级 22 个）、生态村 2249 个。

【安全生产】 2017 年，全市七个行业领域（生产经营性道路交通、水上交通、农业机械、渔业船舶、森林火灾、工矿商贸、其他）发生各类生产安全事故 78 起，死亡 73 人。亿元国内生产总值生产安全事故死亡人数 0.020 人，道路交通事故万车死亡人数 1.68 人，煤矿百万吨死亡人数 0 人。

【人口】 年末常住人口 564.51 万人，比上年末增长 0.14%，其中城镇人口 342.3 万人，增长 2.8%。

【居民收支】 泰安居民人均可支配收入 25244 元，比上年增长 8.8%。其中，城镇居民人均可支配收入 32739 元，增长 8.1%；农村居民人均可支配收入 15674 元，增长 8.6%。全市城乡居民收入比（以农村居民为 1）由上年同期的 2.10 缩小至 2.09，城乡收入比缩小 0.01。居民人均消费支出 15302 元，比上年增长 8.9%。其中，城镇居民人均消费支出 19376 元，增长 8.2%；农村居民人均消费支出 10100 元，增长 8.6%。恩格尔系数达 27.4%，比上年下降 0.5%。

【社会保障】 ①社会救助体系日益完善。全市城市月低保、农村年低保标准分别提高到 499 元、3762.5 元，农村低保标准全部达到省定扶贫线以上，城乡低保标准比例达到 1.59 : 1 以内。全市福彩销量突破 6.6 亿元。自 2017 年 7 月起，农村特困供养人员基本生活标准统一为每人每年 5200 元。冬春期间，全市共发放自然灾害生活救助资金 710 万元，救助受灾困难群众 5.83 万人。新建城市社区老年人日间照料中心 10 处、农村幸福院 52 处，新增养老床位 3000 张。深入实施“百千万残疾人就业创业扶贫工程”，对 3545 名残疾人进行职业技能或农村实用技术培训，通过扶贫基地安置，带动 530 名残疾人实现就业增收。实施省、市第一书记帮包村项目，按照每户 2000 元标准扶持贫困残疾人 1308 户。年内，按照每人 1.2 万元～1.32 万元的标准，为 915 名残疾儿童提供免费抢救性康复救助。②社会保障水平不断提高。全市收缴各项社会保险费 168.9 亿元，比上年增长 7.8%。全市参加职工养老保险 135.3 万人，收缴养老保险费 80.1 亿元；参加居民养老保险 279.7 万人，收缴居民养老保险费 21.2 亿元；参加医疗保险 530.5 万人，收缴医疗保险费 59.1 亿元；参加失业保险 62.0 万人，收缴失业保险费 2.4 亿元；参加工伤保险 89.4 万人，收缴工伤保险费 4.1 亿元；参加生育保险 79.0 万人，收缴生育保险费 1.9 亿元，5 个险种 9 个类别的社会保险费收缴率均达 95% 以上。全市发放各项社会保险金 164.2 亿元，比上年增长 11.8%。其中为 26.6 万名机关企事业单位离退休人员发放养老金 88.5 亿元，企业离退休人员养老金社会化发放率保持 100%；为 88.5 万名居民发放养老金 13.1 亿元；支付职工医疗保险待遇 29.5 亿元，其中统筹基金支付 16.2 亿元，涉及职工 122.7 万人；支付居民医疗保险待遇 23.9 亿元；为 1.8 万名失业职工支付失业保险金 1.4 亿元；支付工伤保险待遇 3.9 亿元；已支付生育保险待遇 3.5 亿元。

（注：该部分摘自统计公报。部分数据为初步统计数或快报数。所列生产总值、各产业增加值绝对数，按当年价格计算，增长速度按可比价格计算。） （市统计局）

【概况】 泰安市委全面深化改革领导小组成立于 2014 年，由市委书记任组长，市委副书记、市长和市委专职副书记任副组长，市委常委为成员。领导小组负责全市改革的总体设计、统筹协调、整体推进和督促落实。领导小组设专项小组 9 个，分别为经济体制改革专项小组、民主法制领域改革专项小组、文化体制改革专项小组、司法体制和社会治理体制改革专项小组、社会事业体制改革专项小组、生态文明体制改革专项小组、党的建设制度改革专项小组、纪检监察体制改革专项小组、旅游体制改革专项小组，主要负责相关改革部署在该领域的落实。鉴于泰安市旅游业发展的特点，泰安市在省 8 个专项小组的基础上，增设旅游体制改革专项小组，推进旅游体制方面的改革创新。领导小组下设办公室，与市委政研室一个机构两块牌子，设主任 1 人，由市委常委、市委秘书长兼任；副主任 4 人，其中市委政研室主任和市发改委主任分别兼任副主任，另设专职副主任 2 人。2017 年，全市各重要领域和关键环节改革不断深化，改革试点进展顺利，改革制度红利加速释放，改革效应日渐凸显。年内，组织召开市委全面深化改革领导小组会议 13 次，其中 4 月市委召开的全市全面深化改革工

作会议，市各大班子，市直各部门主要负责人，县（市、区）委书记、改革办主任参加会议，3个县（市、区）、2个市直部门分别代表不同方面作表态发言。该次会议规模大、规格高、针对性强，在全市范围内凝聚起强烈的改革共识。研究审议各类改革方案、文件35个。加强对全市改革工作的统筹协调、整体推进和督促落实，加大对年初确定的184项改革任务的推进力度，脱贫攻坚、“放管服”改革、全域旅游示范市创建、投融资体制改革等得到较好落实；人才管理、“三强”企业培植、招商引资和项目建设等一批自主推进的改革事项取得显著成效；供给侧结构性改革、村级集体产权制度改革、家事审判改革试点等具有重大牵引作用的改革稳步推进，各项惠民措施落地见效，为推动经济社会发展注入新活力、释放新红利，人民群众获得感、幸福感增强。

【改革试点任务推进】 泰安市始终将改革试点作为推进改革的重要途径，结合全市实际，争取各类国家级、省级改革试点，以试点带动面上改革，取得显著成效。全市累计承担省级以上改革试点任务113项，顺利完成试点任务45项，68项试点任务尚在实施（国家级试点32项、省级试点36项）。其中，2017年新争取省级以上改革试点37项（国家级试点14项、省级试点23项）。①加强对改革试点工作的组织领导。对所承接的改革试点，均成立相应的组织领导机构，大部分试点由各级政府一把手或政府分管领导挂帅，相关责任部门主要负责人为成员。对县域经济科学发展试点、服务业综合改革试点、农村改革试验区、旅游综合改革试点、库区移民避险解困试点等重点改革试点，市委书记、县（市、区）委书记均亲自抓在手上，多次现场调研，专题研究部署，推进试点任务落实。②提高改革试点方案编制质量。对承担的所有改革试点，逐一制定印发切实可行的工作方案，明确规定目标要求、完成时限、实施步骤、工作措施和组织保障。重视试点方案质量，大部分试点方案均经过论证、调研、征求意见、评估等程序，一些创新性和专业性较强的试点方案通过高层次领导机构和学术机构共同研究论证。其中，在创建国家级旅游服务综合标准化示范市过程中，专门成立专家委员会，借助省旅游局、省质监局以及泰山学院等技术和学术机构的专家力量共同研究论证；岱岳区乡村旅游改革试点聘请山东省旅游规划设计研究院编制总体规划，邀请泰山规划设计院为里峪村策划《里峪农家乐“一户一品”提升规划》。③及时破解试点难题。在改革试点推进过程中，注重与泰安实际的充分结合，将破除体制机制障碍和探索解决群众生产生活中的突出问题作为工作出发点和落脚点，并通过试点的实施，解决一些突出问题。作为全国第二批农村改革试验区（全国34家，省内仅有东平与青岛市黄岛区入选）的东平县，针对农村土地细碎化、农民兼业化、集体空壳化这一制约集体经济发展难题，坚持以土地股份合作为突破口，引导土地入股、农民入社、活权赋能、合作经营，促进农民收益、集体增收、农业增效、农村发展，被专家称为解决农村集体经济诸多难题的“东平样本”，时任国务院副总理的汪洋对东平县的做法专门作出批示。新泰市是资源枯竭型城市，经过积极争取，承接国家第三批资源枯竭城市、全省县域经济科学发展试点市，在抓项目、培龙头、育产业、促转调、优生态方面大做文章，转型升级工作取得明显成效，并成功争取到全国首批采煤沉陷区光伏领跑者计划，入选全省新旧动能转换重点项目，搭建起转型发展的新支点。东平县是全省第一、全国第二大移民大县，扶贫解困的压力大，经过积极争取，成功列入全国移民避险解困试点，带动全县扶贫解困工作扎实推进。中共十九大期间，央视《新闻联播》栏目对东平县耿山口新社区进行报道。④总结推广试点经验。泰山区承接的国家级社区治理和服务创新实验区工作，在全国社区治理和服务创新实验区交流会上作典型发言。新泰市推进行政体制改革，主持制定6项政务服务国家标准并正式发布实施，走在山东乃至全国的前列。宁阳县深化投融资体制改革工作在2017年省委、省政府重点工作推进会上作典型发言。

【改革工作督察与考核】 年内，先后研究制定《泰安市全面深化改革督察工作实施办法（试行）》《中共泰安市委全面深化改革领导小组2017年督察工作方案》《关于进一步加强专项小组督察工作的通知》，明确市委全面深化改革领导小组、专项小组、市委改革办和改革任务牵头单位的改革督察责任主体。加强对全市重点改革任务的跟踪问效，将10项改革方案、8项改革试点及省委改革办改革督察工作计划等纳入督察范围，确保“改革推进到哪里、督察就跟进到哪里”，推动改革落地生根。年内，市级层面开展改革专项督察173次，各专项小组对23项重点改革工作开展督察115次，各牵头部门对33项重点改革工作开展督察170次。7月下旬至8月底，对《关于进一步加强政务服务平台建设深入推进行政审批制度改革的意见》《关于加快旅游业改革发展的意见》《泰安市养老服务业转型升级实施方案》《关于进一步深化医药卫生体制改革的实施意见》《关于推进基础教育综合改革的实施意见》5个改革方案落实情况进行暗访，及时反馈发现的问题并限期整改。

【改革成效】 坚持改革的系统性、整体性、协同性，把整体推进和重点突破结合起来，对中央和省委全面深化改革领导小组研究审议的改革举措和方案，建立工作台账，安排专门人员督促有关部门单位及时跟进，部署一项、调度一项，成熟一项、研究一项，出台一项、落实一项。确定一批影响泰安经济社会发展的重点领域和重要改革事项进行领衔推进，明确“时间表”“施工图”，加强调度督导，逐项抓好落实，年初确定的184项重点改革任务全部落实完成。推进供给侧结构性改革，市政府印发推进供给侧结构性改革的实施意见，提出50项重点任务和政策措施，“三去一降一补”重点任务顺利推进。“放管服”改革不断深入，出台“1+4”一揽子“放管服”改革方案，连续10批削减市级行政权力事项509项，将2424项市级行政权力事项授权（委托）泰安高新区行使，授权部门全部刻制“2号章”。在省内率先实施“五十证合一、一照一码”改革，事项整合数量居全省首位，各类市场主体比商事制度改革前增长62.1%。国资国企改革持续深化，探索建立以管资本为主的投资运营公司监管新模式，国有资产保值增值率达108%。事业单位分类改革稳妥推进。综合行政执法体制改革完成。推进农村土地“三权”分置，集体产权制度改革全面铺开。供销社综合改革取得成效。首创“河长巡查制度”，市、县、乡、村四级河长组织体系全面建立。实施职工大病保险制度，将104万名参保职工和423万名参保居民全部纳入大病保险保障范围。加大教育改革力度，年内投入51.89亿元，新改扩建中小学237所，推进解决中小学大班额问题，基本完成“全面改薄”任务。有序建立健全泰城城市管理长效机制，巩固提升国家卫生城市复审工作成果。推进全国文明城市创建，市民文明意识和城市文明程度得到提升。社会治理不断加强，平安建设深入推进，圆满完成中共十九大安保维稳工作。

【改革工作宣传】 通过电视、报纸、网络等各种媒体，采取多种形式开展改革宣传发动、改革政策解读，提高干部群众对本地区改革创新工作及重大改革举措的知晓率。年内，在《人民日报》《新华内参》《大众日报》等省级以上主流媒体刊发宣传稿件195篇。宁阳县推动政府和社会资本合作发展被省委改革办向中央改革办推荐为改革典型案例；宁阳县抓党建促村级集体经济发展、东平县农村集体产权制度改革在省委改革办《改革情况交流》刊发；新泰市行政审批服务中心标准化建设、宁阳县投融资体制改革在山东电视台《新闻联播》播出。7月，利用大型政论专题片《将改革进行到底》播出的有利时机，选择11个市直部门、2个县（市、区）、1个试点镇和1个企业进行现场采访，报道各部门单位的讨论学习情况。1月、11月，制定《全市改革工作宣传方案》，分别从全市范围内选取24项、22项改革亮点工作，在《泰安日报》、泰安电视台等市级主流媒体开设《深化改革进行时》专栏，进行集中报道，刊播各类宣传稿件400件；市委改革办编发《改革工作简报》43期；在市委党刊《泰安工作》开设《改革与创新》《政策解读》等专栏，营造全面深化改革工作的良好舆论氛围。

【泰安市全面深化改革专题研修班】 5月17—22日，市委改革办在北京大学举办首期“泰安市全面深化改革专题研修班”。培训班由市委常委、秘书长、改革办主任宋洪银带队，各县（市、区）委改革办、市直有关部门改革工作分管负责人，部分改革工作人员计50人参加培训。该次培训班设置经济、时政、社会管理、党风廉政建设、生态文明建设、综合素质提升等多个专题的课程，聘请中央政策研究室、中央党校、环境保护部等有关方面的专家教授，部分北京大学知名教授进行授课，课程设置科学，内容丰富全面，师资力量强大，为做好全市全面深化改革工作奠定良好的思想和理论基础。（陈　栋）

【概况】 2017年，全市扶贫开发工作把精准扶贫、精准脱贫作为重大政治任务和重要民生工程，坚持抓当期脱贫与抓成果巩固“两手并重”，聚力攻坚重点贫困区域和老弱病残等特殊贫困群体，脱贫攻坚工作取得决定性进展。全年有5.26万贫困人口实现稳定脱贫。涌现出苏庆亮等一批全国脱贫攻坚奖先进典型；2个单位被评为2017年全省脱贫攻坚先进集

体，4 人被评为 2017 年全省脱贫攻坚先进个人。

【组织体系建设】 年内，调整充实市扶贫开发领导小组，进一步健全泰安高新区、泰山景区扶贫组织机构，配强工作力量，全市专职从事扶贫工作人员达 556 人。制定印发《泰安市“十三五”脱贫攻坚规划》，梳理分解 88 项具体任务，明确到 37 个牵头部门和 52 个责任部门。研究确立年度脱贫攻坚的 23 项重点工作，与各县（市、区）、泰安高新区、泰山景区签订年度减贫计划责任书。继续实行市级领导包保脱贫攻坚工作责任制，15 名市级领导包保 6 个县（市、区）、泰安高新区、泰山景区和 30 个脱贫任务较重的乡镇。8 月 24—28 日，市领导王云鹏、李希信、张涛、郭德文、展宝卫、李灿玉、郝红、宋洪银、高尚山、王永征、刘学保、陈湘安、张红旗、赵德健，各县（市、区）委书记，市扶贫开发领导小组成员单位主要负责人，分成 10 个组深入脱贫任务较重的村实地调研，帮助研究脱贫路子，形成四级书记一起抓、党政一齐上、部门全参与的工作局面。

【精准识别与退出】 年内，全市省定扶贫标准以下贫困人口脱贫 5.6 万人，超省计划 14% 以上，其中国家扶贫标准以下贫困人口 3.2 万人，超省计划 23% 以上；完成市级贫困村退出 176 个，省定扶贫工作重点村退出 119 个；新识别贫困人口 599 人，返贫人口 435 人。①核准贫困底数。聚焦“两不愁三保障”“五通十有”及饮水安全等标准要求和“四率两度”（精准识别准确率、识别程序规范率、帮扶责任人到位率、贫困退出准确率，分类扶持措施精准度、贫困群众满意度）等核心指标，开展脱贫攻坚“六查六看六解决”活动，全面梳理排查贫困精准识别情况，做实做细建档立卡数据核准清洗工作。依托精准扶贫综合平台，定期比对分析脱贫户家庭收入状况、返贫潜在因素和后续帮扶措施等，对收入下降、再次返贫的，及时登记，强化帮扶。②规范档案建设。印发《关于加强扶贫开发档案管理工作的实施意见》，建立健全精准扶贫精准脱贫档案工作机制。5 月 7 日，全市精准帮扶措施落实暨档案管理现场会在东平县召开。东平县围绕脱贫攻坚基础性工作和重点任务，制定贫困人口变动、产业带动脱贫、扶贫项目受益、专项资金管理、金融精准扶贫、社会捐助、村级“五通十有”等工作台账 23 套，档案管理水平和内在质量高，为其他县(市、区)提供借鉴参考。③严格脱贫退出。调整完善 2018—2020 年三年脱贫滚动计划，印发《泰安市贫困人口动态调整管理实施细则》，严格标准和程序，做好贫困户脱贫、返贫识别及省定扶贫工作重点村退出等各项工作。

8 月 25 日，市委书记王云鹏（右）到东平县接山镇辛庄村贫困户家中走访
（闫　超　供）

【项目资金管理】 2017 年，全市落实各级财政专项扶贫资金 27219 万元，比上年增长 73.8%。其中，市级资金 6219 万元，增长 143.9%；县级资金 5300 万元，增长 110.3%。纵深推进财政涉农资金统筹整合工作，统筹整合涉农资金 69636 万元用于脱贫攻坚。放大金融扶贫效应，全市扶贫贷款余额 20.86 亿元，比年初增加 11.39 亿元；发放小额扶贫信贷资金 57496 万元，帮扶贫困人口 1.32 万人。落实各级财政产业扶贫资金 13106 万元，实施财政产业扶贫项目 459 个，涉及 671 个村，覆盖贫困人口 2.76 万人，项目收益分配 1060 万元。建立扶贫开发项目库，实行市、县两级专家评审论证制度，综合分析资源禀赋、产业现状、市场空间等因素，挖掘老项目、嫁接老项目、培育建设新项目并举，合理确定项目规模，科学规划项目布局，全市扶贫开发项目库库存项目达 1312 个。对扶贫项目实施双重责任制管理、“扶贫部门

+行业部门+第三方”联合验收等工作机制，坚持“三个必须”，即扶贫项目原址必须检查，防止以旧项目充替新项目；项目实施过程中建设质量必须检查，确保按规划方案实施；项目建设完成必须严格验收，确保扶持到户到人。落实贫困户受益分配确认制度，完善贫困户与新型经营主体的利益联结机制，通过订单帮扶、股份合作、托管托养、资产收益等形式，让贫困群众在参与融入产业生产中共享发展红利。加强项目后续管理，印发《泰安市资产收益扶贫项目实施管理办法》，规范管理各级财政专项扶贫资金及形成的资产，确保扶贫资金资产保值增值、循环使用。

【党建引领扶贫】 ①深化第一书记派驻。印发《关于从市直单位选派第三轮第一书记抓党建促脱贫攻坚的意见》等文件，年内选派第一书记820名（市级选派132名、县级选派688名）。由第一书记任队长，从乡镇选派基层经验丰富的党员干部任队员，组成驻村工作队，共同做好帮扶工作，确保每个贫困村和脱贫任务较重的插花村达到“四个有”（有一名第一书记、有一支帮扶队伍、有一笔扶持资金、有一个增收项目）。2017年，全市315个省市扶贫工作重点村、17个贫困人口较多的插花村和2016年脱贫退出的87个省定扶贫工作重点村实现第一书记、驻村工作队全覆盖。②落实包保帮扶责任。制定帮扶责任人定期入户走访、帮扶措施挂账销号等制度，严格精准帮扶痕迹化管理，实行网格化包保，“穷亲”不脱贫、帮扶不脱钩、责任不解除，确保真包真帮真扶。全市7.34万户贫困户全部落实帮扶责任人，并“量身定做”2条以上帮扶措施，建档立卡贫困人口帮扶责任人到位率达100%。

【重点贫困区域帮扶】 年内，聚焦深度扶贫，推进各类要素资源向深度贫困区域倾斜。抢抓东平县被列为全国水库移民避险解困试点、全省黄河滩区居民迁建试点的机遇，实行搬迁社区与产业园区“两区共建”，统筹推进易地扶贫搬迁、黄河滩区迁建、移民避险解困“三大工程”，投资48亿元，涉及人口7.1万人，为全省易地扶贫搬迁提供样本。黄河滩区在试点工作基础上，整村外迁安置25个村、6604户、2.06万人，其余31个村、1.06万户、3.37万人采取旧村台改造提升、修建撤退道路等方式，从根本上改善群众生产生活条件。实施乡村振兴战略和贫困村提升工程，细化落实“1+28+26”脱贫攻坚政策体系，投资4113万元，新建、改造64个贫困村的农村公路92.8千米；投资2325万元，改造升级78个贫困村的公用配电设施；投资791万元，解决9个贫困村1.12万人的饮水安全问题，完成高标准农田水利建设279.67公顷（4195亩）；投资4005万元，为203个贫困村建设旱涝保收田2186.67公顷（3.28万亩）；投资523万元，配建、改造升级127个贫困村的体育设施；投资415万元，完成83个贫困村综合文化活动室建设，贫困村公共服务和基础设施明显改善。

【特困群体帮扶】 ①兜底扶贫。推进农村低保线与扶贫线“两线合一”，全市农村低保标准平均3762.5元，保障农村低保对象9.06万人，发放低保救助金17477万元；保障农村特困供养对象1.21万人，发放特困供养救助金5529万元。把贫困残疾人作为政策保障的重点，市财政列支147万元，对15个残疾人扶贫基地按8万～15万元的标准给予扶持；投资484万元，对1936户贫困残疾人家庭实施无障碍设施改造；对2.02万名二级以上重度残疾人参加基本养老保险，按照100元/人给予财政补贴；为1.91万名残疾人购买意外伤害保险；开展“辅助器具进家庭”活动，发放各类辅助器具4212件、249万元，贫困残疾人康复服务实现全覆盖。②健康扶贫。完善基本医保、大病保险、医疗救助等多层次保障体系，为符合条件的12.44万名贫困人口办理扶贫特惠保险，在省补助的基础上，每人增加保费50元，医疗商业补充险保额提高到45万元，个人负担费用控制在10%以内。深化大病集中救治一批、慢病签约服务管理一批、重病兜底保障一批“三个一批”，实现多重保障线“一站式”报销结算。通过落实“先诊疗后付费”“两减免两减半”等惠民政策，为患病贫困人口减免医疗费用3183万元；发放医疗救助资金1782万元，救助贫困群众3.16万人次。③教育扶贫。实行从学前教育到高等教育的全覆盖资助政策，投资3682万元，新建、改扩建贫困村学校、幼儿园28处；为1.11万名建档立卡贫困学生发放资助金、补助金等1431万元，免除保教费等915万元；在贫困村学校、教学点设立留守儿童关爱活动室94个，为3319名贫困留守儿童制定个性化关爱“套餐”；争取“泛海助学”资金450万元，资助建档立卡贫困大学新生900人；为1099名在校中高职贫困学生争取“雨露计划”补助330万元。④危房改造扶贫。会同市住建、民政等部门，逐一排查贫困户住房情况，建档立册登记备案，多方筹集建设资金，合理确定改造方式，“能固则固，能建则建，能养则养，能租则租，能保则保”，需要进行危房改造的3147户建档立卡贫困户全部实现安居梦。⑤养老扶贫。组建246个村级孝善养老理事会，与贫困老人子女签订家庭赡养协议，对积极赡养老人的子女，按子女缴纳孝善资金10%比例奖补；无子女的或子女无赡养能力的，由民政等部门按照标准落实供养政策，通过建设农村幸福院、日间照料中心和政府购买居家服务等方式，让贫困老人集中居住、统一护理或者在家居住、固定专人照顾。全市建有敬老院108家、日间照料中心201处、农村幸福院1077个，供养贫困老年人1.76万人。坚持“扶贫”与“服贫”并举，通过政府购买公益岗位方式，聘请养老护理员1486人，照料贫困失能老人5671人。

【行业社会扶贫】 继续实施“62116”科技助推脱贫专项行动，选派352名科技指导员派驻503个村，实现科技指导员贫困村全覆盖。成立山东省扶贫开发基金会泰安办事处，社会捐款达923万元。开展保障贫困群众“过暖冬、过好年”等活动，投入资金5690万元，惠及贫困群众9.5万人。推进“菜单式”志愿服务扶贫、青春扶贫、巾帼脱贫、“百企帮百村”等活动，发展“菜单式”志愿服务站（点）6000个，“菜单式”扶贫志愿者6万人，开展各类志愿服务扶贫活动2.5万场次。实施“牵手关爱”“金晖助老”等行动，1428名青年志愿者牵手1428名家庭贫困留守儿童，998名青年志愿者“结亲”499名贫困老人。开展“健康泰安光明行”“博爱泰山送温暖”等活动，为2617名眼科疾病

8月11日，市委书记王云鹏（前排中）实地调研“创城”中发现的问题并现场办公督促立即整改　（李　明　供）

患者减免费用500万元，为763名贫困白内障患者免费进行复明手术。募集爱心资金500万元，救助贫困母亲1万名，为10万名农村妇女进行“两癌”（宫颈癌、乳腺癌）免费检查。740家企业建立“扶贫车间”971个，辐射带动2.05万名贫困群众就业增收。

【督查考核评估】 印发《脱贫攻坚工作问责办法（试行）》等文件，实行“集中调度、随时督导、月月通报、专项会诊、实时整改、定期考核”六位一体工作推进机制，督导检查产业项目实施、金融扶贫等10类42项内容，督查结果每月分县（市、区）、乡镇进行通报，连续两次排名末位的县（市、区）和连续两次排名后三位的乡镇，约谈其主要负责人，并视情节给予组织处理。聘请第三方机构对全市有脱贫任务的乡镇和1318个村2474户贫困户、3609户脱贫户进行入户调查评估。完成对各县（市、区）、泰安高新区、泰山景区和市扶贫开发领导小组成员单位的年度扶贫开发工作成效考核，强化考核结果运用，严格兑现奖惩，确保扶贫工作务实、脱贫过程扎实、脱贫结果真实。

【扶贫舆论宣传】 年内，在市级以上各类媒体刊发稿件1978篇，其中中央电视台、《人民日报》、新华社等省级以上主流媒体刊发稿件378篇。在《泰安日报》、泰安电视台、泰安广播电台等开设《脱贫攻坚、奔康致富》系列专栏。做好“我眼中的脱贫攻坚”影像档案征集工作，拍摄电影《苏庆亮》《脱贫攻坚 责任重于泰山》等专题宣传片。市、县建立扶贫网站7个，微信微博客户端6个。组织开展“10·17”扶贫日活动。编发《泰安脱贫攻坚简报》38期、《脱贫攻坚舆情信息》165期。　（闫　超）

精神文明建设综述

【概况】 2017年，全市精神文明战线以培育和践行社会主义核心价值观为根本，以提升公民素养和社会文明程度为目标，全力推进创建全

8月11日，市委副书记、市长李希信（左二）等考察“创城”工作（李　明　供）

国文明城市（以下简称“创城”）、乡村文明行动、市民素质提升工程、群众性精神文明创建、志愿服务、未成年人思想道德建设等重点工作，公民素养和社会文明程度不断提升。年内，全市新增全国文明单位6个、全国文明校园3所、全国文明村镇4个，总数列全省第一。新增省级文明单位31个、省级文明村镇28个、省级文明社区5个、市级文明单位89个、市级文明村镇34个、市级文明社区11个。13所学校获第一届省级文明校园称号，80所学校获第一届市级文明校园称号；50户家庭获第一届市级文明家庭称号。推荐“中国好人”10人、“山东好人”51人、“山东好人之星”4人、“省级道德模范”4人。

【推进全国文明城市创建】①调整完善领导机构。印发《关于调整泰安市文明城市创建活动领导小组组成人员的通知》，成立由市委书记王云鹏任组长的“创城”领导小组，领导小组下设办公室，由市委副书记张涛兼任办公室主任。成立以市委常委或分工市长为组长的创建督导组9个，统筹督导全市“创城”工作。泰山区、岱岳区、泰安高新区、泰山景区及市直各部门（单位）均相应成立由主要负责人任组长的领导小组。年内，召开创建全国文明城市推进会、调度会、座谈会等35次。②构建测评体系。根据《全国文明城市测评体系》，印发《泰安市创建全国文明城市测评体系和操作手册》《泰安市创建全国文明城市责任单位任务清单》《泰安市创建全国文明城市共性目标任务》《泰安市创建全国文明城市实地测评任务分工》等，累计近10万字，构建起任务明确、指标清晰、责任到位、分工精确的测评体系手册。③强化督导检查。将城区所辖29个街道（乡镇）划分为29个网格，按照“网格化创建”“项目化推进”“指标化考核”的原则，对全市127个市直及省属以上驻泰安单位和29个网格进行督导考核、验收，打分排名。按照“天天创、天天查，每周一调度、半月一通报”原则，市委、市政府领导带领创建组进行现场督导，现场发现问题、解决问题；市“创城”办严格督导各创建督导组，对发现的问题及时下发督办单并限期整改，整改情况实行一周一通报。同时，根据中央文明办、省文明办的测评反馈，认真分类梳理失分情况，并反馈至各责任单位要求限期整改，市“创城”办及时跟踪督导解决。全年累计督导次数300次，解决问题5000项，查摆整改问题7.16万项，设置规范便民服务摊点13处，规范露天烧烤摊453处，整治改造农贸市场21个，清运各类垃圾400万吨，修补硬化路面1500万平方米，拆除违法建设和乱搭乱建360万平方米，劝导、纠正各种不文明行为累计3万人次。④加强业务培训。组织全市创建全国文明城市业务培训班3次，邀请省文明办、国家统计局山东调查队的领导专家对市直及省属以上驻泰安单位的分工领导及档案资料联络员、实地考察联络员，市“创城”办工作人员，各区负责人，泰安城区主要街道、社区负责人近300人进行专业培训，就创建全国文明城市的工作体制、推进机制、实地测评注意事项、“创城”档案资料的整理和网上申报等方面作专题培训。

【乡村文明行动】2017年，全市有12个村被列入全省乡村文明行动“百镇千村”建设示范工程第五批省级项目。年内，联合市民政局、住建局开展移风易俗和城乡环卫一体化调查督导工作，组成3个督导组对全市所有乡镇进行现场督导摸底，重点督导排名靠后的（低于平均分）乡镇（街道），以每个乡镇（街道）抽查2～3个村（居）、媒体记者分组跟进曝光的形式，督促整改提升。在年底的全省民调中，全市城乡环卫一体化和移风易俗工作分别取得全省第6名和第10名的成绩，分别比上年提高10个位次和3个位次，泰安市被省文明委表彰为先进市。参加全省“移风易俗树新风”微电影大赛和第二届“文明乡村 美丽家园”微纪录片评选展映活动，微电影大赛报送作品6部，获奖2部（《泰山皮影说唱 孝老爱亲》获公益片二等奖，《后悔不晚》获故事片三等奖）；微纪录片报送作品8部，3部作品（《文明花开》《文明乡村 美丽新泰》《生态文明柳沟 宜居美好家园》）获三等奖。泰安市获优秀组织单位奖。年内，印发《关于进一步深化乡村文明行动实施意见》，明确“十三五”期间全市乡村文明行动工作的指导思想、基本原则、目标任务以及六大工程的基本内容和保障措施。

省级第五批“乡村文明家园”建设示范村——新泰市谷里镇岱家庄村志愿者为敬老院老人免费做眼部检查并送去治疗白内障的药品 （李 明 供）

【市民素质提升工程】 ①文明交通劝导活动。组织150个文明单位认管32个交通路口，配合主管部门劝导非机动车路口闯红灯、越线等候红灯和行人闯红灯等不文明交通行为。联合交警支队、团市委分别开展“12·2”交通安全日宣传活动、“小手拉大手·斑马行动”等文明交通系列活动。联合市直机关工委、公安局、教育等部门开展“小手拉大手、机关排头兵、疏堵两手抓”3项文明出行专项行动，并通过广播、电视、泰山网、泰安手机台等媒体播发信息3200条。联合泰安日报社、市公安局交警支队进行“礼让斑马线”直播，其中“向散步式过马路说NO”“礼让斑马线，文明我先行”等直播观看量均超10万次。②文明旅游活动。与市旅游发展委联合印发《2017年全市旅游行业文明旅游工作实施意见》，继续深化“好客泰山人 满意在泰安”品牌建设。“五一”“十一”节假日期间，开展“文明与旅游同行”主题活动，在全市主要旅行社、景区、饭店、车站设置文明旅游公益广告，集中宣传《国内旅游文明行为公约》《中国公民出境旅游文明行为指南》及文明旅游“倡议书”。组织编印《泰安市市民文明手册》精简版，以图文并茂的形式，收录社会主义核心价值观、创建全国文明城市“倡议书”、市民文明公约等内容，宣传普及创建文明城市知识和文明礼仪知识。③“节俭养德”主题活动。开展“节水节电我能行”“文明餐桌、反对舌尖上的浪费”“低碳生活，健康出行”等活动。倡导在公共场所使用节水型用水器具，在水源处设置节水标识，防止跑冒滴漏。与市旅游发展委、商务局联合在全市宾馆、饭店摆放“节俭养德”提示牌，号召市民、游客加入“光盘族”。加强宣传，利用电子显示屏、政务微信、泰安文明微信、泰安文明网等平台，倡树“重节约、勤养德”观念，倡导文明绿色健康出行。

【公益广告宣传】 年内，印发《关于进一步加强公益广告宣传的通知》《2017年创建全国文明城市公益广告宣传设置方案》《关于加强主次干道、主要交通路口公益广告设置 推进文明城市创建的通知》等文件，为开展工作提供保障。市文明办与相关单位联合设计部分公益广告模板，在版面设计上充分体现泰安、泰山的文化特色和地域特点。在各广场公园、道路路口、旅游景点、交通站点等公共场所新建公益广告宣传栏5000处，在各街道、社区及区管辖的道路护栏新增公益广告宣传栏1万处（块）。联合市住建局、城管局、园林局等单位，在城区主要街道、路口、公园、绿地、交通护栏、过街天桥等公共场所设置安装公益广告宣传牌，其中新建社会主义核心价值观主题公园4处，新增景观小品公益广告2000处。围绕学习宣传贯彻中共十九大精神、培育和践行社会主义核心价值观、文明出行、移风易俗、道德模范、未成年人思想道德建设、志愿服务等主题，开展公益广告作品征集活动，择优向省文明办推荐30件。

【未成年人思想道德建设】 年内，调整市未成年人思想道德建设工作领导小组成员及职责，印发《泰安市文明校园管理办法（试行）》《关于进一步加强家庭教育工作的实施意见》《关心关爱留守儿童、困境儿童、流浪儿童等特殊群体未成年人工作安排》等文件，各项工作走上制度化轨道。在全市中小学校开展社会主义核心价值观“进课堂、进教材、进头脑”活动，中小学生基本都能熟练背诵24字社会主义核心价值观。成立市学校、家庭、社会三结合教育网络建设工作协调小组，进行专项督导2次，召开联席会议2次，促进学校、家庭、社会的联动。健全区（县）、校、级部、班四级家委会，校级家委会实现全覆盖。促进资源共享，向未成年人开放体育场地76处、参观基地33处、活动场所4000个。根据《中小学文明校园标准》和《山东省中小学文明校园评比细则》，开展全国、省、市和县（市、区）级文明校园评选活动，252所学校获文明校园称号，其中全国文明校园3所、省级13所、市级80所、县（市、区）级156所。完善3个未成年人校外心理健康辅导站建设，全市各级未成年人心理健康辅导站达678家。新建乡村学校少年宫中央级项目6个，全市累计建成乡村学校少年宫105个，配备社会兼职辅导员900名。举办全市2017乡村学校少年宫成果展示活动，开展书法、乒乓球比赛，推荐20名书法选手和5名乒乓球选手参加全省比赛。拓展“泰山小名士”活动内涵，形成“泰山国学小名士”“泰山书法小名士”“泰山爱心小名士”和“泰山科创小名士”4个品牌，直接参与人次20万人。评选出“泰山国学小名士”54人，1人进入全省决赛，泰安市获优秀组织奖；评选出“泰山书法小名士”100人、“泰山爱心小名士”136人、“泰山科创小名士”78人。组织开展“我的中国梦”主题教育实践活动和“做一个有道德的人”主题系列活动，评选出泰安美德少年100人，举办“美德少年”事迹报告、“夸夸我身边的美德少年”等报告会、演讲会1000场。举办“网上祭英烈”活动，130万人参与。征集童谣作品1200篇，评出优秀童谣55篇，其中一等奖18篇、二等奖23篇、三等奖14篇。开展以“知党爱党、听党话跟党走”为主题的“童心向党”歌咏比赛活动，全市有8万名未成年人直接参与。推荐评选未成年人思想道德建设工作先进典型，泰安市岱岳实验中学被评为第四届全国未成年人思想道德建设工作先进单位，泰安市广播电视台等4个单位被评为第四届全省未成年人思想道德建设工作先进单位，泰安市儿童福利院等19个单位被评为第四届全市未成年人思想道德建设工作先进单位；岱岳区、新泰市被评为第五届全省未成年人思想道德建设工作先进县（市、区），肥城市、宁阳县被评为第五届全市未成年人思想道德建设工作先进县（市、区）；8人被评为第四届全省未成年人思想道德建设工作先进工作者，49人被评为第四届全市未成年人思想道德建设工作先进工作者。

5月20—21日，泰山国学小名士经典诵读电视大赛举行。图为小学组决赛暨颁奖典礼现场（李 明 供）

【志愿服务】 年内，市委宣传部、市委组织部、市文明办、市民政局等38个部门（单位）联合成立市志愿服务工作领导协调小组，加强对全市学雷锋志愿服务活动的统筹协调，印发《2017年度泰安市推进志愿服务制度化的实施方案》，志愿服务制度化稳步推进。印发《泰安市志愿服务基地建设标准（试行）》，新建志愿服务培训基地13个、实践基地18个，全市市级志愿服务基地达49个。12月5日，国际志愿者日当天举行授牌仪式。印发《关于进一步加强和规范学雷锋志愿服务站点建设的通知》，在社区（村）、街道（乡镇）、服务窗口、公共场所、公共文化设施全面推进志愿服务站点建设，全市志愿服务站点累计达1371个。继续推广使用全国志愿服务信息系统，系统注册志愿者达24.2万人，注册团体1.04万个。举办志愿服务培训班，学习宣传《志愿服务条例》。11月，泰安市第一部志愿服务主

12 月 5 日，泰安市志愿服务基地授牌仪式举行　（司　刚　摄）

题电影《紫薇飘香》在全国上映。开展“我爱我家、人人文明、处处风景”百万市民助力“创城”志愿服务主题实践活动，策划重点志愿服务活动 15 项，全市各级各单位志愿服务队走上街头、走进社区，开展志愿服务活动。开展“泰安在创城，咱家怎么办，咱家还有啥意见”调研活动，收回征求意见卡 13.2 万份，整理出市民意见建议 36 条。实施文明劝导志愿服务项目，15 支文明劝导志愿者队伍在市区车站、路口、公园等公共区域开展文明劝导志愿服务活动。开展“志愿扶贫”志愿服务活动，全市 5000 支志愿服务组织策划实施志愿服务扶贫项目 6000 个。策划实施“助考十一年爱心相伴”“‘和你在一起’关注留守儿童”“倡导绿色生活 反对铺张浪费”等网络公益活动，“樱桃红了——帮助樱桃奶奶”专题活动等特色项目 10 多个。开展“学雷锋志愿服务月”“绿满泰安”“过暖冬、过好年”等大型主题志愿服务活动。开展志愿服务先进典型评选推荐活动，65 个典型获市级表彰，23 个典型获省级表彰，泰山小荷公益事业发展中心的“彩虹村”助学——关爱服刑人员未成年子女项目获全国最佳志愿服务项目称号。

【公民思想道德建设】 年内，发动各级各单位和广大干部群众参与“好人线索”推荐活动，全市每月平均推荐 2 万条以上。发动开展“身边好人”评选推荐活动，每月通过电话调度、网络发动、媒体宣传等方式组织各文明单位及县（市、区）做好投票评选活动，并在《泰安日报》、泰安电视台开辟《德耀中华》专栏，集中宣传报道好人事迹。2017 年，泰安市推荐“好人 365”3 人、“中国好人”10 人、“山东好人”51 人、“山东好人之星”4 人，评选“泰安好人”83 人；推荐省级道德模范 4 人、省级道德模范提名奖 6 人，评选市级道德模范 10 人、市级道德模范提名奖 14 人。

【诚信制度化建设】 年内，印发《2017 年诚信制度建设化实施方案》，并征求市发改委、工商局、食药监局等 16 个单位的意见，印发《泰安市关于建立诚信“红黑榜”发布制度的实施意见》，要求各行业主管部门、监管部门建立每季度不少于 1 次的“红黑榜”定期发布制度。对列入诚信“红榜”的企业和个人联合实施守信激励，在公共服务、社会宣传、打假保名优等方面给予支持，优先办理行政审批、审核手续；对列入失信“黑榜”的企业和个人联合实施失信惩戒，给予作为检查或抽查的重点对象，加大监督检查频度，进行约谈、预警或黄牌警告，其生产经营者、主要负责人及产品三年内不得参加各种评比推荐活动等惩戒措施。

【网络文明建设】 年内，泰安文明网平均每天收到各单位信息稿件 100 篇，每季度被中国文明网采用 20 篇、被山东文明网采用 40 篇。设计制作元宵节专题、文明家庭特别策划、社会主义核心价值观微电影等大型网站专题 11 个，其中“2017 年‘泰安美德少年’评选和学习宣传活动”专题被中国文明网采用。对网络传播志愿者进行线上集中培训 2 次。通过“文明泰安”官方微博、微信等新媒体渠道，组织开展春天里的一首诗、清明祭英烈、“泰安美德少年”评选等宣传报道和评选活动 12 项。（李　明）

市级领导班子

中共泰安市委员会

书　记	王云鹏
副书记	李希信
	张　涛（正厅级）
常　委	唐福泉（2月止）
	周桂萍（女，2月止）
	王德慧
	郭德文
	展宝卫（2月起）
	李灿玉
	郝　红（女）
	宋洪银
	高尚山
	王永征（2月起）
秘书长	宋洪银
副秘书长	朱玉春（正县）
	亓　涛（正县）
	张建东（正县，1月起）
	亓顺民（正县）
	杨承修（正县）
	韩志强（正县）
	彭海训（正县）
	姜士科（正县）
	肖玉果（正县）
	刘茂华
	董　磊
	侯红岩
	任　军
	乔国荣
	魏剑峰
	王永征（2月止）
	张成伟（1月止）

泰安市人民代表大会常务委员会

主　任	王云鹏（2月止）
	唐福泉（2月起）
副主任	陈　刚（正厅，2月止）
	刘汉玲（女，2月止）
	滕先森（民建，不驻会，2月止）
	孙运飞（2月止）
	尹衍祥（2月止）
	张书盈（2月起）
	王淑玲（女，九三学社，2月起）
	陶长江（2月起）
	刘学保（2月起）
	曹步山（2月起）
秘书长	张甲士（2月止）
	李起峰（2月起）
副秘书长	蒋庆蓬（正县）
	刘传华（正县）
	高　翔（正县）
	崔拥军（民盟，2月起正县）
	苏俊昌（2月止）
	李　平（2月起）

泰安市人民政府

市　长	李希信
副市长	周桂萍（女，2月止）
	徐恩虎（民革，2月止）
	陈湘安（2月止）
	展宝卫
	鞠向群
	成　丽（女）
	张红旗（1月起）
	赵德健（2月起）
	袁久党（民建，2月起）
特邀咨询	张庆明（民建，4月止）
秘书长	李诚实（4月止）
	张　轫（4月起）
副秘书长	李起峰（正县，1月止）
	于文龙（正县）
	董树平（正县，7月止）
	郑晓明（正县）
	赵玉镇（正县）
	田书阳（正县）
	陈建中（正县，2月止）
	张　耀（正县，7月起）
	葛宝文（7月起）
	李鲁青（女，民革，挂职）

中国人民政治协商会议泰安市委员会

主　席　　辛显明（2 月止）
　　　　　周桂萍（女，2 月起）
副主席　　宋　鲁（2 月止）
　　　　　徐恩虎（民革，2 月起）
　　　　　张庆明（民建，2 月起）
　　　　　刘　君（九三学社，不驻会）
　　　　　谢崇国（农工党，不驻会，2 月止）
　　　　　王昌元（民进，不驻会）
　　　　　谭业刚（2 月止）
　　　　　张书盈（2 月止）
　　　　　王淑玲（女，九三学社，2 月止）
　　　　　张甲军（2 月止）
　　　　　马纯勇（2 月起）
　　　　　程　明（2 月起）
　　　　　孙岱峰（民盟，2 月起）
秘书长　　邢长彦（2 月止）
　　　　　魏　武（2 月起）
副秘书长　石峻岭（正县，7 月止）
　　　　　邵　明（正县，9 月止）
　　　　　孙德常（九三学社，2 月起正县）
　　　　　陈师超（1 月起）

中共泰安市纪律检查委员会

书　记　　郝　红（女）
常务副书记　杨淑东（2 月止）
　　　　　董伟刚（4 月起，11 月止）
　　　　　赵永强（11 月起）
副书记　　张步军（2 月止）
　　　　　张　勇（2 月起）
　　　　　杨永成（2 月起）
常　委　　郭冬云（女，7 月起正县）
　　　　　仇义军（7 月起正县）
　　　　　娄本亮（2 月起）
　　　　　李学军
　　　　　张同武（2 月起）

市委工作部门

市委办公室

主　任　　亓　涛
副主任　　高　斌
　　　　　彭元刚（2 月起）
　　　　　曹玉楼（2 月起）

信访局

局　长　　亓顺民
副局长　　李广生
　　　　　曹永先
　　　　　赵克俊（女）
党组书记　亓顺民
副书记　　魏　勃（正县）

组织部

部　长　　唐福泉（1 月止）
　　　　　高尚山（1 月起）
常务副部长　李千弘（正县）
副部长　　袁久亮（正县，1 月止）
　　　　　张步军（正县，4 月起）
　　　　　蒋永斌（正县）
　　　　　李作超（正县）
　　　　　郝　燕（女，正县）
　　　　　刘焕民
　　　　　刘式堃

老干部局

局　长　　李作超（4 月止）
　　　　　郝　燕（女，4 月起）
副局长　　曲业芝（正县）
　　　　　苏宝菊（女，2 月起）
　　　　　姜桂成
　　　　　鞠晓帆（2 月止）

市委离退休干部党工委

书　记　　李作超（2 月起，4 月止）
　　　　　郝　燕（女，4 月起）
专职副书记　鞠晓帆（2 月起）

宣传部

部　长　　王永征（2 月起）
常务副部长　魏　武（正县，1 月止）
　　　　　袁久亮（正县，1 月起）
副部长　　张耀民（正县）
　　　　　步衍金（7 月止）
　　　　　边永彬
　　　　　苌　晶（女）
　　　　　韩西德（7 月起）

精神文明建设委员会办公室

主　任　　张耀民
副主任　　李　静（女）

统战部

部　长　李灿玉（1月起）
常务副部长　戴　磊（正县，1月止）
　刘卫东（正县，1月起）
副部长　朱志平（正县，2月起）
　刘　华（正县）
　高树顺（正县）
　张庆峰（正县，7月起）
　薛其福
　杨　灏

台湾工作办公室（市人民政府台湾事务办公室）

主　任　刘卫东（1月止）
　张庆峰（7月起）
副主任　马鹏举（回族，正县）
　亓永海

政法委员会（社会管理综合治理委员会办公室）

书　记　郭德文
常务副书记　苗丰平（正县）
副书记　袁　超（正县）
　杨传文（正县）
　李　彤（正县）
　常庆智

社会管理综合治理委员会办公室

主　任　李　彤
副主任　洪　勇
　于善波

政策研究室（改革办）

主　任　杨承修
副主任　李卫国
　李洪洲
　刘义存（2月起）

机构编制委员会办公室

主　任　袁久亮（1月止）
　李作超（4月起）
副主任　张卫国
　王万福
　耿　建

市直机关工作委员会

书　记　张建东（1月起）
副书记　王敬泽（正县，2月止）
　杨彦民（女）
　魏文峰
　张爱国（4月起）
纪工委书记　吕　川

市扶贫开发领导小组办公室

主　任　韩志强
副主任　臧玉海
　马新华
　王　宁（4月起）

市委巡察办

主　任　崔耕和（7月起）
副主任　刘光辉（7月起）

市政府工作部门

市政府办公室

主　任　李起峰（1月止）
　于文龙（2月起）
副主任　宋锡军（7月止）
　葛宝文（7月止）
　李　勇（2月起）
党组书记　李诚实（1月止）
　张　韧（1月起）
党组副书记　李起峰（正县，1月止）
　于文龙（正县，2月起）

市政府调查研究室

主　任　杨建全（正县）
副主任　石　斌（副县）

市政府法制办公室

主　任　侯衍奎
副主任　毕思忠（7月止）
　吕传庆
　宋鸿鹏

市人民防空办公室

主　任　梁国言
副主任　朱效建（2月起）
　薛建旺（2月起）
　谭　伟（兼，2月起）
党组书记　梁国言（2月起）
党组副书记　梁国言（正县，2月止）
纪检组长　朱效建（2月止）

发展和改革委员会

主　任　董世武
副主任　董　军（正县，2月止）
　任广军（正县）
　梁进涛

田　华
贾明清（7 月起）
党组书记　董世武
党组副书记　任广军（正县，7 月起）

物价局

局　长　段爱华
副局长　王胜一
张晋强
张吉峰
党组书记　段爱华
党组副书记　尚庆国（正县）

粮食局

局　长　蔺兴民（2 月止）
梁立元（2 月起）
副局长　张　训
曹兴水
赵文彬
党委书记　蔺兴民（2 月止）
梁立元（2 月起）
党委副书记　朱效光（正县）

经济和信息化委员会

主　任　王光锋（4 月止）
黄正玉（4 月起）
副主任　韩　波（2 月止）
郭庆敏
徐从军
刘元忠（2 月起）
党委书记　黄正玉
党委副书记　韩　波（2 月止）
王培林（2 月止）

中小企业办公室

主　任　陈　峰
副主任　朱　彬（回族）
李洪涛
党总支书记　陈　峰
党总支副书记　朱　彬（回族）

教育局

局　长　张勇华（4 月止）
张　伟（4 月起）
副局长　苏雪峰（女，民进，正县）
张传峰
徐炳伦
党委书记　张勇华（1 月止）
张　伟（1 月起）

科学技术局

局　长　张庆云
副局长　陈士昌（2 月止）
梁晨阳
陈书林
王东之
党组书记　张庆云
党组副书记　刘桂选（正县）

公安局

局　长　鞠向群（兼）
政　委　高荣国（2 月止）
高黎明（2 月起）
副局长　亓子海（正县）
徐志刚（正县）
韩立强（正县）
亓景会（正县）
党委书记　鞠向群
党委副书记　高荣国（正县，2 月止）
高黎明（正县）

民政局

局　长　孙兰俊
副局长　郭大年（正县，2 月止）
宋　萍（女）
陈维文
董　峰
党委书记　梁久军
党委副书记　郭大年（正县，2 月止）
鹿　锋（正县）

司法局

局　长　高建明
副局长　张永伟（2 月止）
任伟建
王序东
杜衍娜（女，2 月起）
党委书记　高建明
党委副书记　张永伟（2 月止）
纪委书记　杜衍娜（女，2 月止）
胡中志（2 月起，12 月止）

财政局

局　长　刘　斌
副局长　辛海明（正县，1 月止）
孙　磊

张焕杰
王庆涛（2月起）
党委书记　刘　斌

人力资源和社会保障局

局　长　蒋永斌
副局长　刘增祥（正县）
许可丽（女，2月止）
周　民
刘业新（2月起）
党委书记　蒋永斌
党委副书记　刘增祥（正县）
刘金安（正县）

国土资源局

局　长　杨春德（4月止）
陈锦勇（4月起）
副局长　赵　成
李新建
王　涛
翟广西
党组书记　杨春德（3月止）
陈锦勇（3月起）
纪检组长　吕卫东

规划局

局　长　吕桂平
副局长　陈京国
窦从东
韩　明（无党派）
丛建永
党组书记　吕桂平
党组副书记　陈京国
刘忠义（正县）

住房和城乡建设局

局　长　张广银
副局长　王海峰（正县，2月起）
许　伟
李松林
刘凤祥
党委书记　张广银
党委副书记　王海峰（正县）

交通运输局

局　长　朱　杰
副局长　王诗新
袁立新
郭启锋
张　鑫（兼）
党委书记　朱　杰
党委副书记　安增利（正县）

水利和渔业局

局　长　曹步山（4月止）
王　骞（4月起）
副局长　孙庆进（正县）
李　全
邢攸三
党委书记　王　骞
党委副书记　郑中其（正县）

农业局

局　长　韩志强（4月止）
刘兆泉（4月起）
副局长　齐田锋（民进，2月止）
许立波（回族，2月起）
王　民
刘　伟（2月起）
党委书记　刘兆泉

商务局

局　长　吕怀玉
副局长　王成岩
张桂明
刘　媚（女）
党委书记　吕怀玉
党委副书记　王林青（正县）

文化广电新闻出版局（文物局）

局　长　王新民
副局长　梁晓东（2月止）
朱　丽（女，民革）
张安军（2月起）
陈士强（2月起）
党委书记　王新民
党委副书记　李京泰（正县）

卫生和计划生育委员会（中医药管理局）

主任（局长）　刘焕星
副主任　倪庆宾（正县）
徐学森
刘建国
牛启富
陈增江
党委书记　刘焕星

党委副书记　倪庆宾（正县）

审计局

局　长　马纯勇（4月止）
辛海明（4月起）
副局长　刘　安
程　波
王燕华（7月止）
吴　思（女）
孟恒新（7月起）
党组书记　马纯勇（1月止）
辛海明（1月起）
党组副书记　张仁安（正县）

环保局

局　长　乔建博
副局长　王正增（2月止）
王炳建
李向农
王　华
党组书记　乔建博

民族与宗教事务局

局　长　朱志平（回族）
副局长　乔敬田（正县）
张西忠
许立波（回族，2月止）
党组书记　朱志平（回族）
党组副书记　乔敬田（正县）

外事侨务办公室

主　任　张　伟（4月止）
柴　力（4月起）
副主任　张秀芬（女）
苗庆民
朱宗穆
党组书记　张　伟（1月止）
柴　力（4月起）
党组副书记　柴　力（正县，4月止）

市政府国有资产监督管理委员会

主　任　刘太荣
副主任　梁立元（2月止）
孙同峰（2月止）
陈　刚
唐衍刚（2月起）
杨辉苍（2月起）
党委书记　展宝卫（副厅，兼，4月止）
刘太荣（4月起）
党委副书记　刘太荣（正县，4月止）
梁立元（2月止）

体育局

局　长　苏有森
副局长　曹东平
许　兵
党组书记　苏有森

统计局

局　长　亓利群（4月止）
董彦和（4月起）
副局长　万传友（正县，兼）
董彦和（2月止）
袭金祥（2月止）
郝金荣
刘　林（2月起）
高　伟（2月起）
党组书记　董彦和（2月起）

林业局

局　长　葛茂金
副局长　李传生
李　杰
张德涛
党委书记　葛茂金

安全生产监督管理局

局　长　袁久党（民建，4月起兼）
副局长　张宪廷（2月起）
仇元青（2月止）
常成武
邵洪文
李　强（2月起）
党组书记　张宪廷（2月起）
党组副书记　张宪廷（正县，2月止）

旅游局（2月更名为旅游发展委员会）

局长（主任）　程　明（4月止）
李华民（4月起）
副局长（副主任）张朝晖（7月止）
刘　水
宋韶峰
党组书记　李华民
党组副书记　高　勤（女，正县）

食品药品监督管理局（食品安全委员会办公室）

局长（主任）　肖和元

副局长（副主任） 王自坦
刘秀文（女）
孙洪英
杨树国
党组书记 肖和元

工商行政管理局

局　长 高　玲（女，4月止）
张京洲（4月起）
副局长 米文珂（回族）
赵东润
陈　政
党组书记 张京洲
党组副书记 张树昌（正县）
纪检组长 季　中

质量技术监督局

局　长 陈晓娜（女）
副局长 相益霖
孙和新
魏传仁
党组书记 陈晓娜（女）
纪检组长 张　斌

市政府派出机构

泰安经济开发区、泰安高新技术产业开发区管理委员会

党工委书记 陶长江（副厅，1月止）
李诚实（1月起）
主　任 陶长江（副厅，5月止）
党工委副书记 孔祥湖（正县）
吴国庆（正县，7月起）
律云彪（正县）
副主任 姚来新（2月止）
赵　胜
刘振华
姜　林
石振房
张安富
乔　伟（女，2月起）
张立忠（2月起）
赵兴伟
纪工委书记 亓习忠

泰安旅游经济开发区管理委员会

主　任 孙卫连
副主任 邱仲慧（7月止）
杨　义
党工委书记 赵传河（1月止）
杨荣和（1月起）
党工委副书记 孙卫连（正县）
王兴燕（女，2月止）
孙　晶（7月起，正县）
纪工委书记 曲宏伟

政务服务中心管理办公室

主　任 胡兆柱
副主任 武家新
孙龙杰（12月止）
党组书记 胡兆柱

泰山风景名胜区管理委员会

党工委书记 姚　霆
主　任 王光锋
党工委副书记 王光锋（1月起）
万庆海
副主任 吕继祥（9月止）
刘　慧（9月止）
朱立辉
纪工委书记 王建雷

市委、市政府直属事业单位

市委党校（市行政学院）

校　长 王云鹏（兼）
常务副校长 吕军德（副厅）
副校长 梅长冬
夏庆涛
陈卫东
牛兰春
张文华

泰安日报社

社　长 戴　冰
副社长 赵利泽（满族）
吕文佳（女，2月起）
总编辑 张洪洲
副总编辑 郑其国
曲　岩（女）
李建中
张文圣
车　军

党委书记 戴 冰
副书记 张洪洲
何麦之（7月起）
吴立银（7月止）
张宏强（7月起）

档案馆（局）
馆（局）长 杨军昌
副馆（局）长 万长江
孙 暄（女，2月起）
侯卫国（2月起）
党组书记 杨军昌

市委党史征集研究办公室
主 任 牛国新（2月止）
王敬泽（2月起）
副主任 张 博
李耀德

市直机关事务管理局（2月更名为机关事务管理局，由党委改建党组）
局 长 于海涛
副局长 王泗明（2月止）
朱开用
郑合祥（9月止）
陈兆金（4月起）
党委（组）书记 于海涛

地方史志办公室
主 任 王天宇
副主任 周美广
曹成义
党组书记 王天宇
党组副书记 周美广
纪检组长 高兴学

地震局
局 长 范为民
副局长 马兆生
刘建中
党组书记 范为民

煤炭局
局 长 徐兆兵
副局长 顾 兵
孟 仲
党组书记 徐兆兵
党组副书记 顾 兵（2月起）

经济合作局（贸促会、商会）
局长（会长） 王志翔
副局长（副会长） 陈 勇
刘 勇
张 斌
党组书记 王志翔
党组副书记 裴黎明（正县）

老龄委员会办公室
主 任 张德臣
副主任 孟凡玲（女）
薛 华
党组书记 张德臣

仲裁委员会办公室
主 任 于 锋
副主任 何麦之（7月止）
刘月永（无党派）
金 飞（回族）
党组书记 于 锋

行业管理办公室
主 任 陈 强
副主任 王 伟（女）
高隆生
党委书记 陈 强
党委副书记 孟兆慧

住房公积金管理中心
主 任 王 峰（回族）
副主任 吕长文
高 伟（2月止）
蒲英标（2月起）
杨 皓（2月起）
党组书记 王 峰（回族）

金融工作办公室
主 任 任树凯
副主任 高 萍（女）
陈克忆
王凤坤
党组书记 任树凯

农业机械管理局
局 长 苗明峻
副局长 刘永勤（2月止）
邢介斌
梁孝祥
王荣军（2月起）

党委书记　苗明峻
党委副书记　刘永勤（2月止）

畜牧兽医局

局　长　鹿道新
副局长　孟庆新（2月止）
柳桂霞（女）
李　华（女）
刘宣生（2月起）
党委书记　鹿道新
党委副书记　孟庆新（2月止）

供销合作社联合社

理事会主任　吴国庆（7月止）
张　莉（女，7月起）
理事会副主任　靳兆宏
王建国
苏礼平
监事会主任　王学光
监事会副主任　李庆涛
党委书记　吴国庆（7月止）
张　莉（女，7月起）

广播电视台

台　长　张建东（1月止）
王传宝（1月起）
副台长　付　强
吴　涛
总编辑　王传宝（7月止）
胡开剑（7月起）
副总编辑　亓修举
亓雪峰
党委书记　张建东（1月止）
王传宝（1月起）
党委副书记　王传宝（正县，1月止）
胡开剑（7月起正县）

城市发展投融资管理中心（4月更名为高铁新区建设发展中心）

主　任　杨荣和
副主任　张书祥（2月起正县）
孙　晶（7月止）
张秀琛
王祥森（2月起）
党委书记　杨荣和（2月止）
张书祥（2月起）
党委副书记　杨荣和（正县，2月起）

泰山玉产业发展管理中心（4月调整为部门管理机构）

主　任　车传祥（2月起）
副主任　车传祥（主持工作，2月止）
张　鹏
党组书记　车传祥（2月起）
党组副书记　车传祥（主持工作，2月止）

泰山索道运营中心

主　任　翟松杰
副主任　葛遵瑞
陈　旭
吴杞强
党委书记　翟松杰
党委副书记　葛遵瑞
李西军
纪委书记　王　军

法院、检察院

泰安市中级人民法院

院　长　朱旭光
副院长　孙岱峰（民盟）
林建森
李成涛
李海滨
党组书记　朱旭光
党组副书记　林建森

泰安市人民检察院

检察长　苏金森
副检察长　岳荣胜
刘学刚
吴新村
王敬政
党组书记　苏金森
党组副书记　岳荣胜
刘学刚

人大、政协、纪委机关

人大专门委员会

法制委员会

主任委员　董庆木（2月止）
刘栋梁（2月起）
副主任委员　孟祥彬（回族，2月止）

刘栋梁（2 月止）
刘向阳（2 月起）

内务司法委员会

主任委员　石　岩（女，2 月起）

财经委员会

主任委员　赵　明（2 月起）
副主任委员　赵　明（2 月止）
梁望东（致公党）
田文飞（2 月止）

农业与农村委员会

主任委员　朱叙民
副主任委员　侯　力（2 月起）
李渊祥

城乡建设与环境资源保护委员会

主任委员　吴洪建
副主任委员　张建国
张兴华（2 月起）

教育科学文化卫生委员会

主任委员　赵同玉（2 月止）
刘　康（2 月起）
副主任委员　刘　康（2 月止）
何广文
王德全

民族侨务外事旅游委员会

主任委员　孟祥彬（回族，2 月起）
副主任委员　辛培佑（2 月止）
石　岩（女，2 月止）
徐　鑫（2 月起）
周光林（2 月起）

人大机关办事机构和工作机构

办公室

主　任　蒋庆蓬
副主任　李　平（2 月止）
刘庆华（2 月起）
毕可波
陈业荣（2 月起）

人事选举代表工作室

主　任　刘　锋
副主任　郭　霞（女）
徐　伟（女）

研究室

主　任　刘文明
副主任　辛振华
王衍婷（女）

法制工作委员会

主　任　刘栋梁
副主任　张文珂

财政经济工作委员会

主　任　梁望东（致公党）
副主任　谷红卫

预算工作委员会

主　任　王照星
副主任　王文忠（2 月起）

农村经济工作委员会

主　任　李渊祥
副主任　李　明（女）
王子强

城乡建设环境保护工作委员会

主　任　张建国
副主任　刘凤芝（女）

教育科学文化卫生工作委员会

主　任　王德全
副主任　侯　丽（女，民革，2 月起）
彭长青

民族侨务外事旅游工作委员会

主　任　石　岩（女，2 月止）
周光林（2 月起）
副主任　周光林（2 月止）

政协专门委员会

提案委员会

主　任　周长欣
副主任　侯迎孔（2 月止）
董　军（2 月起）

经济委员会

主　任　侯永涛（2 月止）
副主任　马玉军

人口资源环境委员会

主　任　张辛东（2 月止）
副主任　王爱军（2 月止）
黄东葵（2 月起）
郭大年（2 月起）

科教文卫体委员会

主　任　李建国
副主任　孙培国（2 月起）
陈占峰

社会法制和民族宗教委员会

主　任　　杨　红（女，2 月起）
副主任　　杨　红（女，2 月止）
　　　　　陈建中（2 月起）
　　　　　韩克双（2 月起）

文史资料委员会

主　任　　张亚莉（女，2 月起）
副主任　　张亚莉（女，2 月止）
　　　　　周建国

港澳台侨和外事委员会

主　任　　张　清（女，民盟，2 月起）
副主任　　张　清（女，民盟，2 月止）

委员联络工作委员会

主　任　　孟永辉（2 月止）

政协机关办事机构和工作机构

办公室

主　任　　邵　明（9 月止）
副主任　　单光德
　　　　　孙　健
　　　　　李伟忠（3 月起）

研究室

主　任　　王　波
副主任　　毕研坤
　　　　　张学亮

委员活动工作室

主　任　　黄会平（女）
副主任　　张　磊（3 月起）

提案委员会工作室

主　任　　侯迎孔（3 月止）
副主任　　徐宗林

经济委员会工作室

主　任　　马玉军
副主任　　杨庆木（3 月止）

人口资源环境委员会工作室

主　任　　王爱军（3 月止）
副主任　　张西环（女）

科教文卫体委员会工作室

主　任　　陈占峰
副主任　　刘雪非（女）

社会法制和民族宗教委员会工作室

主　任　　杨　红（女，3 月止）
　　　　　韩克双（3 月起）
副主任　　李洪奎

文史资料委员会工作室

主　任　　周建国
副主任　　贾汇红（女，民进，1 月起）

港澳台侨和外事委员会工作室

主　任　　张　清（女，民盟，3 月止）
副主任　　刘　宁

纪委内设机构

宣传部

部　长　　曹长钰

研究室

主　任　　陈文远

党风政风监督室

主　任　　张同武（4 月止）

市政府纠风办

主　任　　杨淑东（兼，4 月止）
副主任　　张同武（4 月止）
　　　　　李志学（7 月止）

信访室

主　任　　孙　鹏

案件管理监督室

主　任　　杨成栋

第一纪检监察室

主　任　　袁明山（12 月止）

第二纪检监察室

主　任　　李海平（12 月止）

第三纪检监察室

主　任　　吕丰强（12 月止）

案件审理室

主　任　　刘爱科（12 月止）

纪检监察干部监督室

主　任　　朱玉山

派驻纪检组

第一纪检组
　组　长　　王新慧（正县，12 月起）
第二纪检组
　组　长　　马贵昌（正县，12 月起）
第三纪检组
　组　长　　李和军（正县，12 月起）
第四纪检组
　组　长　　王　蕾（女，正县，12 月起）
第五纪检组
　组　长　　张丽娟（女，正县，12 月起）

第六纪检组
组　长　周生华（正县，12 月起）
第七纪检组
组　长　刘爱科（12 月起）
第八纪检组
组　长　成坤志（正县，12 月起）
第九纪检组
组　长　盛东风（正县，12 月起）
第十纪检组
组　长　李海平（12 月起）

驻市法院纪检组
组　长　赵兴杰（女，正县，12 月起）

驻市检察院纪检组
组　长　吕丰强（12 月起）

驻市公安局纪检组
组　长　田志云（女，正县，12 月起）

驻市教育局纪检组
组　长　曹长钰（12 月起）

驻市卫生和计生委纪检组
组　长　袁明山（12 月起）

驻市住房和城乡建设局纪检组
组　长　续丙西（12 月起）

民主党派

中国国民党革命委员会泰安市委员会
主　委　徐恩虎
副主委　林国志
杨维仁
刘清廷
朱　丽（女）
秘书长　李　芳（女，驻会）

中国民主同盟泰安市委员会
主　委　孙岱峰
副主委　张春庆
丁　爽（女）
张　清（女）
周　奎
秘书长　徐建英（女，民盟，驻会）

中国民主建国会泰安市委员会
主　委　张庆明
副主委　黄屹峰
尹洪宗
魏云刚
陈　文（女）
秘书长　戚　锋（驻会）

中国民主促进会泰安市委员会
主　委　王昌元
副主委　董　洁（女）
吕忠堂
苏雪峰（女）
贾汇红（女）
秘书长　孙圆景（女，民进，驻会）

中国农工民主党泰安市委员会
主　委　徐　坤
副主委　陈玉社
赵晓民
吕学爱（女）
梁群言
秘书长　巩相会（驻会）

致公党泰安市委员会
主　委　梁望东
副主委　张丽霞（女）
鞠达青
李传泰
秘书长　卢晓堂（驻会）

九三学社泰安市委员会
主　委　刘　君
副主委　孙启凯
刘　峰
诸葛玉平
肖　玲（女）
秘书长　刘彦涛（驻会）

群众团体

总工会
主　席　张书盈
常务副主席　巩华仁（正县）
副主席　郭　青
李宝荣
陈长举（3 月起）
党组书记　张书盈
党组副书记　巩华仁（正县）

共青团泰安市委员会
书　记　孔凡洪

副书记　苏伟丽（女）
杨　帅（2 月起）
刘荣星（2 月起）
党组书记　孔凡洪

妇女联合会

主　席　葛　新（女）
副主席　付望舒（女，3 月起）
马　俏（女）
国文丽（女，3 月起）
党组书记　葛　新（女）

科学技术协会

主　席　董树亭（不驻会）
副主席　张秀峰（女）
闫　敏（女）
王　倩（女）
范宝品
党组书记　张秀峰（女）

文学艺术界联合会

主　席　杜广华
副主席　周　鹏
孙　黎
秘书长　孙启琥
党组书记　杜广华
副书记　周　鹏

社会科学联合会

主　席　贾志秋
副主席　米清国（回族）
李光冉
秘书长　王元军
党组书记　贾志秋
副书记　米清国（回族）

工商业联合会（总商会）

主　席（会长）　王淑玲（女）
副主席（副会长）高树顺
亓金海
杨启航
周　晓（2 月起）
秘书长　周　晓
党组书记　高树顺

残疾人联合会

理事长　刘学永
副理事长　尹燕青
刘海力
党组书记　刘学永

归国华侨联合会

主　席　刘　华
副主席　吴　蕾（女，致公党，3 月起）
党组书记　刘　华

各县市区领导班子

泰山区

区　委

书　记　赵　斌
副书记　王爱新（女）
毕华年（1 月起）
常　委　陈庆业（1 月止）
安　丽（女）
徐立勇（1 月起）
刘　静（女，挂职）
谷咏梅（女，挂职）
赵永斌（1 月起）
李培国
王冠祥
刘兴钰（1 月起）

人大常委会

主　任　李殿勤
副主任　王志亮
刘　凤（女，无党派）
葛安华
史书超
李志科

政　府

区　长　王爱新（女，1 月起）
副区长　陈庆业（1 月止）
毕华年（1 月止）
徐立勇
刘　静（女，挂职）
谷咏梅（女，挂职）
杨启典
刘　伟（援疆）
巩春秋（女，挂职）
赵永斌（1 月止）
苏春明（1 月起）
黄　涛（1 月起）
姚学理（女）

政　协

主　席　王成金（1月止）

陈庆业（1月起）

副主席　王德玉

李战德（无党派，不驻会）

钱　涛（1月止）

张　玲（女，民盟）

甄永莲（女）

孙圆景（女，民进，1月起）

纪　委

书　记　李培国

法　院

院　长　刘国锋

检察院

检察长　王增爱

岱岳区

区　委

书　记　亓利群

副书记　王长勇

蔡丽霞（女，1月起）

李玉斌（挂职）

常　委　徐永涛（1月止）

李效军（1月止）

雷建民

展延安（回族）

张　军（1月止）

刘　琳

张　鹏（挂职）

袁义明（1月起）

赵国强

王兆富（1月起）

刘灿玉

人大常委会

主　任　宋海林（1月止）

徐永涛（1月起）

副主任　张　军（1月起）

孙启印

吴秀峰

唐晓飞（女，致公党）

李振华

政　府

区　长　王长勇

副区长　李效军（1月止）

张　鹏（挂职）

袁义明（1月止）

杨昭晖（1月起）

孙启龙（1月起）

张建峰（1月起）

朱延华（女）

政　协

主　席　黄东葵（1月止）

李效军（1月起）

副主席　赵平明（1月止）

游志成（无党派）

郑成领（1月止）

法臣文（回族，无党派）

肖　玲（女，九三学社）

方增群

刘桂华（女，1月起）

徐建英（女，民盟，1月起）

纪　委

书　记　展延安（回族）

法　院

院　长　高广权

检察院

检察长　郝永生

新泰市

市　委

书　记　刘钦海

副书记　赵书刚

倪建军（1月起）

常　委　刘　军

韩学锋（1月止）

桑　民

刘向军（挂职）

夏念新（1月起）

赵文坡（1月起）

刘敬锋

仇安源

李　玲（女，1月起）

人大常委会

主　任　张　宏（1月止）

马秀义（1月起）

副主任　亓桂峰

郭志强

张传军（农工党，不驻会，1

月止）
毕汝凤（女，1月止）
宋炳华（1月止）
渠红梅（女，回族，民革，1月起）
朱致义（1月起）
安　原（1月起）

政　府

市　长　刘钦海（1月止）
赵书刚（1月起）
副市长　倪建军（1月止）
桑　民（1月起）
刘向军（挂职）
侯　丽（女，回族，民革，1月止）
韩庆东（1月止）
夏念新（1月止）
赵文坡（1月止）
吴振吉（1月起）
苏永涛（1月起）
李　斌（1月起）
周典红（女，1月起）

政　协

主　席　马秀义（1月止）
韩学锋（1月起）
副主席　李光君（1月止）
耿玉松（民盟，1月止）
薛宝良（1月起）
张传军（农工党，1月起）
殷培文（农工党）
尹承学（1月止）
渠红梅（女，回族，民革，1月止）
万传宦（1月止）
赵连军（1月起）
徐加柱（无党派，1月起）
马丽丽（女，回族，九三学社，1月起）

纪　委

书　记　刘　军

法　院

院　长　吕　华

检察院

检察长　卜静波（女）

肥城市

市　委

书　记　常绪扩
副书记　殷锡瑞
王立军
常　委　侯庆洋（1月止）
辛　涛
乔　磊
戴先锋
名树伟（1月起）
王勇强
王志勇（1月起）
苏伟丽（女，挂职）
付　玲（1月起）

人大常委会

主　任　赵燕军
副主任　王同华（女，民革，不驻会）
杜玉江（1月止）
宁洪法
张　伟（1月起）
李向东（1月起）
刘　益

政　府

市　长　殷锡瑞（1月起）
副市长　王志勇
苏伟丽（女，挂职）
名树伟（1月止）
李向东（1月止）
侯卫国（援疆）
赵兴广（回族，无党派）
鄂宏超（满族）
孙　琪（女）

政　协

主　席　何敬鹏（1月止）
侯庆洋（1月起）
副主席　杜尊春
江玉祥（无党派，不驻会，1月止）
杨淑贞（女，无党派，不驻会）
张　伟（1月止）
邹家强

付振江（致公党）
李红伟（女，农工党，1 月起）
刘　琴（女，致公党，1 月起）

纪　委
书　记　戴先锋

法　院
院　长　石　军

检察院
检察长　杨希沧

宁阳县

县　委
书　记　刘学保
副书记　陈　波
王国强（1 月起）
常　委　侯　涛（1 月止）
孟庆刚
张培峰（援疆）
赵相鑫（挂职）
刘　明（1 月起）
崔　媛（女，1 月起）
董　骞（1 月起）
张　涛（1 月起）
王广浩
周鹏飞

人大常委会
主　任　徐　鑫（1 月止）
李为群（1 月起）
副主任　靳恩松
苑继常（民革，1 月止）
张树法
周慎凯
马海荣（女）

政　府
县　长　陈　波（1 月起）
副县长　张培峰（援疆）
刘　明
赵相鑫（挂职）
崔　媛（女，1 月止）
柳桂敏（女，民建）
董　骞（1 月止）
李　甠
于师义（1 月起）
许　军（1 月起）

政　协
主　席　李为群（1 月止）
侯　涛（1 月起）
副主席　尚　勇（民革）
程洪良（1 月止，不驻会）
连桂荣（无党派，不驻会）
辛艳珍（女，无党派，不驻会）
韩运来
董先思
戴　伟（无党派，1 月起）

纪　委
书　记　孟庆刚

法　院
院　长　杨福桐

检察院
检察长　尚晓兵

东平县

县　委
书　记　赵德健
副书记　刘　玉
宫庆会（1 月起）
常　委　陈传帅
王　强
徐宗才（回族）
陈　锋
宋鸿鹏（挂职）
张立国（1 月起）
徐彩虹（女）
靳庆新（1 月起）

人大常委会
主　任　刘思宏
副主任　侯圣玉（1 月起）
何振泉（1 月止）
李元申（无党派）
尹承海（1 月止）
陈兰芳（女）
王成明（1 月起）
牛之春（1 月起）

政　府
县　长　刘　玉（1 月起）
副县长　宫庆会（1 月止）
陈传帅（1 月起）
宋鸿鹏（挂职）

	张立国（1月止）
	程　鹏（女，民革）
	侯圣玉（1月止）
	李广义（1月起）
	王洪亮
	李生广（1月起）

政　协

主　席	刘祥涛
副主席	赵永恕
	侯宪平（1月止）
	吴绪季（无党派）
	王金艳（女，满族，无党派）
	王成生
	孟　光（无党派）

纪　委

书　记	徐宗才（回族）

法　院

院　长	张海鹏（1月起）

检察院

检察长	张　亮（8月止）
代检察长	赵平原（8月起）

驻泰安部队

泰安军分区

司令员	邹风亭
政　委	王德慧
副司令员	焦念斌（6月止）
	吴　伟（6月起）
	任建宙（6月起）
战备建设处处长	吴　斌（7月起）
动员处处长	韩战宁（7月起）
政治工作处主任	刘秤荣（6月止）
	朱景洲（7月起）
保障处处长	牛纪宝（7月起）
党委书记	王德慧
党委副书记	邹风亭
纪委书记	任建宙（8月起）

武警泰安市支队

支队长	邹本忠
第一政委	鞠向群（兼）
政　委	周显喆
副支队长	陆丹红（4月止）
	丁　伟（4月起）
副政委	公茂青
参谋长	贾　涛（4月止）
	陆丹红（4月起）
政治处主任	党光敏（4月止）
	刘　锟（4月起）
后勤处长	朱　越
第一书记	鞠向群（兼）
党委书记	周显喆
纪委书记	公茂青

泰安市公安消防支队

支队长	许传升（3月止）
	巩向海（12月起）
政　委	张翠花（女）
副支队长	丰　光
	刘　锋（12月起）
	于平国（3月止）
副政委	张　杰（3月止）
	张传永（12月起）
参谋长	刘　锋（7月止）
	闫志强（12月起）
政治处主任	张传永（12月止）
	许松华（12月起）
后勤处长	任鹏飞
防火监督处长	马宏彬
党委书记	张翠花（女）
党委副书记	许传升（3月止）
	巩向海（12月起）
纪委书记	张传永（12月起）

中央、省属驻泰安单位

国家税务局

局　长	周建奎
副局长	陈　平（5月止）
	崔　健
	刘先军
	孙雷春（7月起）
	潘　武（7月起）
党组书记	周建奎
纪检组长	郭宝龙

地方税务局

局　长	郝　玲（女）

副局长　张鲁光
李　达
李西坤
党组书记　郝　玲（女）
党组副书记　张鲁光
纪检组长　宋来竹

气象局

局　长　徐法彬
副局长　张兴强
徐学义
党组书记　徐法彬
纪检组长　玄绪峰

泰安海关

关　长　张　辉
副关长　郝呈华（8月止）
刘禄玲
肖永琪（8月起）
党组书记　张　辉

泰安出入境检验检疫局

局　长　王兴雷
副局长　马红中
叶　炜
党组书记　王兴雷

中国人民银行泰安市中心支行

行　长　杨化军
副行长　庞建敏
王　伟（2月止）
孙　蕾（女，6月起）
李国栋（2月起）
司斌涛
党委书记　杨化军
党委副书记　庞建敏
纪委书记　孙世超

中国银监会泰安监管分局委员会

局　长　王希娟（女）
副局长　刘　健
蒋代明
党委书记　王希娟（女）
纪委书记　孙钦波

中国工商银行泰安市分行

行　长　刘洪波（1月止）
金　滨（1月起）
副行长　姚伟勇（8月止）
李新武
梁尔政
陈福五
党委书记　刘洪波（1月止）
金　滨（1月起）
纪委书记　梁化新

中国农业银行泰安市分行

行　长　孟宪军
副行长　戴国文
刘学德
王会堂
党委书记　孟宪军
党委副书记　戴国文
纪委书记　刘文国

中国银行泰安分行

行　长　李　波
副行长　柳　星（女，1月止）
周　源（10月止）
冯德厚（1月起）
张桂浩（4月起）
党委书记　李　波
纪委书记　王洪军

中国建设银行股份有限公司泰安分行

行　长　张岱山（3月止）
姜学军（3月起）
副行长　李　晋（7月止）
张开锦
张冬凌（女，5月止）
李　军
孙　良
楚　栋（8月起）
党委书记　张岱山（3月止）
姜学军（3月起）
党委副书记　李　晋（7月止）
纪委书记　张开锦

交通银行泰安分行

行　长　梁发强（12月止）
副行长　王子敬（12月起）
楚增明
姜　宏
党委书记　梁发强（12月止）
党委副书记　王子敬（12月起）

中国农业发展银行泰安市分行

行　长	王　烽（1月止）
	宋　毅（1月起）
副行长	巩克深（1月止）
	王　君（女，1月止）
	李元华
	侯海峰（1月起）
	张效会（3月起）
党委书记	王　烽（1月止）
	宋　毅（1月起）
纪委书记	巩克深（1月止）
	侯海峰（3月起）

省农村信用社联合社泰安办事处

主　任	辛士勇
副主任	焦学杰（4月止）
	郑允幸
党委书记	辛士勇
纪委书记	焦学杰（4月起）

中国人寿保险股份有限公司泰安分公司

总经理	刘新乐
副总经理	冯金国（4月止）
	余　巍
	段崇申
	张　博
党委书记	刘新乐
纪委书记	段崇申

泰安供电公司

总经理	刘加国
副总经理	王少勇
	赵灵臣（4月止）
	张爱群（女）
	刘国明（4月起）
	吴　斌（4月起）
党委书记	王少勇
党委副书记	刘加国
纪委书记	高　强（4月止）
	姜良民（4月起）

中国电信股份有限公司泰安分公司

总经理	宋　亮
副总经理	耿立明
	侯启敬
党委书记	宋　亮
纪委书记	耿立明

中国移动通信集团泰安分公司

总经理	张　磊（8月止）
	刘　健（8月起，11月止）
	孔建坤（11月起）
副总经理	朱　晖
	程化伟
	贾景坤
党委书记	张　磊（8月止）
	刘　健（8月起，11月止）
	孔建坤（11月起）
纪委书记	朱　晖

中国联合网络通信有限公司泰安市分公司

总经理	盖永新
副总经理	聂树秋
	王　平
	于传渭
	齐　平（12月止）
党委书记	盖永新
党委副书记	聂树秋
纪委书记	侯　忠

中国邮政泰安市分公司

总经理	姚志刚
副总经理	赵　磊
	李　平（女）
	尹　澎
党委书记	姚志刚
纪委书记	李　平（女）

泰安市邮政管理局

局　长	张　鑫
副局长	张　锐（女，8月起）
	杨晓霞（女，8月止）
党组书记	张　鑫
纪检组长	杨晓霞（女，8月止）
	张　锐（女，8月起）

山东省煤田地质局

局　长	高洪雷
副局长	赵广金
	郑良村（12月止）
	李　浩（12月止）
	唐德才
	徐志强（12月起）
党委书记	高洪雷
党委副书记	刘吉伦

烟草专卖局（公司）

局　长　孙德育（5 月止）
副局长　方士浩（5 月起）
张洪强
总经理　孙德育（5 月止）
副总经理　方士浩（5 月起）
初　旭
孙　涛
党委书记　孙德育（5 月止）
纪委书记　张洪强

盐务局（盐业公司）

局　长（经理）　程悦明（1 月起）
孙　伟（1 月止）
副局长（副经理）　马金果
于新军（1 月起）
李昌一（1 月止）
党委书记　程悦明
党委副书记　孙　伟（1 月止）
孙建明
纪委书记　于新军（1 月起）

泰安水文水资源勘测局

局　长　侯恩光
副局长　侯　元
段建筑
党支部书记　侯恩光
党支部副书记　侯　元
纪检委员　段建筑

山东科技大学

党委书记　袁俊平
校　长　任廷琦（11 月止）
党委副书记　任廷琦（11 月止）
李道刚
尹　华
副校长　王少鹏
刘新民
周东华
姚庆国
曾庆良
高建广
纪委书记　夏侯雪娇（女）

山东农业大学

党委书记　徐剑波
校　长　张宪省
党委副书记　张宪省
董新胜（2 月止）
车先礼（2 月止）
朱　莉（女，5 月起）
杨天梅（2 月起）
副校长　高东升
嵇景涛
王振林
吴衍涛
张　然（女，4 月起）
司金贵（4 月起）
纪委书记　董新胜（2 月止）
张明志（2 月起）

泰山医学院

党委书记　王长松（6 月止）
副院长　彭春雷
王庆宝
徐淑凤（女）
王鹏程
姜振家（1 月起）
纪委书记　刘太来

泰山学院

党委书记　范　真（12 月起）
院　长　秦梦华
党委副书记　秦梦华
李玉洋
副院长　王雷亭
于鸿远
殷　敏
徐　跃
纪委书记　张永法（2 月起）

新汶矿业集团

董事长　张若祥
总经理　葛茂新
副总经理　辛恒奇（1 月起）
姚　峰（1 月止）
佟　强
何希霖（1 月起）
刘玉果（1 月起）
党委书记　张若祥
党委副书记　葛茂新（1 月起）
鲁玉栋（5 月止）
纪委书记　辛生业（1 月起）

肥城矿业集团

董事长　朱立新
总经理　桑红星
副总经理　王洪忠（1月止）
　张强玉
　赵树华
　李　伟
　张　斌
党委书记　朱立新
党委副书记　桑红星
　姚　峰
纪委书记　王立才

高职高专院校

泰山职业技术学院

党委书记　张勇华
院　长　毕于民
党委副书记　毕于民
　马培安
　张清民
副院长　马培安
　张小烨（女）
　刘洪东
　王文林
纪委书记　张广健

山东服装职业学院

党委书记　闫恂秋
院　长　戴　磊
党委副书记　戴　磊
　贾　军
副院长　侯长城
　王建洪
　刘贞锋
纪委书记　刘光珍（女）

泰山护理职业学院

党委书记　刘连功
院　长　郭向军
党委副书记　郭向军
　房　华
副院长　张建国
　孙元儒
　刘　琳（女）
纪委书记　项　岚（女）

泰安技师学院

党委书记　范培玉（女，7月止）
院　长　韩向民
党委副书记　韩向民
　马腾文
副院长　董　军
　李冬梅（女）
　马成禄
纪委书记　李志学（7月起）

（市委组织部　供）

编校　戚淑娟　　审稿　周美广

中国共产党泰安市委员会

综　述

【概况】 党组织　全市有基层党组织1.76万个。其中，党委730个，总支部1336个，党支部1.55万个。有各级党组242个，地方党委派出工委57个。全市企业中有党组织5672个，事业单位中有党组织3975个，机关中有党组织2112个，建制村中有党组织3729个。

党员队伍　至年底，有党员38.69万名，增加318名。党员总数中，预备党员5827名，占1.5%；女党员7.51万名，占19.42%；少数民族党员3451名，占0.89%。从党员的入党时间看，1937年7月7日至1945年9月2日入党的151名，占0.04%；1945年9月3日至1949年9月入党的1001名，占0.26%；1949年10月至1966年4月入党的2.43万名，占6.28%；1966年5月至1976年10月入党的5.33万名，占13.77%；1976年11月至2002年10月入党的18.14万名，占46.89%；2002年11月至2012年10月入党的9.15万名，占23.64%；2012年11月及以后入党的3.53万名，占9.11%。从党员的年龄看，35岁及以下的5.62万名，占14.52%；36岁至45岁的6.94万名，占17.95%；46岁至60岁的12.83万名，占33.17%；61岁及以上的13.29万名，占34.36%。从党员的学历看，研究生7554名，占1.95%；大学本科6.85万名，占17.71%；大学专科6.72万名，占17.37%；中专3.92万名，占10.14%；高中、中技7.82万名，占20.22%；初中及以下12.61万名，占32.59%。从党员的职业看，在岗职工14.42万名，占37.27%（其中，公有制单位11.55万名，非公有制单位2.87万名）；农牧渔民14.12万名，占36.49%；学生3697名，占0.96%；离、退休人员8.12万名，占20.97%；社区居民等无业人员、个体工商户、中介组织从业人员等8488名，占2.19%。

全市发展新党员5766名。新党员中，女党员2220名，占38.5%；少数民族党员42名，占0.73%。从新党员的年龄看，35岁及以下的3923名，占68.03%；36岁至59岁的1835名，占31.82%；60岁及以上的8名，占0.14%。从新党员的学历看，研究生120名，占2.08%；大学本科1496名，占25.95%；大学专科903名，占15.66%；中专413名，占7.16%；高中、中技2311名，占40.08%；初中及以下523名，占9.07%。从新党员的职业看，在岗职工2756名，占47.79%（其中，公有制单位2016名，非公有制单位740名）；农牧渔民1076名，占18.66%；学生1799名，占31.2%；社区居民等无业人员、个体工商户、中介组织从业人员等130名，占2.25%。新发展党员中，在生产、工作第一线的3679名，占63.81%（其中，企业生产第一线1331名，农村生产第一线1076名，教学、科研第一线266名，机关第一线285名）；企事业、民办非企业单位专业技术人员186名，占3.22%；建制村1167名，占20.24%；共青团员2129名，占36.9%。　　（组织部）

【全市经济工作会议】 1月12日召开。市委书记、市人大常委会主任王云鹏作重要讲话，对贯彻落实中央和全省经济工作会议精神提出明确要求，深入分析经济形势，提出做好年内经济工作的指导思想和总体思路，明确全年经济发展的目标和任务。市委副书记、市长李希信对全年经济社会发展作出具体安排。市委副书记张涛主持会议，市领导辛显明、陈刚，市级领导，县（市、区）委书记、县（市、区）长，市直部门（单位）及省属以上驻泰

9月23日，市委书记王云鹏（前排左三）到泰山区调研三产融合工作，市委常委、秘书长宋洪银（前排左二），市委农村工作领导小组副组长陈湘安（前排左四）等陪同活动　　（王国梁　摄）

安有关单位主要负责人出席会议。

会议指出，做好2017年及其后一个时期的经济工作，总体思路是“四个一”。即一个中心，就是以提高经济发展质量和效益为中心，不断增强综合实力和市场竞争力；一条主线，就是以推进供给侧结构性改革为主线，不断提高供给质量，开拓发展新境界，激发经济新活力；一项硬任务，就是以项目建设为抓手，坚定不移地做大做强实体经济，突出创新引领，扩大对外开放，加快转型升级，使实体经济的规模和质量都有较大提高；一个根本着力点，就是以人民群众满意为标准，最大限度地提升人民群众的获得感，让社会各阶层都能够更好更充分地共享改革发展成果。

会议强调，要坚定不移地做大做强实体经济。一是大力提升传统产业。准确把握传统产业在经济发展中的基础和支柱作用，立足现有基础，通过研发新产品优化产品结构，通过应用新技术、新工艺降低生产成本，通过“两化”融合提高装备水平，进一步挖掘发展潜能，实现传统产业“凤凰涅槃”。二是大力发展现代服务业。围绕现代物流、信息软件、研发设计、电子商务、会展金融等生产性服务业以及旅游、文化、体育、健康、养老等幸福产业布局项目，积极培育消费热点；深入分析社会消费需求，以需求为导向，切实提高供给质量；搭乘“互联网+”顺风车，引导企业用好电商平台，加大农村电商扶持引导力度。三是大力发展新兴产业。选择有比较优势的领域作为突破口，聚焦发力，点上发展，连点成线，连线成面，逐步培育一批先导性、支柱性产业，进而建立较为完整的新兴产业体系。

【中共泰安市委十届十三次全体会议】 2月4日召开。出席会议的有市委委员28人、候补委员6人。市纪委委员，不是市委委员、候补委员的县（市、区）委书记和市委部门主要负责人列席会议。全会由市委常委会主持。市委书记王云鹏作重要讲话。

全会表决通过市第十一次党代会工作报告和市纪委向市第十一次党代会的工作报告，表决通过《十一届市委委员候选人预备人选名单》《十一届市委候补委员候选人预备人选名单》《十一届市纪委委员候选人预备人选名单》，投票通过《泰安市出席省第十一次党代会代表候选人预备人选名单》。

全会充分肯定市第十次党代会以后的工作成就。一致认为，市第十次党代会以后，在中央和省委的坚强领导下，市委坚持以邓小平理论、“三个代表”重要思想和科学发展观为指导，深入贯彻中共十八大和十八届三中、四中、五中、六中全会精神和习近平总书记系列重要讲话精神，坚决执行中央各项决策部署和省委工作安排，围绕统筹推进“五位一体”总体布局和协调推进“四个全面”战略布局，团结带领全市人民，解放思想、开拓创新，科学务实、攻坚克难，各项事业取得重大进展。

全会指出，2017年经济社会发展的各项任务已经部署，目标已经明确，关键在于抓好落实。各级各部门要始终保持昂扬向上、奋发有为的精神状态，确保各项工作实现良好开局。特别是县、乡两级党委换届已全部结束，新班子要珍惜组织给予的新岗位、新平台，以崭新的精神风貌，创造新业绩，展现新作为，推动经济社会发展取得更大成效。

全会强调，市第十一次党代会，是泰安市政治生活中的一件大事。各级各部门要统筹安排，进一步增强党性观念，牢固树立政治意识、大局意识、核心意识、看齐意识，严格遵守政治纪律、组织纪律，把思想统一到省委部署上来，统一到市委决策上来，确保省委和市委的意图得到贯彻落实，确保大会圆满成功。要把握正确的舆论导向，做好新闻宣传工作，号召全市广大党员立足本职，扎实工作，以实际行动迎接市第十一次党代会的胜利召开。

【中共泰安市委十一届一次全体会议】 2月16日召开。王云鹏主持会议。新当选的市委委员、候补委员出席会议。新当选的市纪委委员列席全会部分议程。全会选举产生10名中国共产党泰安市第十一届委员会常务委员；选举王云鹏为市委书记，李希信、张涛为市委副书记。全会通过市纪委一次全会选举结果的报告。

【全市扶贫开发工作会议】 3月13日召开。会议传达市委书记王云鹏，市委副书记、市长李希信对扶贫开发工作的重要指示。市委副书记张涛出席会议并讲话。

会议强调，要聚焦重点，坚持精准导向、问题导向，做到在扶贫动态管理上持续用力、在推进产业就业上多想办法、在改善社计民生上下硬功夫、在易地扶贫搬迁上全面突破、在做实资金保障上花大力气、在动员社会参与上有新举措，全力以赴完成好脱贫攻坚各项任务。要干字当头、实字为先，聚焦精准扶贫，聚焦政策落地，聚焦工作落实，强化看齐意识，强化督导考核，强化舆论宣传和作风建设，推动各项政策措施落地生根、取得实效。

【全市农村工作会议】 3月13日召开。市委副书记张涛、市人大常委会副主任曹步山、市委农村工作领导小组副组长陈湘安、市政协副主席马纯勇出席。会议传达贯彻中央、省农村工作会议和市第十一次党代会精神，安排部署年内全市农业农村工作。会议印发《关于深入推进农业供给侧结构性改革加快培育农业农村发展新动能的实施意见》。

会议强调，各级各有关部门要着重提升农产品供给质量，提高农业综合效益和竞争力，以“一高三创”为抓手，创知名品牌、创“三品一标”、创龙头企业，打造全国优质农产品供给高地。要着力促进三产融合发展，大力发展乡村休闲旅游产业，积极推进农村电商发展，不断延伸农业产业链和价值链。要加快培育农业农村发展新动能，在深化农村改革创新、强化科技创新驱动、改善农村生产生活条件上下功夫，不断增强农业农村发展的后劲和活力，推动农业农村经济实现新跨越。要扎实推进美丽乡村建设，依据资源禀赋，分类加以推进，着力培育示范村，全面转化后进村，倾力打造精品区，确保美丽乡村建设再创新局面，提升群众获得感和满意度。要切实加强对“三农”工作的领导，进一步强化“重中之重”的意识，加强基层基础建设，改进各级干部工作作风，健全工作推进机制，努力维护好、发展好、实现好全市“三农”工作的大好局面。

【全市科学发展暨招商引资和项目建设大会】 4月1日召开。会议进行3项议程，工作人员宣读市委、市政府关于对先进单位、先进个人通报表扬的文件；对2016年度科学发展综合考核先进县（市、区）和单位，“五型”机关建设示范单位，社会治安综合治理工作先进县（市、区）、乡镇（街道）、单位和个人，全市信访工作先进单位和个人进行通报表扬；6个县（市、区）和泰山景区、泰安高新区、泰安旅游经济开发区，市发改委、经合局主要负责人作表态发言；对2017年全市招商引资和项目建设工作进行全面动员部署。市委书记王云鹏出席会议并讲话。市委副书记、市长李希信主持会议。市委副书记张涛，市人大常委会主任唐福泉，市政协主席周桂萍等出席会议。

会议强调，招商引资和项目建设仍然并将长期是促进经济社会发展的重要抓手和突破口。推进招商引资和项目建设，思想观念要有新突破，更多地从“资源”的角度来把握，除了实打实地引进真金白银，还要更大力度地引进、争取、整合，能够变现为“真金白银”的人才、技术、土地等资源要素。要在优化布局上下功夫，把招商引资和项目建设与城市发展布局结合起来，与产业转型升级结合起来，与新旧动能转换结合起来。要在政策创新上下功夫，创新对企业的扶持方式。要在加大投入上下功夫，优化投资结构，提高投资效益，加大对上争取，深化银企合作，用好融资平台，强化直接融资，激活社会资本。要在科学考核上下功夫，进一步树立正确的工作导向，引导各级各部门各单位精力向重点工作集中，力量向重点工作倾斜。要在提升服务上下功夫，深化改革、提高效率，转变作风、提高标准，公平公正、依法办事，注重生态、保护环境，确保把“十三五”规划确定的各项目标任务、市第十一次党代会规划的宏伟蓝图落到实处。

【全市“重效率　勇担当　作表率”主题活动动员会议】 4月14日召开。市委书记王云鹏出席会议并讲话。市委副书记张涛主持会议。市人大常委会主任唐福泉、市政协主席周桂萍等出席。会议强调，在全市广大党员干部中开展的“重效率　勇担当　作表率”主题活动，要以

"触及灵魂"的标准抓查摆，以"刮骨疗伤"的勇气抓整改，在全市上下形成实干、敢干、快干、干好的浓厚氛围。

王云鹏要求，各级各部门要把开展好主题活动摆到重要位置，作为促进工作、打开新局面的重要抓手，周密部署，精心组织，抓紧抓实。要将各项活动任务列出台账，分解落实到有关部门单位，主要负责人要以身作则、率先垂范，靠前指挥、有力推进。要坚持问题导向，敢于开展批评与自我批评，深入基层了解真实情况，虚心听取群众意见，多方查摆问题，深刻剖析原因，选准切入点和突破口，下功夫深入整改。要加强督导考核，严格考评、严格奖惩，突出标本兼治，举一反三，既注重解决眼前问题，又着眼解决长远问题。要把活动创造的好做法、好经验，及时总结、提升、推广，完善规章制度，形成长效机制。

【庆祝"五一"国际劳动节表彰大会】 4月28日召开。表彰为全市经济社会发展作出突出贡献的先进集体和先进个人，激励和鼓舞全市广大劳动者为建设富裕文明幸福新泰安建功立业。市委书记王云鹏出席并作重要讲话。市委副书记、市长李希信主持大会并就贯彻落实大会精神发表意见。市委副书记张涛，市人大常委会主任唐福泉，市政协主席周桂萍，市人大常委会副主任、市总工会主席张书盈等出席会议，并为获得全国和省、市荣誉的先进集体和先进个人颁奖。

王云鹏代表市委、市政府向辛勤工作在各条战线上的广大劳动者致以节日的问候和崇高的敬意。王云鹏强调，要大力弘扬劳模精神、劳动精神和工匠精神，让劳动创造幸福、劳动成就梦想、劳动赢得尊重成为全市广大群众的普遍价值认同和自觉追求。要充分发挥工人阶级主力军作用，引导广大职工群众积极投身经济建设主战场，自觉参与供给侧结构性改革、招商引资和项目建设、"三强企业"培育等重点工作，踊跃投身到全面深化改革、推动创新发展、推进产业强市的生动实践中来，为实现更高质量、更有效率、更加公平、更可持续的发展作出贡献。要切实维护广大职工合法权益，着力加强维权机制建设，健全完善以工资集体协商为重点的集体协商制度，切实做好困难职工解困脱困工作，扎实做好困难企业职工转岗就业和下岗职工再就业工作，切实保障职工群众的安全健康权益。

4月14日，全市全面深化改革工作会议召开 （司 刚 摄）

【全市科学技术奖励大会】 5月31日召开。市领导王云鹏、李希信、展宝卫、曹步山、成丽、徐恩虎出席。

市委书记王云鹏首先为2016年度泰安市科学技术最高奖获得者王长宪颁奖。市委常委、副市长展宝卫主持会议并就贯彻落实会议精神发表意见。会议宣读《泰安市人民政府关于2016年度科学技术奖励的决定》《泰安市人民政府关于2016年度专利奖励的决定》。

市委副书记、市长李希信出席并讲话。李希信代表市委、市政府向获奖单位和个人表示热烈祝贺，向全市广大科技工作者和关心支持泰安市科技创新发展的各界人士致以诚挚问候和崇高敬意。他指出，2016年后，全市上下深入实施创新驱动发展战略，不断完善科技管理体制机制，科技创新工作取得丰硕成果，突出表现在"五个新突破"，即研究与试验发展投入实现新突破，高新技术产业发展实现新突破，发明专利申请和授权实现新突破，科技创新品牌培育实现新突破，科技项目研究转化实现新突破。

【全市招商引资和项目建设检查考核暨突破园区转型发展实现新旧动能转换大会】 6月1—5日召开。市委书记王云鹏出席并作重要讲话。市委副书记、市长李希信，市委副书记张涛，市人大常委会主任唐福泉，市政协主席周桂萍等市几大班子领导人以及各县（市、区）、泰安高新区、泰山景区、市直有关部门主要负责人参加会议。会议分两个阶段进行。自6月1日起，与会人员先后实地检查各县（市、区）、泰安高新区、泰山景区、泰安旅游经济开发区年内新开工、续建、投产的重点项目。5日上午，集中开会，依次听取5个招商引资和重点项目建设指挥部工作情况汇报，对各县（市、区）、泰安高新区、泰山景区检查考核项目进行打分评定，安排部署下一步工作。会议深入贯彻落实省委、省政府关于实施新旧动能转换重大工程的决策部署，检查考核年内全市招商引资和项目建设情况，动员全市上下进一步统一思想、凝聚共识，坚定不移抓好招商引资和项目建设，突破园区转型发展，加快新旧动能转换，努力打开泰安发展新通道。

6月19日，市委理论学习中心组专题辅导报告会举行　　（司　刚　摄）

【中共泰安市委十一届三次全体（扩大）会议】 7月3日召开。出席会议的有市委委员46人、候补委员8人。市人大常委会、市政协、市纪委和有关部门负责人列席会议。会议由市委常委会主持。市委书记王云鹏作重要讲话。

全会传达学习省第十一次党代会精神，认为市第十一次党代会确立的“践行新理念、增创新优势、建设新泰安”目标任务，与省党代会的主题是高度一致的。全市各级各部门要按照省、市党代会部署要求，凝心聚力、保持定力，聚焦重点任务，抓好工作落实，为山东省走在前列贡献泰安力量。一是聚焦构建现代产业体系。坚持以“四新”“四化”为主攻方向，深入实施创新驱动战略，做大做强工业，优化提升服务业，加快发展城市经济，积极发展现代农业。二是聚焦招商引资和项目建设。积极引进新上一批有利于新旧动能转换的重大项目，争取在重点领域、重点区域、重点产业引进落地一批支撑带动能力强的大项目、好项目，积极探索强化招商引资和项目建设的新思路、新办法，创新产业招商、资本招商、平台招商等模式，加快打造一批全市新旧动能转换示范区、先行区。三是聚焦全面深化改革扩大开放。深入推进供给侧结构性改革，抓好“三去一降一补”重点任务落实，进一步降低制度性交易成本和生产经营成本，全面推行“双随机一公开”制度，持续深化国资国企、财税、金融及投融资、农村等重点领域和关键环节改革，积极参与国家“一带一路”建设，深度融入全省“一圈一带”发展战略，加快泰安高新区海关综合监管区和青岛保税港区泰安（新泰）功能区建设。四是聚焦推动文化繁荣发展。巩固壮大主流思想舆论，培育弘扬时代精神风尚，传承发展优秀传统文化，大力加强公共文化服务，加快文化事业、文化产业发展。五是聚焦保障改善民生。深入贯彻以人民为中心的发展思想，加强民主法治建设，增进民生福祉，改善生态环境，不断增强人民群众获得感和幸福感。

【中共泰安市委十一届四次全体会议】 11月3日召开。出席会议的有市委委员42人、候补委员9人。市纪委委员和有关方面负责人列席会议。会议由市委常委会主持。市委书记王云鹏作重要讲话。全会深入学习贯彻中共十九大和十九届一中全会精神，传达学习省委十一届二次全会精神，审议通过《中共泰安市委关于深入学习宣传贯彻党的十九大精神，加快富裕文明幸福新泰安建设进程的意见》。

全会一致认为，中共十九大是在全面建成小康社会决胜阶段、中国特色社会主义进入新时代的关键时期召开的一次十分重要的大会。大会通过的十八届中央委员会的报告，描绘了决胜全面建成小康社会、夺取新时代中国特色社会主义伟大胜利的宏伟蓝图，进一步指明了党和国家事业的前进方向，是中国共产党团结带领全国各族人民在新时代坚持和发展中国特色社会主义的政治宣言和行动纲领，是马克思主义的纲领性文献。大会通过的中央纪委工作报告，明确了当前和其后一个时期党风廉政建设和反腐败工作的总体要求、具体安排，对进一步做好党风廉政建设和反腐败工作，推动全面从严治党向纵深发展，具有重要意义。大会通过的党章修正案，体现了中共十八大以后党的理论创新、实践创新、制度创新取得的成果，体现了中共十九大报告确立的重大理论观点和重大战略思想，反映了这些年来党的建设的成功经验，对加强党的全面领导、推进全面从严治党提出明确要求，必将在推进党的事业和党的建设中更好发挥根本性规范和指导作用。中共十九大和十九届一中全会选举产生的以习近平为核心的新一届中央领导集体，体现了全党意志，反映了全国各族人民心愿，为在新的时代条件下进行伟大斗争、建设伟大工程、推进伟大事业、实现伟大梦想提供了坚强政治保证和组织保证。省委十一届二次全会深入学习贯彻中共十九大和十九届一中全会精神，听取和讨论省委书记刘家义作的工作报告，审议通过《中共山东省委关于深入学习贯彻党的十九大精神的决议》，对新时代全省经济社会发展和党的建设作出了新部署。全市各级党组织和广大党员干部要充分认识中共十九大的重大意义，切实把思想和行动统一到中共十九大和省委十一届二次全会精神上来，把力量凝聚到实现中共十九大确定的目标任务上来，更加奋发有为地做好各项工作。

全会审议通过《中共泰安市委关于深入学习宣传贯彻党的十九大精神，加快富裕文明幸福新泰安建设进程的意见》，从8个方面作出部署：切实把思想和行动统一到中共十九大精神上来，增强贯彻落实的自觉性坚定性；坚持用习近平新时代中国特色社会主义思想武装头脑、指导实践、推动工作；坚定不移贯彻新发展理念，建设现代化经济体系；坚定不移发展社会主义民主政治，营造团结和谐新气象；坚定不移推动文化繁荣兴盛，进一步增强文化软实力；坚定不移加强社会建设，提高保障和改善民生水平；坚定不移推进生态文明建设，促进人与自然和谐共生；推动全面从严治党向纵深发展，不断提高党的执政能力和领导水平。

全会要求，要以学习宣传贯彻中共十九大精神为动力，扎实做好当前各项工作。要切实抓好经济运行，针对薄弱环节和突出问题，拿出管用的措施和办法，确保经济平稳健康运行。要切实做好社会稳定和安全生产工作，严格落实安全生产责任制，排除隐患，避免发生重大安全事故。加强和创新社会治理，严厉打击各类违法犯罪活动，确保社会和谐稳定。要切实做好民生各项工作，千方百计解决好就业、社会保障、冬季取暖等问题。要切实谋划好下一年度各项工作，精心谋划工作布局，科学确定发展指标，研究制定保障措施，为推动全市经济社会持续健康发展打牢基础。

【全市招商引资和项目建设检查考核会议】 12月7—11日召开。市委书记王云鹏出席并作重要讲话。市委副书记、市长李希信，市人大常委会主任唐福泉，市政协主席周桂萍等市领导以及各县（市、区）、泰安高新区、泰山景区、市直有关部门主要负责人参加会议。会议分两个阶段进行。自12月7日起，与会人员先后实地检查各县（市、区）、泰安高新区、泰山景区年内新建重点项目。11日上午，集中开会，依次听取5个招商引资和重点项目建设指挥部工作情况汇报，对各县（市、区）、泰安高新区、泰山景区和各指挥部工作进行评价考核，安排部署下一步工作。

【中共泰安市委十一届五次全体会议】 12月29日召开。出席会议的有市委委员47人、候补委员10人。市纪委常委和有关方面负责人列席会议。会议由市委常委会主持。全会深入贯彻中共十九大精神和中央、省委部署要求，听取和讨论市委书记王云鹏受市委常委会委托作的工作报告。

全会充分肯定年内市委常委会的工作。一致认为，面对艰巨繁重的改革发展稳定任务，在以习近平为核心的党中央坚强领导下，市委常委会深入学习贯彻中共十九大精神和习近平新时代中国特色社会主义思想，全面贯彻落实中央、省委各项决策部署，紧紧围绕市十一次党代会确立的目标任务，团结带领全市各级党组织和广大党员干部群众，牢记初心和使命，继往开来、接力奋斗，攻坚克难、真抓实干，经受住了考验和检验，经济社会发展取得新成绩，全面从严治党收到新成效，各个方面都呈现出新变化新气象。

全会从8个方面总结市委常委会2017年的工作：一是深入学习宣传贯彻中共十九大精神，确保泰安各项工作始终坚持正确政治方向。精心组织中共十九大精神学习宣传贯彻工作，自觉用习近平新时代中国特色社会主义思想指导新泰安建设实践，确保中央大政方针和省委工作部署在泰安落地见效。二是坚定不移抓好招商引资和项目建设，加快新旧动能转换，推动高质量发展。稳中向好态势进一步巩固，转型升级步伐进一步加快，新动能培育进一步发力，创新驱动战略进一步深化，经济开放度进一步扩大。三是坚定不移全面深化改革，增强发展活力和动力。供给侧结构性改革扎实推进，“放管服”改革不断深入，各领域改革全面深化。四是坚定不移发展社会主义民主政治，巩固团结和谐局面。切实保证人民当家做主，深入推进法治泰安建设，巩固发展爱国统一战线，积极推动军民融合发展，营造良好的政治环境、法治环境。五是坚定不移推动文化繁荣兴盛，进一步增强文化软实力。不断巩固壮大主流思想舆论，培育弘扬时代精神风尚，完善公共文化服务体系，传承发展优秀传统文化，为全市改革发展稳定提供有力的思想保证、舆论支持和文化支撑。六是坚定不移贯彻以人民为中心的发展思想，提高保障和改善民生水平。持续加大脱贫攻坚力度，加快发展各项社会事业，推进社会保障体系建设，让改革发展成果更多更公平惠及全市人民。七是坚定不移推动协调绿色发展，建设生态泰安美丽泰安。突出抓好中央环保督察问题整改，持续抓好生态环境保护治理工作，大力推进绿色低碳循环发展，不断提高城市现代化水平，统筹推进城乡一体化发展。八是坚定不移推动全面从严治党，为新泰安建设提供坚强政治保证。坚持把抓好党建作为最大政绩，认真履行党要管党重大政治责任，聚精会神抓好党的建设各项工作，突出强化政治建设，坚持搞好理论武装，加强基层组织建设，强化干部队伍建设，持之以恒正风肃纪，深入推进反腐败

4 月 10 日，中央组织部副部长齐玉（前排中）到泰安调研党组织建设工作，市委书记王云鹏（前排右）等陪同活动　（王国梁　摄）

斗争，健全党和国家监督体系，推动全面从严治党向纵深发展，营造风清气正的政治生态。

全会强调，要继续采取得力措施，打好年内经济社会发展收官战。认真贯彻上级关于做好元旦、春节期间有关工作的通知要求，统筹抓好社会稳定、风险防控、安全生产、森林防火和民生保障，用心用情用力做好关心困难群众生活工作，认真做好值守应急工作，确保全市社会大局持续和谐稳定。2018 年是贯彻中共十九大精神的开局之年。要按照中共十九大精神和中央、全省经济工作会议部署要求，坚持稳中求进工作总基调，牢牢把握高质量发展这个根本要求，围绕“走在前列、位次前移”的目标定位，以供给侧结构性改革为主线，以招商引资和项目建设为抓手，科学谋划、精心安排好下一年度的工作，抢抓新机遇，争取新主动，开创新局面。　（刘淑文）

【市委办公室机关建设】 连续 9 年保持“省级文明单位”的基础上，成功获评“全国文明单位”称号，被市委、市政府表彰为“市直 2017 年度经济社会发展综合考核先进单位”。①作风建设。深入实施“作风兴办战略”，每个科室（单位）、每名工作人员均建立问题台账，明确整改措施和完成时限。“作风兴办”经验做法，在《支部生活》《调查与研究》刊发。②制度建设。梳理会议活动办理、文件规范管理、信息报送、请假报备、保密工作、公务接待 6 个方面 18 项程序规范，编印《全市办公室系统工作程序实用手册》；开展制度“废、改、立”工作，梳理制度 50 项，编印《中共泰安市委办公室工作规章汇编》。③机关党建。重新对各党支部设置进行调整并组织完成支部换届。扎实开展“两学一做”学习教育，深

人开展“重效率、勇担当、作表率”主题教育活动，认真落实“三会一课”、组织生活会、民主评议党员等制度，市委领导自觉以普通党员身份参加支部组织生活。④队伍建设。调整科级干部3批次38人，对16名在册司勤人员进行转岗安置。开展“台上讲”“外出悟”学习活动，组织科室负责人研讨发言4轮次，汇编发言材料4册。组织参加市委党校培训7人次，参加高校高层次培训5人次，全体机关干部分期分批到井冈山、延安接受党性教育。建立科室“四个一”基层工作联系点，定期到一线调研，形成调研报告14篇。⑤群团建设。邀请华南理工大学心理学教授作主题报告，组织参与演讲比赛，组织赴肥城现场考察美丽乡村建设，积极参加市直机关运动会并获优秀组织奖，广泛开展志愿服务活动。⑥服务保障工作。科学编制2018年度财务预算，对2013年以后的账务账目开展整改“回头看”。对市委常委会议室部分多媒体设备等进行改造完善，完成各项行政服务工作。

【活动服务】 组织市委常委会议41次、书记专题会议10次，起草送审印发会议纪要65期。组织市委主要领导参加的会议活动70次。组织参与服务中央、省领导和中央环保督察组到泰安考察活动30次。全力做好市第十一次党代会筹备服务工作，圆满完成省第十一次党代会泰安代表团服务工作。拟制并提报市委阶段性工作安排建议10期、市委主要领导一周工作安排建议50期，制定一日工作安排50期。参与组织、承办市级会议活动60次，各类市委专题会议、协调调度会议30次，组织、安排市委领导参加的各类走访、调研、督导等活动70次。扎实做好办公室内部会议组织，组织室务会21次、碰头会42次、专题会4次。

【信息值守】 对市委值班室与信息调研室进行职能整合，探索实施“值班＋信息＋机要”“三位一体”的值班新模式，相关经验做法得到省委书记刘家义批示肯定，在《秘书工作》《新华社山东分社要情动态》《省委信息》刊发。赴市直部门、各县（市、区）现场调研20次，开展委托调研60次，形成调研报告20篇，得到省市领导批示12次；编发信息600期、2000条。办理来电、来函、来文1万件，讣告5件，接待到访群众110人次，编发《今日常委活动》220期。办理向市委请假报备900人次，向省委请假报备7人次，编发《领导干部外出请假（报备）每日报告单》90期。

【公文办理】 起草审核各类文件432件；拟办中央、省委文件429件，县（市、区）及市直部门请示、报告件47件；收发传递各级公文20万件；编写《市委大事记》12期；提供市委、市委办公室印鉴服务800枚次。完成对各县（市、区）和部分重要受文单位的公文处理工作督导检查，清退2016年度中央和省、市委密级文件4.68万份，清退率100%。高质量做好党内规范性文件审核和制定，向省委办公厅备案规范性文件67件，合格率100%；强力推进党内规范性文件下备一级工作，审查县（市、区）和市委部门规范性文件80件。赴浙江、江苏等先进地市学习，探索推进开放共享的新型智库体系。对新中国成立以后的市（地）委规范性文件进行全面清理，推进市委法律顾问和法律专家库工作，在全省党内法规工作会议上作典型发言。

【督查工作】 强化重点工作督查，先后就省委书记刘家义到泰安考察安排事项贯彻落实、全市环境保护自查自评及反馈意见整改等41项重点工作开展督查调度和现场检查，形成并上报专题报告37期，成功迎接省现场督查6次。完成省委巡视“回头看”反馈意见整改落实三大方面、14类问题、57项具体任务的整改落实工作，督促市级层面出台规范性文件50件。全力做好省委对东平县巡视的服务保障和联络协调工作。强化领导批示督查，办理省、市委领导批示件33件，办结率100%。强化重点内容督查，对省八项规定督导检查情况开展“回头看”，组织开展八项规定专项检查。创新督查方式方法，积极探索“督查＋考核”方式，制定《泰安市党委督查工作考核办法（试行）》，将党委督查工作纳入全市经济社会发展综合考核；积极探索“督查＋互联网”方式。

【农业农村工作】 省、市示范村共投入建设资金4300万元，开工建设项目100个，美丽乡村覆盖率达46.8%。全力推进美丽乡村建设，积极与省委农工办对接，争取28个省级美丽乡村示范村名额，协调1500万元专项资金用于50个市级美丽乡村示范创建。邀请山东农业大学专家教授，深入80个美丽乡村建设一线，现场指导解决在标准化建设中存在的困难和问题。健全完善督查工作机制，每2个月联合市财政局、山东农业大学有关专家深入县（市、区），进行现场督导检查。年终组织第三方对工作完成情况进行考核，考核结果列入年度经济社会发展综合考核体系。组织赴浙江省学习考察美丽乡村建设、农业产业化、农村综合改革、乡村旅游等工作。联合市广播电视台，开展“泰安美丽乡村行”活动，在《泰安新闻》栏目播放30个美丽乡村标准化建设纪实现场。

【综合服务工作】①文稿服务。做好领导讲话和办公室相关文字材料服务工作，累计起草、把关各类文字材料300件。②公务接待。加强所属宾馆管理，完成年度综合考核，制定市委办公室《所属宾馆管理暂行办法》《所属宾馆领导班子及成员管理暂行办法》。③老干部工作。完善老干部集体学习、阅读文件、参观考察等制度，建立老干部集中学习日制度。组织老干部赴高铁新区参观考察。经常到老干部家中走访、到病房探视，及时了解掌握老干部的身体状况和服务需求。④包村工作。做好徂徕镇南上庄村包村工作，发挥第一书记作用，加大协调争取力度，帮助南上庄村理路子、上项目、抓发展、保稳定，年内，争取各类资金300万元。2017年，南上庄村获得“山东省文明村庄”“泰安市先进基层党组织”称号。

【落实全面从严治党主体责任】①完善主体责任落实体系。建立落实全面从严治党主体责任“1+5”工作机制，即建立1个机构（市委落实全面从严治党主体责任领导和工作机构），制定5个方面的制度规定（市委落实全面从严治党主体责任若干意见、任务分工方案、主体责任责任书、检查考核办法、问责办法）。经验做法分别在省委《信息参阅》《督查工作》刊发。②严格督导调度。层层签订责任书，深入县（市、区）和市直部门单位，对主体责任工作重点任务推进情况进行督导检查，召开座谈会12场次，查阅档案资料160卷，查看工作现场30个。实行定期报告制度，采取季度随机抽查、半年工作调度等方式，向全市100个市委直管党委（党组），反馈2016年度落实全面从严治党主体责任检查考核意见。强化特色品牌打造，全市市直机关确立特色品牌121个。③从严考核问责。制定《泰安市2017年度区域性发展综合考核“党的建设”指标考核办法》《泰安市2017年度市直部门综合考核“落实全面从严治党主体责任”指标考核办法》，细化完善考核指标。建立全面从严治党综合考核体系，组织人员赴内蒙古等地进行专题学习考察，提出《关于建立泰安市全面从严治党综合考核体系的建议》。制定千分制考核办法，自2018年起实施全面从严治党综合考核，探索制定主体责任问责办法。 （刘淑文）

12月6日，全市抓党建促村集体经济发展工作推进会在肥城市召开。图为会议期间，市委常委、组织部部长高尚山（前排右二）偕与会人员现场观摩 （王　雷　供）

【概况】 2017年，泰安市委组织部深入学习贯彻中共十九大精神，认真贯彻全国、全省组织部长会议精神，坚持以习近平新时代中国特色社会主义思想为指导，突出全面从严治党主线，深度嵌入发展大局，扎实推进选干部配班子、抓基层打基础、建队伍聚人才等各项工作，不断提高组织工作服务保障大局的质量和效益，继续保持“省级文明单位”称号，被市委、市政府表彰为“市直2017年度经济社会发展综合考核先进单位”。

【推动“两学一做”学习教育常态化制度化】 坚持领导带头、以上率下，市委先后组织16次理论中心组学习，市委常委以普通党员身份参加所在支部组织生活68次，讲党课42次，带动全市各级领导班子集体学习6420次，科级以上领导干部参加所在支部组织生活5.4万次，讲党课2.6万次。投入3800万元高标准规划建设4000多平方米的市主题党日活动中心。推广“主题党日+”做法，组织党员做好集体学习、工作通报和民主议事等规定动作，并结合实际做好讲党课、党员志愿服务等“+”的文章。以“五争一促”为主要内容，引导农村、社区、机关、国有企业、非公和社会组织党员分别争当致富带富先锋、和谐建设先锋、担当效能先锋、创业发展先锋、兴业创新先锋，促使党员干部亮出身份、发挥先锋模范作用。

【领导干部队伍建设】 强化理论武装，举办中共十九大精神专题学习班、中共十八届六中全会精神专题培训班、省第十一次党代会精神专题培训班等。实施“干部能力提升培训计划”，抓好以提高履职能力为重点的专业化培训，开设“新泰安建设”专题教学，连续在北京大学、复旦大学、中国人民大学等知名高校举办深化改革、招商引资、园区建设、企业金融、对外开放等高端研修班。市级共举办各类培训班次50期，培训干部4800人次。印发《关于坚持在重点工作和急难险重任务中培养考察使用干部的意见》。修订印发《市管干部选拔任用工作流程》，编印《干部选拔任用工作实务操作手册》，出台《市管干部任前公示办法》《市直部门单位人事科长管理暂行规定》，对干部选拔任用工作进行细化规范。加强年轻干部战略培养，召开年轻干部挂职工作部署会，选派38名干部到市直部门和重点项目一线挂职锻炼，选派28名正科级干部到乡镇（街道）挂任党（工）委副书记，轮换7名市信访局联合接访大厅驻厅干部，建立年轻干部成长纪实系统，加强日常跟踪管理。

【干部日常管理监督】 突出监督重点，加强对领导干部特别是一把手的管理监督，加强对重点部门和关键岗位干部的管理监督，规范领导干部配偶、子女及其配偶经商办企业等行为。坚持“凡提四必”（对拟提拔或进一步使用人选，做到干部档案“凡提必审”，个人有关事项报告“凡提必核”，纪检监察机关意见“凡提必听”，反映违规违纪问题线索具体、有可查性的信访举报“凡提必查”。对发现问题影响使用的，及时中止选拔任用程序；疑点没有排除、问题没有查清的，不得提交会议讨论或任用），对276名干部的个人有关事项报告进行查核，12名干部因个人有关事项报告和干部档案问题暂缓使用。对有关县（市、区）和市直部门开展选人用人专项检查。做好举报信访受理查核工作，完善信访举报归口办理和岗位工作规范，年内，市级受理信访举报128件，均妥善处理。

【健全考核激励机制】 改进经济社会发展综合考核，把泰安高新区、泰山景区由原来作为市直部门考核纳入到区域性考核范围。制定2017年度《经济社会发展综合考核办法》，出台新旧动能转换、“三强企业”培植等8个专项考核办法，激励各级各部门单位聚焦中心工作、奋力攻坚实干。研究制定《关于加强全市经济社会发展平时考核的办法（试行）》，加大平时考核力度，把考核结果融入干部分析研判、提拔使用和后备干部培养，激励干部干事创业。6月、12月，先后2次组织对全市招商引资和重点项目建设进行实地检查考核，考核成绩在泰安电视台、《泰安日报》等媒体公布，营造比学赶超的良好氛围。

【基层党建工作】 制定《关于建设过硬党支部的意见》，建立农村、城市社区等6个领域创建指标体系。市委命名100个“泰山先锋”红旗党支部。组织100个“泰山先锋”红旗党支部帮带493个支部，实现梯次提升、共同进步。开展“三百宣传展示”活动，在《泰安日报》开设“红旗支部风采”专栏，刊发100篇事迹材料；在泰安电视台开办“支书拉呱”栏目，展播100部微视频；在中华泰山网开展“百日竞答”有奖活动。全省抓党建促村级集体经济发展工作推进会在泰安市召开。投入强村固基财政资金5700万元，重点扶持经济薄弱村增收项目。从市直单位精准选派132名第一书记到省、市贫困村和软弱涣散村，从高校、科研院所选派73名专家人才担任科技指导员，协助第一书记开展扶贫工作。制定《加强村级组织运转经费保障工作实施办法》，市级共安排村级组织运转保障经费2600万元。出台《关于加强城市基层党建工作的意见》，召开全市城市基层党建工作经验交流座谈会。各级投入9100万元，建成73处区域性党群服务中心。实施孵化引领工程，市级列支200万元引导基金，撬动基层投入2100万元，集中建设41家社会组织党建孵化中心，吸引780家社会组织入驻。开展“微微”志愿行动，组织机关事业单位党组织联系社区、在职党员到社区报到，全市505个机关事业单位党组织联系168个社区，2.2万名在职党员到社区报到开展服务，解决实际问题4.6万个。市、县两级调整“两新”组织党建工作领导体制，依托组织部门成立“两新”组织党工委。市县列支500万元设立“两新”组织党建工作经费。以县（市、区）为单位建立“两新”组织党务工作人才库，把3929人纳入管理。全市非公有制经济组织和社会组织党组织覆盖率分别达86.95%、80.7%。召开全市基层党建工作重点任务推进会，梳理制定11大类52项具体工作。

【村、城市社区“两委”换届工作】 召开动员部署会、骨干培训会和领导小组第一次会议暨县（市、区）委书记“两委”换届选举工作情况汇报会以及工作调度会，村级党组织换届基本完成，村（居）委会换届全面展开。印发实施“育苗升级”工程的意见，有273名返乡创业大学生纳入后备库，110名进入村“两委”班子，19名担任支部书记。举办“泰山支书论坛”，为党支部书记搭建展示、交流、检验、宣传的平台。建设“灯塔—泰山网”综合管理服务平台及手机客户端、微信公众号，开展“学灯塔、用灯塔”集中宣传月活动，开通“山东e支部”近1.4万个，党员注册34.5万名。摄制电影《苏庆亮》，引导广大党员干部学习楷模事迹，争做合格党员。

【人才队伍建设】 创新人才载体，激发人才创新创造创业活力。出台《2017年度招才引智项目及人才工作目标责任制考核实施细则》。制定《关于帮助企业市场化引才的实施办法》，建立“云猎头”泰山人才工作站，引进两院院士3名，营销总经理1名、品控总监1名、人事总监1名。编印《人才支持政策汇编》。举办“泰安市第四届国内科技合作对接交流会暨人才需求发布对接会”“泰安高新区第三届高洽会”。建立7个领域198名高端人才需求目录。举办“牵手才智·助跑泰安”招才引智签约仪式，达成合作项目36个，引进高层次人才33人。开展泰安市人才工作者（深圳）培训班暨招才引智对接活动，召开“深圳·泰安市企业家对接交流会”。开展“一企一平台”创建活动。2017年，全市引进各类高端人才65人次，其中两院院士7人、“千人计划”6人、国家特殊津贴专家2人、长江学者3人。（王　雷）

4月25日，老年教育国际学术研讨会与会代表到泰安市参观考察。省委老干部局副局长兼山东老年大学校长杜英杰，市委常委、组织部部长高尚山陪同活动（张　兵　供）

【概况】 年内，全市老干部工作牢牢把握为党和人民事业增添正能量的价值取向，尽心尽力为广大离退休干部办实事、做好事、解难事，积极稳妥推进离退休干部工作转型发展，各项老干部工作取得新的成绩。市委老干部局继续保持“省级文明单位”称号，被评为“全省信息统计工作先进单位”“全省老干部工作部门调研信息工作先进单位”，被市委、市政府表彰为“市直2017年度经济社会发展综合考核先进单位”。

【老干部思想政治建设和组织建设】 印发通知，对全市离退休干部和老干部工作部门学习宣传贯彻中共十九大精神进行部署。举办市直离退休干部党支部书记和党员骨干培训班和专题辅导报告会。举办“庆祝十九大胜利召开全市老年书画摄影作品展”。印发《关于建设离退休干部过硬党支部的实施意见》，市干休所党支部、奉阁老干部志愿团党支部被市委命名为“泰山先锋”红旗党支部。召开庆祝建党96周年离退休干部党员座谈会、市直离退休干部党支部书记学习贯彻中共十九大精神座谈会。为离退休干部党组织书记每月发放工作补助，为离退休干部党组织发放党建工作经费。完成市老干部志愿者协会换届。打响擦亮“泰山夕阳红”志愿服务品牌，在全省老干部志愿服务工作现场经验交流会上作典型发言。

9月25日，2017年泰安市善行义举四德榜"榜上有名"先模人物发布仪式在泰安高铁站广场举行。图为市委常委、宣传部部长王永征（前排右七）等与先模人物合影　　（高　珍　供）

【深化拓展正能量活动】 组织开展"建言十九大"调研活动，召开集中座谈访谈会7次，集中听取43名老干部的意见建议，对21名具有独特经历、特殊背景的老干部进行个别访谈。在全市老干部志愿者中开展"我为文明城市作贡献"主题活动。组织参加全省离退休干部"夸夸我家这五年"征文活动，收集、上报征文28篇，6篇分获一等、二等、三等奖。组织开展"支部党旗红"故事摄影大赛活动。完成泰安市关心下一代工作委员会（简称关工委）换届。在市、县两级老年大学建立关工委组织。开展"学党史学国史、喜迎十九大"集中宣讲活动，市"五老"宣讲团被评为全省关心下一代工作先进集体，28人被评为先进工作者。深入开展老年人才服务工作。

【老干部服务管理工作】 落实老干部参观考察、阅文、通报情况、走访慰问等制度，组织市级老干部参观全市经济社会发展成果展及泰山区、新泰市经济社会发展情况和高新区徂汶景区、旅游经济开发区、高铁新区建设情况。调整离休干部公用经费、特需经费和退休干部活动经费标准。提升服务水平，解决老干部享受精神文明奖、健康疗养、服务用车等实际问题。完善走访慰问制度，将走访慰问时间由每2年1次调整为1年1次。调整充实市直老干部工作联络员，组织召开市直老干部工作联络员座谈会。探索推进离退休干部"医养结合"新型服务模式。争取省困难市县离休干部"两费"专项转移支付资金692万元。为市直27个特困单位61名离休干部报销医药费900万元。

【老年教育和文化养老工作】 召开全市社区老年教育现场会。成立市老年大学佰年颐堂分校、健康文化艺术体验基地。举办首次全市老年大学校长培训班。市老年大学被评为全国老年大学示范校。在全省基层老年教育工作推进会上作典型发言。举办第六届全市老干部文化艺术节及老干部迎春联欢会，在全省第七届老干部艺术节中，获文艺会演、摄影展、书画展组织奖及文艺会演"团体一等奖"称号。承办省老年大学协会文化建设工作委员会第一次全会暨老年大学文化建设工作座谈会。老年教育国际学术研讨会与会代表到泰安市参观考察。

【老干部信息宣传】 开通"泰安老干部"微信公众号、今日头条号，开办《泰山晚报》老干部工作专版。全年编发《老干部工作信息》33期、"泰安老干部"微信公众号38期，被市级以上媒体采用稿件61篇。其中，多项重点工作和创新工作开展情况等信息被中组部老干部局《情况交流》、省委老干部局《情况反映》《山东老干部工作》《大众日报》采用。　　（张　兵）

【概况】 2017年，全市新增全国文明单位6个、全国文明校园3所，总数列全省第一。乡村文明行动城乡环卫一体化和移风易俗工作分别取得全省第6名和第10名，泰安市获省城乡环卫一体化工作先进市、移风易俗工作先进市称号。推荐成功"山东好人"51名、"山东好人之星"4名、"中国好人"10名、"省级道德模范"4名，总数居全省前列。"全国志愿服务信息系统"注册志愿者、团体数量在全国同等城市中位居前列。宁阳县被省委宣传部评为山东省"四德工程"示范县。米培莲、钱继红被评为全省"榜上有名"先模人物，张树泉、吴红、曹炳友等"四德"典型被评为"齐鲁最美人物"。全市建成基层综合性文化服务中心3475个，覆盖率达95%。现代戏曲《泰山人》获第十二届山东省精神文明建设文

艺精品工程优秀作品奖，新编历史剧《官箴碑》代表山东省参加“第十五届中国艺术节展演”，泰山皮影戏《石敢当为民除害保平安》入选文化部“全国曲艺、木偶、皮影戏优秀剧（节）目展演”。泰安市3家企业荣登省级“厚道鲁商”形象榜，泰安市获得“优秀组织工作奖”。年内，市委宣传部被评为“全国文明单位”，被市委、市政府表彰为“市直2017年度经济社会发展综合考核先进单位”。

【理论武装工作】 开展中共十九大集中宣讲，全市各级举办宣讲报告400场，听众50万人次。举办全市学习贯彻中共十九大精神理论骨干培训班。制定《全市党委（党组）理论学习中心组2017年理论学习安排意见》《泰安市党委（党组）理论学习中心组学习实施细则》，开展集中学习研讨12次，举办专题辅导报告会5场，中心组成员到基层讲党课、作报告20场次。泰安市《切实加强党委中心组学习推动经济社会全面发展》的经验做法在山东省委《理论学习》刊发。2016年度哲学社会科学规划研究项目共评审结项58个，2017年确定的立项重大项目10项、重点项目40项、一般项目73项。

【意识形态工作责任制落实】 出台《泰安市党委（党组）意识形态工作责任制实施细则》，把意识形态工作作为党的建设和政权建设的重要内容，纳入党建工作责任制和领导班子、领导干部目标管理。制定《意识形态领域舆情跨部门定期会商研判制度》《泰安市网络意识形态舆情管控工作联席会议制度》，印发《关于加强党委（党组）意识形态工作责任制考核督查工作的通知》，建立考核督查机制。全年调度督查全市各级党委（党组）落实意识形态工作责任制情况2次。严格落实中央《党委（党组）网络意识形态工作责任制实施细则》。

【新闻舆论宣传】 开展“砥砺奋进的五年”重大主题宣传，《泰安日报》、市广播电视台开设《砥砺奋进的五年·辉煌成就》《践行新理念 增创新优势 建设新泰安》、“新时代 新气象 新作为”专题专栏，宣传全市各级建设富裕文明幸福新泰安的生动实践。在《人民日报》、中央电视台、新华社系列媒体发稿，分别达5篇、41篇和48篇。“山水名城”大型采访和东平库区滩区移民迁建工程，通过新华社《瞭望》杂志和人大代表访谈，带到中共十九大会场。印发《天下泰安》外宣杂志4期，拍摄制作《见证泰山平安文化》《泰山封禅之路》外宣片，举办泰山旅游文化宣传语征集活动。新闻宣传工作受到市委书记王云鹏、市长李希信多次批示、表扬。

【春晚分会场工作】 精心组织2018年央视春晚泰安分会场演出工作。市委、市政府高度重视，成立领导小组，下设10个工作组，细化分解任务，精益求精做好筹备工作，高质量完成春晚演出任务。抓住时机、积极策划，组织中央及省、市主流媒体形成战役式宣传，集中报道央视春晚泰安分会场的精彩演出与国内外的积极反响，展示泰安的城市建设新形象和经济社会发展新成就，促进泰安旅游的大提升。春节期间，进山游客达19.63万人次，同比增长36.19%；进山进景点游客量累计45.96万人次，增幅达27.4%。

【网络舆情管控】 开展中共十九大、习近平总书记系列重要讲话精神学习宣传和创建全国文明城市专题、公益广告、核心价值观网上正面宣传。做好重大舆情处置应对和网上舆论引导工作，印发《泰安市新媒体舆情联动处置机制》，全年监测舆情信息320万条，负面信息5200条，处置重点舆情215起，接

3月31日，东岳中学在泰安烈士陵园举办清明节祭英烈活动（高　珍　供）

收上级网评任务232次。开展网络行为专项整治活动，通报政府事业单位网站15家，整改高危漏洞801个。举办全市网络舆论评论和引导培训班。

【社会主义核心价值观建设】 开展善行义举四德榜“榜上有名”先模人物评选和发布活动，建成四德榜高铁广场示范点。新建社会主义核心价值观主题公园4处，新增景观小品公益广告2000处。加强未成年人思想道德建设，建立学生思想道德行为综合考评制度。252所学校获得文明校园称号，其中3所获全国文明校园称号，29所学校获省级文明校园提名。全市建成各级未成年人心理健康辅导站678家，新建乡村学校少年宫中央级项目6个。获山东省第四届“国学小名士”经典诵读电视大赛优秀组织奖。开展“厚道鲁商”品牌三级联创，3家企业荣登省级“厚道鲁商”形象榜，泰安市获“优秀组织工作奖”。5家企业被确定为省“创新发展看鲁企·集聚山东新动能”主题宣传活动典型。

【群众性精神文明创建】 深化全国文明城市创建。开展“美丽家庭”“美丽村庄”“美丽乡镇”评选活动，泰安市新增省级文明村镇28个、市级文明村镇34个。组织第一届市级文明家庭评选活动，韩建军、张燕家庭等50个家庭入选第一届市级文明家庭。泰安市在山东省“移风易俗树新风”微电影大赛、第二届“文明乡村　美丽家园”微纪录片评选展映中获优秀组织奖，微电影《泰山皮影说唱　孝老爱亲》获公益片二等奖，《后悔不晚》获故事片三等奖，微纪录片《文明花开》等3部作品获三等奖。开展“文明交通劝导活动”“文明旅游”“节俭养德”系列主题活动。年内，新增“泰安市志愿服务培训基地”13个、“泰安市志愿服务实践基地”18个。泰安市拍摄的志愿服务主题电影《紫薇飘香》在全国上映。

【公共文化服务体系建设】 全市各级“三馆”［美术馆、公共图书馆、文化艺术馆（站）］全部免费对外开放，7家公共图书馆参加全国县级以上公共图书馆评估定级。全市建成基层综合性文化服务中心3475个，覆盖率95%。市级以上贫困村建成综合文化活动室418个，覆盖率90%。肥城市“农村文体广场服务标准化试点”项目列入2017年度“山东标准”建设行动计划。重点完成文艺精品现代戏曲《泰山人》，电影《柳下惠》《紫薇飘香》《大海与天使》，电视剧《少林问道》，泰山皮影戏《石敢当为民除害保平安》，歌曲《追梦桃园》，长篇小说《雾里红尘》《人子，人》。拍摄完成全国劳动模范、大陡山党支部原书记苏庆亮事迹电影《苏庆亮》。开展“中国梦·泰山情”系列主题文化活动81个大项、3000场次，春节系列文化活动4.8万场次，“以文为媒·文化走亲”1.7万场次，惠及民众360万人次。实施全市“一村一年一场戏、一月一场公益”和全民阅读公益性品牌文化活动，组织送戏下乡演出3857场次，放映公益电影5.9万场次。

【文化产业工作】 成立文化旅游体育项目指挥部，建立文化产业“十百千”项目定期调度通报工作制度，对全市123个文化旅游体育产业项目进行登记管理。梦娃系列百集动漫剧、泰山数字出版印刷产业园、大汶口古镇保护性开发一期工程入选全省第五批重点文化产业项目；泰山创业工场、泰山科技文化创意产业园入选第五批重点文化产业园区。获第十三届深圳国际文化产业博览会山东参展工作优秀组织奖。泰山天颐湖、泰山数字创意文化产业园、泰安市广播电视台移动互联网智慧政务云平台、泰安传媒集团“最泰安”全媒体平台和宁阳县文化艺术中心5个文化产业项目获2017年度省级文化产业专项资金扶持。　（高　珍）

统一战线

【概况】 年内，全市统战工作贯彻落实习近平新时代中国特色社会主义思想和中共十九大精神，围绕中央、省委、市委关于统一战线一系列重大决策部署，按照“抓重点　解难点　出亮点”的工作总要求，统筹谋划，创新开拓，各领域统战工作稳步推进。年内，继续保持“省级文明单位”称号，被市委、市政府表彰为“市直2017年度经济社会发展综合考核先进单位”。

【多党合作事业】 协助各民主党派、无党派人士开展“不忘合作初心，继续携手前进”主题教育活动。制定、落实2017年度政党协商计划，年内，召开市委民主协商会、《政府工作报告》征求意见会、政协委员提名协商会、全市党风廉政建设和反腐败工作情况通报会等协商活动10次，其中市委、市政府主要领导出席5次。引导各民主党派开展专题调研和界别协商活动，形成高质量专题调研和界别协商成果14个。举办各民主党派市级组织负责人暑期研讨班和市委领导班子成员培训班，加强党外“关键少数”的

6月16日，市委召开全市新的社会阶层人士统战工作会议，市委常委、统战部部长李灿玉出席会议并讲话　　（王　勇　摄）

教育引导。协助各民主党派抓好基层组织换届工作。加强民主党派工作规范化建设，支持民主党派开展形式多样的社会服务活动。举办全市统一战线“庆国庆·喜迎党的十九大”联欢会，与ZAKER手机客户端合作进行网络直播，累计14万人次观看。

【新的社会阶层人士统战工作】开展调查摸底，掌握基本情况，召开全市新的社会阶层人士统战工作会议，印发《关于加强新的社会阶层人士统战工作的实施意见》。市及部分县（市、区）委统战部到多地参观考察，学习借鉴先进经验。抓好人选推荐筛选，筹备成立市新的社会阶层人士联谊会。支持泰山区先行先试，探索实施“三大工程”推进新的社会阶层人士统战工作，经验被《中国统一战线》杂志、中央统战部网站、“山东统一战线”微信公众平台推广。岱岳区以区新的社会阶层人士联谊会为圆心，依托四个区域分会和四大服务平台实现全覆盖。新泰市精心打造“同心苑”活动阵地，并把新的社会阶层人士按行业划分为六大类36行，实现各行各业新的社会阶层人士“聚到一起、说到一起、想到一起、干到一起”。其他县（市、区）各有特色，遍地开花，全面推进全市新的社会阶层人士统战工作开展。

【为经济社会发展服务】开展民族团结进步创建活动和少数民族帮扶工程，对上争取少数民族发展资金362万元，少数民族教育专项资金90万元，连同市级少数民族扶持资金200万元，全部用于民族村项目建设、贫困村帮扶和教育事业发展。召开全市宗教工作会议，印发《市委、市政府关于加强和改进新形势下宗教工作的实施意见》。做好省委巡视“回头看”反馈意见中涉及宗教问题的整改落实工作。推进县级民族宗教部门与统战部合署办公，保障基层宗教工作部门行政执法权。年内，6个县（市、区）民族宗教部门与统战部已全部合署完毕。开展以“守法诚信、坚定信心”为重点的非公有制经济人士理想信念教育实践活动。贯彻落实省委、省政府《关于支持非公有制经济健康发展的十条意见》。推动构建“亲”“清”新型政商关系，持续优化非公有制经济发展环境，促进非公有制经济健康发展和非公有制经济人士健康成长。抓好非公有制经济人士综合评价工作，严把非公有制经济人士政治安排入口关。指导各县（市、区）工商联换届，做好省工商联换届人选推荐考察工作。依托泰山国家级海峡两岸交流基地和各交流示范点，开展泰（安）台（湾）经贸文化交流活动。年内，全市新批利用台湾资金（简称台资）项目1个，合同台资额3000万美元，实际利用台资1500万美元，在建在谈台资项目9个。举办“台湾中南部地区东岳大帝碧霞元君信众泰山行”“台湾学子中华泰山成人礼”等泰（安）台（湾）文化交流活动，接待20个台湾社团400名台湾各界人士到泰安参观访问。加强与港澳及海外社团及代表人士的联系联络，接待港澳社团及海外团组到泰安参观访问。做好市海外联谊会换届筹备工作。开展统一战线“同心扶贫攻坚行动”，推进“百企帮百村”脱贫攻坚行动和“民主党派助力东平脱贫”集中行动。全市统一战线累计实施产业扶贫项目51个，计划总投资36.8亿元，安排贫困人口就业5300多人，开展各类扶贫活动80次，帮扶投入价值3600万元。

【党外代表人士队伍建设】对全市副科级以上党外干部进行全面调查摸底，为教育培养和安排使用奠定基础。加强换届后民主党派新任领导班子成员教育培训，在市社会主义学院举办民主党派市委领导班子成员培训班。创新开展党外干部挂职锻炼工作，做到“上挂”“下派”

相结合，选派 4 名科级干部到基层单位和市直部门开展为期 1 年的挂职锻炼。加大党外干部安排使用力度，年内提拔重用交流副县级以上党外干部 11 人，领导班子中配备党外干部的市政府工作部门所在比例由 18.75% 提高到 25%。做好省以上党外人大代表候选人和政协委员提名人选推荐及考察工作。

【统战工作“一县一品”创建活动】 制定实施方案，指导各县（市、区）打造县域统战工作品牌。泰山区“泰山同心”品牌、新泰市“同心联动助力”行动品牌、肥城市“在外肥城人才队伍建设”品牌等创建成效明显。其他县（市、区）以及泰安高新区、泰山景区，围绕非公有制经济发展、脱贫攻坚、民族宗教、对台联络联谊等方面，探索品牌创建，取得阶段性成果。加强基层统战干部队伍建设，举办全市基层统战干部培训班，组织 118 人到中央统战部干部培训中心开展为期 1 周的培训。强化考核导向，把统战工作纳入对县（市、区）委落实全面从严治党主体责任综合考核重要内容。　（王　勇）

【概况】 年内，市委政研室（改革办）深入学习贯彻习近平新时代中国特色社会主义思想，全面贯彻落实中共十九大精神，围绕中心、服务大局，发挥职能、当好参谋，较好地承担综合性政策研究部门和参谋机构服务市委决策、服务中心工作的各项任务。顺利通过省级文明单位复审，连续 9 年保持“省级文明单位”称号。

【文稿起草】 全年起草各类文稿 500 件。把文稿服务作为决策参谋的重要抓手，立足全市发展大局，紧贴市委中心工作，以起草高质量领导讲话稿、重要文稿和市委重要文件，审核把关重要文稿和新闻报道，作为服务决策的重要方式和转化调研成果的重要渠道，做到早谋划、时效快、质量好。先后完成市十一次党代会、市委十一届历次全会、市“两会”、市委常委会、民主生活会、招商引资和项目建设检查考核会、经济工作会、科学发展表彰大会、市委全面深化改革领导小组会、迎接中央环保督察历次会议、春晚泰安分会场领导小组会、文明城市创建、中共十九大安保维稳会、学习宣传贯彻中共十九大精神历次会议等重要会议文稿；完成迎接省领导到泰安调研的汇报、述职述廉报告、基层党建工作述职等材料的起草；完成市委主要领导在省以上有关会议上的发言材料；完成人大、政协、纪委、组织、宣传、政法、农业、水利、卫计、教育、民宗、旅游、团委、工会、党校、民族等各种专业和专题会议方面的材料；完成市委副书记各类材料起草。

【调查研究】 围绕市委中心任务，加大对经济新常态、深化改革和民生等领域的调研力度，开展省全域旅游、产业扶贫、农业招商引资工作开展、泰安市简化优化公共服务流程方便基层群众办事创业实施情况等调研，为市委谋划和部署工作提供针对性、实效性、操作性强的建议和决策依据，在全省党委政研系统优秀调研成果评选中，各有 1 篇调研报告分获一等奖和三等奖。同时，注重发挥政研室在全市调研中的综合协调和龙头作用，组织协调市直有关部门、县（市、区），就重大问题协同开展调研，形成整体合力。

【阵地载体建设】 把“贯彻市委意图，研究政策法规，交流工作经验，提供决策服务”作为《泰安工作》的办刊宗旨，精心围绕“学习贯彻中共十九大精神”“重效率、勇担当、作表率”“招商引资和项目建设”“环保攻坚战”等重点工作开设栏目，努力打造泰安特色党刊。全年编发《泰安工作》12 期。　（吕虎振）

【概况】 年内，市委市直机关工委扎实推进“重效率、勇担当、作表率”主题活动，拓展新路子，健全新机制，持续推进“一岗双责三联评定”[“一岗”即一个岗位。“双责”即党内职责和业务职责。“三联评定”即部门机关党组织书记向市直机关工委述职，市直机关工委组织评议考核；机关党支部（党小组）书记将落实党员“一岗双责”制度情况向部门机关党组织述职，部门机关党组织进行评议考核；党员对落实“一岗双责”情况进行自我评定，党支部组织评议考核]融合机制，重点抓大系统党委、普通党委、机关党支部三种责任模式，紧紧围绕市委、市政府中心工作，立足增强党组织活力，破解难题、勇于担当，机关党的工作开创新局面。获得“省级文明单位”“山东省机关党建宣传报道工作先进单位”“山东省机关党建调查研究与实践创新先进单位”“山东省机关党建优秀研究成果一等奖”等称号。

【思想建设】 发挥理论中心组学习的引导作用，推进社会主义核心价值观宣传教育；制定印发《市直机关党委（党组）理论学习中心组2017年理论学习安排意见》，以党委（党组）中心组学习为龙头，带动基层党组织和全体党员，划分学习教育层次，组织理论中心组学习12次，推进社会主义核心价值观宣传教育。做好意识形态阵地的管理，成立市直机关中共十九大宣讲团，邀请市委党校教授及市直机关领导干部担任宣讲团成员，组织宣讲15场，3000名机关专职副书记、科以下党员干部职工参加报告会。编排印制《"重效率勇担当作表率"主题活动学习资料汇编》2000册，供市直机关广大党员干部学习；邀请中国延安干部学院教授李世明作《弘扬延安精神、落实"两学一做"》专题报告会，邀请市政协原秘书长张进善作"做事与做人 健身与健心"专题讲座；利用机关干部大讲堂、文化讲坛、专题辅导报告等载体，开展社会主义核心价值观教育60场次；拓宽学习渠道，运用网络、移动新媒体，推出形式灵活的"微课程"，搭建开放兼容的网络学习平台。

6月29日，市直机关庆祝建党96周年暨"重效率 勇担当 作表率"主题活动推进会召开。市委常委、秘书长宋洪银等出席会议并讲话

（王 斌 摄）

【组织建设】 推进过硬党支部建设，组织开展市直机关"重效率勇担当作表率"暨"过硬党支部建设"主题活动，并作为创新突破项目，市直1538个党支部查找问题1.2万条并整改到位。实施主题党日活动激励机制，强化组织生活制度，119个市直部门报送活动方案600个，提升基层党组织的政治功能和组织能力。从10月至11月底，在市直机关开展学习贯彻中共十九大精神党支部书记轮训活动，市直机关1538个基层党支部的书记参加培训。健全换届提醒督促机制，指导103个基层党组织按期换届。制订3年培树计划，培树过硬党支部典型40个，确定示范单位10个。1万名党员、入党积极分子到社区报到，参与党支部790个，明确服务岗位2000个，联系群众1.74万户，开展志愿服务4432次。

【作风建设】 全面落实从严治党主体责任，完善党风廉政建设责任制，签订《党风廉政建设责任书》，强化党纪宣传教育。发挥机关纪律监督员作用，做好违纪案件审查处置工作。重新修订完善议事规则和程序，严格落实民主生活会、述职述廉、谈话提醒制度。开展"正风肃纪"专项行动，组织市直机关工作纪律集中检查，开展机关"衙门"作风专项整治。强化监督执纪问责，接收办理来信来访22起，受理市直机关科级以下干部违纪审查4起，党纪处分5人，对1名党员审查恢复党员权利。

【服务品牌建设】 抓实抓好"五型"（学习型、服务型、节约型、创新型、廉洁型）机关和文明单位日常管理，严格审查文明单位申报条件，按照平时工作与考核结果相结合的方式，加强规范管理、推动工作、提高效能。不断丰富创新适应新形势的"五型"机关创建管理机制，搭建"机关党建信息考核管理平台"，委托第三方实行在线考评，包括文明单位考评在内，组织在线考核培训4期，285个单位参加，考评的方式更加科学，考评的内容更加公正。表扬市直文明单位63个、机关党建工作先进单位6个、优秀公仆59名、先进工作者195名，推荐表扬"五型"机关建设示范单位30个。把服务品牌建设工作作为精神文明和"五型"机关创建的主要抓手，至年底，市直机关服务品牌创建率达100%，132个机关服务品牌各具特色，80个优秀服务品牌发挥示范引领作用。在泰安市地税局召开市直机关认真学习宣传贯彻中共十九大精神暨深化服务品牌建设观摩交流推进会议。山东省委省直机关工委副书记刘杰、山东省地税局副局长韩奎祥、泰安市委副书记张涛对泰安市服务品牌创建工作给予高度评价。市直机关加强服务品牌创建的做法在省工委《机关党建》刊发。

【宣传工作】 利用泰安党建、泰安机关党建网、泰安机关党建微信公众号、宣传栏，搭建“泰安机关党建”微信平台，开设“永远跟党走”专栏、“泰安机关党建”专栏，连续、系统地转发习近平总书记系列重要讲话相关内容。在《泰安日报》、泰安电视台开设专栏，对“重效率勇担当作表率”主题活动及相关党建工作进行宣传报道，并借助泰安机关党建网和微信公众平台，以电子版的形式发布主题活动及党建工作信息。年内，在市级报纸、电台、网站、工委简报、上级刊物网站宣传机关党建工作70篇，泰安市直机关工委被省工委评为机关党建宣传工作先进单位。编发《机关党建通讯》42期、《泰山公仆》杂志4期，发行1.1万册。先后和市委宣传部、市文广新局、文联等联合举办“喜迎十九大·永远跟党走”泰安市大合唱文艺会演、“情系徂徕　唱响泰安”——中国文联文艺志愿服务队赴徂徕革命老区慰问演出、“筑梦喀什　感恩援疆”喀什地区歌舞剧团赴援疆4省市慰问演出等大型活动，累计组织观众1500人次。加强文明单位信息报送工作QQ群的动态管理，汇总文明单位报送信息并及时报送242篇；做好“身边好人”推荐工作。

【群团组织建设】 加强对群团组织的领导，开展富有特色的机关文体活动，举办市直机关第十五届运动会，101个部门单位、4500名运动员报名参加6个大项、53个小项的比赛，参赛单位和人数为历届之最。表扬工人先锋号14个，开展工会工作先进单位和优秀工会工作者评选工作。利用市直机关干部大讲堂举办机关干部保健知识、女干部保健常识等专题讲座，激发市直机关基层党组织和广大党员干部服务社会、服务基层、服务群众的工作热情。做好市直机关征兵工作。

【“全国文明城市”创建】 开展市直机关“我爱我家、人人文明、处处风景”助力创建全国文明城市“文明劝导”志愿服务主题实践活动，组织宣读倡议书、志愿者代表表态发言、200名志愿者签名等环节，为环卫工人、园林工人解暑送清凉，送去价值2万元的慰问品。以争创“全国文明城市”为载体，开展有关创建的基础性资料规范化工作。按照《泰安市创建全国文明城市测评体系操作及任务分解手册》要求，完成8项个性指标档案材料、32项共性指标档案材料、6项实地测评任务和问卷调查任务。　（陈来明）

党史资料征编与研究

【概况】 年内，市委党史办以创建省级文明单位为总抓手，践行“以史鉴今、资政育人”理念，保持党史事业健康发展的良好局面，在党史征研、党史宣传等方面取得实效。

【党史研究】 ①编辑完成《徂徕山起义》专题书。该书计40万字，全面记载省委直接领导徂徕山起义的全过程，通过当事人的亲身回忆、专家学者的论证分析和大量历史文献资料，深化抗日战争时期泰安抗战史和党史的研究利用，为新时期继承和发扬徂徕山起义精神提供教育素材，深化抗日战争时期泰安抗战史研究。②开展《泰安改革开放实录》编撰工作。系统征集和整理改革开放以后泰安经济、政治、文化、社会、生态文明和党的建设各领域重要资料，年内完成征编120万字。③强化党史资政作用。在《山东党史》《泰安工作》《泰山公仆》发表多篇党史研究及资政文章，为新泰安建设提供历史镜鉴。

【党史资料征编】 征集历史当事人的口述资料、回忆文章，抢救“活”资料、“活”资源，进行梳理总结、整理归类，保存好珍贵的历史资料。①市（地）、县委书记口述历史征编。以历史当事人的口述资料、回忆文章为重点，征集新中国成立前后至改革开放前期市（地）、县委书记口述资料60万字，相关照片100幅。② 20世纪70年代知识青年上山下乡相关史料征编。挖掘整理党领导泰安人民进行社会主义建设的专题史料，重点开展对20世纪70年代知识青年上山下乡相关材料的收集与整理。征集到原山东生产建设兵团知青提供的6万字材料、33幅历史照片及28万字的《悠悠徂徕情》剧本1部。③扩大党史资料征集范围。对泰安市中共党史学会进行换届选举，利用学会联系广泛、资源丰富的优势，征集到各类珍贵党史资料、有影响的党史理论文章30篇。

【党史宣传教育】 ①开展徂徕山抗日武装起义80周年纪念活动。省、市电视台，《大众日报》《泰安日报》等进行宣传报道。②利用党史“一网一刊”开展宣传教育。泰安党史网发布各类信息80条，点击阅读量不断增高；出版《泰汶春秋》杂志4期和徂徕山起义特刊1期，持续增强期刊的学术水平和社会影响力。③开展党史“六进”（进企业、进农村、进机关、进军营、进校园、进社区）活动。举办党史书籍下基层活动8场，捐赠各类党史书籍2000册。

【纪念徂徕山抗日武装起义80周年座谈会】 12月27日，在泰安市举行。山东省委常委、宣传部部长王清宪，省军区副政委王东海，泰安市委书记王云鹏，省委党史研究室主任赵国卿，泰安军分区司令员邹风亭出席座谈会。徂徕山起义老战士家属代表、驻泰安官兵代表、青年代表和有关单位主要领导参加会议。泰安市委书记王云鹏主持会议。座谈会上，与会人员共同观看电视文献专题片《齐鲁烽火》，追忆徂徕山起义及八路军山东人民抗日游击队第四支队在抗日战争中的峥嵘岁月。王清宪等领导作重要讲话，参加徂徕山起义的老战士子女代表、泰安青年代表进行发言。

王清宪代表省委、省政府，向参加过徂徕山抗日武装起义的老战士、老英雄致以崇高的敬意。王清宪强调，徂徕山起义培育了“不畏强敌，敢于担当，矢志为民，英勇斗争”的徂徕山抗日武装起义精神，这一精神成为鼓舞和激励我们不断攻坚克难、从胜利走向胜利的强大精神动力。要深刻领会习近平总书记关于弘扬革命精神、传承红色基因的重要论述，大力弘扬徂徕山抗日武装起义精神，与弘扬井冈山精神、延安精神、西柏坡精神、红船精神、沂蒙精神等革命精神贯通起来，与“不忘初心、牢记使命”主题教育结合起来，从光辉革命历史中汲取源源不断的前进动力，凝聚起攻坚克难、矢志奋斗的强大力量。

泰安市委书记王云鹏在讲话中指出，加快推进富裕文明幸福新泰安建设，这是泰安人民的伟大事业。实现这个伟大事业，需要伟大的精神。徂徕山起义精神是革命事业取得胜利的保证，也是建设事业取之不尽、用之不竭的力量源泉。泰安广大党员干部要以这次座谈会为契机，继续做好传承弘扬徂徕山起义精神的文章，激励引领泰安人民，以更加坚定的信心、更加昂扬的斗志，不断践行新理念，增创新优势，强力推动各项工作再上新台阶，努力创造无愧于先烈、无愧于先辈、无愧于人民、无愧于时代的辉煌业绩。 （李贵友）

12月27日，纪念徂徕山抗日武装起义80周年座谈会召开（司 刚 摄）

【概况】 年内，市委党校扭住“创建一流市级党校”目标，教学工作追求四个“更高”（讲课水平更高、学员管理服务水平更高、培训效果更高、学员满意率更高），科研工作做到三个“更有”（更有档次、更有作用、更有影响），行政工作做到三个“更加”（更加有序、更加高效、更加主动），后勤工作做到三个“更紧”（与教学科研工作结合得更紧，与教职工和学员的工作生活需要跟得更紧，与校园建设和管理结合得更紧），党建工作及各项群团工作做到四个“更加主动”（服务中心更加主动，开展工作更加主动，引领风气更加主动，管理监督更加主动），各项工作成效显著。省委党校主要领导3次就创新经验作出批示，省委党校校报以《上下求索建机制，凝心聚力创一流》为题，专题报道泰安创新机制的做法。市委书记、党校校长王云鹏4次到党校调研或作辅导报告，3次听取党校专题汇报，进行具体指导，3次对党校工作或科研成果作出批示。

【培训工作】 ①主体班次办出新水平。举办各类进修、培训班次83期，培训学员8000人次，其中主体班次27期、3500人次，增加1600人次。②业余教育实现新突破。招生计划75人，实际录取94人；学员毕业论文答辩一次通过率95%，提高10个百分点；全年学员到课率85%以上，其中新生到课率95%以上。③对外培训取得新成果。承接各类社会培训班56个，培训学员4500人次。

8月9日，市委学习贯彻省第十一次党代会精神专题培训班在市委党校开班。市委书记、市委党校校长王云鹏作动员讲话，市委副书记、市长李希信主持。培训班共2天，邀请专家围绕加快新旧动能转换、金融风险研判与防范化解等主题作辅导报告，并对省第十一次党代会精神进行专题解读　（姬大鹏　摄）

【科研咨政】 落实《教研质量聚力提升行动实施方案》，发挥学员优势，创新实行教师与学员联合攻关工作机制，助推科研咨政和新型智库建设发展。年内，发表论文123篇，增加22篇；完成各类立项课题82项，增加21项。其中，省级课题10项，市级课题21项，获市级以上科研奖16项；获市领导签批的调研报告12项，增加7项；2项成果分获市委、市政府主要领导签批。

【实施三项机制】 “定岗定责定任务、抓述抓评抓考核”机制规范全员管理考核，实现常态化，形成个人尽职、处室尽责、上下联动的局面；“教研质量聚力提升”机制促进主责主业，通过任务考核加压力、评先树优增动力、强化培训提能力、教授帮带添助力、引入竞争激活力、集体备课汇合力，学员满意率提升3个百分点，1名青年教师获全省党校系统精品课比赛一等奖。后勤保障机制提升服务水平，完善社会化、半社会化后勤服务，有效发挥学校主导作用、社会服务机构的能动作用、学员和教职工的监督作用。

【完成上级考核指标】 党的理论教育、党性教育完成和超额完成规定课时。落实市委《关于建立领导干部上讲台制度的实施意见》，市委领导上讲台全面兑现，形成组织部门推动协调、有关方面督促服务、市委党校安排落实的工作机制，实现制度化、常态化。党校工作列入市委常委会议题，市委主要领导到党校调研等要求得以落实。

【完成重大政治任务】 承办市管领导干部中共十九大精神专题学习班、十八届六中全会精神专题培训班、省十一次党代会精神培训班。承办全省党校系统中共十九大精神教研骨干培训班、全省党校系统业务指导工作会议。承担市委和市直机关中共十九大精神宣讲任务，集中宣讲100场，听众2.4万人次。5篇论文入选全省党校系统学习中共十九大精神理论研讨会。在《泰安日报》发表专题文章10篇，8名教师在泰安电视台等主流媒体接受专题访谈。召开全市党校系统学习中共十九大精神座谈会和理论研讨会，收到论文95篇。　（祝　捷）

4月6—7日，全省党校业务指导工作会议在市委党校召开。会上，市委党校常务副校长吕军德就市委党校认真贯彻落实全国、省、市党校工作会议精神，明确目标、理清思路，在继承中深化、在创新中总结，重点抓好本级、指导推动县级等情况作介绍　（姬大鹏　摄）

编校　刘　凯　　审稿　周美广

泰安市人民代表大会

综 述

【概况】 2017年，市人大常委会先后召开常委会会议6次，制定地方性法规1部，听取审议专项工作报告8项，开展执法检查、视察和调研17次，作出决议、决定4项，任免国家机关工作人员89人次，完成市十七届人大一次会议确定的各项目标任务，为推进富裕文明幸福新泰安建设、加快法治泰安进程作出积极贡献。

【依法推动市委重大决策部署落实落地】 ①强化理论武装，进一步提高认识把握方向。落实理论中心组学习制度，推进“两学一做”学习教育常态化制度化。常委会党组充分发挥领导核心作用，第一时间组织传达学习中共十九大精神和省、市委决策部署，党组成员带头深入基层讲党课，带头学以致用促落实。始终把坚持党的领导、人民当家做主、以人民为中心、依法依程序办事、改革创新作为人大工作的根本遵循，明确新时代开展地方人大工作的思路、方法和重点。积极推动市委决策部署落到实处，先后对城市重点项目建设、治理违法建设、高新区和泰山景区管辖范围调整情况进行集中视察，推动全市形成干事创业、加快发展的浓厚氛围。②深化作风建设，进一步严明纪律落实责任。扎实开展“重效率勇担当作表率”主题活动，着力推进市人大常委会及机关作风效能建设。坚持问题导向就是工作指向，认真做好省委巡视“回头看”反馈问题整改工作，把从严从实贯穿于问题整改全过程。坚决执行全面从严治党各项规定，严格执行中央八项规定，大力改进会风，完善出席会议情况通报制度，努力提高常委会会议质量。坚持党的群众路线，深入基层广泛调研，为市委决策提出建设性的意见和建议。细化工作规范，进一步完善程序增强实效。依法有效行使好立法权、监督权、决定权、任免权，增强监督实效，出台预算审查前听取人大代表和社会各界建议、加强市本级部门预算审查监督、审计查出突出问题整改情况向常委会报告、规范性文件备案审查等制度；完善宪法宣誓制度；建立完善立法机关主导、有关部门参与的立法机制。

【推进法治泰安建设】 （参见“法治·地方立法与法律监督”）

6月21—22日，省人大常委会副主任张新起带领考察组到泰安考察村镇建设工作情况，市人大常委会主任唐福泉（前排右二）陪同活动

（苏智伟　供）

【实施正确有效监督】 ①强化对国民经济和社会发展情况监督。适应经济高质量发展新要求，听取和审议计划、预算执行情况、市级政府债务限额及市级预算调整、审计等相关工作报告，审查批准决算和预算调整方案。制定出台《关于加强市本级部门预算审查监督的若干规定》，并首次引入第三方评审机制对部门预算、重点支出和重大投资项目资金使用绩效进行评审，堵塞预算执行中的漏洞。加快推进全市经济平稳健康发展，分别听取审议市政府全域旅游发展、市级行政性国有资产管理、知识产权保护等工作情况汇报，作出相关的审议意见，推动重点工作落实。②强化对“三农”和精准扶贫工作监督。听取审议市政府关于全市耕地保护、农村集体产权制度改革等专项工作报告，视察全市耕地保护质量提升、永久基本农田划定和保护情况，向市政府提出做活土地文章、培育新型经营主体、壮大农村集体经济等建议。把脱贫攻坚作为第一民生工程，结合市十七届人大一次会议建议督办，配合省人大对村镇建设工作进行视察，督促有关部门落实责任，抓好贫困村道路、饮水安全、用电、教育、卫生等基础设施建设，实现扶贫扶智扶志有机结合。③强化对民生福祉工作监督。把教育、卫生等与人民群众生活息息相关的工作作为监督重点。针对人民群众反映强烈的在职教师有偿补课问题，专题调研全市师德师风建设工作，听取市政府有关部门、中小学校和教师代表意见，提出内外相济、疏堵结合、惩防并举等建议，筑牢师德师风根基。加大改善农村医疗卫生建议督办力度，推进乡村卫生室标准化建设，逐步解决农村就医难、看病贵问题。把城乡义务教育一体化发展、棚户区改造、保障性住房等作为关注重点，通过开展调研、代表建议重点督办等措施，督促市政府补齐民生短板，让人民群众共享发展改革成果。④强化对生态文明建设工作监督。针对私采滥挖泰山石等不法行为破坏泰山生态环境的问题，专题视察泰山石保护工作。根据市委统一部署，全市开展集中整治工作，擅自违规店外经营、私采滥挖奇石等不法行为得到有效遏制。把重点督办环保方面的代表建议和开展“泰汶环保世纪行”活动结合起来，聚焦民生诉求，曝光违法行为。积极回应群众关切，下大力气解决畜禽养殖禁养区关闭搬迁、饮用水源地违建整治、散乱污企业治理等一大批难题，全市环境质量明显好转。

【激发代表履职新活力】 ①代表履职能力稳步提升。市十七届人大一次会议闭会后，及时举办市人大代表初任培训班，组织部分驻泰安省人大代表参加省人大代表履职交流学习班，组织各县（市、区）人大常委会主任参加全国人大培训班，强化各级人大代表和市县人大常委会组成人员的履职意识、责任意识、法律意识，提升依法履职水平。②代表组织网络健全完善。依照便于组织和开展活动原则，按地域将446名市人大代表划分成23个代表小组，本着有场所、有制度、有计划、有档案的标准建设代表小组活动室。③各代表小组积极开展学习交流、视察调研、联系选民等活动，有效发挥阵地作用。以专门委员会为依托，建立6个专业代表小组，发挥代表的专业、行业优势，为全市转型发展建言献策。代表活动载体不断丰富。开展“创新创业、履职履责，建设富裕文明幸福新泰安”主题实践活动，向各级代表发出“充分发挥代表作用，携手共创文明城市”倡议书，号召全市各级人大代表认真履行职责，发挥表率带头作用。组织市人大代表法律志愿服务队，进社区、进企业开展法律咨询活动。先后组织28名驻泰安全国人大代表、省人大代表参加常委会有关执法检查、视察、调研活动。扎实推进“双联”（常委联系人大代表、人大代表联系选民）工作规范化、制度化，40名常委会组成人员分工联系406名市人大代表，及时听取意见建议，提高常委会议事决策的质量和水平。④议案建议办理成效显著。常委会办事机构及时转办人大代表建议，并把代表建议内容和承办单位等信息在《泰安人大》、泰安人大信息网上公开发布，增强办理工作的透明度。审议通过《泰安市人民代表大会代表建议、批评和意见办理工作条例》，进一步规范代表建议的办理工作。建立专门委员会牵头督办机制，从代表建议中确定重点督办建议，通过召开座谈会、邀请提建议代表实地视察、主任会议专题听取办理情况汇报等措施，加大督办力度。市十七届人大一次会议收到代表提出议案42件，经会议议案审查委员会研究，提交大会主席团通过，将泰山区代表团郭桂林等12名代表提出的《关于制定〈泰安市机动车停车场规划建设和停车管理条例〉》（第36号），泰山区代表团刘广博等10名代表提出的《关于加快实施泰山区老旧小区和棚户区改造的议案》（第33号）与泰山区代表团赵勇等13名代表提出的《关于对泰城老城区进行改造的议案》（第38号）并案作为议案处理，其余作建议、批评和意见处理。

【市十七届人大一次会议】 2月22—26日召开。会议审议通过市长李希信作的《泰安市人民政府工作报告》、市政府《关于泰安市2016年国民经济和社会发展计划执行情况与2017年计划草案的报告》《关于泰安市2016年预算执行情况和2017年预算草案的报告》、市人大常委会第一副主任陈刚作的《市人民代表大会常务委员会工作报告》、市中级人民法院院长朱旭光作的《市中级人民法院工作报告》、市人民检察院检察长苏金森作的《市人民检察院工作报告》，表决通过各项有关决议。会议批准泰安市2016年国民经济和社会发展计划执行情况和2017年市级预算。审议《泰安市第十七届人民代表大会第一次会议关于设立泰安市第十七届人民代表大会专门委员会的决定（草案）》，设立市十七届人大法制委员会、财政经济委员会、农业与农村委员会、城乡建设与环境资源保护委员会、教育科学文化卫生委员会、民族侨务外事旅游委员会，增设市十七届人大内务司法委员会。会议选举产生新一届地方国家机关领导人员，唐福泉当选为市十七届人大常委会主任，张书盈、王淑玲、陶长江、刘学保、曹步山当选为市十七届人大常委会副主任，李起峰当选为市十七届人大常委会秘书长。李希信当选为市人民政府市长，展宝卫、鞠向群、成丽、张红旗、赵德健、袁久党当选为市人民政府副市长，朱旭光当选为市中级人民法院院长，苏金森当选为市人民检察院检察长。

【市十七届人大常委会会议】 年内，市十七届人大常委会举行会议6次。

市十七届人大常委会第一次会议 2月26日召开。会议听取并原则通过泰安市人大常委会2017年工作要点；审议通过泰安市第十七届人大常委会代表资格审查委员会组成人员名单；听取市人民检察院关于提请任免检察人员职务的报告，表决人事任免事项。

2月26日，市十七届人大常委会第一次会议上，市人大常委会、市人大各专门委员会组成人员进行宪法宣誓　　（苏智伟　供）

市十七届人大常委会第二次会议 4月21日召开。上午，常委会全体组成人员现场视察高铁新区、旅游经济开发区有关重点城建项目建设与管理情况。下午，会议听取审议市政府关于全市重点城建项目建设与管理、耕地保护、交通运输工作情况的报告；听取审议市中级人民法院关于执行工作情况的报告；听取审议市人大常委会代表资格审查委员会关于个别代表的代表资格变动情况的报告；听取审议市人大常委会主任会议关于提请补选唐福泉为山东省第十二届人大代表的报告；审议市政府关于提请任命市政府组成人员的议案；听取审议市中级人民法院关于提请任命审判人员职务的报告；听取审议市人民检察院关于提请任免检察人员职务的报告。会议原则通过相应的审议意见。会议原则通过泰安市中级人民法院关于提请首批员额法官履行法律程序的报告、泰安市人民检察院关于提请首批员额检察官履行法律程序的报告；会议补选唐福泉为山东省第十二届人民代表大会代表；会议表决通过人事任免事项，向被任命人员颁发任命书，并举行宪法宣誓仪式。

市十七届人大常委会第三次会议 6月27日召开。会议听取审议市政府关于全市知识产权工作情况的报告；听取审议市政府关于全市全域旅游工作情况的报告；听取审议市人民检察院关于检察建议工作情况的报告；听取审议市人大常委会主任会议关于《泰安市人大常委会关于进一步推进人民检察院检察建议工作的意见（草案）》的说明；听取审议市中级人民法院关于提请免去审判人员职务的报告。会议原则通过相应的审议意见。会议表决通过有关人事任免事项。

市十七届人大常委会第四次会议 8月25日召开。会议听取审议市政府关于泰安市2016年市级财政决算和2017年上半年全市及市级财政预算执行情况的报告；听取审议市政府关于对泰安市2017年全市新增政府债务限额及市级预算调整方案（草案）的报告；听取审议市政府关于泰安市2016年市级财政预算执行和其他财政收支情况的审计工作报告；听取审议市政府关于全市上半年国民经济和社会发展计划执行情况的报告；听取审议市政府关于全市安全生产工作情况的报告；听取审议市人大法制工作委员会关于《泰山生态保护条例（草案）》有关情况的说明。会议作出相应的决议，原则通过相应的审议意见。会议期间，市人大常委会组成人员实地视察岱岳区李家庄村、泰山区白马石村拆违现场。

市十七届人大常委会第五次会议 10月31日召开。会议传达学习中共十九大精神，安排部署常委会贯彻落实工作；听取审议市政府关于市级行政事业性国有资产管理工作情况的报告；听取审议市政府关于全市农村集体产权制度改革工作情况的报告；听取审议市人民检察院关于全市检察机关侦查监督工作情况的报告；听取审议主任会议关于《泰安市人大常委会关于进一步推动全市法院执行工作的意见（草案）》的说明；听取审议市人大法制委员会关于《泰山风景名胜区生态保护条例（草案）》修改情况的报告；听取审议市中级人民法院关于提请任免审判人员职务的报告；听取审议市人民检察院关于提请任免检察人员职务的报告。会议原则通过相应的审议意见。表决通过关于进一步推动全市法院执行工作的意见；表决人事任免事项，会议向被任命人员颁发任命书，并举行宪法宣誓仪式。

市十七届人大常委会第六次会议 12月26日召开。会议听取关于泰安市第十七届人民代表大会第二次会议筹备工作情况的报告；听取审议市人大常委会代表资格审查委员会关于补选代表的代表资格的审查报告；听取审议关于泰安市人大常委会工作报告（稿）起草情况的说明；听取审议市人大法制委关于市十七届人大一次会议第36号议案审议和办理情况的报告；听取审议市人大城环资委关于市十七届人大一次会议第33号议案与第38号议案审议和办理情况的报告；听取审议市政府关于政府系统办理市十七届人大一次会议以后代表建议、批评和意见情况的报告；听取审议市人大法制委关于《泰山风景名胜区生态保护条例（草案）》审议结果的报告；听取审议市政府关于2017年市级政府债务限额及市级预算调整方案（草案）的报告。审议市人大常委会人事选举代表工作室关于市十七届人大一次会议以后代表所提建议、批评和意见办理情况的书面报告（草案）。会议作出相应的决议，通过有关报告，审议通过泰安市第十七届人民代表大会第二次会议列席人员范围（草案）；审议通过泰安市第十七届人民代表大会第二次会议主席团、秘书长名单；审议通过泰安市人民代表大会代表建议、批评和意见办理工作条例；审议通过《泰山风景名胜区生态保护条例》。

【人事任免】 年内，常委会依法行使人事任免权，任免国家机关工作人员89人次。其中，2月26日，市十七届人大常委会第一次会议，根据泰安市人民检察院检察长苏金森的提请，批准任命：王增爱为泰安市泰山区人民检察院检察长；郝永生为泰安市岱岳区人民检察院检察长；卜静波为新泰市人民检察院检察长；杨希沧为肥城市人民检察院检察长；尚晓兵为宁阳县人民检察院检察长；张亮为东平县人民检察院检察长。4月21日，市十七届人大常委会第二次会议，根据泰安市人民政府市长李希信的提请，决定任命：张韧为泰安市人民政府秘书长；董世武为泰安市发展和改革委员会主任；黄正玉为泰安市经济和信息化委员会主任；张伟为泰安市教育局局长；张庆云为泰安市科学技术局局长；鞠向群为泰安市公安局局长；张勇为泰安市监察局局长；孙兰俊为泰安市民政局局长；高建明为泰安市司法局局长；刘斌为泰安市财政局局长；蒋永斌为泰安市人力资源和社会保障局局长；陈锦勇为泰安市国土资源局局长；吕桂平为泰安市规划局局长；张广银为泰安市住房和城乡建设局局长；朱杰为泰安市交通运输局局长；王骞为泰安市水利和渔业局局长；刘兆泉为泰安市农业局局长；吕怀玉为泰安市商务局局长；王新民为泰安市文化广电新闻出版局局长；刘焕星为泰安市卫生和计划生育委员会主任；辛海明为泰安市审计局局长；乔建博为泰安市环境保护局局长；朱志平为泰安市民族与宗教事务局局长；柴力为泰安市人民政府外事侨务办公室主任；刘太荣为泰安市人民政府国有资产监督管理委员会主任；苏有森为泰安市体育局局长；董彦和为泰安市统计局局长；葛茂金为泰安市林业局局长；袁久党为泰安市安全生产监督管理局局长；李华民为泰安市旅游发展委员会主任；肖和元为泰安市食品药品监督管理局局长；张京洲为泰安市工商行政管理局局长；陈晓娜为泰安市质量技术监督局局长。根据泰安市中级人民法院院长朱旭光的提请，任命：井慧、王玥、邢友峰、张晓丹、李莹为泰安市中级人民法院审判员。根据泰安市人民检察院检察长苏金森的提请，任命：姚红秋为泰安市人民检察院检察委员会委员、检察员；赵文涛为泰安市人民检察院检察员。免去：张文芹、宋玉宽、张建同、宋琳、郑延平泰安市人民检察院检察员职务。10月31日，市十七届人大常委会第五次会议，根据泰安市中级人民法院院长朱旭光的提请，任命：侯凯青为泰安市中级人民法院审判监督庭庭长；王成钧为泰安市中级人民法院执行局执行二庭庭长；张林为泰安市中级人民法院执行局执行三庭庭长；曹丙营为泰安市中级人民法院刑事审判第一庭副庭长；刘启瑞为泰安市中级人民法院刑事审判第二庭副庭长；阎鹏为泰安市中级人民法院民事审判第一庭副庭长；朱惠东为泰安市中级人民法院民事审判第二庭副庭长；王君远为泰安市中级人民法院民事审判第二庭副庭长；梁丽梅为泰安市中级人民法院民事审判第二庭副庭长；屈玉涛为泰安市中级人民法院民事审判第三庭副庭长；毕经纶为泰安市中级人民法院民事审判第四庭副庭长；薛茜为泰安市中级人民法院民事审判第四庭副庭长；王涛为泰安市中级人民法院执行局执行二庭副庭长；张宗强为泰安市中级人民法院执行局执行三庭副庭长；王勇为泰安高新技术产业开发区人民法院刑事民商事行政审判庭副庭长。免去：陈学忠泰安市中级人民法院审判监督庭庭长职务；侯凯青泰安市中级人民法院执行局执行三庭庭长职务；张林泰安市中级人民法院执行局执行二庭庭长职务；曹丙营泰安市中级人民法院刑事审判第三庭副庭长职务；刘启瑞泰安市中级人民法院刑事审判第一庭副庭长职务；朱惠东泰安市中级人民法院立案一庭副庭长职务；王君远泰安市中级人民法院执行局执行二庭副庭长职务；梁丽梅泰安市中级人民法院民事审判第三庭副庭长职务；屈玉涛泰安市中级人民法院执行局执行二庭副庭长职务；毕经纶市中级人民法院审判监督庭副庭长职务；薛茜市中级人民法院执行局执行三庭副庭长职务；王涛市中级人民法院审判监督庭副庭长职务；张宗强市中级人民法院执行局执行二庭副庭长职务。根据市人民检察院检察长苏金森的提请，批准：张亮辞去东平县人民检察院检察长职务。任命：张亮为泰安市人民检察院检察委员会委员、检察员。免去：郝永生泰安市人民检察院检察委员会委员、检察员职务；赵平原、马富强、朱明勇泰安市人民检察院检察员职务。

10月31日，市人大常委会主任唐福泉带领常委会组成人员到泰安高新区就管辖范围调整情况进行专题考察　　（苏智伟　供）

【人大信访工作】　年内，接待群众来信来访170件次、280人次，办理各级交办信访件18项，完成中共十九大期间领导干部公开接访工作任务，依法推动解决群众反映的突出问题。　（苏智伟）

人大各专门委员会

【法制委员会】　研究制定《泰安市人大常委会2017年地方立法计划和2017—2021年地方立法规划》。拓宽民众参与立法的渠道和机制，通过广播、电视、网站等多种媒体形式，将人大代表、政协委员提出有关立法议案、提案作为年度立法计划和立法规划的重点来源，全面向社会各界征集立法项目建议。建立规范性文件备案审查衔接联动机制，引入专家学者等“外脑”参与备案审查等方式，推动规范性文件备案审查工作深入开展。

【内务司法委员会】　专题视察全市法院执行工作情况，听取审议市中院相关工作报告，审议通过《泰安市人大常委会关于进一步推动全市法院执行工作的意见》。调研全市检察机关开展侦查监督工作情况，提出增强监督意识，规范监督工作，加强侦查监督队伍建设等意见

4月10日，市十七届人大常委会副主任张书盈（左一）现场调研G104京福线界首至满庄段工程建设情况 （苏智伟 供）

建议。视察全市道路交通安全工作情况，提出加大道路交通安全法律法规宣传力度，加强交通安全管理基础设施建设等意见建议。审议通过《关于进一步推动全市检察机关检察建议工作的意见》，作出加强和规范检察建议工作制度建设、加强对检察建议工作的监督等方面的倡导性意见。

【财政经济委员会】 开展安全生产“一法一条例”执法检查，听取和审议市政府安全生产工作情况报告，督促市政府加大安全生产法律条例落实和安全隐患整改力度。听取审议市政府计划、预算、审计等执行情况的报告，审查2016年市级决算草案并作出相应决议。认真贯彻预算法，突出预算审查监督工作重点，努力推动对政府全口径预算决算的审查和监督。

【农业与农村委员会】 视察全市耕地保护质量提升和占补平衡、高标准农田建设、永久基本农田划定和保护、农业机械化推广等工作情况。对气象法等法律法规贯彻实施情况开展执法检查，听取并审议市政府关于全市农产品质量安全、农村集体产权制度改革、现代畜牧业发展等工作情况的报告，对市政府及有关部门工作中遇到的问题做专门研究，并提出有关意见建议，加大监督检查力度，提高监督实效。

【城乡建设与环境资源保护委员会】 重点对全市交通运输工作情况进行调研，听取相关工作情况的报告，提出加快基础设施建设、提高运输服务效率、完善城乡公交一体化体系等审议意见。以中央督导组到泰安市进行环保督查为契机，继续推进泰汶环保世纪行活动，将人大工作监督与舆论监督和社会监督相结合，推动群众反应强烈的环保问题有效解决。针对老旧小区和棚户区改造、城市共享单车等重点建议，强化跟踪督办，细化分割内容，及时转交政府部门，确保任务落实落地。

【教育科学文化卫生委员会】 开展全市师德师风建设工作情况调研，重点调研群众反映强烈的在职教师有偿补课等突出问题，形成《关于全市师德师风建设工作情况的调研报告》，从内外相机、疏堵结合、惩防并举3方面筑牢师德师风根基，引领教师不忘初心，牢记育人使命。专题视察全市知识产权工作，研究提出操作性和针对性较强的意见建议，转市政府办理。做好议案、重点建议督办工作，努力推进解决改善农村医疗卫生条问题，以解决农村就医难、看病贵问题为目标，向市政府有关部门提出意见，切实保证议案办理实效。

【民族侨务外事旅游委员会】 研究制定《市人大民侨外旅委员会工作细则》，规范日常工作。大力推动全域旅游发展，赴甘肃、宁夏考察学习全域旅游创建工作，专题视察全市全域旅游工作情况，听取并审议市政府《关于全市全域旅游工作情况的报告》。调研全市宗教文化与利用工作，促进宗教文化的建设利用，发挥宗教文化在提升城市文化品位、促进旅游业发展、增进对外开放和友好交流等方面的作用，服务于全市经济文化社会发展。

（苏智伟）

编校 刘 凯 审稿 周美广

泰安市人民政府

综述

【市政府常务会议】 第一次会议 3月22日下午，市委副书记、市长李希信主持召开第一次市政府常务会议，研究《关于进一步加强招商引资工作的意见》《泰安市重点建设项目管理与推进办法》的起草议题。会议要求，全市各级各部门要把招商引资作为推动发展的重要抓手，以五大发展理念为统领，以专业化运作为方向，以产业部门、经济园区和各类企业为主体，以优化投资发展环境为支撑，以完善考核激励方式为保障，健全完善招商引资体制机制，大力引进一批科技含量高、经济效益好、就业带动强、财税贡献大的项目，实现招商引资和对外开放的新突破。会议强调，要突出发展实体经济，牢固树立产业招商理念，围绕优势主导产业、战略新兴产业特别是高新技术产业、先进装备制造业，有针对性地组织补链、延链、建链招商，增强招商引资的针对性；要发挥文化旅游资源优势，着力引进一批生态、文化、旅游、体育、高新、高端等新兴业态，培育旅游市场主体和龙头企业，加快构建全域旅游发展大格局；要围绕匹配全球、全国产业价值分工链与泰安市资源优势，精准对接国内外大财团、强企业，着力引进一批“区域拉动力强、行业竞争力强、财税贡献力强”的大项目、好项目，发展壮大泰安市“三强”（区域拉动力强、行业竞争力强、财税贡献能力强）企业规模；要突出科技创新，加强招才引智工作，扩大国内外技术交流与合作，抓好科技创新载体建设。会议还传达省食品安全委员会全体会议、省食品药品监管工作暨党风廉政建设工作会议精神，并研究贯彻落实意见。

第二次会议 5月24日上午，市委副书记、市长李希信主持召开第二次市政府常务会议，研究《关于“突破园区转型发展，实现新旧动能转换”的实施意见》《关于加快旅游业改革发展的意见》《泰安市旅游业改革发展四年行动计划（2017—2020）》起草及网络安全工作议题。会议指出，园区是经济建设的主阵地，是实现新旧动能转换、培植“三强”企业的主要载体和区

11月12日，省委常委、常务副省长李群（前排右）带领省直有关部门负责人到泰安，就泰安市城市规划和泰山山水林田湖草生态保护修复试点工程进行实地调研。市委副书记、市长李希信（前排左）等陪同活动

（王　军　摄）

域经济弯道超越的强力引擎，各级要牢牢把握园区作为经济发展的主战场地位，紧紧抓住园区发展这个“牛鼻子”，把“突破园区转型发展，实现新旧动能转换”作为牵动全市发展的“重大工程”，激发内在动力与活力，努力把园区打造成全市改革创新示范区、新旧动能转换引领区、对外开放先行区和产城融合标志区。会议强调，全市各级各部门要牢固树立“大景区、大旅游、大项目、大目标”意识，按照“城乡一体、景城一体、全域布局、四季旅游”的思路，深入实施“旅游全域化”战略；要着力构建全域共建、全域共融、全域共享的旅游业发展新模式，推动旅游空间布局由局部发展、一山支撑向全域延伸、多点支撑转变，产业发展由单一业态向多业深度融合转变，结构类型由传统观光为主向观光休闲度假并重转变，全面提升全市旅游业国际化、信息化、标准化、特色化水平。会议还研究《泰安市土壤污染防治工作方案》起草、农村集体产权制度改革情况工作。

第三次会议 7月25日下午，市委副书记、市长李希信主持召开第三次市政府常务会议，传达全省环境保护突出问题综合整治攻坚动员大会精神并研究贯彻落实意见，同时还研究全市安全生产及全面实行河长制工作情况议题。会议指出，生态环境事关民生福祉、事关改革发展、事关稳定大局，各级各部门要牢固树立“四个意识”，切实把环境保护工作贯穿到各领域各方面全过程，把环境保护作为推进新旧动能转换、促进转型升级的动力，加快补齐生态环境短板；要进一步统一思想、提高认识，传导压力，对加强大气污染防治、做好省级环保督查问题整改、加快“散乱污”企业整治和小型燃煤锅炉“清零”等重点环保工作进行动员部署，全力抓好泰安市环境保护突出问题整改工作。会议强调，各级各部门要以开展“企业安全生产主体责任落实全面深化年”活动为主线，以深化安全风险防控、强化隐患排查治理、严格安全监管执法为保障，深入开展化工行业“大快严”行动，努力把各类隐患和事故苗头消灭在萌芽状态。要落实倒逼机制，强化企业安全生产主体责任，认真抓好各项任务措施的落实，确保不发生较大以上事故，保持全市安全生产形势持续稳定。会议指出，全面推行河长制，是落实绿色发展理念、推进生态文明的内在要求，是解决复杂水问题、维护河湖健康的有效举措，是完善水治理体系、保障水安全的制度创新。各相关部门要落实好截污、清淤、企业整治、河容整治等措施，建立起全市各级河长巡河机制，切实把河流治理好、管理好。

第四次会议 8月1日，市委副书记、市长李希信主持召开第四次市政府常务会议，研究《关于上半年全市经济运行情况》《关于2016年政府投资项目计划执行情况和2017年政府投资项目计划拟安排意见》议题。会议认为，当前全市经济形势主要指标运行良好，呈现明显的“筑底起势”迹象，经济活跃度不断增强；财税质量逐步好转，工业税收逆势上扬，国税收入增长较快；招商引资、市级管辖范围调整、园区突破转型、城市建设等重点工作稳步推进；“三强”企业带动工业经济强力回升；重点建设项目明显增多、增大、增强；新旧动能转换不断加快。会议强调，全市各级各部门（单位）要抓住重点，敢于担当，强力突破，确保完成全年目标任务，确保全市社会和谐稳定；要统筹兼顾，体现公共财政职能，合理安排政府投资项目，切实把握好政府投资的重点；要利用市场手段，多渠道筹措资金，切实保障项目建设需要；要严格项目管理，做好对项目的跟踪、审计，确保项目“进度、质量、安全、廉洁”目标全部达标。

第五次会议 8月21日上午，市委副书记、市长李希信主持召开第五次市政府常务会议，听取第三十一届泰山国际登山节暨2017中国泰安投资合作洽谈会筹备情况的汇报，对活动期间的各项内容进行安排部署。会议指出，第三十一届泰山国际登山节暨2017中国泰安投资合作洽谈会拟定于9月6—12日举办，全市各级各部门要以“践行新理念，增创新优势，建设富裕文明幸福新泰安”为目标，突出产业招商、精准招商和大项目招商，组织开展务实高效的经贸合作活动和丰富精彩的旅游、科技、文体活动，打造对外开放的平台、招商引资的擂台，全面展示泰安经济社会发展新成果，让世界进一步了解泰安，让泰安进一步走向世界。会议强调，各级各部门要高度重视活动筹备工作，精心准备、严密部署、节俭高效地举办各项活动；活动组委会要加强方案制定、活动审定、组织协调、督导检查和流程审批工作，做好安全保障和风险评估工作，务必按照“谁举办、谁负责，谁审批、谁管理”的原则，全面落实安全责任，扎扎实实做好安全工作；各相关部门要按照总体方案的要求，制定实施方案，保障各项活动有序进行，按照各自职责，密切配合协作，确保各项活动圆满成功，助推泰安经济社会实现快速发展。

第六次会议 12月4日上午，

市委副书记、市长李希信主持召开第六次市政府常务会议，研究《泰安市政务信息系统整合共享实施方案》文件起草情况，并就圆满完成全年目标任务提出具体要求。会议指出，加快推进政务信息系统整合共享是贯彻落实中共十九大精神、推进国家治理体系和治理能力现代化的客观需要，是加快政府职能转变、提高政务服务水平、便利群众办事创业的重大举措，各级各部门要统一思想、高度重视，切实提高服务效能；要建立政务信息系统台账，消除“僵尸”系统、“影子”系统，明确整合共享范畴，加快共享平台建设,打破“信息孤岛”，努力实现政务数据互联互通；要加强协作、密切配合，坚决服从大局，确保工作顺利推进，以最大程度利企便民，不断增强人民群众的获得感和满意度。会议强调，各级各部门要紧紧围绕市委、市政府确定的各项目标任务，鼓足干劲、全力冲刺，全力以赴完成全年目标任务；要加强各类风险管控，着力抓好安全生产，着力强化金融监管和风险化解，着力做好森林防火和消防工作，确保社会和谐稳定。会议还研究《泰安市公共资源交易平台管理实施细则》《关于落实公平竞争审查制度的意见》《关于加强泰山（泰安）品牌建设的实施意见》的起草情况。

11 月 1 日，副省长、省工商联主席王随莲（前排右二）到市政务服务中心管理办公室调研简化优化公共服务流程方便基层群众办事创业实施情况，市委副书记、市长李希信（前排左二），市委常委、常务副市长展宝卫（前排右一）陪同活动　（郭志坤　摄）

第七次会议　12 月 24 日，市委副书记、市长李希信主持召开第七次市政府常务会议，研究《政府工作报告》（讨论稿）、2017 年国民经济和社会发展计划执行情况和 2018 年计划（草案）及 2017 年财政预算执行情况和 2018 年预算安排议题。会议强调，2017 年，全市经济保持稳中向好的良好态势，质量效益不断提升。新的一年，泰安市将以“走在前列、位次前移”为目标，以供给侧结构性改革为主线，以实施新旧动能转换重大工程为契机，牢牢抓住发展第一要务，着力强化创新驱动、着力深化改革开放、着力加强生态环境保护、着力促进协调共享，努力增创发展新优势，加快推进富裕文明幸福新泰安建设进程。会议指出，年内，各级财税部门始终紧绷组织收入这根弦，多措并举抓征管，协同发力促增收，收入目标圆满完成；以供给侧结构性改革为主线，着力增强运用财政杠杆支持和引导发展的能力，杠杆作用充分发挥；积极适应政策环境变化，依法依规做好政府融资工作，政府融资成效显著。会议还传达全省统计工作专题会议精神及贯彻落实意见，研究《泰安市网络预约出租汽车经营服务管理暂行办法》的起草情况，听取全市脱贫攻坚工作、安全生产工作、政务服务工作、全面实行河长制工作情况的汇报。

（白　霞）

【重要文件】　1 月 26 日，市政府印发《关于大力培植“三强”企业的实施意见》，进一步明确产业发展新方向，探索产业发展新途径，做大做强优势特色及新兴产业，培植壮大财源，加快推动泰安市经济发展。

3 月 6 日，市政府办公室印发《关于建设市级政务信息资源共享系统的通知》，建设统一的政务资源数据库，充分发挥政务信息资源共享在深化改革、转变职能、创新管理中的重要作用，进一步提升行政效率，提升服务水平。

3 月 20 日，市政府办公室印发《关于转发市发展改革委泰安市 2017 年国民经济和社会发展计划的通知》，对 2016 年国民经济和社会发展计划执行情况、2017 年经济社会发展总体思路和主要目标、2017 年经济社会发展的重点及措施等方面进行详细阐述，为 2017 年国民经济社会发展做出整体规划。

3 月 22 日，市政府办公室印发《关于加强旅游市场综合监管的通知》，进一步提高全市旅游服务

6月6日，国务院副秘书长、国家信访局局长舒晓琴（前排左）到泰安调研。市委书记王云鹏等陪同活动（司　刚　摄）

质量，增创旅游经济新优势，更好地发挥泰安市旅游产业的王牌牵引作用。

4月1日，市政府办公室印发《泰安市危险化学品安全综合治理实施方案的通知》，进一步提升全市危险化学品本质安全水平，全面加强危险化学品安全综合治理，预防和减少危险化学品事故，保障人民群众生命财产安全。

4月10日，市政府印发《关于公布2017年第一批调整市级行政权力事项的通知》，决定调整市级行政权力事项106项，其中，削减22项，承接省政府下放管理层级的行政权力事项74项，下放7项，新增1项，整合2项，进一步规范行政权力运转，推进依法行政，切实提高服务质量。

4月17日，市政府办公室印发《泰安市全面推进综合行政执法体制改革方案的通知》，进一步创新和完善行政执法体制机制，提高行政执法效能，加快推进政府治理体系和治理能力现代化。

5月15日，市政府办公室印发《关于推进农村一二三产业融合发展的实施意见》，深入推进农业供给侧结构性改革，进一步提升全市农村产业融合发展总体水平，加快推进农业现代化进程。

5月18日，市政府办公室印发《转发市国资委、市财政局泰安市国有企业职工家属区“三供一业”分离移交工作方案的通知》，为做好泰安市国有企业职工家属区供水、供电、供热（供气）及物业管理分离移交工作做出详细的安排部署，切实维护泰安市国有企业职工权益和社会稳定。

6月12日，市政府印发《关于推进全市商贸流通现代化的实施意见》，加快调结构转方式促升级，深化商贸流通领域改革，推动体制机制创新，转变流通发展方式，进一步提升全市商贸流通现代化水平。

6月14日，市政府办公室印发《转发市商务局、市财政局〈泰安市冷链物流发展示范城市建设实施方案〉的通知》，充分发挥泰安市作为山东省冷链物流发展示范城市的引导示范作用，全面提高泰安市农产品冷链物流水平，促进冷链物流行业快速稳健发展。

6月15日，市政府印发《泰安市土壤污染防治工作方案的通知》，进一步加强土壤污染防治工作，逐步改善土壤环境质量，全面构建科学、务实、有效的土壤污染防治体系，实现生态系统良性循环，为建设富裕文明幸福新泰安提供有力支撑和重要保障。

6月19日，市政府印发《泰安市残疾人事业发展“十三五”规划的通知》，进一步保障和改善残疾人民生，加快推进残疾人小康进程，进一步增强残疾人群众的幸福感、获得感，能够更大程度的共享全面建成小康社会成果。

6月30日，市政府办公室印发《关于加快推进现代农业产业园发展的通知》，全面推进泰安市现代农业产业园建设，加快培育农业农村经济发展新动能，探索农民持续增收新途径和现代农业发展模式，不断提高泰安市农业现代化水平。

7月11日，市政府办公室印发《关于整合社会联动服务资源推动非警务求助事项分流工作的意见》，推动全市非警务类报警分流，有效整合政府职能部门社会服务力量和资源，进一步提高社会治理水平和能力。

7月13日，市政府印发《关于公布第三批、第四批市级重点文物保护单位保护范围和建设控制地带的通知》，进一步做好文物保护工作。

7月25日，市政府印发《关于加强困境儿童保障工作的实施意见》，进一步改善困境儿童的生存、发展条件，解决困境儿童面临的突出困难和问题，提升困境儿童的基本保障水平。

7月28日，市政府办公室印发《泰安市首届文化惠民消费季实施方案》，定于7—10月举办泰安市首届文化惠民消费季活动，进一步培育扩大文化消费，繁荣文化市场，加快文化产业转型升级，推进文化强市建设。

8月2日，市政府印发《关于授权（委托）泰安高新区管委行使市县行政权力的通知》，加快推进泰安高新区建设发展，进一步激发内部运行活力，保障泰安高新区管委依法开展行政执法，提高行政效率。

8月3日，市政府办公室印发《泰安市2017年市县政务服务平台完善提升工作实施方案的通知》，进一步加强政府管理与信息化融合，为社会提供更加便捷高效规范的网上政务服务。

8月17日，市政府办公室印发《关于进一步加强房地产市场调控工作的通知》，进一步加强和改进住房及用地供应管理，规范市场秩序，促进全市房地产市场平稳健康发展。

8月24日，市政府印发《关于进一步加强文物工作的实施意见》，进一步提高全市文物保护工作水平，充分发挥文物工作在保护传承传统文化中的重要作用，全面推进泰安市文化保护工作。

8月24日，市政府办公室印发《关于支持优秀舞台艺术传承发展的实施意见》，更好的传承泰安市优秀舞台艺术文化，进一步促进泰安市优秀舞台艺术繁荣发展，弘扬中国优秀传统文化，丰富人民群众精神文化生活。

8月31日，市政府办公室印发《关于加快推进“多证合一”改革的通知》，进一步简化行政审批环节，降低市场主体准入的制度性成本，提升政府服务水平和工作效率，不断优化营商环境，激发市场活力。

9月8日，市政府办公室印发《关于开展投资建设项目区域化评估评审工作的通知》，进一步推进简政放权，提高投资建设项目审批效能，优化营商环境，大大减轻企业负担、节约社会资源，加快建设项目落地和高效有序实施。

9月25日，市政府办公室印发《关于进一步推行政府购买服务加快政府采购改革的意见》，进一步深化政府购买服务和政府采购改革，创新公共服务供给方式，提高政府采购质量和效率。

9月28日，市政府办公室印发《关于做好会议、公文确定事项督查落实工作的通知》，在市政府办公系统树立大督查工作理念，构建大督查工作格局，推动上级党委、政府及市委、市政府会议、公文确定事项办理落实，实现重大决策、重要工作部署和重点工作落实的制度化、规范化和常态化，进一步提高全市政府系统工作效率，提升政府施政效能。

9月28日，市政府办公室印发《关于公布泰安市保留村（社区）开具证明材料清单的通知》，确定泰安市保留村（社区）开具证明材料共16项，进一步深化简政放权、放管结合、优化服务改革，加快转变政府职能，大大提高政务服务效率，为群众办事创业营造良好环境。

9月29日，市政府办公室印发《关于开展泰安市2017年度政风行风测评评议工作的实施方案》，着力解决群众反映强烈的突出问题，促进各部门、各行业转变作风、提升效能、优化发展环境。

10月16日，市政府印发《关于切实做好财政资金统筹使用工作的实施意见》，进一步优化公共资源配置，盘活各领域财政沉淀资金，提高财政资金使用效益，促进全市经济社会持续健康发展。

10月17日，市政府办公室印发《关于提高城乡居民最低生活保障标准和农村特困人员救助供养标准的通知》，切实保障城乡低保对象和农村特困人员基本生活，推进全市民生保障体系建设，促进社会和谐稳定。

10月17日，市政府办公室印发《泰安市医疗联合体建设推进工作实施方案的通知》，进一步推进泰安市医疗联合体建设，建立多种医联体模式，加快医联体内部资源整合，完善运行机制，加快推进分级诊疗制度建设，全面优化整合医疗资源。

10月30日，市政府办公室印发《泰安市生态环境检测网络建设工作方案的通知》，构建政府主导、部门协同、社会参与、公众监督的生态环境检测网络，加快推进全市环境污染防治、生态环境保护和生态文明建设。

11月1日，市政府印发《泰安市“十三五”战略性新兴产业发展规划的通知》，进一步壮大泰安市战略性新兴产业，实现经济发展、新旧动能转换和产业结构的加速升级，推动经济社会持续健康发展。

11月15日，市政府印发《关于进一步深化预算管理制度改革的实施意见》，进一步深化预算管理制度改革，加快构建全面规范、公开透明的现代预算制度，加快推进政府治理体系和治理能力现代化，促进全市经济社会持续健康发展。

11月15日，市政府印发《关于进一步运用政府引导基金促进股权投资加快发展的意见》，进一步拓宽实体经济融资渠道，更好的发

10月16日，市委副书记、市长李希信（前排右二）等领导检查十九大安保维稳工作。图为在泰安邮政公司指导工作　　（市公安局　供）

挥资本市场优化资源配置的功能，推动产业转型升级，为全市经济社会持续健康发展注入新的动能。

11月27日，市政府办公室印发《关于进一步做好军人抚恤优待工作的通知》，在按时足额发放抚恤补助优待资金、落实烈属优待政策、做好优抚对象去世后的丧葬抚恤工作等方面保障对军人的抚恤优待，切实维护优抚对象的合法权益。

12月8日，市政府办公室印发《关于进一步加强政府性债务管理防控政府债务风险的实施意见》，进一步强化债务管理主体责任，明确债务风险处置目标，使隐形债务风险明显降低，全口径政府债务风险整体可控，切实防范和化解政府性债务风险。

12月11日，市政府印发《关于推进市以下财政事权和支出责任划分改革的实施意见》，深入推进市以下财政事权和支出责任划分改革，加快构建事权和支出责任相适应的政府间财政关系，推进政府治理体系和治理能力现代化。

12月11日，市政府印发《关于完善信用联合奖惩机制推进社会诚信建设的实施意见》，深入推进诚信泰安建设，健全完善社会信用体系，构建以信用为核心的新型市场监管体制，营造公平诚信的社会信用环境。

12月12日，市政府印发《泰安市“十三五”卫生与健康规划的通知》，全面提升全市卫生与健康事业发展的协调性和可持续性，实现人人享有基本医疗卫生服务，促进人口长期均衡发展，全面提高全民健康水平，推进健康泰安建设。

12月14日，市政府办公室印发《关于深化改革全面清理规范涉企收费的实施意见》，全面加强和规范涉企收费管理，进一步减轻企业负担，优化营商环境，加快推进供给侧结构性改革和新旧动能转换。

12月18日，市政府办公室印发《全面推行政务服务大厅“一窗受理，集成服务”的通知》，整合重组政务服务大厅资源，推行政务服务大厅“一窗受理”服务，进一步提高政务服务效率和质量。

12月20日，市政府印发《泰安市网络预约出租汽车经营服务管理暂行办法的通知》，进一步规范泰安市网络预约出租汽车经营服务行为，更好的满足社会公众多样化出行需求，保障运营安全和乘客合法权益。

12月27日，市政府印发《关于落实公平竞争审查制度的意见》，进一步规范政府行政行为，营造公平竞争的市场环境，加快推动经济发展，助力新旧动能转换。

12月27日，市政府印发《关于餐饮质量安全提升工程的实施意见》，全面提升泰安市餐饮质量安全水平，强化“从农田到餐桌”全过程食品安全工作，保障人民群众“舌尖上的安全”。　　（白　霞）

【市政府办公室机关建设】 继续保持“省级文明单位”称号，被市委、市政府表彰为“市直2017年度经济社会发展综合考核先进单位”。6人获得泰安市“优秀党务工作者”“优秀共产党员”“优秀公仆”等称号。在《泰安日报》、泰安电视台、泰安文明网、《泰山公仆》等媒体报道刊登文章40篇。开展“自身建设突破年”活动，以过硬支部建设为抓手，不断建强机关党组织。机关一支部被市委命名为“泰山先锋”红旗党支部，《市政府办公室机关第一党支部：勇担当 善协调 抓落实 打造示范党支部》微视频在泰安电视台播放；机关四支部获得市直机关“建设过硬党支部”案例大赛一等奖。组织各类学习培训20次，举办学习中共十八届六中全会精神培训班，邀请石横特钢董事长作“不讲借口，争创一流”报告，邀请市委党校教授辅导学习中共十九大精神，组织参加“重效率 勇担当 作表率”主题辅导以及市长李希信在市委党校开学典礼上的讲话。开展“助力创城”“粽叶飘香 情暖社区”、高铁新区观摩学习，到临沂、兰考开展党性教育、“文明餐桌行动”等机关活动30次，增强机关活力和凝聚力。（白 霞）

【会议服务】 修改完善市政府大型会议、工作会议、电视会议、专题会议流程，建立办公室党组成员（扩大）会议制度，规范议事决策程序，对各类会议办理从会议方案、会议通知、会议程序、会议组织、会议精神落实方面作出明确规定。严格落实会议审查备案制度和会议审批程序，严格控制以市政府名义召开的会议。全年审核市政府工作会议35次；组织召开市政府廉政会议、全市安全生产会议等大型会议15次，电视电话会议58次，常务会议、市长办公会及各类专题会议410次；起草、审核市政府专题会议纪要55个，各类讲话、致辞400份；调度与会人员名单300次，办理领导干部外出请假报备600人次、各类文书56份。（白 霞）

【政府调研】 年内，市政府调研室紧紧围绕市委、市政府中心工作，较好地完成文稿起草、调查研究等各项工作任务，为服务政府决策发挥积极作用。先后完成市第十七届人大一次会议《政府工作报告》和全市经济工作会议、全市科学发展暨招商引资和项目建设大会、全市上半年经济形势分析会、全国山水林田湖草生态保护修复工程试点评审会议等重要会议、专业会议、重要公务活动场合的领导讲话、汇报、致辞等各类文字材料300份，有效文字量160万字。围绕经济社会发展中的热点、难点问题，有针对性地开展综合调研或专题调研，多数调研成果进入领导决策或被领导讲话、政府文件采用。组织参加全省政府系统优秀调研成果评选，其中《健全完善政府投融资体制机制调研报告》获省政府系统优秀调研成果一等奖，获二等奖2篇、三等奖7篇；《践行新理念 增创新优势 加快建设富裕文明幸福新泰安》一文在《山东经济战略研究》刊载。开展《泰安市人民政府公报》编辑出版工作，编发6期，免费赠阅全市4000个各级行政事业单位、村居（社区）。编辑《参阅文件》，及时为领导决策提供参考。做好省政府研究室、参事室、文史馆等上级部门和兄弟市调研系统单位的调研接待、协调以及材料报送、交流等工作，承担完成《山东经济战略研究》《山东省人民政府公报》等刊物的联络、供稿和订阅工作。

（李艳玲）

【政务信息】 全年编发政务信息《普刊》47期、《要情快报》56期、《专报》48期。市政府领导批示信息13条，《泰安市大力培植“三强”企业破解工业转型升级难题》等3条信息被市长李希信批示。2017年省政府办公厅表彰通报情况，泰安市继续进入全省政务信息工作先进行列。《山东省泰安市反映地方法人金融机构发展面临两方面问题制约》等23条信息被省政府办公厅单独采用。《山东省调查反映当前中小企业申请优惠政策审批过程中遇到的困难及建议》等9条信息被国务院领导批示。《泰安市立足生态保护修复构筑泰山山水林田湖生命共同体》等9条信息被省政府领导批示。开创性地将政务信息列入全市政风行风评议、市政府系统年度综合考评，分别以《关于印发泰安市政府办公系统年度综合评价暂行办法的通知》《关于开展泰安市2017年度政风行风测评评议工作的实施方案》文件形式印发，在泰安市政务信息历史上属首次。

（乔 强）

【政务督查】 年内，市政府督查室围绕市委、市政府工作中心，不断加大督查力度、抓好机制创新，形成“点、线、面”融合发展的大督查工作格局，努力推进政府重大决策、重要工作部署和其他督查事项

5月4日，市政府办公室举办“重效率 勇担当 作表率”主题活动培训班 （白 霞 供）

的有效贯彻落实，取得较好成效。在抓好《政府工作报告》、全市经济工作会议确定目标任务，春季集中开工重点项目，“三强”企业培植工作等重要决策督查事项落实基础上，组织开展解决中小学大班额问题、农村集体产权制度改革、全市重要民生事项、深化放管服改革进一步优化政务服务环境等一系列现场督查，全力督促各项工作任务顺利推进落实。工作经验先后在《泰安工作》、省政府办公厅、国办督查室组织的政府系统督查能力建设培训班上交流推广，《泰安市实施“延伸督查”提升督查实效的探索和实践》理论文章被评为“全国政府系统督查理论研究优秀文章”（共30篇）。市政府督查室先后得到市委、市政府主要领导的批示表扬，并首次在《政府工作报告》中予以肯定。（陈　超）

【电子政务】 年内，电子政务办公室根据全省“统筹一片云，规范两张网，建成三大体系，强化四个支撑，落实五项保证”的要求，以政务信息系统整合共享工作为中心，以信息资源共享利用为突破点，着力打破“信息孤岛”，拔除“数据烟囱”，满足政府治理和公共服务改革需要。在省政府对全省各地市2017年整合共享工作排名中，泰安市排名第三。①推进政务信息系统整合共享工作。制定实施方案，细化工作任务，逐项分解到各有关部门，经市政府常务会议审议通过后印发执行；开展全市政务信息系统专项普查，建立系统台账，明确整合要点；从市直有关部门抽调人员组成专项小组，督促指导各项工作开展。②推进政务信息资源共享建设。围绕放管服改革，按照简化优化公共服务流程，方便群众办事创业的要求，与有关单位密切配合，通过完善泰安市共享交换平台，开展全市政务信息资源普查，编制共享资源目录，完善数据采集和数据交换体系，制定信息资源共享管理办法，开发跨部门数据共享应用，开展政务信息资源共享利用测评等举措，推进各部门、各单位间的信息共享和业务协同。（曹　磊）

【“12345”便民服务电话】 年内，受理中心加强对“12345”民生服务平台的业务指导，全年通过“12345”公开电话及电子信箱、微信、微博等渠道受理群众诉求42万件，日均接听量1200个，接通率保持在95%以上；其中有效来电、来信36万余件，直接答复或协调解决22万件，转交网络单位办理14万件，收到人民群众感谢电、感谢信等170件，综合满意率达90%以上。据零点有数集团对全国334条政务服务热线服务质量的监测统计，2017年上半年泰安市“12345”接通率在全国热线中排名第1位，综合服务水平在全国排名第65位。做好群众诉求事项的办理工作，建立“12345”便民服务热线部门工单申诉一把手签字制度，印发《泰安市“12345”便民服务热线首接责任制度》《群众求助事项快速处理办法》，有效解决群众诉求在部门之间来回流转、踢皮球的问题，提高工作效率，并使涉及水、电、暖、气、食品安全、占道经营、噪音扰民等群众求助事项能够得到快速处理，群众满意度大大提高。全年处理疑难工单和部门申诉件1.1万件，发放督办单29件，召集部门协调会议53次。注重发挥民生服务平台信息源的核心作用，加强与泰安日报社、泰安广播电视台等新闻媒体的联动配合，努力做到合理诉求解决到位、不合理诉求解释到位、政策法规宣传到位。在电视台开通《直通“12345”》栏目，开设“热点追踪”板块，对部门办理解决群众反映的疑难问题的过程进行全程跟踪落实，至年底，播出40期；在《泰安日报》每周三定期开设“‘12345’帮您排忧解难”专栏，下设“数说热线”“民生调查”“接线日记”“回音壁”栏目，凸显栏目“帮排忧”“帮解难”的主旨定位。《泰山晚报》将封二版面改为“12345”频道，频道下设“正在督办”“连线回复”“督办回头看”“热点追踪”“督办现场”栏目。做好政风行风与“12345”热线的有机结合，印发《泰安市2017年政风行风测评评议工作实施方案》，将93个部门和单位分经济管理部门、社会管理部门、执法监督部门、公共服务单位、银行保险类单位5类进行测评评议。成立由常务副市长展宝卫挂帅的领导小组，负责政风行风测评评议工作的组织领导和统筹协调。（周小龙）

【应急管理工作】 年内，全市应急管理工作紧紧围绕工作大局，强化基础、突出重点，在提高值班工作水平和处置问题能力上下功夫，各项工作开展有序，成效显著。①政务值班工作。组织做好工作日、双休日、节假日值班工作安排，完成市政府全年政务值班任务，参与中共十九大安保维稳集中值班和全国“两会”期间的集中值班。全年接听值班来电1.6万件，接收办理各类明传电报、密码电报、传真件966件，下发各类电报、通知190件，接收转办中央环保督察交办单223件、中共十九大安保维稳重要线索督办单129件。②信息报告工作。开展信息报告工作专题调研，提出“加强研判、简化流程、快报事

11月24日，市政府办公室领导现场指导应急管理工作　（白　霞　供）

实、慎报原因”的工作方法。建立市、县、乡、村四级信息员队伍体系，印发《关于加强突发事件报告、舆情应对和处置工作的通知》，明确信息报告主体和报告时限，规范报告程序。妥善协调处置泰新高速追尾事故、新矿集团协庄煤矿井下冒顶事故等突发事件29起。③应急管理工作。促进协调联动，提升预防和保障能力，调整成立泰安市突发事件应急管理委员会和第二届市政府应急管理专家组。对全市应急队伍和应急救援物资储备情况进行调查摸底，编写《全市应急队伍物资手册》。推进预警信息发布工作，在全省率先成立市级突发事件预警信息发布中心。④应急体系建设工作。修订完成《泰安市突发环境事件应急预案》等16个专项预案，指导开展“5•12”防灾减灾应急救援、人防警报试鸣及重要目标防护等演练7次。6月20日，市应急办赴省政府参加国务院应急办应急预案体系建设专题调研座谈会，并作为地市代表作交流发言。推进应急平台升级改造，依托视联网建立应急视频调度系统，每2周参加1次全省应急视频点名。⑤宣教培训工作。联合市民政局在山东农业大学开展“防灾减灾进校园”活动，增强在校大学生和社区居民的防灾减灾意识。组织市、县应急办人员到山东省应急管理培训基地参加应急业务骨干培训班。举办2017年全市应急管理专题培训班，邀请国家行政学院教授王永明及有关专家组成员授课。继续开展应急管理工作人员轮训，提升基层应急业务水平。

（田　野）

【政务服务】 年内，市政务服务中心管理办公室以群众需求为导向，以群众满意为标准，坚持“为民服务，重于泰山”理念，打造“阳光政务，亲情服务”品牌，全年办理各类服务事项17.2万件，审批服务事项按时办结率100%，连续12年被评为“省级文明单位”。

完善政务服务平台建设　加强协调，推进“泰安市民之家”建设。加快政务服务网上平台建设，实现政务服务网上平台正式运行和省、市、县三级互联互通。推动全市1601项行政许可事项和14726项公共服务事项网上运行。开发建设“自助申报服务系统”、移动政务服务APP、政务服务微信公众平台，实现“掌上政务服务”。推进公共资源交易平台建设，完善三大项32个内部管理制度，推行“分段管理”模式，建设完成市级公共资源网络交易平台，启动交易全流程电子化建设，确保公共资源交易公平、公正、公开。

深化行政审批改革创新　改革建设项目审批办理，建设项目行政审批时间压缩为32天，在全国处于领先地位。完善“一窗受理，代办服务”机制，继续实行“容缺预审，绿色通道”制度。建立“一个重点建设项目，一名包保领导，一个责任科室，一名窗口负责人”为内容的“1+3”重点建设项目包保跟踪服务制。开发建设项目审批信息管理系统，实现网上业务办理、材料共享、全程监控。开展“材料再精简，流程再优化”行动，取消中介服务事项2项，取消、降低和整合收费事项6项，承诺时限进一步压缩15.7%。启动建设项目区域化评估评审试点，在高新区、高铁新区选定实施区域。配合实施“最多跑一次”改革和推进“多证合一”，实行“五十证合一、一照一码”。

强化政务服务窗口管理　加强窗口人员教育培训，提升窗口工作人员业务素质和能力。开展“红旗窗口、“先进个人”评选，激发窗口工作人员服务主动性。实施微笑服务、延时服务、预约服务和上门服务等特色服务制度，提升“阳光政务，亲情服务”品牌美誉度和影响力，被评为市直机关“十佳服务品牌”。规范日常管理制度，实行以制度管人管事，实现规范、科学管理。实施政务服务“十公开”，建立直接办理制、承诺办理制、联合办理制、负责办理制、明确答复制、一次性告知制"六制"办理机制，规范审批行为。完善窗口管理机制，健全窗口、联组、党小组之间相互监督、相互配合、相互协调三级管理机制。修订完善《窗口工作考核办法》，突出考核的可操作性和导向性。

加快政务服务体系建设 加强县级政务服务管理机构建设，健全县级政务服务职能机构，依托政务服务网上平台，实现服务下沉，平台上移。完善镇、村便民服务网点建设，推动乡镇便民服务中心建设，鼓励有条件的村（居、社区）建设便民服务点，方便群众就近办事。

夯实政务服务基础保障 开展"重效率、勇担当、作表率"主题活动，实施过硬党支部建设，开展主题党日活动、党员服务项目和争创"党员先锋岗""十佳党员标兵"活动，发挥党组织战斗堡垒作用和党员先锋模范作用。实施党风廉政建设责任制，夯实全面从严治党主体责任，坚决营造风清气正政治生态。（张　帅）

【市直机关事务管理】 坚持以"践行新理念、增创新优势、建设新泰安"为指引，扎实做好管理服务保障工作，推进机关事务工作改革创新发展，保障机关高效有序运转。市直机关事务管理局获得山东省"能效领跑者"称号，连续7年被评为"省级文明单位"。

服务保障 会务服务质量进一步提升，完成大中型会务保障100次。物业管理科学细致，投资300万元实施市政中心景观绿化、饮用水集中处理系统安装以及电梯、灯光、防水等设施改造。结算管理工作严格规范，严格执行财务法规制度，办理各类资金收支业务2.6万笔、14.5亿元，全年财务账目零差错。车辆管理优质高效，深化公车改革，组织公车标识化喷涂、涉改公车拍卖，建立车辆智能管理平台，落实车辆申请、审批、派遣制度，确保公务出行质量和安全。生活服务保障更加全面，拓展思路、优化模式，严把"一证三关"，为机关干部职工提供饮食服务23万人次，满意率达90%以上。严格办公用房管理。完善办公用房管理、调配、使用规章制度，初步建立市政中心办公用房信息资料库，提升机关房产管理能力。

节约型机关建设 开展节能宣传，树牢节约理念。开展"地球一小时""世界水日""无车日"主题活动，营造"厉行节约、从我做起"的氛围。持续推进空调、采暖等系统改造，改善办公环境。制定落实"四节"（节水、节电、节油、节气）措施，开展节能执法检查、专项督查、日常能源资源管理、能源监测审计、能耗统计上报等工作。加强资源回收利用管理，理顺和完善废旧商品回收体系，确保可再生资源利用率达到90%以上。

安全工作 持续完善"安如泰山"科学预防体系建设，制定安全生产管理目标任务，层层签订责任书。有序做好节假日市政中心4000车次车辆停放工作。开展安全检查、打非治违、安全生产月、夏季消防大检查等专项行动，清理防火通道3处，设置防鼠栅栏12处，查处隐患30项，实施消防设施检查维保900件。实施户籍工作信息化管理，办理各类户口127人次，无一差错。

（周长坤）

机构编制

【概况】 2017年，市编办牵头的各项改革全面纵深推进，行政类事业单位改革试点工作得到中央编办评估验收组充分肯定，顺利通过验收；牵头推进的"五十证合一、一照一码"改革被中央编办《中国机构改革与管理》刊发推广。在全省机构编制工作年度考核中成绩位居前列，被评为"全省机构编制信息工作先进单位"。被市委、市政府

8月28日，全市深化放管服改革进一步优化政务环境工作电视会议召开，市委副书记、市长李希信出席会议并讲话（司　刚　摄）

表彰为“市直2017年度经济社会发展综合考核先进单位”。

【简政放权放管结合优化服务改革】履行牵头部门作用，出台“1+4”（“1”就是深化放服管改革的实施方案，“4”即开展投资建设项目区域化评估评审、优化投资建设项目审批流程、推进“多证合一”改革和提高不动产登记效能4个单项工作方案）一揽子改革方案，部署“五大行动”26项改革任务、56项改革具体工作。加大简政放权力度，全年分3批削减行政权力317项，其中取消300项，下放17项，整合8项。承接国务院、省政府下放权力74项，变更权力要素381项。向泰安高新区集中下放2424项市级行政权力，授权部门刻制2号行政印章并交由泰安高新区管委使用。推进精准协同监管，建立起467项事中事后监管制度。扩展“双随机一公开”覆盖范围，明确市级248项随机抽查事项，实现行政执法事项随机抽查全覆盖。着眼服务便民利民，公布市级642项公共服务事项，保留142项需部门（单位）开具、16项需村（社区）开具的证明盖章事项。推出第一批市、县两级“零跑腿”事项154项，“只跑一次”事项1237项。实施“五十证合一、一照一码”改革，整合证照数量居全省首位。

【事业单位改革】完成山东省唯一的承担行政职能事业单位改革试点，撤销事业单位建制9个，整合撤销执法机构12个，增设行政机构1个，顺利通过中央编办评估验收。基本完成经营类事业单位改革，撤销事业单位3家，转企改制1家，扎口管理17家。创新公益类事业单位改革，完成27家公立医院科研院所法人治理结构建设，选聘外部理事108名，选派外部监事33名；推进中小学校长职级制改革，完成全市700所中小学校长的职级认定及聘任，搭建起新的管理体制和运行机制。集中清理“僵尸”事业单位27家，进一步优化事业发展布局。

【行政体制改革】全面完成综合行政执法体制改革，市级39个执法机构整合为20支执法队伍，实现部门领域内“一支队伍管执法”。推进县级跨部门、跨领域综合行政执法，县一级执法队伍均精简为8支。结合泰安高新区、泰山景区管辖范围调整，按照“小政府、大服务”的要求，对“两区”管理体制机制进行调整理顺。调整后，泰安高新区设置内设机构12个、直属事业单位19个，理顺与徂徕山汶河景区、徂徕山林场的管理关系，赋予人事管理、绩效薪酬和干部考评等自主权；泰山景区设置内设机构12个、直属事业单位26个，机构编制配置得到进一步优化。

【重点领域体制调整】推进市纪委派驻机构全覆盖改革，明确市纪委设立10个综合派驻组及6个单独派驻组，重新核定编制数及领导职数。配合推进监察体制改革，研究提出市监察委职能整合、机构设置、编制核定、人员转隶意见。稳步推进特检机构改革。积极推进群团改革，配合推进环保机构监测监察执法、盐业、公证处等重点行业体制改革。

【机构编制管理】严格总量控制，财政供养人员和总人口的比值为1:49.6，居全省首位。强化对经济社会发展重点领域的保障，对统计、教育、法制等部门机构编制事项进行优化调整。启动“智慧编办”建设，被确定为省“智慧编办”项目推进试点市。完成32个政府工作部门“三定”（定职能、定机构、定编制）规定修订，调整理顺部门职责154项，重新核定行政编制1162名，内设机构291个，领导职数823名，减少科级职数10名，收回工勤编制36名。加强机构编制监督检查，在全省率先将机构编制法规纪律列入领导干部学法用法内容。做好机构编制执行情况审计和专项督查。全面精准做好机构编制统计工作，2016年度年报统计工作被省编办通报表扬。实现中文域名和网站挂标“两个全覆盖”，网站开办审核量145个，域名注册量4231个，继续保持全省前列。（朱传伏）

【概况】年内，市政府外事侨务办公室以渠道建设为切入点，以出访和接待为支撑，坚持外事为民，加强外事管理，突出招商引资，切实维护侨益，深化华文教育，扩大对外友好，外事侨务和对外友协工作不断发展。市外侨办连续7年获得“省级文明单位”称号。

【对外交流与合作】全年接待加拿大联邦议长代表团、越南检察长代表团等到访团组26批331人次，其中副部级以上4批54人次。按照“因事定人、人事相符”的总体要求，贯彻落实中央、省关于加强外事管理特别是因公出国（境）管理工作的政策规定，对全市所有党政机关、国有企事业单位人员全部实行计划管理，批准因公出国（境）团组107批280人次。

2017 年国外和港澳台地区团组到泰安访问情况

表 4

国籍及团队名称	领队姓名	到访目的	时间
日本富士山协会	大多和宜伸	考察泰安经济发展情况，游览泰山，促进中日友好	1 月 11 日
香港特别行政区驻山东联络处	王诺君	考察泰安经济发展情况，体验泰山文化	3 月 15—16 日
日本山口县经贸协商团	末广一水	考察泰安经济发展情况，促进中日经贸合作	3 月 21 日
澳门特别政府驻京办事处	康伟	考察泰安经济发展情况	4 月 12—13 日
老年教育国际学术研讨会代表	弗朗索瓦	促进学术交流	4 月 25 日
越南最高检代表团	黎明智	学习交流	4 月 26 日
日本公益财团法人 ASTE& 丰田樱花公益林考察团	丰田彬子	考察泰安经济发展状况，促进中日合作	5 月 4—6 日
芬兰罗凡涅米市市长团	罗特沃宁	考察泰安经济发展状况，体验泰山文化，促进经济文化交流与合作	5 月 23—24 日
日本山口县知事	村冈嗣政	深化经济文化合作交流，促进中日友好	5 月 31 日
法中国际交流协会	雅尼克	考察泰安经济文化发展情况，体验泰山文化，促进中法友好合作	7 月 6 日
加拿大联邦议员代表团	罗布	考察泰安经济建设情况，体验泰山文化	7 月 28—29 日
哈萨克斯坦大 V 访华团	多西姆	考察泰安经济发展情况	8 月 4 日
第五届世界摄影大会	卡尔多	宣传泰安文化，让泰安走向世界	8 月 9—10 日
2017 首届泰山国际农机博览会	瓦玛	提供农机展示交易平台，促进农业技术发展	8 月 25—26 日
波兰希维托赫洛维采市长代表团	大卫	促进在教育、医学、旅游等领域的合作交流	9 月 5—7 日
第二届“外国专家泰山行”	萨赫森米尔	促进中外文化交流与合作，为泰安引进高端人才	9 月 7—8 日
南非自由州省省长代表团	马哈舒勒	考察泰安经济和教育发展情况，体验泰山文化	9 月 8—11 日
中国贸促会一带一路代表团	卢鹏起	在泰安设立培训基地，与农业部在泰安市合作举办中国农业企业“走出去”培训班	9 月 12 日
工行阿根廷分行代表团	安德雷	考察泰安金融行业发展情况，促进在金融领域的合作	9 月 16 日
原法国旅游委秘书长代表团	巴兰德胡	体验泰山文化，促进中法旅游文化交流	9 月 20 日
“美中工作小组”代表团	拉胡德	考察泰安经济发展情况，促进中美交流与合作	9 月 22 日
驻华签证官泰山东行	雷索夫	考察泰安经济发展情况，体验泰山文化	9 月 22—23 日
以色列司库联合会国际关系协调员	巴托夫	考察泰安经济建设状况，体验泰山文化	9 月 29 日
日本八王子市议会代表团	小林信夫	考察泰安经济文化发展状况，促进中日友好合作	10 月 30 日至 11 月 1 日
日本富士山协会代表团	铃木和宏	考察泰安经济文化发展状况，深化合作	10 月 30 日至 11 月 1 日
美国加州众议员代表团	朱感生	考察泰安经济文化建设，体验泰山文化	11 月 6 日

【国际友好城市及友好关系】 年内，泰安市与巴西伊瓜苏市签署友好城市意向书，泰山管委与富士山协会签署友好交流协议书。至年底，泰安市已与 15 个国家和地区的 21 个城市建立友城关系或友好合作关系，与 16 个国家和地区的 55 个社团、院校、医院等建立基层友好关系，缔结国际友好山关系 4 个。

【涉外管理工作】 办理 20 个国家和地区 266 批 573 人次的涉外邀请业务。推动 APEC 商务旅行卡工作。年内，为 15 家企业 17 名商务人员办理 APEC 商务旅行卡申办业务，为 7 家企业 16 人次办理完结 APEC 卡，同时办理完成 15 批次 22 人次 APEC 卡借卡业务。

【归侨侨眷权益保护】 在全市范围内开展“侨务精准扶贫”活动，确定贫困归侨侨眷 26 名、归侨侨眷医疗救助对象 12 名、在读贫困侨眷子女 1 名，向上级部门争取并到位救济资金 3.52 万元。全年受理来信来访 18 件，涉侨纠纷案件 2 件。同时，与海外华侨华人、侨团侨社加强联系，走出去、请进来，进一步丰富充实全市侨脉资源。年末，泰安市旅居海外的华侨华人、港澳同胞共 3 万人。其中，新华侨华人 2.6 万人，分布在全球各地的 40 多个国家和地区，归侨侨眷、港澳眷属 4.7 万人，泰安市与 37 家海外侨团、侨社保持密切联系。

【招商引资工作】 做好具体项目的跟踪落实。至年底，备案项目东平液体地膜项目完成工商注册，总投资 1.2 亿元。备案项目芝人堂项目完成工商注册和征地手续，总投资 0.88 亿元，从事泰山赤灵芝及食用菌、中药材的加工及保健食品的研发生产。同时，推进东平水务一体化项目和钢琴生产及小镇项目。

【海外捐赠工作】 争取侨务捐赠 128.6 万元，其中加拿大侨商吴选明向东平县佛山小学捐赠价值 96.6 万元图书，美籍华人杨悦孝夫妇奖学金、豪杰教育基金 32 万元。至年底，泰安市已接受海外捐款捐物 50 次，折合人民币 3000 万元，其中捐建学校 39 所、乡镇卫生院 7 个，捐赠医疗器械价值 50 万元，为改善泰安市欠发达乡镇的教育医疗条件发挥积极作用。

11 月 23 日，市委副书记、市长李希信会见到泰安考察投资的奥地利全球化领袖公司总经理克里斯·毕喜乐一行，双方就下一步合作项目进行深入交流 （王 军 摄）

【“百名侨领泰山行”活动】 接待国侨办专家咨询委员会考察团和第十一届世界华裔杰出青年华夏行 2 批 95 人次。其中，世界华裔杰出青年华夏行考察团包括来自世界 36 个国家和地区的 88 名华裔杰出青年到泰安考察。

【华文教育工作】 举办“海外华裔青少年‘中国寻根之旅’夏令营”2 批次，来自美国、德国、泰国、印度尼西亚等国的 215 名华裔青少年在泰安进行学习交流活动。向印度尼西亚外派华文教师 2 名、所罗门群岛外派华文教师 1 名，为次年外派工作储备华文教师 2 名，选派参加赴西班牙巴塞罗那“中华文化大乐园”教师 1 名。累计外派教师 60 人次。 （任建波）

【对台经贸】 新批台湾资金（简称台资）项目 3 个，合同台资额 1200 万美元；台资企业增资项目 2 个，增资额 330 万美元；在谈在建台资项目 7 个；全市实际利用台资 6106 万美元。①组织策划以“泰山牌”为主题的泰（安）台（湾）经贸交流活动。举办 2017 台湾工商精英泰山行暨泰（安）台（湾）经贸文化交流周活动，邀请台湾中华绿色产业联盟暨文化交流协会、台湾乡村旅游协会、台湾品牌农业推广协会、中华海峡两岸交流促进会等台湾岛内各界人士到泰安参访考察，组织举办经济合作项目推介会，达成多项合作协议。牵头组织各县（市、区）和市直有关部门 60 人参加第二十三届鲁台经贸洽谈会，参加“新动能、新机遇、新发展”高峰论坛、两岸园区产业合作洽谈会、两岸旅游产业合作对接会、两岸现

7月17日，台湾新党主席郁慕明带领中华儿女文化体验营到泰安参加“中华泰山成人礼”活动。图为在泰山合影　　（任延勇　供）

代农业合作洽谈会、特色小镇建设交流推介会等多项论坛和专题对接活动，与多家岛内行业协会和知名企业进行对接。②推进到台湾招商，推动各县（市、区）和市直有关部门到台湾开展经贸考察，办理赴台湾经贸团组33批140人次，重点就泰（安）台（湾）之间现代农业、旅游服务业、中小企业和健康产业的交流与合作进行考察推介。③加强基地平台建设。依托海峡两岸(肥城）有机农业示范基地，搭建合作平台。④抓好台资项目建设。在全市开展台资项目推进落实年活动，抓好台资项目策划包装、考察推介、台商跟踪服务、项目落地投产等环节的工作，对全市台资企业增资扩产项目和在谈、在建台资项目进行实地调研和服务督导，协调解决项目在洽谈、落地等方面遇到的困难和问题。

【泰（安）台（湾）交往交流】接待包括由中国国民党前代理主席林政则率领的“中国文物协会”参访团、新党主席郁慕明率领的“中华儿女文化体验营”、中国国民党民意代表王惠美率领的中国国民党民意代表山东参访团、两岸清华大学师生交流团、全国台联青年千人夏令营以及台湾南部社区妇女界基层干部参访团等20个重要台湾社团3000名台湾各界人士到泰安参访交流。办理应邀赴台湾交流团组23个、128人次。策划举办“2017台湾中南部地区东岳大帝、碧霞元君信众泰山行”“‘海峡两岸·情重泰山’——台湾学子泰山成人礼”“2017年海峡两岸中华民族敬天祈福”活动等10个对台湾交流活动项目，7个项目被评为全省优秀交流项目。推动泰山文化资源入台湾岛交流，开展对台湾文化、旅游、宗教等领域的对口交流合作，举办“‘2017走进台湾’——泰山文化系列巡展”活动，200名台湾各界人士出席开幕活动，展品留在当地永久展示，受到两岸媒体广泛关注和持续报道，从各个视角向岛内民众展示泰山文化的独特魅力。在高雄市设立泰山文化展示暨泰山景区营销中心，为泰安市在台湾南部地区开展经贸、旅游、文化交流合作搭建新的平台。加强对台湾宣传工作，邀请台湾中视《大陆寻奇》栏目组到泰安进行为期5天的采访拍摄，台湾东森电视台就“泰山成人礼”活动拍摄电视专题片，台湾《联合报》《人民日报》（海外版）专题介绍泰山海峡两岸交流基地，在《联合报》推出整版报道。央视四套、《人民日报》(海外版)、国台办网站、省广播电视台、泰安电视台和台湾东森电视台、《真晨报》等媒体都对相关活动进行大篇幅报道，大众网、齐鲁网还开辟专区对相关活动进行直播报道，在各类新闻媒体刊发涉台湾新闻稿件200篇。

【对台服务和涉台稳定】做好台胞台属联谊工作，保护台胞台属合法权益，组织台胞台属开展联谊活动，市台联会被省委统战部评为“全省台联工作先进单位”。举办全市台资企业发展暨对台招商工作座谈会，协调解决台企、台胞台商反应的困难和问题。牵头7个市直部门开展“台资企业走访季”“进台企、话亲情、助发展”联谊活动，走访台资企业30家，召开台商台胞座谈会20次，解决实际困难和问题30起。指导市台胞投资企业协会进行换届选举，健全领导机构；组织驻泰安台商参与社会公益活动，向岱岳区满庄镇社会福利院捐赠优质大米5000千克。维护台胞权益，推选6名台籍中共党员代表出席全省台籍党员代表会议，向省台联推荐理事2名，1名台胞被推选为泰山区政协委员，为1名台胞子女升学提供政策服务，为5户困难台胞发放困难补助金1.5万元。（任延勇）

【概况】 2017年，全市地方史志工作紧紧围绕全市工作大局，抓亮点、补短板，拓展思路，落实责任，强化考评，扎实做好各项业务工作和机关建设，县级“一年一鉴、公开出版”全覆盖工作实现历史性突破，完成省史志办提出的“三全”目标中第二轮修志和县级综合年鉴“一年一鉴”全覆盖任务。年内，市史志办继续保持“省级文明单位”称号；在2017年度全省优秀史志成果评选中，泰安市的13项史志成果上榜，获奖数量居全省第三位。

【依法治志】 ①全面完成新一轮地方史志事业发展规划。5月18日，泰山区政府办公室印发《泰安市泰山区地方史志事业发展规划(2016—2020年)》，至此泰安市及6个县（市、区）全部印发地方史志事业发展规划（2016—2020年），标志着全市史志事业发展进入新阶段。②加大督导考核力度。年内，到各县（市、区）开展调研活动，督导检查史志工作，并对各县（市、区）地方史志工作进行综合评价，调整考核标准和考核系数，突出乡镇（街道）、村志编纂，综合年鉴“一年一鉴”全覆盖，方志馆建设和信息化建设等工作，推动县（市、区）史志工作全面开展。

【志书编修】 ①召开第二轮修志研讨会。11月14—15日，召开泰安市第二轮修志研讨会，对泰安市第二轮修志工作中的经验、不足和第三轮志书的编纂方法进行研讨。②推动工作重心向基层志延伸。印发《关于对全市齐鲁名镇名村进行调查统计的通知》《关于加快推进全市名镇名村志编修工作的通知》，加大业务指导和督促力度，指导各县（市、区）采取措施，推动乡镇（街道）和有条件的经济强村修志。县（市、区）根据各自实际开展乡镇（街道）村志、部门志编修工作指导，其中肥城市印发《关于加快推进全市名镇名村志编修工作的通知》，制定《肥城市村志编修规范》《村志编纂目录范本》等规范，为镇(街道)、村志编修提供质量标准。年内，岱岳区《山口镇志》、肥城市《伊家沟村志》《古店村志》3部镇村志入选全省第一批齐鲁名镇名村志文化工程。③推动行业志、专业志、人物志编修。年内，《泰安市地方税务志》《泰安市体育志》《新泰郭氏人物志》《东平风物志》出版发行。④完成对上供稿工作。召开《山东省对口支援新疆志》泰安部分供稿推进会议，有序推进《山东省援疆志》《山东省人物志》泰安部分的供稿任务。召开全市《山东抗日根据地志》泰安部分、《山东解放区志》泰安部分供稿会议，安排部署供稿工作。⑤做好旧志整理工作。完成乾隆版《泰安府志》点校整理工作，针对不同的读者群，推出繁体字线装版本和简体字注释版，年内送厂印刷。

【《泰安市地方税务志》出版】 2016年12月，《泰安市地方税务志》由方志出版社出版发行。该志为泰安市地方税务系统的首部志书，历时3年而成。全书近80万字，图文并茂，彩色印刷。采用篇、章、节体，共10篇，综合运用述、记、志、图、表、录体裁，全面记述自1994年10月泰安市地方税务局成立，至2014年全市地方税务征收、管理、服务和机关建设等各项工作的发展历程。

【《泰安市体育志》出版】 《泰安市体育志》于2014年12月启动，2017年8月由方志出版社出版发行。全书共15编72章148万字，图片120幅，表格365个，全彩印刷，图文并茂。记述时间上限自泰安市体育事业发端，下限至2015年12月底，主要记述新中国成立特别是改革开放以后泰安体育事业的发展历程、发展规律和巨大成就。《泰安市体育志》是泰安市体育发展史上的首部志书，为了解泰安体育、认识泰安体育、发展泰安体育提供全面系统、丰富翔实的权威资料，对加快体育强市建设进程、推动各项体育事业科学发展发挥重要作用。

【年鉴编辑】 《泰安年鉴(袖珍本)》4月10日出版发行。在2016年新泰市率先完成“一年一鉴”任务的基础上，2017年，市史志办加大督导调度力度，推动泰山区、岱岳区、肥城市、宁阳县、东平县全部启动“一年一鉴”工作。至年底，泰安市县（市、区）“一年一鉴、公开出版”工作如期完成，实现全覆盖。《肥城年鉴(2017)》《岱岳区年鉴(2017)》《宁阳年鉴(2017)》获2017年度省优秀年鉴。《泰安年鉴(2017)》《新泰年鉴（2017)》通过省史志办推荐，参加全国优秀年鉴评比。按时高质量完成《山东年鉴（2017)》《山东地方史志年鉴(2017)》供稿任务。

【《泰安年鉴（2017）》出版发行】 2017年11月，《泰安年鉴（2017)》由方志出版社出版。该卷年鉴是创刊以来的第27卷。设栏目30个、

7月12日，市史志办负责人到肥城市调研史志工作，现场指导新城街道《古店村志》编修，并参观肥城桃文化博物馆　（刘　凯　摄）

分目(子分目)213个、条目1288个、随文图片312幅、统计图表52个，总字数82.4万字。该卷年鉴特点：①调整栏目设置。调整后的栏目由2016卷的24个增至30个，将原《政党·政务》拆分为《中国共产党泰安市委员会》《泰安市人民代表大会》《泰安市人民政府》《中国人民政治协商会议泰安市委员会》《纪检·监察》《民主党派·工商联》《人民团体》7个栏目；将原《泰山·旅游》《开发区》重新整合为《泰山景区·开发区》《旅游业·会展业》2个栏目。将“住房公积金管理”内容移至《建设·环保》，“信访工作”内容移至《社会管理·居民生活》，内容划分归类更趋科学合理。同时进一步规范栏目名称，将原《商务》改为《商贸流通·对外及对港澳台经贸》，原《社会·生活》改为《社会管理·居民生活》。②强化重点工作记载。在《市情概览》中专门增设“全面深化改革”“扶贫开发”资料综述，客观反映泰安市全面深化改革、扶贫开发的工作成绩、经验做法及取得成效。在《旅游业·会展业》中专门增设“会展业”分目，系统记述年内举办的各类会展情况，集中反映全市招展引会、以会展推动相关产业发展的思路举措。③加大图表的运用。做到每个对开页均有照片，图文并茂，丰富活跃版面。栏目、分目标题以“泰山脚下的泰安市”“经石峪刻经”图片作压题图照，目录标题、内文图表均加底色，提升年鉴美观度。封面设计以国画“中华泰山”作封面，庄重大气，突出泰山之美，彰显地方特色。

【方志馆建设】 市、县两级方志馆建设抓住有利时机，采取合建合用或者通过改建、扩建等方式实现方志馆升级。市、县（市、区）方志馆不断丰富馆藏资料，为社会提供更多更好更便捷的服务。市方志馆加大山水志书和家谱族谱收藏力度，年内接受《徂徕石氏宗谱》《石介研究资料汇编》等捐赠，新入家谱5套。新入馆藏200余套。加强村史馆建设。肥城市印发《关于抓好村史馆示范点建设的通知》，抢救、保护村级史料，传承地方优秀传统文化，挖掘、展示祖辈们自强自立的事迹和淳朴家风、崇高美德，教育和引导群众牢固树立社会主义理想信念，尊重传承优秀文化传统，发扬优良民俗家风，促进乡村繁荣振兴。

【市情信息研究】 编纂《泰安市概览》，8月启动，至11月完成。记述时间为2012—2016年，记述内容为全市自然、经济、政治、文化、社会、生态等方面。2017年，《泰安市情》杂志实现改版发行，年内完成4期3000册的编纂、出版、发行工作。做好泰安市情网的日常维护和信息更新发送工作，全年编发史志动态信息206条，推送“泰安史志”微信82组301条。市情资料库录入《泰安年鉴（2016）》《泰安市历史文化遗迹志》《徂徕山志》及部分《泰安市情》杂志，计300万字；清康熙重修《泰安州志》、中华民国25年《重刊泰安州志》(康熙）2部旧志，计335幅图片。“泰安史志”微信、肥城市情网获2017年度省优秀信息化建设成果，信息化建设类优秀史志成果获奖数量居全省第一。新泰市编辑出版《记忆平阳河》《莲花山诗文选注》。肥城市史志办编辑出版《肥城市情手册》，并为《中国影像方志·肥城篇》的采访拍摄提供大量史料。东平县史志办编辑出版《使命——东平湖移民后扶10年回眸》，出版《乡情》杂志4期。开展非国有博物馆调研活动。采访调研岱岳区大汶口民俗博物馆、新泰汶河民俗文化馆、肥城马家埠民俗博物馆3个非国有博物馆，收集图片170幅、文字资料6000字。开展史志成果“八进”(进机关、进高校、进乡镇、进社区、进军营、进景区、进企业、进场馆）活动，年内，赠送《泰安市志》《泰安年鉴》《泰安市情》等史志成果1000册。　（刘　凯）

编校　刘　凯　　审稿　周美广

中国人民政治协商会议泰安市委员会

综　述

【概况】 2017年，市政协召开常委会议6次、主席会议9次，开展协商活动19次、专项视察32次，308件提案集中转交承办单位办理，向市委、市政府报送《领导参阅》10期，编发社情民意信息138条，市委、市政府主要领导对报送的2个调研报告作出重要批示。市政协继续保持“省级文明单位”称号，被省政协评为“全省政协宣传工作先进集体”。

【协商议政】 围绕市委中心工作，研究制订2017年协商工作计划，安排部署专题协商2项、对口协商7项、界别协商8项、重点提案办理协商2项。通过协商座谈、研讨交流，广集良策，为市委、市政府科学决策提供重要参考。精心遴选调研课题，聚焦发展精准调研，形成高质量的调研报告。市委书记王云鹏、市长李希信分别对报送的《关于加快推进“三强”企业培植的调研报告》《关于创建泰安特色全域旅游示范市的调研报告》作出批示，要求有关部门吸收借鉴。

【民主监督】 着力健全提案办理协商机制，通过召开提案办理协商会、集中面复会等形式，解决事关经济社会发展的重点问题。市政协十三届一次会议后，立案的308件提案全部得到办理，委员建议得到较好落实。组织开展委员专项视察活动32次，向市委、市政府提出有价值的意见建议。落实市委《关于加强和改进人民政协民主监督工作的实施意见》，组织200名委员参与政风行风评议、文明行业评选、公务员招考等活动，推荐司法监督员旁听法院、检察院案件公开审理，发挥监督推动作用。

【团结联谊】 完善市政协和各民主党派、工商联秘书长联席会议制度，邀请各党派团体参加市政协的有关会议，着力搭建知情明政平台，形成民主和谐、团结共事的政治氛围。年内，市各民主党派、工商联提交提案133件，作大会发言26人次，分别占总量的43.2%和74.3%。召开全市政协民族宗教工作会议，宣传贯彻民族宗教政策，促进民族团结、宗教和睦。聘请泰安市政协港澳台侨和外事委顾问10名，宣传泰安市的改革开放政策，参与招商引资活动，促进经贸交流与合作。

【政协委员自身建设】 邀请全国政协和省政协有关领导授课，开展中共十九大精神专题辅导；在浙江大学举办委员创新履职能力提升培训班，提高委员“懂政协、会协商、善议政”的能力。落实市委《关于进一步加强全市基层政协工作的意见》，召开全市基层政协工作座谈会，研究加强基层委员联络机构建设的措施，推动全市基层政协工作向纵深发展。修订完善规章制度80项，提升政协工作制度化、规范化、程序化水平。开展“重效率、勇担当、作表率”主题活动，提升机关效能和服务水平，打造一支“政治坚定、忠诚干净、担当有为”的高素质干部队伍。

【市政协十三届一次全体会议】 2月21—25日在泰山国际会展中心泰山会堂举行。政协第十三届泰安市委员会第一次会议应出席委员413名，实到396名。会议听取和讨论中共泰安市委书记王云鹏的讲话，讨论审议并一致同意第十三届市政协常务委员会工作报告和提案工作报告。与会委员列席市十七届人大一次会议，听取和讨论市长李希信所作的政府工作报告及其他有关报告。大会收到提案336件、大会发言材料52份，13名委员作大会现场发言，

10 月 19 日，市政协主席周桂萍（前排左三）到新泰市调研招商引资和项目建设情况 （吴向军 供）

22 名委员作书面发言。委员们围绕实施“十三五”规划、全面建成小康社会，就泰安经济社会各领域的改革发展积极建言献策，提出许多富有见地的意见建议。大会选举周桂萍为第十三届市政协主席，徐恩虎、张庆明、刘君、王昌元、马纯勇、程明、孙岱峰为市政协副主席，魏武为市政协秘书长，73 人为十三届市政协常务委员会委员。大会审议通过市政协十三届一次会议决议和提案审查情况的报告。大会闭幕时，市政协主席周桂萍作讲话。

【市政协常委会议】 年内，市政协召开常委会议 6 次。

十三届一次会议 2 月 25 日举行，市政协副主席徐恩虎主持会议。会议审议通过政协第十三届泰安市委员会副秘书长名单；审议通过政协第十三届泰安市委员会各专门委员会的设置和主任、副主任名单。市委副书记、市长李希信，市政协主席周桂萍先后作重要讲话。

十三届二次会议 3 月 22 日举行，市政协主席周桂萍主持会议并讲话。会议传达学习全国“两会”精神和泰安市第十一次党代会精神；审议通过《政协泰安市委员会 2017 年工作要点》《政协泰安市委员会 2017 年协商工作计划》；审议通过《政协泰安市委员会主席会议成员、常委联系委员工作制度》及有关人事事项。

十三届三次会议 7 月 4 日举行，市政协主席周桂萍主持会议并讲话。市委副书记张涛就学习贯彻山东省第十一次党代会精神作专题辅导报告；会议传达学习中共泰安市委十一届三次全体会议精神，听取市政府关于全市上半年经济运行和社会发展情况的通报。会议审议通过《政协第十三届泰安市委员会常务委员会关于加强自身建设的意见》《关于在市政协委员中开展“重效率、勇担当、作表率”主题活动的实施意见》《关于创建泰安特色全域旅游示范市的调研报告》《关于调整市政协部分专门委员会组成人员的决定》以及有关规章制度。

十三届四次会议 9 月 26 日举行，市政协主席周桂萍出席会议并讲话。会议听取市政府 2017 年提案办理情况的通报，审议通过《关于加快推进“三强”企业培植的调研报告》及有关人事事项。

十三届五次会议 11 月 9 日举行，市政协主席周桂萍主持会议并讲话。会议传达学习中共十九大、十九届一中全会和省委十一届二次全会精神，传达学习省政协十一届二十八次常委会议和市委十一届四次全会精神，审议通过《政协泰安市委员会关于深入学习宣传贯彻中国共产党第十九次全国代表大会精神的意见》。

十三届六次会议 12 月 22 日举行，市政协主席周桂萍主持会议并讲话。会议审议通过关于召开政协第十三届泰安市委员会第二次会议的决定（草案）；审议通过政协第十三届泰安市委员会第二次会议议程（草案）、日程（草案）及有关事项；听取市政府负责人通报《政府工作报告（征求意见稿）》起草情况和基本概况；审议通过政协第十三届泰安市委员会常务委员会工作报告（讨论稿）并推定报告人；审议通过政协第十三届泰安市委员会常务委员会提案工作报告（讨论稿）并推定报告人；审议通过《政协泰安市委员会优秀政协委员评选表彰办法（讨论稿）》；审议通过市政协 2018 年工作要点（讨论稿）；审议通过关于部分领导辞去十三届市政协常委、委员职务的决定（草案）；审议通过政协第十三届泰安市委员会增补委员协商名单；审议通过有关人事事项。会议决定，政协第十三届泰安市委员会第二次会议于 2018 年 1 月 5 日举行。

【重要活动】 省政协副主席陈光到泰安调研 3 月 6—7 日，省政协副主席陈光就“降低企业经营成本，大力振兴实体经济”到泰安调研。调研组先后到泰开集团、航天特车集团、山东以利奥林电力科技有限公司和蒙牛乳业泰安有限责任公司实地调研，并召开座谈会听取相关工作汇报。市政协主席周桂萍陪同调研。

召开市政协“重效率　勇担当　作表率”主题活动动员会议　4月18日召开。市政协主席周桂萍出席会议并对市政协开展“重效率　勇担当　作表率”主题活动进行动员部署。市政协副主席徐恩虎、张庆明、马纯勇、程明，秘书长魏武出席会议。

举办十三届市政协新任委员培训班　5月11日，在市委党校举办新任政协委员培训班，省政协副秘书长曲伟等领导和专家就政协履职的基础性知识，集中对200名新任市政协委员进行专题辅导培训。市政协主席周桂萍出席开班仪式并讲话。市政协副主席马纯勇、程明出席开班仪式。

省政协副主席赵家军到泰安调研　5月17日，省政协副主席赵家军率调研组就积极推动实施优秀传统文化传承与创新工程到泰安调研。调研组到山东梆子艺术研究院、泰山皮影非遗剧场实地调研并听取有关情况汇报。市政协主席周桂萍、副主席徐恩虎、秘书长魏武陪同活动。

视察泰安城区饮用水水源地保护工作　5月24日，市政协组织部分委员、专家学者和有关部门负责人对泰安城区水源地保护情况进行视察。实地察看黄前水库饮用水水源地保护工作现场，听取全市饮用水水源地保护情况的综合介绍。副主席张庆明参加视察活动并讲话。

省政协副主席陈光到泰安调研　5月26日，省政协副主席陈光率调研组就“培育山东白酒骨干企业和知名品牌、振兴山东白酒产业”到泰安调研。调研组深入到泰山酒业集团生产车间、地下藏酒室、包装生产线、展览室实地调研，召开座谈会，详细了解企业发展现状及面临的问题。市政协主席周桂萍陪同调研。

开展加快科普基础设施建设调研“回头看”活动　5月26日，市政协组织部分政协委员就加快科普基础设施建设调研开展“回头看”活动，到市科技馆、岱岳区实验学校校园科技馆实地察看，听取相关工作情况汇报，并召开座谈会听取委员意见建议。市政协副主席徐恩虎参加活动。

调研全市全域旅游发展情况　6月5日，市政协组织部分政协委员和市旅发委等相关部门负责人，对全市全域旅游发展情况开展调研。调研组到岱岳区汶口古镇、天颐湖旅游度假区实地调研，对全域旅游发展建言献策。市政协副主席马纯勇参加调研活动。

省政协副主席王乃静到泰安调研　6月15日，省政协副主席王乃静率调研组就加快推进山东省煤炭清洁高效开发利用工作到泰安调研。调研组先后到远申煤炭制品有限公司、泰山区骏桐清洁能源有限公司、三益集团实地调研，并听取相关情况汇报。市政府副市长、市公安局局长鞠向群，市政协副主席张庆明，市政协秘书长魏武陪同调研。

视察全市盐业工作　6月16日，市政协组织部分政协委员对全市盐业工作情况进行视察。视察组实地察看岱岳区夏张镇食盐市场、山东肥城精制盐厂，并听取有关情况汇报。市政协副主席马纯勇参加视察活动。

全国政协教科文卫体委员会副主任黄洁夫到泰安调研　6月21日，全国政协教科文卫体委员会副主任黄洁夫一行在省政协副主席赵家军陪同下，就“全面实施二孩政策后，医疗卫生服务面临的挑战与配套政策”到泰安调研。调研组先后到肥城市人民医院、泰安市妇幼保健院实地调研，听取相关情况汇报。市委副书记、市长李希信，市政协主席周桂萍陪同调研。

调研泰山茶产业发展情况　6月29日，市政协农业组委员调研泰山茶产业发展情况。调研组实地察看泰山区沁园春女儿茶厂、君思饮茶

12月15日，市政协副主席徐恩虎（左二）考察全市社区矫正工作

（吴向军　供）

6月29日，市政协副主席张庆明（前排右二）率领市政协农业组委员调研泰山茶产业发展情况（吴向军 供）

业有限公司、岱岳区泰山御廷茶叶有限公司，召开座谈会对泰山茶产业发展建言献策。市政协副主席张庆明参加调研活动。

召开市政协民族宗教工作座谈会 7月11日召开。会议传达学习以习近平为核心的党中央就做好民族和宗教工作作出的一系列重大决策部署和山东省第十一次党代会精神。市政协副主席徐恩虎出席会议并讲话。

调研市政协机关选派第一书记任职情况 7月18日，市政协主席周桂萍到市政协机关选派第一书记任职村——岱岳区角峪镇先锋村调研指导工作。市政协秘书长魏武陪同活动。

召开市政协特邀文史顾问研究员编审座谈会 7月19日召开。会议就发挥好文史顾问、研究员、编审的作用，做好政协文史资料工作提出要求；聘请66名专家学者为十三届市政协特邀文史顾问、研究员、编审，并颁发聘书。市政协副主席张庆明、市老领导汤贵仁出席会议。

省政协副主席翟鲁宁到泰安调研 8月9日—10日，省政协副主席翟鲁宁到泰安调研扶贫工作。先后实地调研东平县接山镇朝阳庄旧村、新村扶贫项目，接山镇夏谢五村扶贫养殖项目，岱岳区夏张镇天鹅湖扶贫珍禽养殖项目和道朗镇茶溪谷茶园种植项目，并召开座谈会听取有关情况汇报。市委副书记张涛，市政协主席周桂萍、副主席徐恩虎、秘书长魏武陪同活动。

住泰安省政协委员视察全市违建治理工作 8月16日，住泰安省政协委员和部分市政协委员视察治理违法建设情况。视察组先后实地察看岱岳区李家庄村、高新区沙家洪沟村、泰山景区上梨园村、泰山区白马石村拆违现场并听取相关工作汇报。市委副书记张涛、市政协主席周桂萍出席活动并讲话。副市长张红旗，市政协副主席程明、秘书长魏武参加活动。泰山景区管委会主任王光峰陪同有关活动。

省政协副主席许立全到泰安调研 8月21—22日，省政协副主席许立全率调研组就“发挥政协民主监督在全面从严治党中的作用”到泰安调研。调研组先后到肥城市和高铁新区实地调研，并召开座谈会听取有关情况汇报。市政协主席周桂萍，市委常委、组织部部长高尚山，市政协副主席程明、秘书长魏武参加活动。

召开市政协知识产权强市建设工作对口协商会议 8月22日召开。市政协副主席徐恩虎出席会议并讲话。

视察全市法院执行工作 8月23日，市政协组织社会法制和民族宗教委部分成员对法院执行工作进行视察。视察组先后到岱岳区法院、肥城市法院实地察看执行指挥中心等现场并听取情况介绍，就解决执行难问题提出意见建议。市政协副主席徐恩虎参加视察活动。

省政协副主席赵润田到泰安调研 9月7日，省政协副主席赵润田到泰安调研提案成果转化情况。先后到旅游经济开发区拆违现场、高铁新区、英雄山初级中学等进行实地调研。市政协主席周桂萍、秘书长魏武陪同活动。

举办“天下泰山·纪念泰山列入世界自然文化双遗产三十周年”书画摄影展 9月8日，在泰安市文化艺术中心开展，集中展出书法、绘画、摄影精品各60幅。市委副书记张涛、市政协主席周桂萍、市人大常委会副主任曹步山、市政府副市长成丽、市政协副主席程明出席开幕式。

召开卫生和计生系统提案集中面复会 9月21日召开。对市卫生和计划生育委员会承办的21件政协提案进行集中面复。市政协副主席程明出席会议并讲话。

省政协副主席吴翠云到泰安调研 9月27—28日，省政协副主席吴翠云率调研组到泰安调研“民族团结进步创建活动进学校”工作，视察部分宗教场所并看望宗教界人士，到山东农业大学、泰安二中了解少数民族学生在校学习和生活情况。市政协主席周桂萍、秘书长魏武陪同调研。

视察体育产业发展情况 10月12日，市政协组织部分委员对全市体育产业发展情况进行视察。视察组先后到鲁普耐特集团、国奥健身中心、市全民健身中心等现场察看，并听取相关情况汇报。市政府副市长成丽、市政协副主席张庆明参加活动。

视察泰山学院 10月17日，市政协组织部分政协委员视察泰山学院，实地察看泰山学院新升级改造的学生公寓、万里图书馆，听取泰山学院建设与发展情况的汇报。市政协主席周桂萍，副主席张庆明、程明，秘书长魏武参加活动。

视察全市现代畜牧业发展情况 10月19日，市政协组织部分省、市政协委员视察全市现代畜牧业发展情况。先后到新泰市山东鑫基牧业发展有限公司、汶南肉鸭生态养殖示范场、山东益客产业园进行实地视察，并召开座谈会听取相关情况汇报。市政协主席周桂萍、秘书长魏武参加视察活动。

视察全市工商工作 10月25日，市政协组织部分政协委员视察全市工商工作。到市政务大厅察看市工商局实行的“最多跑一次”改革、“五十证合一、一照一码”改革、电子营业执照颁发等工作，在大润发商场、三联社区、迎胜农贸市场察看“放心消费”创建活动开展情况。市政协副主席马纯勇参加视察活动。

市政协党组传达学习中共十九大精神 10月27日，市政协召开党组扩大会议，传达学习中共十九大精神和市委书记王云鹏在全市领导干部会议上的讲话，就贯彻落实中共十九大精神作出部署。

视察全市邮政快递综合服务平台建设 10月31日，市政协组织部分政协委员视察全市邮政快递综合服务平台建设情况。视察组实地察看泰安市邮政企业电商服务平台、山东农业大学泰驿站、新泰圆通等，详细了解各企业和快递服务点发展情况。市政协副主席马纯勇参加视察活动。

召开全市基层政协工作座谈会 11月10日召开。会议传达学习中共十九大精神和全省基层政协工作座谈会精神，总结基层政协工作经验做法，推动全市政协工作创新发展。会议期间，与会人员到泰山区、岱岳区观摩基层政协工作现场。市政协主席周桂萍出席会议并讲话。市政协副主席马纯勇、程明，秘书长魏武出席会议。

举办市政协委员学习贯彻中共十九大精神培训班 12月1日开班。培训班邀请全国政协中国经济社会理事会研究部主任罗义贤和省政协副秘书长曲伟分别作辅导报告。市政协主席周桂萍出席开班仪式并讲话。市政协副主席张庆明、马纯勇、程明，秘书长魏武出席培训班。

（吴向军）

【提案委员会】 市政协十三届一次会议后，收到提案336件，经审查立案308件（其中党派团体提案133件），交由73个部门和单位办理。市委书记王云鹏，市委副书记、市长李希信对市政协确定10件重点提案分别作出重要批示。市委、市政府高度重视政协提案工作，将办理工作纳入年度考核计划；市政协积极健全协商办理机制，加大跟踪督办力度，于10月底全部办理完毕，提案回复率100%，委员基本满意率100%。

【经济委员会】 开展加快推进“三强”企业培植专题调研活动，向市委、市政府提交《关于加快推进“三强”企业培植的调研报告》，市委、市政府主要领导高度重视，批示相关部门认真研究吸纳。对市高新区科学发展和经济运行情况、盐业工

10月25日，市政协副主席马纯勇（前排右二）考察全市工商工作

（吴向军　供）

10月25日，市政协副主席程明（前排右二）到市政协机关派驻第一书记帮扶村——岱岳区角峪镇先锋村调研（吴向军　供）

作、现代畜牧业发展和工商工作开展专项视察活动。配合省政协到泰安就“降低企业经营成本，大力振兴实体经济”、白酒产业发展等开展调研工作。做好甘肃省政协和安徽宿州、吉林四平、广西贺州等政协单位到泰安考察工作。

【人口资源环境委员会】召开市政协人口资源环境委员会成员会议。开展泰安城区水源地保护视察暨对口协商活动。开展泰山茶产业发展和气象工作专题调研活动。开展高铁新区、旅游经济开发区开发建设视察活动。对市政协确定的“关于加快泰安特色小镇建设，构建和谐宜居城市的建议”重点提案进行督办，并赴江浙地区考察学习特色小镇建设先进经验，形成并报送考察报告，受到市委、市政府的充分肯定。配合省政协联合开展煤炭清洁高效开发利用工作调研活动。

【科教文卫体委员会】开展加快科普基础设施建设的调研成果转化“回头看”活动。开展全市知识产权强市建设对口协商活动。开展体育产业发展、创建省级食品安全城市、中医药事业发展等视察活动。组织委员医疗保健服务团到岱岳区天平街道岩庄社区开展义诊活动。举办纪念泰山列入自然文化双遗产三十周年书画摄影展。做好全国政协教科文卫体委员会副主任黄洁夫一行“全面二孩政策实施后，医疗卫生服务面临的挑战与配套政策”和省政协副主席赵家军一行“积极推动实施优秀传统文化传承与创新工程”专题调研的服务组织工作。

【社会法制和民族宗教委员会】召开全市政协民族宗教工作会议。组织委员对检察机关“三项建设”、社区矫正工作进行视察，对全市精准扶贫和法院执行工作开展视察和对口协商。组建政协委员名录库，定期参与政风行风评议及创建文明行业评选，推荐4名司法界委员担任司法监督员，对全市对普法实施情况进行综合检查。先后做好省政协副主席许立全、翟鲁宁、吴翠云等到泰安分别对宗教工作、建立扶贫长效机制和“民族团结进步创建活动进学校”专题调研的服务组织工作。做好陕西宝鸡、广东汕头和东营市政协到泰安考察的接待工作。

【文史资料委员会】召开文史委工作会议，聘请66名特邀文史顾问、研究员和编审。组织开展对泰安市非国有博物馆发展情况专题视察和对口协商活动。对古籍收藏与利用工作、文化遗迹古建筑保护利用、大汶河综合利用保护开展专题视察活动。做好《关于对泰城老旧小区进行改造的建议》重点提案的督办工作。精心整理编辑，打造《泰安文史》精品期刊；启动《改革开放四十年亲历记》《风雨同舟·共铸辉煌》的征编工作；配合省政协完成《记忆山东》史料征集工作。

【港澳台侨和外事委员会】开展全域旅游专题调研，向市委、市政府报送《关于创建泰安特色全域旅游示范市的调研报告》，市委、市政府主要领导分别作出重要批示。开展全市利用外资工作视察和对口协商活动。开展对全市对台工作和邮政快递综合服务平台建设视察活动。配合省政协开展“关于推动山东企业加快融入‘一带一路’倡议的建议”专题调研。聘请10名泰安市政协港澳台侨和外事委顾问，参加省政协港澳台侨和外事工作座谈交流会，协助省政协联合5地市推动“2017海峡两岸中华民族敬天祈福大典”活动。做好澳门山东商会和江苏连云港、广西玉林等地政协到泰安考察的接待工作。

（吴向军）

编校　刘　凯　　审稿　周美广

纪检·监察

综　述

【概况】 2017年，全市各级纪检监察机关以迎接、学习、贯彻中共十九大为主线，把习近平新时代中国特色社会主义思想作为强大思想武器和科学行动指南，在省纪委和市委的正确领导下，贯彻落实省、市第十一次党代会的部署要求，忠诚履行党章赋予的政治责任，强化监督执纪问责，纪检监察工作取得新成效。年内，泰安市纪委机关被市委、市政府表彰为“市直2017年度经济社会发展综合考核先进单位”。

【市纪委十届八次全体会议】 1月13日召开。会议传达学习省纪委十届八次全会精神，总结2016年纪律检查工作，部署2017年任务。市委书记、市人大常委会主任王云鹏出席全会并讲话，市纪委书记郝红代表市纪委常委会作题为《全面从严治党，履行监督专责，推动党风廉政建设和反腐败工作向纵深发展》的报告。报告从深入学习贯彻中共十八届六中全会精神，严肃党内政治生活，强化党内监督，严明换届纪律；在坚持中深化、在深化中坚持，推进作风建设常态化、长效化；加大问责力度，夯实全面从严治党政治责任；紧盯目标任务，巩固反腐败斗争压倒性态势；深化纪检体制改革，增强纪律检查工作活力；切实加强自身建设，以更高标准更严要求打造过硬队伍6个方面，对2017年任务作出部署。

【市纪委十一届一次全体会议】 2月16日召开。会议选举产生新的市纪委常委会和书记、副书记，并经市委十一届一次全会批准通过。市纪委书记郝红从提高政治站位，牢牢把握纪律检查工作的正确方向；以担当诠释忠诚，切实履行好党章赋予的神圣职责；认真执行民主集中制，着力营造团结和谐工作氛围；信任不能代替监督，以铁的纪律打造过硬干部队伍4个方面提出要求。

【十一届市委第一轮巡察工作动员部署会议】 7月20日召开。会议学习贯彻习近平总书记系列重要讲话精神，落实省、市第十一次党代会部署，传达市委书记王云鹏关于做好市县巡察工作的批示精神，安排泰安市巡察工作。市委常委、市纪委书记，市委巡察工作领导小组组长郝红出席会议并讲话，市委常委、组织部部长、市委巡察工作领导小组副组长高尚山主持会议。会议强

4月11日，省委常委、省纪委书记陈辐宽（前排右二）到泰安市调研。市委书记王云鹏（前排左一）等陪同活动　（赵　磊　摄）

2月17日，新当选的市委常委与十一届市纪委委员合影　（赵　磊　摄）

调，要深入学习贯彻习近平总书记系列重要讲话精神和治国理政新理念新思想新战略，提高政治站位，以“四个意识”为政治标杆，把维护党中央权威和集中统一领导作为根本政治任务，贯彻新修改的巡视工作条例和省委建立巡察制度的意见，聚焦坚持党的领导、加强党的建设、全面从严治党，发挥巡察政治监督作用，确保中央、省委、市委重大决策部署贯彻落实。要紧盯党的领导弱化、党的建设缺失、全面从严治党不力“三大问题”，紧扣“六大纪律”，查找政治偏差。要突出精准扶贫脱贫攻坚监督重点，着力发现侵害群众利益问题，为打赢脱贫攻坚战提供坚强政治保证。

【全市扶贫领域监督执纪问责工作推进会议】 10月23日在东平县召开。市纪委书记郝红出席会议。会议强调，全市各级纪检机关要深入学习习近平总书记关于脱贫攻坚工作重要指示精神，认真贯彻省委、省纪委和市委部署要求，把扶贫领域监督执纪问责工作作为重要政治任务，要旗帜鲜明讲政治，以坚强的党性原则，强化扶贫领域监督执纪问责，不折不扣地把习近平总书记扶贫开发战略思想和党中央各项决策部署落到实处。会议要求，要在强化监督上精准用力，坚持问题导向，强化市县巡察和明察暗访，畅通举报渠道，着力发现问题、督促整改；要在严查严惩上用力，聚焦查处重点，加大交办督办力度，强化通报曝光，对扶贫领域作风和腐败问题发现一起、查处一起；要认真落实市委“一查处三治理”部署，结合“正风肃纪”专项行动，加强对专项治理工作的监督检查；要在责任落实上精准用力，严格落实“双问责”要求，从严问责倒逼责任落实；各级纪委要牢牢把握“走在前列”目标定位，夯实作风，形成合力，为打赢脱贫攻坚战提供坚强保证。

【市纪委十一届二次全体会议】 11月3日召开。会议深入学习贯彻中共十九大和省委十一届二次全会、省纪委十一届二次全会、市委十一届四次全会精神。对全市纪检监察系统学习贯彻工作作出部署。市纪委书记郝红从全面从严治党成效卓著、准确把握纪检监察工作的目标和方向、忠诚履行党章赋予的重大政治责任、建设让党放心人民信赖的纪检监察队伍4个方面，要求率先学习领会好、贯彻落实好中共十九大关于全面从严治党的部署要求。

【市一级党和国家机关派驻机构全覆盖改革机构成立会议】 12月19日召开。会议宣布市一级派驻机构全覆盖改革方案及派驻机构有关人员安排，标志着泰安市市一级派驻机构全覆盖改革任务基本完成。会议指出，推进派驻机构全覆盖改革是贯彻党章规定、落实中央决策部署的重要举措，是推动全面从严治党向纵深发展的现实需要，是充分发挥派驻机构职能作用的必然要求。各部门单位、派驻干部要切实提高政治站位，充分认识派驻机构全覆盖改革的重要意义，切实把思想和行动统一到党中央决策部署上来。各派驻纪检组要把准职责定位，突出监督重点，抓住“从严”总基调，发挥“派”的权威和“驻”的优势，做到打铁必须自身硬，在新的起点上开创派驻监督工作新局面。各驻在部门党组织要自觉接受监督，认真履行全面从严治党政治责任，支持派驻纪检组工作。要按照中共十九大确定的全面从严治党新部署新要求，切实落实管党治党“两个责任”，为营造风清气正的良好政治生态作出贡献。

【学习贯彻中共十九大精神】 市纪委把学习宣传贯彻中共十九大精神作为首要政治任务。召开市纪委常委会议、机关全体干部会议、十一届二次全体会议，周密组织、精心安排，全市纪检监察系统迅速兴起学习宣传贯彻热潮。把学习贯彻中共十九大精神和推进“两学一做”学习教育常态化制度化结合起来，原原本本研读中共十九大报告、党章和中央纪委工作报告，全面系统理解，学懂弄通做实。市纪委理论学习中心组围绕14个专题集体学习，组织机关党员干部学习研讨，用心学习领会习近平新时代中国特色社会主义思想的精神实质和丰富内涵，学思践悟，融会贯通，进一步树牢“四个意识”，坚定“四个自信”，更加自觉地同以习近平为核心的党中央保持高度一致，把力量凝聚到实现中共十九大确定的各项任务上来，把中共十九大精神转化为做好纪检监察工作的生动实践。

【纪检监察干部队伍建设】 制定新一届市纪委常委会加强自身建设意见和议事规则，坚持理论中心组集体学习制度，认真执行民主集中制。抓制度促规范，把制度建设贯穿监督执纪监察、队伍建设和日常管理全过程。严格执行监督执纪监察工作办法，完善工作制度，规范审查调查流程，制定执纪监督、审查调查、人员管理、机关运行等一整套制度规定，全面提升工作规范化水平。强化教育培训，年内培训1200人次，促进人员融合，提升能力素质。以创建“全国文明单位”、争创“过硬党支部”为抓手，开展“严纪律、重效率、勇担当、做表率”主题活动，加强纪律作风建设，打造过硬队伍。

（郭启辉）

【作风建设】 开展“正风肃纪”专项行动，以查处违反中央八项规定精神和不担当、不作为等形式主义、官僚主义新“四风”问题为重点，加强机关作风建设，形成同向发力、齐抓共管的整体合力。紧盯老问题，关注新动向，立足日常经常，紧盯重要节点，创新手段方法，强化明察暗访，深挖细查隐形变异“四风”问题。全市出动1000人次，检查重点场所2400处。把违反中央八项规定精神问题作为纪律审查重点，优先查处、通报曝光。全市共查处违反中央八项规定精神问题123起，处理149人，党政纪处分73人。坚持定期曝光、集中曝光、专题曝光相结合，全市分31批通报曝光114起典型问题，涉及市管干部5人，持续形成震慑。

【纪律审查】 严明政治纪律，把违反政治纪律问题作为执纪审查，市、县巡察和派驻监督重点，严肃查处违反政治纪律问题。严明组织纪律，从严监督检查市第十一次党代会、“两会”换届纪律和会风会纪执行情况。严把政治关廉洁关，市纪委回复党风廉政意见1836人次。加强纪律建设，强化日常教育监管，把党章党规党纪和警示教育列入党校培训计划，市、县纪委常委讲党课、作辅导50场次。探索“互联网+”宣传教育模式，在市、县纪委网站、新闻媒体开辟学习专栏，利用微信等新媒体，及时向党员干部推送党规党纪知识。组织11万名党员干部观看警示教育专题片，汇编《违纪违法案例警示录》，教育引导党员干部明底线、知敬畏、存戒惧。

【执纪问责】 把纪律挺在前面，抓早抓小，从严监管，发现苗头及时纠正，共谈话函询241件次，诫勉谈话214人，红脸出汗、咬耳扯袖成为常态。紧盯“关键少数”，建立市管干部廉政档案，跟踪监督、动态管理。运用监督执纪“四种形态”处理2036人次，其中第一种形态批评教育、谈话函询占53.8%，第二种形态纪律轻处分、组织调整占29.2%，第三种形态纪律重处分、重大职务调整占5.1%，第四种形态严重违纪涉嫌违法立案审查处理占11.9%。全市纪检监察机关处置问题线索1944件次，立案936件，处分930人，移送司法机关4人，通报曝光典型问题104批397起。

【扶贫领域监督执纪问责】 把扶贫领域监督执纪问责作为重要政治任务，严肃查处贪污挪用、截留

7月20日，十一届市委第一轮巡察工作动员部署会议召开 （赵　磊　摄）

10月25日，全市扶贫领域监督执纪问责工作推进会议召开 （赵　磊　摄）

私分，优亲厚友、虚报冒领、“雁过拔毛”、强占掠夺问题，对向扶贫资金财物“伸黑手”的严惩不贷。全市共查处扶贫领域违纪问题333起，党政纪处分144人，分49批通报曝光215起典型问题。对搞数字脱贫、虚假脱贫，扶贫工作不务实不扎实，脱贫结果不真实，发现问题不整改的严肃问责。问责党员干部83人、基层党组织97个。

（郭启辉）

【从严治党】 市委带头落实主体责任，专门研究落实全面从严治党主体责任意见，组织市委常委、党员副市长带队检查主体责任落实情况，传导压力、压实责任；把责任落实情况纳入市县巡察重点，着力发现党的领导弱化、党的建设缺失、全面从严治党不力等问题；制定整改落实分工方案，加强督促检查，推进省委巡视“回头看”反馈意见整改。市纪委严格落实纪检监察机关管党治党责任，制定市纪委全面从严治党任务分工和责任清单。建立市纪委常委同县处级党政正职廉政谈话制度，纳入主体责任落实长效机制，市纪委会同组织部门对6个县（市、区）和81个市直部门单位96名党政正职、8名纪（工）委书记，市纪委派驻机构同456名部门单位领导班子成员普遍进行廉政谈话，面对面指问题、压责任。建立县、乡、村“三级”约谈机制，把全面从严治党政治责任传导到最基层。

【问责追究】 坚持失责必问、问责必严。市纪委制定规范党内问责工作程序的相关规定，全市共问责144个单位党组织、181名党员领导干部，分24批通报曝光68起典型问题。

（郭启辉）

【国家监察体制改革试点工作】 按照中央、省委确定的时间表、路线图，成立改革试点工作小组和工作机构，制定实施方案，市委负主责，纪委负专责，相关部门协同配合，抓住关键环节，做好人员转隶和机构组建等基础性工作，市、县监察委员会按时选举产生、挂牌组建，改革试点工作取得重要阶段性成果。

【监督体系建设】 成立市、县党委巡察工作机构，紧盯管党治党“三大问题”，紧扣“六项纪律”，突出政治巡察。聚焦扶贫领域，市委开展两轮巡察，上下联动，实现对7个省定脱贫攻坚重点乡镇（街道）、47个重点村（社区）巡察全覆盖。市县巡察共发现问题1057个，已立案33件，党政纪处分23人。实行综合派驻和单独派驻相结合，共设置16个派驻纪检组，实现对75家市一级党和国家机关派驻监督全覆盖。

（郭启辉）

编校　刘　凯　　审稿　周美广

民主党派·工商联

中国国民党革命委员会泰安市委员会

【概况】 简称民革泰安市委会。设基层委员会1个、支部12个、小组1个。年内，发展新党员14名，平均年龄35.4岁，党员总数312名。市委会获“民革山东省社会服务工作先进集体”称号，1名民革党员被山东省扶贫开发领导小组评为“全省脱贫攻坚先进个人”，同时被民革中央评为“民革全国社会服务工作先进个人”。

【思想建设】 继续开展“坚持和发展中国特色社会主义学习实践”活动，召开理论研讨座谈会，举办第七期新党员培训班、反映社情民意信息工作培训班。1月，组织部分党员书画家到新泰市平阳社区举办迎新春送祝福书画笔会活动。6月，在宁阳县举办“庆祝建军90周年书画作品展”。10月，举办“喜迎十九大书画展”。12月，举办“纪念民革成立70周年书画笔会”。接待天津市滨海区、西青区，贵州省纳雍县，济南市、枣庄市等多地民革组织到泰安开展“观故居，走多党合作”活动。

【组织建设】 继续开展领导班子及成员年度述职和评议。年内，发展新党员14人，全部为大学本科以上学历。完善后备干部队伍人才库建设，强化后备人才教育管理，推荐骨干党员参加民革中央、民革省委两级培训班。开展跨区域基层组织交流学习，民革新泰市基层委员会与民革济南历城总支、民革张家港委员会第四支部、民革纳雍支部等多地组织结成友好单位。

【参政议政】 参加中共泰安市委、市政府、市政协召开的民主协商会、情况通报会及座谈会，就重要人事安排、全市经济社会发展问题等发表意见和建议。党员中的人大代表、政协委员以及各类特约人员，参加各部门组织的视察、调研和座谈活动。健全完善参政议政的各项工作机制，开展“参政议政集中活动月”“一人一案”“精品提案”活动。向市政协十三届一次会议提交集体提案10件，其中2件被列为“重点提案”。向中共泰安市委提交《泰安市生态畜牧业发展调研报告》。年内，向民革省委提交反映社情民意信息7件，其中被民革省委采用4件，被省政协采用并转件2件。征集提案52份，精选其中10件作

8月25日，民革泰安市委在东平县沙河站镇开展“博爱·牵手”同心扶贫系列社会服务活动，为全镇20名建档立卡贫困学生捐赠助学金4万元

（王　磊　供）

为集体提案提交市政协十三届二次会议。开展界别协商活动，召开以“关于历史文化遗产保护传承情况”为内容的界别协商座谈会。

【社会服务】 到泰山景区、社区等场所开展助力创建全国文明城市志愿服务活动5次。8月，到东平县开展“助力同心扶贫行动”，为东平县20名贫困学生捐助4万元。新泰市基层委员会相继开展“情系春蕾·同心博爱”资助行动、“同心·博爱行”健康义诊和扶贫帮扶、“重阳节慰问”活动。11月，启动“预防校园欺凌，共建文明校园”法制进校园普法活动，深入新泰市20所中小学开展法制宣传教育。

（王　磊）

中国民主同盟泰安市委员会

【概况】 简称民盟泰安市委会。全市有盟员615名，设总支1个、基层委员会1个、支部22个、学习小组1个。年内，民盟泰安市委获民盟山东省委“先进单位”称号，新泰基层委员会、山东农业大学总支、泰山区支部、岱岳区支部、书画艺术支部和机关直属一支部获“先进基层组织”称号，21名盟员获“先进个人”称号。民盟泰安市委《关于加快泰安特色小镇建设 构建和谐宜居城市的建议》《关于加快我市农村电商发展带动农民工返乡创业就业的建议》被泰安市政协评为十大重点提案。

【思想建设】 召开市委会议2次，集体学习中共十九大会议精神和民盟十二次代表大会精神。参加市委统战部举办的各民主党派领导班子成员培训班。班子成员参加中共十九大精神轮训学习。泰安民盟书画院承办全省民盟组织“翰墨泰山——喜迎十九大书画展”。年内，报送各类社情民意信息17条，其中全国政协采用1条，民盟中央采用1条，民盟省委采用14条并推荐到省政协被采用。上报工作信息29条，被民盟中央采纳7条，被民盟省委采纳29条，被《泰安日报》报道2条，被泰安统战信息采纳27条，被泰安政协信息采用6条。

8月10日，“翰墨泰山——喜迎十九大暨庆祝山东民盟建立组织70周年书画展”在泰安文化艺术中心泰安市美术馆举办开幕式

（王玲玲　供）

【组织建设】 年内，发展盟员29人，其中博士研究生2人、高中级职称13人。2月，民盟八届市委主委、市中级人民法院副院长孙岱峰当选为泰安市政协副主席，4人当选为市政协常委。出台《关于做好各县（市、区）基层组织换届工作的意见》，基本完成各县（市、区）基层组织换届。民盟泰安市中教支部换届更名为民盟泰安市教育科技支部。新成立民盟新泰市基层委员会，选举产生民盟新泰青云、新汶、新甫3个支部委员会。6月19—22日，泰安市12名盟员代表参加民盟山东省第十次代表大会，民盟泰安市第七届主委、省环保厅副厅长周杰，八届主委、市政协副主席、市中级人民法院副院长孙岱峰当选为民盟山东省第十届常委和民盟第十二次全国代表大会代表。

【参政议政】 向市政协十三届一次会议提交集体提案14件、委员个人提案20件，其中《关于进一步做好黄前水库水源地保护的建议》《关于加快推进大汶口国家考古遗址公园建设的建议》被推荐为大会发言。成立专题调研组，开展专项调研和市政协界别协商调研，完成“泰安市垃圾分类调研报告”“新慈善时代志愿服务与公益组织发展建议”“关于推进大汶口国家考古遗址公园建设促进我市旅游业发展的建议”调研课题，调研报告呈送市领导和有关单位，为市委、市政府决策提供参考。4月16日，民盟泰安岱岳区支部到大汶口镇山西街村、良庄镇青青农场开展“美丽乡村”调研活动，结合美丽乡村建设实际提出意见和建议。4月

21日，民盟泰安市委赴聊城开展“环保酵素种植推广调研”活动，帮助协调解决基地有关农业技术问题。

【**社会服务**】 全年累计开展各类走访、慰问、扶贫活动11次。年内，民盟市委到“同心扶贫攻坚行动”对口帮扶乡镇东平县新湖镇走访慰问困难群众，送去价值6000元的慰问金和生活用品；举办“泰山不老松——健康知识进社区”活动，免费对徂徕镇辖区慢病管理中的2000名糖尿病患者，进行视网膜病变筛查，共计免收各项费用100万元。年内，民盟各支部深入村居、学校、敬老院、生产一线等积极开展走访慰问、捐资助学、敬老爱老、扶贫、科技支农等社会服务活动。

（王玲玲）

【**概况**】 简称民建泰安市委会。设总支部1个、基层支部13个、专委会8个。全市有会员255名。其中，女会员77名，占30%；经济界会员186名，占72.9%；大学本科以上学历168名，占65.9%；中级以上职称170名，占66.8%。年内，被民建山东省委表彰为“全省民建理论宣传调研先进单位”“网站工作先进单位”。

【**思想建设**】 召开全委扩大会议专题传达学习中共十九大精神，安排部署学习任务。市委会领导班子成员深入支部充当中共十九大精神宣传员、解读员，指导各基层支部开展学习活动。继续开展坚持和发展

11月8日，民建泰安市委召开学习中共十九大精神座谈会，市政协副主席、民建市委主委张庆明（左排中）出席会议并讲话　　（杜荣立　供）

中国特色社会主义学习实践活动，结合基层组织换届，加强思想政治引领，强化规章制度建设，推进“思想建会，组织建会，制度建会”。开展“不忘合作初心，继续携手前进”专题教育活动，收到征文、心得体会20篇，市委会被民建省委表彰为“不忘合作初心，继续携手前进”主题征文活动先进单位，部分会员征文被民建中央、省委评为优秀作品。抓好宣传阵地建设，做好会刊编印和网站的更新维护；利用微信公众号、微信群等新的宣传阵地，加强会议精神、会务活动、优秀会员事迹的宣传；加强与各主流媒体联系，扩大民建组织影响力。

【**组织建设**】 加强领导班子建设，新一届市委会领导班子带头学习，带头撰写提案、社情民意信息，发挥引领、示范作用。做好基层组织换届工作，6月12日，召开基层组织换届工作部署会，经过2个月努力，全部基层支部、专委会完成换届，新成立新泰市总支部、泰安高新区支部、市中心医院支部、直属肥城支部和金融工作委员会。全年新发展会员17名，平均年龄39.9岁，其中女会员8名，博士研究生1名、硕士研究生2名。加强机关建设，落实中央八项规定和机关各项日常管理制度。举办庆“七一”乒乓球友谊赛，丰富会员组织生活。

【**参政议政**】 在市政协十三届一、二次全会上，向大会提交集体提案28件、委员个人提案50件。其中，《关于加快特色小镇建设 构建和谐宜居城市的建议》《关于加快我市农村电商发展带动农民工返乡创业就业的建议》2件集体提案和《关于对泰城老旧小区进行改造的建议》《弘扬泰山传统文化，打造泰山文化品牌》2件个人提案被列为十三届一次会议重点提案，占全部重点提案的五分之二。两次全会上有4人作现场大会发言，5人作书面交流发言。年内，围绕市重点工作开展专题调研，形成《关于进一步推进我市会展经济发展的建议》《关于我市大力发展光伏产业的建议》《推进泰山慢谷建设 助推泰安旅游提档升级》等多项调研报告。向省市政协、上级民建组织提交社

情民意信息9篇，5篇被采用，其中《关于加大查处力度坚决制止有偿补课行为的建议》被省政协采用，同时作为市政协十三届二次会议大会发言，并被民建省委评为2017年度参政议政优秀成果。

【社会服务】 引导会员企业及广大会员参与精准扶贫，年内，开展一系列产业、教育、智力扶贫活动。其中，会员企业鲁普耐特集团公司在多地设立扶贫厂，带动当地农民增收致富；山东泰茶农业发展有限公司万亩茶园项目，拉动周边9个村的村民脱贫致富，同时承担215户贫困户扶贫任务；会员企业泰安鑫兴和经贸有限公司帮扶贫困学生，山东腾达文化发展有限公司向市委会扶贫点小学赠送书籍及教学、体育器材；13名民建专家会员参加市委统战部“同心扶贫攻坚行动专家服务团”，为精准扶贫工作提供智力帮助。社会服务品牌化，坚持开展大学生就业创业品牌工程系列活动，3月4日，组织27家会员企业参加在泰山学院举办的山东省2017年春季高校毕业生集中招聘会；开办“民建讲堂”系列讲座2期。继续开展“民建之光——点亮儿童微心愿”活动，帮助200名小学生实现微心愿。年内，各基层组织和广大会员积极开展扶贫济困、捐资助学、科技支农惠农及送医送药等各项社会服务活动。（杜荣立）

4月13日，民进中央调研组在民进中央参政议政特邀研究员、上海社科院社会学研究所原所长周建明（前排右二）的带领下，到泰安就农村基层社会治理工作进行调研。市政协副主席、民进泰安市委主委王昌元（右一）陪同活动（王传其　供）

中国民主促进会泰安市委员会

【概况】 简称民进泰安市委会。设支部10个。年内，发展会员14名，会员总数231名。1名会员获得中国“好教育”同课异构全国总决赛历史学科全国冠军，1名会员获得山东省科技进步二等奖，1名会员获民进省委组织的“我与民进共成长”主题征文活动一等奖。

【思想建设】 召开主委办公会议4次，学习中共十九大精神、民进省委文件和泰安市2017年统战部长会议精神。4月1日，市委会召开六届二次全体（扩大）会议，传达学习全国、省、市“两会”精神，中共泰安市第十一次党代会精神和民进中央主席严隽琪讲话精神，市委会、各支部作2016年工作总结并部署安排2017年工作。市委委员参加市委统战部举办的各民主党派市委领导班子成员培训班、中共十九大精神宣讲报告会。机关人员参加市委统战部组织的济宁政德培训和赴肥城陆房突围胜利纪念馆的主题党日活动。在全市统一战线“庆国庆·喜迎党的十九大”联欢会上，参演3个节目并组织会员观看演出。

【组织建设】 8月23日，召开基层组织建设座谈会，交流基层组织建设经验、分析困难问题、提出意见建议。12月8日，对泰山医学院支部进行换届，成立支部第二届委员会。10月30日，举办全国民进企业家代表“泰山行”活动，全国各地的15位民进企业家代表到泰安考察交流，共谋发展。利用民进广东省梅州市委、民进滨州市委到泰安考察时机，交流基层组织建设做法，学习外地先进经验。6名会员作为代表出席民进山东省第七次代表大会，1名会员作为代表出席民进全国第十二次代表大会。

【参政议政】 向市政协十三届一次会议提交提案32件，其中，集体提案16件，2件提案被列为重点提案，《关于以建设大城市试点为契机加快泰安发展的建议》被列为一号重点提案。提交大会发言4篇，采用3篇，《着力破解城区中学大班额问题的建议》作大会发言。完成《关于我市推广实施“分质供水，直饮水入户”工程的建议》专题调研，形成调研报告提交中共泰安市委。围绕《推进我市民办中小学发展的建议》界别协商课题开展调研并形成协商报告。

【社会服务】 1月，市委会开展“春联进万家”活动，撰写春联300幅，为群众送上新春祝福；赴对口帮扶乡镇——东平县彭集街道办事处开展捐资助学活动，向10名贫困家庭的学生每人捐助2000元的现金和书包等学习用品。4月，在泰山区直属机关幼儿园举行“家庭教育百场讲座——齐鲁行公益活动”家庭教育报告会，400多名幼儿家长参加报告会。10月，到泰山景区管委黄前镇红河村、岱岳区祝阳镇焦北村开展重阳节走访慰问活动，为贫困群众送去1万元的慰问品。各支部立足自身实际，开展义诊、捐资助学、法律咨询等不同形式的社会服务活动。 （王传其）

中国农工民主党泰安市委员会

【概况】 简称农工党泰安市委会。设总支2个，支部19个，有党员338名，其中年内新发展党员18名。年内，农工党山东农业大学支部被农工中央评为“社会服务工作先进集体”，1名党员被农工中央评为开展坚持和发展中国特色社会主义学习实践活动先进个人。农工党泰安市委先后被农工省委评为“组织建设工作先进集体”“社会服务工作先进集体”“全省助力扶贫攻坚先进集体”。5个支部被农工省委评为先进基层组织，5名党员被评为先进个人。2个支部被农工省委评为全省助力扶贫攻坚先进基层组织，4名党员被评为全省助力扶贫攻坚先进个人。

【思想建设】 年内，以坚持和发展中国特色社会主义学习实践活动为主线，组织全体党员深入学习贯彻习近平总书记系列重要讲话精神。通过印发文件、参加各类学习培训班，组织党员积极学习贯彻中共十九大精神。1名党员参加中共山东省委举办的中共十九大精神专题学习班。5名党员参加农工党省委举办的全省领导干部及骨干党员中共十九大精神学习班和学习贯彻中共十九大精神提升参政议政能力培训班。市委委员参加市委统战部举办的中共十九大精神宣讲报告会。开通市委会微信公众号，扩大泰安农工党的影响力。积极报送信息，被农工中央网站采纳1篇，农工省委网站采纳20篇，《泰安统战工作简报》采纳18篇，《泰安政协信息》采纳11篇，《泰安日报》采纳1篇。

【组织建设】 年内，召开主委办公会、全委会8次，就全国“两会”精神、党的统一战线政策、文件进行学习。领导班子成员参加农工省委举办的“不忘合作初心、继续携手前进”领导干部学习班，市委统战部举办的各民主党派市委领导班子成员培训班。积极稳妥发展党员，年内发展新党员18名，其中博士1名、硕士5名。围绕支部换届搞好基层组织建设，年内，对16个基层组织完成换届，调整充实支部领导成员，增强支部的战斗力和凝聚力。加强机关建设，着力建设学习型、效能型、服务型机关。与农工党牡丹江市委就组织建设、机关建设、社会服务、经济合作发展等进行深入探讨，签署友好共建协议书。

【参政议政】 向市政协十三届一次会议提交集体提案18件、个人提案31件。做好反映社情民意信息工作，向农工省委报送社情民意信息6条，被采用3条，并上报省政协。加强专题调研工作，立足泰安实际，形成《聚焦供给侧结构优化调整　深度发掘农业园区发展潜能》的调研报告并报中共泰安市委。完成《积极推进医联体建设　探索建立双向转诊模式》调研报告并上报农工省委。参加农工省委举办的医联体建

6月8日，农工党泰安市委会联合岱岳区支部、岱岳区统战部到岱岳区范镇范西村开展第十届中国环境与健康宣传周义诊活动 （丁　婧　供）

设情况和民主监督工作研讨班，与各地市交流医联体建设调研情况，围绕医联体建设提出意见建议。

【社会服务】 年内，实施“同心扶贫攻坚行动”，加强对对口乡镇——东平县州城街道办事处的帮扶力度，提升扶贫精准度。市委会主委带领部分班子成员到东平县州城街道办事处对同心扶贫工作进行调研。按照农工省委部署，开展“班班通——同心助学助力教育信息化”公益活动。在肥城市和东平县分别举行捐赠仪式，“明日之星”教育基金会共为泰安市捐赠物资价值448万元。年内，市委会、各基层组织开展为民义诊、医药卫生宣传、捐资助学、扶贫济困等各类活动18次。（丁　婧）

【概况】 简称致公党泰安市委会。设支部12个，有党员161名。年内，新成立中国致公党新泰支部和肥城支部。致公党党员侨海关系覆盖美国、日本、英国、新西兰、澳大利亚等多个国家和地区。市直一支部和泰山区支部分别被致公党省委会评为“创先争优社会服务先进集体”“创先争优参政议政先进集体”，市委会有18名党员被评为“优秀党员”。

【思想建设】 组织学习中共十九大精神、习近平新时代中国特色社会主义思想，推动市委会班子成员和广大党员深刻领会丰富内涵，引导各级组织和广大党员增强走中国特色政治发展道路的自觉性和坚定性，夯实多党合作的共同思想政治基础。年内，组织各类集体学习6次，参加致公党中央、省委统战部、致公党省委和中共泰安市委组织的各类学习9次。

【组织建设】 加强与市区、高校统战部门及有关单位党委的联系协调，推进组织发展、基层支部建设和后备干部队伍建设。对市委会领导班子后备干部、支部领导班子后备干部情况进行整体研究考察；对市委会领导班子人选进行民主推荐和考察，推荐人选经省、市委统战部、省委会研究通过，新一届市委会规模由上届11人增加到13人。认真参加“两学一做”学习教育，机关干部党派意识、服务意识进一步增强。

【参政议政】 抓好各项专题调研、政协提案、社情民意信息工作，积极参政议政，建言献策。成立多个课题组开展调查研究，完成课题7项，其中省委会课题6项。做好市政协会议期间提案准备工作，市委会及党员提交立案提案26件，3件提案进入市政协大会发言。报送社情民意信息18条，其中9条被省委会、市政协、市委统战部采用。担任各级司法机关和政府部门特约人员的致公党员，积极参加活动，认真履行监督职责。

【海外联谊】 鼓励有海外联系的党员通过考察、访问、探亲等时机，加强联谊对接，宣传泰安、泰山，促进交流合作。

【社会服务】 开展各类社会服务活动20次。重点开展针对农村小学的定点音乐助教活动，针对农村茶叶基地的科技服务活动，针对村（社区）困难家庭、困难群众、残疾人群的帮扶活动。参加市委统战部“庆国庆·喜迎党的十九大”联欢会，参演节目3项。参加全市统一战线服务社会服务群众系列活动。与泰山区支部一起，为党员企业争取精品民宿项目资金19.8万元，年内纳入计划并通过初步审核。组织到岱岳区房庄小学开展音乐支教、捐资助教、捐资助学活动4次。致公党泰山区支部开展济困助残活动，捐赠2.5万元，并组织开展服务社区老人活动。新泰支部开展针对幼儿的自我防护教育活动，建立面向社会免费借阅的致公书屋。肥城支部开展“传播正能量，爱心助学行”公益活动，为10名学习成绩优异、家庭较为困难学生捐赠3万元。

（张淑蕾）

【概况】 简称九三学社泰安市委会。至年底，有基层组织29个，包括基层委员会3个、支社25个、小组1个，有社员580名。年内，被九三学社中央评为“坚持和发展中国特色社会主义学习实践活动”先进集体。获九三学社山东省委宣传工作三等奖。

【思想建设】 召开专题会议，学习中共十九大精神，各基层组织按照社市委统一部署，采取多种形式学习贯彻中共十九大精神。2017年是社中央开展的坚持和发展中国特色社会主义学习实践活动的收官之年，社市委把开展实践活动作为全面深化政治交接的重要载体，定期组织各种学习实践活动，深入学习贯彻中共十九大、中央统战工作会议精神和习近平总书记重要讲话精神，引领广大九三学社社员增强共同体意识，凝聚中国特色社会主义共识。

【组织建设】 加强领导班子建设，班子的年龄结构、专业结构进一步优化。坚持领导班子集体述职和个人述职制度，班子成员主动接受社员监督和民主评议。稳步推进代表人士队伍建设，确定各级代表人士50人。加强理论培训和实践锻炼，加大对中青年骨干社员的选拔培养、管理使用和考察推荐力度。完善以各级社会主义学院和上级社组织培训为支撑，以新社员、骨干社员和领导班子成员为重点的培训体系。推荐4人参加社中央和社省委举办的培训班，推荐1人参加省委统战部安排的挂职锻炼。持续夯实基层组织建设，指导支持基层组织参与课题调研和会议活动，举办基层组织新社员、骨干社员培训班，邀请专家授课。

【参政议政】 完善重大调研和协商问题集体研究制度。邀请社内外专家咨询论证，把最新调研成果转化为建言议政素材。在中共泰安市委、市政府举行的座谈会、通报会、协商会上，围绕学习贯彻中共十九大精神、市政府工作报告、市“两会”议程及人事安排等事项，提出具有较强针对性和可操作性的意见和建议。把调研成果及时转化为提案和建议。向社省委报送《重视医联体建设与全科医师培养，提升乡镇卫生院人才队伍的建议》的调研报告。向中共泰安市委报送《关于健全我市畜产品安全防控体系的建议》的调研报告。向市政协十三届一次会议提交集体提案43件、个人提案30件，大会发言2件。其中，《关于整合体育资源促进体育服务产业发展的建议》入选重点提案。提升参政议政规范化水平。落实《九三学社山东省委关于进一步加强参政议政工作的意见》，进一步完善课题征集、申报制度。召开主委办公会，总结参政议政成果转化情况，研究确定选题，优化调研方案，加快建立资源整合、上下联动、横向协调的工作机制。

【社会服务】 ①做好扶贫攻坚工作。重点助力东平县脱贫，多次赴对口帮扶点老湖镇调研对接扶贫工作。申请200万元的库区移民产业扶贫资金，用于西三村服装加工厂建设；协调争取价值20万元的医疗设备50台，用于提升当地医院和3处卫生服务站的医疗服务水平、改善群众就医环境。2月初，带领社员中的专家教授，分医疗、种植、养殖3个小组开展调研，实地察看扶贫产业项目点，详细了解项目点扶贫产业发展情况，现场召开项目推进会，夯实精准扶贫工作基础。②做好困难社员帮扶救助工作。1月20日，副省长、社省委主委王随莲到泰安走访慰问原社省委副主委李永昌和困难社员，送去慰问品和3万元的“王选关怀基金”。③社会服务活动。年内，各基层组织和会员积极开展“关爱老人送温暖”义诊捐赠、“传统文化讲堂”宣讲、特色旅游调研、流动图书站建设等各项社会服务活动。 （刘彦涛）

泰安市工商业联合会

【概况】 年内，市工商联把握“两个健康”（非公有制经济健康发展和非公有制经济人士健康成长）工作主题，助推全市经济社会发展。继续保持“市级文明单位”称号，被评为“全省工商联系统机关建设工作先进单位”。

【思想政治工作】 加强对非公有制经济人士的政治引领，开展宣讲、举办座谈会和培训班，引导非公经济人士学习中共十九大精神和习近平新时代中国特色社会主义思想。邀请全国政协委员、全国工商联原副主席、中国民营经济研究会会长庄聪生作中共十九大精神专题报告，为非公经济人士和工商联干部分析形势、解疑释惑、提振信心，

4月24日，泰安市工商业联合会（总商会）第十次代表大会召开 （王亚楠 供）

深化对中共十九大精神的理解和把握。各县（市、区）工商联和各级商会组织也结合实际开展各类专题学习活动。年内，全市工商联系统组织专题学习50场次，开展宣讲活动20场次，累计参学人数3200人。以“守法诚信、坚定信心”为主题，组织开展“深入企业、帮解难题、增强四信、促进发展”活动。针对年轻一代民营企业家队伍建设进行调研，召开年轻企业家座谈会，组织“听党话、跟党走、接好班、创好业”征文活动。做好非公有制经济组织（简称非公）党建工作，研究制定联系包保园区党建责任制、非公党建工作考核办法等工作机制，实施“双培双带”工程，举办企业党组织书记和党务工作者培训班，召开非公党建示范点建设经验交流会，着力在工业园区打造党建示范点，市工商联在全市城市党建工作推进会上作典型发言。

【经济服务】 ①优化发展环境。开展营商环境改善考核工作，创新考核思路办法，完善考核指标体系，对各县（市、区）开展集中评议和实地考核，完成第三方电话访问，并向市委报送考核分析报告和评议情况。工作中，坚持以考核定目标、以考核促发展，层层分解任务、传导压力，优化项目审批流程、提升行政服务效率，改善营商环境。②深化经济服务。完善工商联与政府部门联系制度，召开联席会议6次，听取行业商会、企业家代表就泰安市出台推动新旧动能转换等改革政策的意见建议，促进相关政策及时落地。开展科技、人才、银企“三对接”活动，与邮政储蓄银行、齐鲁银行等建立战略合作关系，全年组织银企对接活动20次，帮助民营企业融资贷款4.3亿元；组织会员企业参加山东民营企业人才招聘会、驻泰高校校园招聘会，签订用工协议1000个。参与省工商联组织的“三项评选”，石横特钢集团有限公司、瑞星集团股份有限公司入围山东民营企业100强。③拓展对外联络。加大对外联络力度，先后组织30家企业参加第三届军民融合发展高技术装备成果展览、香港投资推广研讨会、“一带一路”中巴（烟台）合作论坛等经贸活动，泰安市2家民营企业到越南、吉尔吉斯斯坦进行考察，签订投资合同额5000万美元；引进中国供销•宁阳农产品物流园项目，合同投资额35亿元，于2月27日开工。年内，接待全国商会社团7个、客商100人次，新缔结友好商会2家。④强化法律服务。开展“法律三进”（进企业、进商会、进工商联机关）活动，举办企业法律风险管理论坛、法律仲裁知识培训班，为企业提供法律援助200次。与市总工会、司法局、人社局建立联席会议制度、协调劳动关系三方机制、劳动争议预防调解机制，形成部门间工作合力和服务非公经济发展的长效机制。

【参政议政】 全省支持非公有制经济健康发展工作会议后，市工商联集中开展全市民营企业发展状况综合调研，发放调查问卷200份，召开座谈会40次，走访调研企业60家，征求意见建议32条。推进理论课题研究，提报省工商联集体提案2件，提报市政协提案11件，提交市政协大会发言4份。

【百企帮百村扶贫行动】 贯彻落实中央和省、市委关于扶贫开发部署要求，开展“百企帮百村”扶贫行动，研究制定签约项目跟踪落实工作机制，加强督导，强化台账管理，培育推广典型。至年底，全市有102家民营企业与111个贫困村结成帮扶对子，其中产业扶贫项目投资总额4.64亿元，帮扶贫困人口5163人；就业扶贫项目发放工资总额540.1万元，帮扶贫困人口289人；公益扶贫捐款捐物总额470.34万元，帮扶贫困人口4304人；技能扶贫企业投入总额3.7万元，帮扶贫困人口52人。鲁普耐特集团有限公司被评为“全市精准扶贫工作先进集体”。

【组织建设】 ①市、县两级换届。市工商联换届选举产生由183名人员组成的执行委员会，其中担任省人大代表、政协委员的7人，担任市人大代表、政协委员的76人；县级工商联换届选举产生执常委领导班子471名，其中担任县人大代表、政协委员的182人。②县级工商联建设。制定印发“五好”县级工商联创建实施方案，开展互查互帮互学，推动工作开展，6个县级工商联全部达到省级标准，其中3个县级工商联达到全国“五好”建设标准。③商会建设。开展“五好”商会建设活动，注重推进园区、楼宇、市场、商圈、乡镇等商会的组建。至年底，全市行业商会已基本覆盖全市主导产业，乡镇街道商会覆盖率达100%。④发展会员。按照注重质量、成熟一个发展一个的原则，全市新发展会员1085个，增长9%。会员总数达到1.32万个，其中企业会员9283个，团体会员169个，个人会员3696个。 （王亚楠）

编校　刘　凯　　审稿　周美广

人民团体

泰安市总工会

【概况】 2017年，泰安市总工会继续保持“省级文明单位”称号，被山东省总工会授予“山东省工会工作创新奖”。在省总工会、省财政厅、省人社厅、团省委、省妇联5部门联合举办的“山东省第一届工会财务人员业务技能竞赛”中，市总工会获得团体一等奖。

【服务工作大局】 ①职工技术创新竞赛。实施“树双百、带双千、促双创”行动，培养选树劳模创新工作室57个，推出职工技术创新成果689项，创造经济效益1.87亿元；创建劳模创业基地11个，培养劳模创业先进个人66人，带动职工和大中专毕业生就业1896人。围绕产业工人队伍建设，举办“泰安农行杯”全市技能人才职业技能大赛，与市食品药品监督管理局、市卫生局分别联合开展第六届稽查执法技能竞赛、全市医疗急救技能竞赛和寄生虫病防治工作岗位技能竞赛。推动职工技能交流，开展泰安市产业工人焊接技能大赛。注重通过劳模（高技能人才）创新工作室带动职工技能提升。至年底，全市基层单位已创建省、市劳模（高技能人才）创新工作室3个和42个。②提升职工素质。制定《关于进一步推进职工文化企业文化建设的实施意见》，评选表彰“齐鲁文化大道”先进单位和个人。年内，新建全国工会“职工书屋”示范点3个。开展第六届职工职业道德标兵单位和个人评选活动，举办“中国梦·劳动美·泰山情”暨“电力杯”全市职工书画展，组队参加全省第七届职工运动会。③弘扬劳模精神。坚持面向基层和一线选树劳模，评选市振兴泰安劳动奖章98名。加大先模人物宣传力度，“五一”期间，组织主流媒体对先模人物进行集中宣传。提升劳模服务管理水平，为53名全国劳模安排免费体检，组织2批70名市级以上劳模参加疗休养，做好劳模资格认定和劳模来信、来电、来访工作。④深化“查保促”（查身边隐患、保职工安全、促企业发展）活动。以“完善制度、巩固提升”为主题，以强化培训、激励、督导和宣传为手段，全年全市各级工会干部深入企业、车间、班组督导7979人次，组织3578家企事业单位、79万名职工参与“查保促”活动，职工查出安全隐患3.32万项，提隐患整改合理化建议2700条，有效避免安全事故800起。⑤开展“泰山工匠”选树活动。弘扬爱岗敬业、精益求精、持之以恒、守正创新的工匠精神，营造尊重劳动、崇尚技能、鼓励创新的舆论导向和浓厚氛围，加快建设一支有理想守信念、懂技术会创新、敢担当讲奉献的宏大的产业工人队伍，助力富裕文明幸福新泰安建设。

【协调劳动关系】 ①构建和谐稳定劳动关系。发挥工会枢纽组织的作用，打造“工会搭建平台、专业化组织服务、职工群众受益”维权模式。制定《关于在全市开展职工心理健康活动的实施方案》，通过购买社会服务，由心理咨询机构委派专业的心理咨询辅导教师深入企业给职工进行心理压力疏导。至年底，深入12家企事业单位为1万多名职工开展心理讲座。加强工会信访工作，处理困难职工来电、来访380人次，免费为218名职工提供法律咨询服务。②企事业单位民主管理工作。在坚持和完善职代会，厂务公开，职工董事、监事等民主管理制度的基础上，把建立企业工会与行政沟通协商机制作为重点，召开工作推进会，举办观摩培训班，指导各单位制定实施意见、操作规范。全市100人以上的建会非公有制企业建制率91%，国有、集体及其控股企业和事业单位建制率100%。③集体协商工作。完善和规范工资集体协商的内容程序、评价标准、考核督导。全市签订工资集体协商专项合同7350份，建会企业工资集体协商建制率90%，覆盖企业1.62万家、职工94万人；女职工权益保护专项集体合同覆盖企业7910家、女职工45.7万人。

【服务职工群众】 ①精准帮扶工作。连续2年把城市困难职工解困脱困工作作为市总工会重点工作，各级工会在调查摸底的基础上，建立帮扶工作台账和解困脱困工作数据库，围绕实现困难职工家庭“医、业、学、房、保”5项保障，通过以就业创业、纳入国家社会保障制度、社会救助兜底解困脱困3852人，其他帮扶脱困5000人。②普惠服务工作。实施工会“惠员工程”，发放工会会员服务卡29万张，建立特约合作单位142家，协议优惠服务网点3132个；深化职工大病医疗互助工程，为81名大病职工发放补助102.51万元。与泰安爱尔眼科医院联合，共同出资100万元建立光明基金，为50名困难职工补助医疗费5.83万元。推动“四季服务”工作常态化、长效化、社会化发展。年内，全市工会在元旦、春节期间，“冬送温暖”活动筹集发放送温暖资金988.54万元，走访慰问困难职工和困难劳模8474户；“春送岗位”活动提供免费就业服务1万人次；“夏送清凉”活动筹集发放慰问金71.54万元；“金秋助学”活动筹集发放助学款207万元。③女职工心灵关爱工程。开展“十百千”结对帮扶工作。全市各级工会女职工组织结对帮扶1026户特困女职工，帮扶资金62.79万元。举办全市工会EAP暨女职工心灵关爱培训班。联合泰安市应用心理学会进行心理疏导和培训，“幸福1+1”职工沙龙活动举办48期，1920人次参加；幸福密码举办10期，480人次参加；家庭教育智慧父母课堂举办8期，350人次参加；“家长大学”公益沙龙活动组织30期1200人次参加。做强“缘结泰山”单身职工联谊活动品牌，每月举办1场落地活动。举办“弘扬优秀家风，助力文明创建——泰安市女职工‘我爱我家’”演讲比赛。推进建设“妈妈小屋”209个，为孕期、哺乳期女职工提供贴心服务。

7月7日，市总工会召开全市化工行业“查保促”专项行动动员部署会议

（张婷婷　供）

【基层工会建设】 ①健全工会组织网络。开展“百日建会集中行动”，新建工会组织253家，发展会员2.59万名。在新泰市召开现场推进会，推广新泰市、宁阳县工会基层组织建设做法。加强乡镇（街道）、开发区（工业园区）工会组织建设。至年底，全市已建立乡镇（街道）总工会68个、开发区（工业园区）总工会6个。②激发基层工会活力。以模范职工之家评选为载体，持续深化“四双”（“双亮”：工会组织亮牌子，工会干部亮身份；“双争”：争创“职工之家”、争当职工“娘家人”；“双述”：工会主席向会员述职，下级工会向上级工会述职；“双评”：工会会员评议工会主席，上级工会评议下级工会）活动，评选表彰29个模范职工之家、39名优秀工会工作者和5名最贴心基层工会主席。创新开展示范乡镇工会建设分片观摩活动。③推动工会改革创新。制定《市总工会改革任务分工方案》《配档表》，明确责任主体、落实方式和时限要求，各县（市、区）总工会均印发改革实施方案并启动改革。

（张婷婷）

【概况】 年底，全市有共青团员17.9万人，团总支322个，团支部8602个，团干部9468名。团市委机关设办公室、组织宣传部、学校少年部、青年发展和社会联络部4个职能部室，设机关党总支（下辖2个党支部）、少先队总队2个辅助专职工作机构，辖泰安市青少年教育培训活动中心、泰安市希望工程办公室2个直属事业单位。

【深化改革和服务发展】开展“学习总书记讲话，做合格共青团员”教育实践，组织团干部上主题团课、“一学一做”主题征文、组织生活会、入团仪式集中示范活动。印发《关于转发〈关于新形势下推进从严治团的规定〉的通知》《关于做好2017年度从严治团十项重点工作的通知》，全面推进从严治团。开展团员先锋岗（队）创建，全市申报团员先锋岗（队）23个，申报省级团员先锋岗（队）2个。全面推进泰安共青团改革，印发《共青团泰安市委改革实施方案》。召开共青团泰安市第十五次代表大会，选举产生新一届团市委委员、常委、书记。举办团青干部培训班，培训团青干部50人。联合市科技局等部门开展“融合之旅双创企业青年训练营”，以品牌活动理念助力新旧动能转换，服务全市经济发展。推进市级青年文明号创建，深化青年创新创效，与市安全生产监督管理局联合开展“青年安全生产示范岗”、争当泰安市“青年安全生产标兵”活动，提高青年职工技能水平。开展“百校千企送岗”，提升服务青年创新创业能力。

5月4日，全市优秀青年座谈会召开，市委副书记张涛（主席台中）出席会议并讲话（毕建军　摄）

【联系青年和基层组织建设】印发《关于进一步做好“1+100”团干部直接联系青年工作的通知》，推动各级团干部深入基层、联系青年常态化。依托全市社工站点、志愿者服务站、青工委等平台，构建青少年社工人才队伍体系，凝聚专业社工力量达272人。加强专业性平台建设，各青年志愿者服务站工作有序开展。在团的品牌活动设计、项目运作及实施各环节加强与青年社会组织联系沟通，与泰山救援队共同举办自护教育专题活动。开展“青春绿色行动”植树活动，全市各界各行业青年参与人数1670名，植树8625棵。

【新媒体宣传工作】开展第十届“泰安市十大杰出青年企业家”评选活动、百校千企送岗进校园活动、雷锋宣传月系列宣传活动。制作《三生三世十里桃花，处处时时聚青年力量》漫画，宣传共青团泰安市委全委会（扩大）议。开展“融合之旅”——破冰之旅、发现之旅、创意之旅、融合之旅嘉年华活动4期，搭建银企对接交流平台。举行青年风尚节，点赞青年榜样，引领青年风尚。开展草木有情活动，推广1个从庭院开始的公益帮扶项目，引导队员们通过众筹理念帮扶困难群体。开展“扇动精彩”手绘扇面活动，线上线下收集作品1万幅。开展“融合之旅”优秀少先队员训练营“草木有情”第三期——甜蜜地瓜活动。集中宣传学习贯彻中共十九大精神，开展团青干部培训班、少先队辅导员培训班等，市级团委领导班子成员宣讲10次，覆盖团员青年1000名，全市有1855个团支部开展集中性专题学习活动，覆盖团员青年13.4万名。县级团干部开展专题培训14次，覆盖团干部1230名。“青年之声”点赞领读少年活动线上发布，点赞1.2万次，覆盖青年10万名。团团影厅上线，助力公益发展。继续开展“说事有爱　新春送福”活动，策划青春“角色扮演”线上互动，祝福央视春晚泰安分会场。

【学校少先队工作】印发《少先队改革资料汇编》3371册，组织观看《少先队改革方案》宣讲视频会9391人次。组织开展“动感中队”创建、“五小”活动，覆盖全市中小学校726所。开展“山野远见”“鸟之近观”“草木有情”“斑马斑马”“扇动精彩”“物理有趣”“化学精彩”系列活动9期，成功探索社会教育的新模式。打造“青青优品·草木有情”公益品牌，建立“草木有情生产基地”，用商业实战的方式线上众筹募集资金1万元，用于帮扶贫困青少年家庭。开展“市优秀少先队辅导员”评选活动，表彰“市优秀少先队辅导员”30名。开展“鲁新青少年手拉手”“鲁藏青少年手拉手”，先后有165名新疆、西藏的青少年到泰安交流。巩固中小学少先队组织基础，建立中小学贯通的队籍管理制度，在全市推行少先队员证。开展泰安市第十二届少年儿童“争当小实验家”科学体验活动，200名学生赴北京参加全国展示交流，获得金奖64个、银奖49个、铜奖35个。组织40名少先队辅导员先后参加国家级、省级辅导员培训班，帮助一线辅导员提高思想素质和业务能力。扎实推进“小手拉大手　共筑碧水蓝天”行动，全市726所中小学的6.5万名少先队员及家庭参与活动。

【青年志愿者工作】 开展“七彩假期”青年志愿者关爱农村留守儿童志愿服务活动。在6个乡镇搭建七彩小屋5个，招募建立13支志愿服务队，开展活动60次，受益群众800人，参与志愿者533人，走访家庭100个。开展“青春喜迎十九大·不忘初心跟党走”山东青年志愿服务先进事迹进社区活动。在市级层面，泰安团市委推出青年志愿服务典型人物2名，组成宣讲团2个，依托联通志愿者服务站开展宣讲活动4场。各县（市、区）团委积极推选青年志愿服务典型人物，组建宣讲团进社区，开展宣讲会，讲述先进人物事迹，传播志愿服务理念。开展“金晖助老”——青春扶贫志愿者行动，在全市范围65岁以上不集中供养的留守、失独建档立卡贫困人口中，确定受助对象499名，集中选拔出998名优秀的青年志愿者，结对帮扶老人“五个一”助老志愿服务12次，自行组织开展活动22次。泰安市青年志愿者服务春运“暖冬行动”，招募大学生志愿者、社会爱心人士300名，依托青年志愿者服务站，面向春运旅客开展志愿服务。

【青春扶贫和希望工程】 积极参与党政扶贫，及时排查、递补、更新结对留守儿童信息及台账。开展“万名中小学生健康工程”，并纳入《共青团泰安市委青春扶贫行动实施方案》，组织校内外辅导员建立“一对一”结对联系，为建档立卡贫困中小学生建立帮扶台账，配套发放学习用品、衣服、资金等物资，同时提供课时辅导、心理辅导。创新开展青少年扶贫项目——“草木有情”，开创利用庭院经济开发绿色有机蔬菜增收的新模式。开展爱心大篷车、桃都青少年牵手基金助学、“七彩假期·呵护留守的梦想”“金晖助老”行动、“微心愿”认领等帮扶活动。开展牵手关爱活动300次，覆盖家庭2000个，2136名贫困留守儿童纳入数据库。开展农村电商培训工程，调动贫困青年从事电商工作的积极性。开展青年文明号助千家脱贫行动，发动各级青年文明号集体主动结对建档立卡贫困户。开展泰安市大中专学生志愿者暑期文化科技卫生“三下乡”社会实践活动，组织青年农业科技人员和大学生志愿者服务队送文化、送科技、送卫生到田间地头和生产车间，在农村、社区、乡镇企业举办培训班，提供医疗服务，开展医普宣传，帮助农村贫困人口提高生产技术和管理能力。开展“青联委员服务千家脱贫行动”，进一步落实青春扶贫工作。（单美菁）

【概况】 年末，全市有县（市、区）妇联工作机构6个，乡（镇、街道）妇联工作机构89个，村、社区妇联3742个，市、县两级党政机关、科教文卫单位妇委会399个。市妇联机关工作人员15人，县（市、区）37人，乡镇、街道92人，村、社区妇联主席3742人；市妇联下属市直机关幼儿园、市妇女儿童活动中心、市妇女儿童服务中心3个事业单位。继续保持“省级文明单位”称号。

【妇联组织建设】 **组织阵地建设** 起草改革方案，并在市委常委会议上审核通过后印发。加强对县（市、区）妇联改革工作调度指导，推动完成村（社区）妇代会改建妇联工作。改建后，村（社区）妇联有妇联主席3742人、副主席3821人、兼职副主席3754人、执委30525人。

工作作风建设 开展“重效率、勇担当、作表率”主题教育活动，推进“两学一做”学习教育常态化制度化。开展“做学习型、智慧型妇联干部，建学习型妇联组织”主题读书活动，大兴学习之风。市、县、乡共举办妇联干部培训班145期，培训妇女干部1.3万人次。

【组织妇女参与经济建设】 **妇女技术技能培训** 继续开展泰安“十万妇女技术技能培训年”活动，根据“一村一品”“一乡一业”的产业布局和妇女实际需求，开展培训895场次，培训妇女10.1万人次。开展巾帼家政就业培训，举办巾帼家政培训班54场次，培训妇女6160人次，3596人取得职业资格证书。以专项培训带动妇女创业发展，组织骨干力量参加省巾帼乡村旅游女带头人培训班及各类专项培训班，带动指导农村妇女科学创业。

妇女创业就业 提供就业岗位，开展“春风行动”，各级举办“庆‘三八’妇女就业专场招聘会”13次，发放宣传资料4万份，募集适合女性的就业岗位 4800 个，成功介绍 2400 名女性就业。与中国人寿泰安分公司达成“关爱女性　精准扶贫”合作框架协议，为更多女性提供就业机会。服务创业创新，开展创业大赛，推荐女性企业参加全国、全省女性创业创新展示活动。继续抓好小额担保贷款，为 678 名妇女提供创业资金 6525 万元，为 14 家企业申报省巾帼创业贴息资金。

巾帼建功活动　深化“双学双比”“巾帼建功”活动，激发城乡妇女为经济社会发展建功立业。全市培育“妇”字号龙头企业、专业合作社 131 个，1.3 万名妇女加入专业合作社，培育巾帼现代农业科技示范基地 122 个，辐射带动 1.2 万名妇女增收致富。全市涌现一批全国巾帼文明岗、巾帼建功先进集体和巾帼建功标兵。市妇联为获得“全国巾帼文明岗”的单位举行揭牌仪式，推动活动不断深化。

【开展救助扶贫工作】 *救助贫困母亲活动*　在春节、中秋节、重阳节等重要节日，到基层走访慰问，发放爱心捐款。全年各级妇联共动员社会力量捐款 500 万元，救助贫困母亲 1 万名，活动累计募集爱心资金 3000 万元，救助贫困母亲 6 万人，“捐资救助贫困母亲”活动成为全市妇联系统响亮的工作品牌，倡树社会新风尚。

农村妇女“两癌”筛查救助工作　全年开展农村妇女“两癌”免费检查 10 万人次。争取“两癌”专项救助金 74 万元，“三八”期间发放到患病贫困母亲手中。严格规范贫困母亲“两癌”救助申报、审核工作，将 500 名贫困“两癌”母亲基本信息录入全国妇联数据采集系统，并申请专项基金救助。

10 月 16 日，泰安市妇联、泰安日报社、泰安市广播电视台、泰安市女企业家协会联合举办“喜迎十九大　巾帼建新功”第二届“泰安十大女杰”“泰安市十大杰出女企业家”颁奖典礼　　（贾秀梅　供）

提高女性健康意识，举办“女性健康大讲堂”55 期，受益妇女 7634 名。

“巾帼脱贫行动”　继续抓好“企联村、岗联户”活动，结对帮扶贫困村 177 个、贫困家庭 494 户。做好省级大姐工坊农家乐和巾帼脱贫示范基地创建工作，举办电商扶贫培训班提高贫困妇女创业技能。争取省妇联支持，在泰安市举行省巾帼脱贫行动“百企联百村”捐赠活动，省女企协和社会爱心人士为泰安市 10 个省级贫困村捐赠扶贫物资价值 297 万元。

留守流动妇女儿童关爱活动　依托妇女儿童家园项目、“妇女之家”和维权服务站，开展互助活动。做好留守流动儿童关爱工作，开展“让爱留守”爱心志愿服务活动，全市有 2.8 万名志愿者参与。举办“情暖泰山——走进留守家庭关爱儿童健康”救助活动，争取爱心企业和社会力量救助“春蕾女童”，各级共资助贫困儿童 3226 名，资助金额 110 万元。

【维护妇女儿童合法权益】　加强源头维权力度，完善地方法规政策性别平等咨询评估机制，推进男女平等基本国策具体化、机制化。参与农村集体产权制度改革工作，确保在改革中维护妇女合法权益。加强维权网络建设，健全和完善反家庭暴力庇护所、婚姻家庭咨询服务中心等维权机构建设，发挥社会化维权网络作用。加强日常信访和维权培训，以“12338”妇女维权热线和维权服务站为依托，做好信访接待工作，市、县两级共接待来信来访 375 件，处结率 100%。做好普法工作，开展维权周和巾帼维权志愿者“进社区、进家庭、到身边”百场巡讲活动，帮助妇女群众学法懂法守法用法。

【优化妇女儿童发展环境】　推进实施“十三五”规划，召开全市妇女儿童工作会议，总结“十二五”时期妇女儿童工作，表彰妇女儿童工作先进集体和先进个人，就“十三五”期间的妇女儿童工作进行安排部署。加强组织领导，对市妇女儿童工作委员成员单位及时调整，按照职责分工，印发《目标责任分解》。抓好示范带动，确定12个乡镇（街道）为市级示范乡镇。开展男女平等基本国策宣传月活动，编制完成市级妇女儿童发展规划2016年度监测统计报表和报告。

【组织妇女参与精神文明建设】 **宣传教育培育文明新风** 以学习宣传贯彻中共十九大精神为重点，宣传中共十八大以后妇女儿童事业取得的成就，宣传中共十九大描绘的宏伟蓝图，激励广大妇女与新时代同行，在新征程建功立业。举办“新农村新生活”“四德”健身广场舞培训864场次，培训妇女10.6万人。主动适应“互联网+”新形势，开通微博、微信公众号宣传妇女工作，在山东电台（电视台）、泰安电台（电视台）、《泰安日报》《泰山晚报》、中华泰山网等省、市媒体上刊发妇女工作宣传报道56篇。

特色活动凝聚引领妇女 “三八”期间，组织开展庆祝纪念表彰大会，命名表彰先进集体和个人等优秀典型；举办书画作品展，展出女性优秀书画作品300幅。“六一”期间，市领导带队看望慰问儿童少年和幼教工作者，并赠送价值30万元的物品。开展“最美家庭”故事巡讲活动，各级举办事迹报告会212场次，2.4万名家庭成员参与活动。一批优秀家庭获得全国、省“最美家庭”称号。注重家庭教育，建立联席会议制度，加强社区家长学校建设，举办家庭教育讲座579场，培训家长3.4万人，一批家庭教育工作先进集体、先进个人受到表彰。开展“平安家庭”创建活动。

志愿服务彰显巾帼风采 开展助力创城巾帼志愿服务活动，发放创建全国文明城市倡议书，组织志愿者进行文明劝导和护绿保洁等服务。开展“邻里守望·姐妹相助”巾帼主题志愿服务活动5925场次，2.8万名巾帼志愿者参与，7.1万名妇女受益。

培树先进典型激励妇女 联合泰安日报社、泰安市广播电视台、泰安市女企业家协会开展第二届“泰安十大女杰”“泰安市十大杰出女企业家”评选活动，经过申报推荐、实地考察、公众投票、评委评选等环节，评选产生第二届“泰安十大女杰”“泰安市十大杰出女企业家”获奖人选和提名奖获奖人选40名。举行“喜迎十九大 巾帼建新功”第二届“泰安十大女杰”“泰安市十大杰出女企业家”颁奖典礼，进一步激发全市妇女学先进比先进，爱岗敬业，无私奉献的热情和干劲。

（贾秀梅）

泰安市科学技术协会

【概况】 2017年，泰安市成功创建“中国科协创新驱动助力工程示范市”，市科技馆继续被纳入全国科技馆免费开放试点，15个单位受到中国科协、财政部表彰。新泰市成为“山东省科协创新驱动助力工程示范市”，全市累计5个县（市、区）创建成功。《泰安市科协系统深化改革实施方案》及6个县（市、区）科协改革方案均正式印发。市科协获“全国科普日优秀组织单位”称号和“全国青少年科技创新大赛优秀基层组织单位”“中国科协2017年科技信息企业推广应用优秀子站”“山东省科技工作者创新大赛优秀组织奖”，被市委、市政府表彰为“市直2017年度经济社会发展综合考核先进单位”。

【服务科技工作者】 会同市委组织部、人社局、财政局评选“第十三批泰安市青年科技人才标兵”，评出30人，并对获奖者每人一次性奖励1万元。5个高层次学术会议在泰安举办，6名院士及100名知名专家到泰安交流。省科协第77期《精准医疗的发展聚焦糖尿病视网膜病变》、84期《心理学+创新驱动发展》“泰山科技论坛”在泰安举办。全市科协系统建设的院士工作站达13家，国家级、省级学会服务站21个，海智计划工作站3个。举办庆祝首个“5•30”全国科技工作者日系列活动。新建高校科协1个，至年底，全市有高校科协7个、企业科协130个、农技协109个。实施《市级学会创新和服务能力提升工程》，启动岱下科技论坛，评出示范学会4个，支持11场重点学术活动。完善科协团体会员制度，对9家学会进行脱钩；19个学会成为科协团体会员单位，新成立泰安健康睡眠研究会、泰安心理健康管理学会。

【服务创新驱动发展】 与20家国家级学会建立联系，召开国家级高端产学研会议5次，落地实体项目1个，论证项目3个，帮助企业解决技术难题20个，联合开展技术攻关项目16个，引进高层次人才22人。企业科技信息应用项目注册使用企业358家，培训专利应用工程师1029人，形成专利158项，产生经济效益3亿元，企业对科协提供的服务满意度达100%。全国复合材料交通运输领域科技会议固定在泰安市举办。市政府、中材科技股份有限公司、中国复合材料学会联合成立的泰安中研复合材料产业技术研究院，列入全市重点项目。举办泰山道地药材开发利用论证会、中国纺织工程学会生态纺织产业协同创新共同

9月16日，“探知未来2017全国科普创新实验暨作品大赛、泰安市2017年全国科普日活动”启动仪式举行　　（孙一鸣　供）

体成立大会，对四大名药及纺织产业发展产生积极影响。

【服务全民科学素质提升】 年初，召开科学素质工作领导小组会议。出台《泰安市科普“春雨”行动实施方案》，建立科普e站62处。实施市级基层科普行动计划，表彰奖励36个单位及个人。打造科普日、“科普之春”暨科普走基层、精准扶贫科普助力活动、科普旅游等活动品牌。全年举办科普报告226场、科普知识展览135场、科技培训156期，参与群众22万人次。市科技馆建成5D科普影院，新增展品36件，达202件，全年接待41个团体计2万人。山东省医药技师学院中药文化博物馆晋升为省四星级科普教育基地。至年底，有国家级科普教育基地3个、省三星级以上科普教育基地9个、市级科普教育基地70个。召开2017年山东省反邪教学术年会，5个社区、2个乡镇被授予省三星级“科学、关爱、和谐示范乡镇（社区）”。全国青年科普创新实验暨作品大赛首次在泰安设立分赛区（全国共15个赛区），748支队伍、2000人参赛。15名学生获得全国信息学奥赛一等奖。

【服务党和政府科学决策】 出台《关于加快泰安市智库高端人才队伍建设的实施意见》《泰安市科技智库特聘专家推荐标准》《泰安市科技创新智库调研课题管理办法》。开设《科技工作者建议专报》，畅通科技工作者建言献策渠道。《关于我市科普基础设施建设的调研报告》《关于泰山古树名木保护的建议》《关于我市中药材产业发展情况的调研报告》得到市领导批示，《借助高层学会优势助力泰安创新发展的建议》被列为泰安市政协第十三届二次会议重点提案，并作大会发言。　　（孙一鸣）

【概况】 2017年，市文联获得“省级文明单位”称号。开展“泰安市文艺工作先进集体、先进个人”评选活动。年内，全市新增10名文艺家加入国家级文艺家协会、60名文艺家加入山东省文艺家协会。

【文艺精品创作】 在第十届泰山文艺奖评选中，隶书《澄玄堂乙未诗稿》获书法类一等奖，玉雕《国泰民安》获民间文艺类二等奖，歌曲《大美桃园》获音乐类三等奖。1人获2017中国广州国际模特大赛国际总决赛冠军，1人获2017“一带一路”世界模特大赛中国总决赛季军。诗歌《大地上的灯盏》获第七届“诗探索·中国红高粱诗歌奖”一等奖。短篇小说《民间艺人》、报告文学《大爱无疆》获山东省“喜迎党的十九大”主题文学征文奖一等奖，另有7名作家分获二等、三等奖，获奖层次和数量在全省名列前茅。

【文化品牌建设】 泰山画派以“弘扬泰山文化，传播中华精神”为宗旨，形成与发展脉络清晰、基础扎实，美学特征和艺术风格鲜明，有庞大的画家群体、领军人物和代表画家，得到专家学者充分肯定，受到媒体广泛关注。《泰山画派概论》理论专著由人民美术出版社出版发行，北京故宫博物院、国家博物馆、上海博物馆等100家国内知名博物馆、图书馆收藏，新华社、中央电视台等诸多媒体进行报道。泰山画派代表画家的作品进入人民大会堂、全国政协会议室、泰安市政大楼大厅。在全国各地举办泰山画派精品展，泰山画派已经立于中国美术流派之林。

【艺术展示平台建设】 举办第三届泰山艺术节。构筑艺术展览、舞台演出、学术研讨、群众文化四大活动板块15项重要活动，得到中国文联、山东省文联、山东省文化厅的关怀和支持，组织国内外享有盛誉

10月28日，情系徂徕·放歌泰安——中国文联文艺志愿服务团“送欢乐下基层”走进山东泰安徂徕山革命老区进行慰问演出。图为领导与演职人员合影

（王相国　供）

的艺术家们到泰安演出，开展“情系徂徕·放歌泰安——中国文联文艺志愿服务团‘送欢乐下基层’走进山东泰安徂徕山革命老区慰问演出”活动，央视1套、13套进行报道，泰山艺术节的层次和水平显著提升。编辑出版《泰山文艺》6期，计100万字，发表小说、诗歌、散文、评论、学术作品1200篇（首），推出泰安作家180名，在《泰山文艺》封面和插页刊发大量泰山画派代表画家书画作品、市摄影家摄影作品，充分发挥其在提高文艺工作者素质、能力方面的主阵地作用，受到文学界、艺术界同仁赞扬。

【文艺惠民】 以“我们的节日”“我们的中国梦”为主题，采取中秋诗会、慰问演出、捐书义卖等多种形式，进乡村、进社区、进学校、进企业、进军营，组织开展文艺惠民活动2000场（次）。

【文艺工作队伍建设】 组织开展各类文艺培训班、讲习班100次，参加培训的文艺工作者6000人次。泰安市签约作家制度成效卓著，首批6名签约作家，签约期间认真创作，积极参与文艺活动，在《人民文学》等全国重要文学刊物上发表精品力作，获得多个重要文学奖项，对全面展示泰安市文学创作成果、增进对外文化交流、扩大对外影响产生显著成效。

（董玉文）

泰安市社会科学联合会

【概况】 2017年，市社科联被评为“省级文明单位”“山东省先进社科联”。3人被评为“全国社科工作先进个人”，5人被评为“山东省优秀社科联工作者”。2处社科普及教育基地被评为“山东省社科普及教育基地”，1处社科普及教育基地被评为“山东省优秀社科普及教育基地”。组织举办的山东省农业供给侧结构性改革研讨会被评为“山东社科论坛十佳论坛”。

【泰安市社科界第四次代表大会】 7月11日召开。市委书记王云鹏出席开幕式并讲话，省社科联党组成员、副主席孙淑娜到会祝贺并讲话。大会学习贯彻中共十八大、十八届历次全会精神和习近平总书记系列重要讲话精神，贯彻落实省、市党代会精神，总结泰安市社会科学界第三次代表大会后的工作，研究部署其后5年全市社会科学事业的主要目标、发展思路和工作任务；修改通过《泰安市社会科学界联合会章程》；选举产生市社科联新一届领导机构。

【社科普及】 ①开展社科普及活动。以“树立崇德向善风尚，建设文明幸福家庭”为主题，开展社科普及活动50次。5月16日，在泰山区省庄镇南河西村举办山东省暨泰安市第十四届社科普及周活动启动仪式，现场组织开展社科知识咨询服务，为泰安市第四批社科普及教育基地和第二批社会科学研究基地授牌，向第四批市社科专家颁发聘书，向当地群众发放社科普及宣传材料，并组织文艺演出和书画创作活动。各县（市、区）、驻泰安高校社科普及周活动同步开展。②组织开展“社科专家基层行”活动。全年举办各类社科讲座20场。以东岳大讲坛为载体，围绕群众关心的热点、难点问题，邀请省、市社科专家开展社科专家基层行活动。在宁阳县东疏镇举办东岳大讲坛开讲仪式暨首场讲座，市社科理论专家作题为“深化农业供给侧改革，促进农村经济发展”的讲座。与文友书院联合举办“读论语，话家风”讲座活动，讲解国学经典，传承家风文化。承办齐鲁大讲坛·齐鲁文化与全面依法治国高端讲座，中央党校政治部主任、教授卓泽渊和山东大学法学院副院长、教授李忠夏，围绕“齐鲁文化与全面

泰安市第三十一次社会科学优秀成果获二等奖以上名单

表 5

成果名称	申报者	成果类型	发表刊物、出版或鉴定单位	推荐单位	奖　次
著作类（一等奖 4 项、二等奖 2 项）					
卓越绩效模式探索与实证研究	于忠军	著作	电子工业出版社	泰山医学院社科联	一等奖
“好客山东”与居民文明素质提升研究	亓凤香	著作	吉林大学出版社	泰山学院社科联	一等奖
泰山百景诗书画印作品集——基于泰山文化旅游品牌策划研究	张清民等	著作	山东美术出版社	泰山职业技术学院社科联	一等奖
中小企业绩效管理中存在的问题及对策研究——以山东省为例	王爱琴	著作	中华工商联合出版社	泰山学院社科联	一等奖
启航，向成功出发——写给走在成长路上的你	刘　琳	著作	天津科学技术出版社	泰山护理职业学院社科联	二等奖
中国共产党新泰历史（1949.10—1978.12）	中共新泰市委党史资料征集研究委员会	著作	中共党史出版社	新泰市社会科学界联合会	二等奖
论文和课题类（一等奖 16 项、二等奖 28 项）					
资源依赖、纵向协作、团队生产与制度绩效——农田水利设施供给与管理的理论与政策研究	周玉玺等	课题	教育部社会科学司	山东农业大学社科联	一等奖
老年人家庭照护社区化理论知识体系的构建与实证研究——以泰安市某社区服务中心为例	柳韦华等	课题	教育部社会科学司	泰山医学院社科联	一等奖
第一书记“领导”下的村庄公共权力——以山东省 L 村“观光路”的修建为例	陈国申 唐京华	论文	中国农村研究	山东农业大学社科联	一等奖
泰安市城镇化进程中教育发展研究	张勇华等	课题	泰安市社会科学界联合会	市教育学会	一等奖
坚持人民主体地位原则	刘明合	论文	中国特色社会主义研究	泰山学院社科联	一等奖
泰安市现代物流业发展态势与对策研究	高爱霞等	课题	泰安市社会科学界联合会	山东财经大学东方学院社科联	一等奖
泰安市饮用水水源地生态补偿政策研究——基于水源地居民的问卷调查	王爱敏等	课题	泰安市哲学社会科学规划管理办公室	泰山医学院社科联	一等奖
“互联网 +”背景下泰安旅游服务创新研究——基于智慧旅游视角	王颖等	课题	泰安市社会科学界联合会	山东科技大学泰安校区社科联	一等奖
山东省城市化进程中的城市治理评估体系构建研究	李晓等	课题	山东省统计局	泰山医学院社科联	一等奖
推进涉农资金整合　提升财政政策效应——山东省泰安市财政涉农资金整合情况调研	刘斌	论文	财政科学	市财政学会	一等奖
泰山区多元主体邻里共治新机制建设模式研究	何传新等	调研报告	市领导指示	中共泰安市委党校	一等奖
“村改居”背景下集体经济组织发展与改革研究——基于广东和山东两省的实地调研	陈晓军 李文君	论文	中国农村研究	山东农业大学社科联	一等奖
泰安市机关基层党组织规范化、制度化建设问题研究	孟凡强等	课题	泰安市社会科学界联合会	中共泰安市委党校	一等奖
基于文化翻译观视角对泰山旅游公示语汉英翻译的调查研究	孙静等	课题	泰安市哲学社会科学规划管理办公室	泰山医学院社科联	一等奖
泰安市老年人健康状况与医疗养生模式的构建与对策研究	朱敏等	课题	泰安市社会科学界联合会	山东省泰山疗养院	一等奖
以社会主义核心价值观为导向的当代大学生价值目标偏离与重塑	王新亮等	课题	山东省人文社会科学课题管理办公室	山东科技大学泰安校区社科联	一等奖

续表 5

成果名称	申报者	成果类型	发表刊物、出版或鉴定单位	推荐单位	奖　次
生态文明建设的人性思考	林美卿 苏百义	论文	山东社会科学	山东农业大学社科联	二等奖
区域生态效率评价及空间相关性分析——以山东省为例	周洋等	论文	学术论坛	山东科技大学泰安校区社科联	
论郁达夫小说的风景书写	郭晓平	论文	鲁迅研究月刊	泰山学院社科联	
“互联网＋”时代背景下大学生社会实践活动的有效途径研究与探索	刘传玺等	课题	泰安市社会科学界联合会	山东科技大学泰安校区社科联	
推进泰安市农业人口城镇化研究	赵伟等	课题	泰安市社会科学界联合会	山东农业大学社科联	
山东省新农合单病种支付方式的实施效果分析	于青等	论文	中国医院管理	泰山医学院社科联	
玉米风雨倒伏指数保险产品设计研究——以山东省宁阳县为例	牛　浩 陈盛伟	论文	农业技术经济	山东农业大学社科联	
美国医疗保障制度改革与发展的政治维度	张　鑫 王叶菲	论文	红旗文稿	泰山医学院社科联	
基于物联网的智能化社区医疗服务研究——以泰安市为例	赵昊等	课题	泰安市社会科学界联合会	泰安市中心医院	
泰安市社区居家养老服务发展问题研究	孙奎立等	课题	泰安市社会科学界联合会	泰山医学院社科联	
试论张均衡《尚书注疏校勘记》的价值及存在问题	邵妍	论文	图书馆杂志	泰山学院社科联	
新型城镇化进程中我省农地纠纷和申诉上访专项调研	周艳波等	课题	山东省哲学社会科学规划办公室	山东农业大学社科联	
县级公立医院服务能力提升研究——以泰安市为例	张继鹏等	课题	山东省教育厅	泰山医学院社科联	
跨区域共建泰安市文化创意人才库研究	仇善章等	课题	泰安市哲学社会科学规划管理办公室	泰山医学院社科联	
跨文化视域下的泰山文化传播研究	田芬等	课题	泰安市社会科学界联合会	泰山学院社科联	
泰山文化的浅表物质层面研究——以泰安岱庙建筑群为例	卢晓莉等	课题	泰安市社会科学界联合会	泰山职业技术学院社科联	
“美丽乡村”视阈下泰安市休闲农业资源开发与产业化发展研究	林国亮等	课题	泰安市社会科学界联合会	泰山医学院社科联	
泰安市社区医疗信息化发展面临的问题及对策研究	许婷婷等	课题	泰安市哲学社会科学规划管理办公室	泰山医学院社科联	
分类人员管理体制下司法辅助人员定位刍议	王　伟 闫　鹏	论文	学理论	山东农业大学社科联	
高等学校财务内部控制制度建设问题的分析研究	于德炳等	论文	经济师	山东农业大学社科联	
企业财务管理与纳税管理浅析	鲍秀文	论文	齐鲁珠坛	泰安市泰山区永信教育培训学校	
基于关键绩效指标的科技人力资本价值评估研究	王静等	课题	山东省统计局	泰山医学院社科联	
资源错配视角下新型农业经营主体培育及政策调适研究	王建华等	课题	山东省人文社会科学课题管理办公室	泰山学院社科联	
新常态下泰安市企业对复合型商务英语人才需求状况研究	秦金红等	课题	泰安市哲学社会科学规划管理办公室	泰山医学院社科联	
泰安市开拓俄罗斯旅游市场策略研究	苑东彬等	课题	泰安市哲学社会科学规划管理办公室	泰山医学院社科联	
新常态下齐鲁优秀传统文化融入高校德育工作研究	袁庆远等	课题	山东省人文社会科学课题管理办公室	山东科技大学泰安校区社科联	
医务社会工作专业开展生命伦理教育探析	石礼华 刘庚常	论文	中华医学教育	泰山医学院社科联	
基于自组织理论的大学英语慕课建设研究	孙凤娟 孙建迎	论文	高等农业教育	山东农业大学社科联	

5月16日，山东省暨泰安市第十四届社科普及周启动仪式举行 （刘 军 摄）

依法治国”分别作主题演讲。③弘扬泰山优秀传统文化。以弘扬优秀传统文化为重点，精心打造社科普及精品力作。组织编写“泰山文化社会科学普及读物”丛书。与泰山石敢当研究院联合举办“传承优秀文化、弘扬敢当精神——泰山石敢当文化展”巡回展20场。④推进社科普及教育基地建设。命名第四批泰安市社会科学普及教育基地13处。新增岱庙、东平县公民道德教育馆2处省级社科普及教育基地。泰山书院被评为“山东省优秀社科普及教育基地”。参与省社科联“十百千”社科普及示范点建设工作，泰山区被评为“山东省社科普及示范县”，岱岳区范镇和宁阳县东疏镇被评为“省社科普及示范乡镇”，泰山区省庄镇南河西村等5个村（社区）被评为“省级社科普及示范村（社区）”。

【社科研究】 以市委、市政府两办名义修订印发《泰安市社会科学优秀成果评选奖励办法》。进一步完善《泰安市社会科学课题管理办法》。①组织开展2016年度社科课题结项工作和2017年度社科课题立项工作。经专家评审，结项2016年度社科课题168项；立项2017年度社科课题163项，其中重大课题4项、重点课题50项、一般课题109项。“当前形势下社科普及教育基地建设管理之研究”等9项课题获准省人文社科课题立项。②组织开展泰安市第31次社科优秀成果奖评审工作，确定获奖100项，其中一等奖20项、二等奖30项、三等奖50项。编辑出版《2016年度泰安市社会科学优秀成果选编》，收编优秀社科成果30篇。编印报送《社科成果要报》8期。③组织开展学术研讨会。9月29日，与山东农业大学联合举办山东社科论坛——山东省农业供给侧结构性改革研讨会，农业部总农艺师孙中华、中国社会科学院研究员于法稳等国内知名专家，围绕农业供给侧结构性改革的理论、路径与政策，以及农业供给侧结构性改革与现代农业发展等议题进行研讨，收到研讨论文138篇，省内外相关专家学者、部分论文代表400人参加研讨会。④加强社科人才队伍建设。新选聘社科理论专家26名，续聘专家43名，至年底，有社科理论专家163名。将山东农业大学创意乡村研究中心等5个社科研究机构命名为第二批“泰安市社会科学研究基地”。

【社团管理与基层组织建设】 根据《泰安市社会科学类社团管理暂行办法》规定，会同有关部门，抓好社科类社会组织党建工作。年内，所属2家社科类社会组织成立党支部，5家社会组织完成换届工作。10月17日，泰山护理职业学院社科联挂牌成立。至此，泰安市县（市、区）社科联及驻泰安高校社科联在全省率先实现全覆盖。

【平台建设】 出版《泰安论坛》6期，刊发文章60篇，与全国各地市社科联交流6000册。加强网络安全管理，完善社科联门户网站功能，牢牢掌控网络意识形态主动权和话语权，弘扬社会主义核心价值观，有力、有序、有效地引导社会舆论，成为社科信息发布、政务公开、网上办公、联系社科工作者、宣传推介泰安市社科优秀成果和社科专家的平台。

（韩 超 张 丽）

泰安市归国华侨联合会

【概况】 2017年，泰安市侨联被评为“市级文明单位”。1人被评为市直机关“先进个人”，1人获得“优秀党员”称号，1人被评为“优秀党务工作者”。

【服务经济建设】 促签经贸合作协议26个，包装策划海外项目19个，协助建立驻海外办事机构、开设分公司5家。接待埃及中国和平统一促进会、菲律宾菲华各界联合

10 月 20 日，泰安市侨联接待到泰安参观考察的菲华各界联合会访问团

（马　琳　供）

会、奥地利奥中文化交流协会及澳大利亚、加拿大、美国等国家和地区华侨经贸考察团，协助泰安相关企业与经贸团进行交流对接。促成美国莫顿润滑油公司与山东英菲尔能源科技有限公司投资合作的高清度蓖麻油调和项目顺利进入洽谈阶段；促成山东金利集团有限公司投资 1000 万元成立的山东三品斋文化发展有限公司一期项目顺利完工并于年内开始营业；引进山东鼎盛集团建设商务宾馆项目进入筹划阶段。泰安市华商联合会顺利换届，作为招商引资平台，推荐泰安涉侨企业家参加第十一届中国（河南）国际贸易洽谈会和 2017 世界侨商海口峰会等相关活动，1 名华商会会员被评为“泰安市十大杰出女企业家”。开展“侨胞之家”服务阵地建设，强化党群共建共用服务平台。

【服务社会事业】 发挥“中国泰山华侨（华商）慈善基金会”作用，与海外 15 家慈善基金会和市内 18 家华商会企业慈善基金建立长期战略合作关系。年内，在泰安市侨联组织协调下，泰安侨界企业家、书画家联合宁阳县尚善公益协会在宁阳好运家园社区举办爱心助学活动，当场为学龄儿童捐赠图书、书包、文具盒等学习用具，资助儿童 26 名。开展侨联委员结对子帮扶工作，组织侨联干部、委员、热心侨界人士以“一对一”助学捐助、走访慰问等多种形式开展服务贫困群众工作。

【服务对外交流】 打造“泰山文化”金字招牌，组织泰安侨界摄影爱好者和泰安籍海外华侨华人参加中国侨联主办的第三届华侨华人摄影大赛；组织第十八届世界华人学生作文大赛，泰安市侨联再获组织奖；继续组织“中华泰山文化寻根之旅”主题旅游活动，年内邀请奥地利奥中文化交流协会、菲律宾菲华各界联合会、匈牙利华侨华人社团等海外商会组织及华侨华人、港澳台同胞、国外友人到泰安、泰山观光旅游、省亲考察 1.5 万人（次）。组织泰安市侨界政协委员及海外侨界代表实地考察肥城春秋古城、肥城桃木雕刻博物馆等文化产业园区。

【为侨服务】 年内，开展泰安市侨情数据调研工作，更新侨情侨况信息。结合市困难职工帮扶活动开展“走侨家、送温暖”活动，对泰安市侨界困难职工进行摸底统计，春节、中秋等节假日期间走访慰问贫困归侨侨眷 20 户，发放慰问金、慰问品共计 2 万元。开展泰安市侨资企业调研工作，结合调研结果推荐泰安鼎盛财源购物广场加入中国侨联创新创业联盟。组织泰安市侨联青年干部参加中国侨联第五期青年干部培训班。协助台胞在泰安成功寻亲。

【参政议政】 年内，向各级政协推荐侨联界政协委员 19 名。新一届政协委员积极参政议政，提交《关于协助做好归侨侨眷身份认证的建议》《关于继续加强落实建筑施工安全的建议》等提案 18 件。推荐 5 名侨界优秀代表人士加入民主党派。年中，泰安市侨界全国人大代表受邀参加中国侨联座谈会。

【外宣外联】 先后与奥地利奥中文化交流协会、菲律宾菲华各界联合会、匈牙利华侨华人社团等海外商会组织缔结友好合作关系。在市级以上电视、广播、报刊、网站等新闻媒体上刊载宣传稿件 35 篇（件）；与 80 个海外中华会馆、宗（乡）亲会、华人商会、华侨机构建立定期信息交流关系。（马　琳）

编校　刘　凯　　审稿　周美广

法 治

综 述

【概况】 2017年，全市政法机关围绕为中共十九大胜利召开创造安全稳定社会环境主题主线，围绕“三个一切”（一切围绕十九大、一切服从十九大、一切捍卫十九大）要求，部署开展各项政法工作。中共十九大期间，圆满完成各项安保维稳任务。市委、市政府被省委、省政府表彰为先进市党委、政府，市综治办被省委、省政府表彰为安保维稳先进单位。

【服务发展大局】 ①服务全市发展大局。树立“党委政府中心工作覆盖到哪里，政法工作保障作用就延伸到哪里”的理念，对市县重点项目建设，实行政法领导干部包保制度，对吸纳就业比较集中的企业、纳税大户和治安矛盾比较复杂的企业，落实干警联系包保措施，协调解决涉企问题1676件。发挥律师队伍作用，全市有419名律师、学者入选市、县法律专家库，担任1000家机关、企事业单位法律顾问，累计为政府、企业挽回经济损失数10亿元。②服务保障民生。协调财政部门发放市级国家司法救助资金，救助案件当事人70件次，化解涉法涉诉信访案件21件次。对非法集资、非法传销等涉众型犯罪问题，推动金融办、公安机关建立信息预警防控平台，非法集资案件下降30%。③提供政法保障。开展“整治治安突出问题、优化经济社会环境”专项行动，治理治安突出问题，特别是“黑恶霸痞”违法犯罪，破获涉恶类刑事案件，净化经济社会发展环境。审判机关依法审理一批有较大社会影响的案件。法院收案6.66万件，结案6.47万件；执结案件1.85万件。检察机关查办职务犯罪案件138件。抓好信息化建设，实体化运行检察技术研究所，自主研发智慧检务等一批信息化成果。11月，全省智慧检务建设工作推进会在泰安召开。公安机关将全市涉稳重点人员纳入公安管控系统，完成一系列重大安保任务。对“黄赌毒”丑恶现象加大治理力度，社会风气持续向好。抓获通缉逃犯率近90%。打造“公安铁军”，市公安局被评为全国文明单位。司法行政机关推进“谁执法谁普法”责任制落实，解答法律咨询1.11万人次。推进“一村（社区）一法律顾问”工作，办理法律援助案件3001件。加强人民调解队伍能力建设，提升矛盾纠纷排查调处效能。④维护环境秩序。整合部门职能优势，对违

12月4日，市委常委、政法委书记郭德文（前排左二）等考察国家宪法日暨宪法宣传周活动现场　（张　磊　供）

12月12日，第二届"泰安市十大法治人物"颁奖典礼举行（张　磊　供）

法建设、露天烧烤、环境污染、食品安全等问题，对占压主要道路、影响城市交通的5处老旧居民楼、厂区的拆迁安置问题，对财源街中央商务区、历史文化轴等城市规划建设发展中遇到的涉法问题，全市政法机关联合执法，主动作为，依法处理各类违法行为，调节经济社会关系，提升群众对城市环境和城市管理的满意度。

【平安泰安建设】 ①维护政治安全。突出源头管控，排查风险隐患。对暴力恐怖事件、群体性事件、个人极端事件、安全事故4类风险隐患排查，严格排查整治标准，排查出的风险隐患，落实整改措施，杜绝了重大案事件发生。突出科技应用，信息主导情报先行。运用云计算、大数据技术手段，完成16个社会部门数据资源整合，实现229类基础数据接口、76亿条数据实时交换共享，实现重大涉稳事件100%预警。加强互联网安全管理，对利用网络发布反动、有害信息的，第一时间落地查人、依法处置。②社会治安平稳。加快构建立体化社会治安防控体系，打防管控综合施策，立刑事案件9857起，下降7.02%；侵财类案件、"两抢一盗"案件发案下降0.93%、21.02%。织密视频监控网，发挥"雪亮工程"综合应用效能。全市监控探头数量突破20万个，实现市、县、乡、村"四级联网"，日均抓取、存储图片1000万张、视频7.2T。织密群防群治网，开展社会化治安大巡防。推动治安巡防向社区、村居和机关、企事业单位延伸。巡防工程累计投入资金1.66亿元，全市3765个村（社区）建立专兼职治安巡防队3690个，设立村（社区）治安室3724个。织密打击整治网，解决治安突出问题。开展打击整治"黄赌毒"、打黑除恶、打霸治痞等专项行动，特别是严厉打击八类暴力刑事犯罪，增强群众安全感。全年无命案乡镇（街道）覆盖率82.95%，无刑事案件村居覆盖率69.03%。③基层平安工作创新。推进平安协会建设，发展各级各类平安协会126个，6个县（市、区）、88个乡镇（街道）全部建立起平安协会，建立行业平安协会18个，村、居及企业平安协会分会2712个，会员4.84万人。推行村治保主任驻所联勤体制，在全市发展警务助理3614人。创新政企合作机制，推进治安保险，参保居民50万户，理赔治安保险案件2693起，赔偿188.5万元。

【创新社会治理】 ①加大矛盾纠纷源头化解力度。推进一元主导多元化解矛盾机制建设，建立一体协同、协调对接机制，分层级、分领域、分系统抓好工作落实，提升矛盾化解工作效能。市、县两级统筹抓总，乡镇、街道整合力量，村居、社区源头预防，建立市、县、乡、村四级工作体制，遏制矛盾和信访问题上行，做到"小事不出村、大事不出镇、矛盾不上交"。建立视频调解工作平台。市、县、乡三级联网运行，对调解全过程实时监控、分析研判、现场指导、远程调解、综合调处，确保发挥作用。全年各级调解组织受理矛盾纠纷1.15万件，调处成功1.14万件。②加强重点行业安全防范。严格危爆物品全程管控，严防流入暴恐分子和重点人员手中，全市没有发生危爆物品安全事故。执行寄运物品制度，在市、县分别建立集中物流园区，统一规范管理。以山东农业大学南校区、泰山医学院、泰山学院等12所驻泰安高校为重点，推进校园快递综合服务中心建设。③特殊群体服务管理。严重精神障碍患者全部收治到位，将肇事肇祸案事件，特别是命案发生的风险降到最低。印发《关于落实严重精神障碍患者监护责任提高以奖代补监护奖金标准的通知》，提高监护人监护奖金标准，将此纳入综治平安建设工作考核范畴。对刑满释放人员，落实出监所必接必送制度和生存能力、生活环境、社会管理"三个衔接"，建立过渡性安置基地20处。　　（张　磊）

地方立法与法律监督

【地方立法】 按照立法法要求，制定《泰安市地方立法向党委请示制度》《泰安市地方性法规起草办法》《泰安市地方立法协调联席会议制度》，制定2017年地方立法计划和2017—2021年地方立法规划，报经市委批准。将《泰山风景名胜区生态保护条例》作为泰安市第一部实体法规呈报市委，召开立法座谈会20次，修改30稿，历经3次审议后通过，经省人大常委会批准后，于2018年5月1日正式实施，该条例的制定在泰安市的法制建设史上具有里程碑意义，对泰山的生态保护起到重要影响。

【法律法规实施】 市人大常委会把执法检查作为依法履职的重要手段，对安全生产“一法一条例”、种子法、产品质量法等法律法规的实施情况进行执法检查，提出改进建议，形成审议意见，及时进行转交督办，确保法律法规在本行政区域内有效实施。配合上级人大对山东省禁毒条例、水资源条例等8部法律法规开展立法调研，所提建议多数得到采纳或吸收。开展备案审查工作，全年备案审查规范性文件10件。

【维护公正司法】 市人大常委会加大监督力度，推动解决法院执行难问题，审议通过关于进一步推动全市法院执行工作的意见，从完善网络执行查控系统、加强对失信被执行人的联合惩戒、加大执行队伍建设力度、加强舆论宣传等方面提出建议，解决执行难问题。加强检察机关侦查工作监督，推动市、县两级检察院提高侦查监督质量。支持推动司法体制改革，依照法定程序对员额法官和员额检察官进行任命和备案，落实谁办案谁负责机制，提升法官、检察官办案水平。

（苏智伟）

法治政府建设

【概况】 2017年，全市政府法制工作以中共十九大精神和习近平新时代中国特色社会主义思想为指导，围绕法治政府建设目标任务，贯彻落实中央、省、市《法治政府建设实施纲要》，全市依法行政和法治政府建设向纵深推进。地方立法、执法监督体制改革、政府法律顾问等工作得到省政府法制办肯定，市政府法制办连续4年被评为省级文明单位。

【组织谋划和督导检查】 ①法治政府建设推进机制。提请市政府成立由主要领导任组长、分管领导任副组长的法治政府建设领导小组，统筹推进法治政府建设各项工作。市法治政府建设领导小组办公室印发《2017年泰安市法治政府建设工作计划》，对落实《泰安市法治政府建设实施纲要（2016—2020年）》（简称《纲要》）年度工作安排部署。②督导考核。围绕《纲要》贯彻落实情况，对各县（市、区）政府及部分市直部门督查调研。推进依法行政联系点建设，在东平县召开依法行政联系点工作座谈会。建立法治政府建设工作情况报告制度。印发《泰安市法治政府建设情况报告规定》，组织各级各部门开展报告工作，按时报送公开。③依法行政宣传教育。在中国政法大学举办全市依法行政培训班，开展领导干部学法、“送法进机关”等活动。在《泰安日报》开通《法治政府建设进行时》专版，集中宣传法治政府建设成效。组织“喜迎党的十九大”演讲比赛，参加省比赛获三等奖。

【决策服务】 ①服务政府依法决策。贯彻《泰安市政府重大行政决策程序规定》，履行好合法性审查职责。对市政府4份常务会议纪要、33份专题会议纪要以及20项战略合作协议依法审查，防范政府决策的法律风险。②政府法律顾问制度建设。制定《泰安市政府法律顾问办理法律事务工作细则》，对启动程序、办理要求和采纳反馈机制等作出规定。遴选增补28名专家、律师加入泰安市法律专家库，完成法律顾问数据库建设。年内，市政府法律顾问对10项市政府常务会议议题、1项政府规章、5项合同协议、3件重大疑难复议案件研究论证并提出建议。③重点工作法律服务保障。参与项目建设指挥部、违法建设和水源地综合整治、政府信息公开等重点难点工作，提供法律服务。助力环保、安监督查等专项行动，履行法制监督协调职能，审核法律文书300件。聚焦“放管服”改革，对综合执法体制改革、高新区管理体制创新、推行“双随机一公开”监管等涉法事项合法性审查。

【制度建设】 ①立法工作。组织召开政府立法推进会，对市直37个部门（单位）法规科长重点培训。突出泰安泰山地方特色，推进《泰山风景名胜区生态保护条例》起草审查工作。《泰安市城市绿化条例（草案）》和《泰安市国有土地上房屋征收与补偿办法（草案）》

完成审查会签。②规范性文件制定审核。审核文件44件，其中政府规范性文件12件、一般文件32件。围绕全国文明城市创建、信用体系建设、治理违建等工作，印发《泰安市煤炭清洁利用监督管理办法》《泰安市公共信用信息管理办法》《泰安市违法建设处置指导意见》等文件。会同有关部门完成对《山东省水资源条例》等15件省级法规规章草案调研和意见反馈。③规范性文件监督管理。履行备案审查职责，审查备案文件12件，向省政府和市人大常委会报送备案文件15件，对报备的2件“问题文件”依法纠正。落实异议审查制度，会同市物价局对有关企业提出异议的文件及时会审并废止。开展规范性文件集中清理，清理市级规范性文件267件。

【行政执法监督】①执法监督体制改革。推进市、县两级改革，市、县两级政府法制办均挂牌设立行政执法监督局，全市“一级政府一个监督部门”的监督体制初步建成。②行政执法“三项制度”（行政执法公示制度、执法全过程记录制度、重大执法决定法制审核制度）。印发《泰安市行政执法全过程记录办法》《泰安市重大行政执法决定法制审核办法》《泰安市行政执法信息公示办法》和《泰安市重大行政执法决定标准》，编制行政执法事项清单、重大执法决定法制审核流程图等清单、流程图样式，为落实“三项制度”提供制度依据。市、县两级执法部门全部建立行政执法“三项制度”，市级45家执法部门完成清单、流程图编制。③执法监督。对市级17个部门贯彻实施19部新法律法规情况专项监督。开展行政执法案卷评查，实现执法领域和执法类别全覆盖，对案卷评查中发现的问题，及时反馈，督促整改。全市1088名执法人员通过培训考试取得执法资格，4658名执法人员通过执法证件年审，集中对1.32万名执法人员资格审核，清理省行政执法证件936件，清理国家部委行政执法证件6件。

【行政复议应诉】①案件办理。收到行政复议申请403件，受理393件，增长40%。在已办结的行政复议案件中，调解和解结案77件，综合纠错率38%，调解结案率23%。运用书面审查、实地调查、书面函询、听证审理等方式，处理涉及滴滴平台网约车、农村土地承包经营权证颁发等案件。②行政应诉。办理市政府行政应诉案件153件，胜诉率超过90%。做好涉及泰安中央商务区等重点项目建设的80起行政诉讼案件应诉，保障全市发展大局。③行政复议应诉规范化建设。市、县两级行政复议应诉机构设置、人员配备、办案场所持续改善。加强信息化建设，行政复议应诉管理平台建设进展顺利。举办行政应诉培训班，邀请两级人民法院法官为行政应诉工作人员，讲授行政诉讼法和行政应诉实务，培训人员120人次。（杨　凯）

公安

【概况】2017年，全市公安机关以习近平“四句话、十六字”为总要求，以警察意识、问题意识、应急意识为统领，以中共十九大安保维稳、基层基础开局建设和铁军深化建设“三大攻坚战”为载体，履职担当，公安工作和队伍建设取得新进步。市公安局被中央文明委表彰为全国文明单位，被省委、省政府表彰为中共十九大安保维稳工作先进集体，被省公安厅表彰为迎接中共十九大忠诚保平安主题活动优秀单位、全省优秀市级公安局，被市委、市政府表彰为“市直2017年度经济社会发展综合考核先进单位”。作战单元、基层基础建设等工作在全省公安工作会议、全省基层基础建设现场会上作交流发言。

【安保维稳工作】①中共十九大安保。把中共十九大安保维稳作为首要政治任务，组织开展“三清一建”（清积案、清老户、清存量，建机制）信访案件攻坚化解活动，提升社会面治安管控等级，加强重点敏感问题化解，泰安市是中共十九大期间全省6个进京非访“零登记”地级市之一。②应急处突能力建设。抓住重点部位，开展专项治理，落实安保措施。严格管制刀具、散装汽油等物品实名登记购买。完善应对处置突发案事件的方案、预案，组织开展跨区域、多警种、全要素拉动演练，健全公安、武警反恐应急协作和路地联勤工作机制。做实基础保障，为基层派出所配备执法警车90辆。③压降金融领域风险。整合投融资商会以及各类行业协会等各部门资源，建立非法集资预警防控机制平台，及时向投资群众发布预警提示，相关经验被新华社等多家媒体报道。强化分析研判，坚持属地稳控，吸收社会律师开展多元化解处置，该经验做法得到公安部肯定。

【打击刑事犯罪】①严打违法犯罪。破获刑事案件8443起，抓获犯罪嫌疑人6045人，抓获数上升7.7%；查处治安案件2.82万起；31

起命案现案全部破获；刑事警情保持在每天20起左右的低位；市公安局公开通缉的177名逃犯到案率89%，网上逃犯存量较2015年下降50%；全市未发生有影响的各类案事件。②整治治安突出问题。打掉涉黑涉恶团伙102个，打好3年禁毒人民战争，破获公安部督办的“2016－966”毒品目标案件。对“黄赌毒”丑恶现象紧盯不放、持续用力，在省公安厅“黄赌毒”问题普遍暗访检查中，未发现涉黄涉赌场所。③打击网络犯罪。发挥反电信网络诈骗中心支撑作用，狠抓“网安特侦队”建设，探索“网警+X”作战模式，破获公安部督办的多起重大网络犯罪案件，受到公安部通令嘉奖。侦破的“月光宝盒”直播平台传播淫秽物品牟利案被全国“扫黄打非”办公室评为2017年度“扫黄打非”10大案件之一。④立体化防控。启动4个环济治安检查站，组织社会巡逻队7215个、治保会5659个、治安联防队3992个，人员7万人，与公安巡防警力配合开展社会面巡逻防范。⑤打击犯罪新机制建设。推进网安、技侦、警犬、刑事技术、信息科技等技术手段建设，提升服务实战能力。优化“作战单元—合成作战”、公开通缉、局长盯案、精准追逃等机制，从打击多发性侵财犯罪，向打击网络犯罪、交通管理等领域延伸。

4月28日，副省长、省公安厅厅长孙立成（前排右）到泰安市检查督导泰山景区旅游安保工作　（李　英　摄）

【社会治理】①交通管理。完善交通治安一体执法机制，交通违法行为数、重点交通违法数连年上升，一般以上道路交通事故数、死亡人数、受伤人数、财产损失数逐年下降，连续4年未发生一次死亡3人以上的较大交通事故。加强交通文明建设，推进智能交通，改造城区交通安全设施，提升道路通行能力。“平安行·你我他”行动连续5年走在全省前列。②消防管理。开展高层建筑消防安全综合治理，建设微型消防站1700个，新建、升级改造乡镇消防队34个，招聘专职消防员249人，全部纳入“119”灭火救援调度体系。在全国首创“大数据”作战记录分析系统并获国家级专利3项，全市未发生一起较大以上火灾事故。③城市环境治理。做好全国文明城市创建、违法建设治理、重点工程建设、山水和奇石市场整治等重点项目执法保障。治理重点区域旅游治安秩序，净化旅游环境。开展易制爆危险物品和寄递物流安全管理专项整治，建设寄递物流业治安管理信息系统，将171家邮政寄递营业场所、1696名从业人员信息录入寄递业治安管理信息系统。破获全省首例非法添加瘦肉精案，维护群众餐桌安全。④服务民生。推出《全市公安机关深化改革服务发展便民利民三十条措施》《关于进一步拓宽落户通道加快推进农业转移人口市民化的实施细则（试行）》等便民新举措。

【基层基础工作】①推进工作规范化。印发《关于加强和改进新形势下公安基层基础工作的意见》。4月，全省公安监管系统基层基础建设三年攻坚战现场推进会在泰安市召开。加快推进“1+2+N”城区社区警务和“一村一警务助理”农村社区警务战略落地实施。318名民警充实到基层派出所，配备专职社区民警155人、辅警323人、网格员1649人，配备警务助理3614人。②推进工作效能化。在市、县两级启动指挥长机制，城区派出所设立勤务指挥室。建立社会联动机制，最大限度分流非警务警情。明确派出所职能定位，取消警种部门在派出所设置的10类工作室。精简综合考核项目，清理整治报表、台账，为基层减负降压。③推进工作科技化。组建“泰山鹰”警航队，“无人机管控案例”被评为全国优秀案例。在5月份举行的首届全国警用无人驾驶航空器战法演练活动中，市公安局获一等奖7个、二等奖9个、三等奖6个和优秀奖3个。理化检验实验室通过全国公安机关重点司法鉴定专业实验室现场评审。

8月29日，泰安市公安机关迎接中共十九大忠诚保平安誓师大会举行

（李　英　摄）

在全省首个组建警犬技术大队，公安部2次推广做法，泰安市被公安部确定为全国唯一“警犬技术市级示范点”。　（李　波　刘　丽）

检　察

【概况】 全市检察机关围绕建设富裕文明幸福新泰安工作大局，忠实履行法律监督职责，各项工作取得新进展。全市有50个单位、46名个人受到省级以上表彰，其中市检察院及6个基层检察院均被评为省级文明单位，岱岳区检察院被评为全国文明接待示范窗口，新泰市检察院被评为全国检察宣传先进单位，东平县检察院被评为全国青少年普法工作先进单位，岱岳区检察院、宁阳县检察院被评为全省检察文化建设示范院。在省检察院组织的社情民意调查中，市检察机关群众满意率94.91%，提升4个位次。

【保障经济发展】 全市检察机关完善服务措施，研究制定服务供给侧结构性改革实施意见10个。开展“检察官联系重大项目”活动，对云谷We+创客空间、中物国际物流园区等33个重大项目开展专项预防，保障项目廉洁高效推进。研究经济犯罪新特点、新规律，依法惩治网络诈骗、电信诈骗等新型犯罪，批准逮捕犯罪嫌疑人112人，起诉423人。打击集资诈骗、非法吸收公众存款等涉众型经济犯罪，批准逮捕34人，起诉144人，涉案资金2.9亿元。推动健康泰安建设，严惩危害食品安全犯罪26人，打击生产销售假药劣药犯罪17人。推进生态文明建设，参与“蓝天工程”“碧水行动”等系列活动，开展专项监督，打击破坏环境资源犯罪122人。围绕脱贫攻坚精准监督，开展集中整治和加强预防扶贫领域职务犯罪专项工作，宁阳县检察院在全县29个贫困村建立扶贫惠农监督服务站，对扶贫工作开展情况全程监督；东平县检察院在移民社区设立派驻检察室流动监督点，服务移民开发工程建设。市、县两级检察院立查扶贫领域职务犯罪46人。优化经济社会环境，严惩破坏企业生产经营违法犯罪，打击强迫交易、非法经营犯罪52人。针对安全生产、生态保护等问题深入企业调研，与84个单位开通检企服务绿色通道，帮助解决涉法涉诉问题，促进企业依法经营。

【打击刑事犯罪】 批准逮捕各类刑事犯罪嫌疑人948人，起诉3587人。打击严重影响群众安全感犯罪，批准逮捕黑恶势力、故意杀人、绑架等严重暴力犯罪153人，起诉520人。批准逮捕“两抢一盗”等多发性侵财犯罪201人，起诉376人。贯彻宽严相济刑事政策，促成刑事和解46人，依法不捕不诉457人。关注未成年人保护，依法对116名涉罪未成年人作出妥善处理。

【查办和预防职务犯罪】 立查职务犯罪案件138件，涉案人员167人。其中，大要案83件，立查县处级以上干部11人、科级干部36人。审查起诉职务犯罪案件94件，涉案人员121人，其中副厅级干部2人、副部级干部1人。深化职务犯罪预防工作，提供行贿犯罪档案查询3.1万人次，举办警示教育、预防宣传91场。与邮政公司联合开展“预防职务犯罪邮路”活动，形成覆盖城乡的预防职务犯罪网络，营造清正廉洁的社会氛围。

【强化诉讼监督】 加强刑事立案和侦查活动监督，监督立案48件，监督撤案36件，追捕追诉196人；抗诉刑事案件29件，其中法院采纳21件。强化刑事执行监督，纠正刑事执行违法案件121件，办理羁押必要性审查案件91件，对监视居住、财产执行和强制医疗等司法行为监督，提出纠正违法15件。3个驻所检察室被评为全国一级规范化检察室。受理民事行政申诉案件112件，提出和提请抗诉18件，提出再审检察建议12件，对裁判正确的78起申诉案件，依法做好服判息诉。开展公益诉讼，提出诉前程序检察建议135件，相关行政部门均予以采纳并整改到位。

【社会治安综合治理】 开展矛盾大排查大化解活动，依法妥善处理重大敏感案件，完成中共十九大、省第十一次党代会等重要节点安保维稳任务。开展“法治进校园”巡讲活动，挂牌成立全省首家青少年法治教育基地，东平县检察院被评为全国青少年普法工作先进单位。办理各类群众诉求信访案件2429件，研发应用“云之信”控申管理平台，重信重访下降18.9%，息诉息访成功率提高20%。

【司法规范化建设】 抓好案件质量评查，完善案件质量常态化评查、责任倒查等长效机制，评查案件1408件，发现问题49个，落实整改措施16条。创新工作机制，在全市范围内推广“五位一体”检察建议公开送达新模式，争取市人大常委会支持，印发《关于进一步推进人民检察院检察建议工作的意见》，提升检察建议效力，泰安市经验做法在全省推广。

【基层基础建设】 按照省检察院要求，开展“六型”（忠诚型、服务型、公信型、创新型、智慧型、学习型）基层院建设年活动，围绕“一院一品”（每一个检察院都有自己的品牌特色）工作思路，各基层检察院因地制宜，打造检察官助手、庭审观摩指挥评估系统等一批特色品牌，提升整体建设水平。东平县委作出向东平县检察院学习的决定。宁阳县检察院、东平县检察院被评为全省检察机关“六型”基层院建设示范院。发挥33个派驻检察室职能作用，协助办理职务犯罪案件30件，独立或协助办理批捕、公诉和诉讼监督案件486件，化解矛盾纠纷103件。肥城市检察院派驻安庄检察室被评为全省优秀派驻基层检察室。 （杨　蕾）

【概况】 全市法院收案6.66万件，结案6.47万件。其中，市中院收案6482件，结案6496件，结收率100.2%。全市法院有5项经验做法受到最高法院肯定推广或在省级以上会议上作典型发言，有26个集体、44名个人获省以上表彰。市中院继续保持省级文明单位称号，岱岳区法院法警大队被最高法院表彰为全国优秀司法警察集体，涌现出全国法院先进个人、全国三八红旗手、全国法院我最喜爱的好法官等先进典型。

【刑事审判】 全市法院审结一审刑事案件2623件，判处罪犯3348人。审结危害公共安全和群众生命财产安全的案件1624件；审结贪污、贿赂、渎职等案件96件，强化惩治腐败高压态势；审结集资诈骗、骗取贷款、非法吸收公众存款等案件64件，审结生产销售伪劣产品、危害食品药品安全等犯罪案件23件，审结污染环境、破坏资源等犯罪案件60件。

【民商事审判】 全市法院审结一审民事案件1.85万件。其中，审结家事案件8411件，侵权责任纠纷案件3964件，追索劳动报酬、工伤保险等劳动争议案件1276件，农村土地承包、流转等案件268件。审理一审商事案件1.87万件。其中，审结买卖、建设工程、房地产开发等合同纠纷3053件，各类金融借款、融资租赁案件5063件，知识产权案件233件，涉外商事案件7件。加强环境资源审判，审结省环保厅起诉的山东某公司环境污染损害赔偿纠纷案，判决该公司支付生态损害赔偿款及其他费用745万元。

【行政审判】 坚持监督支持依法行政与保护公民合法权益并重，全市法院审结一审行政案件641件，国家赔偿案件78件，审查非诉行政执行案件722件。其中，审结涉及招商引资、重点项目建设、旧城改造等案件48件。加强司法与行政良性互动，通过邀请行政机关观摩庭审、开展司法建议等方式，助力法治政府建设。

【执行工作】 全市法院公布失信被执行人信息1.1万人次，拘传、拘留1927人次，追究刑事责任5人，召开执行新闻发布会7次，发布典型案例45起。全市法院执结各类案件1.85万件，执行到位标的额27.4亿元，其中涉党政机关案件全部执结。

【司法改革】 完成新型审判团队组建，市中院组建合议制审判团队17个，基层法院组建独任制审判团队291个，新型审判权机制有效运行，实现“让审理者裁判、由裁判者负责”，统筹推进司法人员分类管理、职业保障等综合配套改革。制定院庭长、法官和司法辅助人员权力清单，完善审判委员会、专业法官会议议事规则和案件质询定责制

5月27日，泰安市中级人民法院首批员额法官宣誓仪式举行（林　营　供）

度。员额法官年均结案169件，增长34.1%。

【司法为民】 推动人民调解与司法调解相衔接、司法救助与法律援助相对接的多元化纠纷解决机制，为群众解决纠纷提供选择和便利。建设“智审”、语音识别等智能辅助办案系统，为法官提供类案推送、文书纠错、数据分析等智能服务。打造网上网下互联互通诉讼服务体系，深化案件繁简分流，市中院建立“审前调解 + 简案快审”工作模式，基层法院推行法官工作室、“分调裁”、要素式庭审等做法，缩短办案周期，减轻当事人诉累。对困难当事人依法救助229万元。

【司法公开】 推动智慧法院建设，建成覆盖两级法院的云数据中心。深化审判流程、庭审直播、执行信息、裁判文书“四大公开平台”建设，公布生效裁判文书2.98万份，召开新闻发布会11次，发布微博1800条、微信197条。建成启用减刑假释远程办案平台，办理减刑假释案件1112件，实现减刑假释案件全程网上办理、全面依法公开。加强人民陪审工作，人民陪审员一审参审率94%。（林　营）

司法行政

【概况】 全市司法行政工作按照“三建立一提升”（建立谁执法谁普法责任制、建立矛盾纠纷化解机制、建立公共法律服务体系，提升司法所工作人员整体素质）工作思路，多项业务实现新突破，为全市经济社会发展和保障改善民生做出了应有贡献。全系统排查调处矛盾纠纷1.05万件，调处成功率保持在98%以上；办理法律事务7.7万件，提供法律援助2366件，开展法律知识宣传讲座2272场（次）。市司法局继续保持省级文明单位称号，被全国妇联表彰为全国维护妇女儿童权益先进集体。

【法治宣传教育】 印发《关于落实国家机关“谁执法谁普法”责任制的意见》《关于“谁执法谁普法”责任制落实情况的检查方案》等文件。5月起，组成6个检查督导组，对市环保局、市工商局、市检察院等6个单位检查督导，加大普法责任制落实力度。12月4日，在市政广场开展国家宪法日暨宪法宣传周启动仪式，全市35个成员单位400人参加活动。全市建成农村远程法律教育站（点）3503个，开展送法下乡活动600次，下乡演出法治文艺节目、举办法治报告会100场次，培植民主法治星级示范社区50个，中小学法治副校长或法治辅导员配备率96%以上。打造“互联网 + 法制宣传”阵地，利用微博、微信、“今日头条”“网易号”等新媒体发布普法讯息，在泰安电视台播放公益普法广告，开设《法治之窗》《法律在线》等法治节目，定期刊发司法行政工作动态。各县（市、区）司法局建成法治教育场所，营造法治文化氛围。

【基层基础工作】 ①健全调解机构。确保每个乡镇（街道）、村居（社区）、规模以上企业和各级中学、乡镇卫生院都有人民调解组织，形成配套的调解网络。举办人民调解委员会主任培训班，提升调解员整体素质和专业能力。泰山区上高街道岔河社区人民调解委员会被评为全国模范人民调解委员会，新泰市医疗纠纷人民调解委员会等4个调委会被评为全省优秀人民调解委员会，5名调解员被评为全国模范人民调解员，18名调解员被评为全省优秀人民调解员。②完善联席会议制度。按照市综治委、市政法委《关于进一步加强全市司法行政基层基础建设的意见》工作要求，完善县（市、区）、乡镇（街道）联席会议制度，定期召开会议交流矛盾纠纷解决机制，推广使用矛排通手持终端，基层调解员可在第一时间将纠纷事项上报，确保矛盾纠纷及时排查化解。开发泰安市智慧政法综合管控平台，将矛盾调处情况和工作考核同时纳入信息管理，提高调解工作信息化水平。③提升矛盾纠纷排查调处力度。组织开展“大排查大调解”活动，坚持县每月、乡镇每半月、村每周集中排查化解一次矛盾纠纷。联合市中级人民法院、市人民检察院和市公安局，参与推进涉法涉诉信访案件处理工作。各级调解组织调解案件1.05万件，调解成功1.04万件。

【社区矫正】 印发《关于调整泰安市社区矫正工作领导小组人员的通知》《泰安市社区矫正工作突发事件应急处置信息报告制度》等文件。从10月开始，在各县（市、区）推进落实。坚持专项检查与联合检查相结合，每半年开展一次集中专项检查和集中讲评活动。与市检察院建立联席会议制度，配合检察院对社区矫正工作进行联合执法检查。8月上旬和10月中旬，2次组织对全市安全稳定工作开展情况督导检查，普查6个县（市、区）司法局社区矫正人员档案管理等工作，抽查30个司法所社区矫正工作执行情况。全市累计接收社区服刑人员1.32万人，解除矫正1.02万人。

【公共法律服务体系】 加强公共法律服务实体、热线、网络三大平台建设，4月12日，召开全市公共法律服务体系建设现场推进会，副市长鞠向群出席会议并讲话，就公共法律服务体系建设进行部署。6个县（市、区）全部建成公共法律服务中心并投入使用。肥城市、宁阳县公共法律服务中心被列为首批全省公共法律服务示范中心，全市87个乡镇（街道）全部建成公共法律服务工作站，191个村（社区）设立司法行政工作室，为基层群众提供公共法律服务。落实法律顾问经费保障，实现法律顾问全覆盖。法律顾问累计为村（社区）群众提供法律咨询1.78万次，为项目合同、重大决策提供法律意见2586次，参与代理案件2107件，调解矛盾纠纷6556件，举办法治讲座2272场。11月23日，全省“一村（社区）一法律顾问”推进会召开，副市长成丽代表泰安市作典型发言。

【法律援助】 落实市委办公室、市政府办公室印发的《关于完善法律援助制度的实施意见》《泰安市法律援助办法》，降低援助门槛，扩大受案范围，规范经费使用，全市法律援助机构办理法律援助案件2366件，受援3016人，解答法律咨询1.24万人次。

【司法鉴定】 提升司法鉴定公信力，推行执业公开制度，完善执业诚信档案制度。全市9家司法鉴定机构、63名司法鉴定人办理司法鉴定案件4764件，采信率98%以上。12月6日，省司法厅、省质监局联合在泰安市召开全省司法鉴定机构标准化建设试点推进工作，泰安东岳司法鉴定所在全省率先制定司法鉴定标准化文本体系。

【律师业务】 全市有律师事务所77家，执业律师858人，办理各类案件2.58万件。其中，刑事案件1830件、民事案件7155件、行政案件273件、非诉讼案件677件、仲裁案件175件。解答各类法律咨询1.42万件，律师业务收费过亿元。

【公证业务】 按照司法部《关于推进公证体制改革机制创新工作的意见》，全市公证体制改革全面启动。12月底，市岱宗公证处由行政单位改制为自收自支事业单位，新泰市、肥城市2个公证处改为全额事业单位。加强互联网手段与现有服务方式协作配合，统一更换公证业务办证软件系统，提升以公证大数据为核心的公证信息化基础建设，融入全省公证在线平台和公证行业综合管理信息系统。全市办理各类公证事项2.5万件，业务收费550万元，分别增长4%和5%。（赵欣欣）

3月27日，市领导调研矛盾纠纷排查调处工作宁阳座谈会召开

（赵欣欣　供）

12 月 4 日，国家宪法日暨宪法宣传周启动仪式举行　　　（赵欣欣　供）

【概况】 全年仲裁案件立案 525 件，标的额 16.1 亿元，分别增长 20.4% 和 57.2%。案件调解和解率 59%，没有被法院撤销和不予执行的案件。在全国 250 家仲裁机构年度受案排名中泰安市首次进入一类行列。年内，继续保持市级文明单位称号。

【仲裁宣传推行】 改版升级泰安仲裁官方网站，优化板块设计，为当事人提供开庭公告、下载文书和仲裁员名册、仲裁规则等服务。创建“泰安仲裁”微信公众号，全年推送信息 150 次 180 条。在《泰山晚报》设立仲裁周刊专栏，每 2 周一个整版，宣传仲裁知识，推介仲裁业务。新泰市、肥城市、东平县各仲裁分会到当地银行推行仲裁法律制度，通过召开培训会、座谈会、印制宣传册等方式宣传仲裁业务知识。

【仲裁业务】 ①全国仲裁“两化”（案件受理多样化、纠纷处理多元化）试点。按照全国仲裁“两化”试点要求，上半年印发《关于开展仲裁确认工作的若干意见》《关于开展“函告和解”便民服务工作的意见》。3 月 30 日，国务院法制办在广东惠州召开的全国仲裁“两化”试点工作座谈会上，通报表扬泰安市仲裁介入政府投融资平台债务处置、实行无争议事实文书记载制度、仲裁邀请第三人制度等 4 项亮点工作。②金融仲裁中心建设。与银行协会、市金融办、典当行协会、保险协会等座谈沟通，推介宣传仲裁制度在金融交易活动中的优势。7 月，与市银行业协会联合成立泰安仲裁委员会金融仲裁中心，同时依托市典当行业协会，成立泰安典当行业仲裁中心。金融仲裁中心成立后，受理金融案件标的额 13.57 亿元，占全部案件总标的额的 84%。印发《关于发挥仲裁优势服务金融发展的意见》，帮助金融机构用好财产保全措施，在案件审理中建立案件繁简分流机制、文书送达机制，缩短金融纠纷案件办案周期。③仲裁网络体系建设。提请市政府重新调整公布泰安仲裁委员会组成人员名单，制定《分支机构考核细则》，每季度对县（市、区）仲裁分会建设进行督导，编发简报对各分会宣传推行、办案等工作情况进行通报。下放仲裁“立案审理”权。将部分案件（标的额 200 万元以下）立案审理权限下放，赋予各县（市、区）分会一定的立案和办案权。年内，各分会办理案件 113 件，调解和解率 80% 以上。下半年成立的岱岳分会办理案件 39 件，东平分会推荐办理重点企业债务纠纷案件 27 件，标的额 10.84 亿元。④仲裁机构规范化建设。新增仲裁办案面积 350 平方米，装备数字化仲裁庭。发挥仲裁专家咨询委员会作用，对疑难复杂案件提请专家咨询 5 件 16 人次。编写《泰安仲裁委民商事仲裁案件风险防控操作指引》，按办案程序分为九大类，风险点 72 个，防控措施 319 个。⑤建立诉讼与仲裁相衔接工作机制。4 月，联合泰安市中级人民法院印发《关于建立诉讼与仲裁相衔接工作机制的意见（试行）》文件，建立诉讼调解与仲裁调解衔接、诉讼制度与仲裁制度衔接、诉讼与仲裁相衔接的三项工作机制。　　　　（安　鲁）

编校　王云勇　　审稿　高兴学

军　事

泰安军分区

【概况】 泰安军分区抓住维护核心根本，突出改革落地重点，严把作风建设关键，坚守安全稳定底线，完成体制编制调整，全面建设稳步发展、整体提高。军分区被山东省军区表彰为安全管理先进单位、征兵工作先进单位、保障工作先进单位。泰山区人武部被山东省军区表彰为先进团级单位。

【政治工作】 开展“维护核心、听从指挥”主题教育。开展正面宣传、政策解读和舆论引导，组织改革教育，跟进做好“一人一事”思想工作，确保军分区体制编制调整和老干部服务保障机构转隶交接顺利完成。开展重温入党誓词活动，完成营区和综合训练基地政治文化氛围建设。组织“强军路上斗志扬”主题文艺会演、篮球友谊赛、“十八大以来辉煌成就”图片展等活动，被省军区表彰为文艺创演优秀组织奖和国防知识竞赛先进单位。加强民兵思想政治建设，印发《民兵思想政治教育教材》。东平县人武部1人、干休三所1人被省军区政治工作局表彰为优秀四会政治教员。

【军事工作】 落实战备制度，完善行动方案计划，补充配备装备器材，抓好日常应急备勤，组织各级首长机关带实兵拉动演练，提高抢险救灾、安保维稳和治安联防等任务能力。按纲施训，组织基础体能达标和共同课目普考，开展民兵应急营骨干和“五会”教练员培训，完成新大纲试训，超额完成民兵训练任务。建立军地信息共享机制，升级改造应急指挥系统，针对性组织训练演练，提高应急应战能力。开展“学法规、严纪律、正风气、保稳定”“学法规、正秩序、守规矩”和“百日安全”活动，组织警示教育。加强重大安全问题防范，突出“人、车、枪、弹、密、酒”管控，安全预防工作基础牢固，军分区被省军区表彰为安全管理先进单位。

【国防动员】 落实党管武装制度，协调召开市委常委议军会议，集中解决部队存在的难题。开展国防动员潜力调查。印发《关于做好大学生征兵工作的五项措施》《泰安军分区提高征兵工作质量若干措施》，建成征兵体检抽（复）检中心，完成征兵任务，被省军区表彰为征兵工作先进单位。泰安市征兵办、泰山区征兵办、新泰市征兵办被省政府、省军区表彰为征兵工作先进单位。组织专武干部队伍建设专题调研，组织专武干部强化集训，开展专业课题备课示教，被省军区评为十佳教案和课件、十佳视频。邀请一级战斗英雄史光柱等英模，到驻泰安高校举办“追寻英雄、学习英雄、致敬英雄”英模事迹报告会，受教育师生1万人。开展建军90周年图片展、国防教育素质拓展训练、中小学国防教育知识竞赛、主题征文等活动。开展关心国防建设十佳单位和丨佳个人评选表彰，新泰市1人被省委、省军区党委表彰为党管武装好书记，泰安市财政局1人被省国防动员委员会表彰为关心国防建设十佳个人。

【后勤装备保障】 开展应急作战保障准备，完善综合保障方案，补充应急被装物资，开展实案演练。成立驻泰安部队全面停止有偿服务工作军地协调领导小组，协调召开领导小组会议，推动全面停止有偿服务项目落实。推动公寓房和经济适用房清理工作，开展保障行业风气整治，抓好军交运输、医疗服务等工作。开展装备数据普查和技术整治，落实民兵武器装备仓库管理规范。军分区被省军区表彰为保障工作先进单位。

【双拥共建】 参与打赢脱贫攻坚战，立足帮扶对象实际，开展经常性援建，军分区本级、各人武部分别同7个省级贫困村结成帮扶对子，投入资金150万元，推进脱贫攻坚落实。军分区为岱岳区房村镇黑石埠村建设文化广场，为村党支部购置办公桌椅，完善办公设备。泰山区人武部为贫困村购买配发医疗设备，新泰市人武部帮助贫困村打深水井，肥城市人武部出资4万元为帮扶村进行村路养护，东平县为贫困户购买绵羊并指导发展绵羊养殖。开展“双千精准扶贫”，全区2批次选送10名青壮年、退伍兵及应征未入伍青年参加技能培训，均实现就业。组织人员到帮扶村义诊，为贫困群众送医送药。发挥军人军属法律援助工作站作用，解决5名泰安籍现役官兵家庭涉法涉诉问题，接待军人军属咨询50人次。结合“春节”“七一”“国庆”等重大时节，走访慰问生活困难参战老兵、老党员和退伍兵。

（刘德超）

武警泰安市支队

【概况】 武警泰安市支队以“三山精神”（使命重于泰山，基础稳如泰山，责任敢当泰山）为引领，稳字当头、稳中求进，完成各项工作训练任务，支队13人立三等功，被各级嘉奖142人，支队被总队表彰为基层建设先进支队，1个大队级单位被总队表彰为基层建设先进大队，1个中队级单位被总队表彰为成武式标兵中队，3个中队级单位被总队表彰为基层建设先进中队。

【军事工作】 开展“执勤一周无通报”“学规范、查隐患、找问题、补漏洞”“我为执勤安全献计策”系列活动，处置送押犯脱逃事件1起，完成各类临时勤务259起，打赢以“中共十九大安保”为核心的维稳战役。迎接军委新大纲试训监察、总部训练监察，投入690万元完善训练场、战备库室建设，组织4个季度“魔鬼周”集中集训，教练员比武2个小组分获第3、4名，特战干部骨干集训比武团体第3名。支队被省委、省政府表彰为公正执法先进集体，被总队表彰为正规化执勤优秀支队；支队教导队被总队表彰为先进教导队。

【政治工作】 推行“1+1”（5个常委跑面，主官带一个组帮一遍）和“一队一案”（一个中队一个建队方案）帮建模式，“今日事、今日毕”蔚然成风，基层基础日益巩固。推行政治能力实战化训练，实行“六常”（常学、常背、常记、常思、常省、常纠）举措，党员干部更加自觉，党委支部坚强有力。治理基层“微腐败”，发现解决基层问题47个。推行事前审计，节约经费42万元。坚持作为立身、阳光用人，支队调整使用干部32人、战士入学提干3人、选送技术学兵27人、改选士官82人，没有发现问题举报。支队被总队表彰为转业安置工作先进单位和新闻宣传工作先进单位，支队团委被团省委表彰为五四红旗团委。

【保障工作】 建设“四库”（后勤人才资源库、伙食保障食谱库、定点协议供应商库、军民融合保障库）、抓好“三练”（练专业技能、练人装结合、练协同配合），投入资金1235万元建设基础设施，士官公寓楼建成。组织开展“百日安全竞赛”，排除安全隐患313个，支队被总部表彰为暑期百日安全竞赛活动优胜单位、机要密码工作先进单位，支队保障处被总队表彰为先进后勤机关。

（常　晨）

公安消防支队

【概况】 全市公安消防部队忠诚履行职责，提高消防监督和灭火救援能力，顺利完成各项消防安保任务。支队党委连续8年被表彰为全省公安消防部队先进党委，连续15年被评为省级文明单位，山东省消防总队、泰安市公安局先后2次在支队召开现场会，7项工作在省、市会议上作经验介绍，20项做法被公安部消防局、山东省消防总队、市公安局工作简报刊发。全国首创“大数据”作战记录分析系统，获国家级专利3项。支队分别被山东省消防总队、公安部消防局表彰为中共十九大消防安保工作先进支队。

【思想政治工作】 部署“维护核心、听从指挥”主题教育和推进“两学一做”学习教育常态化制度化工作。开展“每周一讲”视频授课，组织“看齐卫士”参观见学。编印岗位实用手册，拍摄实务示范视频，建设政策法规检索系统，推行政治工作报告制度。印发《党组织规范化建设实施意见》，部署“星级党支部”创建活动，召开全市公安机关党建工作现场会。举办“镌刻忠诚”践行“泰山卫士”精神先进典型颁奖典礼，涌现出以“齐鲁最美安全卫士”赵振国、践行“工匠精神”楷模王锦波等为代表的模范群体。支队在全国公安消防部队典型培树工作座谈会上作典型发言，泰山中队被省公安厅记集体二等功，政治指导员李令政受邀参加“119”消防日特别节目《中国骄傲》录制，受到公安部副部长李伟接见。

【火灾防控】 市政府召开专题会议7次，将消防工作纳入月督导、全国文明城市创建及全民普法活动范畴。推进电气火灾、化工产业转型升级等6个专项行动。依托消安委平台，在民政、教育等8个行业铺开消防安全标准化建设。泰安市在省政府消防工作考核中获优秀等次，并在全省消防工作会议上作典型发言。年内，全市公安消防部门检查单位2.4万家，整改隐患8.5万处，行政处罚802.9万元，“三停”305家，查封518家。建成微型消防站1700个，全部纳入“119”灭火救援指挥调度体系。微型消防站建设、消防控制室实战化训练做法被公安部消防局简报刊发。全市建成消防主题公园10个、消防科普教育基地26个、社区消防体验室100个，推进300万户有线电视、128家电影院实现消防安全开机画面提示，在省级报刊开通“消防周刊”，在市电视台开通《天天消防》栏目，提高群众消防安全意识。

【部队建设】 印发《灭火救援实战化练兵方案》，运用物联网记录、大数据分析等信息化手段，推动灭火救援作战向科技化迈进。开展支队级无预案随机拉动演练12次，大中队级熟悉演练1347次。全省公安消防部队战训工作改革加强现场推进会在泰安市召开，公安部消防局副局长魏捍东调研指导战训工作。推进大数据作战记录分析系统应用，在全省率先完成4个中队试点建设任务。依托市局大数据空间云，打造数字化消防三维地理信息系统，集成全市7000平方千米影像地图、1.5万路“天网”监控、8000万个建筑几何模型等数据资源。支队在全国首届警用无人驾驶航空器战法演练中，获全国一等奖1个、二等奖2个。消防部队接警出动4700起，出动车辆9500台（次）、警力4.8万人（次）。

9月18日，市人防指挥部在山东泰山抽水蓄能电站组织“泰山之盾—2017”人防应急支援和重要经济目标防护演习 （梁 波 供）

【后勤保障】 抓住经费、队站、装备三项建设，推动支队整体工作和部队建设创新发展，编印《财务业务服务指南》《财务岗位工作实用手册》。围绕泰山、徂徕山、主城区等重点保卫对象，增设取水码头12处，市应急救援训练基地主体建筑完工，肥城市消防应急救援中心建成并投入执勤，中天门消防站建设完工，完成东关、新汶、泰山中队等10个单位营房改造。累计购置重型泡沫水罐车、模块化抢险救援车等执勤车辆11部。支队在全省消防部队后勤工作现场会上作典型发言，支队研发的改进型水带铺设车被推荐参加公安部消防局“小革新小发明小创造”评比。（毛 永）

人民防空

【概况】 全市人防系统坚持“打造一流队伍、创造一流业绩、提供一流服务、树立一流形象、建设一流部门”目标定位，以提升指挥通信能力、综合防护能力、服务经济社会发展能力为重点，履行“战时防空、平时服务、应急支援”职责任务，各项工作均超额完成年度目标任务。泰安市在全省人防军政联合考核中获第2名，被省人民防空工作军政联席会议授予人民防空军政联合考核一等奖。全省人防信息化集训暨现场会在泰安市召开。

【人防组织指挥和训练演练】 根据市、县（市、区）党委、政府换届情况，调整完成市、县（市、区）人防指挥部编程，明确战时及平时职责任务。建成徂徕山市级领导机关战时疏散基地及其指挥中心，建成大津口市级领导机关战时疏散基地和泰安市人防训练基地。完成新泰市、东平县人防基本指挥所选址，省人防办下达选址批复。在岱岳区粥店街道、道朗镇建设人防指挥通信平台试点，在全省率先实现人民防空通信网络延伸至乡镇（街道）。组织人防指挥部、人防机关、人防专业队等8类训练对象开展常规性训练演练，组织“泰山之盾—2017”人防应急支援和重要经济目标防护演习，检验人防组织指挥、防护救援和应急保障能力。

【人防信息化建设】 争取国家和省、市投资1800万元，完成市级“三位一体”人防指挥所升级改造。在全国率先建成泰安市人防可视化指挥调度系统，申报国家人防科技成果。完成人防电子政务内网、国防动员指挥调度平台建设。全市新增电声警报器12台、多媒体警报器4台。组织“9·18”防空警报试鸣，城区警报音响覆盖率95%以上。国家、省人防办确定泰安市承担全国人防大数据建设试点和基于大数据的智能化疏散掩蔽系统建设试点任务，完成项目立项、专项资金申请，组织可研、设计。

【人防工程建设规划编制】 建立“人防建设总规、控规、修规”相衔接的三级规划体系，完成《泰安市人民防空建设规划（2017—2020）》，纳入城市建设总体规划。根据城市建设发展方向，将泰安高新区、高铁片区（旅游经济开发区）等列为人防建设控制性详细规划编制重点，完成《泰安高新区中心片区人防工程控制性详细规划》《泰安市高铁新区人防及地下空间控制性详细规划》。落实人防修建性详细规划，完成《绿地云水谣项目人防工程修建性详细规划》等5个人防工程修建性详细规划。

【结建防空地下室审批与防空地下室易地建设费征收】 会同市物价局、市财政局制定《关于规范防空地下室易地建设费收费标准有关问题的通知》，明确易地建设费征缴范围、征缴标准、拆除人防工程补偿标准。会同市财政局制定《关于转发〈关于进一步规范防空地下室易地建设费征缴管理有关问题的通知〉的通知》，规范易地建设费减免规定。全市批准修建防空地下室面积、征缴防空地下室易地建设费分别完成年度目标任务的194.9%和191.6%。

【单建人防工程建设】 901、1401人防工程完成竣工验收。1101人防工程完成主要施工任务。1601人防工程完成项目立项、可研。筹划建设1701、1702人防工程，已经市政府批准并展开立项。开展人防工程质量巡查230次，全市新增人防工程竣工验收面积完成年度任务指标的118.59%。组织推进人防工程防护（化）设备维护管理规程试点工作，编制完成《人防工程防护（化）设备维护保养规程》，通过省人防办专家评审。开展安全生产专项行动，排查整改安全隐患89处。

【人防工程维护管理和开发利用】 加强人防工程维护管理，巡查人防工程，确保人防工程安全。全市新增人防工程开发利用面积完成年度目标任务的129%。市级悬挂人防工程标志牌12个、人防工程指示牌9个、人防工程标识牌12套、各类辅助标牌194个。

【人防系统放管服改革】 人防行政审批事项由11项精简为7项，所有政务服务事项申请材料压缩8.7%，办理环节压缩40%，办理时限压缩55%，结建防空地下室审批事项办理时限由10个工作日压缩到3个工作日。将结建防空地下室审批和人防工程质量监督登记列入“只跑一次”事项清单。建立落实“双随机一公开”监管制度，对在建人防工程施工质量和已开发利用人防工程维护管理情况随机检查，并通报公示。对人防建设项目，从规划到竣工实行责任到人全程跟踪服务，做到全程有人跟、服务零距离。

【向上争取和招商引资】 争取1601人防工程省级补助资金1600万元。争取承担全国人防大数据建设试点和基于大数据的智能化疏散掩蔽系统建设试点任务，先期获国家专项补助资金400万元。引荐山东港泰隆医药物流公司投资1亿元在泰安高新区建设医药物流产业园。

【人防行政执法】 组织拉网式执法巡查68次，督促39个新开工建设项目履行人防工程建设义务，立案查办违法建设项目8家，全市追缴防空地下室易地建设费7536万元。在全市61所初中学校开展人防知识教育，免费发放人防知识教材，受教育学生2万人；与市教育局联合进行人防知识理论考试和检查验收，授课率、受教率、及格率均达到95%以上。结合“5·12”防灾减灾日、“9·18”警报试鸣日，开展系列人防宣传教育活动。在《中国人民防空》《齐鲁民防》《泰安日报》等媒体发布宣传稿件40篇。

（梁　波）

编校　王云勇　　审稿　高兴学

经济管理

发展和改革

【概况】 2017年，全市实现生产总值3578.4亿元，同比增长6.8%。三次产业结构调整为7.7∶45.5∶46.8。完成一般公共预算收入207.1亿元，同口径增长3.9%。完成固定资产投资2992.5亿元，增长7.2%。实现社会消费品零售额1608.3亿元，增长10%。完成进出口总额154.4亿元，增长14.5%。城镇和农村居民人均可支配收入分别达32739元、15674元，增长8.1%、8.6%。市发展和改革委员会（简称市发展改革委）继续保持省级文明单位称号，被市委、市政府表彰为“市直2017年度经济社会发展综合考核先进单位”。

【功能区管辖范围调整】 牵头实施泰安高新区、泰山景区管辖范围调整工作，组织有关部门和专家顾问对泰安高新区、泰山景区以及周边乡镇情况进行调研，起草两区管辖范围调整工作方案，提交市委常委会研究通过，为市委、市政府科学决策提供参考。市委、市政府经过反复论证，将徂汶景区（含徂徕山林场）、泰山区2个乡镇的11个村、岱岳区4个乡镇、新泰市1个乡镇划入泰安高新区管理；将岱岳区2个乡镇、黄前水库管理运营机构划入泰山景区管理。交接工作全面开展后，市发展改革委牵头协调推进调整工作开展，完成交接事项160余件、签署协议107份，划转人员6100多人，至10月，各项工作基本完成，实现“顺利移交、平稳过渡”。泰安高新区由118平方千米拓展到748平方千米，泰山景区由192平方千米拓展到452平方千米，形成“南北两大功能区”“东西两大新城组团”的城市发展新格局。

【新旧动能转换重大工程】 4月28日，全省新旧动能转换重大工程启动会议召开后，市发展改革委按照市委、市政府部署要求，开展全市现状研究和专项调研，起草《泰安市推进新旧动能转换重大工程初步设想报告》和一批专题调研报告，泰安市60多个重大事项列入省规划和方案，50多个重大项目纳入省重大项目库。编制《泰安市新旧动能转换重大工程实施规划》，起草《泰安市新旧动能转换重大工程实施意见》，上报审批。筛选整理重大政策32项，重大试点示范31项、专项规划12项，逐项明确任务分工和进度安排。建立重大项目动态管理制度，第一批入库项目209个，总投资3325亿元。确定泰山区域山水林田湖草生态保护修复工程、泰山玻纤产业园、泰山慢谷等对全市经济社会长远发展有重大拉动作用的项目为全市十大重点项目。

【重点项目建设】 牵头开展全市“重效率、勇担当、做表率”主题活动项目攻坚专项行动，修订全市重点建设项目管理推进办法。组织全市项目春季集中开工仪式，协助组织市领导现场集中观摩考核活动两次。省市重点建设项目加快推进，6个省重点建设项目完成投资62.4亿元，占年度计划的101.5%；131个市级重点建设项目完成投资581亿元，占年度计划的118.3%；100个前期推进重点项目中，70个开工建设。新泰采煤沉陷区领跑技术基地一期500兆瓦项目完成投资超过50亿元，于9月29日并网发电。泰安抽水蓄能电站二期工程可研勘察施工基本完成，山东安谱第三方检测平台项目落户高新区泰山科技产业园，编制完成中华历史文化产业园专项研究报告和产业园概念性规划，济泰城际高铁、聊泰铁路、泰安机场前期工作加快推进。

【对上争取】 梳理汇总国家、省重点投资方向与政策，印发《2018年度国家、省重点产业投资方向与政策》。印发《泰安市对上争取工作考核办法》，建立季度通报制度，开展年度对上争取工作考核。组织进京“双对接”活动2次，对接落实项目97个，到位资金21.3亿元。争取发改系统无偿资金14.08亿元，项目个数、资金数量和项目进展情况在全省排名靠前。争取新泰市列入国家级企业经营管理人员专项激励计划试点、农民工等人员返乡创业试点。

【产业转型升级】 三次产业比重由2016年的8.2∶45.6∶46.2调整为7.7∶45.5∶46.8，以服务业为主导的产业格局进一步确立。启动实施服务业发展载体培育提升“1123”工程（规划建设10个特色发展、集聚发展、创新发展的服务业特色小镇，培育提升10个区位优势明显、发展特色鲜明的服务业集聚区，培植发展20家创新能力强、市场竞争力强的服务业重点企业，加快推动30个投资规模大、辐射带动作用强的服务业重点项目），推动服务业三年行动计划和重点行业领域转型升级方案落实。2017年，全市实现服务业增加值1676.9亿元，增长7.3%，高于生产总值增速0.5个百分点。完成服务业税收123.4亿元，增长11.8%，占全部税收比重48.9%。泰安市第7次被省政府表彰为“全省服务业发展先进市”。推动战略性新兴产业发展，编制全市“十三五”战略性新兴产业发展规划。实施创新驱动战略，增强企业自主创新能力，争取3家省级工程实验室获批，新认定市级工程实验室13家。全国农村产业融合发展试点示范县培训班在泰安召开，岱岳区列为全国奶牛养殖大县种养结合整县推进试点项目县，新泰市纳入全国首批大宗油料生产基地，新泰市农光一体示范园列入首批国家农村产业融合发展示范园创建名单。

【重点领域改革】 牵头推进经济体制改革，印发《泰安市经济体制改革专项小组2017年改革任务分工方案》，落实34项改革任务。推进供给侧结构性改革，加快淘汰煤电行业落后产能，落实“三去一降一补”（去产能、去库存、去杠杆，降成本，补短板）改革任务。关停小火电机组4.5万千瓦。巩固完善党政机关公车改革成果，在全省率先建立公务用车管理平台，车改后总成本节支率8.34%。健全完善投资项目在线审批监管平台，落实“一次性告知”、首问负责、限时办结等制度，推行容缺受理，重大项目绿色通道。审批、核准类项目办理时限承诺2个工作日内办结，备案类项目即受即办。推进社会信用体系建设，印发《泰安市公共信用信息管理办法》，建成启用全市信用信息平台，归集信用信息93万条，初步建立起跨地区、跨部门、跨行业的联合惩戒机制。全市公共资源交易平台体系初步建成，印发《泰安市公共资源交易平台管理实施细则》，实现市级交易中心和5个县级分中心的“1+5”全市公共资源交易平台新格局。226家行业协会商会与行政机关全面完成脱钩任务。

【区域经济发展】 印发《贯彻落实山东省参与建设“一带一路”实施方案》，组织企业参与2017阿斯塔纳世博会“山东周”活动，中意重工在活动会上与哈萨克斯坦凯帝矿业投资有限公司签订战略合作框架协议。安排2017年省区域战略推进专项“切块”资金8000万元，争取7个项目列入西部经济隆起带和省扶贫开发重点区域引进急需紧缺人才支持项目计划。资源型枯竭城市、中原经济区、沂蒙革命老区等区域政策得到落实。为泰山玻纤、皆瑞金属办理进口设备免税确认4000万元，减少企业资金占用近1亿元。积极争取设立海关监管区，10家企业获农产品进口关税配额。

【经济形势分析】 建立工业经济、旅游经济、城市经济以及农业经济“3+1”模式，涵盖外经外贸、市场主体、财政税收、科技创新、招商引资和综合指标分析10个方面的经济运行分析体系。完善季度经济运行分析联席会议制度，重点听取10个领域牵头部门情况汇报，牵头汇总形成季度经济形势分析报告，向市政府常务会议作全面汇报，每半年向市委常委会汇报。会同有关部门形成《泰安发展“景气报告”》，每季度刊发。建立对各级各有关部门单位主要指标排名通报制度，每季度将各县（市、区）主要指标在全省137个县（市、区）的排名、泰安高新区在全国排名、市主要经济职能部门指标在全省排名等情况以泰办通报形式进行通报。

【生态文明建设】 加快生态文明建设，组织全市39家企业参与全国碳排放权交易市场建设，完成中央环保督察整改事项落实。制定2017年煤炭消费减量替代工作行动方案，建立全市煤炭消费减量替代工作调度通报制度，加大调度督导和协调推进力度。按照关停计划，关停燃煤机组7台，容量6.9万千瓦。提前完成煤炭消费净压减204万吨年度任务，是全省首批完成全年任务的5个市之一，全年净压减约220万吨，超额完成年度任务。新能源装机达1207.4兆瓦。

【社会民生】 开展精准脱贫，列入“十三五”易地扶贫搬迁规划的11个安置区全部开工建设，其中竣工3个，完成投资7.4亿元，建成安置住房603套，搬迁入住1378人，通过国家易地扶贫搬迁专项考核检查。黄河滩区居民迁建一期工程已搬迁入住，二期工程达到分房条件，三期工程全面启动完成投资9800万元。争取光伏扶贫电站建设指标40兆瓦，规划建设光伏电站4个。推动金融风险防控，建立金融机构不良资产处置合作机制，开展全市政府出资产业投资基金信用信息登记。对2017年企业债券本息兑付风险进行全面排查，有效化解违约风险。组织大运河（泰安段）文化带建设规划基础研究。9项重大工程、28个重大项目纳入省规划，争取社会民生五大类10个项目，获无偿资金7153万元。 （葛宗泰）

3月17日，市委书记王云鹏（左）与市委常委、常务副市长展宝卫（右）共同为改建新建的市属四大国有资本投资运营公司揭牌 （刘锦多 供）

国有资产监督管理

【概况】 年末，全市国有及国有控股企业共计251家，净增加18家；资产总额2056.3亿元，增长23%；所有者权益622.9亿元，增长26%。其中，市级企业150家，增加13户；资产总额1211.9亿元，增长24.4%；所有者权益总额388.2亿元，增长20.9%。年内，国有资产收缴入库6783.98万元。市国资委继续保持省级文明单位称号。

【市属国有企业经济运行】 年内，市国资委所属参控股企业实现营业收入160.1亿元，利润总额31.8亿元，利税总额40.9亿元，分别增长23%、60.4%和46.6%。实际上缴税费14.7亿元，增长8.9%。年末，参控股企业资产总额614.3亿元，净资产221.4亿元，分别增长12.5%和21.8%，质量效益和资产规模均保持快速增长势头。

【国资平台建设】 年内，改建新建国泰民安投资集团、金融控股集团、泰山旅游集团、泰山国信科技发展集团四大国有资本投资运营公司（简称四大集团），搭建市场化的运作平台、专业化的投资平台、高端化的人才聚集平台、效益化的发展平台，形成“四轮驱动”的资本运营新体系。四大集团坚持市场化运作，发挥国有资本集聚功能和融资担保平台作用，走出一条“国资撬动、市场运作、多元融资、滚动发展”的运营新路子，发挥注经济之活力、解企业之困难、避银行之风险、行政府之作为的作用。其中，金融控股集团年内为全市3600家企业及个人提供融资服务109亿元，增长18.5%，化解区域金融风险、促进实体经济平稳运行。

【深化国资改革】 年内，经市机构编制委员会批准，市泰山玉产业发展管理中心由市政府直属事业单位调整为市国资委管理，泰山玉首次收录到《珠宝玉石名称》，成功列入国家标准，促进泰山玉产业向专业化、标准化、品牌化发展。泰安盐业公司划转市国资委监管。深化“放管服”改革，印发《关于取消和下放一批审批、核准、备案事项的通知》，涉及监管事项20项，其中取消和下放市属企业为其控股企业提供担保等审批事项15项，市属企业投资项目等核准事项3项，国有股东质押所持上市公司股份备案事项2项，将应由企业自主经营决策的事项归位于企业，将延伸到子企业的管理事项归位于一级企业，依法维护企业法人财产权和经营自主权，释放企业发展活力。印发《市属企业投资管理办法》《关于进一步深化市属企业劳动用工和收入分配制度改革的指导意见》，加强事中监督和事后评价管理，实现国有资产保值增值。完善市属企业负责人业绩考核与薪酬分配机制，2017年度纳入考核范围的18家市属企业考核结果A级6家、B级10家、C级1家、D级1家。

【发展混合所有制经济】 发挥国有资本“四两拨千斤”撬动作用，通过增资扩股、产权转让、项目合作等多种形式，发展国有体制、民营机制、有效激励相结合的混合所有制模式，打造“项目合作—资本混合—布局优化—产业发展”特色品牌。通过推动投资主体多元化，增强国有经济整体功能和运营效率。年内国资委所属各级子企业混合所有制比例达到57%。①“国有＋民营＋技术团队”。总投资10亿元的高端粉末冶金净成型暨金属3D打印项目，通过引进美国工程院院士、中国工程院外籍院士刘锦川技术团队，与国泰民安集团、华鲁锻压等企业合作投资建设，以混合所有制模式成立皆瑞金属科技公司。该项目技术世界领先、填补国内空白，产品广泛应用于汽车、机械制造、航空航天等领域。②“国有＋民营＋重点项目”。泰山国信科技发展集团出资与北师大段新方教授团队合作成立瑞达峰生物医药技术公司；深化与深圳华大基因战略合作，组建混合所有制模式的泰山医学检验所有限公司，泰安市籍孕妇产前胎儿DNA检测突破1万例，异常率近1%，避免社会经济损失近9000万元。③“国有＋民营＋社会资本”。金融控股集团联合泰山控股有限公司和泰润（香港）贸易有限公司成立点石融资租赁公司，注册资本金10亿元，成为全市规模最大国有控股融资租赁公司。

【招商引资和重点项目建设】 把招商引资和项目建设作为国资国企发展的1号工程，依托四大集团，围绕新材料、特种车及零配件、现代金融、旅游服务、医疗健康等主导产业，年内策划论证、招商洽谈重点建设项目18个，累计完成投资28.6亿元，高端粉末冶金净成形暨金属3D打印项目、瑞达峰生物医药中间体、百隆新材料年产4000吨功能性绳网生产线建设等一批重点项目投产。盘活闲置资产投资建设泰山健康产业园，园区工程建设计划投资5亿元，总占地7.5公顷（112亩），建筑面积10万平方米，年内引进山东华大基因检测中心、中科院生物物理研究所泰安城市生命银行、威高集团合作等一批高端医养项目，着力打造医、药、器械、康复、疗养“五位一体”的国内一流健康产业园。发挥央企省企合作发展领导小组作用，推进与央企省企战略合作。与19家央企签约项目19个，总投资519亿元。在2017年省委、省政府组织的央企助力山东新旧动能转换项目签约活动中，泰安市与央企签约项目个数、投资额分别位居全省17市地的第4位和第7位。借助泰山国际登山节平台，市政府与华能能源交通产业控股有限公司签订“互联网＋物流产业园”项目，计划投资50亿元，打造央地合作发展新亮点。

【实施新旧动能转换】 ①围绕新技术提升核心竞争力。年内，发挥创新驱动作用，市国资委所属参控股企业研发投入4.7亿元，增长23.7%。泰山玻纤入选国家智能制造应用新模式示范名单。泰山石膏年内完成103项技术改造项目，实现销售收入81.8亿元，实现净利润18亿元，分别增长38.68%和71.63%。②围绕新产业优化布局结构。华能泰山电力以资产重组为契机，推进华能新泰光伏基地及光纤预制棒、光纤制造项目，加快进军新能源等战略性新兴产业。③围绕新业态加快转型升级步伐。加大转方式调结构力度，泰山玻纤加快新旧动能转换步伐，2017年产能突破80万吨，其中热塑、高模等高技术含量产品产能占到总产能的1/3，全面占领行业高端市场。④围绕新模式狠抓降本增效。强化管理模式创新，持续推进市场化改革和三项制度改革，降本增效成效明显，市国资委所属参控股企业平均成本费用利润率达到25.8%，高于全省平均水平13个百分点。

【企业改制】 推进国有企业“三供一业”［供水、供电、供热（供气）及物业管理］分离移交工作，完成或签订“三供一业”分离移交改造协议48.58万份，占任务总量的95.5%，提前超额完成过半任务目标，全省工作通报排名第1名。完成国有企业办教育、医疗、市政、社区管理等职能调查摸底工作，市属企业职教幼教退休教师待遇补助、退休独生子女父母养老补助等一批遗留问题得到妥善解决。

【县级国有资产监管】 宁阳县组建国投实业、鲁居建设等4家国有资本投资运营公司，实现由传统投融资平台向实体化公司的转型。9月，省委、省政府重点工作推进情况视频会议上，宁阳县作题为《深化投融资改革 培育发展新动能》的典型发言。肥城市将市国资局调整为市政府直属事业单位，理顺管理体制。新泰市取消下放涉及投融资、资产处置等18项审批、核准、备案事项。东平县成立注册资本金3亿元的山东平安昌顺融资性担保有限公司，有效破解中小企业融资难、融资贵问题。

（李国庆　刘锦多）

工商行政管理

【概况】 2017年，市工商行政管理局（简称市工商局）落实各级“放管服”要求，紧扣中心，创新作为，在服务发展、保障民生等方面大胆探索，“最多跑一次”“五十证合一”“放心消费在泰安”成为亮点。继续保持省级文明单位称号，市工商局驻政务中心窗口、泰山区市场监管局消费者权益保护科被评为全省工商和市场监管系统“十佳登记示范窗口”和“十佳消费维权平台”，市工商局驻政务中心窗口获山东省城乡妇女岗位建功先进集体。

【商事制度改革】 5月1日，率先在全省工商系统提出并实施“最多跑一次”改革，将27大项、123小项审批服务事项全部纳入“最多跑一次”和“零跑腿”清单，依托互联网，开放企业名称库，推行全程电子化登记。“最多跑一次”改革入选2017年泰安“十大新闻”。试行个体工商户“口述办照”，破解长期以来个体经营注册登记办理住所证明难的问题，省电视台新闻联播栏目予以报道。9月1日起，整合公安、交通、农业等22个部门分别办理的50项涉企证照事项，实施“五十证合一”登记制度。整合事项数量位居全省首位。中编办、国家工商总局刊发泰安经验。2017年，全市新登记各类市场主体5.55万家，同比增长15.41%；新增注册资本1374.31亿元，同比增长55.61%，其中新登记企业1.45万户，同比增长19.56%；新增企业注册资本1306.39亿元，同比增长58.40%。全市市场主体达32.88

9月1日，全市实行“五十证合一、一照一码”改革，市政府副市长、市公安局局长鞠向群（左一）为企业颁出首张“五十证合一”营业执照
（张　雷　摄）

万户，同比增长13.27%；实有注册资本5848.36亿元，同比增长43.93%。

【消费权益保护】 市政府召开“放心消费在泰安”创建工作会议，以“放心消费、幸福泰安”为主题，坚持以点带面、智慧维权，开发“泰安市放心消费创建微平台”，组织现场观摩会2次，“放心消费”创建工作在全市全面展开。围绕“网络诚信、消费无忧”年主题，举行“3·15”纪念宣传活动。完善热线电话、“12315”互联网平台等消费投诉举报受理机制，受理消费者咨询、投诉和举报8190件，为消费者挽回经济损失183万元。组织开展“净市场、惠民生”、商品交易市场专项整治、整治不正当竞争突出问题专项执法等活动，严查假冒伪劣、商标侵权、虚假广告等违法行为，查办“李炽明神陀定喘药”违法广告案入选国家工商总局十大典型案例，在全省互联网金融广告整治会议上作典型发言。召开全市商品交易市场规范化管理现场会，131个商品市场实现企业化登记。抽检加油站361座、农资经营业户218户，整治取缔散煤销售经营户801家，巩固大气污染防治工作成果。

【商标战略】 开播《泰安商标品牌》栏目，编撰《泰安商标》工具书，成立全省首家个私协商标品牌指导站。全市新申请商标注册5865件，新增中国驰名商标4件（全省15件），累计45件；新申请马德里国际注册商标18件；新增地理标志证明商标11件（全省40件），累计39件，全省排名第5。组织肥城桃木雕刻参加世界地理标志大会，为全省5件参展商品之一。3月14日，国家工商总局商标局在泰安召开商标行政保护专题研讨会。

【信用监管】 强化市场主体年报公示力度，各类市场主体年报公示率位居全省前列，在全省推进年报工作视频会上作典型发言。开展“双随机一公开”（监管过程中随机抽取检查对象，随机选派执法检查人

3月15日，“3·15网络诚信、消费无忧”暨市工商局“网络市场规范与消费维权百日行”活动正式启动（张 军 供）

员，抽查情况及查处结果及时向社会公开）抽查，制定12大类、42项随机抽查事项清单。研发全市工商系统数据分析平台，设置市场主体、行政执法、消保维权、主体年报、服务发展五大功能。举办大数据执法办案培训班，对电力、交通运输、自来水、燃气等行业限制竞争行为进行整治，1起案件入选全省《中华人民共和国反不正当竞争法》实施24年十大典型案例。开展医药领域商业贿赂治理工作，被省工商局推荐为创建全国平安医院先进单位。深入开展打击网络传销、传销“斩草”执法行动和以“招聘、介绍工作”为名从事传销活动专项整治工作，在全市防控打击涉众型经济违法犯罪工作视频会议上作典型发言。

【助企发展】 实施助力经济转型升级发展10项举措。与泰山学院联合举办“深化产学融合、助推民企发展”项目洽谈会，400家民企踊跃参加。开展“守合同重信用”公示、文明诚信经营业户评选等活动，公示“守合同重信用”企业271家，表彰文明诚信经营户192家。市政府召开全市“三押一推”工作推进会，引导企业以“三押”为平台，通过办理动产抵押、股权质押、商标专用权质押登记，帮助企业融资；以“一推”为手段，推进企业信用体系建设，引导企业增强诚信意识，将“股权结构好、信用度高、符合国家产业政策”的企业推荐给金融机构，搭建沟通银企之间的“桥梁”，累计为中小企业融资370多亿元。开展“进非公企业讲党课、讲政策、促发展”“亮身份、亮职责、亮承诺”活动，持续扩大非公有制企业中党的组织、党的工作“两个覆盖”。

（张 军）

【概况】 年末，全市有价格管理机构7个，在编干部职工166人，其中市级管理机构1个，在编47人；县（市、区）级管理机构6个，在编119人。市物价局连续8年被省文明委评为“省级文明单位”。

【价格调控】 ①价格监测预警。全年向上级主管部门报送监测数据2万条、分析报告114篇，向市委、市政府报送信息200条，编发简报、快讯63期。②价格调查研究。完成特色农产品成本收益调查4项、市场价格行情专项调查7项，形成调研报告15篇并报送市政府和上级主管部门。③价格宣传。通过网站、微博发布价格政策信息1774条，每日在《泰山晚报》、泰安电视台、“泰安·价格通”和泰山“幸福e家园”网站公布价格信息。

【价费管理】 ①落实上级降费减负政策。降低一般工商业、大工业用电价格，年减少企业支出2.95亿元；降低非居民用天然气价格，年减少用户支出4800万元。②清减涉企收费。跟踪检查上级出台的18项惠企政策落实情况，检查涉企收费单位40家；取消或停征国家设立的行政性事业性收费41项，商标注册收费标准降低50%；清理涉企收费政策文件，废止新建住宅小区供电配套工程费管理政策2个；开展涉企收费专项调查，建立常态化项目动态调整机制。③推进清单化管理。梳理全市行政事业性收费和实行政府定价管理的经营服务性收费项目，编制发布《泰安市行政事业性收费项目标准清单》和《泰安市政府定价经营性收费项目标准清单》，编印《泰安市涉企收费清单》手册并向企业免费发放。④支持电力企业发展。落实上级关于电解铝企业用电价格、光伏风电标杆上网电价调整等电价管理政策，向省物价局申请新泰光大垃圾发电等5个发电项目上网电价；核实可再生能源发电企业电价补贴2770万元。⑤加强涉及民生的公用公益事业价格管理。取消泰安市城区供水价格中的城市用水附加收费项目，泰安市城区居民年节省开支1000万元；调整泰安市城区采暖分段计价标准；批复泰安市城区公共汽车公交线路票价7个和城乡公交线路票价；调整泰山区、岱岳区、市高新区、泰山风景名胜区车辆停放服务收费标准；公布润丰园公共租赁住房租金标准和全市120救护车收费标准；审核新增的5处停车场收费标准。

【价格服务】①价格举报投诉受理。受理价格投诉、举报、咨询1284件，实施经济制裁2.30万元。②成本监审。完成政府定价项目定调价前成本监审5个，监审总金额13.34亿元，核减不合理费用1.14亿元。③价格认定。办理价格认定案件1008件，标的额4323.14万元。其中，涉纪案件3件、刑事案件812件、行政案件176件、纠纷调解4件、其他案件13件。④价格信息服务平台建设。完善“泰安•价格通”公共信息服务平台，新入驻农贸市场1个、批发市场2个、景点1处、停车场14个。⑤价格指数编制。5月19日，协调山东财经大学和泰安市峰松物流有限公司签订“山东省峰松公路运价指数”合作协议，启动编制工作。⑥价格临时补贴发放。向全市低收入群体发放补贴1111.32万元，惠及群众54万人次。⑦平价商店建设。新建平价商店2家，新增平价蔬菜销售品种3个，全年让利70万元。

【市场价格监管】①推行“网格化”市场价格监管。派出执法人员300人次，上门指导经营者3200户，发放“价格诚信承诺书”3000份、商品标价签10万张，规范不正当价格行为30起。②节假日市场巡查。重大节假日期间，派出检查人员500人次，检查经营单位1600家，发放提醒告诫函5000份、标价签6万张，规范不正当价格行为20起，处罚不按规定明码标价零售企业4家，罚款1.20万元；责令6家公共停车场限期整改，对2家乱收费停车场分别罚款1000元。③开展专项检查。组织涉企收费专项检查，检查收费单位112家，查处违法金额183.50万元；整治教育领域乱收费行为，检查教育机构75家，向9家违规收费单位收缴罚没款14.87万元；开展医用耗材价格专项检查，处罚拒不执行医用耗材加价政策的医疗机构3家，罚款60万元。④规范房地产市场明码标价行为。改进商品房销售事前监管模式，施行“一房一标”审核制度；检查商品房开发企业40家、房屋中介机构10家，向12家拒不执行明码标价规定的企业罚款16.50万元。⑤价格诚信建设。开展“明码实价示范店”创建活动，授予新时代商厦等18家商铺“明码实价示范店”称号。

5月19日，山东财经大学与泰安市峰松物流有限公司签订“山东省峰松公路运价指数”战略合作协议　（王　涛　供）

【服务企业年活动】开展“服务企业年”活动，调研全市重点企业60家，建立定期联系帮扶制度，召开“服务企业年”活动座谈会，听取市人大代表、政协委员和企业家代表意见建议，制定促进企业发展的具体措施20条。

【蔬菜目标价格保险】春季马铃薯投保面积7700公顷，价格每千克1.40元，集中销售期市场收购均价每千克1.24元，参保农户每公顷获得赔偿3428.55元，赔付总额2628.78万元。秋季大白菜投保面积7300公顷，目标价格每千克0.30元，集中销售期市场收购均价每千克0.28元，参保农户每公顷获得赔偿1200元，赔付总额880万元。

（王　涛）

食品药品监管

【概况】2017年，全市食品药品监管系统实施“食安泰安”建设，全力创建省级食品安全城市，统筹推进“四品一械”（药品、餐饮食品、保健食品、化妆品，医疗器械）监管，全市食品药品安全形势总体稳定向好。保持“省级文明单位”称号，《泰

10月13日，"富裕文明幸福新泰安"建设暨全市精神文明创建、省级食品安全城市创建风采展在市政广场举行　（王玉梅　供）

安市省级食品安全城市创建纪实》（三期）获"食安山东"好新闻二等奖。

【创建省级食品安全城市】召开中期评估动员会、现场观摩部署会和冲刺阶段现场推进会，成立各专项工作组，落实责任，扎实推进。突出14个重点业态，强化督导调度并及时通报。全年印发《督导通报》和《督办通知书》12份，督导整改问题112项。制作创建省级食品安全城市公益宣传片1部，组织拍摄创建省级食品安全城市纪实系列报道3期，举办省级食品安全城市创建风采展。

【食品生产监管】以"企业规范提升年"活动为主线，推进分级分类监管和追溯体系建设，全市502家食品生产企业重新评定等级，387家企业建立追溯体系，165家企业实施信息化追溯。

【食品流通监管】创新推出"食用农产品市场开办者责任清单""食用农产品市场入场销售者责任清单""活禽市场经营者责任清单"三张责任清单。召开观摩现场会，推进大中型商场超市"放心肉菜"公开评价工作。加强食用农产品产地准出和市场准入衔接，创新韭菜产品"双证制"管理。

【餐饮服务食品监管】分别于5月中旬和10月中旬对全市部分学校食堂及校外托管机构进行"双随机"督导检查，学校食堂和中型及以上餐饮经营者量化分级良好率均达100%。评选"群众满意餐饮经营单位"20家、"十佳食堂"10家。关停搬迁黄前水库水源地餐饮业户23家。完成世界摄影大会、泰山国际马拉松赛等多项重大活动餐饮食品安全保障工作。

【保健食品化妆品监管】印发《全市基层保健食品化妆品市场监管规范化建设三年提升工程实施方案》，开展打击保健食品欺诈和虚假宣传专项行动，联合五部门印发《全市打击保健食品非法会销专项行动方案》，规范企业会销行为，制发保健食品消费提示6000份。

【药品生产监管】检查药品生产企业、医疗机构制剂室、药包材生产企业59家次，约谈药品生产企业4家次。开展药品生产质量提升2017行动，对高风险药品、中药、特殊药品、医疗机构制剂和检验环节开展专项整治。

【药品市场监管】开展药品零售企业专项整治"回头看"等集中检查行动，收回药品GSP认证证书16个，撤销药品GSP认证证书9个。完成对310家药品零售企业GSP检查，对26家药品零售连锁企业总部和758家连锁门店、单体药店GSP跟踪检查。成立药品流通领域安全专家库。

【医疗器械监管】开展"医疗器械规范实施年"活动，推进医疗器械专项整治2017行动，全年检查生产企业27家，发现和整改不合理缺陷186项。

【食品药品专项整治】在"四品一械"各个领域分别组织开展各类专项整治行动，严厉打击食品药品违法行为。全市食品药品监管系统出动执法人员88843人次，检查单位3.13万家次，查处案件3439件，移交司法机关11件。

【技术支撑能力建设】争取市财政经费80万元，启动建设全市食品药品信息中心。市食品药品检验检测中心完成新场所改造全部工程，11月通过省级项目验收，为全省监管系统市级建设项目首家。与山东农业大学合作，在食品药品检验检测中心设立山东农业大学教学科研实践育人基地。药品不良反应监测中心上报药品不良反应报告7072例、器械不良事件

6月28日，2017泰安市食品安全宣传周启动仪式举行　　（王玉梅　供）

报告1958例、化妆品不良反应报告353例。

【抽检工作】 全市完成食品抽检2.76万批次，达到年度千人4.9批次，分别比2016年增加1.3倍和1.29倍。创建区域完成食品抽检7141批次，达到年度千人8.09批次，分别比2016年增加1.03倍和1.02倍。组织抽检药品1921批次。

【社会共治和宣传教育】 举办2017年“科技活动周”“食品药品投诉举报12331主题宣传日”“食品安全宣传周”“药品安全宣传月”“创建省级食品安全城市有奖答题”和全市食品药品监管系统宣传信息培训班暨宣讲团首次宣讲等活动。与市政府新闻办公室联合召开学校食堂及校外托管机构食品安全督查和药品不良反应监测工作情况新闻发布会。争取资金，与山东医药技师学院合作建设“全省食药监管干部培训教育基地”。对全市舆情进行24小时监测，编发舆情周报40期，发送督办单20份。畅通“12331”投诉举报渠道，接到各类投诉举报咨询事项1823件，其中投诉举报412件、咨询1411件，全部进行交办、答复和处置。

（王玉梅）

【概况】 2017年，市质量技术监督局（简称市质监局）机关、稽查局、计量所保持省级文明单位称号，其余4个直属单位为市级（市直）文明单位。市质监局被评为全省安全生产先进单位，市纤检所连续13年保持全国纤维质量监督工作先进单位。

【质量强市和品牌战略】 市政府常务会专题研究《关于加强泰山（泰安）品牌培育的实施意见》，加强旅游业、服务业、制造业等行业品牌培育。新增山东名牌35个，其中山东名牌产品24个，列全省第5位，品牌竞争力进一步增强。

【标准化工作】 以标准化规范生产行为、服务行为，提高产品质量、服务质量。推进全国旅游服务综合标准化示范市、苗木花卉农业综合标准化示范区、信息外包服务标准化试点、采矿机械再制造循环经济标准化试点4个国家级项目建设，2个项目列入省级服务标准化试点单位。泰安市企事业单位参与起草的4项国家标准、8项行业标准、2项省地方标准发布，山东省土工材料标准化技术委员会落户泰安市，全市省级标准化技术委员会达3个。

【特种设备安全监察】 完善特种设备安全监管体系，新泰市、肥城市、岱岳区相继批准成立特种设备安全监察局。组织安全隐患“大快严”集中行动、涉氨制冷、液化石油气充装、危险化学品、化工产业等专项治理行动，检验各类特种设备2.59万台（件），排查特种设备安全隐患。推行气瓶智能化充装，严防超期未检气瓶、报废气瓶流入市场，从源头上保障气瓶充装、流通、使用等环节的安全。

【工业产品质量监督】 开展生产领域市级产品质量监督抽查，对通用硅酸盐水泥、水泥包装袋等12类重点产品实施抽查，合格率为97.45%。组织开展商品煤、危险化学品包装物、容器产品、电线电缆、絮用纤维制品专项监督抽查，排查质量安全风险。市纤检所完成各类棉花公证检验30万吨，在全国纤维检验系统茧丝质量检验技术比对交流活动中夺得团体总分第一名。

【加大执法打假力度】 以特种设备、危险化学品、成品油、烟花爆竹等行业领域为重点，加大执法工作力度，对非法违法行为和重大安全隐患“零容忍”，从严查处、打击到位，提高执法威慑力和有效性。立案查处各类质量违法案件55起，

11 月 6—10 日，全国质监系统县（区）级局长培训班在泰安举行　　（武　雪　供）

为企业和消费者挽回经济损失 1500 万元。

【检验检测机构建设】　泰安市首家国家级质检中心——国家再制造机械产品质量监督检验中心通过国家质检总局现场评审，被国家发展改革委、工业和信息化部、中国质量认证中心纳入国家再制造产业发展体系。省发展改革委将该中心列入 2017 年省级服务业发展引导资金重点扶持项目，给予 150 万元省引导资金支持。建成特种设备专业化众创空间（TS 生态），为特种设备科技成果转化提供全方位支持。

【环保和去产能工作】　加强监管全市 21 家机动车环保检测机构，督促各检测机构持续保持获证时检测能力；突出抓好特种设备范围内小型燃煤锅炉登记注销工作，严格对新建承压锅炉办理使用登记的要求，对不符合新建要求的锅炉，坚决不办理使用登记，及时注销已淘汰锅炉的登记手续。开展危化品等化工行业，钢铁、水泥等去产能行业以及淘汰落后产能特种设备的监督检查力度，推动新旧动能转换。

（武　雪）

安全生产监督管理

【概况】　年末，全市有安全生产监督管理（简称安全监管）机构 8 个，其中市级 1 个，在职人员 25 人；县（市、区）级 7 个，在职人员 76 人。县（市、区）均建立安全生产监察大队，配备安全生产执法人员 87 人，乡镇均成立安全管理办公室或安全监管所，安全监管人员 300 人。2017 年，全市安全生产形势保持持续稳定，共发生各类生产安全事故 78 起，死亡 73 人，同比分别下降 32.2%、18%。国务委员王勇，国家安监总局副局长付建华、徐绍川先后调研泰安市安全生产工作。市安全生产监督管理局（简称市安监局）连续 7 年被评为省级文明单位。

【安全生产责任落实】　调整由市长任主任，各位副市长任副主任，县（市、区）政府和 75 个市直部门主要负责人为成员的政府安委会和各副市长任主任的 19 个专业委员会，分层签订责任书 70 份，召开安全生产会议 23 次。开展“企业安全生产主体责任落实全面深化年”活动，强化倒逼管理，对 25 家企业实行为期半年的黄牌警告、重点管理。对存在重大隐患的 3 家企业在《泰安日报》曝光，2 家黑名单企业在泰山安全网站公示，对 1 家安全生产责任落实不到位的企业主要负责人进行约谈。强化奖惩措施，对未突破控制指标、工作成绩突出的 24 个先进单位、20 名先进个人以及 100 家安全生产主体责任落实示范企业予以通报表彰。市政府命名首批企业安全生产管理标兵 20 人，每人发放奖金 6000 元，在泰安电视台逐一报道。实行死亡 1 人归集 100 万元、每增加 1 人递增 100 万元的累进制方式，对上年发生事故的 3 个县（市、区）上解安全生产资金 1000 万元。

【安全生产隐患治理和监督检查】　①隐患治理。全市各级共排查整改各类安全隐患 12.3 万项。在危险化学品、非煤矿山、冶金有色、涉尘涉爆等行业领域逐一开展县（市、区）异地执法检查，检查企业单位 289 家，下达执法文书 119 份，立案处罚 69 家，处罚 68.7 万元。对危险化学品、非煤矿山转型升级、非煤矿山企业、危险化学品等行业进行安全综合治理，对危险作业不规范等 12 个共性问题进行精准治理，立案调查企业 27 家、违法行为117条，责令5家企业停产停用相关装置和设施，企业退城进园搬迁工作有序稳步推进。开展煤矿、冶金有色、有限空间、涉尘涉爆、建筑施工、特种设备、道路交通、城镇燃气、人员密集场所等行业领域的安全专项治理和精准整治，对排查发现的24处道路交通隐患、存有重大安全隐患的36家单位挂牌督办。实行县（市、区）执法处罚额度每月一排名、每季一通报制度。全市各级各部门单位共打击治理安全生产、道路交通等违法行为90万起，安监系统对违法企业处罚490万元。②监督检查。8—10月，市委督查室、市政府督查室会同市政府安委会办公室坚持每月对各县（市、区）、市有关部门开展一次专题督查。市政府对特种设备、煤矿、建筑施工、消防（人员密集场所）、非煤矿山、城镇燃气等11个行业领域开展月督导，对检查发现的1700条问题责令限期整改。安委会组成8个包保督查组，由县级领导干部带队，每月至少一次到包保县（市、区）开展督查。组成道路交通、人员密集场所、煤炭等5个行业督查组，每月至少开展一次行业督查。

【安全生产基层基础】 在泰安电视台、《泰安日报》等开设安全生产专栏，宣传安全生产法律法规和安全常识。“安全生产月”期间，10万人参加宣传咨询日活动，设置展板2万块、咨询台3600个，发放宣传材料30万份，出动宣传车70辆。开展县（市、区）长和50名乡镇长（街道办事处主任）、50名企业家“谈安全生产”活动，先后举办安监干部、企业家谈安全生产访谈202场。加强企业负责人、安全管理人员、特种作业人员安全生产培训，累计培训考核2.4万人。推进企业技术装备升级改造，在高风险行业推广DCS（分布式控制系统）自动化控制、SIS（安全仪表系统）独立安全仪表系统、安全联锁、综采挖掘技术、中深孔爆破技术，开展“机械化换人、自动化减人”示范企业创建活动。山东润银股份有限公司通过采用先进航天气化炉加压粉煤连续气化工艺技术，取代落后制气工艺，减少现场作业人员600人。分批次对全市安监系统举办安全生产执法、综合监管、事故调查等10期业务培训，组织市、县安监系统147名干部职工参加国家安监总局组织的网上培训。

【安全生产长效机制】 坚持典型带动，培树省、市、县三级标杆企业422家。强化应急管理机制，建立市应急救援指挥中心、市级安全生产救援指挥平台、9支专业应急救援队伍和2个应急救援实训基地，组织危险化学品、非煤矿山、烟花爆竹等各种类型的演习演练980场次，8万人参加演习演练，14万人观摩。①体系建设。“安如泰山”安全生产科学预防体系创建工作全部完成，“智慧安监”安全生产综合监管信息平台一期建设项目通过国家安监总局验收。提出构建安全生产“四梁八柱”（“四梁”即矿山、道路交通、建筑施工、工商贸4个行业支撑，“八柱”即市辖的8个区域支撑）上下一体、纵横相联的立体防控格局。预防重特大事故试点纳入市政府督查重点，突出抓好先行试点单位16个，以点带面、全面推进。加快推进煤矿重大灾害隐患排查治理、石膏矿采空区治理等10项重点工程，累计投入资金近5.6亿元，完成石膏矿采空区治理184.86万立方米，新增设公路防撞护栏373.7千米，完成县、乡公路隐患整治2504.4千米。②预防机制建设。成立泰安市矿山预防重特大事故技术研究中心、化工预防重特大事故技术研究中心、“安如泰山”安全文化研究中心，组建泰安矿山地质钻探应急救援大队。5月、11月，两次在全国预防重特大事故试点城市经验交流会上作典型发言。与中国安全生产科学研究院共同研究创建的政府和生产经营单位两个安全生产风险防控规范顺利通过国家安监总局的评审验收。坚持县（市、区）每半年、行业部门每季度、企业每月一次风险预判制度，6个县（市、区）、泰安高新区、泰山景区依托安全风险红橙黄蓝电子分布图，对112家企业涉及的368个红色风险点和384项城市公共安全风险强化日常管控，排查风险点1.96万项，全部向企业职工公示，建立主要风险点、风险类别、风险等级、管控措施和应急措施“一企一册”。

（郝贞明）

【概况】 年末，市、县（市、区）审计机关7个，审计工作人员224人。市、县两级审计机关审计单位387个，查出违规问题金额15.99亿元，移送司法机关、纪检监察机关和有关部门处理事项71件，移送处理人员16人，促进增收节支1.79亿元，核减投资额4.75亿元。2个项目分获省优秀审计项目和表彰项目。在全省市县审计质量检查中，泰安市被评为优秀等次，市审计局连续八年保持“省级文明单位”称号。

【政策落实跟踪审计和民生项目审计】 对保障性安居工程、精准扶贫、公立医院改革、地方公共文化服务体系建设、宣传文化发展专项资金绩效管理等政策措施落实情况进行跟踪审计，重点关注资金的管理、使用情况和政策措施的落实情况，揭示存在的突出问题，深入分析原因，提出审计整改意见建议。对全市社保基金进行审计，揭示基金管理漏洞，查出骗取养老金、重复领取养老待遇、死亡人员家属冒领养老金和遗属补助、重复缴费和享受待遇等问题，对1.2万起冒领养老金、重复缴费和享受待遇人员交县（市、区）政府进行整改，促进政策措施实施和惠民政策落实。

【预算执行审计】 市政府办公室印发《关于做好2016年度市级预算执行和其他财政收支审计查出问题整改工作的通知》，实现审计整改制度化。围绕加快建立现代财政制度和推进深化财税体制改革，开展预算执行审计。审计预算执行部门64个，重点关注财政资金的安全和使用效益，揭示财政资金在管理、分配、使用等方面存在的突出问题，提出改进建议。审计工作报告和结果报告得到同级人大、政府的肯定和好评。

【经济责任审计】 实行审计对象分类管理、离任经济责任事项交接等制度，推行经济责任审计集中进点，联合市委组织部共同召开市直部门单位领导干部经济责任审计进点部署会议，营造被审计单位领导干部理解审计、重视审计、配合审计的浓厚氛围。采用“1+N”审计模式，实现一审多果、一果多用。审计结果得到相关部门高度重视，审计整改力度进一步加大。年内，审计253名领导干部，查出违规金额7.92亿元。

【政府投资审计】 年内，完成审计政府投资项目27个，审计金额40.96亿元，核减投资额4.75亿元。印发《泰安市审计局政府投资建设项目跟踪审计操作规程》《泰安市审计局政府投资建设项目决算审计操作规程》，提交的关于保障性安居工程的审计专报得到市领导批示，市政府召开审计查出问题整改会议，强力推进问题整改。

【领导干部自然资源资产离任审计试点】 把河湖管理保护工作作为审计重要内容，全面贯彻落实河长制，促进领导干部树立科学的发展观和正确的政绩观。在对肥城市的领导干部自然资源资产离任审计中，引入地理信息系统技术，突破传统审计方法制约，提高审计工作质量和效率，为推进自然资源资产审计积累经验。

【专项审计调查】 推进新旧动能转换重大工程，密切关注“放管服”改革，促进经济高质量发展。对全市驻境外机构和境外投资基本情况调查摸底和涉企收费进行专项审计调查。开展政府利用PPP模式投资项目绩效审计调查，审计结果被省审计厅通报表彰。

【内部审计】 年末，全市共有内审机构226个，内审人员649人，完成审计项目2845个，提出意见建议被采纳1954条，促进增收节支4.15亿元。

（杨　宁）

【概况】 2017年，泰安市统计局连续10年保持省级文明单位称号，被国务院第三次全国农业普查领导小组表彰为第三次全国农业普查先进集体。

【数据质量】 围绕GDP核算，压实各级数据质量责任，全面加强数据质量管控，通报主要指标季度运行情况。在全省率先实行统计违法案件审议查处等制度，采取随机方式抽取被检查对象、随机选派执法检查人员的“双随机”执法检查，开展进党校、进社区活动，营造依法统计良好氛围。主要统计数据质量得到提升，在全省统计工作专题会议上，泰安市作典型发言。

【基层基础建设】 市政府印发《关于进一步加强统计基层基础工作提高数据质量的意见》，开展统计基层基础建设年活动，明确乡镇统计工作建设标准，全市88个乡镇（街道）均建立实体型统计站。

【统计改革和普查】 加快推进国民经济核算体系改革，开展“四新”（新技术、新产业、新业态、新模式）经济增加值核算。完成行政管辖范围变动统计数据合理调整。完成第三次全国农业普查现场登记、审核验收、数据汇总等各环节工作，被评为第三次全国农业普查先进集体。

【统计服务】 编印《泰安发展景气报告》，进行季度经济运行分析，分析信息工作居全省17市第2位。增设《统计专报》，将县（市、区）月度主要数据及新情况、新问题呈报市主要领导，6篇被市主要领导批示。

（孙珺富）

编校　赵　兵　　审稿　周美广

经济合作·项目建设

招商引资

【概况】 年内，全市新开工重点产业境内招商引资项目 701 个，合同引资额 1976 亿元，在建招商引资项目到位市外资金 336.3 亿元，同比增长 12.6%。其中工业项目 466 个，服务业项目 235 个；10 亿元以上项目 41 个，5 亿～10 亿元的项目 57 个。市委、市政府制定《关于进一步加强招商引资工作的意见》，把招商引资作为推动经济社会发展的重要抓手，调整充实市招商引资和重点项目建设领导小组，整合成立五大指挥部，党委、政府合力抓招商，变指导抓为直接抓，形成工作合力。加大招商引资在全市经济社会发展综合考核的权重，在千分制考核中占到 200 分，在对县（市、区）、高新区、泰山景区实行目标责任制考核的基础上，对市直部门招商引资实行分类绩效考评机制。围绕打造招商引资擂台赛，打破以往单位排序，对 6 个县（市、区）、泰安高新区、泰山景区、泰安旅游经济开发区的拟签约项目，经过项目资格、资质、质量三轮评审，重新排定登山节上台签约顺序，集中签约的 48 个项目履约率为 87.5%。

【对外联络】 邀请“一带一路”沿线国家工商会到泰安市举办投资与贸易推介座谈会，围绕投资贸易政策、投资环境、合作领域和项目进行洽谈和交流。继续加强同各级贸促会、国际商会的联系，加强与中国复合材料学会、中国检验检疫协会等全国性行业协会的联系，推动泰安复合材料研究院、会展项目合作。加强与各地工商联、山东商会、驻鲁异地商会的联系，探索经济发展新常态下的合作模式，共同为企业搭建交流合作的平台。

【服务工作】 加强与县（市、区）、市直有关部门的联系，策划包装对外招商项目 120 个，重新设计制作重点产业宣传片、会展城市宣传片和《中国·泰安》宣传画册，为全市、园区、企业对外宣传、推介项目，做好对外联络交流的基础性工作。开展服务企业、走访调研活动，完善与重点企业的联系和沟通机制，为企业搞好协调服务和落地项目的跟踪服务，发挥联系政府与企业的桥梁作用。举办泰安市领导干部招商引资专题研修班，提高招商引资队伍的理论水平和业务能力。争取中国贸促会在泰安市设立中国贸促会山东（泰安）培训基地，为全国贸促系统首批五家培训基地之一。做好出证认证工作，年内签发一般原产地证、优惠原产地证、证明书、使馆认证等商事证明书 6689 份。

【2017 中国泰安投资合作洽谈会】 9 月 6 日，第三十一届泰山国际登山节暨 2017 中国泰安投资合作洽谈会开幕式在泰安举行。市委书记王云鹏出席活动并宣布大会开幕，市委副书记、市长李希信致辞。波兰希维托赫洛维采市市长大卫·科斯坦姆斯基应邀出席。中国节能环保集团、中国建筑集团、中国图书进出口（集团）总公司、迪卡侬集团等 560 余家国内外知名企业集团及来自 20 多个国家和地区的 1200 名客商参加。洽谈会依托泰山国际登山节平台，以“开放、合作、创新、发展”为主题，以推进招商引资、项目建设为主线，聚焦新旧动能转换，开展以专题推介、产业对接、项目洽谈、展览展示等为主要内容的经贸活动，加强与国内外知名企业，特别是世界 500 强企业、行业 100 强企业、上市公司、先进技术企业的沟通联系。在集中签约仪式上，签约 48 个项目，其中内资项目 44 个，外资项目 4 个；投资额在 10 亿元以上项目 42 个，50 亿元以上项目 15 个，引进中国环境保护集团有限公司、香港永泰控

股有限公司、浙江宝盛控股集团有限公司、中航工业江苏宝胜集团、航天长征化学工程股份有限公司、唯品会（中国）有限公司等。市委、市政府严把签约项目质量关，做到“签约一个、开工一个、投产一个”，提高招商项目的开工率和建成投产率。

【2017泰安市经济合作项目推介会】 9月6日，在泰安举办。市委常委、常务副市长展宝卫出席会议。展宝卫在致辞中介绍了泰安经济社会发展情况。各县（市、区）、重点园区片区、部分企业和商会（协会）现场推介一批实施条件好、可行性强、投资回报率高、市场前景广的大项目、好项目。

【2017（北京）泰安经济合作推介会】 8月10—11日，在北京举行。来自北京及周边地区的工商界和企业界100余人参会。市政府副市长袁久党出席会议并讲话。泰安与中科院、农科院、北京科技大学等多所高校和科研机构开展科技合作，中国航天、中材集团、中化集团、京粮集团等多家企业在泰安投资兴业。泰安继续按照“互惠互利、合作共赢”原则，打造便捷高效的政务环境、公正规范的法治环境、重诺守信的信用环境、碧水蓝天的生态环境、舒适宜居的生活环境，使广大投资者来得放心、留得安心、创业舒心。会上播放了泰安市重点产业推介片，泰安高新区和7家在京企业作情况介绍。推介会期间，分别与清华大学互联网产业研究院、华润置地、中建环投、九鼎集团等企业座谈交流，走访中关村智造大街和北京协同研究院，推动有关项目的晋位升级。

【2017（深圳）泰安物联智慧城招商洽谈会】 12月19日，在深圳举行。市委常委、常务副市长展宝卫参加活动。来自深圳及周边地市150多家物联智慧型企业参加会议。展宝卫介绍泰安情况，播放泰安市、泰安高新区和深圳微众智能公司情况宣传片。泰安市政府、泰安高新区管委会、山东型微智能科技有限公司三方签署《泰安物联智慧城市产业平台共建战略合作协议》，部分企业家介绍企业优势及参与共建契合点，举行泰山东泰安新产业发展合作中心揭牌仪式，企业家就参与泰安物联智慧城共建展开热烈讨论与交流。其间，先后走访深圳南山科技园管委会、深圳市三诺电子有限公司、深圳市前海守护云健康管理有限公司、深圳研祥集团等。

【泰安中研复合材料产业研究院成立】 4月22日，在泰安举行。副市长袁久党出席活动。新材料作为泰安重点发展的战略性新兴产业，在玻璃纤维、工程塑料、精细化工、纳米新材料等领域发展优势明显。泰安中研复合材料产业技术研究院的成立，将有效孵化国内外复合材料领域的科研成果，进而形成产业化；同时培养科技创新人才，面向社会提供科技服务，实现“政产学研用”的有效结合。

【中国贸促会山东（泰安）培训基地】 9月12日，在泰安揭牌，是全国贸促系统首批五家培训基地之一，第一个进行揭牌。中国贸促会副会长卢鹏起、中国贸促会培训中心主任凌凤杰、山东省贸促会会长徐清、市委农村工作领导小组副组长陈湘安出席活动。泰安市贸促会将承接中国贸促会的部分培训工作任务，组织开展多层次、多领域的培训活动，为泰安市企业开拓国际国内市场，促进经济社会发展服务。

【“一带一路”国家投资专题推介会】 9月13日，在泰安举办。中国贸促会副会长卢鹏起、中国贸促会培训中心主任凌凤杰、山东省贸促会会长徐清出席会议。来自“一带一路”沿线11个国家工商会代表25人出席，其中科摩罗、加纳、尼日利亚、南非、索马里、叙利亚、坦桑尼亚等7个国家的工商会代表推介本国的投资贸易政策、对外开放合作领域和项目。全国100余家企业参加会议，涉及农业、电力、纺织等多个行业，并与“一带一路”国家考察团客人进行洽谈交流。考察团参观了山东岱银纺织集团股份有限公司、山东泰开电气集团有限公司、山东以利奥林电子科技有限公司等重点外向型企业，并与企业负责人进行交流对接。

【泰安市领导干部招商引资专题研修班】 5月21—25日，在复旦大学举办。泰安市招商引资和重点项目建设领导小组办公室、各招商引资和重点项目建设指挥部负责人，各县（市、区）政府分工负责人，经济合作局（招商局）负责人，重点园区负责人，泰安高新区分工负责人，投资促进处负责人，以及市直有关部门、单位负责人等70人参加培训。培训期间，复旦大学组织上海市北高新技术园区副总裁涂正刚、苏州工业园区招商局副局长张震苏，上海市黄浦区区委常委、副区长，上海证券交易所企业上市部原总监巢克俭等专家学者围绕经济新常态的形势发展，招商引资新趋势和应对措施，宏观经济形势和国家产业政策、政府投融资及基金运作、产业转型升级与战略性新兴

5月21—25日，泰安市领导干部招商引资专题研修班开班 （赵传勇 供）

产业培育发展、园区管理与招商实务等内容开展专题讲座，组织学员赴上海自贸区和张江高科技园区进行现场考察和学习。（赵传勇）

对口支援

【概况】 年内，泰安市承担山东省规划援建岳普湖县项目21个，投入援疆资金2.04亿元。开展“携手奔小康行动”，投入巫溪县援建资金539.2万元，帮助巫溪县实施高山生态移民搬迁，援建一批基础设施建设，并对贫困户进行实用技术及劳动转移技术培训。

【产业扶持】 援建岳普湖县项目中，投资2500万元用于亚欧国际商贸物流园一期配套设施建设，投资1600万元在泰岳工业园建设就业孵化基地和标准厂房，设立产业扶持资金1000万元，用于扶持优势企业和特色产业发展。

【民生帮扶】 投资3000万元用于反恐维稳能力建设，投资5000万元用于贫困户安居富民工程，投资1200万元用于国民教育学校，投资700万元建设县一中附属工程，投资240万元资助内地就读大学生，投资92万元推广双语教学模板，追加500万元用于职业技能培训和劳务输出758人。投资2100万元建设村民服务中心，投资5140万元用于9个乡镇的健康体检中心建设，安排150万元作为结核病防治资金。

【智力支持】 选派16名医生、21名教师等重点领域紧缺人才到医院、妇幼保健院、疾控中心、学校工作，安排12名援疆干部到受援部门开展实质性工作。6月，选派1名副县级干部赴巫溪县挂任副县长。肥城市教育局多次赴巫溪县开展结对帮扶和高中教学调研，帮助提高教育教学水平。举办“春风行动”暨泰安对接巫溪现场招聘会，肥城市劳动就业办和市内外45家招聘企业参加“百企万岗进重庆”活动，提供就业岗位1100个。会同市委宣传部共同承办主题为“筑梦喀什•感恩援疆”喀什歌舞剧团慰问演出，接待喀什来访干部，组织第八批、九批援疆干部家属参加座谈、观看演出。

【交流合作】 制定《泰安市东西扶贫协作和对口支援工作方案》，编制完成市、县两级《扶贫协作巫溪县专项规划（2016—2020年）》，拟定《关于进一步加强泰安市巫溪县扶贫协作工作的实施意见》《泰安市巫溪县对口扶贫协作项目清单》。泰安市、肥城市党政代表团先后5次赴巫溪县开展调研活动，精准对接巫溪县需求。4月，巫溪县委书记带领县委办、教委等部门，到泰安市对接东西扶贫协作工作。

（葛宗泰）

重点建设项目

【概况】 年内，分两批筛选确定市级重点建设项目131个，总投资1209亿元，年度计划投资491亿元，实际完成投资581亿元，完成年度计划的118.3%。6个项目纳入省级重点建设项目，总投资77.4亿元，年度计划投资61.5亿元，完成投资62.4亿元，占年度计划的101.5%。前期推进重点项目100个，开工建设70个。组织全市项目春季集中开工仪式，协助组织市领导现场集中观摩考核活动2次，制定新的重点建设项目管理与推进办法、季度年度考核办法、实地检查评分方法等文件，推行市级领导包保重点项目制度和项目代办、问题分级交办制度，对项目管理推进、考核奖惩作调整。牵头开展全市项目攻坚专项行动，制定工作方案，建立问题台账、工作台账，推行“一线工作法”，加强调度推进。

【山东康平纳集团有限公司年产2万吨纱线染色智能工厂项目】 由泰安康平纳机械有限公司投资建设，项目总投资3.2亿元，建设规模为厂房改造，建设污水处理、配电及蒸汽等配套设施，配置中央控制系统及检测反馈系统、自动染料配料系统等先进染整装备，建设染色智能工厂，年产优质色纱2万吨。项目建成后，年可实现销售收入6.2亿元、利润4108万元，税收2000万元，解决就业120人。

【山东瑞福锂业有限公司年产2万吨碳酸锂扩建项目1万吨氢氧化锂项目】 总投资9.7亿元，设计生产规模为年产2万吨碳酸锂、年产1万吨氢氧化锂。碳酸锂扩建项目主要建设碳酸锂车间、焙浸车间、原料库、成品库及其他配套设施等7.2万平方米，购置主要生产设备112台（套）。氢氧化锂项目主要建设生产车间及辅助配套设施6343平方米，购置设备165台（套）。项目建成后，年可实现年销售收入18亿元、利税5亿元。

【山东祥瑞药业有限公司年产12万吨无水葡萄糖项目】 总投资3亿元，总建筑面积2.11万平方米，主要建设无水葡萄糖车间、产品仓库、包装车间、变配电室、循环水装置、制冷车间、厂区给排水、消防、冷水站、空压站、总图运输、工艺及供热外管道、采暖通风等设施。项目建成后，年产注射级无水葡萄糖4万吨，食品级无水葡萄糖8万吨，可实现年销售收入7亿元，利税6000万元。

【山东轩德医药科技有限公司医药中间体项目】 总投资1.14亿元，总建筑面积2万平米，主要建设高清洁生产车间、恒温恒湿仓库、综合研发办公楼以及附属配套设施。项目达产后，年销售收入将突破20亿元，利税3亿元以上。

【泰安市联强新材料科技有限公司工厂建设项目】 计划总投资4.6亿元，总建筑面积5.19万平方米，主要建设年产150万平方米装配式建筑生产线及办公研发楼、职工宿舍楼等相关配套设施。项目全部达产后，年生产能力将达到150万平方米，预计年销售收入15亿元，实现税收8000万元，安置劳动力300余人。

【泰开机器人暨智能自动化系统项目】 总投资2.8亿元，总建筑面积4.4万平方米。主要建设工业机器人本体加工、自动化生产线生产车间及研发办公楼。全部建成达产后，预计年可新增销售收入5亿元以上，利税1亿元以上。

【泰山创新谷】 依托泰安高新区国家级高创中心建设，总建筑面积8.73万平方米。主要建设泰山创新谷展厅、创业咖啡等众创空间、科技交易市场、政务服务窗口和外地高校成果转化办公室、驻泰安高校孵化和成果转化空间、云平台服务中心等。

【山东新巨丰泰东包装有限公司年产100亿包无菌包装材料生产项目】 总投资4.5亿元，总建筑面积4.88万平方米，新建生产车间、卸货平台、缓冲车间、屋顶包车间、仓库、三层产品检验试验楼等，打造无菌包材行业世界领先品牌。新增主要生产设备48台（套），年产无菌包装材料100亿包，年可实现销售收入20亿元，利税4亿元。

【山东晶泰星光电科技有限公司新建新型LED光源模组项目】 总投资19.5亿元，总建筑面积54.17万平方米，新建生产车间、仓库、污水处理站、研发综合楼及配套综合服务设施等。新上各种设备3000台(套)，建设封装线、基板线、芯片线等生产线31条，年产各种新型LED光源模组8亿条，年可实现销售产值3.2亿元,利税6000万元。（葛宗泰）

编校　张云霞　　审稿　曹成义

农业

综述

【概况】 2017 年，全市农业增加值 292.3 亿元，同比增长 3.9%；农村居民人均可支配收入 15674 元，同比增长 8.6%。全年粮食播种面积 547.23 万亩，总产 253.39 万吨，单产 463 千克。市农业局继续保持“省级文明单位”称号。

【产业结构调整】 聘请农业部规划设计院为全市编制《泰安市“一圈一带”现代农业发展规划》，成为泰安市发展现代农业的重要指导。印发《泰安市政府关于加快推进现代农业产业园建设的意见》，组织开展第一批市级现代农业产业园的评选，确定市级产业园 4 家。发展特色产业，全市新植茶园 4000 亩，总面积达 4.2 万亩，增长 10.5%，产量 620 吨，产值 5.2 亿元；蔬菜播种面积 159.17 万亩，总产 617.33 万吨；葡萄种植面积 1.01 万亩，葡萄酒产业实现销售收入 7000 万元。粮食产能稳定发展，持续实施“藏粮于地、藏粮于技”战略，战胜小麦条锈病、倒伏等病虫害和不利天气影响，全年粮食再获丰收。全市粮食种植面积 547.23 万亩，总产 253.39 万吨，分别增长 0.26% 和 0.14%。抓好 7 个粮食高产创建示范方和 3 个粮食高产创建平台项目建设，全市 55 个 148.5 万亩粮食高产创建任务全部完成。农村居民人均可支配收入达 15674 元，增长 8.6%。

【一二三产业发展】 组织开展农业公园创建，印发《泰安农业公园评选认定管理办法》，开展创建评审工作，促进休闲农业快速发展。国家级休闲农业与乡村旅游示范县达 2 个、示范点 2 个，省级示范县 1 个、示范点 5 个；国家级美丽田园 1 个、省级 2 个；省级生态休闲农业示范园区 5 个；省级生态循环农业示范企业 2 个，省级生态循环农业示范基地达 6 个。实施“互联网 + 现代农业”行动计划，全市农产品电商交易额 80 亿元，增长 40%，注册农村网店 6.05 万家。新增规模以上农业龙头企业 40 家，达 960 家，其中国家级、省级、市级企业分别达 3 家、35 家和 419 家；新增销售收入 35 亿元，达 920 亿元。实施惠农信贷通，通过财政资金担保，全年累计为市级以上龙头企业发放贷款 1 亿元。全市新增农民合作社 880 家、家庭农场 783 家，分别达 8337 家、3938 家。农业生产性服务组织达 8028 个，从业人员 11 万人。

【品牌认证工作】 新增“省级农业标准化生产基地”18 家，达 61 家。全面落实韭菜“双证制”，实现对韭菜生产监管工作全覆盖。加大农产品检测抽检力度，承担省级以上抽检 19 次，合格率在 98% 以上。开展市级抽检 6 次，合格率达 99%。扩大“三品一标”认证规模，全市“三品”新认证 63 个，面积 13.33 万亩，总数达 603 个，总面积达 389 万亩。其中，新认证绿色食品 6.8 万亩，有机食品 1.03 万亩。泰山红茶获得农业部农产品地理标志认证，全市农产品地理标志总数达 11 个。提高农产品品牌建设水平，新增第二批山东省知名农产品区域公用品牌 1 个、企业产品品牌 7 个，总数达 13 个。组织举办首届泰山茶优秀品牌评选暨第五届泰山茶炒茶技能大赛，评选产生 10 个优秀品牌。聘请北京光华精锐营销公司对泰山茶区域品牌进行整体策划，完成价值定位和形象设计。举办全市农产品品牌建设培训班，邀请全国知名品牌专家为农口部门主要负责人作系统品牌知识培训，提高品牌强农的思想认识。

【发展绿色农业】 做好种植业面源污染防治工作。编制完成《泰安市耕地质量提升规划（2018—2020年）》，对全市110个典型种植地块进行调查并上报相关数据信息，为农业面源污染综合防治提供基础支撑。开展农作物病虫害绿色防治和统防统治，建立绿色控害示范区，集中推广应用植保新技术、新农药、新药械，减少农药使用量，农药利用率提高到35%，农作物病虫害统防统治覆盖率达26%。推广测土配方施肥和水肥一体化技术，全市完成测土配方施肥面积620万亩，主要农作物覆盖率达82%。新增水肥一体化8.6万亩，总面积达13.4万亩。推进秸秆农膜综合利用处理，加快构建农作物秸秆综合利用产业化格局，全市秸秆综合利用率达89%，加大农膜回收利用，农膜回收率达78%。

【农村综合改革】 深化农村承包土地"三权"分置改革。搞好农村土地确权登记颁证后续工作，完成省级检测和国家级数据库汇交任务，泰安市农业局被省农业厅评为全省农村土地确权登记颁证先进集体。加快土地经营权流转，全市流转土地180.9万亩，占承包地面积的39.2%。加快产权制度改革，全市开展改革的村（居）2058个，已完成改革的村（居）1357个，分别占村（居）总数的56%、37%。在省农村集体产权制度改革工作领导小组对各市2017年度考核中，泰安市综合排名第二，被评为"优秀"等次。

【农业保障体系建设】 全年对上争取到位资金5.51亿元，完成总任务的111.38%；产业招商到位24.04亿元，完成总任务的145.43%。落实惠农政策。落实耕地地力保护补贴3.13亿元、种粮大户补贴601万元、政策性农业保险补贴5110万元。做好80万亩小麦风灾倒伏补救工作，理赔资金6397万元，确保受灾农户利益。加大科技支农力度。全市科技人员下乡人数达2512人次，指导农户4.4万户。建设农业科技试验示范基地18个，引进试验新技术新成果12项，展示示范新品种80个。开展农业行业扶贫。组织实施帮扶项目21个，受益贫困人口2.27万人，受益金额870.27万元。选派3名第一书记到贫困村进行帮包脱贫，争取各级扶持资金250万元。

【农业科技创新与推广】 组织实施新型职业农民培育、农业扶贫培训、行业关键技术培训、赴台农业培训、西部经济隆起带农业专家服务基地等农民实用技术培训项目，累计培训农民30万人次。以提高农业科技进步贡献率为目标，引进试验示范新品种、新成果，遴选发布农业主推技术44项。大力实施科技项目带动，评选产生2017年度市级农牧渔业丰收奖15项，获市科学技术进步奖3项，获省农牧渔业丰收奖3项。 （高文星）

【农业综合开发】 全年共完成项目40个，总投资1.7亿元。完成土地治理存量项目23个，总投资7231万元，建设高标准农田5.97万亩。通过项目建设，实现水源工程、节水工程、排水工程、电力工程、林网工程、方田工程、道路工程建设项目区全覆盖，新增灌溉面积1.9万亩，改善灌溉面积3.95万亩，新增除涝面积600亩，改善除涝面积4.31万亩，新增节水灌溉面积5.77万亩，年节水400.08万立方米，增加农田林网防护面积4.04万亩，优质农产品种植面积4.56万亩。年新增粮食生产能力1905.56万千克、年新增其他农产品生产能力4.20万千克，新增种植业总产值2225.06万元，项目区直接受益农户数2.2万户，项目区直接受益农民7.21万人，年纯收入增加总额1415.30万元，各项效益指标均达到项目建设预期目标。完成产业化发展项目17个，总投资9733万元，其中财政补助项目14个，贷款贴息项目3个。新建加工车间、大棚、畜禽养殖舍523.07万平方米，新

2017年泰安市农业科技成果获奖情况

表6

项目名称	获奖等级	完成单位
小麦玉米节肥增效技术及农田环境研究	市科技进步一等奖	泰安市农科院
泰山珍稀食用菌林地栽培模式及标准化技术研究	市科技进步二等奖	泰安市农科院
山东小麦田杂草抗药性机制与综合防控技术	市科技进步二等奖	泰安市农科院
玉米病虫草害绿色防控关键技术集成与推广应用	省农牧渔业丰收奖二等奖	泰安市农技站
珍稀食用菌林地标准化栽培技术研究与示范	省农牧渔业丰收奖二等奖	泰安市农科院
鲁中山地丘陵花生高产稳产综合配套技术集成与示范	省农牧渔业丰收奖三等奖	泰安市农科院

修生产路10.4千米，硬化道路1.25万平方米，铺设地下管道28.53千米，新增微滴灌配套管道78千米，新打机井18眼，新建蓄水池12座，新建沼气池2个，购买机器设备462台（套），新建拦水坝、涵洞18座，购买苗木5.91万株，引进实验性新品种4个。项目建成后，年新增农业总产值6.39亿元，新增利税7202.14万元，新增就业人数3350人，受益农民年收入增加总额9074万元。年度项目11月顺利通过省级验收，验收成绩在全省名列第一，高标准农田建设模式创新试点建设管理和农综开发绩效考评在全省均排名第一。2017年度共争取项目35个，其中土地治理项目19个，产业化发展项目16个。项目总投资1.14亿元，其中省以上财政资金9499万元。土地治理项目完成整体工程量的40%以上，产业化经营项目完成工程量的60%以上，总体建设标准高、质量好。完成农业综合开发扶贫任务，扶持贫困村202个，总投资4205万元，建设旱涝保收田3.28万亩。

（刘　文）

【概况】 全市农业增加值达178.6亿元，同比增长4.7%。全年农作物总播种面积865.89万亩，其中粮食作物面积547.23万亩，总产253.39万吨，单产463千克；油料作物面积74.19万亩，总产22.23万吨，单产300千克；棉花面积4.5万亩，总产0.37万吨，单产83千克；生麻面积600亩，总产81.13吨，单产135.21千克；烟叶面积38亩，总产6.95吨，单产183千克；药材类面积1.84万亩；蔬菜及食用菌面积159.17万亩，总产617.33万吨，单产3878.33千克；瓜果类面积2.20万亩，总产7.68万吨，单产3499.95千克；其他作物5.34万亩。

【粮食生产】 全年粮食播种面积547.23万亩，总产253.39万吨，单产463千克。其中，夏粮收获面积253.97万亩，亩产464.16千克，总产为118万吨；秋粮收获面积293.26万亩，单产492.6千克，总产144.4万吨。深入开展粮食高产创建，组织实施12个粮食高产创建示范方项目，建设面积27万亩，全部通过省级验收，全市示范方面积达142万亩。粮食高产创建示范方项目区小麦、玉米两季合计亩产达1155.6千克，超额完成省农业厅确定的1100千克计划任务。

【特色产业】 充分发挥蔬菜产业在农民增收中的重要作用，大力发展蔬菜产业，全市蔬菜及食用菌面积达159.17万亩，总产617.33万吨，单产3878.33千克。其中，有机蔬菜面积达30.2万亩。继续做大做强茶产业，新发展茶园0.4万亩，全市茶园种植面积达4.2万亩，其中可采摘茶园达2.5万亩。2017年，泰山茶干茶年产约620吨，产值5.2亿元。

【植物检疫】 加强植物检疫宣传培训。开展农业植物检疫宣传月活动，活动期间，全市设立宣传点30个，组织张贴、悬挂标语、条幅135条，发放宣传资料1.6万份，现场咨询3014人次，在农贸市场设置植物检疫宣传栏45块，举办培训班5期，培训人数达350人次。搞好检疫性有害生物和重大植物疫情调查防控。全市先后出动125人次，分别对500个冬暖式大棚、10万亩陆地大田作物开展了扶桑绵粉蚧、瓜类果斑病和黄瓜绿斑驳花叶病毒病等疫情普查。抓好检疫登记管理。先后对五岳泰山种业有限公司、农大种业、山农种业、鲁中种业等单位的小麦、玉米、黄瓜、萝卜、大葱制种田进行产地检疫，产地检疫面积4.39万亩；签发植物检疫证书223份；新办理和换发检疫登记证9家。

【病虫害防治】 年内，全市病虫草害共发生3196.94万亩次，比上年减少219.60万亩次，防治2968.64万亩次，减少264.45万亩次，防治面积占发生面积的92.86%。其中，病害发生1013.31万亩次，增加5.69万亩次；虫害发生1423.49万亩次，减少150.28万亩次；杂草发生665.14万亩次，减少135.01万亩次；飞蝗发生20万亩次；农田鼠害发生15万亩次。通过防治，全市共挽回粮食损失39.02万吨、棉花1248.71吨、油料2.6万吨、水果8.46万吨、蔬菜126.34万吨。病虫害监测预警。完善县级有害生物监测预警与控制区域站和乡村基层测报点相结合的监测预警网络，组织全市监测预警技术培训班，提高测报人员的素质。规范开展病虫害系统调查和大田普查，加强对小麦、玉米、蔬菜、花生等作物病虫害的规范调查，突出对东亚飞蝗、条锈病、麦蚜等突发性、暴发性、流行性重大病虫害的监测预警。全年编发病虫情报80期、电视预报10期。病虫害防控工作。针对麦蚜、条锈病、黄化叶病毒病、赤霉病、灰飞虱、黏虫、玉米螟、东亚飞蝗等重大病虫害，在防治关键时期及重点区域，通过组织现场技术指导和发布技术意见等方式，指导

2017年泰安市粮棉油菜生产情况

表7　　　　　　　　　　　　　　　　　　　　　　　　　　　单位：万亩、千克/亩、吨

名　称	粮　食			棉　花			花　生			蔬菜及食用菌		
	面积	单产	总产	面积	单产	总产	面积	单产	总产	面积	单产	总产
合　计	547.23	463	2533919	4.49	83	3723	73.68	300	221382	159.17	3878.3	6173286
泰山区	5.98	466	27916	—	—	—	60	193	12	0.4	2640.3	11021
岱岳区	92.86	469	435160	0.36	59	212	3.51	255	8935	29.67	3619.6	1073778
新泰市	77.69	463	359493	0.28	62	170	31.06	295	91757	27.44	4142.3	1136850
肥城市	110.46	465	513528	0.74	99	734	3.75	253	9475	34.71	3818.0	1325219
宁阳县	124.19	464	575872	0.13	68	91	20.98	317	66557	26.41	3752.2	991113
东平县	136.05	457	621950	2.95	85	2498	6.51	308	20046	16.32	3841	626832

农民适时开展防治，严防突发性、迁飞性、流行性重大病虫在全市范围内的暴发成灾。全年共发布技术意见50次。小麦条锈病防控。印发《关于立即开展小麦条锈病防控工作的紧急通知》《关于进一步加强小麦病虫害防控工作的通知》，组成3个督导组分别对6个县(市、区）和泰安高新区、泰山景区条锈病防控工作进行督导。市财政拨出150万元，共整合应急防控资金、物资790万元用于小麦条锈病应急防控，小麦条锈病得到有效防控。专业化统防统治工作。发展壮大植保合作社、植保协会、农资经营大户等多种形式的专业化防治组织。全市共有植保专业化防治组织183个，其中在工商局登记注册72个。从业人员4470人，统防统治面积365.57万亩次。推广植保绿色控害新技术。加大以杀虫灯、性诱剂、色板诱杀为主的理化诱控等多种绿色防控技术的推广应用，建立以花生、茶树、马铃薯、绿菜花、毛豆等作物的核心绿色防控示范区。做好新农药新技术试验示范，加快高毒农药替代步伐。全市植保新技术试验、示范15项，主推技术5项，示范技术组合套餐2项。充分利用电视台、电台、宣传车、农村广播、培训班、印发宣传资料等多种形式，大力宣传安全使用农药的知识，逐步减少农药的使用量，降低施药对环境的污染。

（高文星）

【概况】 全市完成成片造林6133公顷，森林覆盖率达39.62%，实现林业产业总产值450亿元。莲花山国家森林公园继泰山、徂徕山之后入选为“中国森林氧吧”。市林业局继续保持“省级文明单位”称号，被表彰为全省林业科技工作先进集体、全省林业信息宣传工作先进单位、全省第九次森林资源清查工作先进单位，获第九届中国花卉博览会组织奖金奖、第十四届中国（菏泽）林产品交易会优秀组织奖。

【林业生态建设】 坚持山水林田湖草综合治理和生态修复，大力实施“绿满泰安”行动，大规模开展国土绿化，集中开展城区绿色空间、荒山绿化攻坚、绿色廊道、森林镇村、河湖湿地景观林、破损山体植被恢复“六大生态绿化工程”，推进“三边”(公路边、铁路边、河流边)绿化、荒山造林、高效经济林开发、高标准农田林网建设和村镇绿化提升。全市共完成成片造林6133公顷，完成“三边”绿化822.75千米，新建完善高标准农田林网7226.67公顷，完成义务植树1080万株；有12个乡镇、55个村居创建为市级及以上“森林镇村”，其中5个乡镇、25个村居入选全省首批“省级森林镇村”。5月，全国北方地区森林抚育现场研修班在泰安市成功举办。岱岳区、新泰市被列为全省首批林业生态修复试点县。

【林业产业发展】 编制实施《全市现代林业产业发展规划》，抓好名优经济林、苗木花卉、林产品加工、林下经济、森林旅游五大优势产业。实施退耕还果还林工程，规模化发

展大樱桃、核桃、桃、大枣、板栗等高附加值特色经济林基地3733公顷，总面积11.35万公顷，全市经济林总产量107万吨；新增高档苗木花卉400公顷，总面积2.78万公顷，面积规模位居全省前列；全市林下经济开发面积3.07万公顷；规模以上林业龙头企业400家；全市经济林标准化示范园237个，总面积2万公顷；注册国家地理标志证明商标12个，农产品地理标志商标达19个；“三品”认证总数达135个，认证面积5.67万公顷；获批“齐鲁放心果品”7个；泰山“四大名药”（何首乌、黄精、紫草、四叶参）基地面积新增40公顷，总开发面积达160公顷，并获国家地理标志证明商标。全市林业产业总产值达450亿元。泰山区被确定为“国家苗木花卉综合标准化示范区”，肥城市被确定为全省现代农业苗木基地县，肥城市、泰山区被评为全国首批“互联网＋经济林产品营销模式示范单位”。“肥城桃”和“西友牌”栗仁罐头、“不老枣牌”大枣，分获山东农产品区域公用品牌和知名产品品牌。

【森林防火工作】 严格落实各级各层面森林防火责任制，开展林区野外违规用火集中整治行动，加大巡查、暗查、夜查力度，抓好春节、元宵节、清明节、“五一”等重要节点和关键时段的防范工作。深化消防队伍、扑火装备、物资储备“三项建设”，推进以“六网”（路网、水网、电网、阻隔网、监控网、管护网）为重点的防火基础设施建设和以水灭火工程建设，泰山林场投资2800万元铺设消防主管道8.8千米、喷洒支管线2.7千米；投资1800万元在岱顶建设新型材料防火蓄水池6座，蓄水量达1.2万立方米；徂徕山林场投资100万元建设1000立方米的高标准蓄水池1座，并布设部分管线和消防栓；牛山林场投资90万元铺设引水上山管道5200米，安装高扬程水泵2台；投资220万元，在泰山、徂徕山林区及周边安装多功能智能卡口224处。

【生物防控】 坚持飞机防控与人工防控、生物防控相结合，完成美国白蛾、春尺蠖等重大林业食叶害虫飞防面积26.67万公顷；加大对日本松干蚧的查防力度，完成400公顷的防治任务，实现有虫不成灾的目标。强化松材线虫病防控，狠抓检疫查堵、入山封锁和监测普查，完成春秋两季监测普查面积4.76万公顷，未发现松材线虫病疫情。

【自然保护区监管】 编制实施《泰安市湿地保护修复规划（2016—2020年）》，累计投入3.5亿元，完成汶河国家湿地公园泮河人工湿地配套工程和清淤、驳岸工程，加快推进宁阳洸河省级湿地公园PPP合作项目及海子河人工湿地水质净化工程建设，完成肥城全域82处中小型湿地周边绿化工程，东平湖退渔还湖、还湿面积800公顷，全市湿地总面积5.07万公顷，湿地保护率达58.2%。加强自然保护区监管，先后印发《全市自然保护区存在主要问题清单及整改要求》《自然保护区突出问题整治实施方案》《泰安市自然保护区突出问题整改方案》《泰安市林业局约谈纪要》等文件，促进保护区管理工作走向规范化。

【林政执法管理】 严格林木采伐限额管理，全市共办理林木采伐许可证1.23万份，办理征收、占用林地项目14件。加强森林公安队伍建设，认真开展专项治理行动，严厉查处和打击涉林违法行为。全市森林公安机关共查处涉林案件269起，其中涉林刑事案件6起、涉林行政案件263起；查处各类违规用火案件16起，保护了林区森林资源安全。市森林公安局被国家森林公安局记集体二等功。

【林业改革】 全市新增林权抵押贷款1900万元，累计发放林权抵押贷款6.69亿元；完成政策性森林保险参保面积5.9万公顷，保险金额达7.03亿元；开展森林资源资产评估106起，评估资产达9.68亿元；林业专业合作社总数达1704家，入社农户达9.25万户，总经营林地面积6.23万公顷。全面巩固提升国有林场改革成果，完成造林100公顷，改造管护用房340平方米，硬化林区道路12千米。莲花山国家森林公园继泰山、徂徕山之后入选为“中国森林氧吧”。肥城牛山林场成功入选全国首批“森林小镇”。

【科技创新】 实施新型职业林农培训工程，聘请高层次专家教授，开展林果科技大培训。全市共举办各类林果技术培训班321场（次），培训林果农3万人次。不断深化与北京林业大学、山东农业大学、省果树所等高校院所的科技合作；与山东农业大学开展的实质性科技合作项目有29项，与省果树所开展的科技合作项目有25项。大力推广新技术、新成果，创建林业科技推广基地、示范园区50个，推广林果新品种新技术50项，完成市级以上科技创新成果10项。发挥市林科院带动作用，组建科研创新团队10个，建设科研平台14个。3月，全省林业科技创新年暨送科技下乡启动仪式在泰安市成功举办。10 月，在全省林业科技创新大会上，泰安市作典型发言，并被表彰为全省林业科技工作先进集体。

（石亚男）

【欧李】 俗称钙果、牛李等，是一种矮小灌木类野生果树，为蔷薇科樱桃属落叶灌木，株高 0.8 ～ 1.3 米，植株丛生或单生。一年生枝灰白色，新梢灰绿色，叶小，叶片倒卵形或椭圆形，叶色淡绿，急尖，无毛，叶缘锯齿钝；花蕾浅红色，花白色；果实圆形或扁圆形，形似樱桃，果面光亮无粉，有红色、金黄色、紫色等，为中国特有野生果树。欧李属药食两用植物，据《中国药典》记载，种仁入药，做郁李仁，有利尿、缓下作用，润肠通便，利水消肿。主治大便燥结、小便不利、腹满喘促、脚气、浮肿等。欧李在泰山山脉傲徕峰、扇子崖、天烛峰及周边张夏、万德等山区均有野生树种分布。山东云农庄园农业科技有限公司进行野生欧李优良品种选育及驯化、组培快繁研究，在泰安、肥城等地发展欧李产业基地，年末基地规模已经达到 100 公顷（1500 亩）。

（常 娜）

【概况】 全市水利渔业总投资 29 亿元，完成各类水利渔业工程 7000 项。新发展高效节水灌溉面积 8513.33 公顷，提升 7 个乡镇 7.8 万人的饮水安全状况，治理水土流失面积 55.57 平方千米，实现渔业总产值 17 亿元，发放移民直补资金 2 亿元。投资 3.97 亿元，完成 91 个南水北调东线一期东平湖蓄水影响处理工程生产安置项目，南水北调年度调入东平湖水量 8.7 亿立方米，调出 7.5 亿立方米。12 月，被水利部评为全国水资源管理工作先进集体。年底，市委党校市水利渔业局分校揭牌授课，是市委党校在市直部门设立的第一所分校。

【水利投资】 争取省以上水利渔业项目 31 个，到位省以上无偿资金 8.91 亿元，拉动项目总投资 29 亿元。其中，落实防汛抗旱项目 4 个，争取省以上资金 5530.5 万元；渔业项目 3 个，争取省以上资金 8119 万元；水土保持项目 5 个，争取省以上资金 1230 万元；农田水利项目 11 个，争取省以上资金 1.67 亿元；河道治理项目 1 个，争取省以上资金 305 万元；移民项目 5 个，争取省以上资金 5.05 亿元；水库水闸除险加固项目 2 个，争取省以上资金 6772 万元。促成市政府与水发集团有限公司达成战略合作协议，共涉及五大类 18 个项目，总投资规模达 53.38 亿元。

【水利工程建设】 王家院水库工程完工，被省水利厅评价为全省“批复立项最快、施工速度最快、施工质量最好”的雨洪资源利用项目。胜利水库除险加固大坝工程完成蓄水安全鉴定和投入使用验收。彩山水库扩容工程、安家林水库和刘家庄水库连通工程完工。完成泰城生态水系规划。引黄入泰项目水资源论证报告通过省水利厅初审，市政府与济南市政府就引黄入泰供用水达成框架协议。15 个中小河流治理、267 座小型水库除险加固项目列入灾后水利薄弱环节建设项目。投资 5139 万元，完成 69 座小型水库除险加固任务。投资 1110 万元，实施 5 个县山洪灾害防治提标升级、6 个县调查评价和东平县山洪灾害防治非工程措施建设。肥城市尚庄炉水库由省二级规范化管理单位升为省一级规范化管理单位，9 个小水库评定为市级规范化管理单位。

【水利渔业改革】 市、县、乡、村四级河长组织体系全面建立，全市 482 条河流设各级河长 2912 人；在全省首创河长巡查制度，创新实行“河道警长制”，设立河道警长 378 人；泰安市获中央奖补资金 390 万元；完成重要河湖问题排查，编制完成市级综合整治方案和市级牵头部门专项整治方案；开展“清河行动”，排查 1641 处涉河湖违法建筑、违法活动和 218 个入河排污口，全部完成清理整治。集中下放县市区行政审批事项 2 项，行政处罚事项 68 项，压缩申请材料 10%，压缩办理时限 50%，规范中介服务，所有水利渔业政务服务事项涉及的中介服务和证明材料全部列入清单，实行“双随机、一公开”监管。第一个出台市级农业水价综合改革实施方案，完成农业初始水权分配和农业供水价格核定；争取省以上资金 600 万元专项用于农业水价综合改革，累计完成改革面积 1.5 万公顷，超额完成省定 6666.67 公顷的目标任务。东平县水权水市场省级改革试点通过省级验收。泰安高新区、泰山景区成功入围省新增小型水库管理体制改革试点，全市 90% 的小型水库纳入改革范围，小型水库管理步入良性轨道。河道管护机制再推新模式，岱岳区、新泰市、肥城市、宁阳县、东平县等地对治理后的中小型河流探索行政推动与市场化经营、物业化管理相结合的方式，引入市场机制，创新河道管护模式。

【防汛抗旱】 做好机构调整、预案修订、物资储备、督导检查等汛前准备工作，梳理防汛薄弱环节18项，完成水毁工程修复24处。加强雨情、水情、工情调度，强化应急保障，确保安全度汛。维修雨水情监测站点320处，手机移动应用平台、无线通信专网提标升级，实现防汛抗旱应急管理移动办公。投资6.3万元制作防洪工程沙盘模型，实现防汛指挥调度可视化、实战化。加强旱情监测，修订完善抗旱应急预案，科学调度水源，抗旱浇灌农田4万公顷，实现有旱无灾。

7月12日，第九个“泰山螭霖鱼增殖放流活动日”增殖放流活动举行。图为活动现场（焦　健　供）

【水生态文明建设】　实行最严格水资源管理制度继续保持全省领先，2016年度省政府最严格水资源管理考核获优秀等次，获省级奖补资金400万元。水生态文明城市创建完成建设项目130个。做好中央、省环保督查迎检工作，开展入河排污口整治，封堵入河排污口218个。开展建设项目水资源论证80项，规划水资源论证2个。宁阳县地下水超采区2016年度综合整治项目通过验收，获400万元省级帮扶资金，2017年度工程开工建设。开展水利风景区建设，大汶口汶河水利风景区成功申报省级水利风景区，全市有国家级水利风景区7个、省级水利风景区7个。完成水利部2017—2020年江河湖库水系连通项目库编报工作。制定《泰安市“十三五”水资源消耗总量和强度双控行动实施方案》，全市水资源消耗“双控”体系建立。

【农田水利建设】　投资1.35亿元，实施5个2017年农田水利项目县项目，通过市级验收和省级抽验。岱岳区、宁阳县、东平县入围新一轮农田水利项目县。肥城市安孙灌区、东平县戴庙引黄灌区节水配套改造项目通过省水利厅绩效考评，城坝灌区续建配套与节水改造项目完成建设任务，城坝灌区、颜谢引河灌区续建配套与节水改造项目列入省2018年项目。新增节水灌溉面积8513.33公顷，其中发展高效节水及水肥一体化面积806.67公顷。全市农田灌溉水有效利用系数达到0.66，居全省前列。4处水利站获评省级规范化水利站，彩山水库灌区获评省级规范化灌区管理单位。东平县、新泰市分别成功创建国家级、省级高效节水灌溉示范县，全市国家高效节水灌溉示范县达3个（全国共17个），省级高效节水灌溉示范县1个（全省共6个），居全省首位。

【农村饮水安全】　投资2005万元，实施岱岳区农村饮水安全巩固提升项目，改造联村供水工程3处、单村供水工程15处，新建刷卡式直饮净水站45处，使该区7个乡镇85个村7.8万人的饮水安全状况得到巩固提升。

【行政综合执法】　泰山区、东平县先后完成全省水利法治建设示范点创建工作，并顺利通过省厅评估验收，被列为全省2018年水利法治建设示范点。行政执法全过程记录平台正式运行，实现全过程音像记录。制定《水利法治建设实施方案》，在全市水利系统内推行“水利法治年”建设活动。完善市、县、乡、村四级水利综合执法网络，实行网格化管理。开展山泉水、自备井专项整治活动，非法开采出售山泉水行为得到遏制。组织开展河湖执法专项检查，排查河道、水库违法建设项目2061处，清除1411处。代表山东省迎接水利部河湖专项执法检查，获得好评。强化河砂管理，加大非法采砂打击力度，维护良好的河砂监管秩序。

【水土保持】　岱岳区、新泰市入围2018—2020年国家水土保持治理重点县。投资1586万元，实施市以上水土保持重点治理项目9个。治理水土流失面积55.57平方千米，重点预防保护面积16.33平方千米。审批通过58个水土保持方案，开展水土保持执法检查270次，征收水土保持补偿费2994万元。

【移民后期扶持】 东平湖库区移民避险解困工程完成建筑面积1.68平方千米，搬迁入住3172户1.14万人。落实移民项目资金7103万元，发放移民直补资金2亿元。开展移民人口核查行动，加强移民人口动态管理。在全省率先印发《移民项目运行管理暂行办法》，建立移民规划项目储备库，为发展移民产业项目奠定基础。中央电视台《新春走基层》栏目连续6天以《东平湖移民搬迁记》为题，对泰安市避险解困工作进行深入报道。开展移民培训4期，培训585人次，并举办首次库区移民月嫂技能培训，培训60人次。

【行业扶贫】 安排贫困移民扶贫专项资金1310万元，实施畜禽购置、厂房建设、农家乐等产业项目31个。争取省级切块渔业扶贫资金828万元。其中，600万元用于东平县绳网场建设项目，228万元用于渔业设施建设。争取省级贫困村通水项目专项补助资金270万元，解决9个村1.12万人的饮水安全问题。投资488万元，完成5个贫困村279.67公顷农田的水利基础设施建设。

【渔业生产】 全市实现渔业总产值17.9亿元。以实施“海上粮仓”和渔业油价补贴项目为重点，提高渔业生产质量和效益，东周水库寡齿新银鱼种质资源保护区和东平新湖金岸现代渔业园区入围“海上粮仓”项目。委托中国水产科学研究院渔业工程研究所、北京大洋碧海渔业规划设计院，编制市水产研究所现代高效健康渔业科技园区规划。围绕物种保护和渔业资源修复，在东平湖放流苗种3042万尾，在泰山水系放流螭霖鱼13.24万尾。新泰光明湖、青云湖被批准为国家级水产种质资源保护区（全省3个）。开展科技下乡活动和规范使用渔药，建立科技示范基地3处，示范面积133.33公顷，带动养殖面积1333.33公顷。“东平湖鲤鱼”获农业部地理标志产品认证，全市“三品一标”认证基地达27个，认证产品35个，面积2万公顷。加强监督检查，完成218个样品抽检任务，抽检合格率100%，全市6家原种场、良种场实现许可经营，70家养殖及苗种生产单位和1400余家个体散户纳入监管范围。

（焦　健）

畜牧业

【概况】 全市牛、羊、猪、禽存栏量分别达15.87万头、93.29万只、116.09万头和2605.8万羽，同比分别下降40%、27.5%、32.2%和32.3%；出栏量分别为18.58万头、171.98万只、258.30万头和9048.7万羽，同比分别增长15.6%、-3.5%、10%和11.3%；肉蛋奶总产量102.13万吨。市畜牧局继续保持省级文明单位称号，被省人社厅、省畜牧兽医局、省公务员局表彰为全省畜牧兽医工作先进集体，被省畜牧兽医局表彰为兽药管理重大动物疫病防治工作先进单位。

【畜牧产业化】 加快现代畜牧业示范园区和标准化养殖示范场“一区一场”创建，新增国家级标准化示范场4个、省级17个，累计创建国家级示范场22个、省级102个、市级600个。新增市级产业化重点畜牧龙头企业13家，累计达114家（省级12家、国家级2家）。全市畜牧合作社1060家，其中国家级示范社8家、省级27家、市级61家。

【奶业生产】 全市奶牛存栏9.9万头，奶产量32.46万吨。在全国率先开展牛奶价格指数保险试点，牛奶价格指数保险在全市推广，为21家大型奶牛养殖场承保的3.23万吨生鲜乳赔偿290.7万元。

【特色畜牧业】 大力发展特色畜牧业，引导畜牧业中一二三产业融合发展，全市观光旅游畜牧业发展稳健，新增省级畜牧旅游示范区3家，累计达18家，数量全省第一。全市蜜蜂产业逐渐形成蜜蜂养殖、产品加工、授粉应用等较为完整的产业链。全市存养蜜蜂4万群，蜂蜜产量3000吨，蜂王浆100吨，蜂业产值过亿元。肥城建成全市第一个种蜂场，为全市乃至周边省市每年提供上千只的良种蜂王；岱岳区建成徂徕山有机蜂蜜生产基地，泰山区着力培植蜂产品物流园，推动了蜂产品市场流通。

【动物疫病防控】 完成春秋两季重大动物疫病集中免疫工作，重点对高致病性禽流感、新城疫、口蹄疫等5种重大动物疫病进行强制免疫，统筹做好人畜共患病及H7N9流感防控，确保全市应免畜禽免疫率、挂标率100%，主要动物疫病免疫抗体群体合格率超过农业部规定标准，全年共免疫禽6562万羽、牛53.4万头、猪960万头、羊458万只，完成年初免疫计划，没有发生重大动物疫情。新泰市、岱岳区、肥城市、宁阳县无害化处理厂已建成运行，全市病死畜禽无害化配套设施全部完成。2017年，全市共调拨高致病性禽流感疫苗5323.6万毫升，牛、羊口蹄疫疫苗653.9万毫升，猪口蹄疫疫苗1029.6万毫升，羊小反刍兽疫疫苗159.8万份，全面完成了省下达的疫苗调拨计划。发放耳标：猪172万枚，牛34.5万枚，羊57万枚。发放检疫合格证明分别为：动物A证6.5万份，动物B证25万份；产品A证8万份，产品B证30万份。2017年，执业兽医共报名324人，初审通过280人并全部已通过省复审。考试通过人员117人，其中执业兽医师56人、助理兽医师61人。

2月27日，全市农机化工作会议召开　　（陈广建　供）

【生猪屠宰监管】 加快畜禽屠宰企业转型升级和资格清理审核，组织开展“畜禽屠宰企业飞行检查”“生猪定点屠宰企业资格审查”等专项整治行动，全市共进行飞行检查62次，关停不合格场点5个。开展生猪屠宰监管“扫雷行动”，严厉打击无证屠宰、屠宰病死猪、注水或注入其他违禁物质等违法行为。泰安市在泰山区推广了撤点并厂、全区配送模式，关闭泰山区所有屠宰厂点，建成1个畜产品采购中心和5个配送点，通过招标采购模式，加强企业自我监管培训，切实落实生猪产品质量安全责任，为全市生猪屠宰企业转型升级提供参考。

【畜产品安全监管】 开展“瘦肉精”、生鲜乳违禁物质、兽用抗生素、生猪屠宰、农资打假五大专项整治行动，加强风险隐患排查，加大监督抽检力度，严厉打击违法违规行为。全市共出动执法人员1.23万人次，检查相关生产经营单位8651个，查处问题282起，涉及金额45.09万元，吊销证照4个；全年抽检兽药、饲料、生鲜乳、畜产品1563批次，三聚氰胺等违禁物质实现零检出，平均合格率99.29%。至年底，全市无公害畜产品产地认证329家，产品认证59家，认证数量位居全省第二位；亚奥特、银宝、兴岳、益客、金兰、巴夫巴夫6家企业被评为“山东省知名农产品企业产品品牌”。规范生鲜乳收购站和生鲜乳运输车验收核查流程，实行二维码扫描和在线出证，实现生鲜乳收购、运输的实时监管。

【兽药监管】 规范兽药市场秩序，开展兽用抗菌药、兽用生物制品及兽药残留超标等专项整治行动。加大对兽药生产经营环节监督检查力度，严厉打击生产、经营假劣兽药行为。全市共出动兽药执法人员2630人次，检查兽药生产经营使用企业1066家次，印发“明白纸”等宣传资料2.4万余份。共查处兽药违法案件12件，罚没款11.83万元。推进兽药二维码追溯体系建设，提升兽药信息化监管能力。全市14家兽药生产企业、141家经营企业全部完成赋码、网上注册及数据上传工作，实现“信息数据化、监管实时化、服务网络化”。泰安市新牧、立华、新燕、中泰、温氏、金泰牧医、同信、石磨坊8家企业获得山东省“双十百家”经营示范企业称号。

【饲料工业和“粮改饲”工作】 全市饲料总产量230万吨，总产值51亿元。全市共有饲料生产企业96家，共备案生产许可证108个。嘉吉饲料（泰安）有限公司、山东众成饲料有限公司通过农业部验收，成为国家级示范企业；泰安吉利中慧饲料有限公司、新希望六和饲料股份有限公司新泰分公司和肥城天普阳光饲料有限公司通过省畜牧兽医局验收，成为省级示范企业。泰山区、岱岳区、肥城市、新泰市和宁阳县列入国家级“粮改饲”项目县，东平县列为省级“粮改饲”项目县，共争取项目资金3967万元，实现全市6个县市区“粮改饲”项目的全覆盖。　　（谷国安）

【概况】 全市农机总动力达505万千瓦。拖拉机保有量8.84万台，增长2.6%；联合收获机2.05万台，

8月24日，2017泰山国际农业机械博览会在泰安举办。图为国外客商了解参展器械　　（司　刚　摄）

增长7.9%。主要农作物耕种收综合机械化率86.5%。小麦机收、机播水平稳定在99.9%以上；玉米机收面积15.9万公顷，机收率96.9%，机械化玉米直播面积16.3万公顷，机播率96.3%。落实农机购置补贴资金7582万元，补贴农户6879户。全市农机合作社总数达597个，新增63个，其中市级以上示范社达到92家；全市农机合作社托管土地面积2.1万公顷，作业服务面积26.3万公顷，服务总收入达4.5亿元。完成到位资金1.15亿元；引进重点项目11个，产业招商实际到位资金10.05亿元，增长27.2%。成功举办首届泰山国际农业机械博览会。新泰市、肥城市成功创建全国第二批率先基本实现主要农作物生产全程机械化示范县。

【农机科技推广】　举办全省高效植保暨玉米青贮现场会、新技术现场演示会等各类示范推介活动25场（次），岱岳区、新泰市、肥城市实施基层农机技术推广体系改革与建设补助项目，玉米、马铃薯转型升级项目，建成以经济作物试验示范基地22处。精量小麦播种、水肥一体化智能施肥等新技术广泛推广应用。全市大中型拖拉机2.74万台，增长5.8%；玉米联合收获机7732台，增长6.0%；配套机具16.5万台（套），增长4.5%。

【农机深松整地作业】　新增80马力以上大型拖拉机422台，达5922台；新增深松机247台，达2988台；新增耕整机5385台，达1.9万台。至年底，全市共完成土地深松整地作业6.3万公顷，其中作业补助项目2.7万公顷，落实补助资金1435万元。

【农机科教培训及修配管理】　开展科技下乡活动200次，落实省财政专项教育培训资金43.5万元，开办农机化实用技术、新型职业农民、农机手等各类培训班160期，培训1.5万人次。组织检修各类农机具6.56万台次，农机职业技能鉴定910人，规范管理农机维修网点420个，完善农机4S店22家；组织参加全省农机职业技能大赛、农机修理工职业技能竞赛活动，获优秀奖。

【农机安全监理】　开展“农机安全生产月”“安全生产百日攻坚治理和执法大检查”、农机安全隐患“大排查、快整治、严执法”等活动，农机集中执法检查60次，查处整改违法违规行为600起；清理变型拖拉机117台；全市农机“三率”水平稳步提升，挂牌率、持证率和年检年审率水平分别达77%、78%和76%。

【2017泰山国际农业机械博览会】　8月26—28日在泰山国际会展中心成功举办。由泰安市人民政府、山东省农业机械管理局主办，泰安市农业机械管理局、泰安市经济合作局、泰安市农机流通协会具体承办。农业部、农机化司，省农业厅、农机局领导，中国农机研究院、中国农业大学等行业权威专家，以及10余家驻华政府机构和国外农机部门官员到会指导。博览会以市场化运作模式举办，布展面积2万平方米，设三大主题展馆和一个室外展区，同期举办“一带一路”项目对接采购、农业招商项目推介签约、农机化发展高峰论坛、农作物全程机械化研讨、玉米青贮暨高效植保现场演示5项配套活动。博览会共吸引172家国内外农机企业参展，1200台（套）农机新装备和多项新技术集中展示。到会采购团213个，参观累计2.2万人次，共实现境内外交易额1.2亿元。其中，35家境外采购商签订合作协议23项，直接成交外贸合同额1100万美元。带动全市服务业消费收入达2.6亿元。

（陈广建）

编校　冯宪谟　　审稿　高兴学

工业·信息产业

工业综述

【概况】 2017年，牢固树立和贯彻创新、协调、绿色、开放、共享发展理念，坚持稳中求进工作总基调，以加快工业结构性改革为主线，以“三强”（区域拉动力强、行业竞争力强、财税贡献力强）企业培植、招商引资和项目建设为引领，迎难而上，主动作为，强力推进各项工作，保持工业经济平稳健康发展。全市规模以上工业增加值同比增长6.7%，实现主营业务收入4860.6亿元，同比增长2.2%；实现利润303.7亿元，同比增长2.3%；累计实现利税459.8亿元，同比增长2%；亏损面为7.0%，同比下降0.1个百分点。

【工业生产】 全市规模以上工业企业1641家，其中过亿元的企业796家，过10亿元的64家。在37个工业大类行业中，有27个行业实现增长，其中增速超过10%的有16个行业，占比43.2%。从工业用电量看，2017年，全市工业用电量累计完成125.47亿千瓦时，同比降低5.77%，降幅收窄。其中，山东润银生物化工和泰山抽水蓄能电站是造成工业用电量下降的主要原因，剔除两家企业影响，全市工业用电可同比增长6.15%。①突出重点企业保增长。把保增长作为重中之重，做早做实经济运行分析，坚持月调度、季分析，突出重点行业、重点企业，对包含“三强”企业在内的100家重点企业进行调度，发现运行中的新动向、新情况，准确把握运行态势，紧盯要素保障不放松。②减轻企业负担。印发《全市2017年减轻企业负担工作方案》，开展涉企收费清理情况专项检查，21家企业开展企业负担网络直报工作；开展涉企保证金清理，拟保留涉企保证金项目5项，清理涉企保证金项目3项。③降低用电成本。93家企业列入省电力直接交易，计划用电量67.3亿千瓦时，年可为企业节省电费约1.6亿元。至年底，全市符合条件的工业用户全部进入市场交易，全市73.6%的工业用电纳入交易范围。

【“三强”企业培植】 39家有统计数据的“三强”企业实现主营业务收入1117.9亿元，同比增长18.5%；实现利润96.5亿元，同比增长44.4%；实现利税127.2亿元，同比增长40.3%，增幅分别高于全市16.3、42.1、38.3个百分点。石

5月19日，国务委员王勇（前排右二）到泰安市调研考察安全生产工作，市领导王云鹏等陪同活动。图为在泰安玻纤调研 （王国梁 摄）

横特钢集团实现利润56亿元，入库税金12.9亿元，财务费用等指标列行业领先水平。泰山石膏有限公司实现主营业务收入81.7亿元，同比增长38.7%；实现利润20.6亿元，同比增长71.9%；实现利税26.4亿元，同比增长57.9%。山东岱银集团实现主营业务收入37.4亿元，同比增长14.6%；实现利税2.9亿元，同比增长20.6%。

按照“一高三强两突破”的总体布局，把“三强”企业培植作为全市工业发展突破性、引领性工作。①制定扶持政策。印发《泰安市人民政府关于大力培植“三强”企业的实施意见》，列出财政、融资、创新、要素、人才、环境六个方面政策措施，按照“一企一规、一企一档、一企一策、一企一书、一企一组、一企一果”的“六个一”工作标准，对列入培植名单的企业逐一摸底，建档立案，制定个性化工作措施。坚持政策、资源向“三强”企业聚集，为“三强”企业争取电力直接交易电量41.1亿千瓦时，占全市电力交易电量的61.3%，可节约电费1.1亿元；107个“三强”企业项目列入省技术创新项目计划，占全市的近三分之一。路德新材料公司“工程用高性能碳纤维复合材料智能制造新模式应用”列入2017年工业和信息化部智能制造新模式应用项目名单。②健全推进体制机制。成立“三强”企业培植工作领导小组，明确发改、经信、财政等20个部门职责，定期组织召开联席会议，集中研究解决企业存在的困难和问题。实行市、县领导包保责任制，每月至少联系一次企业，每季度至少一次到企业现场调研，掌握企业发展情况，帮助解决企业发展中遇到的困难和问题。建立“信息收集、分类处理、跟踪调度、办结销号”闭环式工作模式，对企业提出的难题建立详细台账，实行分层限时解决，企业自身层面的问题引导企业发挥主动性彻底解决。梳理汇总的“三强”企业问题及需求222项，年内办结190项。③营造良好氛围。在泰安电视台开辟《泰安新财经》专栏，组织县（市、区）、部门、企业分别录制“三强”企业培植专题，宣传“三强”企业培植成效，营造良好舆论氛围。编发“三强”企业培植简报22期。

【重点行业】 8个重点行业实现主营业务收入2826.9亿元，占全市规模以上工业的比重达57.9%。其中，煤炭行业强势提升，煤炭价格回升及供暖期来临，利润扭亏为盈。2017年，累计实现主营业务收入726.85亿元，同比增长49.4%，利润增长18倍。钢铁行业经营状况普遍好转，龙头企业石横特钢拉动效应明显，实现主营业务收入200.1亿元、利润31.7亿元、利税39亿元，分别同比增长7%、112.8%和107.2%。新材料行业效益略降，泰山玻纤和泰山石膏效益良好，累计实现主营业务收入176亿元、利润17.3亿元、利税22.3亿元，分别同比下降14.4%、26.6%和22.5%。汽车行业效益提升，实现主营业务收入186.2亿元、利润7.9亿元、利税12亿元，分别同比增长4.3%、9.8%和-15.8%。食品行业和纺织行业效益下降，食品行业实现主营业务收入419.2亿元、利润20.75亿元、利税32.6亿元，分别同比下降11.4%、26%和22.8%；纺织行业实现主营业务收入393.6亿元、利润22.9亿元、利税33.4亿元，分别同比下降9%、15%和17.5%。输变电设备行业生产正常，订单较为饱满，产品价格略有下降，累计实现主营业务收入337.1亿元、利润21.7亿元、利税33.6亿元，分别同比增长3.6%、-14%、-14.9%。化工行业受节能环保方面的约束影响加大，累计实现主营业务收入387.9亿元、利润14.3亿元、利税18.7亿元，分别同比下降15.5%、20.7%和22.8%。信息技术产业（制造业、软件业）统计内规模以上企业90家，实现主营业务收入167.99亿元，同比增长1.06%；实现利润3.36亿元，同比下降58.75%；实现利税8.06亿元，同比下降38.06%。

【化工产业转型升级】 抽调26人组成领导小组办公室，建立完善的工作推进机构和运行机制。落实全省工作部署，召开专项行动动员部署会议、推进会议、现场会议等工作会议，制定专项行动总体工作方案和“大快严”（安全生产隐患大排查、快整治、严执法集中行动）紧急行动方案，通过开展“大快严”紧急行动，市、县两级监管部门实现对化工产业安全检查的全覆盖，在生产、储存、运输、使用等全领域消除一批安全隐患，安全生产更有保障。安全生产领域严格执法常态机制初步形成，企业安全生产主体责任得到更好落实。召开专题培训会议，层层传递工作压力，督促各级高水平编制化工园区规划和建设标准，力求通过省级认定；暂停涉化项目审批，暂停在建装置试车，对52家安全、环保评级为差的企业全面停产整顿。

【企业管理】 全年完成规模企业规范化公司制改制204家，超额完成63家，完成全年任务的145%。瑞星集团成功收购香港主板上市企业。推动成立工业联盟和行业协会。

制定组建泰安市工业联盟方案，注册成立泰安市工业联盟有限公司。协调骨干企业发起成立泰安市服装协会和泰安市生物医药协会；泰安市汽车及零部件行业协会、泰安市新材料产业协会已经初步选定拟发起企业和会员企业，正在按协会成立流程筹备；推动原有泰安市电气行业协会发挥好行业发展规划和合作交流的作用。

1月12日，副省长王书坚到泰安走访慰问困难企业、困难职工，并到非公有制企业联系点岱银集团调研。市委副书记、市长李希信（前排中）等陪同活动 （朱新宇 摄）

【企业家队伍建设】 组织复旦大学研修班、浙江大学研修班、企业家创意系统培训班、泰安市中青年企业家培训班、泰安市赴广东名企游学专题班等大型企业家培训项目6期。设立专项资金200万元，增加培训班次，新增泰安市“新一代人工智能发展规划”专题研修班、泰安市规模企业规范化公司制改制推进暨企业上市挂牌培训会等企业家专题研修项目7期。争取各级培训名额，推荐企业家参加赴美国、德国、英国等境外培训班。“三强企业”、重点企业、创新型企业董事长、总经理及高管积极参加市经信委组织的高层次系统培训，参加培训3000人次以上，培训次数、参训人数居全省前列。

【技术创新】 15家企业技术中心通过省级技术中心认定，认定市级企业技术中心29家；产学研合作成效显著，获第十一届中国产学研合作创新大会大奖7项，名次位列全省前茅。技术创新取得丰硕成果，450个项目列入省技术创新项目计划，11个项目列入山东省2017年第一批重点新产品（技术）推广目录；新公布省首台（套）技术装备及关键核心零部件项目13项，落实3家企业首台（套）保险补偿资金352万元，4个项目入选山东省首批智能制造试点示范项目。深化品牌培育，泰山酒业集团股份有限公司等18家企业列入工业和信息化部品牌培育试点，13家企业列入“山东百年品牌”示范培育。

【技术改造】 全市工业在建技术改造项目850项，当年完成投资853.5亿元，同比增长7.7%。其中，新开工技术改造项目603项，完成投资573.2亿元；竣工技术改造项目597项，当年完成投资603.4亿元，项目完成投资823.7亿元；在建过亿元技术改造项目318项，当年完成投资581.6亿元，占全市技改完成投资的68.1%。“十三五”工业规划中重点发展的十大产业在建过亿元技术改造项目228项，当年完成投资400.7亿元。重点推进工业结构调整类项目45项、“三强”企业在建项目54项，国家和省扶持资金计划项目、省导向计划项目等技改项目进展顺利；泰开电气集团FBZ3000变电站综合自动化项目等一批高端装备项目实施方案通过验收。

【两化融合】 信息技术产业全年实现主营业收入168.0亿元。智能康复机器人产业化及医联体康复中心示范综合体项目、中国包装全产业链互联共享公共服务平台被工业和信息化部认定为制造业与互联网融合发展、制造业双创平台试点示范，并获工信部授牌；众志电子云计算中心通过国家A类机房鉴定；2家企业通过省级软件工程技术中心评审。推进工业和信息化深度融合，组织全市经信系统新旧动能转换报告会；组织107家规模以上工业企业参加两化融合评估；列入工业和信息化部的8家贯彻质量管理体系标准试点企业全部启动，其中2家已完成；2017年，新增4家企业列入国家和省试点。

【节能降耗】 印发《泰安市工业绿色转型发展“十三五”规划》《泰安市节能环保产业“十三五”发展规划》《泰安市循环经济“十三五”发展规划》《泰安市清洁生产“十三五”推行规划》，明确“十三五”节能工作目标、路径。科学分解各县(市、区)“十三五”节能目标任务，落实部门节能目标责任制。持续推进“工业绿动力”计划，新建改造高效煤粉锅炉21台2200吨，年可节约标煤1.3万吨，减排二氧化碳3.1万吨。6家煤粉制备中心设计生产能力800万吨/年，基本完成覆盖全市的煤粉生产基地布局。循环经济体系初步建立，循环经济示范县、示范乡镇建设全面展开，第二批餐厨废弃物资源化利用和无害化处理试点任务处理能力达100吨/日；粉煤灰、煤矸石、工业炉渣、脱硫石膏等工业固体废物利用量195万吨，居全省前列。强化节能监察，重点开展国家重大工业节能专项监察任务，对山东石横特钢集团有限公司、泰山中联水泥有限公司等24家企业开展节能专项监察。

【工业新旧动能转换】 开展传统产业改造升级研究、支柱产业优化提升研究专题调研，以融入省新旧动能转换重大战略为主要工作方向，围绕输变电装备、汽车及零部件、特色装备、新材料、电子信息等重点产业，关注新旧动能转换的方向、政策、标准、要求、工程、项目等，把项目挤进省级工程项目盘子。华鲁锻压成长为全国最大的智能船舶成形装备制造基地，首艘国产航母和C919大飞机分别使用华鲁锻压的大型船用卷板机和高强度板料矫平机，为国之重器的研发制造提供加工母机。康平纳公司全流程绿色数字化生产工厂被国家制造强国领导小组批准为“中国制造2025”2017年度重大标志性项目，按照分期、分区原则，该项目在纺织服装印染产业密集区规划建设50家区域性智能染色工厂，其中“十三五”期间计划建成15家。

【现代物流】 引进现代物流项目11个，总投资额106亿元，其中签约项目4个，已开工项目4个、已完工项目3个。“无车承运人”试点进展顺利，峰松物流“无车承运人”全平台整合货运车辆7845辆，实现发货10.2万车次，交易总额4.1亿元，列全省无车承运试点企业综合排名第1位，国家无车承运试点企业发货量第4位。城市共同配送试点项目获得财政扶持资金200万元，布设智能物流快件箱406组。

【落实环保责任】 开展为期5个月的成品油专项整治行动，地下油罐改造工作位列全省第一名。严格落实错峰生产制度，组织全市100家铸造企业和7家水泥企业实施采暖季错峰生产。开展整治“地条钢”和违法违规新增钢铁产能专项行动4次，对发现的疑似“地条钢”企业对其中频炉及其相关设备进行彻底拆除，通过国家取缔“地条钢”专项督查组验收。

【民爆行业监管】 采取“四不两直”(不发通知、不打招呼、不听汇报、不用陪同接待，直奔基层、直插现场)方式，先后组织检查组8个，对全市6家民爆企业开展安全检查整治活动10余次，现场出具“安全生产监督检查意见”18份，排查整治各类安全隐患60余项，全部整改完毕。

【长输油气管线监管】 开展企业主体责任全面落实年和“安全月”活动，推进管道完整性管理，实施管道安全网格化管理，重点防控较大以上风险点33处，重要公路、管网穿越施工13处。组织市、县两级经信部门开展安全检查36次，排查治理各类问题58项，根除新隐患10个。提升安全意识，利用培训、咨询日、安全签名等活动，提高全社会管道保护意识。

【应急物资管理】 建立全市应急物资生产企业数据库，组织企业做好应急物资的生产、储备，确保应急所需。配合济南铁路局、铁路公安部门对泰安市境内所有铁路道口不定期进行日常监护管理和安全巡查，协助铁路工务段与地方协调道口进行整治改造。

【政策服务】 智能制造、绿色制造、高端装备、产品质量提升四大领域7个项目遴选入工业和信息化部投资项目管理系统重大项目库；7家公司列入省制造业单项冠军企业，7项节能成果获2016年度山东省节能奖，5家企业评为“省节能先进企业”，获奖数量均居全省前列。泰山玻纤、康平纳获得国家技改专项中央预算内投资项目扶持资金1.4亿元，山东路德新材料股份有限公司“工程用高性能碳纤维复合材料智能制造新模式应用”项目到位资金1000万元，纺织服装主导产业集群实施方案资金1000万元，8个项目获2017年第一批、第二批中央预算内扶持计划资金4019万元，泰安路德工程材料有限公司列入国家制造业单项冠军示范企业，瑞星集团被评为2016年度“山东省节能突出贡献企业”(省节能奖最高奖项，截至2016年全省5家)。 (韩 念)

·行业管理·

【行业协会建设】 指导创建机械、化工、纺织、食品、电子商务、智能制造与机器人等行业协会总数达140家，会员单位2万余家，基本覆盖全市重点行业和新兴行业。推广先进协会建设经验，联合市人社局评选表彰10家先进行业协会及20名先进工作者。创办“每月一谈、周末闲话”系列活动，举办“企业融资与发展”“科技创新与发展”“企业品牌战略规划研讨”等活动29期，参加人数达3000多人次，对接合作项目40余个，交易金额达1.8亿元。加强行业信用体系建设，与市社会信用体系建设联席会议办公室联合召开全市行业信用体系建设推进会，引导各行业协会强化信用自律，营造诚实守信的发展环境。

【行业平台建设】 搭建信息交流平台，创办行业微信公众号、交流群30余个，参与交流政府部门、行业企业、新闻媒体3000余家，发布各类行业信息2万余条，组织企业家沙龙、考察观摩和业务对接活动200余次。搭建银企合作平台，为1500多家中小微企业和个体工商户累计提供融资担保服务26亿元，30余家企业借助平台做大做强成功实现转型升级。搭建科技转化平台，与11家科研院所和驻泰安高校签订战略合作协议，提升企业智能制造水平，推动传统行业转型升级。搭建人才培训平台，与市委组织部等部门合作，组织180余家行业协会、企业参加中国人民大学、浙江大学企业管理培训。与市技术质量监督局联合开展卓越绩效培训4期，培训企业家600余人次。指导餐饮行业协会制定行业团体标准17项，通过省技术质量监督局评审，在全省进行发布推广。

【改革改制】 年内，完成3家事业单位改企转制，均为关闭清算；完成43家企业改制程序，以破产清算为主；安置职工7146人，占全部企业职工的98.7%。累计解除企业债务11亿元，兑付职工权益2.3亿元，保住原企业有效资产，保障职工合法权益。建立行办系统大病医疗专项补助基金，对系统内因病致困家庭进行专项补助。推动纺贸公司、宏大贸易中心遗留问题处理，推进原五金站、物贸公司宿舍危房重建工作。完成系统内破产改制企业1500余名党员信息登记工作。为31名困难职工发放救助金7.5万元；为2名患大病职工发放救助金1.2万元；完成系统内545名退休人员独生子女父母一次性补助信息采集、审核及上报工作；完成志愿兵生活补助、困难救助登记审核工作，涉及62人，发放补助金、救助金共49.64万元。 （邵　振）

【概况】 2017年，规模以上工业企业中采矿业企业69家，比2016年减少12家；采矿业实现主营业务收入817.5亿元，增长31.0%，占规模以上工业企业的17.1%；利税102.0亿元，增长117.9%，占规模以上工业企业的22.5%。 （武　军）

·地方煤矿·

【概况】 年末，全市境内共有煤矿23处，核定生产能力1780万吨。其中，省属煤矿6处，年核定生产能力820万吨；市、县直接监管煤矿17处，年核定生产能力960万吨。2017年，全市煤矿生产原煤1328万吨，实现主营业务收入726.45亿元，全行业实现扭亏为盈。

【安全生产】 年内，全市未发生原煤生产责任事故，实现安全生产年，连续11年控制在市政府下达的考核指标内。①落实安全生产责任。市、县、矿企业层层签订安全生产目标责任书，逐级分解落实监管责任和主体责任。开展企业主体责任全面深化年活动，各煤矿结合新情况重新修订完善岗位安全责任制，切实把安全生产压力传递到基层、到现场、到“神经末梢”。②安全生产专项活动。开展安全生产隐患“大快严”集中行动、安全百日攻坚治理行动、安全生产大检查活动，保持对煤矿安全生产的高压态势。③安全执法检查。开展执法检查268矿次，查出问题3072条，提出建议18项，下达责令整改书或现场处理决定书273份，停止作业头面10个，实施处罚11矿次。④风险管控和隐患排查治理。推进风险分级管控和隐患排查治理双重预防体系建设，确定王家寨、小港、新陶阳、亨达4家煤矿作为试点企业。17处煤矿共排查风险1.52万项，其中重大风险124项，较大风险225项，进行针对性管控；排查A级隐患2项，B级隐患470项，累计投入治理资金3089.5万元，实现隐患的按期治理销号，防止隐患转化为事故。⑤雨季“三防”（防汛、防雷击、防排水）和应急管理。加强安全培训工作监督检查，突出抓好专业培训和岗位达标，实现应培尽培和全员培训。开展技术比武、岗位练兵活动，促进职工提高技能。督导各煤矿成立雨季“三防”工作领导小组，组建抢险机构17个，组成抢险队伍108支，投入资金1032.79万元，实施雨季“三防”工程304项。组织水害应急演练28矿次，参演人数9000余人。

【产业结构】 抓住国家“一带一路”倡议和推进新旧动能转换两大机遇期，加快产业结构调整步伐，提升产业发展质量和效益，逐步形成以煤炭主业、煤机装备制造、煤炭应急储备、非煤产业为支柱的发展新格局。①省外资源开发。全市12家煤炭企业，采取独资、控股、参股、托管等方式，在黑龙江、新疆、内蒙古等7个省份办矿31处，涉及国内“一带一路”18个重点省份中的5个，总投资58多亿元，设计能力860万吨/年，可采储量10亿多吨。2017年，省外13处权属煤矿生产原煤400万吨，13处托管煤矿生产原煤1100万吨/年。②煤机制造业。获得国家矿用产品安全标志认证煤机企业300多家，其中规模以上企业80余家，总资产116亿元；建成省级技术中心5家，拥有专利274项、山东省著名商标4项；产品涵盖综采综掘、煤炭洗选、矿井提升运输、矿井安全监控、矿用输变电、矿用安全材料等7大系列120余种；建成煤机装备制造、煤炭安全监测、矿用输变电产业基地3个，4家企业进入中国煤炭机械工业50强。2017年，实现主营业务收入125亿元，利润4.36亿元，分别占全省的35%和30%，成为特色支柱产业。③非煤产业。实施新旧动能转换工程，清理长期亏损倒闭的“僵尸”企业，减轻母体企业负担。对优势产能进行扩规提能，飞扬化工高纯二甲酯扩产改造，产能由2000吨/年提升到1万吨/年；恒丰集团洁净型煤项目进行系统改造。培育发展新兴产业，把发展效益型、环保型项目作为主攻方向，亨达煤业新上煤粉制造项目和煤粉锅炉园区供热项目，实现了环保效益双提升。④煤炭清洁高效利用。印发《泰安市煤炭清洁高效利用监管办法》《泰安市储煤场导则》，开展试燃试烧和煤炭清洁高效利用集中宣传月活动；举办全市散煤清洁化治理工作人员业务知识培训班，承办全国煤炭清洁高效利用研讨会；开展储煤场集中整治行动，通过明察暗访、督导、联合执法等方式加大整治力度，确保整治成效。2017年，取缔不符合环保标准和要求的煤炭经营企业800多家，全市建成清洁煤配送中心7处、经营网点99处。

【科技创新】 2017年，全市17处监管煤矿投入科研经费5400万元，占销售收入的1.5%。①技术装备。开展培植“三强”企业和科技强安专项推动行动，全年投资1.2亿元，实施技术改造项目21项，3处煤矿完成采煤机械化改造，采掘机械化程度分别达到85%、93%，辅助运输、重要设备的自动化、集中控制水平显著提升。②技术合作。继续加强与高等院校、科研院所的科技攻关合作，解决企业发展的技术难题。市煤炭局与省煤田地质局地质三队联合成立“泰安市煤矿开采岩移预防控制研究中心”，与地质五队联合成立“泰安市煤炭清洁利用研究中心”。③科技成果。泰丰集团获得各类成果奖励12项，获得授权专利10项，争取技术改造等各类扶持资金1273万元。华宁集团与山东科技大学、中国煤科院等有关院校和科研单位开展“技术联姻”，重点开展复杂地质条件下围岩控制和受承压水威胁区开采等课题攻关。 （沈　扬）

山东能源新汶矿业集团

【概况】 山东能源新矿集团是国家矿产资源综合利用示范基地、国家第一批循环经济试点企业，山东省第一个千万吨矿务局，山东能源集团最大权属企业。2017年底资产总额为1070亿元，有国有产权单位184家，其中国有产权分支机构53家，子公司131家，员工6万余人。企业先后获全国五一劳动奖状、全国企业文化优秀奖、国家西部大开发突出贡献集体、山东省文明单位等称号。年内，获中国煤炭工业科学技术奖一等奖2项，登上首批“厚道鲁商”品牌形象榜，获“第三届山东工业突出贡献企业”、省“节能先进企业”等称号。莱芜医院获全国文明单位称号，水煤公司获省级文明单位称号。

【煤炭生产】 集团拥有煤炭资源储量230亿吨，矿井33对，核定产能8974万吨。发展地域涉及省内泰安、莱芜、济南、德州、菏泽、聊城、青岛7个地市，省外新疆、内蒙古、山西、陕西、宁夏、安徽、云南7个省区。按照立足省内，打造辐射内蒙、新疆“一体两翼”的发展战略布局，依托内蒙古、新疆丰富的资源，深耕煤电、煤焦、煤气化三大一体化产业。8月，翟镇煤矿率先在全集团取消采掘夜班生产。在产量不减、产能不降的前提下，12对矿井取消采煤夜班生产，17对矿井实现集休，彻底改变了传统的“三班倒、打连勤”作业模式。

【治亏创效】 2017年，集团上下由重规模向重质量转变，由重总量向重均量转变，利润、利税、收入、人均产量、人均进尺、人均创收、人均创利、百元工资创利、经营现金净流量、资产总额、净资产、职工工资等12项指标均创建企以后最好水平。同时，妥善处理历史遗留问题，全面释放改革发展红利，惠及职工群众，完成工资、保险等补缴和工伤保险、“三供一业”移交地方统筹工作。 （王立峰）

山东能源肥城矿业集团

【概况】2017年是肥矿集团实施改革重组后的第一年,按照“埋头苦干、稳中蓄进”总体部署,扭转连年巨亏局面,经济运行持续向好。全公司账面盈利1.01亿元,实际考核盈利4.4亿元,比预算增利3.2亿元,同比减亏增利11亿元。新公司盈利超预算1.88亿元,老公司减亏1.35亿元,矿服公司增利260万元。

【安全生产】筹资17.93亿元,有序解决历史遗留问题,增加安全生产投入。其中3.2亿元用于处理压煤村庄搬迁、塌陷费等,解决安全风险和接续难题。全公司安全生产总体平稳,实现安全年。商品煤生产秩序优化,集团公司和四矿收入均超预算。

【经营生产】完成能源集团20.2亿元债转股,全部落实贷款优惠政策,减少年息3.6亿元;完成两批土地作价注资3.22亿元,降低资产负债率2.87%。缓解资金压力,保证了资金链安全。投入3.17亿元,实施安全生产装备升级,强化安全保障,提升生产效率,降低劳动强度。煤价总体平稳、小幅波动,全公司综合煤价626.15元/吨,比预算下降18.46元/吨,同比上升210.74元/吨。剔除政策性因素影响,实际成本413.45元/吨,比预算下降18.73元/吨。

【企业管理】调整采场布局,强化落实生产方案,严格掘进提效考核,找煤扩量220万吨,缓解接续紧张局面。合理匹配生产系统,优化81项系统工程。实施装备升级,研究三年升级方案,全年完成25项。升级增加超前支架、监测系统等防冲装备,提高安全系数。新增大功率综掘机5台、采煤机6台,改造大倾角工作面综采支架等,同步调配充实维修人员,提升了装备水平和生产效率。科技项目立项45项,获得中国煤炭科学技术奖5项,较往年有提高。推广应用新技术21项,命名“创新工作室”23个。实施岗位备份,选拔矿长助理、高配选煤厂厂长,组建矿井、洗煤厂托管团队。开展学习型组织创建,440名管理人员分期参加强化培训班,人员定位、虹膜考勤及闸机一体联动系统、永磁驱动拐弯皮带+电泳除锈技术,达到省级先进水平。落实成本责任清单103项,成本比计划节支5.79%。严格招标比价采购,挤出资金现款采购,降低成本2000万元。分类处置租赁设备,节支1019万元。

【民生工程】通过自身努力和争取上级政策,弥补欠发工资2.5亿元,离退休住房补贴及遗属费用2.73亿元,社保金、医疗工伤费、住房公积金等6.33亿元。在政策和效益允许范围,最大限度恢复性提高工资。全员人均工资5.75万元,增幅20%。坚持工资向一线倾斜,调增了采掘计件单价,全年采掘人均工资9.2万元,同比增长3.1万元,增幅51%。四季度,核增工资2200万元,人均增长2050元。(王百灵)

【概况】2017年,机械制造业(通用设备、专用设备、汽车制造业、铁路、船舶、航空航天和其他运输设备制造业、电气机械及器材制造业)企业499家,比2016年减少94家,实现主营业务收入1302.3亿元,下降2.8%;实现利税106.2亿元,下降17.3%。主要产品中,起重设备54.4万吨,增长22.7%;变压器2750.7万千伏安,增长1.4%。

(武　军)

【泰开集团有限公司】该集团公司是国家研制、开发和生产高中压输变电开关电器设备的大型企业。企业厂房面积17万平方米。综合经济指标居全国高压开关行业前五名,居山东省同行业首位,是“国家火炬计划重点高新技术企业”,山东省机械工业利税五十强企业、泰安市经济支柱企业、全省百家诚信纳税企业、山东省重合同守信用企业、山东省文明单位,省富民兴鲁劳动奖状先进单位。山东泰开箱变有限公司是泰开集团全资子公司,专业生产箱式变电站,产品分10千伏、35千伏两个电压等级,产品有预装式变电站(欧变)、预装式开闭所、组合式变压器(美变)、电缆分接箱等,在多项国家重点工程及大型建设项目中被广泛选用。2017年营业收入为9.2亿。年内新征地21.33公顷(320亩),采用施耐德世界领先的供配电技术,推出BIOSCO箱式变电站,以适应高端用户要求。超高压项目由山东泰开高压开关有限公司投资建设,将组合电器的电压等级由800千伏推向1100千伏,研制成功具有国际先进水平的1100千伏气体绝缘金属封闭开关设备并通过国际凯马试验站检测试验。

【山东能源重型装备制造集团有限责任公司】该公司是世界500强企业山东能源集团的二级单位,注册资本23亿元，员工7000余人，资产总额117亿元，位列中国煤炭机械工业协会发布的全国煤机行业50强企业第2位，2017年实现产值109亿元，完成销售收入110亿元，实现利税1.94亿元。22家二级企业分布在山东、新疆、内蒙古、陕西等省区，并在北京、上海、深圳、香港等地区设有分支机构。建有全国唯一的再制造国家工程研究中心和国内最大的液压支架综合试验平台，产品涵盖采掘、支护、运输、提升、洗选、装卸全系列煤机装备和煤化工、再制造、不锈钢、工程机械、压力容器、半导体激光器等16大类、1300个品种，是国内综合配套能力最全、标准最高、产品技术领先的装备制造企业，产品遍布全国各大矿区，部分产品出口俄罗斯、印度、印尼、土耳其、越南、马来西亚、巴基斯坦、澳大利亚等国家和地区。

【中国重汽集团泰安五岳专用汽车有限公司】 1950年10月建，原名泰安专区农具铁工厂，位于泰城灵应宫旧址。后易名或改组为泰安起重机械厂、泰安机械厂、泰安汽车制配厂、泰安专用汽车制造厂、泰安华岳专用汽车有限公司、中国重型汽车集团泰安五岳专用汽车有限公司等。2005年，被评为省级文明单位。2008年4月，公司进行股本重组，中国重型汽车集团有限公司又注入资本金，成为其绝对控股企业。公司地处泰安市高新技术产业开发区，占地面积56万平方米，主要生产建筑面积8.2万平方米，辅助生产面积3702平方米，是国内最早通过ISO 9001质量体系认证、国军标GJB 9001质量体系认证和3C认证的企业之一，已形成改装汽车、特种汽车、军用装备三大系列产品。

【山东以利奥林电力科技有限公司】 该公司由始建于1999年的泰安金泰电力器材有限公司发展而来，占地面积25万方米，注册资金1.1亿元人民币，建有生产科研、综合办公楼及11座生产车间，建筑面积22万平方米。主营业务为高磁取向硅钢以及铁芯、电磁线、器身等电力变压器核心部件的制造与销售。截至2017年年底，拥有国内外全资、控股有限公司及机构11家，2017年投资2.5亿，销售收入11亿。

【力博重工科技股份有限公司】 该公司成立于2005年，注册资本1.19亿元，是集产、学、研一体化的国家高新技术企业。集团公司下设6个子公司，员工1000多人、总部占地40万平方米，具有年产500千米输送机及1万台（套）产品的生产能力，总资产13.8亿元。公司专业从事散料输送装备的系统解决方案及成套装备研制，矿石破碎加工、粉体研磨设备等各种建材机械、永磁同步直驱变频电机的研制等，是全国规模最大、技术装备水平高、产品成套服务全、综合实力强的国际化散料物流输送领域装备制造企业，产品出口亚洲、欧洲、美洲等十几个国家和地区。至2017年年底，公司拥有发明专利50余项，承担国家火炬计划和国家级技术项目10余项，省级科技创新项目30项，通过山东省科技成果鉴定项目15项，获得国家级、省部级科学技术发明奖20余项，山东省重大节能成果奖1项，主持和参与制定国家行业标准3项。2017年被列入“山东省重点培植特色品牌”，实现营业收入4.3亿元，利税6036万元。公司获“中国行业排头兵企业”“山东省创新型试点企业”“山东著名商标”“山东名牌”“山东省制造业单项冠军企业”等称号。

【泰山集团股份有限公司】 1978年建，原名泰安县锅炉厂，1985年5月改称泰安市锅炉厂，1994年6月更名为泰山集团股份有限公司。1995年，按照A级锅炉生产企业标准规划建设新厂区，成为集工业锅炉、电站锅炉、压力容器、电力设备、电缆电器、船舶尾气制冷等产品研发、制造、销售和服务于一体的国家级重点高新技术企业，并被科技部和国家电网认定为电力设备产业化基地骨干企业。

【泰安华鲁锻压机床有限公司】 该公司前身是建于1968年的国营企业泰安锻压机床厂，2003年改制成为股份制公司。公司主导产品包括数控卷板机、矫平机、校平机、剪板机、折弯机、开卷矫平剪切生产线等5大系列、300多种规格，部分产品代表了国内最高水平、达到国际先进。公司制定3种产品的行业标准，拥有40项国家专利、3项软件著作权。有多项产品列入国家重点新产品和国家火炬计划项目，其中WES11K-35×21000大型数控船用卷板机为世界最大，完全替代进口，填补国内空白，达到世界先进水平；WEF11K-40×23000数控船用卷板机列入国家2010年科技重大专项；公司自主研发的具有完全自主知识产权的高强度板料矫平机，系国内首创，为中国多个重点领域特殊板材的矫平需求提供了解决方案。

【山东宏康装备集团】 简称宏康集团。主导产品为数控板料开卷矫平剪切生产线、数控铣镗床和钢铁物流配送，年末已成为中国研制生产数控板料开卷矫平剪切生产线的骨干企业之一。有50多项国家发明和实用新型专利。负责制订的《板料开卷矫平剪切生产线》国家行业标准获中国标准创新贡献奖二等奖，“大型数控中厚板精整成套设备产业化项目”被列入2011年山东省自主创新成果转化重大专项计划。

【山东硕力机械制造有限公司】 该公司是一家集产学研一体化的现代高科技企业，主要生产液压顶升系统、三维数控弯板机等产品。2008年后，公司同武汉理工大学合作，研发了独特的“方形压头可调活络模具”等具有自主知识产权的新技术，集成“机、光、电、液、控”等技术，生产出国际领先技术水平的船舶三维数控弯板机，首创“自动化”造船装备，研发制造的SKWB-2500型三维数控弯板机达到国际领先技术水平，被储备为国家“863”计划项目。

【泰安众诚自动化设备股份有限公司】 该公司成立于2002年，占地6.66公顷（100亩），拥有员工300余人，是专业从事自动化设备研发、制造、销售、服务的国家级高新技术企业。公司拥有实践经验丰富、技术力量雄厚的防爆产品研发、设计队伍，经过多年的不懈努力，完成多项高新技术项目，获得多项科研成果，研发出具有国际领先水平的矿用隔爆型系列产品，华诚牌系列变频器成功下线，标志着公司在转型升级中迈出坚实的一步。2014年6月4日，公司在全国中小企业股份转让系统正式挂牌进入资本市场，拓宽了融资渠道。

【尤洛卡精准信息工程股份有限公司】 公司前身为泰安市尤洛卡自动化仪表有限公司，成立于1998年10月29日；2008年1月29日，公司变更为股份有限公司；2010年8月6日，公司在深圳创业板A股成功上市（股票代码：300099，简称“精准信息”）成为山东辖区在创业板首家上市公司。2017年3月24日，公司更名为尤洛卡精准信息工程股份有限公司。公司被评定为国家级高新技术企业、国家火炬计划重点高新技术企业、山东省创新型企业、山东省先进民营企业、山东省企业技术中心。公司主要从事矿山安全监测与安全生产关键装备的研发、生产、销售和技术服务，涵盖矿业安全六大系统，轨道交通信息等。主营产品涉及煤矿顶板及深部地压监测装备、煤矿深部冲击地压防治、辅助运输、矿山无线通讯、乳化液自动配比和反冲洗过滤装置、技术输出等六大领域。2013年10月，国内第一台具备完全自主产权的单轨吊系统在模拟试验轨道试跑成功，填补国内空白，技术达到国际领先水平。2015年，产品延伸到煤矿单轨吊辅助运输系统、深部巷道抗冲击恒阻锚护产品、矿山安全管理软件、煤矿工作面喷雾降尘系统以及乳化液自动配比和反冲洗过滤装置等领域。2017年集团公司实现营业收入4.22亿元。公司拥有14个商标，60多项国家专利，40多项计算机软件著作权，130余种矿用产品安全标志认证，研发团队曾参与国家“六五”“七五”多项攻关项目，获国家科技项目二等奖、煤炭部科技进步三等奖等多项奖励。

【肥城金塔机械有限公司】 公司是国家高新技术企业，省级文明单位，省劳动关系和谐企业，省级企业技术中心、工程技术研究中心、省发酵工业装备产业技术创新战略联盟

尤洛卡精准信息工程股份有限公司井下辅助运输单轨吊机车　　（周长坤　供）

理事长单位、中国轻工机械协会理事会理事单位、中国化工装备协会团体会员单位。主导产品为酒精成套装备、化工设备、食品药品设备、节能环保设备等，具备三类压力容器设计、制造资质，“金字及图”商标酒精蒸馏塔为中国驰名商标、山东省著名商标、山东省名牌产品，并成功在阿根廷、澳大利亚等国进行马德里商标注册，取得阿斯米国际认证，先后通过质量、环境、职业健康安全“三体系”认证。2017年，被评为全国轻工业装备制造行业三十强企业，位列第10位。公司拥有国家授权发明专利26项、实用新型专利100余项，主持制定《酒精蒸馏塔》及《糠醛水解锅》行业标准，《糠醛蒸馏塔》行业标准已立项。先后研发完成非粮生物质液体燃料生产工艺技术和装置、双粗塔节能蒸馏工艺技术及设备、五塔和八塔差压蒸馏节能工艺设备、三效蒸馏工艺设备、废液处理设备、废热四效三级布膜蒸发装置、高效节能干燥装备等多项国家级和省级创新工艺技术及装备，技术水平分别达到国际先进、国内领先水平。产品出口俄罗斯、泰国、伊朗、蒙古、哈萨克斯坦、阿根廷等30多个国家。

【特变电工山东鲁能泰山电缆有限公司】 公司是2003年由特变电工和山东鲁能强强联合组建的大型电线电缆企业，是中国最大的超高压、高压交联及特种电缆、大截面扩径导线和母线研制及电缆附件的研制和出口基地，最早专业化从事110千伏、220千伏高压及500千伏超高压产品研制的企业之一，高端电缆领域的知名民族品牌，国家级高新技术企业。公司始建于1950年，前身为山东电缆厂，国务院首批确定的300家重点国有企业，110千伏交联电缆率先通过两部鉴定，220千伏交联电缆在国内同行业中首家挂网运行，500千伏交联电缆实现自主研发并添补国内空白、达到世界领先水平。投资20亿元建设的电缆高科技产业园区占地面积70万平方米，具备750千伏及以下交联电缆、大截面架空导线、特种电缆、电缆附件等六大类产品的研发、制造和实验能力。公司与日本昭和电线电缆系统株式会社联合组建特变电工昭和电缆附件有限公司，引进日本昭和成熟的生产、质量管理体系，实现电缆附件的自主研发与生产，成为中国第一家实现66千伏至500千伏高压、超高压电缆与电缆附件全系列产品系统配套企业。年末已成为以220千伏至750千伏超高压电缆为龙头，中低压电缆及特种导线为支撑，高压电缆附件为新经济增长点，涵盖输变电线路及电缆敷设成套项目的系统服务商。110千伏以上高压交联电缆市场占有率名列行业前3位，是国家电网公司及南方电网公司的核心供应商。产品先后服务于三峡水利工程、青藏铁路、北京奥运工程、上海世博会、广州亚运会、特高压交直流输电工程等国家重大项目、重点工程，并为法国、印度、巴西、俄罗斯、澳大利亚、新加坡、尼日利亚和中国香港等50多个国家和地区提供产品和服务，同时，为科威特、肯尼亚、印度等国家提供成套项目一体化集成服务。

特变电工山东鲁能泰山电缆有限公司高达180米的一塔六线高压、超高压立式生产线　（周长坤　供）

【山东厚丰集团】 亦称泰安鲁美汽车散热器有限公司。始建于1972年，是一家车用散热器研制开发、生产制造与销售服务的专业化公司。公司拥有400台套国内外先进的自动化设备，12条现代化生产流水线，年产能力达到150万台套车用散热器、20万台套汽车空调器及空调两器。公司拥有省级技术开发中心、省级散热器产品质量检验站，120名专业技术工程师每年开发200种新产品投放市场。公司产品60%为国内各种轿车、大中巴客车、轻卡、重卡主机厂配套，40%出口美国、加拿大、澳大利亚及欧洲等14

个国家及地区、年产销量100万台套。产品有八大系列1000种型号，包括铝质汽车散热器（全铝、铝塑）、铜质汽车散热器、工程机散热器、汽车空调器、空调两器、汽车暖风机、内置式钢管和铝质板翅式机油散热器、中冷器、工程塑料水室、塑料导风罩等。公司在全国行业内率先通过ISO 9001 : 2000质量体系、QS 9000质量体系认证及ISO/TS 16949 : 2002标准，产品获“山东省名牌产品”“山东省标志产品”称号，“鲁美”“东岳”商标获“山东省著名商标”。2006年8月，被商务部、国家发展改革委命名为“国家汽车零部件出口基地企业”，2004年、2005年公司连续获“全国百家最佳零部件供应商”，并先后获“中国机械工业500强企业”“全国守合同重信用企业”“中国农行AAA级信用企业”“全国十佳汽车散热器企业”“中国外贸企业信用示范企业”“全国CAD应用示范企业”“山东省产品出口免检单位”“山东省机械工业利税50强企业”，山东省“省级高新技术企业”“省级文明单位”等称号。（刘　丽）

【概况】2017年，化学工业企业123家，比2016年减少18家，实现主营业务收入387.9亿元，下降15.5%；实现利税18.7亿元，下降22.8%。主要产品中，化肥（折纯）95.9万吨，下降5.2%；化学农药原药（折有效成分100%）2.5万吨，增长17.3%。（武　军）

【山东金品能源有限公司】该公司成立于2017年2月，占地10公顷(150亩)，建筑面积2万平方米，有员工155人，是专业从事聚合物锂离子电池设计、研发、生产与销售于一体的高新技术企业。公司依托华南理工大学的技术支持，取得ISO 9000质量体系认证，拥有聚合物电池生产线2条，配置国内最先进的双面涂布、自动制片/卷绕及高温化成等全程自动化设备。与美团、小米、康佳、联想等知名企业进行合作，按照客户需求进行产品定制，年产各类锂离子电池1100万件，销售收入2亿。

【山东岱岳制盐有限公司】公司为全国制盐行业十强企业，是以山东省盐业集团有限公司为投资主体的股份制企业，注册资金1.67亿元。公司于2004年10月筹建，2006年6月投产，拥有职工400余人，总占地17.33公顷（260亩），是国家食盐定点生产企业、山东省省级政府食盐储备库和青岛市政府食盐储备项目承接单位。2017年公司生产各类精制盐41.68万吨，销售各类精制盐42.12万吨，实现销售收入22474.6万元，上缴税金1757.3万元。先后研发上市绿色食品精制盐、深井精纯盐、复合盐藻盐、弱碱性食用盐、海藻碘盐、植物低钠盐等产品。其中弱碱性食用盐、复合盐藻盐为国家专利产品，深井精纯盐获得第18届中国绿色食品博览会金奖。面对盐业体制改革，公司采用“自建分公司+委托第三方物流配送模式”开拓市场，建设省内外分公司34家，并开辟韩国、日本、东南亚、非洲等国外市场。

【肥城昌盛特种石墨有限公司】公司成立于2008年8月，注册资金6000万元。公司规划占地40公顷(600亩)，员工600余人，主要从事石墨及碳素制品的生产、销售与研发，拥有水平先进的炭素生产设备，基础设施完善，在同行业中名列前茅。2017年实现销售收入20.12亿元，税收1.07亿元。公司炭素生产线主要包含煅烧、成型、焙烧三大工序，具备年产炭素制品30万吨的生产能力。同时，建有废气余热发电项目，该项目100%利用炭素煅烧生产过程中通过自体循环所产生的约1200度的高温废气进行发电。整个发电过程无需添加任何其他能源，属于典型的资源综合利用项目，年发电量达2.5亿度。此外，公司还投资建设了脱硫废料项目，利用氨回收法技术，将回收的二氧化硫、氨全部转化为化肥硫酸铵，将污染物全部资源化。每天产硫酸铵量约50吨，全部外卖至复合肥生产企业。累计取得国家专利44项，其中发明专利7项；取得了软件著作权7项；参与制定了3项行业标准。自主研发的“绿色节能炭阳极生产技术开发及产业化应用”被评为“中国有色金属工业科学技术奖”一等奖。

【山东国泰科技有限公司】公司注册资本1.15亿元，是一家集消防产品的研发、生产、销售、设计、施工及安装于一体的国家高新技术企业。公司研制开发出悬挂式干粉灭火装置、高品质超细干粉灭火剂及其灭火喷射装置、智能消防灭火机器人等一系列军民用特种消防快速灭火技术及产品，为军工、航空航天、地下综合管廊、石油化工、电力系统、核能核电、森林和林区、物流仓储、数据中心、交通、烟草、制药、钢铁冶金等场所提供高等级消防灭火解决方案和成套装备。产品销售覆盖国内20多个省市，出口到美国、意大利、俄罗斯、以色列等25个国家和地区。公司已具备军工供货相关资质，通过ISO 9001:2008国际质量体系认证、ISO 14001:2004环境管理体系认证、OHSAS 18000职业健康安全管理体系认证、TS 16949汽车行业质量管理体系认证及欧盟安全合格标志（CE）认证。悬挂式干粉灭火装置全系列产品通过中国国家强制性消防产品认证（3C认证）。拥有消防设施工程设计专项乙级资质、消防设施工程专业承包贰级资质、山东省安全技术防范工程设计施工叁级资质，是中国消防协会AAA信用等级企业、中国消防产业十大自动灭火品牌。

【瑞星集团股份有限公司】 公司是集肥料生产与销售、粮食收储与加工、土地流转、金融服务、科技研发、国际贸易为一体的大型现代化农业集团公司，香港主板上市企业。集团公司占地133.33公顷（2000亩），总资产130亿元，年销售收入150亿元。主要产品为尿素、复合肥、甲醇、乌洛托品、硬脂酸、甘油、淀粉、药用葡萄糖等，建有世界先进的粉煤气化装置和化肥生产装置。集团公司旗下拥有南非PROFERT公司、香港富一国际控股有限公司、山东润银生物化工股份有限公司、山东祥瑞药业有限公司、山东瑞星国际贸易有限公司、山东佳源农牧科技有限公司、福富物流有限公司、东平润银小额贷款有限公司等子公司。是国家级重点高新技术企业、山东省重点骨干民营企业、山东省改革开放三十年优秀企业、山东省节能突出贡献企业、山东省首批智能制造示范企业。先后建成国家粉煤气化技术工程研究中心试验基地，山东省企业技术中心，山东省重点实验室，设立了院士工作站、博士后科研工作站，与中国科学院、北京化工大学、南京工业大学等多家科研机构建立了长期稳定的协作关系；承担了多项国家“863”计划项目和技术创新重点项目，获得省市科技进步奖十余项。先后建成粉煤气化Ⅰ期、Ⅱ期工程，年新增合成氨先进产能100万吨，吨氨成本降低560元，节约标煤187.5千克，稳步淘汰落后工艺、设备、产能。双方合作的粉煤气化Ⅲ期项目暨航天超大型粉煤气化示范项目被科技部列入国家级重点研发计划，瑞星集团作为全国唯一一家企业单位参与项目的建设与研发。

【山东瑞福锂业有限公司】 公司成立于2010年11月，注册资本9777.78万元，公司主营电池级碳酸锂、工业级碳酸锂和氢氧化锂，联产无水硫酸钠、硅铝粉等系列产品，专门从事矿石提锂制备锂电池正极原材料——电池级碳酸锂，是同时拥有锂辉石和锂云母提锂技术的生产企业。公司碳酸锂产能2.5万吨，新建年产1万吨氢氧化锂生产线即将投产，改造扩建年产3万吨碳酸锂生产线年底建成投产。2017年实现销售收入8.9亿元。建有泰安市企业技术中心、泰安市工程技术研究中心、泰安市工程实验室、泰安市一企一中心研发中心、山东省“一企一技术”、山东省企业技术中心等科研平台。公司有博士1人、硕士7人。已申请专利20项，其中授权发明专利6项、实用新型9项。承担国家级项目1项、省级项目3项，市级项目5项。2012年9月顺利通过质量、环境、职业健康安全管理三体系认证。2012年公司申请并得到授权自主品牌“瑞福”的图形商标。

【山东阿斯德化工有限公司】 1994年3月，肥城市化肥厂与美国酸胺技术公司合资组建，占地面积4.28公顷，注册资金600万美元。1996

瑞星集团全景图 （周长坤 供）

年，承担的年产2万吨甲酸项目（国家星火计划）建成投产。1998年，通过ISO 9002国际质量体系认证。1999年9月，“春旺”牌甲酸被省经贸委评为山东省名牌产品。甲酸、甲酸甲酯、甲醇钾、甲酸铵被中国国际贸易促进委员会和法国科技质量监督评价委员会评为向欧盟市场推荐产品和高科技质量产品。

【山东华阳农药化工集团有限公司】1966年10月，宁阳县石油化工厂扩建为宁阳县农药厂，为集体所有制企业。1976年转为全民所有制。1996年，以宁阳农药厂为核心企业，组建山东华阳农药化工集团有限公司，并获得自营进出口权。1998年，改称山东华阳集团，并通过ISO 9002国际质量体系认证，入选全省百强重点企业集团。1999年12月，设立山东华阳科技股份有限公司，总股本5000万元。2000年被国家科技部认定为国家重点高新技术企业。2001年，通过ISO 9001国际质量体系认证。（刘　丽）

【概况】2017年，建材工业（非金属矿物制品业）189家，比2016年减少32家，实现主营业务收入410.7亿元，下降10.4%；实现利47.6亿元，下降14.2%。主要产品中，水泥685.6吨，下降15.2%；石板12385万平方米，下降22.5%；玻璃纤维纱58.7万吨，增长18.5%。

（武　军）

【泰山玻璃纤维有限公司】公司为中国建材集团所辖中材科技股份有限公司的全资子公司。泰山玻纤于1997年建成当时国内首条万吨无碱玻纤池窑拉丝生产线，玻纤制品总产能突破80万吨/年，为全球五大、中国三大玻璃纤维制造企业之一。泰山玻纤在大型玻纤生产线设计、窑炉纯氧燃烧技术、特种玻璃用漏板设计等方面拥有自主核心技术，公司拥有国家认定企业技术中心、省级重点实验室、博士后科研工作站等研发机构。泰山玻纤通过质量、环境、职业健康安全管理三体系认证，产品通过中国船舶检验局、挪威船级社、英国劳氏船级社的产品型式认可，韩国KS认证、美国FDA认证及德国GL认证等。泰山玻纤设立CTG北美公司、南非公司等驻外公司及机构，与北美、中南美、欧洲、中东、亚太等70多个国家和地区的客户建立了长期稳定的合作关系。不断进行结构调整与转型升级，满庄新区自2012年4月开工建设后，玻纤制品生产能力已超过50万吨/年，是公司产能规模最大、技术装备最先进、智能化水平最高的生产基地，2015年被工业和信息化部列为玻纤行业唯一的玻璃纤维智能制造示范工厂。

【泰山石膏有限公司】公司是以生产纸面石膏板为核心业务的新型建材企业，总资产99.63亿元，在全国23个省市自治区建设有54家工厂，年生产能力25亿平方米，产、销量连续五年居世界第一，国内市场占有率达50%。相关产品有装饰石膏板、护面纸、轻钢龙骨、水泥缓凝剂及配套产品等五类产品。近5年利润均超10亿元，被誉为中国纸面石膏板行业的领航者。2017年公司累计生产纸面石膏板15.22亿平方米，销售纸面石膏板15.12亿平方米，实现销售收入81.81亿元，利税26.38亿元，利润总额20.6亿元，净利润18.01亿元，分别比上年增长38.68%、57.92%、71.86%和71.63%，职工平均收入达到5.53万元，比上年增长14%。在全球经济低迷，国内经济下行压力增大，石膏板全行业增速大幅下降的情况下，实现了逆势上扬。

【山东路德新材料股份有限公司】该公司成立于2002年4月，系国家高新技术企业、国家级守合同重信用企业、中国专利山东明星企业、山东省诚信企业，工信部认定的制造业单项冠军示范企业，中国产业用纺织品行业协会副会长单位、中国产业用纺织品行业名优品牌单位、中国土工合成材料工程协会理事单位、山东省土工合成材料产业技术创新战略联盟理事长单位，山东省土工合成材料技术标准化委员会承担单位。公司主要生产经营基础设施建设专用新材料，包括玻璃纤维土工格栅、涤纶经编土工格栅、塑料拉伸土工格栅、钢塑复合土工格栅、三维土工网垫、土工布、复合土工膜等土工合成材料，产品主要应用于高速公路、高速铁路的路基增强加筋，水利堤坝除险加固，隧道、地铁工程，岛礁工程及矿山巷道支护等，替代传统的金属网，属于结构功能性新材料。产品已广泛应用于青藏铁路、京沪高铁、京九铁路、兰新铁路等上千项国家重点工程，是京沪高铁山东段唯一中标单位；产品远销三十多个国家和地区，市场占有率稳居同行业前列。公司拥有生产工厂3个、行业科研平台1个、省级科研平台4个、省级院士工作站1个，先后承担国家、省市级科研项目30余项，获得省级以上科技成果奖7项。拥有4项“山东名牌”产品，2件山东省著名商标，“路德”被评为中国驰名商标。

【泰石岩棉有限公司】 公司位于山东泰安大汶口工业园，成立于2011年9月，注册资本2.13亿元。公司是国家级高新技术企业，全国重点保温绝热材料生产基地，工信部公布的第一批符合岩棉行业准入条件的企业，全国首家符合绿色建材三星级评价的岩棉企业，岩棉行业首家品牌获中国驰名商标企业。公司拥有玄武岩纤维岩棉生产线7条，年产能已达35万吨，是全国最大的岩棉制品生产企业，下辖沈阳泰石、安徽泰石、泰石洛阳、泰石重庆、青岛泰石个全资子公司。公司在行业内率先通过ISO 9001:2008国际质量管理体系、ISO 14001:2004国际环境管理体系、BS OHSAS 18001:2007职业健康安全管理体系、ISO 50001能源管理体系以及安全生产标准化企业认证，获得中国绝热节能材料协会企业信用等级AAA认证。参加GB/T 19686-2015《建筑用岩棉绝热制品》、GB/T 25975-2010《建筑外墙外保温用岩棉制品》和JC/T 2292-2014《建筑防火墙离带用岩棉制品》三项标准的起草制定工作。公司主导产品泰石牌岩棉系列制品属于《国家建筑设计防火规范》强制和推荐使用的绝热保温材料，是各类民用、公用建筑高档保温首选材料，是国家政策鼓励发展的新型节能墙体材料。公司已在20多个省、直辖市、自治区取得新型墙体材料备案许可证。2011—2017年间，申报科学技术专利45项，已经获得授权的33项（其中发明专利8项），获得国内领先水平的科技成果鉴定3项，通过引进消化吸收再创新的方式建成了国内首条具有自主知识产权的8万吨岩棉生产线，研发出了岩棉生产固废综合利用技术，实现无外排清洁生产。公司拥有省级企业技术中心、省级“一企一技术”中心，泰安市岩棉产业技术研究院、泰安市岩棉工程实验室等研发机构。2017年先后获得企业信用等级AAA认证，美国FM认证，“连续5年全国岩棉产品抽样型式检验合格企业”称号，绝热节能材料行业“产品质量领跑者”称号，山东省首批“制造业单项冠军企业”称号，山东省第二批中小企业“创新转型优胜企业”称号。（刘　丽）

食品药品业

【概况】 2017年，食品加工制造、饮料业60家，比2016年减少2户，实现主营业务收入107.0亿元，下降19.8%；实现利税10.0亿元，下降29.1%。主要产品中，白酒8814.2万升，增长5.1%；小麦粉169.3万吨，增长3.4%；乳制品27.6万吨，下降3.3%；软饮料13.6万吨，下降13.3%。（武　军）

【山东泰邦生物制品有限公司】 该公司前身为原山东省生物制品研究所，2002年重组成立合资企业，系国家定点、山东省唯一的以血液制品为主，集科研、生产、经营一体化的国家级高新技术企业。2009年在美国纳斯达克成功上市，是国内唯一在美国上市的血液制品企业（交易代码：CBPO）。公司注册资本1.6亿元人民币，资产负债率约为10%～15%，连续多年被各大银行评为优质客户。公司有员工650余人，其中专业技术人员占90%，研究生以上学历近60人，拥有近百名从业20余年的专业技术人员。公司拥有人血白蛋白、人凝血因子Ⅷ、人纤维蛋白原等9个品种，24个规格的产品，占全国血液制品行业总产值11%份额。产品用户遍及国内各省市，出口印度、南美等国家，赢得了国内外市场的青睐。科技研发投入持续3年超过销售收入的5%，企业综合效益处全国同行业前三。公司获“山东省著名商标”“AAA级信用企业”等称号，并被省政府列入100个重点产品生产企业。2017年销售收入15.2亿元，创税1.76亿元。

【蒙牛乳业泰安有限责任公司】 该公司2003年11月注册成立，占地25.33公顷（380亩），总投资8.6亿元，拥有常温、低温、冰品三大工厂43条生产线，乳制品日生产能力1400吨。2004年投产至2017年，累计实现销售收入236亿元，累计上缴税金9.7亿元。利乐枕纯牛奶、专业儿童牛奶品牌未来星、经国家认证的“健字号”酸奶产品、0脂肪的优益C等首创产品在泰安公司的相继试产成功，使蒙牛泰安公司成为集团公司在全国生产基地中试产新产品的首选工厂。公司在物联网、大数据等领域积极尝试，建立起信息化的全产业链食品安全管理和追溯体系，创新性地使SAP与LIMS两大系统协同作业，将产业链各环节全部纳入信息化系统，强化了产品质量安全保障能力。

【泰山酒业集团股份有限公司】 建于1949年，为新中国建立后境内第一家国营企业。1952年，更名泰安专区酒类专卖事业处泰安酿酒厂，此后，先后更名为山东泰安酒厂、泰安市酒厂、泰安县酒厂、泰安酿酒总厂、山东泰山生力源集团股份有限公司，2011年5月更名泰山酒业集团股份有限公司。1998年，公司通过ISO 9001国际质量体系认证。2000年，“泰山特曲”被中国食品工业协会评为中国18家白酒新秀著名品牌，是省内唯一享有此殊荣的白酒企业。先后获“中国白酒工业经济效益十佳企业”“中国食品行业百强企业”“中国酿酒行业先进企业”“全国酿酒行业劳动关系和谐企业”“AAA级信用企业”“2008年度山东省轻工企业50强”等称号。在中国品牌研究院发布的《第三届中国最有价值商标500强》中，“泰山牌”白酒商标榜上有名，以8.14亿元的商标价值成为山东白酒唯一入选该排行榜的企业。在“2008山东酒业总评榜”上，泰山特曲继续保持山东十大名酒第一名。

【山东泰山啤酒有限公司】 1979年，泰安酒厂以啤酒生产车间为主筹建泰安啤酒厂。1980年建成，年设计生产能力5000吨。1988年，啤酒生产能力2万吨。1997年，啤酒生产能力15万吨，产品销量12万吨，“克利策”牌啤酒被授予省名牌产品称号。1998年10月通过ISO 9002国际质量体系认证。2000年改制为泰山生力源集团啤酒有限公司。到2002年12月，该公司发展成为香港恒捷印务有限公司持股61.54%、东莞虎彩印刷有限公司持股22.59%、泰山生力源集团啤酒有限公司持股15.87%，年啤酒生产能力15万吨的大型企业，“克利策”商标被省工商局认定为省著名商标。

【山东银宝食品有限公司】 1980年建，原名肥城县肉联厂。1985年，肥城县肉联厂获得对苏联和中国香港、澳门的出口注册。1992年，成为美国麦当劳公司在中国大陆唯一的猪肉供应商。1994年，为国内第一批对新加坡出口注册企业。1995年，在国内第一家开办“放心肉”连锁店。2000年，改制为肥城银宝食品有限公司，并组建肥城银宝集团。2001年，“银宝”牌猪肉被认定为中国国际农业博览会名牌产品，并获得ISO 9001国际质量体系认证、国际皇冠质量认证。2002年，通过HACCP国际质量认证，被北京市政府确定为鲜猪肉进京定点屠宰企业，被农业部批准为国家农业产业化重点龙头企业。

【山东京卫制药有限公司】 该公司占地13.33公顷（200亩），是国家级高新技术企业，中国最大、品类最多的药用气雾剂、喷雾剂生产厂家，拥有多个国内独家新药、首仿药。已上市产品包括呼吸系统用药、中枢神经系统用药、皮肤粘膜用药等，药品生产许可范围为气雾剂、喷雾剂、吸入粉雾剂、吸入液、片剂、胶囊剂、颗粒剂、软膏剂、灌肠剂、原料药等。公司质量体系通过澳大利亚药物管理局（TGA）的GMP认证，产品出口澳大利亚、新西兰等50多个国家。2011年9月，公司与国际制药巨头强生（Johnson & Johnson）旗下的西安杨森制药有限公司结为战略合作伙伴，成为其驰名商标达克宁®品牌的授权生产商，公司的cGMP和EHS（环境和职业健康安全）管理体系获得强生（Johnson & Johnson）的支持与认可。公司研发中心为省级企业技术中心，拥有专业研发团队140多人，并建有省级吸入制剂工程实验室，实验室配置高端设备。2017年销售收入5.77亿，税收7281万元。

【山东宝来利来生物工程股份有限公司】 公司成立于1996年8月，注册资本3880.5万元，于2015年1月19日在新三板挂牌（股票代码：831827）。宝来利来是中国最早研究和生产动物微生态制剂的企业，公司以免疫微生态、营养微生态、抗感染微生态、环境微生态产品为基础延伸至生物发酵产品、生物药品、生物检测等领域。宝来利来公司拥有中国驰名商标1件，山东省著名商标2件。主导产品产酶益生素、益生素等动物微生态系列产品被山东省人民政府授予“山东名牌”等称号，产品销量位居全国前列、山东省首位。宝来利来公司是国家高新技术企业、博士后科研工作站、山东省农业产业化重点龙头企业、全国动物微生态行业首家获欧盟市场准入企业，取得ISO 9001产品质量体系和ISO 22000食品安全管理体系双认证。拥有山东省重点实验室、山东省企业技术中心、山东省工程实验室省级研发平台4个，22年间先后承担了国家发展改革委、科技部、工信部、农业部等省部级以上项目动物微生态制剂项目100余，主持和参与国家高技术研究发展计划项目6项，是“十三五”科技部重大生物专项主持单位，先后完成的科研成果300余项，研制出产酶益生素、肽菌素等“国家重点新产品”6款，获北京市科学技术一等奖1项、教育部技术发明一等奖1项、山东省科技进步三等奖2项、山东省轻工业协会科技进步奖2项、泰安市科技进步奖5项，公司拥有国家授权发明专利24项，实用新型专利1项，建立并实施企业标准200余项。

【山东润德生物科技集团】 集团是一家围绕生物制品和精细化工产品研发、生产、营销、国际贸易、技术服务为核心业务的高新技术企业。下设山东德普化工科技有限公司、山东润德生物科技有限公司、山东格林富德进出口有限公司、新泰市生物化工产业研究院。主营产品为氨基葡萄糖系列、D-核糖、丙二醇、碳酸二甲酯、碳酸丙烯酯等。是国家高新技术企业、国家工业产品绿色设计示范企业、国家工业企业品牌培育示范试点企业、泰安市“三强”企业。建设有山东省企业技术中心、山东省“一企一技术”研发中心、山东省新旧动能转换行业公共实训基地、泰安市重点实验室、泰安市产业技术研究院。承担国家、省市级科技项目28项，获国家、省市级科技奖励30项等。拥有发明专利授权4项，受理10项，实用新型授权12项，软件著作权2项，注册商标8项，其中马德里国际注册商标1项等。发酵法绿色先进制造生产技术被中国轻工业联合会鉴定为“国际领先水平”，获2016年度中国轻工联合会科学技术发明一等奖、山东省循环经济科技成果一等奖、泰安市科技进步一等奖等。3000吨绿色生产中试装置已稳定运行，设备状态良好、技术成熟，为目前国内同类产品最大的生产线，产品质量达到美国药典（USP40版）标准。

【泰安汉威集团有限公司】 公司创建于2010年11月，项目投资5亿元，占地约11万平方米，坐落于泰安市岱岳区大汶口工业园。有员工400余人，其中硕士学历以上20余人，本科生学历以上100余人。专业化研发生产销售“动物营养品、精细化学品、聚氨酯新材料和医药中间体 & 医药”四大系列产品，规模产品市场份额处于全球市场前三。2017年实现销售收入9亿元，实现工业亩产值660万元，人均产值230万元。公司按照国际GLP标准建立研发中心，由留美博士领衔带队聚焦技术研发，已研发成功多个国内独家产品，优化数十项生产技术工艺，并获得多项专利，研发储备了一批技术领先的竞争优势产品。

（刘　丽）

【概况】 2017年，纺织、服装业178家，比2016年减少31家，实现主营业务收入393.6亿元，下降9.0%；实现利税33.4亿元，下降17.5%。主要产品中，服装10675.7万件，增长0.9%；布63666.1万米，下降7.8%；纱20.6万吨，下降4.6%。

（武　军）

【山东岱银纺织服装集团】 集团集纺织、服装、进出口贸易、跨国生产经营于一体的大型综合性企业，在国内下设岱银纺织公司、岱银毛纺公司、雷诺服饰公司、岱银进出口公司等十多家分公司，在海外投资建成岱银斯里兰卡服饰公司、岱银美国贸易公司、岱银纺织马来西亚公司等数家分公司。集团拥有50万纱锭、1000台织机、3500台（套）缝制设备的生产规模，年产棉纱20万吨、毛呢500万米、牛仔布3000万米、服装1000万件，各种系列的纱、布、毛呢、服装产品远销到全球80多个国家。集团精心培植的“雷诺”服装品牌获“中国最具影响力商务休闲品牌”“中国服装招标采购高端定制品牌”等称号，并在美国、加拿大等海外市场实现自主品牌销售。

【山东华兴纺织集团有限公司】 公司始建于1987年，是一家拥有纺纱规模25万纱锭织的国家级高新技术企业集团，集基础性产业和全球唯一实现壳聚糖纤维产业化的战略性新兴产业为一体。公司推行智能纺模式的实践已初见成效，优良品率提升25%，生产效率提升30%，订单交付周期缩短35%，产品升级周期缩短35%，运营成本下降25%，用工减少75%，单位产值能耗降低12%，万锭用工降到15人，使企业综合竞争力得到提升。

【山东康平纳集团有限公司】 该公司始建于1998年，是生产高档毛纺面料和现代纺织染整装备的综合性企业，下属纺纱、织布、染色、整理4个分公司和泰安康平纳机械有限公司。公司主要生产高档粗纺呢绒、半精纺呢绒、精纺呢绒，羊绒、多组分纱线及各种纱线的染色加工，十二个系列上千个品种。染整系列设备有自动化染色成套设备、多功能湿整设备、数控化后整理设备等。

【山东傲饰集团】 1955年建，原名肥城县城关被服合作社。1964年改为肥城县被服厂。1983年3月改名为肥城县服装厂。1997年组建为山东傲饰集团有限公司，并通过ISO 9002国际质量体系认证，成为集服装、印刷包装、商业为一体的肥城市首家省级企业集团。企业以服装生产、房产开发、印刷包装、酒水经营为主导，兼营塑料制品、节能电器、喷胶棉、商贸流通等多种产业，主导产品“傲饰”牌西服和“康王河”牌酒获“山东名牌”和“山东省著名商标”称号。企业通过ISO 9002国际质量体系认证、ISO 14001国际环境体系认证和SA 8000社会责任体系认证。

【山东泰鹏实业有限公司】 1985年建，原名肥城县毛巾厂。1992年，与香港客商合资成立肥城市第一家外商投资企业——肥城泰鹏纺织有限公司，引进喷胶棉生产线1条，所产喷胶棉产品获“国家级新产品”称号。1996 年，企业获得自营进出口权。1997 年组建山东泰鹏集团。2000 年，通过 ISO 9001 国际质量体系认证。2001 年，通过 ISO 14001 国际环境管理体系认证。2002 年 6 月，改制为山东泰鹏实业有限公司，成为民营企业。主要生产床上用品、环保生态型休闲用品等 8 大类、120 个品种。

【泰安华兴纺织有限公司】 1987 年建，原名宁阳县棉纺厂。1990 年，兼并宁阳县织布厂，改为宁阳县纺织厂。1997 年，组建山东华兴纺织集团，成为集纺织、服装、机械加工、土产贸易、棉花加工为一体的县属国有控股股份制企业集团，生产规模扩大到 3 万纱锭。2000 年，更名泰安华兴纺织有限公司，为国家大型企业，并通过 ISO 9002 国际质量体系认证。（刘 丽）

【概况】 2017 年，冶金工业 17 户，比 2016 年减少 1 户，实现主营业务收入 200.1 亿元，增长 7.0%；实现利税 39.0 亿元，增长 107.2%。主要产品中，生铁 299.7 万吨，下降 8.7%；钢材 438.5 万吨，下降 12.0%；粗钢 341.0 万吨，下降 3.7%。

（武 军）

石横特钢集团有限公司

【概况】 石横特钢集团有限公司(以下简称石横特钢）地处山东省泰安市肥城市境内，是集焦化、炼铁、炼钢、轧钢、发电、机械制造、钢铁物流、民间资本管理于一体的大型钢铁联合企业。注册资本 10 亿元，员工 6000 余人；主要产品有建筑钢材、锚杆钢筋、精轧螺纹、圆钢、电力角钢等，综合经济实力连续多年跨入中国企业 500 强之列。2017 年被工业和信息化部评为第一批“绿色工厂”，被科技部评为高新技术企业，入选山东省百年品牌企业培育工程。企业先后被国务院评为全国再就业先进企业，被山东省委省政府及各级组织授予山东省和谐劳动关系优秀企业、山东省节能先进企业、山东省循环经济示范企业、山东省用户满意企业、山东省优秀创新企业、山东省富民兴鲁劳动奖状、山东省履行社会责任示范企业、山东省最具幸福感企业等称号。

【生产经营】 2017 年，石横特钢克服压力与挑战，在企业重组、项目建设、结构调整、安全环保、人才培养、信息化建设等方面均实现重大突破，全年实现利润 56 亿元，入库税金 12.9 亿元。集团本部财务费用、总资产收益率、净资产收益率、流动比率、速动比率以及单位产品效益均列行业领先水平，热轧带肋钢筋、锚杆用热轧带肋钢筋、“黄特”牌热轧中型角钢三个产品继续保持山东名牌产品称号。

【企业重组】 推动转型升级、企业重组。3—12 月，在石横镇循环经济园区重点进行山东阿斯德科技有限公司建设，由钢铁行业第一次跨入化工行业。阿斯德项目建成后将形成 20 万吨甲酸、5 万吨草酸和甲酸下游产品的生产规模。3 月、11 月，分别与山东鑫华特钢集团有限公司、东阿东昌焦化有限公司完成企业重组，生产经营要素得到了优化与补充，实现了“1+1 > 3”的重组目标。

【工程建设】 推进企业转型升级和新旧动能转换，在项目建设方面创造多个历史记录。其中，项目投资额度创历史新高，全部投资项目总额 33.45 亿元，当年完成 26 亿元；项目数量是历史最多，新涉及领域 1 个，大项修 29 个，新建项目 15 个，改造项目 20 个，项目建设涉及行业和专业面之广创造了新纪录。石横焦化制备原料气焦炭项目从现场具备施工条件到建成烘炉仅用时 7 个月，阿斯德科技项目建设进展顺利；机制公司搬迁从决定至搬完仅用时 6 个月。3# 高炉大修，自停炉至开炉仅用时 38 天，较原计划提前 7 天，创造多项改造交叉进行的新纪录。

【企业管理】 紧抓产品适应市场能力、企业盈利能力和创新能力“三条生命线”，调结构转方式，提升企业核心竞争力，入选山东省百年品牌企业培育工程。在中国钢铁企业综合竞争力评级中获评竞争力特强 A 级，通过工业和信息化部牵头组织的符合“钢铁行业规范条件”准入审核工作复审，政府部门实施的产品许可、生产许可申报及四体系复审全部一次通过。全年优化人员 304 人；与华夏基石管理咨询公司签订胜任力素质评价系统开发项目，实现由以岗位为核心向以能力为核心的管理转变。信息化建设全线贯通，实现了财务处理、数据追溯更加快速准确。

【技术管理】 全年有可比性重点技术经济指标 59 项，行业内处于先进平均水平的 42 项，先进水平的 35 项，领先水平的 21 项，年度创效达 4000 万元以上。技术创新实现新突破，全年共发布技术创新项目计划 157 项，其中公司级 104 项、二级 53 项，确定“十三五”技术研究课题126项；鉴定验收2016年度公司级技术创新成果95项，发放奖金61.78万元；8项科技成果通过鉴定验收，其中国际先进水平2项、国内领先水平3项、国内先进水平3项；“超特高压用电力角钢系列研究开发”等9个项目列入山东省经信委技术创新项目计划。获山东省冶金科技进步一等奖2项、山东省冶金科技进步三等奖2项。在国家知识产权局申请专利16项，其中发明专利4项、实用新型专利12项，17项专利获授权。6月，成立山东省院士工作站，被科技部评为高新技术企业。

【循环经济】 提高企业整体美化效果，贯彻生产、生活、美化、观赏融为一体的花园式工厂方针，对企业大面积建（构）筑物、管廊、照明与裸露杂乱区域实施整治。粉刷建（构）筑物面积7.36万平方米，整治公共厕所9处，改造照明灯、塔63套，除锈、防腐及保温管道面积9.95万平方米，建设观赏通廊1万平方米。加大绿化投入，厂区、生活区新增与整治绿化面积2.34万平方米。炼铁工序增加和变更除尘器8台，淘汰治理难度较大的180平方米环冷机、60万吨规范性差的球团生产线，被工业和信息化部评为第一批“绿色工厂”。

【企业文化】 ①改善环境条件。生活区增设LED屏两处，新增与整治绿化面积1.47万平方米，消除供电线路隐患，投资96万元对8栋楼进行供暖改造，投资30万元对3栋楼进行外墙粉刷的效果验证。规范大病救助和困难补助制度，全年救（补）助103万元，353人次受益。②热心社会公益事业。投入石横特钢厂学校及肥城有关教育单位费用200多万元；建立石横特钢教育基金2000万元，支持肥城教育事业。支持当地政府仅修路费用达1800万元；支持周边村企发展，年获利约300万元；支持新农村建设与脱贫、扶贫资金过千万元。组织6000余人开展“慈善月”捐款活动，捐款率达99%以上。③党建活动和文明创建活动。表彰8个特殊贡献项目、16名劳动模范、339名立功嘉奖人员；推出季度党员明星174人次，授予3个党支部先进党支部称号，授予60名党员优秀共产党员称号；评出贤内助22人，五好家庭10户，公益活动先进者15人，好婆婆、好儿媳各6人。（李慧星）

金属制品业

【概况】 2017年，金属制品业77家，比2016年减少24家，实现主营业务收入188.6亿元，下降12.3%；实现利税15.3亿元，下降15.8%。主要产品中，金属切削工具27.2万件，下降13.4%；锻件15.7万吨，下降14.2%。（武　军）

【山东盛德大业新材料科技有限公司】 该公司成立于2015年7月，注册资金1.5亿万，是专业从事超薄金属卷板生产及深加工研发制造的高科技企业，研发出六辊可逆轧机生产0.1毫米的超薄级高精度金属板材，应用于航空、机车、精密仪器仪表、汽车制造、电气产品等行业。技术填补国内空白，达到世界先进水平。2016年投产后，销售收入已突破17亿元，累计上缴税金近千万元，2017年公司销售额达到12.5亿余元。公司获“重点建设项目先进单位”“高新区梯次培育重点企业”“环保红榜企业”等称号。

【山东九鑫机械工具有限公司】 该公司是省级中型企业，山东省工具出口定点厂，“中国工具五金30强”首批前十强企业。双头呆扳手是公司主导产品之一，年产量达3500万支，是全国最大的制造厂家，梅花扳手、两用扳手、活络扳手、套筒扳手、美式重型管子钳、断线钳等产品在市场享有主导地位。2000年，公司双头呆扳手产品连续被评为“山东名牌产品”。（刘　丽）

橡胶和塑料制品业

【概况】 2017年，橡胶和塑料制品业78家，比2016年减少8家，实现主营业务收入131.7亿元，增长2.8%；实现利税10.6亿元，下降21.4%。主要产品中，橡胶轮胎外胎(轮胎外胎)2220万条，下降9.4%；塑料制品21.1万吨，下降2.5%。

（武　军）

【鲁普耐特集团】 集团创建于2002年，注册资本1.17亿元，国家级高新技术企业，中国产业用纺织品行业协会绳缆网分会会长单位、中国纺织工业联合会标准化技术委员会副主任单位，中国绳网研发基地。集团产品远销全球80多个国家和地区，主要生产航空航天、军事装备、海洋工程、船舶舰艇、安全防护、消防救援、体育户外、交通运输、日用五金等18个领域所用各种材料的高端“绳、网、线、带”产品，经过十几年的发展，已成为中国规模最大、技术力量最强、产品种类最齐全，集绳网研发、生产制造、机械装备研制、国际贸易、技术服务、绳网艺术及文化为一体的综合性集团公司。公司拥有行业内省级“综合院士工作站”、省级“新材料绳网工程技术研发中心”、省级“认定企业技术中心”、省级“工业设计中心”、省级“绳网产业技术创新战略联盟”、“中国绳网研发基地”等多个省级以上研发平台。建有国内最大的绳网研发中心、检测中心和行业应用推广中心，设立了纤维材料检验实验室、绳缆力学性能检测实验室、绳网稳定性能评价实验室、绳用助剂评价分析实验室等，基本形成了一套比较完整齐全的绳网研发试验、分析检测评价表征、新产品的小试、中试相配套的组织体系与设备体系。公司参与制定国家标准6项，其中已发布国家标准5项；主持制定行业标准10项，其中已发布标准4项，是绳网国家标准的编制单位，行业标准的主编单位。公司申报各类专利300余项，其中，授权发明专利12项，实用新型74项，公开实审发明专利43项。公司产品先后取得了消防“3C认证”以及SGS、UL、CE、GS、UIAA等多项国际产品和体系认证，是亚洲唯一通过UL绳网认证的企业，开发的新材料高性能绳缆通过中国CCS认证，并可根据客户要求提供美国ABS，英国LR，德国GL，挪威DNV，法国BV，韩国KR，日本NK和俄罗斯RS等船级社产品检验证书。公司“鲁普耐特”品牌被评为“中国驰名商标”“山东省著名商标”，“消防安全绳绳”“游艇绳”和“碳纤维绳”获“山东名牌”称号，高品质产品得到了业界的认可，“鲁普耐特”品牌影响力稳步提升。

【新东岳集团】 位于东平县经济开发区，是由始建于1952年的原东平花键轴厂和1970年建厂的原东平橡胶厂于2003年改制成立的民营企业。集团下设新东岳集团有限公司、山东新东岳再生资源科技有限公司、山东新智机械有限公司、山东八里香食品有限公司、山东东岳电动车有限公司。公司先后被中华全国总工会授予“模范职工之家”、被山东省委评为“山东省先进基层党组织”、被山东省总工会授予“红旗单位”、获“泰安市市长质量奖”；“东岳”牌轮胎被评为“中国名牌”产品、“东岳”商标被国家工商总局认定为“中国驰名商标”，获“国家高新技术企业”称号，企业技术中心被评为“省级技术中心”。先后通过质量管理体系、环境管理体系、职业健康安全管理体系“3C”认证以及美国交通部DOT、欧洲E-mark、印尼SNI等国家和地区标准认证。公司成为轮胎轮辋标准化委员会委员单位，公司参与制定国家标准4项、行业标准2项，科研项目获得国家专利26项，主导产业轮胎达到年产9000万套生产能力，综合经济指标居全国同行业前三位。光热新动能研发制造示范项目主要是太阳能集热蒸汽锅炉的研发、生产和销售，由公司联合北京化工大学共同研发，依托其强大的研发实力和新东岳在产品制造领域领先的设备、工艺，共同打造全国太阳能蒸汽锅炉研发、生产基地，实现太阳能资源的工业化利用。智能自定型轮胎硫化设备制造项目是以实现轮胎行业新旧动能转换为目标，设备主要适用于摩托车胎、电动车胎的自动定型硫化，提高设备的自动化程度，降低操作人员的劳动强度，同时解决直接采用汽车轮胎自动定型硫化机造价高、使用维护复杂的缺点，实现轮胎硫化智能化、自动化生产。高性能子午线轮胎新旧动能转换技术提升项目主要对生产线进行自动化、智能化改造升级，项目通过对密炼机系统、帘布压延胎面压出系统、成型硫化系统、动力系统、检查实验设备、仓储系统等进行升级改造，组建智能化程度更高的轮胎生产线。（刘　丽）

【概况】 2017年年末，全市电力、燃气、自来水的生产和供应企业有规模以上工业企业33家，比2016年减少4家，实现主营业务收入69.5亿元，增长8.0%；实现利税3.2亿元，下降66.9%。（武　军）

【国网新源山东泰山抽水蓄能电站有限责任公司】 该公司于1999年7月注册成立。位于泰安市西郊、京沪铁路北侧，为国家重点建设项目。工程总投资43.26亿元，分为上水库系统、厂房系统、水道系统和下水库系统：上水库为樱桃沟上游扩挖、填筑土石方而成，水库总库容1128万立方米。安装4台25万千瓦立轴单级混流可逆式水泵水轮机组，年发电量13亿千瓦时。首台机组于2006年7月11日正式投产，10月11日2号机组投入商业运行，12月7日3号机组投产，4号机组于12月20日并网，实现了“三投一并”的目标，增强了山东电网调峰、填谷、调频、调相和事故备用功能，有效利用高达460多万千瓦时的夜间用电低谷电能，每年节约标准煤43.4万吨，节约燃油25.5万吨，提高了电网运行效率。电站工程先后通过竣工验收和工程审计，获得中国建筑行业“鲁班奖”

(国家优质工程)。2017 年度发电量达到了 14.18 亿千瓦时，提前完成全年发电量任务，同比增长 138%，实现发电量跳跃式式增长。

【国电石横发电公司】 始建于 1962 年，为中国国电集团公司大型一类企业。占地 298 公顷。有职工 1913 人。6 台机组运行，总装机容量 1920 千瓦，固定资产 85 亿元。先后获全国文明单位、全国精神文明建设工作先进单位、全国“五一”劳动奖状、全国模范职工之家、国际一流火力发电厂、全国企业文化建设十佳单位、中国国电集团公司绩效贡献特别奖等称号。2017 年，提高市场应对能力，树立“电量就是生命线”理念，动态跟踪电量计划完成情况，利用调峰需求等有利因素积极争取电量计划，提高机组运行负荷率和利用小时。抓住电量营销、精细管理、安全管控等关键因素，稳运行、控指标、抢发电、多发电，提前实现全年发电量，并实现安全生产无事故。

• 国网泰安供电公司 •

【概况】 公司先后获全国“五一”劳动奖状、全国文明单位、全国纪检监察系统先进集体、全国电力行业“用户满意服务”单位、全国电力行业思想政治工作优秀单位、国家电网公司文明单位、山东省先进基层党委、山东省供电示范企业、山东省思想政治工作优秀企业、山东省“德耀齐鲁”道德示范基地、山东省“厚道鲁商”上榜企业等称号。

【安全生产】 2017 年，泰安全市全社会用电量 181.28 亿千瓦时，实现连续安全生产 7047 天。完成大面积停电预案修订，成功应对电网负荷九创新高，电网顺利度夏度汛。精心编制保电工作方案，圆满完成中共十九大、泰山国际登山节、中高考等重要保电稳定服务任务。深化线路通道属地化管理，220 千伏线路实现“零外破”，跳闸率同比降低 50%。初步实现配网故障“主动预防”，配电线路故障停运率同比下降 20%，配变重过载同比下降 38.4%。高效推进高铁新区电缆下地等 106 条输配电线路市政迁改，完成 10 座变电站、老旧线路改造，成功解决困扰泰安电网设备、网架的安全难题。

【电网发展】 坚持打造泰安速度，全省首家完成 ±800 千伏内蒙古—山东特高压过境工程组塔、架线、通道清理及属地验收。全年建设线路长度 255 千米，变电容量 158.45 万千伏安。500 千伏岱宗站 220 千伏送出工程获中国安装工程优质奖。完成全市 1.82 万眼机井装表接电、230 个小城镇（中心村）改造任务，治理低电压 1.1 万户，户均容量提升至 2.41 千伏安。潮泉村四组台区工程入选国家电网公司 2017 年度“百佳工程”。

【优质服务】 推进“彩虹•心服务•新价值”主题活动。成立高新供电中心，全省率先构建新型园区供电服务模式。开展阳光扶贫，协助省派第一书记开展上门帮扶，解决用电问题 32 项。电动汽车服务分公司揭牌运营，累计充电量 1902 万千瓦时，居国家电网公司第五位。顺利完成新泰光伏领跑者一期等 35 家新能源电厂、3945 户分布式光伏并网，并网容量 144.76 万千瓦。推广电能替代项目 155 项，替代电量 6.38 亿千瓦时。

【行业建设】 形成“电网先锋党支部”创新成果 28 项，建成“党支部电网先锋之家”6 个，建成“登泰山的第五条路”主题教育展室。公司 9 名员工分获“国家电网公司劳动模范”“山东省富民兴鲁劳动奖章”“齐鲁首席技师”等称号。

（吴雅斌）

【无线电管理】 ①重大节日、活动保障。圆满完成中央春晚泰安分会场的无线电安全保障任务。在春节、“两会”、国庆、中共十九大等重大节日和事件期间，对需要监测的频率进行 24 小时监测。2017 年，各类监测设施开机监测 62580 小时，重点监测的无线电频段 13 个。完成国家或省、市统一考试专项保障 18 次，排查可疑信号 71 个，压制作弊信号 24 个，没收作弊设备 2 套，维护社会的公平公正。②无线电管理执法。出动监测车 81 台次、人员 324 人次，查处“黑广播”电台 27 起、“伪基站”1 个，没收“黑广播”设备 27 套；查处和处理干扰投诉无线电干扰信号 7 起，其中民航干扰案件 3 件、移动基站干扰案件 3 起、卫星干扰案件 1 起。

【中国移动山东公司泰安分公司】 2017 年，公司连续 16 年保持省级文明单位称号，公司团委获“全国五四红旗团委”称号。

网络运营　累计投资 3 亿元建成精品 4G 网络，4G+ 基站数超过 5000 个，基站总数 8000 余个，实现泰山景区、乡镇及以上区域、高速高铁、97% 以上行政村的连续覆盖。累计投资 2.8 亿元建成全光有线宽带网络，具备千兆宽带接入能力，覆盖全市225万家庭，成为有线宽带用户增速最快的运营商。积极推进窄带物联网（NB-IoT）建设，建成NB-IoT基站260个，实现城区NB网络连续覆盖，为促进传统产业转型升级提供支撑。提前布局5G技术应用，打造精品接入光缆网，满足全业务综合接入需求，为万物互联奠定坚实的网络基础。

业务发展 完成运营收入15.27亿元，2017年纳税总额9114.445万元。移动客户总数超过360万户，4G用户超过220万户。贯彻实施“提速降费”政策，持续降低通信资费，资费降幅实现行业领先。9月1日，全面取消国内长途漫游费。大幅降低中小企业互联网专线资费，推出“小微宽带”特惠产品，惠及小微企业8万余家。

助推地方发展 建成容纳79架机柜装机容量、60G带宽出口的400平方米机房。借助中国移动全国共享的政务云支撑服务体系，发挥青岛、济南云数据中心资源优势，为全面承接本地中小企业上云做好资源保障；参与政务信息化建设，为构建精简高效的政务生态提供支撑。提高信息化支撑能力，发挥物联网、大数据、通信整体解决方案等方面的集合优势，为推动“智慧泰安”纵深发展、工业互联网快速发展提供丰富的应用和服务。定期开展环境保护、赛事服务、防电信诈骗公益讲堂等志愿活动，资助13名贫困大中专学生。建立创城督导考核机制，向市民发送文明创建公益短信250余万条。做好各类重大活动、重大自然灾害和突发事件的应急通信保障。

客户服务 2017年，整体客户满意度保持较好水平，业内领先7个百分点。（魏蔼秋）

【中国联通泰安公司】 2017年，公司连续18年保持“省级文明单位”称号。

经营发展 面向移动互联网的供给侧结构改革，实施“千兆引领，百兆起步”行动，城域网核心路由器带宽出口达到1040G。参与政府主导的通信、信息化基础设施建设和信息通信服务，加大物联网与大数据开发力度，实施“政务上云”“医疗信息化上云”“企业上云”行动，一大批助力政务、惠及民生的信息化产品成功上线。

网络建设及优化 投资8000万元用于城市、农村通信基础设施的改善及建设工作。启动2017年LTE三期工程建设，市区和县城城区面积覆盖率达98.6%，4G网络实现连续覆盖，行政村、省道、国道等面积覆盖率达到90.58%，较2016年4G网络覆盖率提升4.68%，实现全年一、二级干线零故障。加强互联网安全管理，实现100%网站备案。

客户服务 固定宽带接入速度达到200M，4G移动互联网平均下载速度达17.66 Mbit/s，为用户提供极致的网络体验。推动产品从简单折扣降价向价值提升转变，结合漫游费取消等政策，统一省内套餐外语音单价、流量单价，简化资费结构，通过业务融合，实现通信费用支出降低；通过适度释放流量价值，推广冰激凌系列套餐，流量综合单价降幅达20%以上。利用实体营业厅、网厅、手厅、微信公众号、官方微博等线上线下渠道，加大对提速降费优惠政策的公示和宣传力度，提高用户知晓度和覆盖面。宽带服务方面，推出“480”服务承诺，即全市城区及县城障碍4小时修复、8小时装机、乡镇及以下障碍8小时修复、8小时装移机，全市宽带无条件受理。加强网络安全管理，确保用户信息安全，打击信息诈骗。（杜 娟）

【中国电信泰安分公司】 **市场经营** 2017年，收入完成率100%，全业务收入同比增长2.4%，天翼累计新增用户完成率106%，超额完成目标。助力“互联网+”行动，提供综合信息服务。针对智慧城市、智慧园区、智慧交通进行调研、技术分析、商务运营模型设计及开发。建成泰安公务车智能化信息管理平

9月25日，泰安铁塔党的十九大信息通信保障动员大会举行（郭 建 供）

9月12日，泰安市气象局与中国铁塔泰安市分公司战略合作签约仪式举行　　（郭　建　供）

台项目，形成市、县、乡全市一张网。加大开放与合作力度，完成全市一批重点项目的支撑与合作，如泰安市纪委“两规”办案基地信息化项目、“12345”市长热线平台二期升级改造项目、泰安市政府公务车管理平台项目等。

客户服务　响应国家宽带提速降费号召，开展提速降费专项行动。光网宽带率先实现100M高品质带宽网络；降低通信及网络资费，率先推出流量不限量通信产品，满足市民日益提升的信息化需求。严格实施实名登记工作，实名率达100%。履行社会责任，进行“防诈骗”公众教育和宣传引导。畅通社会监督举报渠道：在本地客服和“10000”号建立通信诈骗举报受理流程；在门户网站和网厅对外公布热线举报方式，定期以短信向用户发送警示短信。参与政府推出的泰安市政风行风热线、省公司阳光政务热线活动、“3·15”服务支撑工作，向社会郑重重申“用户至上、用心服务”的服务理念，主动承担社会责任，以优质的产品、真诚的服务面向消费者，打造和谐诚信的服务品牌，服务于大用户。

网络建设　实施“宽带中国”国家战略，推进“光网城市”建设，持续开展网络质量提升及优化创新活动。2017年，移动网络共投资1.5亿元，完成LTE基站建设574个，实现室外与C网同覆盖；精准建设800M基站，列全省第一名。宽带共投资8000万元，新建改造小区466个，城区覆盖率达85%以上；新建市县光缆152千米，市县光缆全部实现双路由保护；完成10G上联改造OLT46个，全部具备200M以上宽带接入条件。　（田　倩）

【中国铁塔泰安市分公司】　年内，公司获中国铁塔最佳实践案例提名奖、山东铁塔2017年度优秀服务单位、山东铁塔2017年度优秀工程建设单位称号。

工程建设　围绕造价管控、质量效益和需求满足，全面加强工程建设全过程管理，提升自主选址能力，加强建造成本分析，规范设计会审，加强工程质量管控，优化审计流程，完善审计档案，推进建设转型，提升工程建设标准化、规范化、模块化、制度化、流程化和专业化水平，完成全年工程建设任务。全年建设完成通信基站847座，完工率100%。完成中共十九大、泰山国际登山节、泰山国际马拉松、高校开学、灾害天气、重要节假日和重大活动的应急通信保障工作。

市场服务　推动实现“通信塔”向“社会塔”转变，完成千寻定位、水利专网、海洋渔业厅内陆高频、公安专网、高速交警监控等业务发展。推进“融建行动”，加强与各级政府部门和企事业单位战略合作，推进5G站址资源统筹规划储备。泰安市移动通信基站布局专项规划通过泰安市政府规委会审批，新泰“智慧城市惠民通信基础建设工程”列入新泰市委、市政府2017年为民所办十件实事，通过政府验收。　（郭　建）

编校　赵　兵　　审稿　周美广

交通·邮政

交通综述

【概况】 年末，全市交通运输系统在职职工1.08万人。市交通运输局辖县级单位2个、副县级单位6个、正科级单位3个、副科级单位1个，管理国有企业1家，监管民营企业1家。全系统统筹做好稳增长、调结构、促改革、惠民生、防风险各项工作，加快交通基础设施建设，优化交通运输结构，提升运输服务水平，努力当好经济社会发展先行官。年内，全系统9个单位继续保持“省级文明单位”称号，1个单位新创建成“省级文明单位”，市交通运输局被市委、市政府表彰为“市直2017年度经济社会发展综合考核先进单位”。

【交通基础设施建设】 全年完成交通建设投资53.39亿元，增长176.6%。其中，公路建设完成投资49.9亿元，港航建设完成0.57亿元，场站建设完成投资2.92亿元。实施国省干线公路升级改造，完成路网改建、养护大中修里程83.6千米，全市干线公路综合优良路率达90.35%。加快农村公路建设，新建和改建农村公路442.5千米，处治安全隐患里程597千米，改造危桥7座，完成投资4.65亿元，全市农村公路通车里程达1.4万千米，行政村通油路率达100%。

【运输经济】 年末，全市有道路旅客运输经营业户15户、道路货物运输业户5336户，客运营运线路328条，年平均日发1258.8班次；全市客运车辆保有量1106辆，货物营运车辆2.37万辆，大型以上载货汽车比例达59.5%；全市集约化客运线路61条，集约化客车比例达58.8%。拥有跨省运输经营的国内水路运输企业4家，船舶运力6.07万载重吨；拥有市内水上旅游运输企业8家、1344客位，水上旅游船舶全部实现公司化运营。年内，全市公路水路运输完成客运量2955万人，旅客周转量19.65亿人千米；货运量7742万吨，货物周转量157.68亿吨千米。城市公交、客运出租汽车客运量达1.7亿人次。完成春节假期运输和重大节假日运输保障及应急运输任务。

【依法行政】 推进法治交通建设，推行行政执法“三项制度”（行政执法公示制度、执法全过程记录制度、重大执法决定法制审核制度），明确交通运输行政执法主体，规范权力运行流程。强化执法监督检查和评议考核，提高交通依法行政能力。加大执法人员教育培训力度，组织交通运输行政执法文书制作培训，组织全系统1400名执法人员开展网上法律法规知识集中考试。深化“放管服”改革，梳理部门职责，修订权力清单，承接省下放行政审批事项4项，消减4项。推进行政审批“两集中、两到位”，交通审批事项实现网上运行，交通行政审批事项办理时限提速20%以上，10项登记备案事项与工商注册登记实现“十证合一”，3项审批事项“只跑一次”即可办结。编制完成交通运输信用信息目录、政务信息资源共享目录。年内，市行政审批中心交通窗口办理审批事项4710件、公交服务事项1.15万件，事项办结率、群众满意率均达100%。开展旅游客运市场、客运出租市场、普通货运市场专项整治，完善投诉举报快速反应机制，办理行政复议应诉案件，规范道路水路运输市场秩序。取消驾校行业规划限制，驾校许可权限全部下放县（市、区）交通运输主管部门。开展运输企业质量信誉考核和营运驾驶员（船员）诚信考核，增强运输业户守法经营意识。依法加强路政、运政、航政管理，检查营运车辆32万辆次，查处违章违规车辆1.54万辆次。加强治超站点规范化建设，完善路面监控网络，干线公路车辆超限超载率控制在4%以下。依法加强交通建设市场管理，强化工程质量监督，规范建设市场秩序。

【客运行业管理】 优化旅客运输组织结构和经营结构，推动道路客运集约化、规模化经营，全市集约化线路发展到61条、客车709部，集约化客车占总量的58.5%。加强道路旅客运输经营许可，下达县际班线经营行政许可7个，省际包车客运车辆延长营运年限决定43个，省、市际班线车辆延长营运年限决定84个，班线客车、客运包车调整15个。提高旅游客运资源的市场集中度，增强旅游运输企业合力，消除个别运输企业因经营范围受限带来安全隐患，落实新增省、市际包车经营权招投标指标50部。开展道路旅客运输市场专项整治活动，加强道路客运市场秩序监管，严查未经许可擅自从事道路旅客运输经营、客运车辆超员超载、站外揽客、不按站点停靠等违法违规行为，规范市场秩序，提高服务质量。

【货运行业管理】 推进货运公司化改造，发展新型货运组织方式，培育道路货运龙头企业，加快物流企业功能整合，推进传统道路货运向现代物流转型。加快运力结构调整，发展厢式、冷藏、罐式、集装箱等标准化货车，推广甩挂运输。至年末，全市大型以上货车比例达59%。开展普通货运企业资质、货运车辆信息清理工作，清理超期经营、无车空户货运业户317家，车辆1262辆。推进市属普通货物运输业户许可下放。开展货运企业质量信誉考核，评定AAA级优秀企业11家。发展甩挂运输等先进运输组织方式，全市甩挂运输车辆发展到216辆。扶持发展交通物流，开展全市道路危险货物运输安全隐患大排查快整治严执法紧急行动；下达隐患整改通知书12份，8家企业整改期内未整改合格被注销经营许可。加快道路运输与邮政和快递业融合发展，完善农村交通物流网络。强化重要时段、重要节假日期间货运保障及危险货物运输安全监管，储备应急运力，保障全市道路运输系统安全度汛，完成重点物资运输保障任务。

【客运出租行业管理】 开展行业服务质量提升活动，加强客运出租市场秩序整治，严厉打击出租汽车违法违规运营行为，累计检查车辆1600辆次，查处违规出租车120辆次。加大违规出租车投诉处理力度，查处各类网络、电话投诉违规出租车90辆次，吊销严重违规经营驾驶员服务资格6个。继续开展出租汽车改色换型工作，泰安城区1292辆出租汽车全部完成改色换型工作。开展“泰山文明号”服务品牌创建活动，提高服务标准，拓展服务项目，组建“爱心车队”“雷锋车队”等品牌车队，开展“爱心送考”“关爱孤寡老人”等系列社会公益活动，提升客运出租行业形象。

【《泰安市网络预约出租汽车经营服务管理暂行办法》发布实施】 加快推进出租汽车行业改革，依法规范网约车经营行为，满足群众出行需求，起草制定《泰安市网络预约出租汽车经营服务管理暂行办法》（简称《办法》）。《办法》初稿形成后，组织召开座谈会，并通过政府网站广泛征求社会各界各方面意见建议700条。《办法》履行集体研究、公开征求意见、合法性审查、部门会签等法定程序，经市政府第七次常务会议研究通过，于2017年12月20日发布，2018年2月1日正式实施。共分6章41条，主要明确管理职责，规定交通部门为网约车管理主体，并负责统筹实施两区及泰安高新区和泰山景区范围内网约车的管理和监督工作；细化许可条件，对从事网约车经营明确车型、车辆使用年限、无较大安全生产责任事故等相关条件，同时对取得经营许可条件和程序作出规范；规范经营服务管理，规定网约车平台公司要依法依规经营，加强服务质量管理、车辆安全管理、乘客信息管理等；规范私人小客车合乘，鼓励私人小客车合乘行为，对合乘接单次数作相应限制。

【机动车维修行业管理】 加强事中事后监管，对照新的维修企业开业条件和安全生产监管要求，降类、变更经营范围企业5家。推动全市汽车维修检测企业升级达标，指导各县（市、区）管理机构对营运车辆二级维护维修企业的认定和改造。年末，全市有各类汽车维修业户660家，检测企业6家。开展维修检测企业质量信誉考核，评定AAA级汽车维修企业37家、AA级汽车维修企业163家、A级汽车维修企业361家、B级汽车维修企业38家。加强安全管理，明确企业安全生产主体责任和管理部门的监管责任。加强汽车维修喷漆废气治理，继续开展汽车维修喷漆废气专项整治活动，出动执法人员130人次，督导企业加强喷烤漆和废旧机油管理。加强车辆技术等级评定检测管理，完成营运车辆技术等级评定2.1万辆次。落实《道路运输车辆燃料消耗量检测和监督管理办法》，新许可车辆油耗达标车型核查合格车辆1614辆。年末，全市清洁能源、新能源汽车保有量7037辆，占全市营运车辆的22.9%。

【机动车驾驶员培训管理】 加强机动车驾驶员培训管理，改造升级计时培训管理系统。全市42所驾校实行“先学后付、计时收费”驾培服务模式，占驾校总数量的80%。建立教练员“黑名单”制度，对违规教练员实行系统禁用。严格《培训记录》审核、签章程序，全年审核签章4.62万份。组织开展驾培市场专项整治，查处违规培训教练车96辆，依法取缔违法驾校培训点32处，对资格条件不达标、不按规定使用《培训记录》和建立学员培训档案的9所驾校予以停业整顿。开展驾校质量信誉考核，评定AAA级驾校9所、AA级30所、A级7所、B级3所。加强道路运输驾驶员从业资格管理，核发证件3780个。开展道路运输驾驶员诚信考核和继续教育工作，继续教育培训5.8万人。

【车辆超限治理】 推进落实交通运输部《超限运输车辆行驶公路管理规定》，明确县（市、区）政府治超工作主体责任，推行追踪处理和“一超四罚”（一经发现超限超载车辆，各有关部门将依情形分别对货运车辆、车辆驾驶人、运输企业、货运场所经营者予以处罚）工作机制。加强执法队伍建设，规范路检路查执法行为。开展公路货车违法超限超载行为整治专项行动，加大国、省道和重点县、乡道路、高速公路主要出入口等重点部位流动检查力度，保持路面执法高压态势。开展危化品运输车辆专项整治，检查违法运输危化品车辆2452辆次，查处29辆次，维护道路危化品运输市场秩序。推进非现场执法系统建设，安装完成104国道标准三车道非现场执法监控系统，实现24小时不间断执法。全市累计出动行政执法人员8万人次，执法车辆1.6万辆次；检查客、货运输车辆32万辆次，查处违章车辆1.54万辆次。其中，联合公安部门查处超限超载运输车辆1.28万辆次，卸货4.5万吨，超限信息抄告2355条，查处脱落扬撒车辆367辆次、违规危化品运输车辆120辆次、违规运营客车348辆次，干线公路车辆超限超载率控制在4%以下。

【平安交通建设】 开展“企业安全生产主体责任全面深化年”活动，落实安全生产行业监管责任和企业主体责任，促进企业依法依规从事安全生产活动，夯实安全生产基层基础。推进“安如泰山”科学预防体系创建，加强汽车客运站、道路客运、危化品运输、水上运输、施工现场等薄弱环节的源头管理和隐患治理，推行岗位风险清单管理，建立风险分级管控和隐患排查治理双重预防机制。强化安全生产宣传教育，举办安全管理培训班21期，培训干部职工2000人次。持续推进“平安公路”“平安港航”“平安工地”“道路运输平安年”等创建活动，开展安全隐患“大快严”和化工产业转型升级等集中整治行动，抽查企业333家次，消除各类安全隐患577项，安全生产形势保持持续稳定。加强应急救援队伍、应急车辆、应急物资保障，组织开展东平湖水上应急救援演练、道路运输应急拉练、公交应急反恐、公路防汛抢险等应急演练活动，增强交通应急处置能力。加强工程质量管理，严格规范参建单位和从业人员的行为，强化施工全过程质量控制，交通建设项目合格率达100%。年末，全系统各项安全指标均低于省交通运输厅和市政府下达的预控指标，市交通运输局被省政府表彰为“安全生产先进单位”，泰安市强化安全文化建设的做法被交通运输部在全国交通运输系统予以推广。

【交通文明行业创建】 围绕创建全国文明城市，组织开展道路客运行业提质、公共交通提升、客运市场规范、文明公路创建、志愿者常态化“五项行动”，提升行业文明程度和服务质量。加强文明单位创建，持续深化交通运输文化建设，广泛开展志愿服务活动，打造“红叶服务”“泰山百合”“汇元爱心车队”等服务品牌。加强交通综合治理，开展新闻宣传工作，稳步提升交通运输行业群众满意度。

（周　真　张　文）

【概况】 至年末，全市公路里程1.55万千米，增加129.6千米，公路密度每百平方千米199.3千米。按行政等级划分，国道10条、492.2千米，省道10条、724.5千米，县道90条、1504千米，乡道2103.4千米，专用公路27.6千米，村道1.06万千米；按技术等级划分，高速公路6条、238.8千米，一级公路290.2千米，二级公路1623.9千米，三级公路1636千米，四级公路1.16万千米。

【高速公路建设】 配合山东高速集团有限公司、齐鲁交通发展集团有限公司加快推进高速公路项目建设，全市高速公路在建项目7个，开展前期项目1个，总里程348.8千米。青（岛）兰（州）高速公路泰安至东阿段项目，交付全部施工作业面，全线展开大面积施工。济南至泰安高速公路泰安段永久用地清表完成88.5%，开辟工作面29个。宁阳至梁山高速公路地上附着物清理、界沟开挖完成94%。（北）京沪（上海）高速公路改扩建工程地上附着物清理工作基本完成。青（岛）兰（州）高速莱芜至泰安段、董（家口）梁（山）高速新泰至宁阳段、新泰至台儿庄高速公路控制性工程开工。（北）京台（北）高速公路泰安段扩容工程前期工作推进顺利。泰（安）新（泰）高速泰安东出口改造工程北移收费站位置，增加出入通道，有效解决长期拥堵问题。青（岛）兰（州）高速莱芜至泰安段，该项目起自莱芜市与岱岳区交界处，于角峪镇鲁东冶村东北进入泰安境，途径岱岳区角峪镇进入高新区徂徕镇，在向阳庄西设枢纽立交与拟建济南至泰安高速公路连接，向西利用泰（安）新（泰）高速扩建至终点泰山立交枢纽。泰安市境内路线长约39.7千米，投资40亿元。董（家口）梁（山）高速新泰至宁阳段，该项目起点位于（北）京沪（上海）高速公路新泰南立交东，向西途径新泰市汶南、石莱、禹城、楼德、宁阳县东庄乡、华丰镇、磁窑镇至京台高速，接已开工的宁阳至梁山段，项目全部在泰安境内，全长65千米，投资约70亿元，已启动项目前期准备工作。新泰至台儿庄高速公路，该项目是山东省“十三五”高速公路规划“纵五”线无棣—莱芜—台儿庄（鲁苏界）（主体为原滨博高速、京沪高速莱芜至新泰，后新泰至台儿庄为新建）泰安段，全长6.3千米，均在新泰市汶南镇，投资约5亿元。（北）京台（北）高速泰安段扩容项目，“十三五”期间，拟将（北）京台（北）高速泰山立交至宁阳曲阜界改扩建，泰安境内长约53.9千米，投资约50亿元，启动项目前期准备工作。

【普通国省道建设与养护】 全年完成普通国、省道建设投资8.76亿元，完成路网改建、养护大中修里程90.2千米。105国道东平绕城改建一期工程、6个大修工程和济临线疃里大桥危桥改造工程按期建成通车。薛馆线肥城仪阳至石横段等改建工程，累计完成投资3.3亿元，完成年度建设计划。12个普通国、省道项目开展前期工作，泰楼路升级改造工程可研报告上报待批复。实施科技兴路战略，开展技术攻关。“乳化沥青厂拌冷再生关键技术与工程应用研究”和“半刚性基层沥青路面水泥就地冷再生技术应用研究”完成科技创新。加强QC（质量控制）管理，市公路局工程一处获“全省交通行业质量管理小组活动优秀企业”“全省交通行业质量信得过班组建设优秀企业”称号。工程一处物资中心QC小组、工程二处维修中心QC小组获得“全省交通行业优秀质量管理小组”二等奖。工程一处拌合场质量班组、工程二处维修中心班组获“全省交通行业质量信得过班组”称号。加强预防性养护和精细化养护，全市普通干线公路优良路率达93.26%，一、二类桥梁比例达99.15%。

【路政管理】 依法维护路产路权，完成路政巡查133万千米，查处路政事案506起。加强路政许可，建立完善许可事项库，办理路政许可4257件。做好重大涉路工程现场勘察和方案审查，以及许可事项的事中事后监管。加强路政执法队伍建设，开展业务素质培训和军事化训练，实现路政管理执法标志、执法证件、工作服装、执法场所外观“四

2017年泰安市公路通车里程情况

表8　　单位：千米

技术等级 行政等级	合计	高速公路	一级公路	二级公路	三级公路	四级公路	等外路
国道	492.2	115	190	187.2	—	—	—
省道	724.5	123.8	41.1	463.5	96.1	—	—
县道	1504	—	36.6	609	643.6	214.8	—
乡道	2103.4	—	8.4	116.3	431.4	1547.3	—
专用路	27.6	—	—	23.3	4.3	—	
村道	10621.5	—	14.1	247.9	441.6	9838.8	79.1
合计	15473.2	238.8	290.2	1623.9	1636	11605.2	79.1

统一”。加强收费公路管理，全年普通路桥实现通行费收入4448万元，完成年度计划的256%。开展路域环境综合整治和桥下空间专项整治，清理乱搭乱建450处，违法非公路标志标牌2106块，占路集市、乱搭乱建、经营摊点1328处。

【农村公路建设管理】 全面推进“四好（建好、管好、护好、运营好）农村路”建设，全市完成投资4.65亿元，新建改建农村公路442.5千米。推进交通精准扶贫工作，帮扶68个贫困村建设扶贫道路92.9千米，全市所有贫困村达到“道路通畅”扶贫标准，具备条件的贫困村全部通公交车或客车。肥城市推进全省第三批村级公路网化示范县建设，新建改建农村公路170.5千米，完成投资8705万元，完成年度建设任务。新泰市争创全省“四好农村路”示范县，被列入全省年度拟创建名单。推行精准化、市场化养护，委托专业检测机构开展县乡公路技术状况评定，科学制定养护工程方案，全市农村公路预防性养护完成投资3000万元，重要县、乡公路优良路率保持在85%以上。开展路域环境整治，推动农村公路路田分家、路宅分家，打造“畅安舒美”通行环境，为美丽乡村建设提供交通支撑。

【公路安全生命防护工程】 农村公路安全生命防护工程通过省级综合验收。自2015年工程启动实施后，全市完成县、乡公路安全隐患整治里程2807.3千米，累计完成投资6.53亿元。全市农村公路共增设防撞护栏373.7千米，标志标线处置1984千米，交叉口综合处置1908处，警示诱导设施处置4.32万处，加装黄闪灯2413个。

城市公共交通

【概况】 至年末，泰安城区拥有公交线路120条、公交车2146辆，全年完成公交客运量8650万人次。市公交公司新能源公交车保有量1157台，其中纯电动公交车1005台、混合动力公交车152台，占公司运营公交车辆总数的63%。

【公共交通管理】 落实公交优先发展战略，优化公交线网布局，推进公交线路向居民小区、旅游景区、学校及泰城周边乡镇（街道）延伸，提升公交服务承载能力。年内，泰安城区新增公交车350辆，新开通公交线路55条，优化调整公交线路12条。做好市政中心停车场重要节假日期间对外开放旅客疏导及公交摆渡工作，开通临时公交旅游线路，营造良好旅游交通环境。推进城际客运班线公交化改造，改造原泰安至肥城、泰安至华丰道路客运班线，开通泰安至肥城401、泰安至华丰505公交线路。继续实施一小时免费•优惠换乘、延时服务、残疾人和65岁以上老年人免费乘公交等惠民措施，提高公交社会服务满意度。推进交通一卡通建设，完成交通一卡通系统升级、技术准备等工作。

【公交场站建设】 加强城市公交基础设施建设，京沪高铁泰安站公交枢纽二期工程顺利推进，高新区公交客运集散中心综合业务楼主体完成外部装修；夏张公交停保场完成立项环评工作，万官大街公交枢纽站完成选址。年内，建成公交枢首末站9个、公交充电站33个。

（周　真　张　文）

水　运

【概况】 年末，全市航道通航里程177.54千米，客运码头10个，拥有跨省运输经营的国内水路运输企业4家，船舶运力5.94万载重吨；拥有市内水上旅游企业8家、1161客位。

【港航基础设施规划建设】 统筹推进东平湖湖区航道、大清河航道、泰安港港口作业区等项目建设。京杭运河东平湖湖区航道于10月25日开工建设，完成投资5729万元。该工程采用内河Ⅲ级航道，起点位于八里湾船闸，向北连接老湖、银山两个作业区，全长15.5千米。京杭运河大清河航道采用内河Ⅲ级航道标准，起点为东平湖区航道，沿大清河向东至彭集作业区，全长33.1千米，完成立项、初步设计和防洪评价批复等工作。《泰安港总体规划》获省政府批复，泰安港由东平港区组成，东平港区下设银山作业区、老湖作业区、彭集作业区，规划港口建设岸线总长9925米(含预留岸线6349米)，建设泊位41个，预留泊位50个，老湖、银山两个作业区一期工程取得立项批复。

【水上运输行业管理】 加强水上运输市场管理，严格实行三级审批制度和市场准入制度。开展水路运输企业经营资质核查，核查水运企业19家，通过16家，核查通过货船75艘、2.61万总吨、5.94万载重吨，旅游客船47艘、1161客位。推动水运企业运力结构调整，推进内河船型标准化，拆解小吨位船舶1艘、老旧运输船舶10艘，生活污水防污染改造船舶1艘，新发展环保型旅游客船10艘，注销老旧运输船舶41艘。推行海事管理规范服务，严格办理行政许可，梳理保留行政职能91项。办理海事业务640件，新（换）发船员适任证书244件。加强水上现场执法检查，实行东平湖、黄河浮桥、大清河巡查和现场监管，强化船舶出航管理，严厉打击各类违法违章行为，出动海巡艇140艘次，巡航1000千米，检查各类船舶300艘次，整改问题33个，水运秩序保持良好。

（周　真　张　文）

【概况】 境内有铁路6条，营运里程316.25千米。其中，京沪线北起界首入境，南到宁阳县南驿站前石桥村出境，营运里程58.51千米，为国家Ⅰ级干线双线电气化铁路；泰（山）肥（城）支线起点为京沪线泰山站，终点为肥城湖屯站，营运里程49.34千米，为单线铁路；磁（窑）莱（芜）线西起京沪线磁窑站，东至新泰北师店出境，营运里程84千米，为国家Ⅰ级单线铁路；辛（店）泰（山）线由岱岳区范镇站入境，在泰山站与京沪线接轨，营运里程27.2千米，为国家Ⅰ级单线铁路；东（都）平（邑）铁路起点为磁莱线东都站，在新泰放城站出境，营运里程45千米；京沪高速铁路泰安市境内长52.2千米。泰安市境内形成以京沪线和京沪高铁为主干线，辛泰线、磁莱线、泰肥支线和东平线分布东西两侧的铁路网。

【泰山火车站】 地处京沪干线中段，车站中心里程位于京沪线555千米+864米处，是泰肥支线的起点，辛泰线的终点。北端衔接大河站，西端衔接天平店站，南端衔接洪沟站，东端衔接上高站，是济南铁路局管内二等中间站，办理客货运输业务，是泰安市的重要窗口单位。泰山火车站4个方向接发列车，日均接发列车305列，其中旅客列车137列（办理客运业务97列，其中上行48列、下行49列）、货物列车168列。车站行车设备为K5B计算机联锁，设正线3条、到发线10条、货物线5条，固定调车机一台（东风5型）。年末，车站设技术室和3个车间，有职工339人（各级管理人员25人），其中运转车间116人、客运车间163人、货运车间43人、综合后勤人员11人、站级管理人员6人。车站设旅客候车室2座，建筑面积4032平方米，设自动扶梯2部，垂直电梯1部。售票大厅1处，面积1125平方米。旅客站台3座，一站台（基本站台）长520米、宽14米、高1.25米，二站台长642米、宽8.3米、高0.5米，三站台长550米、宽8.2米、高1.25米。天桥1座，长84.8米、宽6米。地下通道1座，长37.3米、宽4米、高2.6米。车站货场有仓库4座，总面积5128平方米，货物站台2座。

全年旅客发送量为331.4万人，日均0.91万人，旅游旺季最高日发送旅客达2.56万人，年旅客到达量为361万人。货物装车2805车，发送货物12.48万吨，日均发送货物342吨；货物卸车1.89万车、71.87万吨。（孙启峰）

【概况】 2017年，全市有邮政营业场所137处，邮筒（箱）289个，村邮站456处，“三农”服务站1350处，便民服务站3712处；全市邮政行业快递企业132家，其中有快递业务经营许可证企业35家，分支机构96家，实现乡镇全覆盖。快递网络乡镇网点覆盖率100%。全年验收新建住宅楼房、住宅区信报箱0.45万个，增长10%，新增智能快件箱258组。

全市邮政行业业务总量13.46亿元，增长27.19%；邮政行业业务收入10.08亿元，增长20.23%。其中，全市快递业务量4867万件，业务收入4.55亿元，较2015年全年业务量和业务收入翻了一番。行业增长速度明显高于全市GDP和服务业同期增速，增长幅度连续2年位于全省前列。

【快递业建设】 推动校园快递服务中心（泰驿站）和社区快递服务中心（安驿站）建设，明确校园快递服务中心和社区快递服务中心建设标准和服务要求，逐步实现全市校园、社区快递服务中心建设标准化、服务规范化、管理流程化，提高全市快递服务水平。该项工作获得新华网、凤凰网等多家媒体关注，国家邮政局主办刊物《快递》杂志作专题报道。

【新泰市邮政业创展中心建设】 支持新泰邮政管理局与新泰有关部门沟通合作，创办新泰市邮政业创展中心，打造邮政业创展平台，创办邮政业安全论坛，设立邮政业培训中心，搭建邮政业创客平台，建设数据安全中心，构建邮政业县域“生态圈”。8月7日，全省邮政管理系统半年工作会议将新泰市邮政业创展中心列为实地调研项目。11月4日，工业和信息化部、商务部调研组莅临中心开展邮政业和电子商务融合发展专题调研。

【快递产业园区建设】市委、市政府高度重视快递园区建设，要求高起点规划、高标准建设，把园区建设成国内一流的快递专业园区，实现对快递企业集中化、规范化、标准化管理。市邮政管理局推进肥城市快递园区建设工作，11月11日，肥城共同配送快递物流园举行开工典礼，打造县域快递园区样板工程。市快递物流园区基本具备运营条件。

【“邮安泰山”安全文化体系建设】继续巩固创新发展“邮安泰山”安全文化体系建设，从标志标识、宣传读本、文件汇编、音像资料、智慧系统等方面明确“邮安泰山”视觉识别体系；推进“邮安泰山”科学预防体系标准化门店建设工作推广；使用“邮安泰山”邮政行业管理平台，提升行业监管效能。

【邮政服务农村电商】推动邮政服务农村电商做大业务、做优品牌，建立县级邮政电商运营中心5处、镇级服务中心100处、村级电商服务站4460处，提升农村电商服务能力。组织实施“一市一品”农特产品进城示范项目，全年农特产品进城配送量达103吨，实现交易额248.6万元，其中东平咸鸭蛋农特产品进城配送量25.3吨，交易额71.6万元。电商快包业务量达21.32万件，实现业务收入131.8万元。

10月16日，市委副书记、市长李希信（左二），市委副书记张涛（右一）督导中共十九大期间邮政业安全服务保障工作　　（邵小庆　供）

【安全用邮宣传】组织开展“安全生产月”、反恐宣传日等集中宣传活动。在6月26日“国际禁毒日”邮票首发日，联合市公安局启动全省首条“禁毒邮路”，动员社会各界、广大人民群众参与禁毒斗争，将“禁毒邮路”打造成“平安路、和谐路、为民路”，提升群众依法用邮、安全用邮意识。

【消费者权益维护保障】全年，市邮政业消费者申诉受理中心受理消费者申诉1172件，其中已结案有效申诉（确定企业责任的）229件，涉及邮政普遍服务有效申诉1件。经调解，消费者申诉已全部妥善处理，为消费者挽回经济损失4.87万元，消费者对申诉处理结果满意率为95.6%，对邮政管理部门满意率为99.3%。组织开展“诚信快递·你我同行”主题“3·15”宣传活动，向消费者介绍依法用邮、安全用邮和诚信用邮的基本常识，增强消费者的维权意识和能力。组织开展快递市场服务满意度调查和普遍服务质量满意度调查工作，发放调查问卷3000份。

【邮政行业安全监管】推动召开寄递渠道安全管理领导小组联席会议，在春节、全国“两会”、“一带一路”国际合作高峰论坛、金砖会晤、全运会、中共十九大等重要节点，按照“全覆盖、零容忍、严执法、重实效”的总要求开展安全生产大检查，仅中共十九大会议保障期间，下达责令改正通知书35份，下达行政处罚决定书66份（当场警告行政处罚31次），罚款总额20.4万元，采取查封、扣押行政强制措施29起，停业整顿8家。全面落实“三个100%”制度，推动企业安检机配置数量由12台增加至44台，基本实现规模处理场地全覆盖。推进实名收寄信息系统使用工作，全市平均实名收寄率突破90%，超全省平均水平。（邵小庆）

【中国邮政集团公司泰安市分公司】2017年，全市邮政实现业务收入5.45亿元，完成省公司计划的103.48%，居全省第4位；同比增幅11.46%，居全省第9位。市公司获得“2016年度全国邮政用户满意企业”称号，通过“省级文明单位”

复审。东平分公司工会被评为全省邮政、全国邮政模范职工之家。多个单位和个人获得“全省邮政先进集体”“全省邮政先进个人”“振兴泰安劳动奖章”“模范职工服务站”等称号。

邮政经营 全市邮政储蓄存款规模达238.4亿元，市场占有率11.18%，居全省第5位；新增市场占有率15.98%，居全省第10位。余额年增29.6亿元，居全省第7位；点均净增2509万元，居全省第4位；代理保费点均1239万元，居全省第3位。包裹快递业务发展综合评价居全省第1位；电商快包年日均寄递量突破1.18万件，增幅123%。农村电商全市5处县仓、28处镇仓全部投入使用，累计注册邮乐小店3.1万家。邮政业务转型创新实现新突破，集邮与文化传媒加快整合，集邮专业收入进度列全省第3位；报刊发行、零售专业收入进度分列全省第5位，合计进度居全省第4位，零售专业提前5个月完成全年收入计划；函件专业转型发展，新媒体业务实现突破，全年累计实现收入110万元，超额完成全年计划，在2018贺卡送福战役中全省首个完成战役目标。电商业务规模扩大，代理车险保费822万元，简易险保费266万元；代收费1166万笔，代收金额9亿元；代开国税发票2.23万笔，代征税款1051万元，占国税第三方代征额的14%。推进“互联网+邮政业务”，强化数据分析应用，开展数据库营销87个，实现收入381万元。深化营销体系建设，全市专职营销人员人均业绩31万元，增幅109%。

服务能力建设 全年投资1100万元，改造营业网点11处，其中10处已正式投入使用。新增自助设备73台、POS机490台，布放智能电话96部，客户服务能力进一步增强。全市邮政便民服务站达4061处，其中有效站点2830处、“3+N”站点2560处。建设惠民易邮通站点30处。在集团公司开展的百千工程中，泰安公司渠道建设综合得分居全省第1位、全国第8位。全市新增合作社9处、示范田1.5万亩、会员8100户。农产品进城交易额超过1亿元，完成省公司计划的341%，进度居全省第1位。

改革创新 健全用工分类管理体系，全年转招合同用工A类148名、B类6名，转招劳务用工8人。所有金融网点实现支局经理、综合柜员均为合同用工。合理压减非全日制用工52人，压减比例达60%，超省公司计划20个百分点。召开全市营销峰会，组织双创项目摘标，举办全市营销创新创业大赛。全市营销双创项目实现收入976万元。在全省邮政年度营销创新创业大赛中，该公司2个项目入围，分别获“优秀创新奖”“优秀孵化项目奖”。创新网运投递运营模式，打造“五合一”生产模式，所辖宁阳分公司作业新流程模式成为全省样板。多元“交互投递”模式获第五届全国邮政特有职业技能竞赛先进工作法三等奖。提升旺季支撑能力，“双十一”期间，全市收寄电商快包16.4万件，增幅45%；投递快包超过31万件，增幅110%；单日收寄、投递峰值均突破3.7万件，创历年来新高。

基础管理 选拔8人到各县市分公司（营业局）和市公司各经营部门挂职交流锻炼。推荐选派1人担任驻村第一书记。2016—2017年度选送28人参加省公司大学生后备支局经理集中培训，已有26人在支局经理岗位工作。落实集团公司“千人引进”“专项招聘”等工作，向社会引进信息技术专业人才1人。全市评聘高级技师2人、技师6人。深化集中核算，成功运行ERP分类核算，加大对营销费、招待费、合同手续等重点成本费用及手续的审核力度，提高核算质量。强化服务质量管控，全市邮政用户满意度得分92.97分。收寄验视制度执行到位，被市公安局、市邮管局通报表扬。加强普服管理，建制村通邮率100%。机要通信连续36年保持质量全红。完成全国“两会”“一带一路”高峰论坛、中共十九大期间的安全保障工作。

企业自身建设 累计投资330万元，建设76处标准化农村支局职工小家，其中68处被省公司评为星级职工小家。完成补充医疗、重大疾病及意外伤害保险续保工作，员工补充医疗费用理赔84万元，其中离退休人员75.6万元。开展员工帮扶，为3名重病职工发放救助金6万元。举办登山比赛、春夏采摘、书画摄影展等系列活动。网点轮休比例达100%，99%以上员工实现带薪年休假。员工幸福指数得到提升，企业的凝聚力、向心力进一步增强。 （姚　娟）

编审　袁立轩

商贸流通·对外及对港澳台经贸

综　述

【概况】 2017 年，全年实现社会消费品零售总额 1608.31 亿元；实现外贸进出口总额 154.43 亿元，其中出口 119.48 亿元，进口 34.95 亿元；实际使用外资 39.47 亿元；新签对外承包工程合同额 3.52 亿美元，完成营业额 4.74 亿美元。商贸流通。社会消费品零售总额同比增长 10%。商贸流通业实现增加值 600.3 亿元，占 GDP 的比重 16.7%，占服务业的比重 35.8%，对 GDP 增长的贡献率 15.6%，对服务业增长的贡献率 31.9%。进出口贸易。全年进出口、出口、进口三项指标同比分别增长 14.5%、9.8%、34.3%。新增获得进出口权企业 230 家，总数达 2348 家；新增有进出口业绩企业 131 家，总数达 687 家。出口亿元以上的企业 23 家，同比增加 3 家。获得省级外贸综合服务企业和省级跨境电商产业聚集区新业态主体认定的企业达 5 家，通过“一达通”出口企业家数达 186 家，实现出口 2.2 亿元，增长 73.2%。利用外资及港澳台资金。全市批准外商投资企业 58 家；实际使用外资同比增长 15.64%，增幅列全省第 3 位，外商直接投资占总量的 96.8%。实际利用外资 1000 万美元以上项目 16 个，占项目总量的 45.6%。全市在谈利用外项目 41 个，投资总额 41.23 亿美元，合同外资 33.4 亿美元。新落户世界 500 强企业 5 家。外经贸合作。全年新签订对外承包合同 20 个，合同额 3.52 亿美元，完成营业额 4.74 亿美元，同比分别增长 6.7%、15.2%；派出各类劳务人员 3433 人次，增长 7.9%。全年新批境外投资项目 7 个，增资 1 个，境外投资备案审核额 2.02 亿美元；完成境外实际投资额 7381.2 万美元，同比增长 261.5%，增速列全省第 1 位，全市备案境外投资企业累计达 75 家。开发区建设。全市 7 个省级以上经济开发区完成固定资产投资 1039 亿元，增长 23.3%；实现公共财政预算收入 84.48 亿元，增长 15.7%。实际到账外资 4.11 亿美元，增长 53.69%；实现进出口总额 11.53 亿美元，增长 11.84%。全年新批准入区项目 374 个，增长 30.31%，其中内资项目 319 个、港澳台项目 15 个、外资项目 11 个，批准入区项目合同总额 932.4 亿元，同比增长 56.19%。　（和沐雯）

5 月 31 日，2017 年泰安市电子商务现场会暨京东“鲁产名品·泰安”项目说明会举办　（和沐雯　供）

商务活动

【概况】 年内，整理对外招商项目21个，编印招商引资材料100份；聘请普华永道等世界知名咨询策划机构策划一批高端招商项目；先后与商务部投促局、纽约山东商会等8家境内外机构签订委托招商协议；邀请华润集团、中旅集团等客商到泰安实地考察并达成合作协议，其中中旅项目、中德安全产业园项目等作为全市新旧动能转换重大项目大力推动；组织参与厦门中国投洽会、华商会及省政府和省商务厅在中国香港、德国、美国、日本举办的活动，赴欧美、澳大利亚、新西兰、东南亚等20个国家和地区开展经贸活动。

【2017百家知名外商泰安行】 9月5—8日，泰安市举办“第三十一届泰山国际登山节暨2017百家知名外商泰安行”活动。来自法国、德国、加拿大等20个国家和地区600人次参加活动，其中有很多是世界500强和知名外企高管。其间，举办“泰安市PPP项目推介说明会”，共推出11个重点合作项目，总投资400亿元。在2017中国泰安投资合作洽谈会集中签约仪式上，共签约项目21个，总投资16亿美元，合同利用外资12亿美元。

【首届泰山（润恒城）农副产品博览会】 9月6—10日，泰安市举办“首届泰山（润恒城）农副产品博览会”。该届博览会以“绿色、健康、合作、共赢”为主题，以现代农业成就展览、农业交流合作、农业贸易洽谈为主要内容，吸引来自韩国、俄罗斯等国家和地区的1000家农业产业化龙头、标杆农副产品、名优特、知名战略合作企业前来参展。参会人员达25.6万人次，现场完成交易额1.8亿元。

【第四届“泰山论道”新外贸峰会】 11月30日，泰安市举办“第四届‘泰山论道’新外贸峰会”。该次会议以“大数据产融升级 新外贸和谐共赢”为主题，打造外贸发展的新趋势，推动泰安跨境电商的加速发展，营造跨境电商良好氛围。会上，泰安市与阿里巴巴签订《泰安市新外贸振兴合作框架协议》，标志着双方在跨境电商领域进入深度合作阶段。全市有300家企业近千人参加峰会。 （和沐雯）

县级电商运营中心 （和沐雯 供）

消费品市场

【概况】 全市实现社会消费品零售总额1608.3亿元，同比增长10%。按行业分，批发和零售贸易业实现1408.6亿元，住宿和餐饮业实现199.7亿元。按经营单位所在地分，城镇社零售额1417.3亿元，乡村社零售额191亿元。

【市场运行和消费促进】 泰安市重点调度的21家商贸流通企业实现销售总额136亿元，同比增长2.6%；重点调度的13家批发市场实现交易额630亿元，增长4%。制定印发《关于推进全市流通现代化的实施意见》，明确加快商贸流通发展的任务目标，明确26个相关部门的责任，打造统一开放、竞争有序、畅通高效、城乡一体、便民惠民的商贸流通体系。开展第四批“山东老字号”推荐认定工作，做好重要产品追溯体系示范建设工作。全市有8家企业被认定为“山东老字号”企业，总数达17家，涉及酒水酿造、食品、工艺美术、医药保健等行业。制定《关于加快服务业品牌建设的实施意见》，把发展老字号纳入品牌发展规划。年内，举办全市内贸流通统计监测信息员培训班，累计培训达200人次。

【电子商务发展】 泰安市全年电子商务交易额首次突破千亿元大关，达1050.34亿元，增长44%，增幅高于全省10个百分点。实施“互联网＋品牌”战略，有4家电商企业成为省级“互联网＋品牌”创建工程重点培育对象；推动传统企业线下生产与线上网销相结合、电商企业平台企业发展特色自营平台、中小企业应用第三方电商平台拓展发展空间；推广电子商务在农村经济发展中的应用，培育农产品电商龙头企业，孵化农村网点，推进农村电商三级服务体系建设，全市电子商务村级服务站达3464个；举办电商扶贫培训班，培训学员3520人；在市电视台开办电商宣传专栏节目，宣传一批消费者满意、不断开拓创新、具有较强影响力的电子商务企业。

【市场体系建设】 做好冷链物流示范城市工作，制定《泰安市冷链物流发展示范城市建设实施方案》，为全面构建社会化、网络化、标准化、专业化的农产品冷链物流服务体系指明路径。下发《关于开展中央财政支持冷链物流试点工作绩效考核工作的通知》，对绩效考核提出要求，明确责任。在全省中期绩效考核中泰安得分排名第三。泰安市作为“中央冷链物流示范城市”，全省第3个上线运营市级冷链物流公共服务平台，获中央财政扶持3000万元。

【特殊行业发展】 泰安市典当、拍卖行业稳步发展，完成新设立典当行、拍卖企业的报批及年审工作。全市有典当行27家，注册资本总额7.18亿元，资产总额8.50亿元；完成典当业务1051笔，典当总额16.5亿元；实现营业收入2364万元，上缴税金98万元，实现净利润34.4万元。全市依法设立拍卖企业23家，举办330场拍卖会，拍卖总成交额8.9亿元，全市拍卖企业从业人员137人，其中拍卖师数量36人。开展典当、拍卖行业非法集资风险排查活动，通过排查，未发现非法集资现象。

【商务综合执法】 围绕典当、拍卖、报废车拆解等领域积极主动开展执法检查。先后对23家拍卖企业、27家典当行、2家报废车拆解企业进行执法检查，无违法、违规经营行为发生。推进全市打击侵权假冒工作，曝光违法违规案例，开展成品油专项整治、药品和保健食品虚假宣传专项整治等活动。对商务领域群众举报投诉做到百分之百查处，现场查处并回复21起涉及商务领域的举报投诉。对各县（市、区）“单用途商业预付卡”检查情况进行有效督查，防范化解可能存在的非法集资风险。

（和沐雯）

【概况】 全年社会粮食收购总量572.13万吨，同比增长11.74%；全市产业招商到位资金7.51亿元，对上争取到位资金5071万元。市直国有粮食企业完成销售收入47.9亿元，增长17.1%；实现综合利润867.45万元，增长229.5%。泰安市粮食局被山东省精神文明建设委员会复审为2017年度省级文明单位；在全省粮食安全责任制考核中，泰安市被评为优秀等次。

【粮食收购】 粮收购期间，建立联席会议制度，成立夏粮收购工作领导小组，公布委托收储库点6个，根据市场价格跟踪监测情况及时启动预案，按最低保护价（2.36元/千克）敞开收购农民交售的小麦1643吨。指导粮食企业开展粮食经营，提质增效，全年各类粮食企业收购粮食572.13万吨，同比增加10.8万吨。

【储备粮油管理】 规范储备粮油管理，在“购、运、检、管、熏、轮、销、效”8个环节严加管理，保证粮油储存安全。修改完善全市地方储备粮管理办法，储备粮补贴由每吨80元增加到每吨100元，空库轮换期由三个月调整为四个月。完成市级储备粮轮换2.43万吨，数量真实，质量良好，管理规范，储存安全。推进农户科学储粮工程，争取到5000个农户科学储粮示范仓补贴资金150万元。推进粮油仓储信息化和粮库智能化升级项目，投入资金1300万元，完成改造项目22个。定期开展粮食企业安全储粮和安全生产大检查，共检查单位27家，地方储备粮23.3万吨，全市粮食系统无安全生产责任事故。按照“有仓必到、有粮必查”原则，对每个库点逐仓测量，经测量计算，账实差在允许误差3%范围内，做到数量真实、账实相符。

【粮食应急体系建设】 建立全市粮食应急网络体系，认定粮食应急供应网点121家、应急加工企业16家、应急配送中心6家、应急储备企业9家。各县（市、区）积极增加粮食储备规模，优化布局结构，消除安全隐患。全市建立小包装应急成品粮7400吨。

【粮食产业发展】 认真研究国家产业政策，科学策划招商项目，谋划岱岳区仓储建设、新泰市农户科学储粮、市直粮库智能化升级改造等对上争取项目15个，肥城市富世康生物科技公司功能性食用油生产、东平县祥瑞药业公司无水葡萄糖等产业招商项目20个。全市产业招商到位资金7.51亿元，完成年度任务目标142.9%，对上争取到位资金5071万元，完成年度任务目标的105.3%。通过争取，中国首届泰山粮油论坛暨第十三届全国粮油产销企业订货会定于2018年在泰安市召开。山东富世康工贸有限公司的面粉、挂面共5款产品入选“中国好粮油”序列。

【监督检查和粮食执法宣传】 制定全年粮食监督检查工作要点，公布随机抽查事项清单，建立检查对象名录库和执法检查人员名录库。加大粮食执法力度，组织全市开展粮食库存检查、粮食收购政策检查、粮食流通统计检查和粮食安全隐患“大排查快整治严执法”等专项检查活动，共开展执法活动199次，查处企业513家，责令整改5例；全市累计审核发放“粮食收购资格许可证”189户。开展世界粮食日宣传活动和“节粮爱粮”标牌进餐厅活动，印发宣传资料3000套，进一步营造全社会的爱粮节粮意识。

【粮食安全责任制考核】 建立考核工作联络机制和信息报送机制，做好迎接省责任制考核检查，对6个县（市、区）责任制考核部署安排、检查评审，做好对19个部门沟通联络协调工作，印发粮食安全责任考核评分细则和评分表，组织召开全市粮食安全责任考核工作组成员单位联络员会议，进行全市粮食安全责任考核数字化动态管理系统培训。在对上年粮食安全责任制的考核中，6个县（市、区）均为优秀等级。

（闫　铮）

【概况】 泰安市盐业系统完善内部管理，强化行业管理，积极应对盐业体制改革。全年实现营业收入1.54亿元，利润总额132万元，上缴各项税金1270万元。

【盐政执法】 组织开展“食盐市场专项治理行动”“餐饮用盐专项整治行动”，严厉打击各类涉盐违法行为，切实履行好盐业体制改革过渡期食盐安全监管责任。一是根据省盐务局要求，对违规跨省经营食盐行为严肃查处、重拳打击，以确保全市食盐市场秩序和食盐安全；二是加强盐业政策宣传力度，借助媒体宣传法规政策和典型案例，以此巩固市场环境；三是加强与公安、检察院、法院、法制办、市政法委等部门的衔接配合，遏制泰安市出现的违规跨区经营食盐现象。全市共查处涉盐违法案件1601起。其中，联合办案62起，查没违法盐产品244.9吨，罚款109.3万元，刑拘2人，判刑7人。

【食盐专营】 掌握市场动向。试行信息采集制度，通过基层人员的走访来重点掌握市场的动向，第一时间采取应对措施，主动做好零售业户、批发户、用盐户、消费者的盐改政策宣传。巩固销售渠道。对信誉好、规模大的商超、批发零售户全面推行食盐专柜工作，并定制“食盐专营店”标牌和服务手册。丰富食盐品种，细分目标市场。在品种分配上采取高、中、低不同档次，不同价位，不同区域，调剂供应的策略，对城区、乡镇驻地、中心商业街等重点区域，以中高档产品为主，对偏远农村市场以低中档产品为主，对受跨区域外省盐冲击的重点区域和客户，有针对性的开展“价格营销”，确保灵活应对市场。压缩销售费用，合理节约销售成本。针对盐厂驻地周边送销优势，合理规划送销服务路线，在盐厂的支持下，减少二次入库和装卸，部分乡镇最大可能的实现一步到位直供，压缩销售运输费用。全年共销售各类盐3.84万吨（含液体盐折吨）。其中，食盐2.08万吨（小包装精盐1.29万吨），工业盐1.55万吨，其他盐2087吨。

【行业管理】 召开全市盐行业协调会议，发挥好泰安市盐业协会的行业组织作用，共同促进行业发展。邀请市政协委员对全市盐行业进行视察，听取社会各界对盐行业发展及全市岩盐资源开发利用的意见和建议；通过深入企业调研，向市政府提出制定泰安市岩盐资源开发利用总体规划的建议方案。组织召开“泰安市岩盐资源开发利用专家研讨会”，邀请国内岩盐资源开发利用方面的专家对泰安市岩盐资源开发利用规划编制工作进行论证；组织参加中国盐行业企业信用等级评价工作，泰安盐业公司被评为食盐批发型AAA级信用企业。

【盐业体制改革】 11月14日起，各市、县（市、区）盐业行政管理工作不再实行当地政府与上一级盐业行政主管机构双重领导，各市、县（市、区）盐业经营管理机构的领导班子不再实行上一级盐业经营管理机构与当地党委、政府双重管理的体制，解除省盐业集团（省盐务局）对市、县（市、区）盐业公司（盐务局）的管理关系，各市、县（市、区）盐业公司及人、财、物等下放所在市管理，由所在市政府统筹盐业监管体制和盐业企业改革，省盐业集团持有的市、县（市、区）盐业公司的国有产权，无偿划转所在市国资监管机构。12月5日，泰安盐业公司（盐务局）国有产权无偿划转交接会议在市政大楼召开，市国资委与山东省盐业集团完成泰安盐业公司（盐务局）人、财、物交接。（王延学）

烟草专卖

【概况】 市烟草专卖局（公司）辖泰山、岱岳、新泰、肥城、宁阳、东平6个县级烟草专卖局（营销部）、卷烟物流配送中心和泰安泰山壹伍叁贰物联商贸有限公司，服务卷烟零售户1.98万户。全年共销售卷烟15.41万箱，实现销售额36.9亿元，实现税金6.07亿元。

【专卖管理】 开展“齐鲁之盾”（2017）等市场治理专项行动，全年查获案件3417起，查扣量1324万支，案值714万元，拘留35人，批捕9人，判刑27人，破获公安部和国家局标准的网络案件4起。按照国家烟草局和省烟草局（公司）部署要求，依法严管违法违规卖烟大户，全年依法暂停整顿16户，取消经营资格20户，履行专卖管理职责，净化卷烟市场环境。

【卷烟营销】 全年销售鲁产烟8.53万箱，同比增长11.25%；市场份额达55.33%，提高4.38个百分点。协同泰山管委等部门，建设旅游市场“十百千”终端展示工程，“泰山”卷烟作为特产进入泰山景区周边市场销售，市场开发取得积极进展。全年销售重点品牌11.85万箱，同比增长4.5%；销售细支烟6424箱，同比增长64.16%。

【企业管理】 严格控制费用支出，完善成本费用定额标准体系，全年费用同比下降2.78%。加大重点费用考核力度，重点费用同比下降6.3%，降低企业运行成本。积极开展精益管理、科技创新、QC小组、“金点子”征集等活动，共创造效益240.92万元，推进企业降本增效发展。

【公益事业】 全年投入26万元，帮扶卷烟零售户靓化店面展示形象。提供资金23万元用于驻村帮扶、水源地共建等工作，选派3名第一书记，认真履行扶贫帮扶等责任。投入40万元，用于路面整修、墙面粉刷等项目和支付网格内责任单位费用，并组织文明交通岗、市民文明劝导、小区卫生清理、“保护水源地”公益行走等志愿活动44次，参加人员210人次，积极为创建全国文明城市做贡献。（范盛有）

供销

【概况】 全市供销社系统实现销售收入144亿元、利润1.5亿元，同比分别增长19%和13%；领办创办农民合作社达1450家，县、乡两级农民合作社联合社实现全覆盖；累计实施党建带社建村社共建项目4066个，助农增收6263万元；建成县级农业服务公司6家、为农服务中心50处，分别完成土地托管、测土配方、智能配肥、飞防作业面积14.7万公顷、14.4万公顷、13.5万公顷、11.2万公顷；建成自营县域电商平台6个、特色网店252个，电子商务销售额15.78亿元；发展获得信用互助试点业务资格的农民合作社19家，开展农业补充商业保险697.4公顷；认领建档立卡贫困户2655户5031人，脱贫人口3052人；策划、储备16个国家级、省级改革发展资金项目、13个农业综合开发项目，到位无偿资金1373万元；策划产业招商项目23个，到位资金1.8亿元。市供销合作社被表彰为“全国供销

新泰供销e家农产品旗舰店开业（郝飞供）

合作社系统先进集体”，继续保持“省级文明单位”称号；获得全省供销合作社系统综合业绩考核优胜单位一等奖，位居全省第2名。

【基层组织建设】 领办创办农民合作社共1450家。其中，国家级示范社21个，省级示范社16个，市级示范社27个；县、乡两级农民合作社联合社分别达6家、69家，实现县、乡两级农民合作社联合社全覆盖；在全市推广东平县彭集街道以农民入股为主、选聘能人任主任、民主发起组建、产业项目支撑的以密切与农民利益联结为核心的新型基层社创建模式，3家县级供销社被评为“全国供销合作社百强县级社”，14家基层社被评为“全国供销合作社基层社标杆社”。

【党建带社建村社共建】 与市委组织部联合印发《关于深化村社共建融合发展培育村集体经济发展新动能的意见》；联合第一书记，采取“村‘两委’+供销社+合作社”服务模式，累计实施村社共建项目4066个，助农增收6263万元；9个共建村被评为“全省党建带社建村社共建示范点”。

【农业全程社会化服务】 建成县级农业服务公司6家、为农服务中心50处，完成“保姆式”“菜单式”土地托管服务面积14.7万公顷，测土配方、智能配肥、飞防作业分别完成14.4万公顷、13.5万公顷、11.2万公顷；整合农业、水利、畜牧、农机等涉农部门资金2192万元，支持农业产业化项目32个；重点培育泰山板栗、新泰芹菜、肥城桃、宁阳大枣、东平湖麻鸭蛋等特色产业融合项目，推动一、二、三产业融合发展。

【农村现代流通服务】 依托农民合作社及社属龙头企业，加快建设农产品批发市场和现代物流中心，形成从产地到餐桌的农产品供应网络；建成自营县域电商平台6个，泰山核桃、肥城桃木工艺品、宁阳不老枣、东平湖系列产品等特色网店252个，电子商务销售额15.78亿元。省“供销e家”在新泰开设全省首家名优农产品旗舰店县级分店，将新泰名优特农产品纳入全省供销社系统优秀农产品展销平台。组建乡村旅游合作社，开展林果采摘、民俗体验、湿地畅游等休闲式、体验式乡村游，发展休闲观光、乡村旅游等新兴服务业态。

【助力脱贫攻坚】 采取“资金扶贫、项目扶贫、服务扶贫、公益扶贫”等方式，认领建档立卡贫困户2655户、5031人，脱贫人口3052人。拿出改革发展资金150万元，争取省供销社专项扶贫资金193万元，专项用于扶贫项目。组织开展扶贫项目落实和扶贫资金使用专项督查工作，确保扶贫资金、项目建设、扶贫成效“三个到位”。

【招商引资】 策划、储备16个国家级、省级改革发展资金项目，13个农业综合开发项目，到位无偿资金1373万元。编制《全市供销社系统招商引资项目手册》，策划产业招商项目23个，总投资5.8亿元，到位资金1.8亿元。 （郝　飞）

丝　绸

【概况】 全市桑蚕业以“产业发展，农民增收”为总体工作思路，围绕年度目标任务，加快科技创新，强化生产管理，提升服务力度，积极应对各种不确定因素，较好地完成全年各项工作任务。全市有桑园面积3333.3公顷，生产收购鲜茧4742吨，蚕茧收购均价51.98元/千克，比上年提高9.03元/千克；蚕农茧款收入2.31亿元，比上年增加0.16亿元；成龄桑园亩桑产茧平均收入5900元，户均收入1.36万元。

【典型培植】 推广机械化和轻简化系列技术和设施，重视先进典型的树立和挖掘，总结推广一批栽桑养蚕科技水平高、经济效益好的蚕桑重点乡镇、村、专业户的典型经验，提高典型示范样板引导和辐射带动作用。培育蚕农合作组织，使其成为技术服务的主体，坚持市场主导、政府引导，推行“企业+基地+合作社+农户”的产业化发展模式，强化技术指导和服务，培植种桑养蚕专业户，引导农民实施土地转让、置换、出租，促进桑园成片规模种植，促进现有桑园得到有效利用，以此带动全市蚕桑产业的发展。年内，桑园面积6.67公顷以上的养蚕村29个，13.33公顷以上养蚕村11个，桑蚕年收入5万元以上的种养大户300户。

【科技下乡】 实施“科技下乡”活动和“蚕桑科技入户”工程，结合全市新型职业农民培训，强化对蚕农的技术培训。年内，累计举办各种类型培训班187场次，培训蚕农8600人，给养蚕户下发各类技术指导明白纸1.6万份，实行集中培训与田间、农户、大棚现场指导的办法，向蚕农传授桑蚕科技知识。同时，针对农村养蚕劳动力不足的实际情况，重点突出“省力化、高效益”这个核心，推广桑树截枝轮伐、桑园黑地膜覆盖、新型回笼火墙加温灶加温、养蚕大棚内铺地膜覆土隔湿、方格蔟自动上蔟5项实用先进省力高效的蚕桑生产新技术，引进推广切桑机、伐条机等新型机械化设备，依靠科技进步实现蚕桑增效，农民增收。

【增产增效】 丝绸公司桑蚕生产依靠科技进步，生产整体水平不断提高，在种植业中竞争力增强，成为农业增效、农民增收的重要渠道。亩桑收入平均5900元，高者达8000元。加上桑园间作套种立体养殖及养蚕大棚的养殖综合利用，亩桑收入高者超过1万元，已成为农民脱贫致富的重要途径之一。

【技术创新】 丝绸公司投资新建一处高标准小蚕人工饲料育共育室，小蚕共育不再使用桑叶喂蚕，此技术养蚕工效比普通桑叶育方法提高5倍，养蚕用工成本降低70%～80%，亩桑产茧量增加15%，养蚕综合经济效益提高25%。省工省时高效，增加蚕农收入，提高蚕农植桑养蚕的积极性，增强桑蚕产业的竞争力。（刘艳芳）

石　油

【概况】 中国石化山东泰山石油股份有限公司（简称泰山石油）秉承“诚信、规范、标准、安全、环保、绿色”的发展理念，以扩销增效为目标，以强化管理为重点，以规范服务为理念，企业经济效益和社会效益均取得显著成绩。全市在营加油（气）站170座。其中，自营自管站30座，已纳入委托管理的加油站140座，在营加气站1座、加油加气站4座，加气未投营站3座。油库1座，年吞吐量84余万吨，总存储量5.4万余立方米。年末，成品油销售43.27万吨，其中零售37.43万吨，直分销5.84万吨；销售天然气472万立方米；非油品营业额实现1.89亿元，实现毛利额2309.7万元，综合毛利率12.25%；实现销售收入27.21亿元，实现毛利2.49亿元。

【经营管理】 精准营销。在旅游旺季开展“加满油箱去旅行、有爱就行动”等营销活动，实现3个月汽油连续同比正增长。积极开展销售竞赛，从年初规划全年各阶段竞赛活动，春季开展鸥露纸竞赛，夏季开展自有品牌水竞赛，秋季结合双节开展核心商品综合竞赛，燃油宝、尾气处理液竞赛贯穿全年，配合示范队轮训宣讲，强化员工重点核心商品营销。突出个性化服务，选取12座汽服站点试点开展“加油免费洗车”，设置专用洗车券，实现客户加注汽油到一定额度后免费快洗和精洗，实现快洗4.3万辆、精洗3.78万辆。标准化工作提升。全面推进“整理、整顿、清扫、清洁、安全、素养、节约”7S管理，坚持“巩固标准化，打造7S管理”的思路。按照《中国石化作业现场安全标准化管理手册》，对标准化工作查缺补漏，重点加强加油站的各环节《作业指导书》的落实，加强重要部位的点检落实。进行“示范引路，分步实施”，先行打造市一区8站、市二区39站作为示范站，然后将油库、机关部门及27座加油站列为第一批次，开展7S建设。建立7S督导师队伍，负责推进工作，开展业务培训，强化跟踪督导，对存在的问题实施帮扶指导，对推进效果实施检查评估。网点发展质量提升。完成新开业加油站1座、加气站1座、完成歇业复营站2座、完成歇业站注销5座、租赁站成功续签1座。完成双层罐改造加油站70座。共投资完成72座加油站安装三次油气回收设备，其中泰安区域城市建成64座，青岛8座。人才培训。调整培训内容，创新培训方式，由集中组织培训变为组织讲师到各县公司巡讲培训，解决工学矛盾，全年组织巡站班36期，培训学员2100人次。注重对业务线条的培训，组织加气站站长、安全员等关键技术管理岗位开展取证培训，提升专业技术骨干队伍的整体素质。依托职业技能鉴定培养人才。年末，3名员工取得加油站操作员技师证书，2名员工取得油品储运调和操作技师证书。年内，站长队伍通过全员竞聘重新上岗。规范管理与增效。深化基础管理，提升管理水平，层层落实安全环保生产责任制，强化主体责任，排查治理隐患，强化现场监管，完善落实制度；建立环保管理的长效机制，对照规范标准，做好安全环保隐患排查和整治工作；积极办理环评手续，完成所有油气回收装置的检测工作；做好自检，全年共检查检测油样1581个，确保数质量合格。 （阴　鹏）

出入境检验检疫

【概况】 泰安出入境检验检疫局全年共检验检疫出入境商品7414批，货值3.22亿美元，同比批次增长2.12%，货值增长0.09%。检出不合格货物100批，货值2343万美元，分别同比降低74.87%和24.4%。检验检疫出境7138批，货值2.64亿美元，同比批次和货值分别增长1.91%和2.24%。年内，局机关继续获得省级文明单位称号。

【出境货物检验情况】 农产品出口。出境农产品5289批1.77亿美元，同比批次和货值分别增长11.87%和1.65%，批次和货值分别占出入境总量的74.10%和67.20%。检验检疫出口蔬菜产品2811批次、4.26万吨、9984.87万美元。其中冷冻蔬菜共出口1886批次、2.84万吨、4704.41万美元；脱水蔬菜共出口741批次、1.19万吨、4754.49万美元；保鲜蔬菜共出口59批次、1129.44吨、104.64万美元，成为泰安地区下降幅度最大的蔬菜产品；腌渍蔬菜共出口125批次、1165.53吨、421.33万美元。共检验检疫出口竹木草制品637批、1009.1万美元，主要贸易国家涉及荷兰、英国、德国、挪威、比利时、法国、日本等国家和地区。辖区内有10家注册登记的竹木草制品企业，其中一类企业1家、二类企业2家、三类企业7家。检验检疫出口饲料及饲料添加剂共870批、4.19万吨、4298.9万美元。产品主要有氯化胆碱、苏氨酸、狗咬胶、益生素、黄粉虫及黄谷穗、玉米蛋白粉共7种产品。共检验检疫出口保鲜板栗共441批次、1.2万吨、货值2386.4万美元，批次减少3.29%，重量、货值分别增长9.26%、2.63%。共检验检疫出口冻猪肉4批、104吨、27.95万美元，同比增长33.3%、118.3%、19.3%。工业品出口。检验检疫出口危包使用鉴定1260批，总数量110万个，同比批次增长2.9%，数量增长16%。海运出口总批次1139批，增长3.9%，数量86.87万件，同比增长13.3%；铁路运输出口3批，与上年持平，数量372件，同比增长24%；公路运输数量6批，增长50%，数量1240件，增长77.1%。共检出包装使用鉴定不合格70批，增长133.3%；不合格率6.1%，增长125.9%；数量5.67万件，增长257%。共检验出口苏丹产品总计76批、450.8万美元。出口产品一次检验不合格1批，货值2.02万美元，批次不合格率1.3%，货值不合格率0.2%。具体到产品类别，机电产品共出口48批，货值345.4万美元；化工产品出口28批，货值105.4万美元。出口产品未出现退货、通报等情况。

3月15日，泰安检验检疫局开展“同线同标同质”暨“3·15质量安全”宣传（蒋钰供）

【进境货物检验情况】 检验入境货物276批，货值5786万美元，同比分别增长7.81%和11.01%。检出不合格货物61批，货值2044万美元，同比分别减少6.15%和0.21%。批次不合格率占到22.1%，货值不合格率占到35.32%。检疫进口农副产品71批，货值1505万美元，同比分别增长24.56%和25.72%。检验进口工业品205批，货值4280万美元，同比批次增长3.02%和10.83%。共检验进口医疗器械20批，货物总值711万美元。主要进口商品为X射线应用设备、超声诊断设备、核磁共振成像装置、X射线骨密度检测仪、电生理记录系统等，主要来自美国、日本、法国、意大利等国家和地区。不合格内容涉及无中文标签和中文说明书，经泰安检验检疫局提出不合格项目，设备制造商无疑义，均按期进行整改。共检验进口棉花35批、3.19万包、7099吨、1363万美元。经检验发现，不合格进口棉花34批，对外索赔金额共计37万美元，占进口货物总值的2.71%。其中，在品质方面，存在问题的有27批，对外出具索赔证书27份，对外索赔金额共计23.9万美元；在重量方面，短重的34批，短重合计69.2吨，平均短重率0.96%，对外出具索赔证书34份，对外索赔金额共计13.1万美元。泰安辖区进口棉花整体质量情况稳定，与上年同期相比无较大变化，不存在掺杂施假、以次充好等欺诈行为，2017年度泰安辖区进口棉花数量、价格受国际贸易环境的影响均有所下降。

2017 年泰安市大宗和重点出口商品检验检疫情况

表 9　　　　货值：万美元

商品类别	批次	增减 %	数重量	增减 %	货值	增减 %
动物产品	1021	30.06	31078.572	14.44	3436.9763	53.15
其他动物产品	1001	30.68	30899.397	14.3	3387.204	54.11
蔬　菜	3046	-0.07	46908.508	-4.85	11524.7294	-9.56
保鲜蔬菜	58	-44.76	998.769	-52.78	129.1829	-47.19
脱水蔬菜	741	1.79	11892.122	-8.65	4754.4711	-21.16
速冻蔬菜	1885	0.05	28471.395	-1.09	4737.1734	0.25
盐渍蔬菜	480	14.01	5546.222	3.09	1903.902	9.24
粮　谷	76	40.74	4171.25	43.88	361.0389	28.62
其他粮谷	76	40.74	4171.25	43.88	361.0389	28.62
木材及竹木草制品	577	5.87	2560.73	-20.19	708.6365	-14
竹木草制品	575	8.49	2528.49	-9.55	704.5288	-11.24
干果及坚果	457	0.66	12184.118	11.42	2439.2216	5.27
其他植物产品	83	-6.74	643.44	10.84	166.8283	33.28
纺织品	79	-41.48	118.166	-53.62	610.1873	-44.52
轻工品	97	-52.91	533.107	-82.06	135.8731	-75.41
轮　胎	11	-64.52	230.24	-64.62	44.5518	-64.78
玩　具	78	-53.57	183.18	-91.69	53.6773	-86.87
纸　张	1	—	54.078	3.16	5.0562	5.41
其他轻工品	7	16.67	65.609	2.81	32.5878	161.18
矿产品	78	143.75	76775.5	3830.2	453.2446	3049.92
无机化工品	159	45.87	11153.6	132.2	606.7387	116.56
有机化工品	982	-30.55	30125.947	-45.18	4819.4453	17.93
其他机电产品	49	308.33	2.306	-89.89	151.1721	538.55
食　品	226	46.75	17592.155	88.11	534.8654	17.68

【目录外进出口情况】总抽查检验批次 14 批，完成率 70%，抽查总费用 10.02 万元，检出不合格批次 2 批，不合格率 14.29%，与上一年度同比总批次增加 6 批，增加 75%，抽查总费用增加 2.66 万元，增长 36.21%，检出不合格批次增加 1 批，增长 50%。分别对机电、轻纺、资化 3 个类别进行统计。抽检机电 6 批，批次增长 20%，抽查总费用 5.47 万元，减少 15.59%。该次抽查主要是进口汽车用制动器衬片和小家电，制动器衬片主要是沃尔沃、奥迪和奔驰品牌使用，抽查发现 2 批不合格，不合格率达 66.67%。进口小家电主要是飞利浦品牌，抽查未发现不合格。抽检轻纺 8 批，抽查总费用 4.55 万元。抽查文具和童鞋，文具主要检测了可迁移元素，童鞋主要检测了机械物理性能、异味和限量物质，均未检出不合格。

【国境卫生检疫】完成出入境人员体检 4867 人次，同比增长

223.39%；预防接种7143人次，同比减少14.53%，检出1993个病例，其中传染病63例。

【出入境木质包装】 共处理出境木质包装5.42万件，其中热处理5.21万件，溴甲烷熏蒸处理2067件，木质包装主要出口国家涉及以色列、泰国、韩国、澳大利亚、马来西亚、荷兰、巴西等国家和地区。

【产地证签证情况】 签发出入境检验检疫签原产地证书9305份，货值43167美元，同比份数和货值分别减少7.79%和增长1.35%。其中，一般原产地证签发3486份，货值1.66亿美元，同比份数和货值分别增长0.40%和11.29%。普惠制原产地证书2076份、7697万美元，同比份数和金额分别减少8.63%和0.82%；区域性优惠原产地证书3743份、1.88亿美元，同比分别减少13.89%和5.87%。

【实验室检测业务】 完成检测业务总量1323批次。其中法定检验178批，样品数239个、610项次；食品安全监控284批，样品数545个、3439项次；社会委托861批，样品数2221个、3.67万项次。按照商品分类，农产品检测为1518批，样品数2221个、3.67万项次。

【完善监督工作机制】 通过开展综合督察共发现各类问题59项次，及时上报督察情况，扎实开展问题整改。强化违法线索收集工作，严格、科学执法，对于违法苗头认真对待，已立案的2起行政处罚均已顺利结案，其中一起案件货值超过了50万元。全面完善退运及通报调查程序建设，强化出口退运货物追溯调查工作，不断拓宽调查结果反馈。共监管进口粮谷13批23.2万吨。监督抽查进口汽车配件2批、玩具类2批，其他机电、轻纺类15批。

【促进服务发展】 巩固出口农产品示范区成果，提升特色产业集聚效应。泰安市共有1个国家级示范区和2个省级示范区，占6个县（市、区）的50%，为泰安出口食品、农产品提供了安全、放心的原料供应。积极协助泰安泰山亚细亚食品有限公司迎接美国FDA（食品药品监督管理局的简称）现场检查，并以“零不符合项”顺利通过FDA检查；推荐泰安超泰宠物食品企业对俄罗斯、加拿大等国家注册。帮扶（燕园农业）泰安公司新备案一处进境种苗的临时隔离苗圃，帮助企业从荷兰进口两批次，共3万株美洲椴树种苗。强化出口食品生产企业备案核准工作，共办理出口食品备案工作事项9项，全部事项平均办理时限为1.67天，平均技术评审时限为2.22天。改进签证流程，减少环节，充实一线人员，将原产地证审单时间，由1个工作日缩减为1个小时，对新增外贸企业免于原产地证企业备案登记。检务窗口服务模式实现多样化。按照山东检验检疫局统一部署，积极推广“虚拟窗口”和“自贸协定出口实施服务平台”，打造线上线下深度融合、功能互补、相辅相成的无纸化“国检窗”服务新模式。

【实验室建设及科研工作】 保健中心构建泰安市传染病传入传出控制体系，积极筹建建设PCR（生物学的聚合酶链式反应）实验室，加强劳务出国人员传染病预防。针对辖区入境劳务人员疟疾等检出率较高的情况，加强对出国劳务人员疫病防范知识的宣传；加强与地方疾病预防控制中心合作，构建疫病控制网络，确保对从疫区归来劳务人员能立即采取防疫措施，防止疫病扩散。技术中心面向企业开展“152项多农残检测”，缩短检测周期，减轻企业检测费负担。8月，实验室申请增加认可和认定检测范围1类（茶叶），增加食品中重金属项目11项，茶叶中农残项目40项，认可项目增加至4类、227项。 实验室关于植物源性食品的农兽药残和有毒有害物质检测能力可以满足食品安全监督抽查96%以上的检测项目，农残检测能力在泰安市和西部分支局中都是名列前茅。

【出口货物退运调查情况】 泰安辖区内出口退运货物调查12批，货值34.12万美元，退运货物中12批全部为非法检货物，与上年同期相比批次减少33.33%，货值减少82.72%。共开展工业品退运调查12次，分别采取备案调查（10次）、书面调查（2次）两种调查方式。退运货物共涉及7个国家和地区。按退运产品类别分类：机电产品6批，占总批次的50%；货值16.38万美元，占总货值的48.01%。轻工品4批，占总批次的33.33%，货值15.87万美元，占总货值的46.51%。纺织品1批，占总批次的8.33%；货值1.39万美元，占总货值的4.07%。其他（医疗器材）1批，占总批次的8.33%；货值0.48万美元，占总货值的1.41%。出口退运主要特点：泰安局共接收到工业品退运货物信息12批次，货值34.12万美元，从批次、货值上均较去年有大幅度减少，其中批次减少33.33%，货值减少82.72%。退货中全部为非法检产品。一是退运货物批次和货值呈减少趋势，出口退运货物批次在2016年出现大幅度增加，2017年出口批次和货值较2016年度出现大幅度减少。二是退运货物全部为非法检商品，通过三年的比较可以看出，泰安辖区在2015年、2016年和2017年退运产品基本是非法检产品。三是发达国家是退运的主要发起者，2017年退运产品中欧盟、加拿大、日本退运8批，货值13.39万美元，批次和货值分别占退运总量的66.66%和39.24%。四是质量问题是遭退运的主要原因，2017年，因质量问题退运10批，货值27.78万美元，批次和货值分别占退运总量的83.33%和81.42%。（蒋　钰）

5月25日，泰安海关开展塑料加工贸易行业专项核查行动　（张　成　供）

海　关

【概况】 泰安海关审结报关单1.9万票，同比增长3.9%；税收入库3.49亿元，增长63.1%；监管货运量221.42万吨，货值68.81亿元，同比分别增长18.4%、8.0%。继续保持“省级文明单位”和“省级青年文明号”称号。

【税收征管】 坚持依法征管、科学征管，做好税源调研和税收分析，夯实税收征管基础；防范税收风险，严把审价关，确保税款应收尽收。审价补税488.92万元，同比增长24.8%；税收入库3.49亿元，同比增长63.1%，税款入库及时率保持100%。

【实际监管】 提升稽核查效能，开展塑料、轮胎等加贸行业专项核查行动，查发保税货物结余等情事12起，追补税款18.37万元；查发企业擅自挪用减免税设备案件，涉案货值2890万元。严控虚假贸易，巡查新注册贸易型企业113家，对5家涉嫌虚假贸易企业实施通关锁定。全年监管货运量221.42万吨，货值68.81亿元，同比分别增长18.4%、8.0%，辖区无重大走私案件发生。

【加强企业管理】 把牢企业认证关口，规范企业生产经营，完成7家认证企业重新认证工作，下调4家企业信用等级。实施“科学画像、精准监管”，对2家棉纺行业加工贸易企业进行“画像”。首次承担一级单耗制定工作，上报《无碱玻璃纤维及制品加工贸易单耗标准》。

12月21日，泰安海关召开“优服务·促开放”关企座谈会　（张　成　供）

【压缩通关时间】 圆满完成压缩货物通关时间三分之一的任务。落实全国海关通关一体化改革各项举措，推广“一次申报、分步处置”通关模式，推进税款“自报自缴”改革，大力推介汇总征税政策。推进通关作业无纸化改革，报

2017年泰安市进出口情况

表10

指　标	进出口		出　口		进　口	
	总值（亿元）	同比（±%）	总值（亿元）	同比（±%）	总值（亿元）	同比（±%）
进出口总值	152.2	14.8	117.2	10.0	10.0	35.0
其中：一般贸易	139.7	20.4	107.5	15.9	32.2	38.1
来料加工贸易	0.8	26.7	0.6	30.5	0.2	17.0
进料加工贸易	9.3	-33.3	7.9	-35.3	1.4	-20.0
其中：对美国贸易	29.2	22.6	27.4	21.6	1.8	40.2
对欧盟贸易	24.0	13.7	19.7	14.7	4.3	9.7
对东盟贸易	21.1	5.8	12.6	-15.0	8.5	65.4
对澳大利亚贸易	16.0	116.5	3.4	35.7	12.6	158.6
对日本贸易	10.6	6.5	8.2	8.8	2.4	-0.6
对马来西亚贸易	8.8	64.1	1.5	21.5	7.3	76.4
对韩国贸易	7.5	2.8	5.8	-5.5	1.6	50.7
其中：民营企业	109.0	22.6	85.2	15.1	23.8	59.3
国有企业	25.3	3.1	17.8	2.6	7.5	4.3
外商投资企业	17.9	-6.4	14.3	-6.4	3.6	-6.4

关单无纸化比例达98.6%。2017年，泰安海关审结报关单1.9万票，同比增长3.9%；进、出口通关时间分别为3.5小时和0.3小时，均列济南关区第2位，同比分别缩减80.1%、46.4%，进口通关时间缩减比例居济南关区首位。

【优化工作作风】　取消2项行政审批事项，完善行政审批“一个窗口”建设，公开审批材料、流程和时限；通过地方电视台专题节目做出“服务提质”公开承诺。大兴调查研究之风，班子成员带队赴县市区、重点企业开展调研15次，召开关企座谈会4次，在企业认证及减免税管理等方面提出建议、解疑答惑。推进实施稽查和加工贸易执法“双随机、一公开”，促进执法公开透明。充分发挥统计预警辅助决策功能，向泰安市政府报送海关简报14期。

【为企减负增效】　保持涉企零收费，降低企业成本。落实结构性减税政策，支持辖区企业技术改造和高等院校科学研究，办理减免税手续302笔，审批减免税额6212.35万元，同比分别增长36.0%和82.7%。积极服务新旧动能转换重点项目，助力企业转型升级，鼓励项目审批减免税额3126.48万元，同比增长2.3倍。　（张　成）

编校　冯宪谟　　审稿　高兴学

旅游业·会展业

旅游业

【概况】 全市接待国内外游客6894.91万人次，同比增长9.82%，居全省第4位；实现旅游消费总额757.61亿元，同比增长14.5%，居全省第5位。旅游消费总额相当于全市GDP的21.13%，相当于全市服务业增加值的45.18%，分别比上年提高1.2个百分点和2.5个百分点。全市AAAA级以上旅游景区接待游客1918.84万人次，增长14.67%；实现旅游收入16.21亿元，比上年增长11.13%。“好客泰山人、满意在泰安”服务品牌获市直机关十大服务品牌称号，《立足党建抓发展，开创旅游新篇章》获2016年度泰安市机关党建优秀研究成果一等奖。

·旅游开发·

【全域旅游发展】 ①形成氛围。泰安市第十一次党代会、泰安市“两会”提出“构建全域旅游格局，建设国际著名遗产地和旅游目的地城市”的目标任务，把旅游列为全市经济社会发展中的王牌和第一名片。7月13日，市委、市政府召开全市旅游改革发展暨全域旅游推进会议。成立由市长任组长，三位副市级领导任副组长、市直29个部门主要负责人为成员的全域旅游推进工作领导小组。市委、市政府印发《关于加快旅游业改革发展的意见》《旅游业改革发展四年行动计划（2017—2020）》，明确牵头部门、配合部门和完成时限。市人大将全域旅游工作列为2017年人大常委会重要议题。市政协把全域旅游作为常委会专题协商议题，形成《关于创建泰安特色全域旅游示范市的调研报告》，并组织部分驻泰安全国、省、市人大代表和政协委员对全域旅游发展情况进行视察。②拓展空间。对泰安高新区（徂汶景区）、泰山景区和旅游经济开发区三大功能区辖区进行调整整合，为全域旅游发展拓展空间。北部，在抓好泰山核心景区保护提升基础上，加快景区外延转型发展，加大泰山东麓“泰山慢谷”开发力度；南部，推进徂徕山大汶河“健身休闲”主题景区建设；西部，依托旅游经济开发区，打造一站式旅游综合服务功能区。③编制规划。围绕全域旅游战略，科学谋划空间布局，邀请业

4月7日，全省旅游特色小镇暨精品民宿建设座谈会在泰安市岱岳区举行，来自全省各市旅游发展委（局）主要负责人、各市投资商、部分创建旅游特色小镇项目负责人、部分乡村旅游带头人等参加会议

（王　瑜　摄）

内权威规划设计团队，编制完成《泰安市全域旅游总体规划》初稿，启动《平安泰山文化旅游目的地品牌发展规划》编制工作。

【旅游项目建设】 实施“走出去、请进来”战略，与山东高速、齐鲁交通、平安银行等达成合作意向，一批旅游大项目、好项目签约落地。至年末，全市纳入国家重点旅游项目库的在建项目 50 个，竣工项目 19 个，年度完成投资 97.43 亿元。山东高速集团投资 296 亿元的泰山康养度假区项目于 12 月 10 日开工建设，中国旅游集团与徂汶景区，绿城集团与泰山区，广东圣丰、长隆集团与岱岳区分别签订战略合作协议。各县（市、区）加强协调服务，一批重点旅游大项目稳步推进。徂汶景区完成投资 9.1 亿元，建成汉博园基础设施、环山路主体道路、博城社区。天颐湖旅游度假区完成投资 6.17 亿元，建成无边际泳池、动力三角翼低空飞行观光旅游项目、熊猫馆。莲花山旅游度假区项目完成投资 2.7 亿元，对道路基础设施施工及景观提升。东平湖—白佛山旅游区项目建成。

【乡村旅游发展】 加大乡村旅游从业人员培训力度，举办乡村旅游扶贫村负责人培训班，组织 82 名乡村旅游带头人赴日本、法国、意大利、西班牙、中国台湾开展精准培训，开阔乡村旅游从业人员视野，提高业务水平和工作能力。全市创建省级特色小镇 4 个，其中 3 个以旅游为特色，全省旅游特色小镇暨精品民宿建设观摩会议在泰安市召开。起草《关于促进全市乡村旅游提档升级的行动方案》。

【海外及中国港澳台旅游市场促销】 接待入境游客 39.47 万人次，同比增长 2.43%；入境游客消费 24174.25 万美元，同比下降 0.63%。借助第五届世界摄影大会海外摄影家到泰安考察契机，策划推出“魅力泰安”和“平安泰山”两大主题旅游营销推广活动，42 个国家和地区的 313 名海外摄影家到泰安进行拍摄，用最美镜头记录泰安自然与人文之美，感受泰安的独特魅力，提升“中华泰山 • 天下泰安”旅游品牌的国际影响力，泰安市被大会授予“特别贡献奖”和“优秀组织奖”。参加日本东京山东文化旅游产品展示会，接待游客 1000 余人，发放泰安旅游宣传资料、产品资料 2000 份。组织泰安市涉旅企业参加 2017 山东（济南）国际旅游交易会、2017 海南世界休闲博览会、2017 中国国际旅游交易会、2017 丹东鸭绿江国际旅游节以及北京国际旅游博览会等国际展会。接待联合国非政府组织代表团，详细介绍泰安市民俗旅游资源、人文旅游资源、文化旅游资源、平安旅游资源，就泰安市与联合国非政府组织的合作达成共识。接待日本旅行业协会理事长代表团，并就稻田大学的学生到泰安市考察学习民俗文化旅游事宜进行交流。邀请美国、马来西亚、澳大利亚、荷兰、印度、日本、加拿大、俄罗斯旅行商和媒体考察团以及山东研学旅游产品考察团到泰安市考察旅游资源，拍摄形象宣传片，利用国外媒体、旅行商的平台载体作用，推介泰安市旅游形象。做好省旅发委中国港澳青少年游学基地现场检查组接待工作，配合现场检查组对申报的游学基地泰山景区进行实地考察。

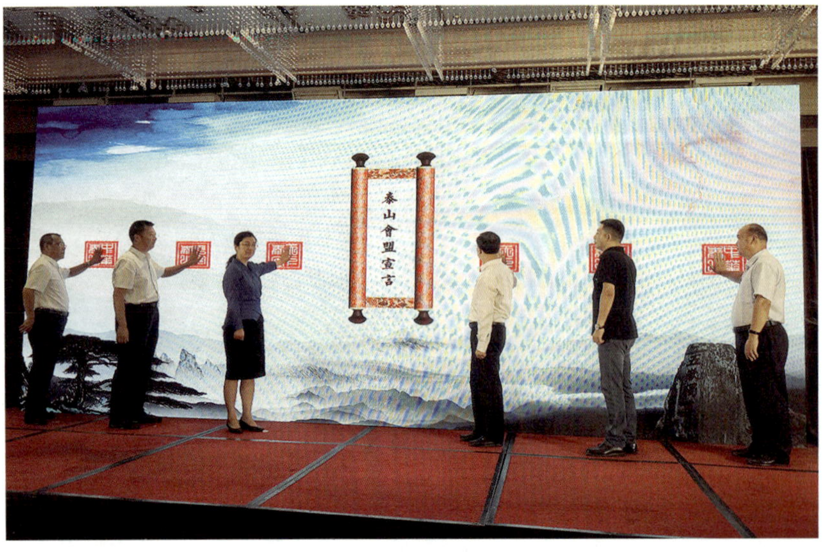

9 月 6 日，2017“情系泰山 牵手泰安”国内百家知名旅行商泰山会盟活动邀请 100 名知名旅行商、电商和融媒体与会。图为领导和嘉宾为泰山会盟盟约钤印 （王 瑜 摄）

【国内旅游市场促销】 接待国内游客 6855.44 万人次，同比增长 9.87%；国内游客消费 722.72 亿元，同比增长 14.79%。城乡居民出游前后旅游消费 18.61 亿元，同比增长 18.6%；城乡居民人均出游次数 3.46 次，同比增长 10.78%。①市场形象。举办 2017“中华泰山 • 天下泰安”百辆悍马平安泰山行暨第四届中国（泰安）悍马大会旅游营销推广活动，来自香港、澳门、云南等全国各地的300余名悍马俱乐部企业家代表、旅游企业负责人等参加活动，新华网、人民网、新浪等53家媒体对活动进行了宣传报道。举办“平安泰山”走进“泉城济南”、“仙境海岸”旅游营销推广活动，组织各县（市、区）、重点景区景点、旅行社、旅游商品企业人员近100人次，发放旅游促销资料2万份，提供门票奖品30万元。组织开展2017“钱江·贝纳利”“平安泰山”行暨“贝纳利幼狮500”全球首发峰会泰安旅游营销推广活动，推进“旅游+会展”“旅游+交通”融合发展。以省旅游发展委员会组织新华社、《人民日报》《中国旅游报》等中央和省内媒体记者及旅行社代表到泰安踩线契机，举办“平安泰山”文化旅游目的地品牌营销推广活动，推进“平安泰山”地品牌建设。②市场空间。组织泰安市重点旅游景区、旅行社代表参加“山海圣人”旅游联盟成立大会，加强“平安泰山”“东方圣地”“仙境海岸”“鲁风运河”“亲情沂蒙”五大文化旅游目的地的传承与彰显，实现各城市之间资源共享、优势互补、客源互动、品牌共建。泰安同仁眼科医院举办2017身心养生导师泰山夏季训练营活动，推进“旅游+养生”融合发展。组织旅游企业参加北方旅游交易会、中国临沂旅游文化节暨旅游文化产业博览会和2017首届“鲁风运河”美食节，推介宣传泰安主题旅游产品。协助中网载线、北京太虚幻境科技有限公司、凤凰卫视等摄制组踩线工作，提高泰安市旅游资源在海内外市场的认知度。以淄博市、乳山市旅游促销团来泰安促销契机，宣传推介泰安旅游新形象。③宣传主阵地。参与省旅发委组织的捆绑营销，在中央

2月18日，“中华泰山·天下泰安”百辆悍马泰安行暨2017第四届中国（泰安）悍马大会在泰安举行。图为启动仪式　（王　瑜　摄）

电视台综合频道、新闻频道《朝闻天下》E套播出泰安旅游形象广告。突出“平安泰山”文化内涵，设计制作新版的书籍、画册、导游图、U盘和手提袋等旅游宣传品，推介泰安旅游新形象。组织旅游景区景点上报《博物馆》《温泉》《登山》《书法》《水浒》等专项资料，并将省旅发委《十大文化旅游目的地品牌地图》《好客山东旅游指南》《专项宣传品》等宣传品摆放在泰安市旅游咨询中心、AAAAA级旅游景区、四星级以上酒店内，向游客宣传泰安市旅游资源。④网络“智”高点。参加由清华大学国家形象传播研究中心主办、清华大学教育基金会战略支持、华扬联众承办的“第二届中国目的地旅游与国民形象论坛”，在中国旅游目的地数字资产榜的评选活动中，泰安市获2017中国旅游城市数字资产榜第六位、2017中国旅游景区数字资产榜第三位。“天下泰安”微信平台服务泰安旅游市场，及时发布全面、最新的旅游信息。加强与携程等大型平台合作，通过网站、APP推广展示泰安旅游信息，拓展泰安旅游产品售卖渠道，增强“平安泰山”品牌线上持续营销传播，提升品牌知名度和曝光量。

【编制旅游新产品】 围绕祈福文化主脉，以平安文化为主题，以“平安泰山”为品牌，打造系列经典旅游线路。设计“登泰山，保平安”泰山祈福二日游、“中华泰山，天下泰安”祈福休闲三日游、“平安泰山，慢游泰安”文化体验三日游三条经典旅游线路。设计以“全家深呼吸”为主题的徂徕山清新“空气游”旅游项目，推出绿色“森”呼吸线路、清新温泉沐浴线、清新运动滑雪线等旅游线路，打响徂徕山“天然氧吧”主题旅游品牌。重编印刷出版《天下泰安全域旅游攻略》，对书中吃、住、行、游、购、娱的内容进行更新调整，重新加入全域旅游、魅力乡村等篇章，在星级酒店大厅及客房内摆放，并设计制作泰安福袋。

【旅游商品研发】 举办“平安泰山”中国宝玉石旅游文化展暨首届“泰山玉杯”玉雕大赛系列活动，来自全国10个省市316件精品玉雕作

品参与展出，作品包括和田玉、翡翠、玛瑙、水晶、鸡血玉、通天玉、阿拉善彩玉、灵璧石、寿山石等当代所有的玉石雕刻材质。举办2017中国泰安（泰山）平安文化旅游商品大赛，来自省内外近200个系列的1000余件实物作品参赛，评出金奖6个、银奖12个、铜奖30个、优秀奖45个。举办2017全国桃木旅游商品创新设计大赛，来自北京、河北、江苏等20个省、自治区、直辖市的200多家企业和个人参赛，6000余件桃木实物作品和200件设计作品参评。组织旅游商品企业参加全国特色旅游商品大赛、中国品牌旅游商品评选活动、第十五届山东省旅游商品创新设计大赛、第九届中国（山东）工艺美术博览会评比活动等赛事。年内，“泰山玉”被收录《珠宝玉石名称》，标志着泰山玉进入国家级宝玉石行列。肥城市、泰安新华城国际广场获山东省旅游委评选的山东省购物旅游示范城市、旅游休闲购物街区称号。全国桃文化旅游商品联盟落户肥城，“小商品”带动“大产业”的“肥城模式”作为全省唯一的县级旅游商品开发模式被中国旅游商品协会重点推广。3类旅游商品入选首批“山东好礼，一城一品”旅游商品名单。

【泰山国际登山节】 9月6—12日，第三十一届泰山国际登山节在泰安举行。以“践行新理念，增创新优势，建设富裕文明幸福新泰安”为目标，以创新、协调、绿色、开放、共享为宗旨，融入经贸、旅游、科技、文化、体育等元素，组织开展活动40余项。2017中国泰安投资合作洽谈会开展专题推介、产业对接、项目洽谈、展览展示等系列主题活动，邀请650名境内外客商参会，集中签约48个项目，总投资2720.79亿元，2018年计划投资447.09亿元，其中内资项目44个，外资项目4个。泰安市经济社会发展成果展集中展示泰安市近年来经济社会发展特别是招商引资、项目建设成就。第二届“外国专家泰安行”期间，100名外国专家和泰安市400余家企事业单位进行现场对接洽谈，达成合作意向77个，签订合作协议56项。2017台湾工商精英泰山行邀请60余名台湾工商界代表，实地考察泰安市农业和旅游项目，并达成部分合作协议和意向。首届泰山国际农业机械博览会有172家国内外知名农机企业、1200余台（套）农机新设备以及多项新技术参展，现场成交额6500万元，意向合同金额1.2亿元。首届泰山（润恒城）农副产品博览会吸引1000余家国内外企业参展，参展商品涵盖全部品类的农副产品。第二届泰山国际福祉暨康复设备博览会有125家国内外知名辅助器具企业、单位参展，展示残疾人辅助及康复器具3000余种。第二届泰山国际残疾人论坛探索将残疾人事业从基层纳入经济社会发展总体布局，实现与残疾人事业发展“十三五”规划和残疾人脱贫增收工作的紧密衔接。“叙游子乡情，谋家乡发展”恳谈会暨“天南地北泰安人”“回家”系列活动、2017中国国际建筑钢结构及配套产业博览会等主题活动的举办，拓展了开幕式和经贸板块的活力空间。

8月10日，第五届世界摄影大会在泰安举行。来自42个国家和地区的313名海外摄影家，深入泰安进行拍摄，用最美的镜头记录泰安自然与人文之美，提升“中华泰山·天下泰安”旅游品牌的国际影响力。图为“世界摄影基地”授牌仪式（王　瑜　摄）

·旅游资源·

【概况】 泰安市旅游资源丰富，主要景区景点有120多处，除最著名的泰山之外，在自然遗产方面还有国家森林公园徂徕山、腊山、金牛山，省级森林公园莲花山、神童山，省级风景名胜区八百里梁山泊水域以及被列入《世界吉尼斯大全》的肥城十万亩桃园、被誉为“天下斗蟋第一虫”的宁阳蟋蟀园等。在文化遗产方面，有全国重点文物保护单位大汶口遗址、岱庙、冯玉祥墓、白佛山隋唐石窟造像、泰山齐长城、泰山古建筑群等；省级重点文物保护单位有徂徕山映佛岩《般若波罗蜜经》刻石、山西会馆、明代三朝元老萧大亨墓、徂徕山抗日武装起义革命遗址、宁阳颜庙颜林、东平司里山等24处；省级优秀历史建筑有宁阳禹王庙以及和圣柳下惠墓、史圣左丘明墓、商圣范蠡墓、黄巢兵败退守遗址黄巢寨及衣冠冢黄巢墓、穆桂英生长地穆柯寨、大字鼻祖洪顶山高僧安道一摩崖经刻及全国民俗旅游定点村埠阳庄等。至年末，全市有A级旅游景区45家，工农业旅游示范点59家，省级旅游强乡镇、特色村107个，采摘园31个，开心农场7个。

8月18日，“中华泰山·天下泰安”2017泰安全域旅游网络抢票活动启动仪式举行。图为市领导为环卫工人代表赠送门票　（王　瑜　摄）

全市旅游资源分布主要以市区为中心，呈放射状分布。北为泰山，城区主要有岱庙、蒿里山、灵应宫等名胜古迹；泰山区主要有汉明堂遗址、老县衙旅游文化街、方特欢乐世界、花样年华景区、宝泰隆旅游景区、啤酒生肖乐园、埠阳庄民俗旅游村、白马石民俗村、泰山文化广场、叶家庄旅游特色村、泰山国际花木城等；岱岳区主要有太阳部落、泰山温泉城、天乐城、岳海新天地、天颐湖、徂徕山滑雪场、大汶口国家考古遗址公园、萧大亨墓、文姜城遗址、黄巢寨、无梁殿、桥沟温泉、上泉古泉群、蒙牛乳业泰安工业园、齐长城民俗文化区等；新泰市主要有莲花山、青云山、峙山、和圣园、朝阳洞、九顶皇山、墨石山、太平山、掌平洼、上豹峪等；肥城市主要有陶山、范蠡墓、十万亩桃园、左丘明墓、云蒙山、翦云山、牛山、春秋古城、望鲁湖等；宁阳县主要有神童山、千顷枣林、蟋蟀园、文庙、颜庙、颜林、堽城坝、文庙、复圣文化旅游区等；东平县主要有东平湖、腊山、白佛山、司里山、戴村坝、稻屯洼、月岩寺、黄石崖、洪顶山经刻等。

【泰山风景名胜】 主要分布在南起泰安古城南门（包括蒿里山、灵应宫），东南、西南以环山路为界，北到灵岩寺，总面积171平方千米范围内，主景区面积125平方千米。景区内有山峰156座、崖岭138座、溪谷130余条、潭池瀑布64处。泰山自然风光优美、壮观，其景观特点以“雄”为主，兼有“奇、险、秀、幽、奥、妙”的特点。泰山游览区分岱麓游览区（丽区）、中路游览区（幽区）、西路游览区（旷区）、岱顶游览区（妙区）、后石坞游览区（奥区）、桃花峪游览区（秀区）和灵岩游览区。

岱庙　又名东岳庙、泰岳庙、岱岳庙，俗称泰庙，是古代祭岱的主要场所。位于泰山南麓泰城红门路南端，是泰山中路登山起点。庙内有古建筑和仿古建筑186间，碑碣184块，汉画像石48块，古桧、侧柏212株，观赏植物292种。新中国成立前，由道士管理。新中国成立后，曾为泰山管理机构驻地，后为泰安市博物馆。1988年被列为全国重点文物保护单位。主要景点有遥参亭、正阳门、天贶殿、汉柏院、东御座、唐槐院、后花园等。

灵应宫　碧霞元君的下庙，原名天仙祠。位于市区灵山大街西段北侧。创建年代无考，明万历年间奉敕拓建，赐额此名。2002年重修。

蒿里山　位于泰山之阳。汉代以前，蒿里山被称作“高里山”，《汉书》有汉武帝“亲禅高里”的记载。魏晋时期，始有“蒿里”之称。古代，人们视蒿里为死后灵魂的归宿之处，故汉魏间即有名为《蒿里行》的丧歌。蒿里山为泰山（泰安）地府—人间—天堂“三大空间”的地府所在。蒿里山曾建有蒿里山神祠，又名森罗殿，创建年代无考。1992年，被国务院批准列入泰山总体规划开发景点。

丽区　即岱麓游览区，指的是泰山南麓东起王母池、西至樱桃园一带清幽明丽的游览区域。岱麓地处山城接合部，依山临市，环山公路贯通东西，环境优美，风景秀丽，气候宜人。主要景点有岱宗坊、王母池、范明枢墓、普照寺、烈士祠、五贤祠、三阳观、樱桃园、冯玉祥墓等。

幽区 即中路游览区，是泰山主景区。登山道路是在唐玄宗登封泰山古御道的基础上拓建而成的，自泰山山门岱宗坊始，至岱顶南天门，全长8.5千米。石阶七千，峰回路转，林荫夹道，溪瀑争流，亭台楼阁，风景幽深。沿途两侧碑碣题刻触目皆是，风景名胜最为集中。主要景点有关帝庙、红门宫、万仙楼、革命烈士纪念碑、斗母宫、经石峪、中天门、朝阳洞、十八盘、南天门等。

旷区 即西路游览区，是指自西溪谷口大众桥至中天门的游览区域。西路游览区峰峦起伏，群峰耸立，谷深峪长，潭静瀑飞，林木繁茂，景色旷秀。主要景点有天外村广场、黑龙潭、扇子崖、元始天尊庙等。

妙区 即岱顶游览区，是自南天门至玉皇顶面积约0.6平方千米的游览区域。攀越十八盘，登上南天门，就算进入了“天府仙界”。此处，“日近云低”，“只有天在上，更无山与齐”。虚无缥缈的月观峰，金碧辉煌的碧霞祠，直插云天的玉皇顶，扑朔迷离的无字碑，都使人感到神秘莫测，妙不可言。岱顶集中了泰山自然风光与名胜古迹的精华，是游览泰山的高潮所在。主要景点有天街、碧霞祠、唐摩崖、玉皇庙、孔子庙、日观峰、东天门、探海石、爱身崖、仙人桥、月观峰、西天门。

奥区 即后石坞游览区，是以岱阴后石坞为中心的游览区域，南起玉皇顶，北至元君庙，东起天烛峰，西至北天门，面积约5.5平方千米。后石坞自古即被称作“岱阴第一洞天”。奇峰耸秀，怪石嶙峋，峰险谷深，旷远清幽。步行道“独足盘”环绕其间，为明万历年间所辟。沿“独足盘”攀登，行愈远，路愈险，山愈奇，景愈胜。主要景点有丈人峰、北天门、独足盘、八仙洞、后石坞、元君庙、九龙岗、天烛峰、谷山玉泉寺、周明堂遗址、锦绣谷、齐长城。

秀区 即桃花峪游览区，位于泰山西麓，因旧时桃林满谷而得名，分上下两段，上段称桃花源，下段为桃花峪。这里奇峰垒列，林深涧曲，豁达空旷。峪底公路，逶迤10千米。沿途千潭叠瀑，万壑汇川，丹英饰涧，纷飞如雨。主要景点有桃花源、猛虎沟、彩带溪、后寨门、吴道人庵、桃花峪谷口。

【《中华泰山·封禅大典》大型实景演出项目】 2008年11月筹建，2009年5月开工建设，2010年4月27日首场演出。该项目由东岳泰山旅游集团和阳朔帅元旅游文化策划有限公司合作建设，总投资2.6亿元，总建筑面积1.7万平方米，其中剧场1.34万平方米、综合服务设施3600平方米，剧场舞台1.08万平方米、观众席2600平方米。日常容纳观众2200人，最多容纳观众2700人。配套建设小型停车场1000平方米、大型停车场8000平方米。演出以泰山帝王文化、封禅文化为主题，再现历代帝王封禅场景，展示泰山的“国山”价值与内涵。演出总策划由中国大型山水实景演出创始人之一的梅帅元担纲，集国内知名的创作、编导、舞美、音乐、灯光设计人才及先进元素，演出阵容由506名演员组成，打造世界一流视听效果和演出盛宴。该项目弥补泰山旅游夜间项目的空白，拓展和深化泰山独特的自然与历史文化旅游资。

【环山路景观大道】 环山路东起天烛峰，西至桃花峪停车场，全长26千米，是泰山的保护线、重要的旅游线、泰城重要的交通线和代表泰安形象的景观线。环山路是打通泰山东、中、西部的连接线，可以西接桃花峪景区，东连泰山方特欢乐世界、天烛峰景区，中间连接藏佛寺、蓄能电站、旅游经济开发区、樱桃园景区、市政大楼、天外村、普照寺、红门景区、虎山公园、白马石民俗村等景区景点，还可串接虹桥宾馆、丽景广场酒店、工行培训中心、泰山宾馆、世行培训中心、宝龙温泉大酒店等10家三星级以上宾馆。环山路景观大道是泰安城市的一条风景带，既可沿途参观景点，也可以欣赏泰城、泰山景色以及用餐、休闲等，给游客提供了更多选择。环山路景观大道完善了泰城现代化风景旅游城市的功能，优化城市路网结构，并起到山城分界线的作用，有利于加强对沿山建筑物的控制，强化对泰山的保护。

【徂徕山汶河景区】 徂徕山汶河风景区位于泰城东南部，西临泰山温泉城，总面积293平方千米，景区内徂徕山与大汶河山水相依，生态、历史、文化资源禀赋优良。徂徕山是国家AAA级旅游景区、国家森林公园，世界地质公园，面积约109平方千米，为山东省第二大林场。主峰太平顶与泰山玉皇顶相距30千米，海拔1028米，植被覆盖率92.4%。大汶河绕徂徕山西北流过，每年径流量约10亿立方米，是黄河下游最大的支流，也是南水北调东线工程重要的水源补给地。经综合治理，景区内形成回水长度20千米、水域面积11平方千米、蓄水量4000万立方米的湿地景观12公顷，2014年被国家林业局评定为国家级湿地公园，2015年被水利部评定为国家级水利风景区。景区内的桥沟温泉，是唐代御封八大温泉之一的“乾封汤”，水温高、水量大、水质好。经初步探明，地下热水面积约16公顷，混合水温可达45℃，含有20多种对人体有益的微量元素和矿物质，达到医疗价值标准和矿泉水命名标准。

大汶河是泰安人民的母亲河，孕育了6000年历史的大汶口文化，是中国古代文明发端的标志。景区是著名的泰山石敢当文化和碧霞元君信仰的源出地，民俗文化、道教文化、帝王文化具有深度发掘的潜力。2013年10月，汶河北岸的古博城入选山东省第四批省级文物保护单位名单。其始建于春秋，扩在秦汉，盛于隋唐，历经2000余年，一直是泰山周边郡县治（府）所在地，也是历代帝王到泰山封禅时的行宫所在地。徂徕山古迹众多，唐代大诗人李白曾在徂徕山隐居6载，纵酒酣歌，以诗会友，与山东名士孔巢父等6人世称“竹溪六逸”，留下了“秋波落泗水，海色明徂徕”等千古佳句，创造了文坛上久负盛名的友情文学现象；距今逾千年历史的徂徕书院，与金山、岳麓、石鼓并称宋初四大书院，其创办人徂徕先生——石介是宋代儒家理学的奠基人之一，被誉为新儒学的开拓者和创立者。大寺遗址为全国重点文物保护单位，1938年1月1日，在徂徕山大寺举行抗日武装起义，成立八路军山东抗日游击队第四支队。徂徕山抗日武装起义纪念碑和徂徕山革命遗址等，成为开展爱国主义教育的重要场所和红色旅游的经典线路。至年末，景区内存寺庙3处、碑碣54块、摩崖刻石113处、古树名木千余株。

【泰山方特欢乐世界】 2008年12月27日开工建设，2010年5月开门纳客。该项目是国内第四代文化产业主题公园，园内主要建有方特乐园、飞越极限、恐龙危机、生命起源、星际航班、未来警察、海螺湾、聊斋等高科技娱乐项目30多个。运用现代计算机、模拟仿真、自动控制、数字影视、光学与声控等高科技手段，向游客展示包括泰山文化在内的中华5000年文化，游客在虚实结合、亦真亦幻、动感交互的世界中，穿越历史、现代与未来三重空间，感受“新时空”带来的全新旅游体验。2010年，被全国旅游景区质量等级评定委员会评为国家AAAA级旅游景区。

【泰山花样年华景区】 位于泰山区省庄镇，是集娱乐、观光、采摘、餐饮、展销功能于一体的大型农业旅游文化项目，突出兰花产业、休闲旅游和泰山文化主题，主要建设路通花卉、泰安三益、会展人厅、梦幻花都、天合乐园、热带风情、未来田园、欢乐剧场等项目，总规划面积200公顷，其中未来田园项目综合运用国内先进的无土栽培技术，通过立体化、园林化和异形化的艺术塑造，集中展示当代中国农业发展的最高水平；梦幻花都项目采用世界上先进的设计理念和声光电等新科技成果，打造以花卉为主题，集欣赏、娱乐、体验、科普于一体，由绚丽空间、花样童年、幽兰奇域三部分组成的现代科技馆；热带风情项目集餐饮娱乐、园林艺术、兰艺展示等功能于一体，丰富“吃、购、娱”旅游要素；天合乐园主要建设为室外婚纱摄影主题公园。2010年，被全国旅游景区质量等级评定委员会评为国家AAAA级旅游景区。

【泰山宝泰隆旅游景区】 位于泰山区邱家店镇，景区总占地128万平方米，以地下漂流观光与地上休闲娱乐为主题，有地下裂谷探险、地下溶洞观光、东海龙宫观光、地下溶洞暗河漂流、候鸟放飞观赏、地上湿地观光、地上游乐等游玩项目。同时配套建设完成游客服务中心、生态停车场、自助餐厅、宾馆与酒店等旅游基础服务设施。产品涵盖观光娱乐、休闲度假、餐饮购物、文化体验、特色演出五大模块，是集吃、住、行、游、购、娱于一体的大型综合性绿色环保休闲度假区。2013年9月，景区对外开放，先后被评定为国家AAAA级旅游景区、中国风景名胜区协会会员单位、山东省文化产业示范基地；地下溶洞漂流项目通过大世界基尼斯认证，获“最长的无动力暗河溶洞漂流”之最。

【泰安老县衙旅游文化街】 位于通天街中段，占地面积1.33公顷，经营面积1.7万平方米，由老县衙旅游商品街、泰山国际青年旅舍、泰安风味老街及萧大亨故居纪念馆4部分组成，其中旅游商品街的旅游商品超市购物面积936平方米，集中展销泰安特色旅游纪念品、工艺品、土特产品、旅游用品及宗教、帝王、民俗、水浒、自然风貌、土特产等千余种系列产品；非物质文化展演区邀请市手工艺大师现场表演泰山皮影等非物质文化遗产。泰安风味老街挖掘泰安地方风味饮食，创造性地开设泰山婚庆大典，将泰山的封禅文化、豆腐文化、茶饮食文化进行有机融合，充分展示“老街•老滋味，老街•老风情”的独特魅力，打造“游在泰山、住在泰安、吃在老街”的全新旅游概念。2010年，被全国旅游景区质量等级评定委员会评为国家AAA级旅游景区。

【埠阳庄民俗村】 位于邱家店镇东南。此地民风淳朴、物产丰富，是典型的中国北方乡村。20世纪80年代，成为泰安市民俗旅游观光点。中外游客到村中，吃农家饭、睡农家炕、干农家活，日出而作、日落而息，体验泰山脚下农民的日常生活，可谓其乐融融。1998年，被国家旅游局定为华夏民俗旅游村。2000年，被省政府定为民俗旅游村。

【太阳部落旅游区】 位于泰山南麓，徂徕之侧，汶河之滨，是大汶口文化的重要发祥地，为国家AAAA级旅游景区。2013年，一期工程建成开放，2014年二期项目建成开放，2015年完成三期项目规划。太阳部落以大汶口文化为主线，以情景体验的形式，将史前文化和游乐项目有机融合，使远古文明的场景在游客面前真实展现，是中国首家体验史前文明的特大型文化主题公园。旅游区分为时光穿越、梦回大汶口、洪荒探秘、洪荒历险、情定大汶口、金乌古镇六大版块，由时空隧道、文明之光、地心历险、猿古大战、盘古狂叫、女娲补天、共工的愤怒、山洪暴发、洪荒漂流、高空斗牛、水龙王、远古大战、狩猎归来等40余个主题项目组成，运用现代化高科技手段，将大汶口文化的精髓融入其中，真实再现大汶口时期的生产生活场景，让游客走进古老的洪荒神话，亲身体验史前文化。

【泰山温泉城】 位于岱岳区徂徕镇，占地面积40公顷，规划建筑面积15万平方米，是集温泉养生、商务休闲、生态旅游为一体的国家AAAA级山地森林旅游景区及度假酒店。分为温泉区、国际会议接待中心区、温泉度假酒店客房区、十大景观苑区以及综合服务配套区五个功能区，其中温泉区每天最大接待容量可达1万人次，主要建设温泉综合服务楼、温泉露天园区和汤屋汤院区。其中，温泉综合服务楼为温泉区的接待中心，主要配置有室内游泳馆、SPA水疗馆以及一系列康体休闲娱乐设施；温泉露天园区以温泉综合服务楼为中心依山而建，山下为动感温泉区，设有海浪池、通天瀑布池、洞府鱼疗池、七彩儿童池等，山上为文化温泉区和养生温泉区，设有岱岳禅汤、独尊神汤、何首乌汤、墨玉泉、石板泉等60多个功能各异的温泉泡池；汤屋汤院区位于温泉露天园区的西侧，设有中式、日式、南洋式等30余栋汤屋汤院。泰山温泉城温泉出水温度50℃左右，最大出水量为3800立方米/天。经检测，该温泉水属优质天然高硫高纳的硅氟复合型医疗热矿水，温泉热水中富含对人体有益的氟、溴、锶、锂、硼酸、硅酸、磷酸等微量元素，经常在此沐浴，可以起到延年益寿的作用。

【天乐城旅游休闲区】 位于满庄镇，占地面积37公顷，是以盐文化、室内水上游乐和休闲养生为主题，与泰山文化及地方民俗特色完美融合，集商务会议、特色餐饮、康体娱乐、生态旅游、休闲度假于一体的大型综合旅游度假中心，国家AAAA级旅游景区。天乐城休息区主要建设有天乐城水世界、田雨润华国际酒店、盐浴漂浮体验中心和快捷商务酒店，其中天乐城水世界总建筑面积2.6万平方米，是舒适度极佳的室内四季水上娱乐项目；田雨润华国际酒店是集商务会议、康体娱乐于一体的五星级酒店，建筑面积4.2万平方米，设中高档客房222间，拥有大中小型多功能会议室11个；天乐城盐海神汤以盐文化为主题，集盐海漂浮、泥疗、盐疗、温泉养生等多项功能于一体，在这里人们可以自然漂浮在水面上，一年四季尽享“盐海”奇景。

【天颐湖旅游度假区】 位于泰山南麓，徂徕山西侧，大汶河之滨，毗邻大汶口文化发祥地。景区规划面积16平方千米，水面面积5.2平方千米，是泰安南部最大的水面。2010年12月被评为国家级水利风景区，2011年5月被山东省旅游景区质量等级评定委员会评为国家AAA级旅游景区。音乐喷泉东西长160米，南北跨度12米；亲水式沙滩2处，7万余平方米；儿童职业体验场馆——梦想小镇，建筑面积1万平方米，主要包括室内职业体验馆、室外职业体验区和外围休闲娱乐区3个组成部分，设有51个职业体验单馆，主要面向3～15岁的少年儿童群体；泰山花海项目占地面积133公顷，沿天颐湖东岸线呈带状分布，以花卉观赏、游览为主，融入爱情、婚拍元素，集科普、休闲、娱乐、运动于一体；飞行体验馆项目主要包括室内娱乐风洞飞行体验和表演、室内跳伞培训、模拟飞机驾驶娱乐和教学、餐饮娱乐和外场热气球观光等组成，面向3～50岁的游客；婚纱摄影基地位于天颐湖泰山花海景区南侧，摄影基地主体建筑面积近万平方米；游艇码头5个，购置大型游船和小型游船，并配备安全巡逻艇，可让游客尽情享受水上娱乐。

【徂徕山滑雪场】 位于风景秀丽的徂徕山脉，是集滑雪、滑索、高尔夫、拓展、休闲娱乐、餐饮为一体的大型四季旅游景区。有初、中、高级雪道4条，高山缆车1条，德国进口管式滑道1条，托牵缆车3条，雪道宽120米、长800米、最高坡度30度,配备国际先进的造雪、压雪设备和完备的配套服务设施。雪场内设有雪上飞碟、马拉爬犁等娱乐区，并为儿童开设了专业的滑雪场地，乘坐高山观光缆车可以近距离欣赏梅花鹿，做到赏雪、玩雪、娱雪的全方位功能。景区春、夏、秋三季新上拓展训练、高尔夫练习场，让游客在高山滑行之余尽情体验休闲乐趣。

【天庭乐园】 位于城区西部、天平湖畔，占地面积0.2平方千米，建筑面积近2万平方米，国家AAA级旅游景区，建有休闲、娱乐、餐饮、儿童活动四大功能区。有美人鱼、空中飞舞、弯月飞车、滑草、滑沙、滑索、海盗船等游乐设施，是泰城西部休闲娱乐的主要场所。

【大汶口国家考古遗址公园项目】 位于岱岳区大汶口镇，规划面积390公顷，涵盖大汶口遗址、大汶口古镇、大汶口明代古石桥等历史文化遗迹。一期工程主要建设“三区”（遗址公园门前服务区、遗址展示区和大汶口古镇区）、“一带”（滨河景观带）、“一节点”（大汶口文化博物馆），其中遗址公园门前服务区主要建设门前景石及标志性建筑、主题雕塑、广场及水系，整个广场采用大理石面铺装，水系引入大汶河水、自入口的泰山石叠水而下，最终汇入最南侧的日火山雕塑流进大汶河；遗址展示区总面积30公顷，展示自1959年后4次考古发掘的墓葬189座、房址21座、灰坑120余座、陶器3000余件等；大汶口古镇区，主要对大汶口镇山西街等6个村进行保护性开发建设，涉及2676户、8000人；滨河景观带主要建设1100米防护堤、景观绿化工程及文化墙工程；大汶口文化博物馆展示、陈列面积2600平方米，以文物陈列、图片展示、全息影像、多媒体演示、互动体验等形式，采用声光电结合的表现手法，向公众展示距今约6100—4600年的大汶口文化的起源、发展、内涵及其在中华文明史上的重要地位。

•旅游管理与服务•

【配套服务设施建设】 在沿街旅行社门市设置旅游咨询网点15处，在市区各高速出口、城区主要干道布点设置旅游标识牌100余块。实施公共厕所升级改造工程，新建、改建旅游厕所600座。市政广场停车场法定节假日免费对外开放。经省旅发委、省财政厅、省经济和信息化委员会等6部门委托第三方进行抽查复核，泰安市旅游厕所合格率100%。督导旅游厕所奖励资金拨付工作，拨付到位国家级、省级旅游厕所奖励资金471万元。整合提升旅游标识建设质量标准，将原有的交通指路标志与旅游指路标志统一整合，重新排版制作旅游交通指路标志37面，拆除旅游标志11面。新建8个路口行人指路标志(风向标）20套、99面。

【智慧旅游平台建设】 加强对旅游信息指挥服务中心视频监控系统的日常管理与建设完善，落实AAAA级旅游景区数据对接工作。除东平白佛山景区外，全市AAAA级及以上旅游景区全部接入泰安市指挥服务平台，并完成与山东省旅发委和国家旅游局信息指挥平台的对接工作。依托泰安旅游电子商务平台，完成三日游系统的升级改造，简化操作流程，严格验证程序，以旅游电商平台为载体，整合线上线下旅游资源，推进深度合作，开展营销活动。改版泰安旅游政务网站，搭建旅游服务企业号，精心运营旅游政务微博和“天下泰安”微信平台，在人民网、新浪、腾讯官方微博发布各类资讯信息2771条次，粉丝38.06万人。拓宽泰安旅游公众服务信息推送渠道，推送旅游服务短信1162.03万条，其中移动公司推送241.15万条，联通公司推送920.88万条。

【旅游安全监管】 重新调整安全生产工作领导小组，印发《2017年泰安市旅游安全生产工作实施意见》和《泰安市旅游安全生产“一岗双责”工作制度》，与各县（市、区）旅游局签订《安全生产目标管理责任书》，与全市170多家旅行社签订《旅行社安全生产责任书》。6月9日，召开全市旅行社行业旅游安全工作推进会，安排部署旅游旺季安全工作。①旅游安全专项检查。4月中旬开始，按照《全市旅游行业持续开展安全生产隐患“大排查、快整治、严执法”集中行动方案》《2017年全市旅游安全百日攻坚治理行动实施方案》《山东省旅游发展委开展旅游安全四大专项行动实施方案》等，组织旅游市场安全秩序暗访组，对泰安市旅游市场安全秩序进行暗访巡查，深化旅游安全隐患大排查大整治。②极端天气预警防范和突发应急处置。主动与气象部门沟通，通过微信、短信平台，发布泰安市、省旅游局、国家旅游局旅游安全警示信息40余次。

【旅游市场整治】 推动建立旅游市场综合监管、联合执法机制，印发《关于加强旅游市场综合监管的通知》，详细制定涉旅16个部门的旅游市场综合监管责任清单，同时注重整合监管和执法力量，强化质量监督，初步形成依靠旅游部门自身监管与牵头多部门联合执法相结合的运行机制，提升旅游市场综合监管效率和治理效果。加大联合执法力度，联合市公安局、工商局、交通局等部门，紧盯重大节日和重点区域，持续开展旅游市场秩序综合整治，重点查处“不合理低价游”、虚假广告宣传等违法行为，严厉打击景区周边拦车拉客、诱导消费等违规行为。每逢节假日，市公安局、交通局、工商局等七部门召开旅游联合执法联席会议暨旅游市场秩序联合整治行动会，对重点旅游集散地、旅游线路、旅游景区、旅游企业进行检查，营造良好的节日旅游环境。共出动执法人员570人次，检查旅游企业260家次，下达整改通知书18份。

【文明旅游工作】 按照《泰安市2017年度创建全国文明城市实施方案》和《全国文明城市测评体系操作手册》，印发《关于印发2017年创建全国文明城市工作实施方案的通知》，以文明旅游助力文明城市创建。印制“核心价值观”“中国梦”“关爱未成年人”和“旅行社接待服务规范”等海报2000张，制作创城公益广告宣传展架120个、“文明用餐”桌牌500个，印制“节俭养德”即时贴1000张，印刷文明旅游宣传单和“文明与旅游同行”宣传手册各5万份，及时下发企业张贴摆放。组织开展好客山东“文明旅游，文明待客”主题活动。制订《泰安市旅游行业文明劝导志愿服务活动方案》《关于印发泰安市旅游行业开展文明出行专项行动实施方案的通知》《关于印发“我爱我家 人人文明 处处风景”百万市民助力创城志愿服务主题实践活动方案的通知》等，在行业内积极倡导文明旅游志愿服务。利用元旦、春节、清明、“五一”、国庆等重点时段，开展文明旅游志愿服务活动，引导广大市民和游客文明出行，自觉遵守社会公德，共同营造文明、和谐的旅游环境，开展旅游志愿服务等活动6次，参与文明交通上岗执勤4次。在国家旅游局联合中国旅游报社启动的“四个一批”（一批先锋人物、一批先锋组织、一批先锋项目、一批示范基地）旅游志愿服务先锋行动评选活动中，泰安市导游员王立民获中国旅游志愿服务“先锋人物”称号。

【景区和度假区管理】 以景区创建为抓手，做大做强旅游景区，提升景区发展质量，使景区生态环境更美、文化特色更明、服务品质更优、综合效益更好、市场竞争力更强。天鹅湖景区、山东泰茶良心谷有机生态示范园等7家景区被泰安市旅游景区质量等级评定委员会评为国家AAA级旅游景区，荷塘月色景区、条水涧芳草地等6家景区被泰安市旅游景区质量等级评定委员会评为国家AA级旅游景区。至年末，全市有A级旅游景区68家，其中AAAAA级景区1家，AAAA级景区12家，AAA级景区37家，AA级景区18家，天颐湖旅游度假区被山东省政府评为省级旅游度假区。

【旅行社管理】 围绕构建“审批事项少、办事效率高、服务质量优”的政务环境，将旅行社服务网点设立备案和旅行社变更、注销备案两项备案登记列入泰安市“50合一”涉企证照备案事项，降低准入门槛，激发创业活力。优化审批环节、推进事项名称、申报材料、办理环节、办理时限和审查工作的标准化，严格做好旅行社的申报、审批许可工作，疏通退出渠道，形成一整套规范化操作流程，将设立旅行社办理时限由法定的20个工作日缩短为承诺10个工作日内完成。新成立旅行社6家，分社3家，旅行社服务网点46家；注销旅行社3家，注销分社3家，山东吉程国际旅行社（原环泰旅行社）获出境社资质，成为泰安市第4家出境旅行社。

【旅游饭店管理】 按照《关于加快山东省饭店业发展的意见》，做好旅游星级饭店的发展工作。动员辅导蓝海御华酒店创建五星级饭店，推荐山东泰山新世纪文旅接待中心申报成功山东省银星级文化主题饭店，吸纳泰安百纳精品酒店为三星级旅游饭店。3月7日，举办全市高端酒店会展工作座谈会，市经济合作局及全市高星级酒店及部分高端社会酒店负责人等30余人参加会议，就完善全市会展优惠政策和服务平台，明确联合招展引会思路出谋划策。开展星级饭店复核和暗访，加大对饭店评星、星级服务质量督查力度，强化星级饭店的退出机制，推动星级饭店提升服务质量。协助省星评，对丽景广场酒店、正元国际名饮酒店的评定性复核；自主开展对市内各星级酒店的复核与暗访工作，复核暗访酒店40余家，注销星级酒店2家。泰山宝盛大酒店入围2017年度中国会议酒店100强。

【导游员管理培训】 全市通过电子导游证审核的导游员有2039人，

其中专职导游员 761 人，占换发总数 37.3%；非专职导游员 1278 人，占换发总数 62.7%。“导游身份标识”空白卡套购置到位后，打印 2039 张，打印率 100%。更新旅行社信息 50 余家、导游员信息 73 人。5 月 15—18 日，举办全市导游人员岗前培训班，对 83 名考取导游资格证的学员进行培训。全市评选星级导游员 59 人，总数量居全省第二，其中四、五星级的高星级导游员有 35 人，居全省首位。导游员韩兆君代表山东省参加第三届全国导游大赛获第五名（二等奖），连续三届代表山东省参加全国导游大赛。

9 月 6—13 日，全市经济社会发展成果展在泰安市泰山国际会展中心举办
（张　通　摄）

【旅游人才队伍建设】 继续实施“双带动工程”（以项目引进带动人才引进，以项目开发带动人才开发），通过项目建设，配套引进旅游经营管理人才，狠抓旅游人才的开发、引进和培养。推荐 7 家单位创建山东省乡村旅游培训基地和旅游人才培训基地，2 名导游员入选 2017 年度国家万名旅游英才计划“金牌导游”培养项目。（张作祥）

【概况】 6 月 29 日，经市编委批复，在市经合局加挂泰安市会展业发展办公室牌子。年内，全市举办各类会展活动 166 场，其中大型展览活动 33 场，规模以上会议论坛等活动 133 场。在第十四届中国会展行业年会暨中国会展业高峰论坛上，全国各地会展管理部门、行业协会、知名专家、权威机构、新闻媒体等推选，泰安市获“2017 年度中国优秀会展城市”奖。

【全市经济社会发展成果展】 9 月 6—13 日，在泰安市泰山国际会展中心举办，展出面积 1.8 万平方米，分为室内和室外 2 个展区。室内展区由泰安概况、泰安 6 个县（市、区）、泰安高新区、泰山景区、泰安旅游经济开发区（高铁新区）、体育精品赛事 11 个展区组成，重点展示招商引资和大项目建设所取得的成绩；室外展区由输变电装备、汽车及零部件、特种装备、农机装备、矿机装备、节能环保装备及其他 6 个产业类别组成，展示全市 38 家企业的高端装备产品和前沿技术。展会吸引了国内外大批客商、各地企业精英、市内大批机关干部、企事业人员、离退休老干部、中小学生、社区群众等参观者 6 万人次，增强了市民的自豪感和荣誉感。

【2017 泰山医疗设备新产品新技术展览会】 9 月 26—27 日，在泰山国际会展中心举办。由泰安市人民政府主办，泰安市财政局、泰安市

8 月 26—28 日，2017 泰山国际农业机械博览会在泰山国际会展中心举行
（张　通　摄）

卫生和计划生育委员会、泰安市食品药品监督管理局、泰安市经济合作局共同承办，泰安市医疗器械行业协会、山东新丞华展览有限公司执行承办。展览面积约8000平方米，分高端品牌展示区、医用设备采购展区、基层适宜中医产品展区、医养结合展区、家用医疗器械展区等5个展区，重点展示国际领先医疗设备公司新产品新技术，CT、DR、超声诊断仪等医学影像设备，生化分析仪、尿液分析仪等体外诊断设备，针疗、灸疗、熏蒸设备、牵引设备、红外治疗仪等。

【泰山国际农业机械博览会】 8月26—28日，在泰山国际会展中心举行。由泰安市人民政府、山东省农业机械管理局主办，泰安市农业机械管理局、市经济合作局、市农业机械流通协会承办。博览会以“安全、环保、创新、共赢”为主题，重点展示农业机械供应链领域各个环节的新技术、新产品，打造农机购销互动的平台，开启对外开放合作的窗口，树起泰山农机旗帜，打响齐鲁农机品牌。展出面积2万平方米，分设A、C两个室内展区和一个室外展区，其中A展区为精品馆，展示中国一拖、福田雷沃、科乐收等7大农机企业品牌，C展区为品牌馆，展示国内大马力拖拉机、无人植保机等大型智能高端新式农机具，室外展区由泰安境内企业布展。意向交易额超过100万美元。

【首届泰山（润恒城）农副产品博览会】 9月6—10日，在泰安润恒现代农副产品冷链物流产业园举行。由泰安市人民政府主办，山东省商务厅支持，泰安市商务局、泰安市农业局、泰安市经济合作局、泰安市岱岳区人民政府、江苏润恒物流发展集团有限公司、泰安润恒农产品市场有限公司承办。市委书记王云鹏，市委副书记、市长李希信，省商务厅副厅长王洪平，市人大常委会主任唐福泉，市政协主席周桂萍出席开幕式。农博会设置展区3个，来自泰城以及海内外及全国各地的1000余家展商参展。

【第二届泰山国际福祉暨康复设备博览会】 9月6—8日，在泰山国际会展中心举行。举办的宗旨是让每一位有需求的人都能得到及时、有效的辅助器具服务，提供灵活的、人性化的无障碍服务，使辅助器具服务充满真情温暖，体现人文关怀，使生活更有尊严、更有质量，有利于推动辅助器具纳入国民经济和社会发展规划，纳入公共政策，加快促进辅助器具研发和服务水平的提升，推进中国政务信息无障碍建设水平和公共信息服务能力提升。

10月16—17日，第十三届泰山苗木花卉交易会在泰安市泰山区邱家店镇泰山国际花木城举行　（贾正杰　摄）

【第十三届泰山苗木花卉交易会】 10月16—17日，在泰安市泰山区邱家店镇泰山国际花木城举行。由山东省林业厅、泰安市人民政府、山东农业大学、山东省农业科学院主办，泰山区人民政府、泰安市林业局承办，会期2天，以“培育绿色发展新动能，打造中国南北苗木花卉中转中心”为主题，设置室外、室内2个展区，展位总面积1.5万平方米，其中143个室外展位主要展示当地苗木花卉、园林机械和农药化肥等产品；室内展区提供特装展位24个、标准展位240个，设置盆景及泰山奇石展区、花卉展区、菊花展区、桂花展区、多肉植物展区、泰山画派书画展等。来自全国17个省、自治区、直辖市的379家企业参加交易会，涵盖苗木上千种。年内，泰山区苗木花卉面积8333公顷（12.5万亩），年产值15.9亿元，苗木品种300余个，花卉品种150余个。全区注册林业龙头企业165家，农民专业合作社104家，年销售额1000万元以上的25家。

【2017全国普通高校招生咨询会暨首届泰山教育博览会】 6月26—27日，在泰山国际会展中心举行。由山东省教育学会主办，泰安市教育局、泰安传媒集团承办，泰安市招生考试中心、泰安时代展览工程有限公司、泰报教育咨询服务有限

公司执行，大安集团冠名，中国人寿保险有限公司泰安分公司特别支持，德欧国际教育协办。在传统高招会基础上首次升级成为2017全国普通高校招生咨询会暨首届泰山教育博览会，设置泰安教育成果展示区、高校招生咨询展区、留学教装生活服务等配套展区和配套活动区4个展区。复旦大学、北京师范大学、西北农林科技大学、南京航空航天大学等近200所高校参会。展会特设2000平方米泰安教育成果展示区，展示泰安市及各县（市、区）各级各类学校的教育发展成果、未来发展理念和目标规划。

9月6—8日，第二届泰山国际福祉暨康复设备博览会在泰山国际会展中心举行　　（张　通　摄）

【泰山老年健康产业博览会】 11月16—17日，在泰山国际会展中心举办。由山东省老年学学会主办，泰安市老龄工作委员会办公室与泰安日报社联合承办。旨在应对人口老龄化、推进养老服务业发展。来自全国近200余家行业主流产品企业展出产品400余种。展会面积1万平方米，分为中老年健康养生区、养老机构及服务展区、医疗器械及辅助设备展区、老年生活辅助用品展区和其他涉老企业相关产品展示区。

【“平安泰山”中国宝玉石文化展】 9月5—8日，在泰山国际会展中心举行。由中国珠宝玉石首饰行业协会、中国旅游协会旅游商品与装备分会、泰安市人民政府主办，泰安市旅游发展委员会、泰安市国有资产监督管理委员会、泰安市泰山玉产业发展管理中心承办，上海宝玉石行业协会、江苏省玉文化研究会、河南省珠宝玉石首饰行业协会、淮海玉雕联盟、泰一集团协办。展出的玉石种类包括和田玉、翡翠、玛瑙水晶、白玉、通天玉、阿拉善彩玉、灵璧石、寿山石等及各类珠宝产品。来自全国各地的知名工艺美术大师、玉雕大师展出个人近年来的玉雕精品作品，其中最经典的玉石雕刻名作单件价值1亿余元。中国工艺美术大师柳朝国、赵国安等艺术家精品作品在泰城首次展出。历届行业内国家级最高赛事（如天工奖、百花奖等）的金奖作品也进行了展出。展会展出的作品达200余件，珠宝玉石总价值10亿余元。

【第四届交通领域复合材料科技大会】 4月21—23日，在泰安宝盛大酒店举办。由中国复合材料学会主办，旨在落实中国科协“创新助力驱动工程”和“青年人才托举工程”实施，搭建交通运输“产、学、研、用”合作交流平台，促进先进复合材料先进成果转化，加强交通领域从原材料企业到整机企业的产业链合作，助力企业产业升级。会上，泰安中研复合材料产业技术研究院挂牌成立。泰安中研复合材料

6月26—27日，2017全国普通高校招生咨询会暨首届泰山教育博览会在泰山国际会展中心举行　　（张　通　摄）

产业技术研究院采用地方政府、龙头企业与权威性科技社团合作模式建设，建设主体为泰安中研复合材料科技有限公司，由中材科技股份有限公司、中国复合材料学会、泰安市人民政府共同出资设立，下设泰安中研复合材料产业技术研究院。

【中国植物病理学会2017年学术年会】 7月26日，在泰安市举行。由中国植物病理学会主办，山东农业大学植物保护学院、青岛农业大学植物医学学院、山东省农业科学院植物保护研究所、山东省植物保护总站、山东省植物病理学会、山东省科学技术协会承办。来自美国、加拿大、新加坡、南非和中国30个省（市）的200余所高等院校、科研院所、企业和技术推广单位的1600名代表参加，与会专家针对当前植物病理学的前沿问题和农业生产中遇到的植保难题进行研讨。年会介绍了国内植物病理学的最新研究进展。

【第九届全国微生物资源学术暨国家微生物资源共享服务平台运行服务研讨会】 9月21—25日，在泰安市召开。中国科学院院士邓子新、赵国屏，中国农科院农业资源与农业区划研究所副所长金轲，山东农业大学校长张宪省，山东微生物学会理事长陈冠军，泰安市副市长鞠向群等出席开幕式。来自全国各地的微生物学专家学者、科研人员以及生物产业界的企业代表420余人参加会议，共同探讨微生物资源领域的研究进展与发展趋势。

【中国教育装备产业发展与创新研讨会】 10月26日，在泰安市召开。由中国教育装备行业协会和泰安市人民政府共同举办。教育部关心下一代工作委员会常务副主任、中国教育装备行业协会会长王富，泰安市副市长、市安监局局长袁久党出席会议并致辞。会议由中国教育装备行业协会副会长兼秘书长夏国明主持。研讨会以“创新促进装备发展”为主题，围绕当前宏观经济形势走势和创新驱动发展战略等重大创新发展议题，邀请国内外知名经济研究专家、产业创新专家和企业家，围绕教育装备产业发展、创新等前沿热点话题进行深度解析、研讨、交流。

【2017（上海）泰安会展合作推介会】 12月1日，在上海举行。来自上海等长三角地区的60余家会展公司、行业协会，100余名会展精英齐聚上海，为泰安会展的发展建言献策。推介会分两个阶段，第一阶段播放泰安产业宣传片和泰安会展宣传片，并通过PPT的形式对泰安会展业进行重点推介；第二阶段主要进行主旨发言和互动交流，上海市会展行业协会秘书长季路德，上海国际展览中心有限公司副总经理刘丽瑛，浙江德纳展览有限公司副总经理黄彬，浙江外国语学院会展系主任、博士刘明广分别作《讲好泰山故事，发展泰安会展》《二三线城市会展场馆利用率提升的思考》《政府主导型会展发展的若干思考》《会展业发展中政府的角色和作用》四个主旨发言。各位嘉宾对泰安的会展发展献言献策，确立“会展＋旅游”发展模式，打响泰山品牌会展，打造泰安会展名城的城市品牌。推介会达成会展合作意向11个，其中当场完成2个展会项目的前期对接。（高炜武　赟）

编校　张云霞　　审稿　曹成义

建设·环保

城乡规划

【概况】 年末，市规划局有干部职工480人，其中国家注册规划师30人，具有中、高级专业技术任职资格人员占专业技术人员总数的60%。年内，局机关通过“省级文明单位”复审，被市委、市政府表彰为“市直2017年度经济社会发展综合考核先进单位”。

【规划编制】《泰安市城市总体规划(2011—2020年)(2017年修订)》获国务院正式批复实施。邀请同济大学、清华大学、中国城市规划设计研究院三支国内顶尖的规划团队分别开展泰安市空间发展战略研究工作；启动新一轮城市总体规划暨综合交通体系专项规划编制工作。海绵城市专项规划获市政府批复，组织编制地下空间、停车设施等专项规划。年内，编制并通过市政府审批控制性详细规划47项，规划面积644公顷。推进乡镇总体规划编制及修编，省庄镇总体规划获市政府批复，启动邱家店等乡镇总规修编，开展房村等乡镇总规编制。

【城市设计和城市双修】 结合新一轮总体规划编制，开展总体城市设计，组织编制古城区、高铁新区、旅游度假区、东南片区、高新技术起步区等重点地区的城市设计。推进城市双修，制定《泰安市生态修复、城市修补工作方案》和任务分解表，组织编制《泰安市老城区公共空间修补专项城市设计》。立足彰显生态、防洪截污、美观实用、延续历史文脉，推进明堂河、泮河等河流的水系景观规划设计。

【规划研究】 完成《青兰高速穿城段南北通道及高架桥设置规划研究》《京台高速增设泰安西北出口规划研究》等城市重大基础设施策划研究。完成城市交通环线研究，策划城市内环、中环、外环三条交通环线，确定线路走向、长度和串联区域。开展泰安传统建筑元素符号研究，加强对建筑设计方案的引导。

【规划管理】 严格执行建设项目规划建筑设计方案专家论证制度，依法依规开展项目审查。推进规划审批“放管服”工作，精简材料，提高效率。发挥职能作用，为中俄东线天然气长输管线、聊泰铁路、青兰高速公路（莱芜至泰安段）等国家重大基础设施项目以及博阳路改造拓宽、泰城西部热源选址等重点项目提供规划服务。年内，受理建设项目1060项，核发“一书三证”(建设用地规划许可证、建设工程规划许可证、乡村建设规划许可证和建设项目选址意见书）512件、规划条件78件，审查（批）意见通知书352件。

【规划监察】 推进全市治理违法建设行动，组织摸底、实施违法建设拆除任务批次公示制度，加大控新拆旧力度，健全政策体系，强化督导问责，全市违法建设摸底总量为9.48万处4242.3万平方米，治理9.61万处4307万平方米，治理完成率为98%。做好拆后土地综合利用，优先保证民生需求，增加绿地174万平方米，增加市民活动场所522个，增加停车位2.05万个。强化批后建设项目监管执法，对206个项目1288个建筑单体进行批后检查，立案查处项目53个，结案40个。

【招商引资项目建设】 占地368亩、概算投资60亿元的金融商务区项目完成固定资产投资7亿元。加大融资力度，到位资金10亿元。财源街中央商务区工程完成房屋征收2112处31.28万平方米，占总量的

4月6日，市委副书记、市长李希信（前排右二）到岱岳区调研重点项目建设和违法建设治理工作　　（朱新宇　摄）

99%，剩余33户个人房产均进入依法强制执行程序；开工回迁楼11栋，其中9栋封顶，回迁小学、幼儿园完工；中南财源门项目顺利推进，十二帝街完工，2栋住宅楼封顶。历史文化轴工程，完成房屋征收367处10.52万平方米，占总量的98.5%；已完成全部租赁户清退工作；剩余12户个人房产均已进入依法强制执行程序；岱北文化公园完成雕塑采购合同及两条道路工程招投标。完成山东农业大学新征10公顷（150亩）土地清点清表，建设用地实施方案获省人民政府批复。时代发展线工程，确定生态绿地项目规划方案；望岳西路二期南段已完成房屋拆除任务，建成通车。

【队伍建设】 牵头举办高规格城市规划专题辅导报告会，开阔全市各级领导干部的城市规划视野。做好援疆和包村工作，启动《岳普湖县县域城镇总体规划（2015—2025)》，开展城区控规编制。为池子崖社区棚户区改造规划和张桥村村庄规划编制提供技术支持；加强资金争取和筹措力度，为池子崖社区争取的民生项目扶持资金16万元、基层科普项目资金15万元、水利项目资金35万元，为张桥村争取水利资金10万元、道路建设资金10万元。　（韩长清）

·综　述·

【概况】 2017年，全市住房和城乡建设（简称住建）系统以推进新型城镇化建设为主线，以五大发展理念为指导，突出重点、改革创新、攻坚克难，完成各项工作目标和重点任务，住建事业保持平稳健康发展。市住建局被评为“档案工作科学化管理省级先进单位”“全市党的十九大安保维稳工作先进集体”“全市脱贫攻坚先进集体”“2017年度创建全国文明城市先进集体”“市直2017年度经济社会发展综合考核先进单位”，继续保持“省级文明单位”称号。泰安市被列入2017年山东省装配式建筑示范城市。

【依法行政】 研究制定《市住建局法治政府建设实施方案》和年度工作要点，组织建设行业法律法规培训考试，局系统领导干部、执法人员参学率、合格率均达100%。以落实“谁执法谁普法”责任制为抓手，精心培育“法治住建·和谐城乡”品牌，制定市住建局“七五”普法规划、落实“谁执法谁普法”责任制实施方案和年度普法工作计划，组建200人的普法志愿者服务队，编印发放《工程建设稽查执法典型案例解析》《七五普法知识问答》2000份。推进住建领域“放管服”改革，住建行政许可事项提速50%，取消下放行政权力10项，委托高新区行政权力261项。围绕建设项目办理，精简前置条件逾3成，申报材料压缩20%，其中对施工许可证前置审批减少50%，压缩办理时限24个工作日。制定《泰安市住房和城乡建设局推行行政执法“三项制度”工作实施方案》，建立健全行政执法公示制度、执法全过程记录制度、重大执法决定法制审核制度“三项制度”。推行“双随机一公开”（随机抽取检查对象，随机选派执法检查人员，抽查情况及查处结果及时向社会公开）监管，制定“双随机一公开”监管实施方案，全年通过“双随机”方式检查城区房屋建筑工程51项、单体123个，建筑面积325.9万平方米；检查县（市、区）项目14项、单体20个，建筑面积30.3万平方米；检查房地产开发企业60家；抽取89项单体工程开展实体质量“双随机”抽查。

【新型城镇化】《泰安市新型城镇化发展规划（2015—2020)》印发实施。《泰安市人口市民化规划》完成并通过省城镇化领导小组组织的专家评审。市委办公室、市政府办公室印发《关于加快推进农业转移人口市民化的实施意见》。全市常驻人口城镇化率达60.63%，比上年提高1.57个百分点，高于全省平均水平，在全省2016年新型城镇化综合考核中名列第四名。全市实现6.85万名农业转移人口市民化（外来务工人员4.59万人、就地转移人口2.26万人），10.38万名城中村城边村原有居民市民化，超额完成年度任务。做好对上争取工作，获得省级农业转移人口市民化奖励资金1.10亿元。肥城市被列为第二批省级新型城镇化综合试点县。泰安市被省政府确定为大城市试点，肥城市为中等城市试点，宁阳县为Ⅰ型小城市试点，肥城市石横镇为新生小城市试点，岱岳区满庄镇、宁阳县磁窑镇为重点示范镇。

【精准扶贫】 成立市住建局脱贫领导小组，将危房改造任务分解到各县（市、区），列入日标考核。加强工作调度和信息报送，印发《泰安市2015—2017年农村危房改造工作实施方案》，实行月报告、季督查，每季度末针对农村危房改造等行业扶贫工作，组织县（市、区）召开工作分析会，定期开展专项督查，及时了解工作进度，推进建设系统脱贫攻坚工作。全年完成农村危房改造建档立卡贫困户3147户。通过市扶贫办2017年度扶贫工作督查考核，被评为2017年全市脱贫攻坚先进集体。

【地下管廊和海绵城市建设】 年内，重点在泰安城区实施桃花源路海绵城市建设工程、梳洗河生态水系改造和提升工程、博城社区（C地块）海绵城市建设工程等海绵城市建设试点项目。年末，泰安城区实际形成海绵城市汇水面积33.7平方千米，全市累计形成海绵城市汇水面积41.29平方千米；全年获得专项奖励资金1344万元，累计获得5492万元。遵循“先规划、后建设”“先地下、后地上”的工作原则，推进地下综合管廊建设，至年底，全市已有的4个地下综合管廊工程全部竣工，累积形成地下管廊10.1千米。年内，获得省级奖补资金924万元，累计获得1244万元。

【建筑产业化】 4月，泰安市首个住宅产业化基地一期工程建成投产，投资4亿元，引进6条生产线，年生产装配式建筑构件120万～150万平方米。泰安市被列入2017年山东省装配式建筑示范城市，争取扶持资金1000万元；有4个项目列为示范项目，争取扶持资金400万元；1个产业化基地被评为示范基地，争取扶持资金100万元。明确应用装配式建筑技术项目8个、103.96万平方米。组建建筑产业化专家委员会，设主任委员1人、副主任委员1人、委员52人，对建筑产业化项目进行评审、确认。推进装配式建筑试点示范，鼓励棚户区改造、保障性住房、城中村改造、解决中小学大班额、幼儿园、医院、地下管廊等建设项目采用装配式技术建造，引领带动全市建筑产业化快速发展。开展装配式技术培训学习，做好人才储备。11月8日，市住建局组织部分施工企业、监理企业到湖南岳阳开展为期一周的装配式建筑实操技术培训。

【建设工地扬尘治理】 印发《泰安市建设工程施工现场扬尘防治导则（试行）》，将扬尘防治作为建筑市场执法检查的重要内容。成立房屋建筑施工等扬尘防治督查小组，通过封闭管理、车辆冲洗、场区硬化、覆网防尘、设置喷淋设施、视频监控、设立扬尘治理公示牌等措施，加大施工现场扬尘监管力度。全年检查泰城市区建筑工程182项、单体1015个，下达扬尘整改通知书225份，其中限期整改146份、停工整改79份，提出扬尘整治条数1054条。突出重点阶段扬尘防治，在房屋建筑工程基坑开挖阶段，发布《关于进一步加强房屋建筑基坑工程施工管理的通告》，严禁建设单位肢解发包，基坑开挖由总承包单位负责施工，施工现场必须达到6个100%标准要求后方可开工建设；在主体竣工后现场内专项配套工程施工阶段，印发《泰安市房屋建筑工程专项配套工程施工现场扬尘防治管理规定》，建立完善登记、考核、通报、惩戒四项制度，加强施工全过程扬尘污染防治的动态管理。建立微信通知机制，确保省、市有关要求和精神第一时间传达到位。配合做好国家环保督查工作，收集、补充、归档2013年以后召开涉及扬尘治理方面的会议、文件等档案资料。做好应急预警响应工作，10月19—23日，启动住建系统重污染天气橙色预警。

【铁路沿线综合整治】 全市涉及铁路沿线治理总里程438.35千米。自综合治理开始至2017年年底，全市累计投入资金近5723万元，拆除违法建设1.48万平方米，清理垃圾51.8万立方米，绿化面积95.46万平方米，完成楼体、房屋立面粉刷36.15万平方米，拆除各类违章标牌、宣传广告966块，铁路沿线环境“脏、乱、差”现象得到有效治理，环境面貌明显改善。铁路沿线累计梳理问题769项，完成整治

767项，整体完成率达99.7%。所有县（市、区）全部通过省级第一批验收，获得铁路沿线环境综合治理省级财政奖补资金100万元。

【房屋征收】 坚持依法征收、规范运作，保障市重点工程项目建设顺利进行。①拟定《泰安市国有土地上房屋征收与补偿办法》。先后赴省内外9个地市就管理体制、工作程序、补偿标准等40个课题进行实地调研考察，并组织调研座谈和专家座谈会，撰写《关于制定泰安市国有土地上房屋征收与补偿办法的调研报告》，草拟全市《房屋征收办法》，向相关部门单位征求意见建议，年底，按程序上报市政府审定。②全力保障市重点工程建设。参与万官大街东段、万官大街上跨京沪铁路立交桥等17个重点工程项目建设，全年完成23万平方米房屋征收任务。其中万官大街东段已实现全线贯通，环山路绿道完工通车，万官大街上跨京沪铁路立交桥如期腾空施工工作面，实现全线贯通。③推进房屋拆除和扬尘治理。结合中央环保督查迎检，做好房屋拆除安全和扬尘治理监管，对泰安城区各拆除工程加强督导整改。对存在安全隐患和扬尘治理不到位的23个施工现场，及时下达整改通知书88份，在期限内进行重点复查，最终达到合格，确保房屋拆除安全生产形势保持稳定和扬尘治理达标。④维护社会和谐稳定。妥善处理群众反映的热点难点问题，加强信息公开，及时回复便民服务电话。做好中共十九大期间安保维稳工作，排查不稳定因素4个，及时收集研判信访动态，逐案制定化解措施，没有出现越级访、集体访和非正常访案件，没有发生进京赴省上访案件。

【行业安全】 住建系统行业安全管理工作围绕安全生产控制指标，突出企业主体责任和部门监管责任到位，抓好建筑施工安全、市政施工安全、公用事业安全、城市安全，组织开展“大快严”“百日攻坚”“专项整治”等行动，严防较大及以上安全事故发生，全市房屋建筑和市政施工领域没有发生亡人生产安全事故，安全生产形势继续保持平稳态势。被省政府表彰为全省安全生产先进单位。全年全市召开安全生产工作会议13次，先后印发《关于切实加强房屋建筑工程安全生产管理的通知》《关于切实做好全国“两会”和春季开复工期间全市住建系统安全生产工作的通知》《关于认真做好国庆、中秋及“十九大”期间全市房屋建筑工程安全生产工作的通知》《全市房屋市政施工冬季安全生产集中整治工作方案》等安全生产文件。落实监管责任，全年组织安全生产大检查6次。其中，3月，开展全市住建系统2017年春季房屋建筑施工安全生产专项检查，对全市所有在建项目进行“双随机”监督检查，检查在建项目24个、单体66个，下达执法建议书10份，提出整改意见131条。从7月开始对住建系统全行业、全领域组织开展大检查，采用政府购买服务方式，聘请行业专家分3个检查组对泰安城区项目进行拉网式检查，对县（市、区）建筑工地开展检查督导，全市开展执法检查23次，排查施工现场260项，检查出重大安全隐患17项，责令停工工程38个，检查城区房屋建筑工程51项、单体123个，下达质量安全扬尘隐患整改通知书113份，提出整改意见659条，下达停工通知书8份，督导县（市、区）项目14项、单体20个，下达执法建议书7份，提出整改意见92条。10月，组织开展企业安全生产主体责任落实及企业安全生产条件动态考核检查，抽查企业29家，对8家安全生产条件主体责任落实不到位的责令立即整改，提出整改意见150条。12月，开展岁末年初安全生产集中整治，全市累计成立执法检查组21个，对15个单位实施行政处罚，罚款98万元。市住建局组成2个督查组对县（市、区）执法检查工作情况进行督导抽查，抽查建筑类企业16家，监理企业16家，施工现场16个，下达执法建议书7份，整改意见25条，对涉及重大安全问题的1个工程责令停工。全年检查市政工程、各类燃气站点等1045处，排查治理隐患3330项，落实整改资金4200万元。

【职工培训】 全年组织岗位培训考核2.32万人，其中建筑业岗位培训1.8万人（包括全市住建领域现场专业人员换证考核、安全三类人员培训、特种作业人员安全技术培训考核），住建行业岗位培训5200人（包括绿色建筑与建筑节能培训、新版《山东省工程消耗量定额》宣贯培训、监理员新训和继续教育、全市燃气从业人员继续教育考核、质检三员新训和继续教育、全市城市房屋安全管理培训、房地产开发企业销售人员培训、房地产中介机构从业人员培训、专业技术人员继续教育培训）。完成建设工程监理从业人员换发信息卡审核786人。完成2017年度全省二级建造师（泰安考区）执业资格考试组织工作，设置考点2处、考场349个，4266人参加考试。完成全市一级、二级建造师执业资格注册1500件，组织勘察设计工程师考试报名资格审验152人。

【城建档案】 至年底，城建档案馆馆藏档案11万卷，排架长度2200米，有录音录像带424盘、照片1652张。推进城建档案法规体系建设，开展建设工程和城建档案执法检查，严把工程建设报签和竣工关口，履行相关手续，形成“链条式”的工作模式，保证城建档案进馆率。严格落实建设工程档案“两书一证”制度，全年签订“山东省建设工程档案移交责任书”82份，签署“山东省建设工程档案预验收意见书”126份，发放“山东省建设工程档案合格证”82份。做好建设工程档案竣工验收工作，全年验收单体工程400个。加强地下管线工程档案归集管理工作，全年接收59项工程的地下管线档案。推进档案信息化建设，完成馆藏档案数字化二、三期工程，著录扫描档案3.5万卷、150万页；采购光盘式离线备份系统，为开展工程档案异地备份工作提供便利。组织开展全市城建档案管理工作年度考评工作。整理审核接收档案，接收工程档案1万卷、建设工程招标投标档案169卷、施工许可档案800卷，著录档案信息9000卷。

（李　燕　徐子琦）

7月21日，市政府副市长张红旗（前排左三）调研城市建设（李　燕　供）

·城市建设·

【泰安城区重点工程】 万官大街东段及上跨京沪铁路互通立交桥、佛光路、双龙路北段、东湖路东段、擂鼓石大街东段、环山路绿道等建设工程竣工，初步具备通车条件。迎春路南段、黄前西干渠路和学院路建设工程顺利推进。博阳路PPP项目选定社会资本方和施工方。拆除灵山大街与龙潭路交叉口商业综合楼、南湖大街占压道路综合楼等，解决多年拆迁老大难问题。维修整治灵山大街、南湖大街等道路9条，改造市民群众反映强烈的龙潭路火车站桥洞等易涝积水点21处。全面开展梳洗河生态水系改造工程，先后实施河道清淤、污水管线及水利工程建设、景观提升工程、引水进城工程，加强城市黑臭水体整治，在满足防洪要求的基础上将慢行交通、城市绿道、文化长廊与河流融为一体，打造“河在城中，城在河上”的自然生态文化廊道。

【城市供气】 年内，改造老旧管网30千米，全市天然气中高压管道达1500千米；新增天然气管道用户3.3万户，年消费天然气3.8亿立方米，增长20%，天然气化率、管道燃气气化率分别达99.7%、80%。实施天然气“上山下乡”燃气全覆盖工程，在确保泰安城区高效稳定供气的基础上，促进城乡燃气全覆盖。完善徂汶新区、滨河新区、高铁新区和旅游经济开发区等园区燃气设施任务及重点招商引资项目供气工作。实施清洁能源综合利用工程，落实“气代煤”工作，替代燃煤锅炉180蒸吨，减少粉尘排放20.58万千克、二氧化硫排放19.43万千克。建成和升级改造CNG、LNG加气站12处。

【城市供水】 年供水量3800万立方米，供水普及率98.5%。黄前水库至三合水厂输水管线工程建设完成建设工程规划许可证审批；徂汶净水厂工程完成水资源论证、可行性研究报告、规划选址论证等立项前筹备工作；建设旅游经济开发区供水增压站工程，提升了泰安城区西部供水能力。

【城市供热】 2017—2018年采暖期，集中供热入网面积达2800万平方米，实际供热面积1369.6万平方米，同时实现燃气锅炉、燃气壁挂炉和地源热泵、中水源热泵等清洁采暖供热1300万平方米，城区总供暖面积达4100万平方米，城市集中供热普及率为77%。投资3028万元建设完成2座国电联网网隔压换热站；投资1500万元对东区锅炉房进行电力增容及脱硫脱硝改造等工作，提升供热保障能力。推进西区热源建设，初步确定热源厂的选址，完成泰安供热专项规划和热电联产规划初稿。

【市政管理】 完成道路建设面积80万平方米。承建高铁新区开元路、新站路、横二路、万官大街一、三标段、徂汶新区环湖路、堤防路、唐訾路南延段等道路建设工程。其中，万官大街和花园路工程被评为“省市政工程安全文明工地”和“省市政金杯示范工程”。维修沥青路面2.47万平方米，维修道板1.25万平方米，整修沿石5500米、路障石227个。维修整治改造灵山大街、南湖大街、虎山路、擂鼓石大街、温泉路、岱宗大街、迎胜路、东岳大街、环山路道路9条，总投资2498万元，维修整治面积10.7万平方米。维修路灯3130盏次，新装路灯629基，维修砌筑检查井1094个，更换线缆1.00万米，敷设电缆3.02万米，擦拭路灯806盏次，巡修里程9万千米，照明率和设施完好率达98.5%。疏通清淤排水管道6.3千米，维修更换雨水篦子2000套，维修更换检查井盖500套，维修、新建检查井50座，整修水毁坍塌管沟170米，井口、雨水口清淤1800立方米。汛期出动应急防汛人员400人次，出动机械设备300台次，处理积水点50处。

【城市园林绿化】 年末，泰安市城区绿地率达39.6%，绿化覆盖率45.02%，人均公园绿地面积达22.25平方米，“春赏百花、夏亲绿荫、秋观色叶、冬看松竹”的多彩城市生态环境显现。深化绿化养管改革，重新划分养管区域，明确等级、责任包保、深度保洁、强化督导，落实全年苗木修剪、病虫害防治、浇水保洁等养管措施，加强做好养管巡查、督办和整改，做好金山、蒿里山山林防火，提升绿化养管效果和管理水平，保障城区绿化景观效果。依法依规做好占绿事项审批工作，认真查勘、限时办结，全程跟踪监督占绿事项的恢复，严厉查处毁绿占绿违法行为，最大限度保护绿化成果。开展《泰安市城市绿化条例》的立法修编。全年建设完成擂鼓石大街等3条路绿化提升收尾工程、万官大街绿化工程、泮河大街绿化工程等绿化项目，全年栽植各类乔灌木189.19万株、各类模纹花卉141.7万株、草坪地被48.37万平方米。花园路绿化工程被评为“中国景观园林优质金奖工程”，嘉和新城北区绿化工程荣获“2017年度全国优质工程”称号，擂鼓石大街绿化工程被评为“山东省绿化示范工程”。发挥园林科研的助力作用，抽调专业技术人员组成科研队伍，引种彩叶、阔叶乔木，梅花、海棠等观赏花木及常绿竹类计47个品种、1500株。开展园林植物病虫种类及重大有害生物防控技术研究，争取省及国家级课题研究项目，筛选申报应用型科研课题“泰安市彩叶树种引种筛选与应用”等5项，提高科研创新水平。机构设置取得突破，获批成立“泰安市园林科研中心”，明确职能和岗位，增设人事教育科、古树名木保护科。成功举办泰安市首届“多彩园林”摄影大赛，收到摄影作品2700幅，比赛获奖作品在市政大楼等处巡回展出，真实反映全市园林建设成就，擦亮泰安园林品牌。开展社会绿化，做好志愿服务，联合泰师附小、岱岳区实验中学等学校开展送绿植进校园，累计赠送各类绿植2万株。利用端午节、重阳节等传统节日，组织志愿者包粽子，进敬老院、智康学校慰问，弘扬传统美德，宣传爱绿护绿。组织开展2017年度市级“花园式单位”“花园式小区”评选。

【城市污水处理】 全年处理城市污水6345万吨，其中第一、第二、第四污水处理厂分别处理污水1279万吨、3751万吨、1315万吨，出水水质达到一级A排放标准，城市污水集中处理率96.5%。建立、健全污水处理厂监管制度和目标考核制度，制定保障城市污水处理厂正常运行的生产管理制度、安全生产制度、水质检验制度和安全运行应急预案。实现污水处理安全运行，各种设施设备运转正常，达标排放。参加省住建厅组织的山东省城镇供排水行业污水处理工职业技能大赛，荣获三等奖1项、优秀奖1项。加强中水回用工程建设，第一污水处理厂中水主要用于南湖、东湖公园、梳洗河、淙河等景观补充用水，全年供水46.5万吨；第二污水处理厂中水主要供给泰安国电项目使用，全年供水1483万吨；第四污水处理厂有3万吨/日规模的再生水处理能力，设施建设与四厂同步完成。推进污泥安全处置，加快污泥处理设施建设，选择适宜的污泥处理技术，实行污泥稳定化、无害化和资源化处理处置，全年处置污泥4.99万吨，其中第一、第二、第四污水处理厂分别处置污泥9400吨、3.29万吨、7600吨。整理出331家纳管企业清单，按照建筑、工业、餐饮、医疗四大行业发放办理排水许可证，对66家重点纳管企业印发《办理污水排入排水管网许可证通知》；对5家超标排放污水的单位下达整改通知，对54家重点纳管企业的排水水质进行不定期抽检，对14处重点管网水质进行多次不定抽检。对泰安城区河道管网及节点断点每周都进行巡查，发现问题及时解决，不能解决的及时汇报沟通协调。公开排水许可工作流程，全年办理污水申请排入排水管网44件，污水排入排水管网许可69件，城镇住宅小区内部排水与污水处理工程竣工验收50件，处置答复市政府便民服务电话11起。全年收取污水处理费6405万元，超出预算计划905万元。实施冯庄河段污水管网建设工程，于12月竣工验收，总投资6433万元，管网总长度9.5千米，敷设污水管径600～1000毫米，主要收集第三污水处理厂至第四污水处理厂冯庄河两侧污水。（李　燕　徐子璋）

·城市环境·

【城市管理】①城市执法。城区容貌整治：清理占道、店外经营1.98万处，乱堆乱放3100处，乱拉乱挂4200处，拆除乱搭乱建190处8000平方米。油烟噪声整治：推进油烟净化器和降噪隔音设施安装工作，查处治油烟噪声扰民行为。安装油烟净化器382户427台，查处各类油烟噪声扰民110处。建筑工地整治：查处建筑工地、市政道路、管网施工、装修垃圾等违法行为1000处，下达限改通知书430份，立案99件，结案122件。安装渣土运输车GPS定位装置356辆，加装渣土运输车平推式全密闭装置63辆。共享单车管理：设置摩拜共享单车投放区248处、ofo共享单车投放区148处，投放共享单车8000辆。便民农贸市场建设：拓建枣行便民农贸市场，建筑面积8000平方米，缓解周边居民买菜难问题。执法保障工作：完成央视春晚泰安分会场泰城夜景亮化项目建设，完成各类检查调研及重大节日保障工作160次。②城市管理。探索"网格+"管理模式，印发《关于推进城市"网格+"管理工作的实施意见》，构建"全市一张网、管理全覆盖、责任网格化"城市网格化管理新格局；完善督导考核机制，制定《城市管理工作督导实施细则》，明确督导范围、督导内容、督导方式、督导标准，推进城市管理精细化、长效化。推进"城管示范街"建设，选取东岳大街、泰山大街、擂鼓石大街开展"城市管理示范街"建设，引领泰城道路城市管理工作向示范街看齐。（郭洪省）

【环境卫生】①深度保洁作业。对市级管理的31条道路实施深度保洁作业，道路地面尘土每平方米不超过5克，可见垃圾停留时间不超过5分钟，深度保洁道路总长度达161.6千米，日洒水、机扫、冲刷作业时间累计达275小时。②垃圾清运处理。清运生活垃圾35万吨，增长27%；市区31条路机械化作业覆盖率达100%，机械化作业里程达70万千米，增长12.9%；城肥收处服务9800车。③生活垃圾分类。印发《泰安市垃圾分类实施方案》，编制分类设施配置导则，落实"2+2"分类措施，100个垃圾强制分类示范工程全面铺开，110座垃圾分类中转站全部规范运行，收运市民大件垃圾3600件。④环卫设施建设管理。建设厕站一体式公厕5座，采购移动压缩设备15套、果皮箱1000个。监管焚烧生活垃圾42.6万吨、处理餐厨垃圾4.1万吨。⑤环卫事件督导。查办处理环卫事件35万件，社会舆论表扬事件86件，发现报告各类城市管理事件61万件，协调处理各类求助投诉咨询3900件，办结率和群众满意率均达100%。⑥重点任务保障。制订工作保障方案，采购安置临时公厕60座，做好市政中心停车场开放应急公厕和环卫保障任务。⑦环卫宣传工作。各类媒体选用稿件120篇，编发泰安环卫信息39期，发布微信消息90条，协调30家企业单位开展各类公益活动，组织8批400名市民学生参观环卫知识市民课堂。⑧职工文化生活。先后开办文秘写作、摄影采风、消防安全等环卫工人学习论坛，举办第23届环卫工人节庆祝活动，组织开展职工文体活动、环境卫生知识竞赛和技能竞赛等活动。（刘淑锋）

【指挥调度】①数字化城市管理平台建设。按照住房和城乡建设部数

7月21日，泰安市住建局举行城市防汛演练　（李　燕　供）

字化城市管理平台建设、运行相关标准，明确管理责任，确保数字化城市管理平台高效运行。9月12日，市数字化城市管理平台顺利通过省住建厅城管局数字化城市管理验收专家组专家验收。②视频监控。建设完成视频监控子系统二期工程，新增110处监控点，扩大视频监控范围，利于快速发现和处理城市管理突发事项。③受理一体化平台建设。建成数字管理系统、网站、电话受理、电子邮箱、全民城管APP“五位一体”的综合集中受理平台，构建起高效便民的立体化系统,打造“数字城管+”服务品牌。④数据库建设。建立“三报一研判”制度，根据考核对象的各项指标形成日报、周研判、月通报，提供科学准确的城市管理工作数据。⑤城市精细化管理。将泰安城区核心区域划分为122个网格,通过“管E通”,对网格内市容市貌、环境卫生、市政设施、园林绿化等九大类145项城市管理事件进行采集、上报和核查。全年受理、转办城市管理事项61.43万件，转办率100%，立案率93.3%,核查率99.39%。⑥应急处置。完善突发案件应急方案，协调处置影响市民安全出行的道路破损、井盖缺失、自来水管爆裂、污水外溢等突发事件6875起。⑦便民服务。建立便民服务工作情况通报制度，落实24小时值班制度，处置市民投诉的环境保护、渣土遗撒、广告建设、夜间施工噪音扰民等热点、难点问题。⑧公众互动平台建设。在山东农业大学、泰山广场、东湖公园等区域设置宣传点，集中宣讲城市管理知识，拓展“全民城管APP”覆盖范围；在电视台开设“曝光台”，鼓励更多市民参与到城市管理；在路面塌陷、管道破裂等突发案件处置现场设置温馨提示牌230次，发放便民服务卡4800张，为市民解决各类城市管理问题2000件。（朱　玲）

【户外广告】 加强门头牌匾审批，做好资料审查和现场勘察，全年报批各类门头牌匾设置申请550份。加强户外广告管理，及时排除重大活动和恶劣天气户外广告设施安全隐患；对泰安城区范围内大型广告摸底排查，厘清产权关系和设置时限。设置全国文明城市创建公益广告6394处，其中大型单立柱25个、公交候车亭819块、落地灯箱776块、路名牌760个、护栏公益广告3046个、大型景观小品15个、小型景观小品881个、其他72个。开展落地式户外广告专项整治行动，拆除单立柱大型广告、落地灯箱等户外广告870个。（王荣芝）

·县乡建设·

【村镇建设概况】 全年实现村镇建设总投资127亿元。肥城市被住房和城乡建设部确定为全国第一批农村生活垃圾分类和资源化利用示范县（区、市），岱岳区满庄镇入选第二批全国特色小镇，东平县银山镇东平湖生态旅游小镇、新泰市石莱镇有机茶业小镇2个镇入选第二批省级特色小镇。全年完成农村危房改造3147户，全部为建档立卡贫困户；完成改厕33.16万户，超额完成年度任务，新泰市8月通过省级无害化卫生厕所全覆盖验收认定。全市62个建制镇中有59个建有污水处理设施，占全市建制镇的95%。乡镇污水处理项目在建及建成86个，正常运行项目77个，日处理能力22.4万吨；建有污水处理设施并正常运行的社区个数达282个，日处理能力5.4万吨，总配套管网长度达到982.5千米。西张庄镇供暖试点先行，已有1000户居民采用天然气壁挂炉取暖，2800户空调取暖，试点村清洁化取暖达50%。东平县接山镇朝阳庄村入选第四批中国传统村落，岱岳区祝阳镇东大官村、道朗镇东西门村，新泰市龙廷镇掌平洼村，东平县旧县乡浮粮店村入选第四批省级传统村落。肥城市潮泉镇柳沟村入选2017年“全国美丽宜居示范村”，新泰市羊流镇、肥城市汶阳镇2个镇被评为“省级宜居小镇”，岱岳区道朗镇里峪村、新泰市龙廷镇上豹峪村、肥城市边院镇小王村3个村被评为“省级宜居村庄”。

【泰山区城乡建设】 城市建设　2017年，泰山区承担博阳路、万官大街中段、万官大街上跨京沪铁路立交桥、佛光路、东湖路等14条城市道路拆迁征地和1条城市干道（万官大街中段）的建设任务。道路总长33.5千米，需拆除各类房屋1308处、64万平方米。年内，14条城市道路共拆除各类房屋建筑1260处、56万平方米，累计投入财政资金12亿元。全区棚户区改造项目共计2060套，开工2166套，开工率105%，基本建成率100%。

村镇建设　2017年，完成外来务工人员转移人口4290人，就地转移人口2364人，城中村、城边村转移人口2.57万人，完成“三个市民化”目标任务。对验收合格的70户危房改造户发放补助资金。农村改厕完成2289户，其中省庄镇改厕1280户、邱家店镇1009户。做好农村人居环境调查录入工作，对区划调整后的115个行政村的基本情况、基础设施、公共环境、建设管理、照片信息等指标进行调查，填写全国农村人居环境信息表。

住宅与房地产业 2017年，区属房地产开发业完成开发投入29.28亿元，销售面积86.09万平方米，销售收入32.61亿元，上缴税金4.68亿元。全年总施工面积317万平方米，其中新建商品房开工面积63.8万平方米。复审到期公共租赁住房材料1203份，清理公租房租赁户6户，便民回复70份。审核退役士兵公共租赁住房申请材料934套。发放住房货币补贴3248户、145.54万元，清理补贴户134户。办理二手房交易备案业务863件，租赁备案业务1738份，档案查封59宗，查询501宗，提档145件，咨询378次，处理房产登记行政案件6次。完成老旧小区改造工作任务。对全区69家到期房地产开发企业统一进行资质延续、注销及注销限售材料初审，严厉查处违规销售和违反基本建设程序的行为。全区太阳能光热一体化技术应用项目7个，新增太阳能光热一体化建筑30.5万平方米、绿色建筑项目26个，新增绿色建筑54万平方米。

建筑业 全区有建筑业企业123家，其中总承包企业62家、专业承包企业55家、施工劳务企业6家。严格执行新成立企业现场审核制度，对40家初次申请、增项、升级的资料进行核查上报，年内批准32家。全年累计监管房建工程157项、单体460个，面积450万平方米，新受理建筑施工安全监督备案工程48项、单体132个、面积124.6万平米，下达各类安全隐患整改通知书526份，其中停工整改通知书167份，提出隐患及整改意见3860条。累计监督工程177项，面积194.8万平方米。受理农民工上访投诉18起，涉及农民工138人，金额600万元。 （李　鑫）

【岱岳区城乡建设】

建筑业 全区建筑施工企业93家，其中施工总承包企业45家、专业承包企业41家、劳务分包企业7家。晋升资质企业2家，新培育建筑业企业11家，全区建筑业企业资质涵盖房屋建筑、市政公用、机电工程、石油化工、公路交通、电力工程、环保工程等行业建筑施工。全年实现税收2.053亿元。

房地产业 全区房地产开发企业53家，新培育房地产开发企业6家，一、二、三级房地产开发企业所占总数比重为13.2%。全年完成企业资质证书初审48家。房地产市场在建在售项目计47个，其中在泰安城区的项目44个、在外县市的项目3个。全年房地产新开工面积约41.14万平方米，完成开发投资额约35亿元，在建施工面积约523.76万平方米，竣工面积57.86万平方米。办理房地产开发经营权证12件。全年实现税收8.95亿元。

村镇建设 2017年，全区城镇建设总投资18亿元。满庄镇、大汶口镇、山口镇、范镇、祝阳镇、夏张镇、道朗镇等7个镇总体规划已通过市政府批复。农村新型社区建设57处，入住10万人。城中村和城边村人口市民化达1.178万人（上级下达任务1.037万人），超额完成任务量的14%。全区常住人口城镇化率达60.6%，提高1.6个百分点。新增和规划道路交通标线75千米，新增停车位3000处，新增、管理各类苗木、花卉40万棵（株），新增硬化道路36.8千米。做好农村危房改造工作，确定262户建档立卡贫困户，危房改造完成491户。完成无害化卫生厕所改造4.83万户，占年工作任务的158%。满庄镇被评为第二批“全国特色小镇”；祝阳镇东大官庄村、道朗镇东西门村被评为山东省第四批“传统村落”，道朗镇里峪村被评为山东省第四批“美丽宜居村庄”。

道路建设 推进学院路北段2016年市级重点工程项目建设进度。学院路北段（环山路—东岳大街），长1200米，红线30米，建设内容包括道路、雨水、污水、路灯、绿化及交通设施，工程总投资3000万元。将学院路南段、泮河东路、清华苑路、岳峰小学路、杏林路、20号路西延、规划路7条道路（总长度5.6千米）上报市政府，争取列入市政府重点道路工程建设项目。

行业管理 通过山东省建筑市

俯瞰全国特色小镇——满庄镇 （徐子璋　供）

场监管与诚信信息一体化平台，采用“互联网+政务服务”模式，在招标投标、质量安全报监、施工许可发放等环节，实行联席会审并联审批，提高行政审批效率。通过山东省建筑市场监管与诚信信息一体化平台办理建筑工程施工许可证49个，建筑总面积74.67万平方米，总造价8.82亿元。办理施工图审查项目32项，总面积165万平方米。完成招投标项目42项，中标总造价4.62亿元，办理直接发包备案项目39项，合同价4.77亿元。

施工质量与安全　全年监督工程710个，面积580万平方米，下达安全隐患整改和扬尘治理通知书782份、停工通知书151份，提出整改意见7130条，实现全年安全无事故发生。质量监督工程451个，建筑面积436万平方米，一次性验收合格率为100%。创建省级安全文明优良工地4个、省级安全文明小区1个、市级安全文明优良工地15个、市级安全文明小区1个。获得“山东省建筑工程优质结构杯奖”3项、“泰安市建设工程优质结构杯奖”30项、“泰安市建筑优良工程奖3项。

棚户区改造　2017年，对粥店街道、天平街道、满庄镇、山口镇4个镇街18个村进行棚改，集中安置在8个片区，安置套数为4415套，其中新城区2198套，总投资25.3亿元。至年底，全区棚改项目全部开工，争取中央、省级棚改补贴资金7614万元。

保障农民工合法权益　推进“一书两金一卡”和农民工工资月报制度，开展农民工工资专项检查，畅通农民工信访维权渠道，实行全员接访、包案处结、联席处置等制度。全年协调处理农民工工资投诉案件45起，清偿拖欠农民工工资1878.61万元，惠及民工1068人。

房屋征收与拆迁　参与高铁新区南片区、旅游开发区片区、财源街西段综合改造（中央商务区）、万官大街中段、青（岛）兰（州）高速、岱岳新城区等市、区重点项目的工作。对旅游开发区片区内的所有房屋进行丈量、摸底、拆除，累计丈量住宅8000户，丈量非住宅、违建1.40万户（处），累计拆除面积470万平方米。组织完成粥店街道堰东村、小堰堤村、六郎坟村、马湾社区、常家庄社区2000户、4000套的回迁楼房分配工作。完成青兰高速涉及的天平街道4个村29户宅基地的丈量拆除工作。完成天平街道棚改项目送驾庄村、井家庄村、西北村、天平村房屋丈量工作，累计丈量房屋1200户（处）房屋，面积26万平方米。　（冯　勇）

【新泰市城乡建设】城市建设　加快滨湖新区建设，完成片区策划方案和整体规划，6条主次干道基本达到通车条件。华华幼儿园、青云中学等重点项目投入使用。完成平阳路、借庄路、顺河西路人行道、垃圾运输通道等9条道路维修改造工程。加快推进重兴路、寨山路、富山路等7条道路绿化工程，实施10处街头绿地、道路节点、公园广场改造，对平阳河上4座桥体和河道墙体进行亮化。城市生活垃圾焚烧发电厂8月投入试运行，完成应急填埋区坝体抬高加固工程，炉渣综合利用厂完成车间主体工程建设，在新汶城区新建公厕3处，改建环保公厕1处，新增、维修、刷新垃圾桶、果皮箱360个。完成滨湖新区向阳路北延、寨山路、重兴路、榆山路所涉区域内住户的征迁工作，累计拆除房屋762户，清理障碍线路10千米。组建成立城乡建设发展有限公司，完成主营业务收入5.13亿元，实现资本保值增值率99.6%。组织上报农村改厕、危房改造和棚户区等改造项目，累计争取上级扶持资金1.45亿元，外资建设项目100万美元。协调农发行等金融机构，组织符合贷款条件的棚户区改造项目申请银行贷款，与农发行泰安市分行签订40亿元棚户区改造项目贷款战略合作协议。

城市管理　实施智慧城市试点建设，在城区19个区域226处、莲花山63处点位安装完成免费WiFi设施，实现城区公园广场、重点区域及莲花山景区免费WiFi全覆盖。全面升级扩容改造电子政务中心云平台，CPU核心数达760个、内存4928G、存储316.4T。完成中国人居环境奖创建指标情况的调查摸底，创建方案拟定及任务分解，完成创建纪实片的拍摄。完成海绵城市、综合管廊、人口市民化等专项规划的编制，制定并实施外来人口市民化政策。完成东周路、青云路、发展大道等10条道路的沥青灌缝工作，实施沥青灌缝6万米，撒布沥青磨耗层9600平方米；累计新装、维修各类路灯2767盏，提升城市照明效果。补植绿篱、花灌木、乔木、草花等84万株，治理裸露地面1.25万平方米，提升绿地景观。启动17条道路弱电入地工作，拆除废弃架空线缆160.5千米、线杆176个，敷设弱电管道23.5千米、线缆74.5千米。

村镇建设　委托上海雅克设计院编制新泰市人口市民化规划，年内完成初稿编制。加强铁路沿线环境综合整治，整改清单问题和自查问题200条。小城镇建设，20个乡镇（街道）新增硬化道路长度123千米，栽植苗木102万株，新建休闲广场54处，新建污水管网24千米。石莱镇被列为全省第二批特色小镇，羊流镇被列为全省第四批美丽宜居乡镇，龙廷镇上豹峪村、掌平洼村分别被评为全省第四批美丽宜居村庄、第四批传统村落。完成农村无害化卫生厕所改造10.14万户，新建农村新型社区污水处理设施10个，敷设乡镇污水管网10千米，建立运行监管平台，实现对40个农村新型社区污水处理运行情况实时在线监管。农村危房改造确定实施建档立卡贫困户危房改造工程813户。

房地产业　落实棚户区改造项目13个3156套，年内全部开工建设，开工率达100%。加强廉租房及经济适用房管理，受理退役士兵住房保障申请报名2063户，91户交款进入摇号分房准备阶段，对符合条件的121户低收入住房困难家庭发放租赁补贴18.66万元。推进向阳小区机关宿舍等4个老旧小区整治改造，完成水、暖管网改造。全年办理各类房产管理业务1.8万件。对56家房地产开发企业开展打击囤房炒房等违法违规行为专项检查，下达整改通知书27份，移交执法局处理案件3件。全年发放经营权证15件，面积46.14万平方米。

建筑业　年内完成建筑业产值59亿元，上缴税金2.28亿元。加强建筑工程安全管理，检查建筑业企业94家、在建项目83项、单体工程215项，检测建筑起重机械142台，累计发现各类问题311个，下达责令停止违法行为通知书238份、隐患整改通知书174份，责令返工21起，停工整改项目22个。开展农民工工资支付专项检查2次，调处上访讨薪35起，金额1643.2万元，惠及农民工1077人次。开展工程质量提升三年行动，建立“质量责任信息档案”，巡查221项次，下发整改通知书61份，处理企业不良行为记录4项。完成建筑业企业诚信信息平台系统开发并投入使用，完成人员、企业、工程“三大库”基本数据的收集，共录入企业62家，人员3210人，发布3批次建筑业企业“红黑榜”，7家企业上红榜，2家企业上黑榜。加强施工现场管理，督促施工企业对33处建筑工地裸露土地进行绿化覆盖；加强扬尘治理，督促施工现场扬尘治理，下达扬尘治理整改通知书64份，停工整改建筑工地40处次。

（李英玉）

【肥城市城乡建设】精品城市建设　基础设施方面，新建向阳西街、龙山南路、龙山中路东延等道路2.7千米，改造市场街、新城路（人防段）1.1千米；维修城市主次干道3.2万平方米、人行道板2.3万平方米、路沿石5600米，安装交通信号灯5组；设置城市道路交通标示线7万平方米，划定停车位5000个。维修改造城区路灯3000盏，新装路灯140盏，更换电缆8200米。新建、改造污水管网1000米，疏通管线1万米；疏通雨水管线1300米，清淤5000个雨水井。园林绿化方面，完成孙牛路两侧河道治理工程，栽植水生植物2万株，康王河上游鸡山桥段水系生态治理完成清淤；城区补植各类乔灌木30万株，绿化裸露土地4万平方米，维修公园广场铺装5500平方米、花坛石4600米。治理违法建设方面，做好向阳街以东和高新区违法建设治理行动，向阳街以东拆除违建278处8.53万平方米、高新区拆除322处8.36万平方米。

城市承载能力建设　新建、改造换热站16个，铺设主次管网近6千米，新增供热面积300万平方米。完成康龙污水处理厂扩能项目建设，通水试运行。全年征收污水处理费1564万元，增长6%。康龙、康汇污水处理厂累计处理2356万立方米，安全处置污泥4157万吨。改造供水管网约3.3千米；搭建在线水质监测平台，成功组建肥城水务集团。对全市46个小区进行供热建筑改造，分户改造4500户，改造面积120万平方米；完成明桂花园小区、傲饰集团宿舍等8个小区3000户改造。

镇村人居环境建设　分两批完成849户建档立卡贫困户危房改造工作。全面铺开农村厕所无害化改造，全年改造完成5.78万户，完成年度任务的207%。实施城乡环卫一体化，推进各镇街环卫市场化托管工作，9个镇街与中国节能环保集团签订托管协议。肥城市被确定为全国农村生活垃圾分类和资源化利用示范县。对44处农村小型污水处理设施运行情况进行集中整治，确保正常运行。全市累计铺设各级天然气管网85千米，天然气用户新增1.2万户，全市燃气用户达19万户，全年用气量超过9000万立方米。潮泉镇柳沟村被评为2017年全国改善农村人居环境示范村；汶阳镇和边院镇小王村分别获得省级第四批“宜居小镇”“宜居村庄”称号。

质量安全监管　全年对建筑施工、燃气、供热、供水、排水、防火等重点领域开展安全生产大检查活动6次，排查各类安全生产隐患661处，全部整改完成，查处无证经营瓶装液化气站5起，取缔3处。累计办理安全报监工程116项、单体工程356个，下发隐患通知书334份，整改项3160条。荣获山东省建筑施工安全文明工地（示范及优良）称号2项、泰安市建筑施工安全文明工地称号12项。全年办理监督注册手续工程372项，面积140万平方米；竣工工程145项，竣工面积96万平方米，工程竣工验收合格率99.3%。获“省优质结构杯”工程3项、“泰山杯”工程2项、泰安市优质结构工程11项、泰安市优良工程7项。

审批服务　全年办理各类审批服务事项1631件；收取各项规费1.43亿元，增长58%；完成招标工程29项，工程总价4000万元；实施竣工综合验收备案制度，审批备案项目61个，建筑面积255万平方米，竣工综合验收备案项目19个，建筑面积89万平方米。

绿色节能　全年办理节能审查备案67项，面积130万平方米；办理监督检查验收36项，面积63万平方米；返还新型墙体材料专项基金385万元。上海华府一期工程项目获得二星级绿色建筑设计标识。全市39家企业获得省住建厅节能认定。（孙海鹏）

【宁阳县城乡建设】城市建设　2017年，确定道路类、绿化类、水系治理等八大类34项城建重点项目，总投资101.9亿元，财政直接投资2.33亿元。新建续建道路6千米，总投资1.19亿元，涉及宁阳大道中段、清风路南延、金阳大街东延、文成路南段、兴隆街西段等。重点对北桥街、长寿路、欣街西延、东西街、富源巷道路等老旧路段进行升级改造，总长2.4千米。完成兴隆街西段、禹王大道绿化景观提升、寻桂园等道路节点绿化工程，对海力大道、七贤路、杏岗路、北关路、复圣大街、建设路等主次干道绿化带景观进行提升。完成新时代广场对面、原佳美洗车处等8处绿地建设。

村镇建设　2017年，完成农村危房改造任务325户，落实各级财政补助资金461万元。全年改厕任务4.13万户，实际完成4.34万户，完成率105%。1月，宁阳县列入全省I型小城市试点名单，磁窑镇被列为全省重点示范镇。累计投入303万元，完成县域内铁路沿线环境综合治理工作，累计拆除违法废弃建筑3300平方米，清运各类垃圾4.10万立方米。8月10日，山东省建设发展研究院作为第三方，对宁阳县铁路沿线环境综合治理进行省级抽验，验收通过。

城中村改造　2017年，累计启动13个村（居）城中村改造，拆迁3758户，拆迁房屋面积121万平方米，腾空土地119.47公顷（1792亩），开工回迁楼151栋，建筑面积82万平方米，竣工132栋，建筑面积71万平方米，完成总任务的90%。

城市管理　制定《宁阳县基础设施养护条例》，由集中整治转向长效管理，成立基础设施巡查办公室。根据县公益性岗位招聘，成立市政巡查队，配置巡查人员16人、巡查车4辆，对城区主干道路的路面、路沿石、护栏、人行道、井盖等设施每天进行日常巡查，发现问题及时给其产权单位下达整治任务督办单。全年修补路面600处，修复基础设施1700处。投资960万元，完成欣街西段、文庙东路中段和北桥街整体改造工程。投资1000万元，对城区20条道路70千米道路基础设施进行维修养护。

城市环境　取消城区58个地埋式垃圾箱，新建垃圾压缩站13座，建设压缩站站房，增设喷淋除臭设备。配套新建新式公厕5座，升级改造城区公厕39座，增加移动公厕2座，安装公厕导示牌100个。安装、更换果皮箱900个，免费发放给沿街门店垃圾桶500个、小垃圾桶3000个。栽植美国红枫、法桐、国槐、白蜡等乔木2万株，小龙柏、紫叶小檗（又称红叶小檗）、扶芳藤等地被植物100万株，草坪3万平方米。全年出动维修车辆900车次，维修、更换路灯、景观灯、投光灯3800盏，更换景观灯带500米；新敷设、更换电缆1300米；维修路灯（景观灯）3800盏。

市政公用事业管理　2017年，新建污水主管网总长度4.99千米，改造老城区雨污合流制管网总长度7.42千米，基本达到雨污分流要求。推进“气化宁阳”工程向乡镇驻地和农村社区延伸，铺设高压管网15千米、次高压72千米、中压185千米，居民用户发展3.2万户，商业用户151户，年用气量达4800万立方米。全年供水量600万立方米，总耗电量616.53万千瓦时。推进集中供热，提高普及率，完成铺设供热管网3630米，新增城区供热面积40万平方米。

建筑业　2017年，新办理建筑工程质量监督注册手续126个，建筑面积74.36万平方米；竣工工程52项，竣工面积20万平方米；备案工程38项，面积20.76万平方米。全年开展综合执法检查3次，检查在建项目51个，下发安全隐患整改通知38份，停工整改13份。加强建筑市场管理，全年对未办施工许可擅自施工的单位下达停工通知66份、行政处罚7份。收缴建筑企业养老保障金1218万元，拨付建筑企业养老保障金493.8万元。

房地产管理　2017年，棚户区改造任务1683套，总投资3.61亿元，开工建设1224套，完成投资2亿元，总建筑面积达14万平方米，基本建成1179套，争取上级各类补助资金5669万元。审核退役士兵家庭住房保障申请222户，符合条件的174户，其中申请经济适用住房140户，申请租赁住房补贴34户。实施老旧小区整治改造项目3个，总建筑面积14.4万平方米。

（杜　鹏）

【东平县城乡建设】 重点建设工程 ①白佛山景区建设。投资5.5亿元，建设完成祇园精舍、缘起楼、三面观音东西配殿、南大门、文昌阁、天趣园、真趣园等重点景观；完成大雄宝殿、天王殿内外装饰及22座佛像的彩绘；建成面积达1300平方米的法物流通处；园中园项目仿古建筑的挂瓦工程完工；舍利宫项目基础施工进展顺利，浇筑柱基100根；完成隋代大佛处的危岩加固；栽植白皮松2000颗、木槿1500颗、石楠树6000棵，铺装草坪1.2万平方米。②青峰山实验学校建设。建筑面积达2.6万平方米的青峰山实验学校小学部、初中部、综合实验及行政办公楼、风雨操场及餐厅、学生公寓楼等主要建筑已完工，进入装饰装修收尾阶段。初中部、小学部两个操场完成看台主体施工，垒砌校园围墙750米。③园林绿化。投资2100万元，改造提升绿地面积60万平方米。累计完成30项规划设计方案；对11条主次干道的绿化带补植苗木110万株；在城区主次干道以及林荫停车场、公园等绿地栽植应季花卉和多年生花卉50万株；铺设休闲广场约1300平方米，铺装透水砖7000平方米；龙王潭水系公园铺设草坪5000平方米，龙王湾铺设广场道路1200平方米。整治城区裸露地面10万平方米，“三季有花，四季常绿”的生态景观效果得到完善。

为民实事办理 完成农村危房改造503户，惠及农村困难群众1000人。在全县14个乡镇（街道）普及无害化卫生厕所，改造完成4.80万户，超额完成4.67万户的改厕任务。受理解决拖欠农民工工资案件39起，涉及金额377.1万元。

小城镇建设 开展建筑工程监督检查88次，下达质量安全监督意见书45份，提出整改意见211条；完成施工图纸审查107.44万平方米。老湖水浒影视小镇成功入选首批省级特色小镇，银山镇滨湖休闲健康小镇入选第二批省级特色小镇。旧县乡浮粮店村成功入选第四批省级传统村落，全县省级传统村落增至11个，总量位居全市第一；接山镇朝阳庄村成功入选第四批中国传统村落。

建筑业管理 2017年，新建工程108项，建筑面积350万平方米，仅县内建筑业产值达19.8亿元。核发建筑工程施工许可证100项，建筑面积311.71万平方米；办理竣工验收备案手续29项，建筑面积16.5万平方米。完成施工图纸审查面积达到197.79万平方米。全年累计检查建筑施工现场152个，排查隐患2600条，封停存在较大安全隐患的起重机械43台。1家企业实现资质升级，新注册8家企业，4家企业完成资质增项。县城规划区新建建筑全部执行绿色建筑设计标准，二星级绿色建筑项目5个，建筑面积0.97万平方米，一星级绿色建筑项目13个，建筑面积72.11万平方米；推广太阳能光热一体化技术应用建筑面积13万平方米。

（朱　超）

【高新区城乡建设】 城市建设 做好省级绿色生态示范城区建设，2015年启动后，突出抓好绿色规划、绿色市政、绿色交通、绿色能源，共通过绿色建筑评价标识项目11个，总建筑面积126万平方米，区内居住建筑采用太阳能光热一体化技术，全区排水系统均实现雨污分流，所有公交线路运营车辆全部为新能源公交车，示范城区绿化覆盖率达37.3%，各类垃圾资源化利用率达100%，各项绿色城区评价指标均达到省级要求。12月26日，省住建厅专家组对创建绿色生态示范城区进行验收，获得通过。全年办理建设工程质量监督、安全监督手续项目12个，单体工程76个，建筑面积95万平方米。开展劳务用工管理专项检查，涉及35个在建项目、劳务分包单位21家、专业分包单位43家、农民工2707人，发现劳务用工方面的问题303条。2017年，各乡镇农村危房改造计划141户，开工建设36户，其中已竣工17户。

市政工作 正阳门大街下穿京沪铁路立交桥工程，完成胜利渠框架桥主体及下穿京沪铁路主体框顶进施工，正阳门大街引道、辅路工程及地下管线迁改完成施工招标。完成泺亭西路施工，新增道路长度1050米。完成泺亨规划一、二路施工，新增道路长度1200米，雨水2285米，污水1040米。完成泰邦生物项目雨污水工程，敷设污水管线1800米，敷设雨水管线765米。

房地产开发 至年末，高新区有房地产开发企业17家，其中三级资质企业2家、四级资质企业3家、暂定资质企业9家、限定经营3家。房地产开发楼盘有20个，规划建设总面积828.66万平方米（含商务中心区117.46万平方米），其中已建成交付使用156.93万平方米，已规划未建设500.87万平方米。2017年度在建面积170.86万平方米，全年房地产开发建设完成投资3.77亿元。

棚户区建设 2017年，新开工高铁三期回迁社区，建设高层回迁住宅5栋，总建筑面积10.9万平方米，建设回迁住宅792套，项目主体施工已完成。龙泉社区回迁楼续建工程（A区9栋），建设9栋多层回迁住宅，总建筑面积约3.4万平方米，建设回迁住宅408套。水泉回迁楼一期工程，建设11栋高层回迁住宅，一座配套公建，总建筑面积约19.96万平方米，建设回迁住宅1584套，能安置村民792户，项目总投资约5.1亿元。水泉回迁楼二期工程，建设9栋高层回迁住宅，一座配套公建，总建筑面积约20万平方米，建设回迁住宅1560套，能安置村民780户，项目总投资约5.4亿元。水泉回迁楼三期工程，建设4栋高层回迁住宅，一座配套公建，总建筑面积约9.5万平方米，建设回迁住宅720套，能安置村民360户，项目总投资约2.6亿元。龙泉D区三期回迁社区，建设10栋高层回迁住宅，2栋配套公建，总建筑面积约17.2万平方米，建设回迁住宅1224套，能安置村民612户，项目总投资5.2亿元。龙泉B区续建工程，建设16栋高层回迁住宅，总建筑面积约27万平方米，建设回迁住宅2040套，能安置村民1020户，项目总投资约6.9亿元。（宁方超）

【概况】 全年全市建筑业完成总产值710.97亿元，实现增加值209.2亿元，实缴税金36.5亿元，企业利润总额34.7亿元，分别增长36.07%、73.35%、128.7%、23.8%，出国、出省施工产值326.5亿元。10项工程获得山东省建筑工程“泰山杯”奖，20项工程获得山东省建筑工程优质结构工程奖。3个小区获得省级安全文明小区，6个施工现场获得省级安全文明标准化示范工地，19个施工现场获得省级安全文明标准化优良工地。

【勘察设计管理】 全市有一类、二类施工图审查机构各1家，勘察设计单位63家，其中甲级资质单位14家、乙级资质单位28家、丙级资质单位18家、劳务资质3家。山东泰开环保科技有限公司环境工程（大气污染防治工程）专项甲级资质获住房和城乡建设部审批通过，山东国瑞消防科技有限公司建筑智能化专项乙级资质获省厅审批通过。加强勘察设计行业监管，10月中旬，开展全市勘察设计与抗震设防专项执法检查活动，检查44家企业，70%的企业达到合格以上标准，其他均在基本合格范围以内；抽查公建、住宅、工业类项目27项，市政项目5项，均达到检查要求，其中17项医院、学校、幼儿园项目均通过抗震专项审查，未发现违反强制性标准行为。强化抗震专项审查，施工图审查均按照不低于新区划图确定的抗震设防要求严格把关，全年审查125项。加强学习交流，举办“泰安市绿色建筑交流会”“城市地下空间开发与利用”“清洁能源应用技术”专题论坛、营改增应对方案研讨会等活动，开展泰安市优秀工程勘察设计成果竞赛活动，向省住建厅推荐的6部作品中，有3部作品获得省级奖项。

【建筑市场秩序】 印发《关于优化项目审批提高工作效率的通知》，将申报施工许可的材料减少至9项，审批时限压缩至1个工作日；全年发放施工许可证614个，建筑面积1317.9万平方米，工程造价220亿元。运用全省建筑市场一体化平台系统，将企业入省、入泰安备案制改为网上信息登记制，实行业务办理“零跑腿”服务，材料网上传输，网上审核，全年办理电子化登记建筑业企1123家，工程项目2022个。加强建筑市场信用体系建设，对泰安城区区域内从事建筑经营活动的建设（开发）单位、建筑施工企业和监理企业在工程质量安全、施工现场扬尘污染防治、农民工管理和工资发放等方面的违法违规行为分别进行记分量化考核，考核结果及时上网公开并记入企业信用档案与招投标挂钩，实现建筑市场和施工现场管理的联动。开展建筑领域农民工工资清欠专项整治工作，防范拖欠工资问题的发生。全年受理拖欠工资投诉168起，涉及民工3908人，追回拖欠工资6232万元，返还劳务工资保证金34个项目8106.6万元。泰安城区在建项目182个、单体1015个，建设规模959.78万平方米，工程造价177.59亿元，全年累计下达“责令限期改正通知书”21份、“责令停止违法行为通知书”107份、“安全隐患整改通知单”208份，其中“停工通知”50份，提出整改意见1043条；追缴各项规费4.57亿元，其中养老保障金1.17亿万元、综合配套费3.4亿元。全面整治施工现场围挡，泰安城区新增和更换公益广告围挡906块，公益广告面积达3.27万平方米。

【建筑工程质量】 制定《泰安市住建系统工程质量安全治理提升三年行动实施方案》，自6月全面启动工程质量安全治理提升三年行动。5月11日，组织召开全市建筑工程质量安全工作推进会。采取“双随机”检查方式，对全市在建工程开展混凝土强度、钢筋保护层厚度专项实体质量抽查。印发《关于在建筑工程中统一使用预拌砂浆的通知》，规定泰安市区及高新区、各县(市、区)建成区分别自7月1日、2018年1月1日起新开建筑工程施工现场全面禁止搅拌砂浆。印发《关于开展2017年全市建筑工程质量安全及建筑市场综合执法检查的通知》，对泰安城区所有在建项目进行拉网式大检查。全年受理新注册监督工程547项，建筑面积543.81万平方米，泰安城区内工程质量监督覆盖率100%，建筑工程竣工验收合格率100%。办理竣工验收备案工程610项，备案资料合格率100%。受理质量投诉118起，办结118起，办结率100%，投诉回访满意度98.3%。11月，泰安市建设工程质量监督站作为全省六家代表单位之一参加住房和城乡建设部工程质量工作调研座谈会并发言，建设工程质量监督的“泰安模式”备受关注。检测中心全年承接检测业务6.98万组，出具检测试验报告8.03万份，收取检测试验费用1834万元。检验项目增加到434个，检测参数增加到3100个，成为全省17个地市中具备项目参数能力最多的市级建设工程质量检验检测机构。落实检测机构现场及专项检测合同登记制度，全市有10家地基检测机构、4家防雷检测机构、4家智能化检测机构和180个工程进行合同登记。全年监督市政工程15项，其中道路工程8项、桥梁工程4项、河道工程2项、堤防工程1项。

【建筑工程招标投标管理】 全年泰安城区招标备案、非国有投资合同备案工程项目216项，划分为279个标段，总合同价80.42亿元，其中房建工程项目72.37亿元、监理项目0.79亿元、市政工程及其他项目7.26亿元，房建工程总建筑面积389.69万平方米。完成招标工程项目123项，划分为167个标段，总招标控制价54.51亿元，总中标价49.69亿元；通过招标降低工程造价4.82亿元，下浮率8.84%，其中房建工程项目41.83亿元、监理项目0.59万元、市政工程及其他项目7.26亿元，房建工程总建筑面积194.16万平方米。完成非国有投资工程项目合同备案90项，划分为112个合同段，总合同价30.74亿元，其中房建工程项目30.54亿元、监理项目0.20亿元，房建工程总建筑面积195.53万平方米。深化“放管服”改革，全面梳理权力清单，取消权力清单2项，合并权力清单2项。加强工程招标备案、招标文件审查、开（评）标活动、合同备案等关键环节的监督，探索招投标活动事中事后监管措施，深化非国有投资项目合同备案制度，加大投诉举报案件查处力度，严厉打击弄虚作假、借证挂靠、围标串标等违法违规行为。建立重点工程项目“绿色通道”，完成徂汶景区、高铁旅游度假区、“大班额”项目、泰汶文化经济旅游带等重点项目。开展招标文件编制规范整顿活动，组织召开招标文件编制专题座谈会，听取各方招投标主体建议，研究沟通招标文件编制活动中的疑点难点问题，规范招标文件编制行为，提高招标文件编制质量；总结在异议、举报投诉处理中发现的问题，征求相关主体的意见建议，对施工、监理招标文件范本进行逐条梳理和调整，促进招投标活动的公平、公正。加强评标专家队伍建设，协助省住建厅组织开展2017年度建设工程专家资格延续考试工作，全市142名评标专家通过资格复审。贯彻落实评标专家评标行为考核记分制度，建立评标专家优胜劣汰机制，对在“徂徕山汶河景区棚户区改造项目A地块工程投诉案件”中7名评标专家因评标错误进行考核计分

3月21日，泰安市首个装配式住宅建筑企业——泰安市联强远大住宅有限公司车间 （徐子瑋　供）

并暂停评标资格。强化投诉举报案件处理，全市各级督办、调查处理徂汶景区棚改项目、时代发展线生态绿地项目等质疑、投诉案件4起，督导评标委员会复核4次，组织评标结论评审1次，接访检举人来电、来信7次，维护招投标当事人的合法权益，促进招投标市场的和谐稳定。

【工程建设标准造价管理】 做好新版《山东省建设工程消耗量定额》及相关计价规则的宣贯培训工作，组织建设、施工、造价咨询等30家单位，120人次专业人员参加交底培训。审查工程招标控制价，全年审查大型工程89个。分别于3月、6月、9月、12月发布全市人工成本和建筑材料价格信息，涉及人工成本信息21种、建材价格信息1650种。编辑发行《工程造价信息》4期6000册。做好对工程造价从业人员各类注册申请材料的审查工作，确保人员管理工作的公正性、准确性。加强工程计价依据的日常管理，通过现场解答及电话咨询等方式解答工程计价依据在使用上的疑难问题，加强工程造价纠纷调解，维护工程计价依据的合理使用。完成非国有资金投资项目合同价备案54个，建筑面积186.86万平方米，涉及工程合同造价29.2亿元。组织工程造价行业职工泰安赛区职业技能大赛。

【建设领域节能减排】 全面执行居住建筑节能75%、公共建筑节能65%设计标准，推行建筑节能全过程闭合式管理模式，全市新建建筑节能强制性标准执行率，设计阶段和施工阶段均达100%。新泰市张庄社区幼儿园获得山东省被动超低能耗建筑示范工程。全年全市新增绿色建筑面积300.81万平方米，新增绿色建筑评价标识项目19个，建筑面积230.17万平方米，其中二星级以上绿色建筑标识面积141.38万平方米，累计有37个项目获得绿色建筑评价标识。通过政府采购服务的方式，聘请中国建筑科学研究院编制《泰安市绿色建筑和建筑节能发展专项规划（2017—2020）》，11月上旬通过专家评审并实施。泰安市获省级建筑垃圾资源化利用城市、装配式建筑示范城市称号。全年完成既有居住建筑供热计量节能改造面积20万平方米，完成公共建筑节能改造面积6.78万平方米，聘请山东永恒电子有限公司负责对全市建筑节能监测数据中心及子系统进行管理。全面执行100米以下居住建筑和集中供应热水的建筑太阳能一体化设计、施工和验收，全年新增太阳能光热一体化建筑279万平方米。

（李　燕　徐子璋）

【概况】 2017年，全市房产管理工作突出棚户区改造、老旧小区改造、社区物业管理三项工作重点，深化实施“放管服”、房地产供给侧和住房制度三项改革，加强和改进房地产市场分类调控，保持住房保障和商品房两大体系有机融合，房地产市场持续健康发展。年内，市房管局被评为“省级文明单位”“全省网络安全保护工作先进集体”。

【住房保障】 全市改造棚改项目93个、3.4万套，开工率100%；基本建成1.31万套，基本建成率112%。公共租赁住房基本建成285套，完成率100%。新增城镇住房保障家庭租赁补贴1019户，完成率5095%。2013年年底前，政府投资公租房开工建设7999套，分配率100%。2014年，政府投资公租房开工建设840套，分配率100%。年内，组织1049户申请家庭进行选房，完成第九批保障房3433户家庭的分配工作，分配高铁新区A区公租房小区868个储藏室。组织退役士兵住房保障工作，对符合条件的1443户家庭进行公示。入户普查各类保障房5310户，取消214户家庭住房保障资格，确保公共资源公平善用。

【老旧小区改造】 加强老旧住宅小区整治改造工作组织领导体系，形成“市级指导、区级负责、街道主抓、社区组织”的工作格局。按照“一区一策”原则，分类制定改造方案，提高改造效率，落实保障措施，实现长效管理。加强绩效考核评价，按季度印发工作通报，年内组织各级现场督查活动6次。计划开工的28个项目、143万平方米全部开工，其中完工项目14个、60.6万平方米。

【房屋交易和产籍管理】 完成存量房合同网签备案、抵押备案3万份，整理楼盘表900个。接收各类房产档案资料2.76万份，其中房产交易档案9645份、抵押档案1.79万份。办理档案查询业务2.67万件。落实房产测量规范，完成房产测绘总面积460万平方米，其中预测面积140万平方米、实测面积320万平方米；出具测绘图纸1万套、3万份，审核泰山区和岱岳区出具图纸4000套、6000份。

【房地产中介和预销售管理】 举办房地产中介机构从业人员培训班，开展房地产中介市场专项整治活动，督促房地产中介诚信、守法经营，增强行业自律。市区发放商品房预售许可证100个，预售面积240万平方米；办理商品房合同备案3.5万套，备案面积400万平方米。强化预售款、交易资金监管，全年签订商品房预售资金监管协议140份，预售资金交存金额170亿元，核准拨款金额140亿元。组织开展全市房地产市场打击囤房炒房专项整治行动，对15家违规销售开发企业下达责令限期改正通知书，发现并没收伪造房产证12本。

【房屋安全管理】 启动城市房屋安全隐患整治工作，加固、腾空解危17处、1.11万平方米，拆除解危22处、2.37万平方米，单位房改危房重建解危2.89万平方米，年内累计解危面积10.2万平方米。组织开展全市房屋安全鉴定知识培训，提高房屋安全鉴定从业人员业务水平。加强完善城市房屋安全档案信息管理系统，录入房屋安全信息3.9万条，提升房屋安全信息化管理水平。

【公房和房屋租赁管理】 保障公租房的正常运营和维修管理，对3100平方米房屋进行局部加固维修，完成小修大修170户，维修及时率100%。创新转变公租房租金收取模式，直管公房租金收缴661万元。办理市区房屋租赁登记备案1986起，租赁面积20万平方米。

【物业行业管理】 全年为8家外地物业企业办理备案手续，监督22次前期物业管理招标活动，签订25个项目的物业管理用房和经营性用房规划建设协议，为25个项目出具前期物业管理落实证明。市区缴存住宅专项维修资金2亿元，累计交存11.5亿元；支出资金758.69万元，累计支出3260万元。市区缴存保修金1849.39万元，累计交存1.2亿元；退还保修金1522万元，累计退还2186万元。 （邢曙光）

住房公积金管理

【概况】 年末，全市住房公积金管理机构有9个，其中市级管理中心1个、县（市、区）管理部6个、矿业集团分中心2个，在职人员59人。全年归集住房公积金33.57亿元，完成全年计划的113.42%，增长13.48%；全市累计归集住房公积金232.38亿元，归集余额95.1亿元；全市缴存单位达3896个，缴存职工42.2万人；当年新增缴存人员4.0万人，增长73%；公积金覆盖率达60.91%，增长11.68%。全年为9.31万名职工提取住房公积金24.41亿元，其中购房提取6.4亿元，偿还贷款提取5.7亿元，职工退休提取2.99亿元，其他提取9.32亿元，累计提取住房公积金137.28亿元。全年发放个人住房公积金贷款22.8亿元，完成全年计划的253.8%，贷款户数6363户；全市累计为7.24万户职工发放个人公积金贷款139.6亿元，贷款余额80.1亿元；全市住房公积金个贷率达84.2%，增长6.9%；逾期率为0.28‰，低于国家规定的1.5‰的标准。全市住房公积金使用率达94%，增长4%；全市实现住房公积金增值收益1.54亿元，增值收益率达1.7%，高于部、省下达的1.5%的指标水平。

【征收管理】 印发《关于加强住房公积金归集扩面工作的意见》，明确归集扩面措施，与各县（市、区）签订年度目标责任书，对未建、停缴企业进行梳理排查，发放催建催缴通知书530份，在全省率先将职工住房公积金缴存列入劳动合同书示范文本，将进城务工人员、个体工商户、自由职业人员纳入公积金缴存范围，进一步扩大制度受益群体，维护职工合法权益。

【信贷管理】 出台组合贷款、“冲还贷”、通贷等系列贷款惠民新政，规范按揭款和担保保证金管理，办理一次性冲还贷业务1948户，结清金额8937万元；审批通过按揭楼盘项目101个，办理按揭贷款10.4亿元，召开贷审会5次，审议通过贷款材料91份4000万元；完成异地贷款430人次1.4亿元。加强信贷风险防范，严把贷款材料审核关，加强贷后管理，对出现的逾期贷款，及时召开受托银行、担保公司、开发公司三方联席会议，安排人员加紧催收，有效控制贷款逾期率。

【财务管理和内部审计】 全面抓好公积金会计核算工作，加强资金效益核算，提高资金使用效率，使公积金增值收益达到最大化，增值收益率继续位居全省前列。加强内部审计监督，全年开展内部审计9次，抽查业务档案4362份，督促各单位整改存在的问题，保证中心业务工作规范有序开展。

【管理服务】 加强服务大厅建设，岱岳区和新泰市的公积金服务大厅建设完成并投入使用。信息化建设“双贯标”工作全部完成，接入全国住房公积金异地转移接续平台，启用住房公积金自助打印服务系

7月31日，市委副书记、市长李希信（左一）向三部委专家介绍泰山山水林田湖草生态保护修复工程试点申报情况　（裴　鹏　摄）

统，完善公积金综合服务平台建设，增强信息技术支撑作用。落实“放管服”改革要求，实施业务“瘦身”，面向社会公开5项服务承诺，提取审批由五级简化为两级，办理时限由10个工作日减为7个工作日，贷款审批由五级简化为三级，办理时限由15个工作日缩减为12个工作日。学习外地经验，实施标准化、精细化、人性化服务，为客户提供温馨周到服务。做好各类咨询提问回复，全年回复市政府门户网站问题12条、“12345”便民热线390条、泰安民生网问题145条、中心门户网站问题571条。中心服务大厅荣获“全国巾帼文明岗”称号，市住房公积金“情系千万家，圆您安居梦”被评为市直“十佳服务品牌”。在全省住建工作会议上作典型发言，为市直机关深化服务品牌建设推进会提供观摩现场，并在会上作典型发言。

【信息宣传】 开展政策“宣传月”活动，在主要街道张贴宣传横幅，设置业务咨询台和宣传展板，现场解答市民提问，发放宣传材料6万份；在新闻媒体刊发宣传文章和政策知识。召开各受托银行座谈会、缴存单位座谈会，举办缴存单位和受托银行专管员培训，宣传公积金政策，密切业务合作。全年编发《住房公积金信息》41期，所编信息被省住建厅和《大众日报》《住房保障与住房公积金报》《住房公积金研究》《山东住房公积金研究》《泰安日报》等报刊采用80篇。

（杜继祥）

国土资源管理

【概况】 年末，全市国土资源系统有县（市、区）国土资源局（分局）7个、国土资源所87个，市局辖正县级事业单位1个、副县级事业单位4个，设科（室、馆、中心）22个。全系统有干部职工1090人，其中科级以上干部237人。年内，全市国土资源系统履行新的职责定位，严格贯彻落实国土资源管理各项方针政策，改革创新，各项工作取得新成绩。市国土资源局顺利通过“全国文明单位”复查，被省国土资源厅表彰为“全省国土资源系统先进集体”，获市委、市政府“山水林田湖草生态保护修复工程对上争取突出贡献奖”“市直2017年度经济社会发展综合考核先进单位”称号。

【土地资源管理】 全市国土总面积77.62万公顷，其中农用地58.45万公顷（耕地36.40万公顷、园地3.99万公顷、林地10.97万公顷，其他农用地7.09万公顷），建设用地12.96万公顷，未利用地6.20万公顷。①保障经济社会发展用地。全年报批建设用地1480公顷，保障104国道改线、青兰高速、引黄入泰、大汶河开发、保障性住房、教育“改薄”和解决“大班额”等省市重点项目用地。②严守耕地红线。全市耕地面积36.4万公顷，基本农田31.6万公顷，超额完成省政府下达的目标任务。完成3个土地综合整治项目的验收工作，整治总规模680公顷，建设高标准基本农田610公顷，新增耕地39.56公顷。完成60个高标准基本农田建设项目验收，总投资7.59亿元，建成高标准基本农田3.15万公顷，增加耕地1150公顷。③土地资产管理。泰安城区储备土地65宗，面积379.13公顷；出让经营性土地24宗，面积4.30公顷，实现土地出让金收入16.44亿元。④节约集约用地。开发利用空闲土地223宗、920公顷。监管土地242宗、41.24公顷，完成土地检查核验项目14个。⑤土地执法监察。开展2015年度卫片执法检查，发现违法用地1049宗、129.6公顷，违法占用耕地比例为4.93%。所有违法用地全部立案查处，实现“零通报、零约谈、零问责”目标。⑥不动产统一登记。9月19日前，市本级及各县（市）全部实现不动产统一登记，全市设立办事大厅8个、服务窗口77个。至年末，有1.6万宗房产或土地申请不动产登记，办理符合规定的不动产登记1.1万宗。⑦信息化建设。升级完善信息化系统的功能和性能，完成机房和网络改造，扩容和更新存储设备。深化信息化成果应用，通过各业务系统办结业务1.85万件。加强政务信息公开，完成门户网站的改版升级，通过网站主动公开政府信息500条，网站点击量122.45万次。

5月19日，省国土资源厅厅长李琥（前排右二）一行在泰安市高新区前旧县村地质灾害搬迁避让现场调研　　（裴　鹏　摄）

【矿产资源管理】 全市矿产资源种类齐全、分布较广，具有优势矿产多、资源储量大的特点。①矿产资源监督管理。建立矿产督察体系，聘任专兼职矿产督察员18人。建立群众举报及企业互检机制，成立矿产资源安全生产专业委员会，制订创建方案，推进矿产资源安全生产科学预防体系建设。征收矿产资源补偿费1050万元、采矿权价款6624万元。②强化矿产勘查储量工作。完成省国土资源厅委托的16项探矿权的审批，对9个正在实施的探矿权项目进行督查。推进财政出资地质勘查项目实施，完成勘查项目5个。完成25个压矿报告初审和27个储量检测报告备案。③实物地质资料管理。加强岩芯库建设，实施岩芯库扩容，库容增加到4万米，至年末入库钻孔140个，岩芯总长2.2万米。④科技管矿。投入资金1500万元，完成科技管矿二级平台建设，对全市262处矿山实施远程监管，实现矿产资源开发的网格化管理，做到“天上看、地上查、地下控、网上管”的全方位、多形式监管。⑤地灾防治、矿山地质环境治理和地质遗迹保护工作。市政府印发《泰安市地质灾害防治方案》，落实汛期值班、险情巡查、灾情速报、应急处置、群测群防等工作制度及相关措施。开展矿山地质环境治理恢复，完成“三区两线”可视范围内废弃矿山治理项目9个，治理面积2180公顷。推进地质公园建设，全市8处省级地质公园全部揭碑开园。争取中央财政资金1400万元，实施泰山地质遗迹保护项目。利用《泰安日报》宣传报道全市9处地质公园。

【测绘管理】 年内，全市具有测绘资质证书的测绘单位47家。①“十三五”基础测绘规划。市政府成立领导小组，落实专项经费，编制完成“十三五”基础测绘规划。②数字县市建设。数字宁阳和数字东平设计方案通过专家评审，外业数据采集工作已开展，硬件设备安装调试完毕。③提供测绘地理信息服务。加快行政挂图编印，东平县、宁阳县、新泰市、肥城市、岱岳区已完成并印刷出版，市级地图已完成二审校对。服务重点项目建设，为泰安机场等项目建设提供翔实的基础地理信息数据。④测绘市场监管。举办地图审核、测量标志管护培训班，提高测绘管理人员素质。开展地图市场保密检查，加强测量标志管护，维护测绘市场秩序。

（裴　鹏）

·泰山玉保护发展·

【概况】 市泰山玉产业发展管理中心（简称中心）系正县级全额事业单位，核定编制16人，内设科室4个，主要职责是负责泰山玉的管理、保护和开发，培植壮大泰山玉产业。中心坚持“以玉为本、以文为魂”，把握发展规律、谋划战略布局，围绕资源管控、品牌创建、宣传推介、人才引培、市场培育等重点工作，推动泰山玉产业快速健康发展。年内，中心继续保持“省级文明单位”称号。

【资源管控】 成功办理济南市境内矿权采矿许可证，实现泰安、济南两地泰山玉资源的统一管理、统一管护。推进泰安矿区、济南矿区两

9月7日，市委书记、市人大常委会主任王云鹏（前排右一），市委副书记、市长李希信（前排右三），市委副书记张涛（左一）参观首届“泰山玉杯”玉雕大赛获奖作品 （王乾 摄）

矿权整合工作，提高资源综合利用率。新建济南矿区围网1200米，增设14个高清探头并入电子监控平台，实现矿区安保无缝隙、全覆盖。落实安全生产责任制，完善矿山安全生产体系建设，全面加强环境保护工作，实现安全环保零事故。矿山基建期后销售收入逐年增长，年内收入增长46%。

【品牌创建】 泰山玉进入国家《珠宝玉石名称》，正式加入国家级宝玉石行列。泰山玉作为代表泰安文化、地域特色的标志性品牌旅游商品入选首批“山东好礼·一城一品”旅游商品名单，泰山玉品牌影响力提升。加强与中国珠宝玉石首饰行业协会的战略合作，协助举办第十六届“天工奖”颁奖典礼，泰山玉的业内认可度不断提升。参加上海国际珠宝首饰展、中国国际珠宝展，设立主题展示区，提高泰山玉的美誉度。首届“泰山玉杯”玉雕大赛系列活动作为第三十一届泰山国际登山节系列活动组成部分成功举办，100名国内著名玉雕大师、专家学者参加活动，在业内引起强烈反响。做好业内奖项的评选工作，全年泰山玉作品先后获行业奖项131个。

【宣传推介】 强化人民网、新浪网、《大众日报》等媒体的应用，加强与“天下泰安”“齐鲁壹点”等新媒介互动，提升泰山玉关注度。通过投放电视广告、户外广告的方式，营造市内宣传氛围；搭建中心官方网站、加强微信公众号管理，发挥自媒体的舆论引导作用。制作泰山玉宣传册、拍摄泰山玉宣传视频，宣传展示产业发展取得的阶段成果。介入泰山国际马拉松赛，通过“绿色泰马”公益活动、展博会等方式为赛事注入泰山玉元素，提升泰山玉公众影响力。

【市场培育】 以泰安市“十三五”规划纲要为指导，科学编制《泰山玉产业发展规划(2017—2021年)》，制定总体目标、开发原则、实施措施等，为泰山玉产业发展提供中长期科学指导。借助河南南阳宝玉石基地的优势，设立南阳镇平泰山玉办事处，拓展外地市场。泰山玉产业市场保持稳步发展态势，泰山玉经营企业（户）及加工户1000家，各类门店、摊位2000个，玉石全年交易额超过5亿元。

（孙林林 张昭澎）

【概况】 年内，全市二氧化硫、$PM_{2.5}$、PM_{10}平均浓度分别比上年改善32.4%、12.5%、10.4%；蓝天

4月22日，在“世界地球日”登山活动中宣传节约集约利用资源（裴鹏 摄）

白云258天，同比增加21天；优良天数比例54.6%，同比增加8.4%。省控重点河流消除劣V类水体，大汶河、东平湖等主要河湖水质稳定达到南水北调调水水质要求，氨氮、高锰酸盐、COD分别比上年改善25.2%、5.2%和3.3%。全市化学需氧量、氨氮、二氧化硫、氮氧化物分别比2015年削减5.3%、5.9%、13.5%、10.1%，超额完成减排任务。获得各项环保专项资金2.03亿元。市环保局获市委、市政府“山水林田湖草生态保护修复工程对上争取突出贡献奖”。

【环境质量治理】 大气环境治理 修订《泰安市空气质量生态补偿办法》《泰安市重污染天气应急预案》，调整扩大泰安城区高污染燃料禁燃区。加强工业污染及挥发性有机物治理，43台燃煤机组和18台燃煤锅炉完成超低排放改造，97个重点行业VOCs治理项目全部完成，建成区加油站全部完成三级油气回收改造。加强机动车尾气治理，完成全市环检机构国家、省、市三级联网，多部门联合开展重型柴油车集中停放地抽测。督促有关部门落实治污责任，规范整治取缔煤炭经营企业801家，全面推行建筑施工扬尘防治“六个百分之百”，提升道路保洁标准，水泥、铸造、砖瓦窑等行业在采暖季全面实施错峰生产，加油站全部完成国六油品置换。

水环境治理 编制《泰安市落实水污染防治行动计划工作方案》《泰安市水环境功能区划定方案》，严密监测河湖水质，以“断面优先达标”倒逼控制单元治污进展，督促抓好水污染防治项目实施和工业集聚区污水集中处理。加强饮用水源地管理，开展全市城镇以上集中式水源地排查，查出违法违规建设项目155个，年内完成整改149个。肥城、宁阳、东平三县地下水源保护区划分方案获得批复。完成155个贫困村饮用水源地的规范化建设。

土壤环境治理 制定《泰安市土壤污染防治工作方案》，筛选公布17家土壤环境重点监管企业名单。完成土壤污染重点行业企业空间遥感、农用地污染状况详查点位核实，布设详查点位695个。开展土壤污染治理与修复试点工程。

【生态环境建设】 与有关部门组织编制《泰山山水林田湖生态保护修复工程实施方案》，项目被列为6个国家级试点项目之一，计划投资293亿元。组织优化全市生态红线，加强自然保护区监管。144个村庄完成农村环境综合整治。开展农村环境质量监测工作，完成生态遥感解译野外核查。组织开展环保普法进企业、“不放烟花爆竹”集中宣传、全市中小学生水课堂、环保小卫士评选、泰安十大环保新闻评选等各类宣教活动，加强环保新闻宣传和自媒体建设，泰安环保官微发布微博7000条，广泛宣传普及生态文明和绿色理念。

【环境安全保障】 开展环境安全隐患大快严、百日攻坚、化工产业大快严、危化品环境安全综合治理等专项活动，排查整改环境隐患54处。修订全市突发环境事件应急预案，更新完善全市环保应急专家库，企事业单位预案新增备案195家，建立应急物资储备库。组织参加全省环境应急演练暨监察监测比武，获集体二等奖。调整规范跨市转移危险废物审批程序，完成2016年度危险废物申报登记，考核企业危险废物规范化管理工作，组织筛选19个危险废物处置项目纳入全省规划，年内建成9个，新增医疗废物日处理能力16吨。修订《泰安市辐射事故应急预案》，安全收贮2家单位计8枚闲置废弃放射源，组织全市企业单位辐射岗位培训。

【环境执法】 ①加快“放管服”改革。部分工业类建设项目环评审批权下放至县级，加强环评编制单位监管，环评审批材料由12项精简

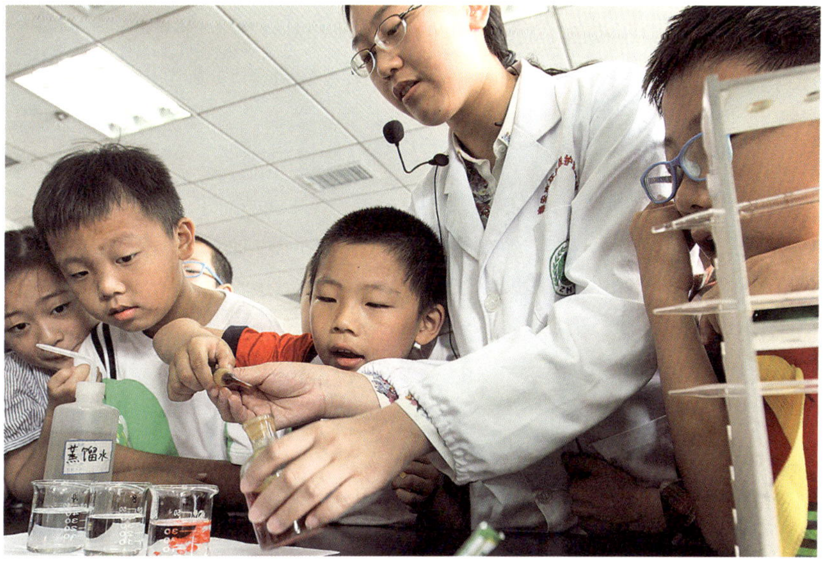

“六五”环境日期间，市环保局组织开展小记者“环保开放日”活动

（王斌 摄）

8月20日，市委副书记、市长李希信（右三）现场督导环保突出问题整改工作（王 斌 摄）

为7项，环境影响报告书、报告表办结分别压缩为3个、2个工作日，推行登记表自主备案，8183个项目通过网络自主备案。年内，市级审批建设项目73个，验收项目84个。②落实排污许可制度。启动全市排污许可证管理工作，核发排污许可证2批、行业15个、企业95家，分阶段、分行业逐步实现固定污染源排污许可全覆盖。③严格执法监管。坚持“双随机抽查”与“错时执法”相结合，针对8个重点行业开展工业污染源污染物达标排放评估，组织开展纳污坑塘排查整治、砖瓦行业环保专项行动，排查整治纳污坑塘38个、砖瓦企业185家，与莱芜市开展省会城市群大气污染执法联动行动。与公安部门加强联勤联动，配合市检察院开展“环境犯罪立案监督”。年内，全市立案查处环境违法行为719起，罚款6798.7万元，移送公安部门实施拘留71起，移送涉刑案件16起。

【环境科研、监测】①环境监测。完成对重点污染源、饮用水源地、地表水断面及空气、土壤、环境噪声的日常监督监测和应急监测工作，全年取得人工监测数据1.9万个，其他监测数据2000个，每日报送污染源自动监测数据小时值及日均值超标情况。②监测能力建设。市环境保护监测站通过中国合格评定国家认可委员会（CNAS）实验室认可复评审现场考核，确定该站82个参数的监测能力。推进水质自动站建设与验收，年内，4个河流断面水质自动站完成验收，正常运行。③环境科研。承担的课题“泰安市大气中细颗粒物污染特性深度分析及来源解析研究”获得“2017年度山东省环境保护科学技术奖”二等奖。组织召开泰安市臭氧污染成因及防治对策研讨会，邀请北京大学、中国科学院院士等6名专家会诊把脉。

【环保突出问题攻坚行动】推动环保突出问题整治，确定攻坚任务377项，年内完成367项。全市摸排“散乱污”企业6809家，完成分类整治，其中列入清理取缔类的，严格按照“两断三清”（断水、断电，清除原料、清除设备、清除产品）标准，限期完成关停取缔。摸排燃煤小锅炉2820台，全部关停淘汰。关闭搬迁禁养区内畜禽养殖场户6467家。排查自然保护区违法违规问题228个，整改完成217个。加大通报问责力度，印发通报72期，下发督办单55份，约谈156人，问责184人。（王 斌）

编审 袁立轩

泰山景区·开发区

泰山综述

【概况】 泰山，古称东岳，又名岱山、岱岳、岱宗、泰岳，为五岳之首，位于山东省中部，绵亘于泰安、济南、淄博、莱芜四市之间，东西长约200千米，南北宽约50千米。主峰玉皇顶海拔1545米，位于泰安市境内，北纬36°16′，东经117°6′。

泰山的形成经历了一个漫长而复杂的演化过程，经受了泰山运动、加里东运动、华里西运动、燕山运动和喜马拉雅运动5次地壳运动的强烈变革，经历了太古代、元古代、古生代、中生代和新生代5个主要地质历史阶段的改造，保留了丰富而典型的地质遗迹。泰山岩群其原岩为超基性、基性火山岩和火山质凝灰岩组成的科马提质绿岩构造，是华北地区最古老的地层，记录了自太古代以来近30亿年漫长而复杂的演化历史，是中国早前寒武纪地质研究的经典地区，泰山北侧区域被确定为华北寒武系标准剖面，在地质学史上占有重要地位。在新构造运动的影响下，泰山不仅有雄伟厚重的轮廓，而且保留有典型的断裂、褶皱、韧性剪切带、重力滑动构造以及“桶状构造”等复杂的构造遗迹。泰山以典型、完整、系统、稀有、科学的内涵，记录地球的地质历史、地质事件和形成过程，向世人展示博大精深的自然魅力，是一部地质科学的万卷丛书。

泰山是一座文化名山。泰山地区是中国古代文化重要发源地之一，在5万年前的旧石器时代，泰山周围已经有人类活动的踪迹，在母系氏族社会阶段就显露出文明的曙光。在5000年前的新石器时代，泰山南麓的大汶口文化、北麓的龙山文化，不仅影响到山东，而且影响到黄河中下游的广大地区。泰山吸引了众多的文化名人，历代诗人墨客纷至沓来，朝山览胜，赋诗撰文，留下丰富的文化精品。孔子、管仲、司马迁、张衡、诸葛亮、曹植、李白、杜甫、刘禹锡、苏东坡、欧阳修、范仲淹、王世贞、姚鼐、郭沫若等都挥笔疾书，留下浩如烟海的颂岱诗文，孔子《丘陵歌》、曹植《飞龙篇》、李白《登岱六首》、杜甫《望岳》、苏辙《灵岩寺》、姚鼐《登泰山记》等都是不朽的名篇佳作，把游人从山神崇拜中引向游览观赏、求知审美的方向。

泰山总面积426平方千米，规划面积171平方千米。泰山风景名胜主要分布在南起泰安古城南门（包括蒿里山、灵应宫），东南、西南以环山路为界，北到灵岩寺。根据景点分布区域，主景区又分为登天、天烛峰、桃花峪、樱桃园、玉泉寺、灵岩寺6个景区。景区内有山峰156座、崖岭138座、溪谷130余条、潭池瀑布64处，此外还有旭日东升、晚霞夕照、黄河金带、云海玉盘、雾凇雨凇、碧霞佛光等自然奇观。泰山自然风光优美、壮观，其景观特点以雄为主，“雄、奇、险、秀、幽、奥、妙”兼有。

泰山属暖温带季风性气候，四季变化明显，山顶夏季平均气温17℃，最高气温29℃，年平均降水量1042.8毫米。泰山树草葱茏，鸟语花香，有植物1136种，中草药资源丰富。山上山下古树名木繁多，百年以上的古树名木有2万株，其中有6株2100年前的汉柏、1300年前的唐槐、被誉为国宝的600年前的盆景松树“小六朝松”、500年前的望人松。山上有野生动物200种。螭霖鱼、鹿角菜、何首乌、苹果、板栗、核桃、山楂等土特产誉满中外。泰山被誉为“活着的世界自然遗产”。

泰山与西岳华山、中岳嵩山、北岳恒山、南岳衡山合称“五岳”，而泰山以“五岳之首”“五岳独尊”称誉古今。泰山积淀中华民族5000

泰山游人如织　　　　（司　刚　摄）

年的历史文明，是华夏历史文化的缩影，是中华民族的象征，是文化与自然遗产融为一体的典范。1982年，泰山被国务院公布为第一批国家重点风景名胜区。1987年12月，被联合国教科文组织列入中国首例、世界首批文化与自然双遗产名录。2005年9月，被国务院批准为国家地质公园。2006年1月，被中央文明办、建设部、国家旅游局评为全国文明风景旅游区；9月，在北爱尔兰举行的第二届世界地质公园大会上，获世界地质公园称号；11月，泰山景区“爱护遗产、享受遗产、传承遗产”的宗旨成功入选山东省服务名牌。2007年，泰山成功入选首批国家AAAAA级旅游景区，被中国书法协会命名为首座中国书法名山。2008年，泰山被山东省文化厅命名为首批山东省文化产业示范基地，顺利通过全国文明风景旅游区全面复核。2009年，泰山AAAAA级旅游景区通过省级复核并列入国家免检单位；“爱护遗产、享受遗产、传承遗产”的宗旨蝉联山东省服务名牌；泰山景区被评为第十一届全运会的文明服务窗口先进单位。2010年，泰山景区被中华环保联合会、中国旅游协会景区分会授予全国低碳旅游实验区称号，泰山景区系统连续4年获全市十大文明行业称号。2011年，泰山景区通过“全国文明风景旅游区”复审，被中央文明办授予全国文明单位称号，被国家标准化管理委员会授予首批国家级服务标准化示范单位，《泰山传说》入选第三批国家级非物质文化遗产。2012年，泰山景区被国家旅游局等六部门列入全国文明燃香试点单位，被国家体育总局命名为国家级全民健身登山基地，被授予国家级风景名胜区保护管理执法工作优秀单位称号并入选山东十佳文化旅游品牌。2013年，被国家质检总局、国家旅游局联合授予全国旅游服务质量标杆单位称号，获中国最美地质公园、中国最令人向往的地方、首批“中国楹联名山”、好客山东贺年会年味最浓景区、山东省服务名牌等称号，被中央台办、国务院台办列为国家级海峡两岸交流基地，并列入联合国教科文组织“国际绿色名录”试点景区。2015年，泰山入围首批“中国森林氧吧”榜单。2016年，获全国“旅游服务最佳景区”称号，列“中国旅游景区数字资产榜”第二名。泰山景区南天门管理区党支部被授予全国先进基层党组织称号。2017年，泰山被国际摄影联合会授牌为首例“世界摄影基地”，被国家旅游局授予全国首批“港澳青少年游学基地”“十大游学景区”称号，再次被列入“中国旅游景区数字资产榜”TOP10。年内，王母池道观获全国和谐寺观教堂先进集体称号，下港镇卫生院获全国群众满意乡镇卫生院称号，冯玉祥纪念馆被评为山东省工人先锋号，东岳泰山旅游集团被授予山东省富民兴鲁劳动奖状，万仙楼票务管理所被评为山东省青年文明号，客运公司VIP接服中心被评为山东省“三八红旗集体”，泰山景区大津口乡沙岭村被评为全省民主法治示范村、山东省美丽休闲乡村，南天门管理区党支部、沙岭村党总支、天外村票务站党支部获全市“泰山先锋”红旗党支部称号。在2018年4月13日召开的全市经济社会发展综合考核奖励大会上，泰山风景名胜区管理委员会获市委、市政府“2017年度社会管理突出进步奖”。

【央视春晚在泰安设分会场】 2018年央视春晚设立山东曲阜·泰安分会场。山东分会场的主体创作节目在《中华泰山·封禅大典》演出剧场登台，1800人同台打造视觉盛宴。来自内地以及香港、澳门、台湾的青年演员黄晓明、钟汉良、夏利奥、言承旭在泰山脚下共同演唱《龙的传人》和《天耀中华》。由李心草指挥，著名钢琴演奏家李云迪、陈萨担任独奏，近300人参加的交响乐队演绎钢琴协奏曲《黄河颂》。

·链接·

泰山景区借助央视春晚强大的品牌力、聚集力、传播力和拉动力，持续发酵“春晚效应”。春节黄金周期间，央视新闻频道两次直播假日客流情况，介绍泰山皮影、泰山剪纸等非物质文化遗产，以及传统的“走福路、绕福石、摸福树”活动；央视《新闻联播》两次报道泰山旅游概况和游客竞相登泰山祈福国泰民安等场景；央视综艺频道展播泰安分会场特别节目；利用新华社、中新社、大众网等媒体平台开设“春晚会客厅”“直击春晚”“春晚探班”“央视春晚在泰安”等专栏，通过“Hi 泰山”、最泰安 APP 客户端、《泰安日报》等平台发布各类推送软文 30 篇，阅读量超 20 万次；开展“泰山文化，全民冲顶”泰山知识有奖竞答、“泰山喊你来春晚！”晒照活动，开展“平安吉祥迎新春 国泰民安过大年”“春晚在泰山”“我也上春晚——泰山祈福之旅”活动，在封禅大典春晚分会场和东街举办新春祈福系列活动，持续扩大春晚影响力；在天外村广场举办大型锣鼓舞蹈队演出、“国泰民安 春晚再现”祈福仪式、演唱春晚歌曲《龙的传人》《家园》，让市民游客现场体验春晚盛况；景区客运公司推出“宝福禄”黑陶葫芦等春晚创意产品；在岱庙举办“新春送福”活动，以“平安吉祥新春游”暨“岱庙祈福迎春过大年”为主题，举办传统戏曲等贺新春民俗节庆演出，推动泰山旅游市场升温。2 月 15 日（除夕）0 时至 2 月 21 日（正月初六）24 时，泰山景区累计接待进山进景点游客 52.4 万人，比上年增长 25.86%，其中进山游客 24.82 万人，增长 32.12%。

【《中华泰山文库》】 2016 年，泰山景区管委会启动《中华泰山文库》文化建设工程，旨在通过系统深入地挖掘、整理、阐发泰山文化，建成一个门类齐全、结构合理、资料丰富、载体多样，具有权威性、高水准、高价值的数据库和资料库。整个文库分四大书系、9 个类编，120 卷，5000 万字，第一部分是古籍书系，重新点校泰山的一些古文献资料；第二部分是著述书系，分集成编与当代研究编，把研究泰山的文化著作纳入到书系中；第三部分是口述影像书系，分口述泰山编与影像泰山编，用口述的形式反映泰山的变化；第四部分是外文书系，将国外有关泰山文化的研究和外延纳入到书中来。泰山景区专门成立泰山文化挖掘传承工程指挥部，抽调精干人员组成班子，推进《中华泰山文库》大型丛书的编纂出版。截至 2017 年，书系框架已完成，各系列卷本书的名字已确定；4 月 12 日，对编写完成的一期工程 16 卷专著举行专家评审会；6 月 10 日，泰山风景名胜区管理委员会与山东人民出版社签订合作出版协议；12 月 11 日，举行第一期文库卷目首发式。

（吴克欣）

【概况】 泰山景区党工委、管委会代表市委、市政府对景区范围内的经济、行政和社会事务实行统一领导和管理。景区管委会机关设 15 个局室，辖红门、中天门、南天门、竹林寺、樱桃园、桃花峪、桃花源、天烛峰、玉泉寺、灵岩、巴山、虎山 12 个管理区和泰山票务交通管理处、博物馆、文物店等 3 个基层单位，管辖 1 个乡（大津口乡）、2 个镇（黄前镇、下港镇）、1 个村街管理中心及 76 个行政村（居），管辖面积 452 平方千米，乡村人口近 10 万人。景区内设有泰山景区公安分局、工商分局、地税分局、国税局和 1 家集团公司——东岳泰山旅游集团有限公司。年内，接待进山进景点游客 546.8 万人，其中进山游客 402.2 万人，实现门票、客运、索道等收入 11.58 亿元。

【管理区划调整】 2017 年 2 月，市委、市政府将黄前镇、下港镇、黄

12 月 11 日，泰山世界遗产保护与发展工程大型文献丛书《中华泰山文库》首发式举行

（李继泽 摄）

前水库管理运营机构划入泰山景区管理。泰山景区牢固树立“大景区、大旅游、大项目、大目标”意识，突出生态优先、适度开发，把“泰山慢谷”规划由大津口乡延伸至黄前、下港两镇，加快黄前水库水源地保护和“两山一河”山水城市构建，做好依托泰山、连接济南、以旅促农、保护生态的文章。

（吴克欣）

·旅游发展·

【宣传营销】 适应客源市场分众化、差异化拓展趋势，按照“保传统、拓新兴，创品牌、增渠道，调结构、提质量”思路，实施立体营销、靶向营销、事件营销、会展营销、文化营销。加大与主流媒体合作力度，“全媒体”营销宣传多点开花，央视《还看今朝》《日出东方》《壮美山川献礼十九大》在泰山进行直播，《见证》《中国记忆》《记住乡愁》播出泰山专辑；央视春晚在景区设分会场，超前策划实施精准营销。承办中国世界自然遗产保护与发展大会暨中国首批申遗成功30周年研讨会、中国山岳旅游联盟2017年会等高规格行业会议。推出“碧霞元君传奇”系列讲座，发布泰山碧霞元君标准像。策划“唱泰山歌曲、讲泰山故事、诵泰山诗篇、做泰山使者”活动，完成泰山宣传语、故事、歌曲征集，组织诗文大会、发呆大赛、敬天祈福等特色活动。与银座旅游集团、港中旅、上海联璧达成战略合作，在东南亚及北美地区设立7个境外营销中心，“智慧泰山”微信服务号上线，网络售票82万张，比上年增长200%。

【“智慧泰山”微信服务号上线】 1月16日，泰山景区“智慧泰山”微信服务号正式上线。这是泰山景区与兴业银行强强联合，扩大泰山网络影响力，推进“智慧泰山”建设的重要举措。通过微信直播、微信购票、微信导游、微信服务等功能，为广大游客提供全方位便捷高效服务体验，打造全新的智慧泰山旅游服务品牌。泰山景区是全国首个国内山岳旅游“互联网+智慧景区”，“智慧泰山”作为泰安市“智慧城市”“智慧景区”建设的样板工程和示范工程，始终以游客旅游体验为中心，从智慧营销、智慧门票、智慧服务、智慧导游四个战略层次全方位打造“互联网+”智慧景区。项目全部投入运营后，可解决泰山景区购票难、入园难、导游难的景区痛点，解决景区淡旺季差别大、游客不均衡问题，使景区四季游客不断，成为全国同类景区中游客体验最好的智慧旅游景区，推动全市信息产业与旅游产业相互促进发展，引领智慧旅游产业新模式。

【泰山互联网医院南天门远程诊疗工作站揭牌】 3月16日，该工作站揭牌仪式在泰山南天门管理区举行。微医集团董事长兼CEO廖杰远、泰山景区管委会主任王光锋出席活动并分别致辞，泰山区、山东容大医药有限公司、景区相关部门单位负责人等出席揭牌仪式。泰山互联网医院南天门远程诊疗工作站设立于泰山极顶的南天门红十字救护站，“互联网+医疗”在线诊疗新模式打破以往景区医疗人员数量和能力的制约，通过互联网医院实现全国专家远程协助诊疗，更好地服务于中外游客和驻泰山单位工作人员。

【2017泰山东岳庙会】 4月11日，2017泰山东岳庙会启会仪式在岱庙天贶殿举行。该届庙会以“逛东岳庙会 祈平安福贵”为主题，时间为4月11—16日，设1个岱庙主会场、泰山国际会展中心和林校操场2个分会场。岱庙主会场在挖掘提升往届庙会特色项目的基础上，策划推出帝王巡游展演及传统手工艺、奇石盆景、传统戏曲、民间竞技、特色商品展览展示等20项旅游、文化、民俗、经贸特色活动。首次设立的泰山国际会展中心和林校操场2个分会场，实现市场化独立运营，组织开展旅游商品及特色小吃展销、车展、房展等活动，为东岳庙会注入新的元素与活力。庙会期间，信道堂邀请学者专家就中国传统文化

2017泰山东岳庙会　（王丹丹　摄）

12月11日，中国山岳旅游联盟2017（泰山）年会在泰安举办（李继泽　摄）

的继承与发扬，泰山历史、泰山民俗及泰山文化的传承等内容作专题讲座。

【中国世界自然遗产保护与发展大会暨中国首批申遗成功30周年研讨会】 12月11—12日，2017年中国世界自然遗产保护与发展大会暨中国首批申遗成功30周年研讨会在泰安召开。大会主题为“人与自然和谐发展”，由住房城乡建设部世界自然遗产保护研究中心、联合国教科文组织驻华代表处联合举办，泰安市人民政府和泰山景区管委会承办。来自国内外的世界遗产研究领域的专家在会上就中国世界自然遗产的发展战略、推进世界遗产能力建设、提升世界遗产管理有效性、世界遗产保护管理能力建设等议题作专题报告，交流世界遗产保护管理经验，并以案例交流的形式分享世界遗产保护管理经验。其中，联合国教科文组织驻华代表处文化项目官员卢叶作题为“联合国教科文组织世界遗产能力建设策略”的报告，清华大学遗产中心主任吕舟作题为“国际遗产保护培训的发展，以ICCROM为例”的报告。来自四川、蒙古、泰山遗产地的管理人员就世界自然遗产保护管理等问题交流工作经验，探讨遇到的问题。会上对曾为泰山双遗产的提名和申报成功作出贡献的马纪群、曹南燕颁发泰安市荣誉市民证书，举行“泰山世界遗产保护与发展工程——大型文献丛书《中华泰山文库》首发式”。

【中国山岳旅游联盟2017（泰山）年会】 12月11日，中国山岳旅游联盟2017（泰山）年会在泰山脚下举行。来自安徽、北京、福建等全国20个省（直辖市、自治区）的37家山岳旅游景区派代表参加。泰山景区党工委书记、中国山岳旅游联盟2017轮值主席姚霆在会上作题为《呵护绿水青山·共享名录遗产》的年度工作报告。会议就“全域旅游背景下的山岳发展”展开研讨，讨论吸收联盟新的成员单位、联盟观察员单位，讨论增设联盟理事会成员单位，利用山岳资源，开发体育旅游、养生旅游；依托山岳文化，开发节庆旅游、科考旅游；研讨旅游产品线的延伸、游客逗留时间的延长、旅游商品购物消费的增长，以及周边乡村旅游的包容性发展等。会议评审《中国山岳旅游国际宣传推广计划（2017—2020）》，并讨论国家标准《旅游景区可持续发展指南（征求意见稿）》。中国山岳旅游联盟成立于2015年，首批成员包括黄山、泰山、峨眉山、武夷山、九华山、武当山、庐山、崂山、普陀山、雁荡山等全国知名景区，后又吸纳10个省（直辖市、自治区）的14家山岳旅游景区加盟。

12月11—12日，中国世界自然遗产保护与发展大会暨中国首批申遗成功30周年研讨会在泰安召开（李继泽　摄）

10月22日，2017“华夏文明 薪火相传”台湾青年学生“中华泰山成人礼”体验活动在泰山举办　（吴克欣　供）

该次会议新增加山西恒山、重庆仙女山、河北白石山3个成员，联盟从37家上升为40家，覆盖范围从20个省（直辖市、自治区）上升为22个省（直辖市、自治区）。

【文化活动】 年内，举办2017“泰山冠军”中国泰山登山大奖赛揭幕赛及桃花源公路登山挑战赛，国内1000名登山健儿报名参赛。举办来自安徽古井贡集团、山西步长集团、蒙牛乳业、飞利浦医疗器械等企业共计20场“泰山冠军”专场登山活动，累计1万名职工参与活动。举办“中华泰山成人礼”活动52场，累计3万名学子在泰山宣誓成人。承办2017年山东省第七届全民健身运动会万人健步走（泰安站）暨泰安市全民健身月活动。策划组织2017“山•水•桃花”“彩石溪之韵”春、夏、秋摄影大赛。与新浪合作策划的“醉美彩石溪忽逢桃花源”活动，邀请延参法师、网络大V等全国新浪名博、旅游文化名人、自驾游知名博主等网红达人和校园达人到彩石溪景区游览推介，话题数据阅读量突破5000万，秒拍视频播放量累计100万次，该活动在2017金足迹旅游峰会上获AI国际旅游奖体验营销类优秀奖。

【旅游环境与服务】 推进服务质量提升年活动，继续开展“春雨行动”，铺开基层工队“火炕”建设，完成景区7处AAA级公厕改造，实施经营业户星级管理办法和无理由退货制度，打造“诚信泰山、文明泰山”服务品牌。严格跟踪每起投诉，落实“首接负责制”，坚持每月投诉处理工作分析会，分析讲评投诉案件，提出预防措施，将投诉由事后处理转为源头预防，投诉受理率、办结率、满意率均达100%。

（吴克欣）

•文物　博物•

【概况】 泰山有保存较好的古建筑群26处、寺庙58座、古遗址128处、碑碣1239块、摩崖刻石1800处。泰山古建筑群整体呈现古代自然崇拜的信仰形式，涉及儒家文化建筑形式、皇家祠庙建筑形式、道家文化建筑形式、道家延伸的民间民俗信仰及地狱神魔文化建筑，是中国山岳信仰建筑的最早起源及最具代表性的名山范例。泰山碑刻时代之连续性、艺术之精湛、构景之巧妙堪称一绝，著名的有秦《泰山刻石》，汉《衡方碑》《张迁碑》，晋《孙夫人碑》，南北朝《经石峪金刚经》，唐《纪泰山铭》，宋《青帝碑》，元《天门铭》，明《洪武碑》，清《摩崖碑》等。2017年，完成全国第一次可移动文物普查，实施岱庙天贶殿彩画等文物保护项目，编制完成碧霞祠、青帝宫、孔子庙、三阳观、壶天阁5个防雷工程和泰山石刻——经石峪保护方案，周明堂遗址保护工程、竹林寺消防工程、玉泉寺消防工程、泰山玉泉寺保护修缮工程项目计划获省文物局批复同意，完成王母池、斗母宫、普照寺东禅院3个修缮工程项目施工招投标。《泰山世界文化遗产保护规划》进入送审阶段，王母池道观获全国创建和谐寺观教堂先进集体称号。

【岱庙天贶殿壁画保护】 岱庙天贶殿壁画——泰山神启跸回銮图是岱庙内的重要附属文物，绘制于岱庙天贶殿内东、西、北三面墙壁，全长62米，高3.3米，初绘于宋，历经金、元、明、清，虽多次重绘，但基本上保持宋代风格，是山东省内现存面积最大的古代壁画。壁画具有极高的历史价值、文物价值、艺术价值，是研究泰山文化的重要实物资料，也为研究中国的宗教史、建筑史、绘画史提供依据。由于人为与自然的原因，壁画损坏情况严重，画面不同程度地存在空臌、起甲、酥碱等病害，尤其是壁画的东、西两面起甲状况严重，已致使部分画面脱落缺失。泰安市博物馆（岱庙）与敦煌研究院签订协议，对天贶殿壁画数字化保存、前期保护研究及保护修复进行方案设计。年内岱庙天贶殿壁画保护修复方案的编制工作已完成并进入审批程序，已到位文物保护国家专项补助资金697万元。

【泰山经石峪及周边石刻修缮工程】 经石峪位于泰山之阳、斗母宫东北400米处的山峪内，海拔454.8米，石坪东西宽40.8米，南北长60米，总面积2064米。经石峪金刚经石刻，是全国现存规模最大的佛经摩崖刻石，位于泰山斗母宫东北部经石峪东侧的缓坡石坪上，自东而西刻《金刚般若波罗蜜经》，计44行，每行字数不等，最多一行为125字，共刻2799字，字径50厘米。经刻历经千余年风雨剥蚀、山洪冲击及游人践踏、捶拓无度等历史原因，已磨灭剥落过半，仅存经文41行1020字（包括可认读的残字188字、双勾字25字，相对完整字807字）。2017年，泰山景区组织实施经石峪及周边石刻修缮工程，主要对经石峪及其周围石刻文物保护区域内石刻进行表面清洗、层加固与防风化，以及周边危岩体治理，保护面积约2064平方米，年内，工程方案已编制完成并进入审批阶段。（吴克欣）

• 林木管理 •

【概况】 泰山林场1948年正式建场，总面积1.2万公顷（18万亩），地跨济南、泰安两市，与4个区、6个乡镇（办事处）、68个行政村接壤，森林覆盖率达82.6%，植被覆盖率达94.6%。有古树名木1.81万株，隶属27科45种，其中一级古树名木1821株，列入遗产名录的有23株，已命名的古树（或古树群）有60株（处）。1992年，泰山林场被林业部批准为国家森林公园。1999年，山东省人民政府确定泰山林场为生态公益型林场。泰山林场行政与泰山景区管委会合署办公，业务主管为泰安市林业局，泰山风景名胜区的主体部分隶属于泰山林场。2017年，加强防火基础设施和队伍建设，完成水灭火一期、防火智能探测报警一期等工程，开展“奋战100天，确保森林防火安全”专项行动，实现连续3年森林火灾“零”发生。建成泰山古树健康监测系统，完成病虫害防控3066.67公顷（4.6万亩），实现“连续30年有虫不成灾”、连续10年“将美国白蛾挡在泰山景区之外”。

【森林防火】 年内，完成防火智能监控一期工程建设，沿环山路75处重要路口路段、坟头墓地、火灾易发区域建设自动报警监控150个、自动语音警示50处、双光谱火灾探测系统4套。完成防火隔离带清理135千米、林缘153千米、林道726千米、重点火险部位林地清理2000公顷（3万亩），降低森林火险等级；新购置德国斯蒂尔灭火机、防火服、二号工具、呼吸器、方位灯等防火物资4000件（套），提升森林火灾综合防控水平。开展“奋战100天，确保森林防火安全”专项行动。

【森林健康】 年内，完成1000公顷（1.5万亩）森林抚育间伐，567.47公顷（8512亩）林木修枝，改善林木生长环境，降低森林火险等级。建成泰山古树健康监测系统，完成五大夫松、姊妹松等105株古树保护复壮，全面改善古树生长环境，确保古树安全。在桃花峪、桃花源、中天门等景点及游览路两侧林中空地栽植高山杜鹃2000株，探索实施“多彩山”建设。抓好以松材线虫病、美国白蛾防控为重点的林业有害生物防控工作，全年完成病虫害防治3066.67公顷（4.6万亩）。依法加强森林资源管理，细致排查并严厉打击各类破坏森林资源的违法行为，维护森林资源安全。

（吴克欣）

• 行政执法 •

【概况】 2004年，泰山景区在全国风景名胜区中率先实行相对集中行政处罚权，成立泰山管理行政执法局，依法行使包括规划建设、风景名胜、卫生环保等十四大类538项行政执法权。泰山管理行政执法局采取“条块结合、以块为主、责任主体唯一”的管理执法模式，实现行政执法全覆盖、无空档。2017年，办理一般程序案件122起（建设类16起、土地类8起、经营类11起、旅游类3起、森林防火及林业类73起、食品及其他类11起），当场处罚167起，实现有案必查、程序合法、文书规范、罚缴分离的目标。“马延萍无证导游行政处罚案”被评为全市十佳案卷之一。

【专项整治】 年内，泰山景区开展创城和违法建设治理行动，管理执法实现景区城区无缝对接，拆除违建1037处、20.5万平方米。开展泰山石、山泉水集中整治，清理大型奇石16831块、奇石门头业户1311家、大型广告牌匾813处，关停山泉水售水点44户。实施黄前水库生态修复一期工程，拆除环库路内8家饭店、11处畜禽规模养殖场，关闭39家石材加工厂，年清运垃圾2万吨，保障水源地安全。

12 月 14 日，国家林业局局长张建龙在副省长于国安陪同下，到泰安市调研数字泰山、泰山景区引水上山工程等工作。市委副书记、市长李希信（右一）参加调研　　（王　军　摄）

开展违规进山香客的查堵工作，出动 600 人次查堵劝退进山香客 3000 人。加大对违规进山行为查堵力度，全年查堵违规进山人员 2 万人，补缴票款 14 万元，景区旅游秩序和发展环境得到维护。　（吴克欣）

泰山景区建设

【概况】 恪守绿色发展理念，在《泰山总体规划》统驭下，紧紧抓住严格规划、综合整治、设施改善、绿化美化、精细管理等关键环节，按照“中路持续改造提升，东西两翼打造‘慢生活’休闲区”的思路，持续加大旅游项目建设力度。按照“中部优化吸引人、两翼突破留住人”的思路，坚持人无我有、人有我优、人优我特，把产品产业、景区景点做大做精，加快推进旅游转型升级。年内，先后实施引水上山暨给排水系统建设、泰山慢谷建设、泰山博物院建设、中天门游人中心综合改造提升、天外村旅游公路提升改造等工程，分别成立指挥部，明确责任、从严督查，有序推进各项工作开展。

【泰山博物院建设】 泰山博物院位于泰山景区红门路与环山路交叉口东北角，由泰山风景名胜区管理委员会建设。规划建设方案由两院院士吴良镛主持编制，清华大学建筑设计院和北京设计院联合承担细化设计，展陈方案由故宫博物院院长单霁翔担纲设计。项目总投资 6.65 亿元，占地面积 3.81 万平方米，总建筑面积 3.2 万平方米。其中，首层平面主要包括序厅、展厅等功能，建筑面积计 8712 平方米；二层功能主要为展厅，建筑面积计 3219 平方米；地下一层平面功能主要为藏品库、后勤管理用房、设备机房、多功能厅、VIP 接待、临展区和教育区，主体建筑面积计 1.30 万平方米；地下二层平面功能主要为办公区和车库区，主体建筑面积计 4810 平方米；其他附属设施计 2279 平方米。泰山博物院项目是保护研究泰山“双遗产”的重要阵地、展览展示泰山厚重文化的标志性建筑、传承弘扬优秀传统文化的重要窗口。项目建成后，面向社会公众免费开放，具有较强的社会公益性，有利于巩固提升旅游市场发展优势，提升旅游品位，扩大泰山旅游影响力。

【泰山山水林田湖草生态保护修复工程】 该工程是山东省开展新旧动能转换的重大工程之一，以泰山、徂徕山、大汶河、东平湖为主体，是构筑“泰山大生态带”和华北平原生态屏障的重大部署，2017 年 11 月纳入国家“第二批山水林田湖草生态保护修复工程试点”。泰山景区内有关项目总投资 11.24 亿元，其中社会资金 7.44 亿元、政府资金 3.80 亿元。已到位中央、省级资金 1.62 亿元。泰山山水林田湖草项目包括泰山景区引水上山工程、泰山分散式污水处理工程（厕所革命）、黄前水库饮用水水源地保护工程、多彩山建设工程 4 项内容。

【泰山慢谷】 泰山慢谷项目是泰山由景点游向全域游、实现新旧动能转换的重大规划，位于泰山东麓的大津口乡、黄前镇和下港镇，以壮美山川、深谷秀水、果林田园、石筑原乡为生态基底，以“1+3”产业为慢城的产业基础，以中华民族稳定团结——国泰民安、风调雨顺为精神基础，以弘扬最具泰山特色的封禅文化、民俗文化、宗教文化、农耕文化、好客文化为核心动力，以慢生态、慢出行、慢生活、慢产业、慢服务、慢协作为营造方式，打造平安和谐、旅居度假、健康养生、户外拓展、耕读研学、闲适宜居的“泰山慢谷”新景区，规划面积 320 平方千米，概算投资 300 亿元。项目规划由北京大学教授、北京土人城市规划设计有限公司总设计师俞孔坚主持编制。规划秉承生态保护、生态发展理念，以文旅业态为核心，以泰山风土人情为建设基调，实现原乡原貌、原山原水的泰山文化，突出山水林田湖草与人的和谐发展、生态发展，禁止房地产开发。项目严格保护泰山幔谷的生态系统格局，对建设区域进行严格控制，并提出各项生态保护措施；实行严格的准入审查，凡破坏自然生态的项目一律不准引入。该规划已通过专家论证，并被列入山东省精品旅游线规划。泰山幔谷招商引资工作进展顺利，2017年9月10日，泰山景区与山东高速集团签约，由山东高速集团投资300亿元对黄前镇的幔谷片区进行建设，项目一期工程已开工建设。

【中天门游人中心综合改造提升工程】 2016年8月15日，中天门游人中心综合改造工程开工，中心总建筑面积2984平方米，改造内容主要包括中天门游人中心基础设施改造和直达索道站道路建设两项内容，总投资3500万元。拆除原有危房、高标准建设游人中心、扩建停车场，并在原停车场局部建设二层平台，实施上下山游客分区、错层通行，其中上层作为旅游车购票集散场地，下层作为下山游客候车和换乘区，同时将下层平台向南扩大1000平方米，作为乘车上山游客的换乘区，改造完成后6辆旅游大巴车可同时停靠发车。从游人中心停车场下层原大拱处，沿倒三盘道路，在林间新建一条单向车行道路直达中天门索道站，解决倒三盘人车混行问题，同时将游人中心东出口至玉液泉宾馆道路用木栈道加宽，方便游客换乘索道上山。2017年10月，游人中心主体建筑完工并投入使用，实现中天门区域人车分流和不同游线人员有序通行，“卡脖子”地段游客拥堵和安全管理压力得到有效缓解。

【天外村旅游公路提升改造工程】 天外村旅游公路始建于1985年，水泥混凝土路面，全长10.6千米，路面宽6米，是游客乘车游览泰山的主要通道，每年由这条道路进山的游客占总游客量的40%以上。2017年，泰山景区投资6300万元，对该旅游公路实施全线整体改造提升，保障旅游车运行安全。工程于9月8日开工，9月27日完成主线沥青路面摊铺，国庆节前完成主体建设并投入使用。 （吴克欣）

【概况】 泰安市泰山索道运营中心（简称索道中心）是2003年年底由原泰山索道公司改制而成，主要负责泰山中天门索道、桃花源索道、后石坞索道3条客运索道的安全运营和维护管理等工作。2017年，索道中心所属3条索道接待游客365万人次，实现运营收入3.65亿元，比上年增长10%。索道中心通过省级文明单位复核。

【设备维护管理】 年内，索道中心严格执行《索道设备检查维护工作责任制》和《索道设备检查维护质量安全监督细则》，定期开展日检、月检等周期性检查，保持设备完好率和系统稳定性。①设备维护。完成中天门主电机更换返厂维修等比较大的设备更新维护保养项目40项，顺利通过国家索检中心的年度检验。②设备日常管理。及时发现并处置中天门脱挂轨裂纹、轴承座偏摆、减速机冷却泵油管渗油等安全隐患10项，解决桃花源索道PAD可控硅风扇和断路器、主电机侧测速电机等影响设备系统稳定的隐患。将主电机测温系统引入PLC系统进行监控报警的新思路，以及提升设备检修效率的新工具转化为新应用，无线数字应急广播系统研发、车厢电池温度监测及定位系统研发等技术创新，有效解决设备管理日常工作中的难题。③安全监督检查。落实安全生产责任制，层层签订“安全生产目标责任书”和“消防安全责任书”。每月开展综合大检查，春节、清明、“五一”“十一”前夕开展专项检查。年内，先后对后石坞下站设备电源老化裸露、桃花源水灭火汽油器启动不稳定、中天门出站口滴水瓦掉落等问题提出整改要求，督促各单位对存在的问题限期整改到位。对设备检修维护项目和桃花源索道维修改造项目实行全程监督，确保每项工作行为、每个作业面、每名施工人员，都始终处于严格的安全监督之下。④组织预案演习。开展《消防处置预案》《紧急救援处置预案》和《突发事件处置预案》3个预案的演习，增强预案的可操作性和适用性，提高职工风险防范意识和应急处置能力。⑤业务交流与培训。以需求为导向，实行“菜单式”培训，举办车削加工、焊接等基本技能培训和各岗位标准操作培训，通过参与起草或修订行业标准规范、参与安全生产标准化评审验收等多种方式进行专业技术交流，配合索道协会举办索道年会。

【运营服务管理】 ①优化开收车时间。科学合理地早开车、晚收车，特别是精准确定早开车的时间，满足游客看完日出后下山的乘坐需求，把早高峰的客源留在索道。②执行满厢定员制度。在客流高峰时段，本着人性化的原则，组织游客坐满每个车厢，加快客源分流疏散，减少游客排队等候时间。从售票到检票再到站台各岗位之间配合默契，对游客的引导措施、服务效果赢得满意和好评。③大胆科学地控制索道运行速度。国庆节期间，正常天气下一直保持 5.9 米 / 秒（一般最高是 5.5 米 / 秒、5.6 米 / 秒）的速度，接近极限值。“五一”“十一”等客流高峰的重要节点，索道中心领导在控制室指挥，机电人员在支架上值守，能不停车的不停车，科学应对大风等天气情况。④实行游客安检制度。国庆节开始，配备 X 光机、安检门、金属探测仪和危险液体检测仪等安检设施，对游客进行安检。健全完善防恐应急预案，配备防恐器械，加强防恐教育和应急预案演练，强化日常巡视特别是夜间巡视。招聘专职安检员并进行专项培训，推进游客安检常态化、规范化。⑤提升服务水平。设置多样化购票方式，高峰期间通过刷银行卡、微信和支付宝等方式购票的游客，占游客总量的三分之一。在游客排队通道加装遮阳伞，让游客能够遮阳避雨。

【桃花源索道维修改造项目进展顺利】 经市委、市政府和泰山景区管委会审批同意，桃花源索道维修改造项目开工建设，年内完成第一期施工任务。其中，第一次停运期间，开挖土石方 900 立方米，浇筑混凝土近 500 立方米，完成 8 个新支架基础的施工；第二次停运期间，完成上站外延 5 米扩建钢结构站房及上站新建延长车库的土建和钢结构安装施工，向上站运输二期施工所需建筑材料 300 立方米。配套设施改造工程完成预期工作任务，上站新建售票房、公共卫生间、候车大厅和进站走廊等附属设施，下站整体拆除原餐厅、游客步梯、天桥，新建上下两层的综合楼。

【信息化建设】 2017 年，索道中心信息化建设工作转向成果巩固和功能提升。年内，主要解决检票闸机设备离线故障，新增掌静脉门禁系统，优化中天门检票闸机设置，改造 POS 机连接网络、增加微信和支付宝购票方式。改造网络和视频监控，完成中天门索道线路 6 个支架的电源箱改造，优化南天门站售票网络链路，实现中天门站网络和监控设备的分区集中控制和分别控制。根据桃花源维修改造进展，及时调整视频监控设置。

（瞿祥耀）

泰安高新技术产业开发区

·综　述·

【概况】 泰安高新技术产业开发区（简称泰安高新区）1992 年 4 月开始筹建，1994 年 4 月正式成立，1995 年 8 月经省政府批准为省级高新区，2012 年 8 月经国务院批准升级为国家高新技术产业开发区。2017 年，泰安高新区实现生产总值 201.4 亿元，比上年增长 8.2%。完成固定资产投资 174.9 亿元，增长 10.2%。规模工业主营业务收入 366.3 亿元，增长 10.3%；规模工业利润总额 18.5 亿元，增长 3.3%；利税总额 27.4 亿元，增长 1.2%。地方一般公共预算收入 20.3 亿元，地方财政支出 23.9 亿元。区级工商税收 10.4 亿元，比上年同期增长 8.86%。完成进出口总额 13 亿元，增长 37.8%；实际利用外资 5.76 亿元，增长 54.35%。全区国家级高新技术企业达 56 家；全

11 月 12 日，泰安国家高新区重点项目集中开工建设仪式举行，集中开工项目 16 个　（刘　丽　供）

3月16日，市委副书记、市长李希信（前排）到泰安高新区调研管辖范围调整及招商引资、项目建设、经济运行等工作　（朱新宇　摄）

年实现高新技术产业产值222.34亿元，占工业总产值的比重为60.45%，比上年增长18.38个百分点，超出全市平均水平30.7个百分点。年内，泰安高新区继续保持“省级文明单位”称号，全区新增省级文明单位1家、市级文明单位3家。在147家国家级高新区综合排名中，泰安高新区上升至第82位，比上年前移8个位次；在全市大项目检查考核中列第2名。泰安高新技术创业服务中心继续保持“国家级众创空间”“国家级科技企业孵化器”称号。在2018年4月13日召开的全市经济社会发展综合考核奖励大会上，获市委、市政府“2017年度经济发展突出进步奖”。

【管理区划调整】2016年年底，泰安高新区管辖面积118平方千米，辖北集坡街道办事处、45个行政村、7个居委会，常住人口8.99万人。2017年2月27日，市委、市政府对高新区管辖范围作出重大调整。将泰山区省庄镇3个村（圣元村、北许村、南许村）、邱家店镇8个村（前旧县村、后旧县村、东旧县村、中旧县村、桂林村、北颜张村、东颜张村、西颜张村），岱岳区徂徕镇、良庄镇、房村镇、化马湾乡，新泰市天宝镇，划归泰安高新技术产业开发区代管；将徂徕山景区（含徂徕山林场）并入泰安高新技术产业开发区；将大汶河徂徕山景区段河道管理职能划归泰安高新技术产业开发区。将肥城高新区纳入泰安高新技术产业开发区总体规划布局，加挂“泰安高新技术产业开发区肥城园区”牌子，享受国家高新区有关政策。区划调整后，辖区总面积748平方千米，总人口48.2万人，辖6个乡镇（街道）和徂徕山景区（含徂徕山林场），规划定位是泰安城市的副中心和绿色生态科技新城、产业新区，是市委、市政府着力打造的改革创新示范区、新旧动能转换引领区、对外开放先行区、产城融合标志区和高新技术产业发展隆起带。（刘　丽）

•招商引资与项目建设•

【选商选资】2017年，泰安高新区签约项目69个，合同招商引资额1292.3亿元，其中投资过亿元项目22个、过10亿元17个、过50亿元8个，另有80个项目洽谈对接。年内，组建由2名正县级领导、5名副县级领导、48名干部组成的招商引资指挥部，作为招商引资主力军。①优化工作机制。坚持专业招商与全员招商相结合、委托招商与以商引商相结合，5家招商代理服务机构促成项目考察80次，促成签约项目9个。②突出招商重点。以培育新产业、发展新经济为主攻方向，突出高新技术、先进制造、文化旅游等高端业态，瞄准区域拉动力强、行业竞争力强、财税贡献能力强的“三强”项目进行招商。其中，投资100亿元的泰山新闻出版文化小镇、10亿元的广印堂中药深加工研发生产基地、350亿元的北大资源集团科技小镇和颐养健康小镇、80亿元的海航中国集等项目，先后签约落地。③创新招商理念。推动招商引资由以往重资产招商征地建厂为主，向轻资产招商、打造产业园筑巢引凤、拎包入住模式为主转变。把项目落地与盘活闲置资源相结合，对青年汽车、双驰汽车、中外炉铝业等停产半停产企业，推进合资合作、嫁接项目；对天龙纺织、金万达等企业的闲置或低效厂房土地，采取回购或参股方式用于新项目落地。金品能源锂离子电池、港泰隆医药物流等12个项目当年实现签约、建设和投产。开工建设隆基科技城，作为招商项目落地的标准化产业园，高标准配套多层车间、研发中心、职工公寓等设施。④坚持招商引资与招才引智相结合。印发《泰安高新区关于促进招商引资若干政策》《人才安居工程实施意见》《人才工作专项资金使用管理暂行办法》等6个人才专项政策，从要素保障、创新创业、园区平台建设等方面予以支持，将创业启动资金提高到500万元。深化与中国社会科学院、中国科学院、美国加州大学伯克利分校、德国慕尼黑工业大学等高校科研院所的合作，采取“人才+团队+平台+项目+基金+产业”六位一体模式，将人才、项目、产业深度融合，2017年，在区内创业的省级以上高层次人才达105人。其中，“两院”院士8人，“千人计划”、长江学者12人，泰山系列人才17人。

【项目建设】 2017年，泰安高新区新开工泰开集团新能源箱变、欧玛嘉宝智能电网配套设备研发、山能重装新型运输装备研制等项目46个，计划总投资476亿元；新竣工投产皆瑞金属高端粉末冶金净成形暨金属3D打印、泰开特变智能型生产线研发、五矿万境水岸商业广场等项目40个，计划总投资260亿元；推进大明科技金属新材料、泺亨现代物流产业园等18个重点续建项目，计划总投资289.6亿元。24个项目被列为省、市级重点项目，居全市首位，其中中国物流泰安国际物流产业园被列为省重点建设项目。年内，坚持并完善项目建设指挥部总牵头、委领导包保、责任部门联系、专人盯靠服务的工作机制，形成上下联动、齐抓共管的项目建设推进格局。管委会领导每月到项目现场调研至少2次，先后协调解决各类问题130项；项目建设指挥部每两周召开联席会议1次，重点研究解决制约难题；各相关职能部门在拆迁清表、土地腾空、手续办理等方面提供保障，为项目开工、建设、竣工、投产做好服务。2月18日、11月12日，泰安高新区分别举行重点项目集中开工仪式，共开工项目28个。做好配套服务工作，国网泰安供电中心建立并顺利开展工作，成为全省第二家园区供电管理机构；泰安市自来水公司充实调整高新区分公司，增加业务范围和职能，全面实现水、电、气、热等配套服务区内办理。围绕项目报批提速提效，制定实施《优化投资建设项目审批流程提高审批服务效率的意见》，建立“绿色通道”“联合预审”“并联审批”“容缺预审”4项制度，全年协调办理项目审批事项1260件次，各类咨询及服务事项2000件次。

【新型运输装备研制项目开工建设】 该项目3月开工建设，计划总投资34553万元，厂房总建筑面积17377.73平方米，新增国内先进水平的主要设备303台（套）。由山东能源重装集团鲁中装备制造有限公司投资建设。项目建成达产后，年可生产新型矿用机械运输设备、铝业运输设备、工程机械、隧道运输设备、港口动力设备、绿色环保型电动汽车等各类运输车辆超过300台(套)。年可新增销售收入9.83亿元，税收4000万元。

【智能电网配套设备研发生产项目开工建设】 该项目3月开工建设，计划总投资5亿元，一期投资27880万元，占地约5.33公顷（80亩）。主要建设车间、综合研发楼、客户服务中心及其他辅助设施，总建筑面积51147.97平方米。项目主要生产配电自动化系统、在线监测装置、分布式智能故障检测系统、智能一体化电源系统、塑壳智能断路器、变电站时间同步装置、三相不平衡装置等。由山东欧玛嘉宝电气科技有限公司投资建设。项目全部建成投产后，年可生产1.2万套智能电网配套设备，可新增销售收入7.8亿元，税收3010万元。

【顶泰新能源汽车空调系统研发项目开工建设】 该项目8月开工建设，计划总投资7.3亿元，建设国家级散热器（汽车空调系统）研发中心，重点研发国际上散热器的顶级新技术和新工艺。由泰安顶泰汽车科技有限公司投资建设。项目全部达产后，可年产空调系统30万台（套），其中40%出口欧美国际市场。年可实现销售收入30亿元以上，利税6亿元以上，年出口额达1亿美元以上。

【泰安高新隆基科技城开工建设】 该项目3月开工建设，总投资3.5亿元，占地6.67公顷（100亩），总建筑面积6.5万平方米。项目分生产区和综合办公区，生产区包括机加工车间、机械电子加工车间和副食品加工区，综合办公区包括科技研发楼、综合办公楼和地下停车场。主要建设综合生产车间11个、综合办公楼2栋及其他配套设施。由泰安泰山基业开发建设有限公司投资建设。项目建成投运后，可同时入驻100余家创新创业、高成长性的中小科技型企业，年可实现产值10亿元以上，利税1.5亿元以上。

【港泰隆医药物流产业园开工建设】 该项目8月开工建设，计划总投资3亿元，占地4.67公顷（70亩），总建筑面积约4万平方米。项目依托山东百帝安医疗器械有限公司设施，主要建设医药物流配送服务信息中心、仓储区、综合办公区及配

4月26日，中国泰山第三届国际高洽会暨大数据产业发展学术研讨会举行 （刘 丽 供）

套设施等，新上自动化输送分拣线、制冷设备、计算机管理控制系统等500台（套）。由山东港泰隆医药物流有限公司投资建设。全部建成投运后，可容纳上百家医药物流企业入驻，年可实现交易额20亿元，营业收入15亿元以上，利税2亿元以上。

【聚合物锂离子电池生产项目开工建设】 该项目5月开工建设，一期投资2亿元，占地10公顷（150亩），建筑面积1.8万平方米。项目由山东金品能源有限公司投资建设。项目投产后，年可生产镍钴锰酸锂三元材料4000吨、聚合物锂离子电池2亿安时。年可实现销售收入10亿元以上，利税2亿元以上。

【泰安皆瑞金属科技有限公司高端粉末冶金净成形暨金属3D打印项目竣工投产】 该项目12月竣工投产，一期计划投资2.8亿元，建设现代化汽车零部件厂房、办公楼3万平方米，采购德国数控压机、烧结炉、3D制粉设备、3D打印设备、国产压机、整形机及各类检测仪器100余台（套）。项目由美国工程院院士、中国工程院外籍院士刘锦川及范沧教授的技术团队，与泰安华鲁锻压机床有限公司、泰安市国信科技发展有限公司、泰安市金土地测绘整理有限公司、泰安国泰民安创业投资合伙企业（有限合伙）合作引进投资。产品主要服务于汽车行业。项目建成后，形成年产10962吨粉末冶金净成形制品及3D打印制品的能力，年可实现年销售收入4.2亿元，利税1亿元以上。

【大明国际金属新材料精密深加项目竣工投产】 该项目12月竣工投产，计划总投资6亿元，占地10.67公顷（160亩）。投资建设的年产80万吨金属新材料精密深加工项目，新上高端不锈钢、碳钢等新材料精密深加工生产线，关键设备从意大利、瑞士、日本等国引进，自主研发能力强，产品技术、工艺和生产能力先进，能够为中外客户提供及时高效、品种齐全、质量优良的高端不锈钢、碳钢深加工系列产品。项目由在香港上市的大明国际控股有限公司投资建设。项目达产后，年实现销售收入47亿元以上，利税3亿元以上。

【泰邦生物科技园竣工投产】 该项目12月竣工投产，总投资50亿元，占地面积17.33公顷（260亩），总建筑面积17万平方米，主要建设血液制品生产车间、原辅料仓库、总部大楼、研发楼、营销楼等。项目由山东泰邦生物制品有限公司投资建设，已全面建成并完成国家GMP认证，样品生产完成并送检，年内实现投产。项目所有产品均为公司自主研发，拥有完全自主知识产权。其中，新一代IVIG为国内首个采用层析工艺的产品，人凝血因子Ⅷ获“国家重点新产品”称号，被鉴定为“国际先进”科技成果。主要生产设备引进世界最先进的灌装线、超滤系统、层析系统等生产线，实现生产全过程的“自动化、信息化、智能化”。项目达产后，年可新增产值100亿元以上，利税40亿元以上，新增就业人数500人以上。

【欧瑞安电气项目竣工投产】 该项目12月竣工投产，规划总投资5亿元，占地11.93公顷（179亩），其中一期2.6公顷（39亩），总建筑面积18143.5平方米，主要建设研发中心、生产车间及配套设施。项目由山东欧瑞安电气有限公司投资建设。该项目电机可用于航空、航天、国防、装备制造、工农业生产和日常生活的各个领域，应用范围十分广泛。项目建成后，可达年产稀土永磁同步电动机驱动及配套系统150台（套）的生产规模，实现销售收入5000万元，利润总额1000万元，利税1450万元。

（刘 丽）

·企业管理与服务·

【概况】 2017年，泰安高新区继续加大对实体经济的扶持力度，推进新旧动能转换重大工程，促进企业转型升级、做大做强。筛选确定包括11家市级“三强”企业在内的51家进行重点培育。编制《泰安高新区新旧动能转换工作方案》，明确产业发展的重点和措施。将新划入区域75平方千米的土地申请列入省综合实验区范围。编制高新区新旧动能转换项目库，将一期21个项目上报发改委，其中8个项目入选山东省新旧动能转换重大项目库（全省共600个项目）。对输变电设备、矿山装备、汽车及零部件等优势主导产业，以及机械制造、货运物流等传统产业，加快技术升级和嫁接改造，全年实施技术改造项目50项，完成工业技术改造投资29.6亿元，比上年增长21%。加大财政扶持力度，区级财政落实扶持资金1.7亿元，争取上级扶持6791万元。力博重工等4家企业获山东省制造业单项冠军称号，航天特车获第六届山东省省长质量奖提名，泰开集团、航天特车、路德新材料获山东“百年品牌”培植特色品牌。加华电力、力博重工、弗瑞斯医药等企业加快海外布局，主动融入国际市场。泺亨保税物流中心、海关综合监管区加快建设，天加跨境电商谷获批全市第二家省级外贸综合服务平台，入驻企业30家，完成进出口近400万美元。全区外贸企业达180家，外资企业50家，全年完成出口10.5亿元、进口2.08亿元，分别增长14.1%、2.5%；完成境外实际投资1034.5万美元，增长139.5%。全区上市挂牌企业达13家，上市挂牌后备资源企业达30家以上。深化与泰安金控集团战略合作，建立10亿元的产业引导基金，成立10亿元的融资租赁公司，与市财政共同合作成立产业直投基金。

【泰安华鲁锻压机床有限公司获中国产学研合作创新成果一等奖】 2017年11月，泰安华鲁锻压机床有限公司获中国产学研合作十大好案例称号和中国产学研合作创新成果一等奖、中国产学研合作军民融合奖。11月15日的《科技日报》3版予以整版报道。该公司始建于1968年，作为国家“高档数控机床与基础制造装备”科技重大专项承担单位、中国机床工具行业30强企业，公司积极开展国际合作，引进消化吸收世界先进技术和领军人才及团队，产学研深度协同创新，破解行业难题，产品向大型化、智能化、精密化方向发展，开发的高档数控机床产品在全国首艘国产航母、新型万吨级驱逐舰、C919大飞机等“国字号”大工程、国家重点项目建设中均有所应用，成为数控成形机床“中国创造”的代表性产品。

【创新创业】 年内，新增市级及以上创新平台35个，总数达155个，其中国家级7个、省级47个。新增孵化面积2.52万平方米，新增孵化企业94家，毕业企业14家，累计在孵企业388家。17家企业被认定为国家高新技术企业，净增8家，总数56家。泰安高新区被列为国家知识产权试点园区；8家企业上榜瞪羚企业，位居全省第四。华鲁锻压公司“高精度智能化大型卷板机研发及产业化”项目获2017年度中国产学研合作创新成果一等奖，并通过省科技厅推荐申报2018年度国家科学技术奖，公司获“产学研合作军民融合奖”。全区新申请专利820件，其中发明专利195件；授权专利546件，其中发明专利78件；拥有有效发明专利298件。全区有科技企业孵化器5家，其中国家级1家、省级2家、市级2家，国家级众创空间2家、省级1家。

【放管服改革】 年内，泰安高新区将市政府下放的2424项权限梳理精简至2392项。对22个部门的388项公共服务事项和7个乡镇(街道、中心）的706项公共服务事项，以及11个部门的124项行政许可事项全部网上运行，实现省、市、县、乡四级互联互通。整合公安、财政、商务、交通运输等45项涉企证照事项，实行“五十证合一、一照一码”。制定专门管理办法和审批流程，确保管好用好37个市直部门的“2号印章”。推进综合行政执法改革，建立执法联动机制，整合食品药品、工商质监、公共卫生、安全生产、文化旅游、农林水利、交通运输、城乡建设等25个领域的全部或部分行政执法职能，组建高新区综合行政执法局，按程序逐级报省政府批准后行使相对集中行政处罚权。 （刘 丽）

·徂徕山汶河景区·

【概况】 徂徕山汶河景区位于区内东南部，总规划面积293平方千米，包括徂徕山景区185平方千米和汶河片区108平方千米。2014年，市委、市政府确定泰安旅游发展“两山一河”（泰山、徂徕山、大汶河）的战略布局，成立徂徕山景区管委会，明确徂徕山汶河景区依托徂徕山、大汶河的山水生态资源，加之深厚的文化资源及交通区位优势，

10月28日，“情系徂徕 唱响泰安”——中国文联文艺志愿服务队赴徂徕革命老区慰问演出（刘 丽 供）

以“旅游、文化、体育、休闲、生态”作为功能定位，打造拥河滨水，独具特色的泰安辅城、旅游新区、宜居福地和休闲养生度假胜地。截至2017年，景区先后被授予国家AAAA级旅游景区、世界地质公园、国家森林公园、中国森林氧吧、国家水利风景区、国家湿地公园、国家山地户外运动示范公园和国家航空飞行营地示范单位8项国家级称号。区域内还包括泰山温泉城和龙湾地质公园1个国家AAAA级旅游景区、1个国家AAA级旅游景区。景区总长度185千米的“八纵七横两环”主干路网建设，2017年新启动建设42.7千米。总投资3.1亿元，全长31.6千米的环湖路完成建设；总投资13.5亿元，全长83千米的环山路建成通车23千米；作为特色小镇重要组成部分的汶水小镇回迁安置工程进入施工前准备阶段。2017年，景区接待游客160.9万人次，实现旅游收入19539万元。

【汶河湿地公园】 2017年，景区管委会在前期工作基础上，完成投资18.6亿元，其中汶河湿地生态保护与综合利用项目总投资12.8亿元。其核心节点——汉博园，占地面积42.5公顷，是以“汉文化”为主题，集文化、休闲、生态功能于一体的城市公共会客厅和旅游目的地。年内，园区内主建筑——高72米的观汶阁与汉武出行群雕、游客服务中心等主体已完成。项目中的体育社区完成11人制、5人制足球场和篮球场的建设，标准跑道运动场、网球场、垂钓区、码头区基本完成，汶河湿地两岸景观绿化骨架基本形成。

【徂徕山国家森林公园】 2017年，徂徕山国家森林公园继续坚持保护性开发的发展理念，接待游客40.9万人次，实现旅游收入1089万元。年内，修复并扩建徂徕山起义遗址四禅寺，将其面积扩大至2160平方米；新增建东西院落，将东西院落建成徂徕山抗日武装起义展室；整体修缮徂徕山起义纪念碑，碑名重新贴金，碑后部新建碑墙1块，将碑后部的碑文刻印在碑墙上，方便游客阅读。

【龙湾地质公园景区】 2017年，成功创建为国家AAA级旅游景区，接待游客65万人次，实现旅游收入11700万元。年内，与化马湾乡的彩山水库、万亩樱桃精品园等特色资源深度结合，包装策划“泰山慢谷、长寿龙湾”休闲度假区，启用“化马湾大樱桃”地理标志，打造集生态游、采摘节、农家乐“三位一体”的养生文化休闲体系。有72家农家乐对外营业，能容纳150人住宿及800人就餐。建立干、鲜果收购站13处，形成土特产生产、销售一条龙的体系，先后开展化马湾大樱桃采摘节、骑游节、小记者采风、书画协会写生、摄影比赛等系列活动，构建起大乡村旅游的产业格局。

【森林防火安全】 2017年，徂徕山林场全场范围内实现火灾“零发生”的工作目标。年内，建立健全“林有人看、火有人防、责有人担”工作网格，加强值班备勤，全覆盖签订“防火责任书”，全场12个检查站24小时严查火种，查扣火种计330个。场党委成员带队督查一线岗位夜间履职，场属各单位成立机动巡查队15支，进行不间断夜间巡查，累计出勤7200人次。投资130万元实施“引水上山、以水灭火”工程建设，完成水灭火管网总体设计，一期示范工程新建防火蓄水池23处，蓄水总量1300立方米。投资60万元，建设卡口预警监控系统。投资近200万元，新建视频监控点6处。投资20多万元，补充防火物资。全场职工自己动手清理林道、防火线144.2千米，节约资金100余万元。组织10个林区、3支消防队进行“机器输水灭火”的实战演练，提高各单位“水灭火”实战能力。11月13日，徂徕山林场森林专业消防队在全市森林消防专业队伍以水灭火装备实战演练活动中，获2个单项奖和团体总成绩三项第一名的好成绩。

【森林生态安全】 年内，完成主要林业有害生物监测91.9万亩次，监测覆盖率100%。完成主要林业有害生物防治15.9万亩次，无公害防治率100%。完成检疫检查进山苗木8977株，实现检疫率100%。在保护区建设上，完成自评报告编制和2016年度省级专项资金项目建设，并申请2017年度保护区省级专项资金159万元。清理停业饭店3处。严格管控辖内插花地487.33公顷（7310亩），确保区内插花地规范管理。

【营林生产发展】 年内，完成森林抚育任务1000公顷（1.5万亩）。加大“泰山四大名药”种植示范基地建设，全年完成抚育管理0.8公顷（12亩），新栽植药材种苗10万株。建成樱花园、松类园等特色园区6个，计13.33公顷（200亩）。引进木本树种195种、观赏花卉13种、播种种子20千克，完成主干路沿线美化、疏林地绿化造林33.33公顷（500亩），新栽植各类苗木3.8万株，“三季有花、四季常绿”“绿起来、美起来、彩起来”的景观效果初步显现。

·行政执法·

【概况】 2017年，整合食品药品、工商质监、公共卫生、安全生产、文化旅游、农林水利、交通运输、城乡建设等25个领域的全部或部分行政执法职能，组建高新区综合行政执法局，建立执法联动机制，按程序逐级报省政府批准后行使相对集中行政处罚权。年内，联合人事劳动局、政研室印发《关于构建高新区综合行政执法协商协作机制的实施意见》，明确市政府公布的《行政权力事项清单（第一批）》2084项中的1452项行政处罚权和行政强制权的移交事宜，向管委会提报《关于构建泰安高新区综合行政执法体制框架的意见》，与科技局、农工办等6部门联合签署《综合行政执法局与部门之间的协商协作制度》等文件，实现行政执法全覆盖。处置“城管通”采集终端上报的各类城市管理事（部）件2.1万起，通过平台监控发现并处置各类城管事(部)件7800起，发布公告560条；按照“智慧城管”标准对系统进行升级改造，将监控范围拓展至各乡镇街道；向公安、交警提供涉案视频15件，促进相关案件的侦破，实现相关执法部门的联勤联动。

【服务企业发展和项目建设】 严格落实高新区全面推行行政执法公示制度、执法全过程记录制度、重大执法决定法制审核制度，先后查处规划、市容类案件166件，罚款359.93万元。对980件违法建筑卷宗予以完善和结案。全年受理各类督办、信访、举报案件512件，均及时调查落实并予以回复。加大对建成企业、在建项目的监管力度，参与山东欧玛嘉宝等企业、项目单体规划放线91次。开展春秋季执法宣传活动，出动执法宣传车120台次，发放宣传单5万份，悬挂宣传条幅130条。主动上门对接重点项目，了解项目需求，印发渣土运输、广告审批、临建房审批程序等“明白纸”2000份。

【市容市貌管理】 加强建成区日常监管，累计规范店外经营行为3170处，清理占道经营、流动摊点6550处，清理小广告1.74万份、条幅73条，查处乱倒垃圾、污染路面行为120起；由执法局牵头，协同相关部门开展集中整治联合执法行动11次，出动执法及相关人员1500人次，查扣各类物品16车；协助徂徕山景区、北集坡办事处、徂徕镇、天宝镇等分别开展乡镇驻地及主要道路综合整治、散煤治理、河砂治理等行动，出动人员300人次、车辆近80台次。

【加强户外广告管理】 摸底排查全区户外广告、门头牌匾，登记大型户外广告59处、门头牌匾589处。分类处置不符合规定的户外广告，拆除62块，暂扣乱摆乱放灯箱150块。对全区户外广告进行总规和详规的论证编制。严格户外广告审批管理，审批楼顶大型户外广告6处、门头牌匾13处，补办、续办门头牌匾手续110宗。筹备户外广告资源拍卖工作，对区内公共区域广告资源实行统一管理，合理运营，实现高新区广告资源资产化。

【强化建成区夜间监管】 加强夜间城市管理秩序维护，夜间巡查大队和6处综合执法室36名队员分两班全天候执勤，坚持巡查动态、岗亭静态和平台调度的巡查监管模式。全年发现并查扣违法违规建筑渣土运输车辆30辆，及时发现、处置各类城市管理违法违规行为1850起。2016年9月26日夜间巡查大队成立以后，“两抢”案件发案率急降为零。综合执法室主动向社会提供修车、指路、供水、人员救助等应急便民服务1400人次，挽回经济损失36万元。 （刘　丽）

·社会民生·

【城乡融合发展】 坚持全区发展一盘棋，促进建成区与新划入区域有机衔接，围绕高新区发展大局和产业布局，支持各乡镇立足实际、发挥特色，各打各的优势仗，在错位发展中实现深度融合。引导各乡镇主动融入、大力支持高新区发展，积极承接产业溢出，做好产业配套和结合文章，在服务大局中实现发展壮大。坚持高起点、高标准，修订“十三五”国民经济与社会发展规划纲要，开展高端高新产业聚集区总体规划研究和起步区城市设计，发挥规划的引领作用。

【提升城市功能】 泰安一中新城校区、北实小万境水岸小学建成启用，实现新生入住。金盛文化大厦、五矿万境水岸广场等一批高端商业设施投入运营，城市功能和城市品质进一步提升。实施长城路北段绿化改造提升、正阳门大街下穿胜利水渠和京沪铁路、一天门大街拓宽改造等市政建设工程，增开多路公交车，完成化马湾乡、徂徕镇、良庄镇等境内近30千米的县、乡、村道路建设，改善群众出行条件。加快编制新区路网规划，推进化马湾—天宝244省道、泰楼路、四坡路等道路建设。

【改善民生】 搞好棚户区改造和社区建设，全年新开工和在建棚改项目12个，建筑面积170万平方米，其中46万平方米当年开工、当年主体建成封顶。完成高铁二期、龙泉D区二期分房，回迁入住641户，组织分房项目2个，安置996户。加快城乡环卫一体化进程，完成农村改厕1.5万户，覆盖率达90%，农村危房改造和电网改造全部完成，自来水和通信设施覆盖到所有自然村。实施精准扶贫，研究制定“1+3+3”贫困帮扶机制，全区4258名贫困人口实现脱贫，完成率98.5%，12个省市级贫困村全部“摘帽”，完成年度脱贫攻坚任务。推进文明城市创建，加快乡村文明建设进程，城乡环境面貌显著改观，居民思想道德素质明显提升。

【社会安定】 年内，各主管部门、各乡镇街道中心积极作为、履职尽责，全力打好环保督察整治、中共十九大安保维稳、拆违治违“三大攻坚战”。办结中央环保督察组转办的8起案件，整改完成省环保督察反馈的25项问题。排查“散乱污”企业621家，其中清理取缔444家，整改提升134家。淘汰10吨以下燃煤小锅炉205台，关闭搬迁禁养区内畜禽养殖场（户）322个。开展“清积案、结现案、整秩序”专项行动，中共十九大期间，及时处置重要维稳信息13条。治理违建6782处，建筑面积98.78万平方米。深化安全生产“大快严”行动，构筑五级监管体系，强化专项执法检查，安全生产形势总体平稳。

（刘　丽）

【概况】 泰安旅游经济开发区、高铁新区（简称两区）按照市委、市政府确定的“将高铁新区与旅游经济开发区融合发展，打造51平方千米的现代化宜居新城”的战略部署，征地拆迁、规划建设、招商引资、棚改安置、财源建设等各项工作实现突破性进展，两区融合发展取得显著成效，新华社、山东电视台、泰安电视台等媒体报道相关工作经验。年内，先后迎接考察参观近200次，被中央文明委表彰为全国文明单位，并获全省信访工作先进集体、爱国拥军模范单位、“泰山先锋”红旗党支部、全市信访工作先进单位等称号。在2018年4月13日召开的全市经济社会发展综合考核奖励大会上，获市委、市政府“棚户区改造突出贡献奖”。

【两区融合发展】 结合两区的资源禀赋、区位优势，市委、市政府将两区发展定位于“泰城主城区的新城区、全市旅游服务支撑区、现代服务业聚集区、高端社区示范区、医养融合试验区”，重点发展商务会展、休闲度假、健康养生、总部办公、文化旅游、健康疗养、高端居住等产业。年内，泰安旅游经济开发区、高铁新区尽快实现两区的整合，打破单位之间的壁垒，集中优势力量，突破重点工作。召开两个单位的全体干部会议，提出“两个单位、两套班子，统一领导、合署办公”的工作原则，设立两区党政联席会议，实行集体领导和个人分工负责相结合，在市委、市政府的直接领导下，领导两区的各项工作，对两区重大问题进行讨论并作决定；两区领导干部打破原有的领导分工，成立征地拆迁、规划建设、财务融资3个工作部，两区的副县级领导分别安排到相应的工作部，担任指挥或副指挥，高效率、快节奏推进拆迁、建设、融资3项重点工作。科级以下干部根据工作需要，全部搭配到相应处室，实现两区干部的无缝对接、快速融合，为两区的快速发展奠定坚实基础。

7月18日，省委书记刘家义（左四）到泰安旅游经济开发区和高铁新区调研，市委书记王云鹏（左三）等陪同活动 （朱 涛 供）

【征地拆迁】 两区整合后，针对旅游经济开发区的整体拆迁问题，实行强力攻坚，提出“大干一百天，实现区内15个村、8000余户合法住宅、1.6万户违建彻底腾空”的工作目标，发扬“不怕吃苦、敢于担当、拼上豁上、用法用情”的高铁拆迁精神，与岱岳区通力协作、合力攻坚，一次性、彻底化解决全区域的拆迁难题，共拆除各类建筑面积509万平方米，清理腾空土地2466.67公顷（3.7万亩）。按照市城建指挥部关于对董家庄“小吃街”安全隐患问题的处理意见要求，将董家庄“小吃街”47户小康楼纳入旅游经济开发区旧村改造工程。利用20天时间，村内宅基地、小康楼和接建、违建的拆除工作全部完成，共拆除面积约20万平方米。同时帮助村里协调解决遗留问题，2009年建成的常家庄小区回迁工作一直未能进行，参照其他村的做法，挨户走访，讲明政策，制定统一的分房标准，回迁安置工作顺利启动，圆了百姓的安居梦，整个拆迁过程同时做到拆迁完成、遗留问题解决完成、信访稳定工作完成，未发生一起影响稳定和发展的事件。

【公共配套设施建设项目】 高铁新区规划建设学校8所，总占地面积约43.33公顷（650亩），总建筑面积约38万平方米，总投资约17亿元。英雄山小学、英雄山小学南校、英雄山初级中学已竣工投入使用；英雄山实验第四小学、英雄山小学东校、英雄山第二实验学校、万官路学校、英雄山高级实验中学5所新建学校全部开工并进入主体施工阶段。高铁医院是非政府办非营利性二甲医院，规模300张床位，占地面积约3.33公顷（50亩），总建筑面积约6万平方米，总投资约3亿元，已进入主体施工阶段。游客服务中心工程占地面积约1.4公顷（21亩），总建筑面积约1.4万平方米，总投资1.2亿元，分地上游客服务中心和地下辅助设施建设，年内已完成竣工验收。

【道路及基础设施建设项目】 ①高铁南片区路网续建工程。续建18条道路，总长度约38千米，总投资35.3亿元。18条道路路面已全部完工，管网工程及绿化工程完成90%。②万官大街西段工程。东起龙潭路，西至泮河大街（泰东路），全长7千米，宽90米，包括2座立交桥（跨长城路立交桥、跨泮河大街西段立交桥），1座中桥，总投资约10亿元。长城路立交已通车，万官大街正式通车，两侧绿化完工，泮河大街跨线桥尚在施工。③泮河大街西段工程。东起长城路，西至泰肥一级路入口处，是贯穿泰城东西的城市主干道，全长5.6千米，东段宽52米，包括3座桥梁（泮河桥、李家河桥、叉河桥），总投资约2亿元。泮河桥、李家河桥已建成，叉河桥基本完成，管网敷设、主路面完成，平交道口及非机动车道尚在施工。④旅游经济开发区路网工程。规划路网约100千米，桃花源路、凤凰山路、西黄路等14条道路完成路基施工。其中，桃花源路项目总投资约8亿元，长8千米，道路红线宽60米，双向8车道。同时策划建设下穿京沪高速铁路、泰肥铁路、跨泰山大街的泰安西（桃花源路—泰山大街）立交，建成后实现桃花源路、泰山大街、天平北街和京台高速西出口的互联互通。新湖街至东岳大街段已全面开工，年内完成路基施工。⑤高铁站出站口和桃花源路综合改造工程。将既有出站旅客地道延长，旅客进出站房流线由上进、上出，改为上进、下出，总投资约3.5亿元。接长出站地道和新建出站大厅完成并投入使用，配套公建用房完成，新建西南匝道、南侧广场的复建完成，具备启用条件。北段桃花源路综合改造尚在进行框架桥施工。⑥综合管廊工程。总长度1.5千米。作为全市第一个综合管廊建设项目，采用现浇钢筋混凝土箱涵形式，配套建设通风、消防、排水、供电、照明、监控和报警系统等附属设施。管廊主体完成并验收，管廊内热力、自来水等管道安装基本完成。⑦商业开发项目。开元盛世·和园工程占地面积约22.67公顷（340亩），总建筑面积约100万平方米，一期、二期全部销售完毕，主体基本完工。开元盛世·硕园工程是高铁新区自主开发建设的第三个房地产项目，占地18.67公顷（280亩），总建筑面积47万平方米，主体施工尚在进行。

4月5日，市委副书记、市长李希信（前排右二）到泰安旅游经济开发区和高铁新区调研违法建设治理及规划建设工作，市委常委、政法委书记郭德文（右一）陪同活动　（朱新宇　摄）

【棚改安置】 2017年，泰安旅游经济开发区、高铁新区棚户区改造建设12个社区，总建筑面积约346万平方米，总投资约136亿元，回迁安置22个村、1.48万户。①高铁南片区棚户区改造工程。建设D、E、F区共6个社区，回迁安置堰东、堰西、堰北、小堰堤、六郎坟、大官庄、下水泉、上旺8个村、6800户，总建筑面积约156万平方米，总投资61亿元。年内已全部交工，分房到户。②旅游经济开发区棚户区改造工程。建设6个社区，回迁安置14个村、8000户，总建筑面积约190万平方米，总投资约75亿元。其中，在建大官园社区、翡翠金龙湾社区主体完工。新建和平社区、鼓山家园、迎宾社区、金陡山佳苑4个社区、7899套，总建筑面积约120万平方米，总投资48.8亿元，全部纳入2017年省棚改计划，规划、选址、可研、立项手续已完成，地块内拆迁、清表、勘察设计工作完成，4个社区已开始基础开挖工作。

【土地运作】 实行“统一规划、统一储备、统一开发”的运作模式，实现两区储备土地的规划、储备、开发各环节的规范化管理。2017年，完成土地储备报批180公顷（2700亩），其中旅游经济开发区棚户区改造项目用地73.33公顷(1100亩)，高铁新区完成土地储备106.67公顷(1600亩)。加快重点项目用地手续办理进度，按照两区发展规划要求，开展土地招拍挂出让的前期准备工作。至年底，两区组织土地征收报件181.13公顷（2717亩），完成土地出让、公建项目划拨83.07公顷(1246亩)。

【城市管理】 ①环保综合整治。投资2000万元，购买防尘网，制作围挡，做好征地拆迁现场、建设工地扬尘治理和渣土管理、城市管理环卫保洁等工作，是中央环保督察期间唯一没有问题案件的单位。成立环境保护综合整治领导小组和4个督导组，实行“一日一检查、一考核、一处理”，做到全天候、全方位、无死角。巩固和优化城市环境，全面实行“网格+”管理模式，落实环卫保洁、绿化管理、空闲地治理工作，每条街道、每个公园都有专人管理，主要道路瞬间垃圾停留时间不超过5分钟，垃圾清运做到日产日清。两区投资400万元，新购置环卫车、果皮箱等设施，推行环卫深度保洁。以加强“网格+”平台建设为重点,实行以“挂牌上岗、日志报送”为主要内容的“痕迹化”管理。落实绿地养护标准，做好市政设施维护，道路河道“两化率”达95%以上。落实河长制，成立河面保洁队伍。做好城市防汛工作和“12345”城市管理平台受理处置工作，提升城市管理水平。②泮河综合治理。河道总长度约14千米，总占地面积约456公顷，总投资约27亿元。分泮河上游段、叉河段和泮河下游段，分别形成“山、城、民”文化区。沿河建设生态湿地、植物景观、休闲广场、音乐喷泉、亲水游憩设施等，配建民俗文化街、特色餐饮、文体演艺等旅游配套设施。年内，泮河上游段及下游段全部完工；叉河段基本完工，配套共建、附属设施及景观绿化施工尚在进行。包括开元河、叉河在内的泮河公园建成开放，占地393.33公顷

泮河夜色　　（周传军　摄）

(5900亩)，是泰城最大的城市湿地景观公园，年内实现从AAA到AAAA级旅游景区的升级。粥顶山山体公园建成，整体生态景观效果显现。

【财源建设】 2017年，旅游经济开发区完成财政收入2.6亿元。高铁新区下属各企业2017年1—11月份上缴税款及规费2.3亿元。两区2017年度出让土地6宗38.4公顷(576亩)，实现土地出让收入16.7亿元。积极争取财政专项资金，到位1.91亿元。年内，获国家开发银行新棚改贷款38.4亿元，商业银行贷款48.39亿元。

【招商引资】 坚持专业招商、以商招商，年内，6个优质项目集中签约落地。①泰安爱琴海购物公园项目。由上海红星美凯龙集团及红星合作团队投资建设，计划投资45亿元，主要建设总建筑面积约为52万平方米的休闲娱乐购物综合体，含爱琴海购物公园、特色商业街、五星级酒店、酒店公寓等，商定建设周期22个月。②潍坊中百集团项目。占地8.67公顷（130亩），年内编制好项目设计方案并开工建设。③山东统一银座连锁式生鲜便利超市项目。建设20家以上集食品饮料、生鲜蔬果、日用百货、办公文化用品等于一体的连锁式生鲜便民超市，智园店完成装修，小堰堤回迁区店选址已确定并签约入驻。④泰安高铁新区游客集散中心项目。依托高铁游客接待中心，与山东开元国际酒店管理集团合作经营，由高铁新区全权委托酒店管理公司负责管理。⑤高铁特色商业街区项目。与济南众汇房地产经纪公司合作经营，已签约商户120家，实际到位资金1.5亿元。⑥山东泮河度假酒店项目。占地7500多平方米，投资4200万元，图纸设计已完成并进入装修阶段；已开工的菏泽中达首府、绿地云水谣等项目，实行定期调度，加快推进，确保项目建设顺利进行。

【项目服务】 用足用好政策，助力企业发展，为鲁邦大河热电厂锅炉烟气余热深度回收项目争取市级节能专项资金，已通过专家评审。浪潮云计算和大数据中心及华大基因检测2个项目，列入市重点项目。旅游经济开发区、高铁新区（集聚区）列入市级服务业发展载体培育提升“1123工程”名单。协助浪潮软件申报省级软件工程技术中心，已通过认定。抓紧抓实安全生产工作和其他管理服务工作，营造平稳有序发展环境。

【遗留问题处理】 针对各类遗留问题和多年沉积的僵尸项目，逐一进行全面梳理，分析情况，找准症结，按照一事一策的原则，研究解决措施，分别制定限期完工、终止合同、收回土地房屋、合作经营、回购自建等解决方案。利用半年多的时间，顺利解决泰山民俗风情园、泰山美墅产权式度假酒店、高尔夫练习场、二十里埠开发用地、鼎固商混站、开发区出租房产等项目的资产收回工作，共收回土地权益143.67公顷(2155亩)，收回资产价值达60多亿元。多年未解决的涉及10个村的道路征地款1400万元全部发放到位。　　（朱　涛）

编校　戚淑娟　　审稿　周美广

财政·税务

财　政

【概况】 年末，全市有市、县（市、区）、乡镇（街道）三级财政机构101个，其中市级财政机构1个，县（市、区）级财政机构6个，市高新技术开发区财政机构1个，泰山风景名胜区管理委员会财政机构1个，旅游经济开发区财政机构1个，乡镇（街道）财政机构91个。在职职工1305人，其中具有高级技术职称的90人、中级技术职称的350人。全市有会计人员7.8万人。按现行财政体制，全市一般公共预算收入，加税收返还收入、各项转移支付、债务转贷收入、上年结余、调入资金，减各项上解、债务还本支出和调出资金后，全市一般公共预算总收入396.3亿元，减去当年一般公共预算支出、上解支出、补充预算稳定调节基金、债务还本等，全市一般公共预算共支出381.7亿元。收支相抵，结转下年支出14.6亿元。市财政局继续保持“全国文明单位”称号。在2018年4月13日召开的全市经济社会发展综合考核奖励大会上，被市委、市政府评为“山水林田湖草生态保护修复工程对上争取突出贡献奖”“市直2017年度经济社会发展综合考核先进单位”。

【财政收入】 全市一般公共预算收入完成207.1亿元，同口径增长3.9%，完成调整预算的100%。市级税收收入中，国内增值税30.6亿元，增长23.7%，完成预算的99.2%；改征增值税及营业税21.2亿元，下降4.6%，完成预算的100.04%；企业所得税11.9亿元，下降1.3%，完成预算的97.6%；个人所得税6.4亿元，增长28.9%，完成预算的102.5%；其他税收收入76.8亿元，增长3.3%，完成预算的99.9%。非税收入60.3亿元，下降1.6%，完成预算的100.8%。

【财政支出】 全市一般公共预算支出356亿元，增长7.7%，完成调整预算的105.9%，其中一般公共服务29.2亿元，完成预算的106.7%；公共安全17.4亿元，完成预算的103.1%；教育69亿元，完成预算的104.4%；科学技术4.2亿元，完成预算的93.3%；文化体育与传媒4.7亿元，完成预算的98.5%；社会保障和就业50.9亿元，完成预算的100.6%；医疗卫生与计划生育40.8亿元，完成预算的117%；节能环

市财政大力支持网信安全产业发展。图为12月18日，首届国家网信安全生态建设高层研讨会在泰安召开。研讨会上，泰山云安智能小镇规划方案亮相，国家网信安全生态建设联盟成立　　　　（高　磊　供）

保6亿元，完成预算的112.2%；城乡社区33.2亿元，完成预算的106.6%；农林水42.6亿元，完成预算的96.1%；交通运输11亿元，完成预算的136.9%；资源勘探信息等11.3亿元，完成预算的107.9%；商业服务业等、金融及援助其他地区4.4亿元，完成预算的96.1%；国土海洋气象等8.7亿元，完成预算的171.2%；住房保障10.2亿元，完成预算的141.4%；粮油物资储备5295万元，完成预算的117.2%；债务利息8.6亿元，完成预算的254.2%；其他支出2.2亿元，完成预算的22.2%。

2017年泰安市公共财政预算收入情况

表11　　单位：万元

预算科目	调整预算数	决算数	完成预算（%）	同口径增长（%）
收入合计	2071306	2071396	100.00	3.90
税收收入	1472776	1467950	99.67	6.19
国内增值税	308252	305807	99.21	23.72
改征增值税及营业税	211437	211518	100.04	-4.58
企业所得税	121960	118982	97.56	-1.28
个人所得税	62177	63731	102.50	28.90
资源税	108527	106685	98.30	32.44
城市维护建设税	77751	77442	99.60	11.10
房产税	43097	42516	98.65	10.18
印花税	18664	19154	102.63	31.19
城镇土地使用税	127749	132565	103.77	-0.09
土地增值税	90621	97252	107.32	-15.29
车船税	23726	26654	112.34	25.80
耕地占用税	178757	165223	92.43	-14.67
契税	100058	100421	100.36	28.96
非税收入	598530	603446	100.82	-1.63
专项收入	93975	99031	105.38	6.58
行政事业性收费收入	135853	136157	100.22	-16.93
罚没收入	67942	69094	101.70	19.94
国有资本经营收入	2150	1173	54.56	-52.18
国有资源有偿使用收入	267322	264853	99.08	5.94
捐赠收入	4222	3212	76.08	-33.77
政府住房基金收入	20851	22399	107.42	-6.50
其他收入	6215	7527	121.11	-57.53

【预算执行】①收入质量不断改善。通过强化分析调度、强化税收征管、强化激励约束等手段，促进财政收入尤其是税收收入稳步增长。全市税收收入完成146.8亿元，同口径增长6.2%；税收比重为70.9%，同口径较上年提高1.6个百分点。②支出结构不断优化。全市财政拨款安排的“三公”经费［公务用车购置及运行费、因公出国（境）费、公务接待费］支出比上年压减4560万元，下降20.9%。全市一般公共预算中用于民生事业的支出282.2亿元，占财政支出的比重为79.3%。全市安排对下各项税收返还和转移支付132.2亿元、县级地方政府债券47.2亿元。

【财源建设】落实各项结构性减税政策，为全市企业减轻税负60多亿元；通过取消、停征、调整53项行政事业性收费和政府性基金项目。设立运作产业基金，市级整合泰山投资、东岳金财两大平台公司资产，组建设立注册资本100亿元的泰山财金集团。市、县财政配合，共同出资，撬动泰安银行等金融资

2017 年泰安市公共财政预算支出情况

表 12　　　　单位：万元

预算科目	调整预算数	决算数	完成预算（%）	比上年增长（%）
支出合计	3362135	3559560	105.87	7.67
一般公共服务支出	273453	291704	106.67	6.87
国防支出	8854	9739	110.00	3.68
公共安全支出	168246	173514	103.13	6.17
教育支出	661225	690131	104.37	3.97
科学技术支出	44750	41736	93.26	20.81
文化体育与传媒支出	47755	47044	98.51	1.46
社会保障和就业支出	506412	509285	100.57	1.28
医疗卫生与计划生育支出	348697	407818	116.95	6.98
节能环保支出	53564	60105	112.21	-20.18
城乡社区支出	311671	332203	106.59	11.92
农林水支出	443578	425642	95.96	-3.81
交通运输支出	80582	110282	136.86	15.29
资源勘探信息等支出	104990	113237	107.86	17.33
商业服务业等支出	43286	39677	91.66	-2.40
金融支出	919	803	87.38	-16.18
援助其他地区支出	1582	3520	222.50	139.13
国土海洋气象等支出	50962	87221	171.15	154.06
住房保障支出	72348	102327	141.44	44.49
粮油物资储备支出	4519	5295	117.17	-9.13
债务利息支出	33765	85830	254.20	133.86
其他支出	100977	22447	22.23	-33.61

本，在市高新区和 5 个县（市、区）各设立 10 亿元、总规模 60 亿元的县域产业直投基金。年内，完成投资 7.5 亿元。完善财政奖补政策，争取省级梯次奖补资金 3.6 亿元，用于关闭煤矿职工安置补偿，支持煤炭行业化解过剩产能。利用融资租赁、融资担保等，帮助企业缓解融资难题，其中中垠（泰安）融资租赁公司完成项目资金投放 12.5 亿元；弘泽担保公司完成增资扩股，新增担保金额 20.3 亿元；泰山融资租赁完成增资扩股，向企业投放融资租赁资金 12.6 亿元。

【政府投融资】 用好稳健的货币政策，通过争取国家开发银行政策性贷款等方式，市级总平台融通到位资金 127.1 亿元（含政府置换债券 56.1 亿元），保障棚户区改造、水利等重点工程建设和还本付息需要。推广运用 PPP 模式，按照规范运作的要求，完善相关管理办法和操作规程，筛选储备各类项目 68 个，概算总投资额 1086 亿元，其中入选国家级示范项目 5 个、省级示范项目 8 个。加大土地收储力度，成立控制储备土地小组，开展调查摸底，为后续储备和运作打下基础，对 93.33 公顷（1400 亩）土地进行预储备。强化政府债务管理，出台政府债务管理实施意见和应急处置预案，全市政府债务率较上年压减 5.59 个百分点。加大置换债券争取力度，全市争取到位资金 100 亿元，节约利息支出 5 亿元。

【保障民生】 ①教育方面。市级投入 4.5 亿元，支持城乡义务教育经费保障机制改革，全市中、小学的生均公用经费标准分别达到 910 元和 710 元，惠及学生 43.8 万名；投入 2.7 亿元，支持解决中小学大班

12月12日，第二届"泰安市十大法治人物"颁奖典礼在泰安市广播电视台演播大厅举行，市财政局被表彰为先进集体　（高　磊　供）

额问题，全市新建、改扩建校舍28.7万平方米，泰安一中新校区、市特教中心相继建成并投入使用。②社保方面。投入10.7亿元，完善居民基本养老保险制度；投入3.3亿元，提高城乡低保标准和特困人员供养水平；投入5.4亿元，用于社会福利救助、优抚对象保障等政策落实以及社会养老服务体系建设。市及以上财政还投入1.8亿元，用于退役士兵安置和权益保障政策落实以及军队离退休干部和机构管理经费。③医保方面。投入19.1亿元，健全完善居民基本医疗保险制度，将政府补助标准由每人每年420元提高到450元；投入2.8亿元，将基本公共卫生服务经费标准由年人均45元提高到50元；投入1.1亿元，用于公立医院和基层医疗卫生机构综合改革。④"三农"方面。市及以上财政投入6.1亿元，支持产业扶贫、金融扶贫、易地扶贫搬迁等各类项目加快实施；投入2.1亿元，支持全面实行河长制以及病险水库除险加固、中小河流治理、农村饮水安全和泰山引水上山等水利工程建设。全市投入资金1.4亿元，用于农村公益事业建设"一事一议"财政奖补、"强村固基"工程实施和美丽乡村示范村建设试点；投入3.6亿元，保障村级组织运转经费。⑤住房保障方面。统筹一般公共预算和政府性基金预算财力，全市投入6.7亿元，实施棚户区改造34039套；投入8348万元，支持城镇老旧小区和农村危房改造。争取省棚户区改造专项贷款33.2亿元。

【财税改革】①预算管理改革。制定预算公开实施方案，建立预决算公开平台，市县两级按时公开2016年政府决算、部门决算和"三公"经费决算以及2017年相应预算；健全政府全口径预算体系，加强预算之间的统筹衔接，将转列一般公共预算的政府性基金扩大至13项；将国有资本经营预算调入一般公共预算的比例提高至19%；将新增建设用地土地有偿使用费、南水北调工程基金转列一般公共预算统筹使用，并取消排污费、水资源费等以收定支、专款专用规定。②税制改革。密切关注、主动研究水资源税、环境保护税改革政策，加强调研分析，搞好测算，做好开征准备。③财政体制改革。按照市高新区、泰山景区管辖范围调整工作任务分工，核定区（市）和市直下划单位的财政划转基数，调整市级收支预算，并明确划转后各区的财政体制。以民生领域为试点，推进市以下财政事权和支出责任划分改革，印发《关于推进市以下财政事权和支出责任划分改革的实施意见》。

【财政管理】①支出管理。盘活存量资金，市直共收回部门结转结余资金6.8亿元。深化国库管理制度改革，全市通过集中支付系统支付

市财政局不断丰富职工业余文化生活，图为财政干部参加市直机关运动会　（高　磊　供）

资金509亿元，增长7.4%。加强财政评审，市直共评审项目384个，评审额50.4亿元，审减额5.7亿元。加强政府采购管理，全市完成采购额157.4亿元，节约资金8.8亿元，节支率5.3%。②政府资产管理。全市审核行政事业单位资产配置1695台（件），金额739.1万元；完成资产处置收入674.8万元、资产出租收入6713.1万元。开展政府资产报告试点，做好资产统计和产权登记，摸清资产家底。③监督检查。组织开展扶贫资金、会计信息质量、预决算公开、“小金库”专项治理、正风肃纪等检查。④会计管理。组织实施全市第二批会计领军人才选拔培养工作，全市有会计领军人才103人，其中省级高端会计人才23人。基础管理不断强化，财政信息化建设有序推进，财政票据管理使用更加规范，内控制度体系更加完善。⑤法治财政建设。在由泰安市委政法委、泰安市司法局、泰安市普法办、泰安市广播电视台主办的第二届“泰安市十大法治人物”评选活动中，市财政局被表彰为先进集体。落实“两学一做”学习教育常态化制度化要求，倡导不贪、不懒、不偏、不虚的“四不”理念，探索推行工作项目化、项目目标化、目标责任化、责任绩效化的“四化”管理模式。（高　磊）

【概况】 年末，全市纳入国税系统管理的纳税人11.9万户，完成国税收入140.25亿元，较上年增长33.9%，同比增收35.54亿元，其中国内税收收入136.94亿元，同比增长33.3%，增收34.24亿元；市以下地方级收入完成58.47亿元，同比增长49.5%，增收19.36亿元。市国税局获全国文明单位、全省国税系统绩效管理优秀单位、泰安市“五型”机关建设示范单位、泰安市平安建设先进单位、市政府民生服务工作先进单位等称号。在2018年4月13日召开的全市经济社会发展综合考核奖励大会上，获市委、市政府“市直2017年度经济社会发展综合考核先进单位”称号。

市国税局在全省率先试点无纸化办税新模式　（贠相前　供）

【依法行政】 ①落实税收优惠。落实出口免抵退税、结构性减税以及

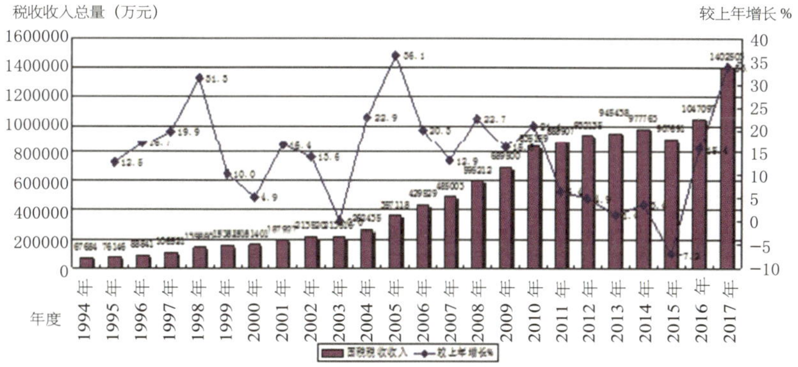

图1　1994—2017年泰安市国税收入完成情况

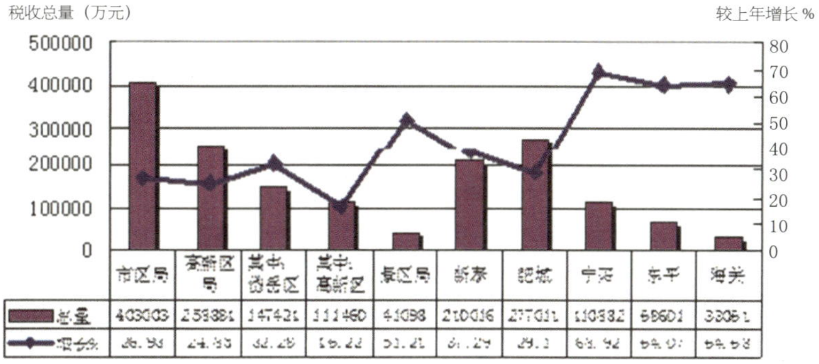

图2　2017年泰安市国税收入分（县、区）完成情况

鼓励高新技术企业发展、扶持小微企业（小型企业、微型企业、家庭作坊式企业、个体工商户）发展等各项税收优惠政策53.84亿元，较上年增加5.85亿元。②开展法治国税建设。优化全市法治分局评选，肥城市国税局被国家税务总局评为“全国税务系统法治基地”。③规范税收执法。制定实施重点税收执法项目操作指引和检察建议落实反馈工作规程。围绕重点风险领域开展税收执法督察，试点行政执法公示、执法全过程记录、重大执法决定法制审核等制度。④打击涉税违法。开展税收专项整治和发票违法犯罪活动，推行“双随机一公开”，检查纳税人183户，稽查查补入库0.91亿元。

【税收征管】①税源专业化管理改革。市区、高新区国税局开展税源专业化管理改革试点，制定全市改革实施方案，完善风险管理运行机制，统筹风险应对，推动市局实体运作、县局专业应对、分局基础管控，初步实现风险管理职能和管理队伍专业化。②税收业务管理。制定增值税、企业所得税以及境外税收风险管理、出口退税服务等业务指引。开展征管基础数据质量专项整改，清理金税三期系统13万条疑点数据。加强商品房网签、医保刷卡等第三方信息采集，开展重点事项和行业风险分析，实施风险提醒和应对3120户次，入库税款6.15亿元。③税种管理。加强营改增后续管理，建安行业外出经营税收管理操作规范在全省推广应用。推行增值税发票管理新系统，试点增值税发票网上申领和小规模纳税人自开专票。落实消费税分税目改革，开展车辆购置税逾期未申报数据核查。开展企业所得税汇算清缴，做好企业所得税管理系统泰安运维基地管理服务。落实出口退税标准化服务事项，提高退税速度。开展千户集团和重点企业数据分析和税务审计，加强关联交易和跨境税源管理。④税收社会化管理。设立社区税收服务站点和纳税人公益学校，联合财政等部门举办发票摇奖，与市邮政部门签订战略合作协议，加大委托代征零散税款和代开发票力度。

【纳税服务】①落实“放管服”改革举措。推进“便民办税春风行动”，在新闻媒体公开亮诺接受监督。②多元化办税服务。拓展网上办理业务范围，试点网上银行缴税，推广二维码便捷开票，合理设置24小时自助办税点，构建以网上办税为主、自助办税为辅、第三方代办为补充、办税服务厅兜底的“四位一体”多元化办税服务模式。③服务“三强”（区域拉动力强、行业竞争力强、财税贡献能力强）企业。精准落实税收政策，开展针对性辅导调研，全市“三强”企业集团完成国税税收收入25.02亿元，较上年同期增长33.62%，增收6.29亿元。④维护纳税人合法权益。推进纳税信用体系建设，建立纳税人涉税违法举报快捷处理通道，及时办理纳税人涉税咨询、投诉。

【无纸化办税】运用电子签章版式文件技术，在全省率先试点无纸化办税新模式，对使用增值税发票管理系统的纳税人全面推行无纸化办税，纳税人在办理业务时通过CA认证对电子资料套用电子签章，省去纸质资料报送，经验做法在全省推广应用，中央电视台、山东电视台、《大众日报》等媒体进行宣传报道。

【年度税收分析】①税收收入快速增长。受全面营改增政策性翘尾增收、工业经济税收全面回升等因素影响，全市税收收入增长33.9%，进入1994年机构分设以来第3个快速增长期波峰。②国税税收收入规模跃升至140亿元。继2016年全市国税收入突破100亿元关口后，国税收入跨越140亿元关口，增收额相当于过去7年增收额之和。③地方级收入连续2年大幅提升，税收

市国税局开发“全景式税收共治平台”，推进税收社会化管理

（贠相前　供）

4月28日，市国税局、市地税局和中国邮政泰安分公司举行战略合作框架协议签订仪式（贠相前 供）

收入分享比重趋于合理。全市市以下地方级收入完成58.47亿元，同比增长49.5%，增收19.36亿元。国税地方级收入连续2年实现大幅度提升，由2015年的25.11亿元、2016年的39.11亿元跃升到2017年的58.47亿元，2年来分别增长55.7%和49.5%。全市中央级和地方级收入之比为56.4∶43.6，其中市以下地方级收入比重达42.7%，较全面营改增之前2015年提高13.8个百分点，1994年分税制改革之后国税地方级收入比重逐年下降问题得到扭转，国税收入对地方财政收入贡献率大幅提高。④改征增值税收入突破40亿元，营业税改增值税圆满收官。全市改征增值税收入完成40.49亿元，较上年增收21.7亿元，增长115.5%，其中建筑业、房地产业、金融业和生活服务业等最后纳入改革范围的四大行业改征增值税完成35亿元，同比增收20.79亿元。四大行业改征增值税收入增速居全省第6位，占税收收入之比25.56%，居全省第2位。

（刘　峰　苏　军）

【概况】 年内，全市有地方税务（简称地税）机构48个，其中市级局1个，县级局6个，直属单位和派出机构4个，中心税务所37个，在职职工1108人；纳入地税管理的纳税人10.71万户，其中单位纳税人5.01万户，个体纳税人5.70万户。组织入库各项收入112.28亿元，同比增长5.39%，增收5.74亿元，其中纳入一般财政预算的地方级税收收入完成88.37亿元，同比增长6.13%。通过全国文明单位复审，获"富民兴鲁劳动奖状"，被评为山东省职工职业道德建设标兵单位、山东省地税系统绩效管理进步单位。在2018年4月13日召开的全市经济社会发展综合考核奖励大会上，获市委、市政府"市直2017年度经济社会发展综合考核先进单位"称号。

【税收征管】 开展"税收征管基础建设年"活动，加强征管基础现状分析，建立覆盖市、县、所三级数据质量管理员队伍。欠税公告率由年初的31%上升至98.74%，催缴率由年初的51%上升至99.2%，强制保全率由年初的15.33%上升至97.55%，行政处罚率由年初的43.9%上升至100%，网上申报率由年初的72%上升至95%，清缴欠税7126万元。市地税局和泰山分局、

2017年泰安市地税收入分县（市、区）完成情况

表13　　单位：万元

单　　位	税　额	增　长（%）	增　加
合计	1122842	-13.03	-168273
泰安市地方税务局直属征收分局	116090	-24.33	-37328
泰安市地方税务局泰山分局	123420	-14.38	-20727
泰安市地方税务局岱岳分局	123232	5.07	5942
肥城市地方税务局	241123	-10.25	-27523
新泰市地方税务局	243288	-15.50	-44637
宁阳县地方税务局	59977	-22.06	-16974
东平县地方税务局	61103	-21.54	-16773
泰安市地方税务局经济开发区分局	143211	-5.83	-8861
泰安市地方税务局泰山风景名胜区分局	11398	-10.88	-1392

2017年泰安市地税收入分税种完成情况

表14　　　　单位：万元

项 目	税 额	增长（%）	增加
总 计	1122842	-13.03	-168273
国内税收收入合计	1052750	-14.14	-173334
增值税收入	6939	117.73	3752
营业税	11163	-95.58	-241115
企业所得税	107413	3.88	4011
个人所得税	159324	28.90	35722
资源税	106685	32.44	26133
城市维护建设税	77441	11.10	7740
房产税	42516	10.18	3929
印花税	19154	31.19	4554
城镇土地使用税	132566	-0.09	-116
土地增值税	97251	-15.29	-17551
车船税	26654	25.79	5464
耕地占用税	165224	-14.67	-28406
契 税	100420	28.96	22549
其他收入合计	70092	7.78	5061
教育费附加收入	34393	12.63	3856
地方教育附加	22933	12.66	2577
文化事业建设费收入	—	-100.00	-3
残疾人就业保障金收入	1745	10.72	169
税务部门罚没收入	104	-39.53	-68
地方水利建设基金	8488	-16.30	-1653
其 他	2429	8.15	183

新泰市地税局、肥城市地税局分别被评为全省“税收征管基础建设年”活动先进市局和先进县（市、区）局。实施“信用管税”，建立税银、税税、税警、税政、税企、党建促税务“六种关系法”。组建税收风险管理团队，借助“互联网”“测亩仪”“企查查”等，开展税收风险分析。签订国税、地税、邮政三方《战略合作框架协议》，与34家代征单位签订委托代征协议，同市财政局等7部门签订委托代售印花税票协议书。

【税政管理】 提前做好环境保护税、水资源税开征调查研究，强化个人所得税全员全额明细申报和企业所得税汇算清缴，加强税收政策研究和单税种管理。强化税政闭环式管理，追踪税收政策落地情况。探索非居民税收管理、反避税工作。联合市国税局、市银监分局与27家银行签订“银税合作”协议，发放贷款1.22亿元。用好用活降成本优环境、新旧动能转换、小微企业征前减免、研发费加计扣除、高新技术企业等各项税收优惠政策，依法减免各项地方税（费）2.56亿元。

【税收服务】 落实“放管服”要求，按照“审批事项少、办事效率高、服务质量优”的要求，打造“电子税务局”，实现“指尖办税零距离”。优化涉税审批流程3项，取消非行政许可审批事项34项，简并涉税审批资料11个，实施免填单服务8项。以网上办税为主、自助办税为辅、实体办税兜底为依托，打造“线上线下”纳税服务体系。在市电视台公开承诺，明确办理时限及服务标准，接受社会监督。落实首问负责、一次性告知、限时办结

5月11日，泰安市地税局举办《泰安市地方税务志》出版发行暨获奖座谈会（曹丙珂 供）

等10类31项便民举措，拓展升级“互联网+税务”“金税三期”等平台，推行网上申报缴税。推进国地税一体化办税，全市国地税联合共建办税服务厅6个，互设窗口47个，共同进驻政务大厅4个，国地税联合办税窗口70个。实行“一窗两税+委托代征”申报征收模式，国地税业务一窗受理，两税通办。推行“全市通办”，纳税人可就近在全市任一办税服务厅办理5大类、86项业务。

【依法治税】 建设税收执法痕迹管理平台，设置洽谈室，配备执法记录仪，实现执法过程可追溯；开发手机APP“税易通”，具备税收政策查询、征纳互动、个性化服务等9大功能；应用执法360软件平台，监控执法过错，执法质量综合比例99.92%。重点稽查实行“双随机一公开”，共稽查207户，查补入库2.7亿元。建立税警联络办公室，实现常态化联合办案。开展税收执法大督察和重点检查，与市财政局、国土局和房管局联合开展土地房产税收清查。

【精神文明建设】 深化“泰山魂·地税情”品牌，工作经验被《中直党建》转发，泰安市直机关服务品牌建设现场观摩推进会在市地税局召开。编辑出版《梦绚税蓝》，《泰安市地方税务志》获2016年度山东省优秀史志成果奖。签订全面从严治党监督责任书和纪检监察干部“三转”承诺书，全系统共配备专(兼)职纪检监察干部72人，研发《泰安市地税系统监督执纪“四种形态”管理平台》，强化日常警示教育，开展分类分级廉政谈话。围绕“纪律行动”部署，开展“集中学习周”和“重效率、勇担当、作表率”主题活动。与市国税局开展党建协作，经验做法被《紫光阁》刊发。组织延安宗旨教育培训、年轻干部“三同三进”教育、干部读书活动、地税干部大讲堂等，参加“岗位大练兵，业务大比武”，开展“最美税务人”评选，肥城市地税局被评为全国税务系统先进集体，肥城市地税局1人被评为全国“百佳”纳税服务中心主任。

【年度税收分析】 ①中央级收入增速快于地方级。地方级收入95.37亿元，可比口径增长4.39%，增收4.01亿元；中央级收入16.91亿元，同比增长11.5%，增收1.74亿元。个人所得税是拉动中央级收入增收的主要因素，累计入库15.93亿元，同比增长28.9%，增收3.75亿元。②各征收单位收入不均衡。全市9个征收单位增减不一，直属征收局、新泰市地税局、肥城市地税局分别减收1556万

4月12日，泰安市地税局、市国税局联合召开服务“一带一路”助力企业发展宣讲会，进行关联企业业务往来申报培训，切实服务好“走出去”纳税人（曹丙珂 供）

1月17日，市地税局和泰安日报社、泰安传媒集团联合主办的“地税传媒手牵手，一心一意跟党走”迎新春联欢会在泰山文化大厦举行

（曹丙珂　供）

元、15312万元、8621万元，其他单位均呈增长态势，其中岱岳区增幅始终处于首位，可比口径增速达36.03%。③产业结构明显优化。地税收入中来自三次产业的税收结构由上年的1.15 : 44.51 : 54.34调整为2.17 : 41.13 : 56.7，第一产业收入比重比上年提高一个百分点，第二、三产业收入比重分别较上年下降和提高3.38和2.36个百分点。④骨干企业贡献显著。年纳税300万元以上的独立纳税企业436家，入库各项收入53.29亿元，占全市地税收入的47.46%，比上年提高6.24个百分点，其中年纳税5000万元以上的14家，同比增加4家，实现税收12.84亿元，占地税收入的11.44%，比上年提高2.4个百分点；年纳税3000万元以上的31户，同比增加10家，实现税收18.98亿元，占地税收入的16.9%，比上年提高4.77个百分点；年纳税1000万元以上的145家，同比增加2家，实现税收37.73亿元，占地税收入的33.6%，比上年提高6.14个百分点。

（曹丙珂）

编校　张云霞　　审稿　曹成义

金融

综述

【概况】 2017年，全市金融机构和金融组织168家。其中，银行业机构22家，存款余额3325.2亿元，新增269亿元，比年初（下同）增长8.8%；保险业机构54家，保费收入112.1亿元，增长19.6%，累计各项赔款32.9亿元；证券机构12家，开户总数1574万户，累计成交额2838.1亿元，实现收入1.71亿元；小额贷款公司15家；融资性担保公司8家；民间资本管理公司24家；民间融资登记服务公司1家；典当行27家，融资租赁公司5家。

【资金支持】 年末，驻泰安银行业机构存款余额3325.2亿元，比年初增加269亿元，增长8.8%。驻泰安银行业机构表内贷款余额2103.6亿元，比年初增加166.9亿元，增长8.6%；年末债券、股权等直接融资218.9亿元；全市工业流动资金贷款比年初新增58.8亿元、中小企业新增57.3亿元、“三农”新增50亿元。

【政金企合作】 政金企合作签约额300亿元，资金到位率100%。精心筛选项目267个，总投资1261.1亿元。3月、7月，先后举办2017年度金融支持实体经济政银企合作项目新闻发布会、2017中国（泰山）金融产品博览会。对主营业务增长快、技术含量高、市场空间大的第一类企业，采取“贷款+股权+债权+基金+上市”联动方式，打造风险可控的闭环资金、资本运作系统。为瑞星、康平纳等7家企业定制“金融服务套餐”，解决企业发展中的资金难题。

【企业直接融资】 规模企业改制完成546家，占应改制企业77.4%，超出全省计划29个百分点；实施“百家企业上市梯次培育计划”。8月，瑞星在香港主板成功上市；新巨丰报国家证监会IPO（首次公开募股）初审；泰石岩棉等9家企业启动上市程序。“新三板”累计挂牌企业19家；12家企业启动挂牌程序；区域股交中心挂牌60家；组织30家企业董事长参加香港上市、债券等培训；邀请上交所等进入19家企业辅导。3月、8月，山东证监局在泰安市召开现场会，对8家重点企业面对面指导。9月，邀请省金融办、齐鲁股交中心对83家企业培训。帮助企业解决改制中土地出让、房地产确权、环保环评等实际问题。强化调度督促，编印《企业上市挂牌政策指南》，建立上市挂牌企业动态库，制定全市企业上市挂牌实施方案。

【金融招商引资】 引进威海银行、青岛银行、恒丰银行、平安银行4家异地银行，威海银行已试运行；引进安信、长江、国都、华安、华林、银河、东方财富7家证券机构和亚太财险1家保险机构。与省国开行、省工行、省联社、省农发行战略合作。其中省国开行在“十三五”期间向重点基础设施、水利、文化旅游等提供400亿元融资支持；省工行未来3年内对公共服务、“三强”企业、重点建设项目等投放500亿元表内外融资；省联社指导泰安农商银行系统未来4年提供不少于200亿元的金融支持；省农发行未来3年向新泰市棚户区项目提供不低于40亿元政策性支持。泰安金融商务区建设完成投资7亿元，市民之家和超高层双子楼完成基础施工。招商进展顺利，有11家机构签订入驻协议。

【普惠金融】 9月，省供销社会同省金融办在泰安召开试点工作推进现场会会议。11月，省金融办在泰安召开新型农村合作金融试点工作经验交流会，泰安市分别作典型经验介绍。全市试点合作社32家，互助人数2600人，位居全省前列。年末，全市8家融资性担保公司在保余额107.5亿元，增长40.9%，放大倍数3.1倍。新设立3亿元国有控股融资性担保公司2家；弘泽担保拟新增资10亿元，拟新设5亿元国有控股融资性担保公司已报省金融办审批。年末，全市15家小额贷款公司、24家民间资本管理公司投放余额56.6亿元，累计投放68.9亿元，已成为支持中小微企业的重要力量。依托民间借贷登记服务公司建立"金融超市"模式，在全省推广，成为省内具有影响力的中小微企业投融资平台，为2万家中小微企业服务，累计带动民间资本40亿元。年末，驻泰安54家保险公司保费收入112.1亿元，同比增长19.6%，累计各项赔款32.9亿元。全市11家证券机构累计成交额2838.1亿元，实现利润7730万元；1家期货业机构累计代理交易额130.61亿元。

【防范和打击非法集资】 加强机制建设，按照网格化、全覆盖管理模式，建立"六个机制"，实现打早打小，做到防范、监管、打击"三位一体"，防范网络"到边到底"，不留空当和死角，形成"政府领导、属地管理、防范在先、齐抓共管、社会参与"工作大格局。开展"进村入户进社区进校园"活动。运用金融机构3600个代办点、支付终端，张贴宣传材料，发放防范非法集资册子；依托金融机构的300个经营网点，高密度、高频次的滚动播放公益广告和案例。连续开展防范非法集资面对面"宣传月"活动、"进大学校园"活动。在《泰安日报》开辟专栏，刊发致《全体市民公开信》；春节前后，在泰安电视台连续播放公益广告，提高群众对非法集资识别能力。做好监测预警，建立由市金融办、公安、工商等共同构筑的防范非法集资监测预警平台，出台《泰安市非法集资案件举报奖励办法》，鼓励市民对涉嫌非法集资的犯罪行为进行举报，对举报查实的给予奖励，最高2万元。创建"无非法集资村居社区"，由公安派出所牵头，对辖区内P2P平台、农民专业合作社、投资理财公司等非法集资风险聚集行业，对街头门店、商务楼宇等重点出租区域逐一走访调查，全面采集信息，摸清底数、建立台账、录入系统、逐一建档、定期约谈、限期整改。开展"互联网金融发展规范整治行动"。制定《专项整治实施方案》，做到全面核实，应查尽查，建立台账，限时销号。 （马　峰）

泰安金融控股集团有限公司

【概况】 2017年，在全市"三强"企业培植工作半年部门考核中获得第三名，登"2017泰安年度风云企业"榜。按照"全牌照、长链条"要求，内抓管理提升，外抓扶持"三强"企业中心任务，以综合化投融资手段服务实体经济发展。2017年，实现营业收入3.04亿元，同比增长88.82%，经济效益再创新高；为全市3730家企业及个人提供担保服务4590笔，完成担保额124.6亿元，同比增长35.5%，业务规模名列全省第一。综合运用融资担保、互联网金融、民间资本管理、产业运作基金、融资租赁等金融工具服务15家"三强"企业，提供融资支持24.3亿元。

【综合投融资平台】 承办山东省融资担保企业协会2017年第一期高管培训暨发展经验交流会会展项目；创新合作完成泰安金石企业重组发展基金设立、泰安点石融资租赁公司成立、瑞福锂业新增生产线和新岳海集团项目建设。延伸产业链条，拥有子公司8家，参股公司6家。其中，泰安市融资担保公司是全市唯一一家获得资本市场AA级信用等级资质的国有担保公司；点石投资管理公司是泰安市首家股权类、创投类基金管理人，是全市唯一一家国有基金投资管理公司，与高新区、企业出资设立了泰安市首支担保互助基金，创新设立产业发展引导基金，成功发行备案泰安市首支私募基金——点石投资宝石私募投资基金1号；汇智民间资本管理公司在全市民间资本管理公司率先开展定向私募融资业务，且定向私募融资业务规模位列山东省第一；点石融资租赁公司是全市注册资本规模最大的国有控股融资租赁公司。在新泰、肥城、宁阳、东平成立分公司，与22家银行建立战略合作。

【帮扶企业化险解困】 以债权置换、贷款续作、暂时性资金注入、股权投资等方式帮助企业破圈解链、隔离风险，率先与省金融资产管理公司合作成立企业重组发展基金，通过债务重组、企业重组和并购等方式，帮助岱银集团、瑞星集团等企业盘活不良资产。以产融结合方式对岳海集团、嘉信汽贸两家企业进行重组，成立新公司，隔离风险。 （李春霞）

中国人民银行泰安市中心支行

【概况】 该行坚持稳中求进总基调，适应把握引领经济发展新常态，贯彻执行金融调控政策，防控化解金融风险，改进金融与外汇管理服务，深化区域金融改革，持续推进泰安经济金融协调健康发展。连续15年保持“省级文明单位”称号，被表彰为“山东省职工职业道德建设先进单位”，获市委、市政府“市直2017年度经济社会发展综合考核先进单位”称号。

【金融运行】 年末，全市金融机构人民币各项存款余额3325.2亿元，比年初增加269亿元，同比少增82.2亿元。单位存款保持增长。全市单位存款余额1131.6亿元，比年初增加109.4亿元，同比少增7.6亿元。个人存款稳定增长。个人存款余额2131.8亿元，比年初增加185亿元，增长9.5%，同比回落2.9个百分点。

全市人民币各项贷款余额2103.6亿元，比年初增加166.9亿元，同比多增30.8亿元，增长8.6%。短期贷款小幅下滑。短期贷款余额884.1亿元，比年初增加30.4亿元，同比少增13.7亿元。其中，全市个人消费贷款30.9亿元，同比多增24.4亿元；短期单位经营性贷款下降7.9亿元，同比多降62.8亿元。中长期贷款保持增长。全市中长期贷款余额1150.9亿元，比年初增加173.6亿元，同比多增87.3亿元。票据融资整体处于低位。全市票据融资余额67.2亿元，比年初下降34亿元。

外币存贷款有所增加。全市外币存款余额32659万美元，比年初增加200万美元，同比少增7902万美元。全市外币贷款余额4413万美元，比年初增加1664万美元。

【金融调控】 年初，制定中支1号文件《关于认真贯彻稳健中性货币政策 改进金融服务和外汇管理 促进全市深化供给侧结构性改革的意见》，围绕市政府1号文件，出台《关于大力支持“三强”企业的实施意见》，围绕供给侧结构性改革这条主线，把政策传导着力点放在疏通金融支持实体经济渠道和优化资源配置上，加大对先进制造业、战略性新兴产业、传统产业升级改造等重点领域和薄弱环节的信贷支持。9月6日，《强化金融支持经济发展力度 助力富裕文明幸福新泰安——中国人民银行泰安市中心支行2017年上半年支持经济社会发展纪实》被《泰安日报》报道。

引导金融机构加大信贷投放 加大货币政策工具运用，灵活运用定向降准、再贷款、再贴现等差别化政策工具，全年发放再贷款、再贴现、常备借贷便利18.35亿元。通过“定向降准”“普惠金融降准”等措施，增加可贷资金6.1亿元，并通过规定资金用途，引导金融机构加大对重点领域的信贷投放。引导金融机构降低融资利率，全年全市金融机构新发放的企业贷款加权平均利率5.34%，同比下降0.2个百分点。10月31日，《为转型发展注入资金“活水”——山东泰安金融支持新旧动能转换侧记》被《金融时报》报道。

金融扶贫 推进金融精准扶贫，完成“一户一档”，7.34万人建立金融扶贫档案。年末，全市累计发放扶贫贷款21.7亿元，较年初增长1.3倍，惠及贫困人口3.8万人。

推动金融产品创新和银企对接 畅通融资需求信息发布机制，通过山东省融资服务网络平台，推动银企成功对接融资246亿元，位居全省第六名。3月24日，与市金融办联合召开全市金融支持实体经济政银企合作项目新闻发布会。7月6日与市金融办联合举办中国（泰山）金融博览会，形成线上线下对接良性互动。8月18日，与工商局联合

4月18日，中国人民银行泰安市中心支行召开泰安市货币政策通报暨金融管理通报工作会议 （张景浦 供）

2017年泰安市存款类金融机构信贷收支情况

表15　　　　　　　　　　　　　　　　　　　　　　　　　　　　　　　　　　　　单位：万元

项目名称　栏目	年末余额	比年初增减		项目名称　栏目	年末余额	比年初增减	
		当年	上年			当年	上年
各项存款	33252343	2690408	3512427	各项贷款	21035633	1668858	1361197
境内存款	33247611	2689887	3512271	境内贷款	21035579	1668913	1361254
住户存款	21317963	1850268	2144509	住户贷款	7573753	1709196	832930
活期存款	5323325	390085	706822	短期贷款	1628814	211875	-65171
定期及其他存款	15994638	1460182	1437687	消费贷款	846073	309258	65667
非金融企业存款	7191268	745691	920589	经营贷款	782741	-97383	-130838
活期存款	4121718	959419	457261	中长期贷款	5944939	1497321	898100
定期及其他存款	3069550	-213727	463328	消费贷款	5297039	1415230	871981
广义政府存款	4418652	455402	162628	经营贷款	647900	82090	26119
财政性存款	294333	107130	-86352	非金融企业及机关团体贷款	13461817	-40283	528324
机关团体存款	4124319	348271	248980	短期贷款	7211986	92212	506595
非存款类金融机构存款	319727	-361473	284546	中长期贷款	5563724	239136	-35093
境外存款	4732	521	156	票据融资	672019	-339635	64694
金融债券	60000	-8	-3	融资租赁			
其中：境外发行				各项垫款	14087	-31996	-7873
卖出回购资产	11999	-82251	-103750	非存款类金融机构贷款	9		
借款及非存款类金融机构拆入				境外贷款	54	-55	-57
联行往来（净）				债券投资	3589326	-235332	371561
应付及暂收款	875417	-9116	10244	其中：境外债券			
各项准备	642369	-21528	139389	股权及其他投资	1107586	-494779	875927
所有者权益	1099876	-22484	-65832	买入返售资产	1950	-34050	36000
其中：实收资本	681022			存放非存款类金融机构款项	7		
其他	-2864235	-1238469	-286260	联行往来（净）	6819924	392465	526370
				其中：境内存放二级准备金	567488	30541	20089
				金银占款			
				中央银行外汇占款			
				应收及预付款	211839	4048	39159
				投资性房地产	337	-29	-29
				固定资产	311167	15370	-3970
资金来源总计	33077769	1316550	3206215	资金运用总计	33077769	1316550	3206215

说明：本表机构包括中国人民银行、银行业存款类金融机构

召开“三押一推”工作会议，全市共办理股权、动产、商标专用权和应收账款抵质押融资175亿元，缓解中小微企业担保难问题。

推动农民住房财产权抵押贷款增量扩面 创推《农房抵押＋公证》《农房抵押＋保险保证》等多种农民住房财产权抵押贷款产品，肥城农民住房财产权抵押贷款余额3.68亿元，较年初增长4.4倍。8月1日，《人行泰安市中支增量扩面工作实现“三个突破”》被《金融时报》报道。

支持外贸经济发展 坚持“扩流入、控流出、稳预期、防风险”的思路，防范跨境资本流动风险，促进贸易投资便利化。5月16日，与市商务局、高新区签署《合作备忘录》，打造涉外企业管理服务合作新平台。6月5日，《外汇局泰安市中心支局积极优化涉外企业服务》被《金融时报》报道。落实“一企一策”、特事特办，实地走访岱银等40余家重点涉外企业，为企业解答外汇、跨境人民币政策问题110余条。借力“一带一路”，支持企业“走出去”，跨境人民币结算额22.67亿元，同比增长4%。年末，全市跨境收支总额27.3亿美元，同比增长8.3%。1月17日，《外汇局泰安市中心支局助力企业参与“一路一带”建设》被《金融时报》报道。

【金融服务】 贯彻落实普惠金融理念，以普惠为导向，以“三农”和小微企业为重点，创新基础金融服务，引导和督促金融机构提供更加安全便捷的金融服务。

应收账款融资 年内，通过应收账款融资服务平台促成交易金额88亿元，同比增长1.6倍，缓解企业融资难、融资贵和担保难题。

POS贷业务 年内，全市累计发放POS贷3030笔，金额2.12亿元，覆盖乡镇30个、行政村121个、农户460家，满足中小微企业和农户融资需求。

惠农支付体系建设 持续推进农村支付环境建设，年内，全市存量助农取款服务点1.04万个，电子机具2.51万台，同比分别增长0.75%、1.63%，实现全市3635个行政村全覆盖。1月17日，《家门口的普惠金融“大超市”——山东泰安优化农村支付环境推动助农取款点升级侧记》被《金融时报》报道。

电子商业汇票 年内，全市办理电子商业汇票承兑194.7亿元，同比增长60.1%；贴现金额116.6亿元，同比增长82.5%，有效拓宽中小微企业融资规模。

国库业务 履行经理国库职能，实现非税收入“T+1”（交易登记日的次日）日划缴入库，年内，全市办理直缴入库4.25万笔，金额1.3亿元；办理直接支付82.81万笔，金额1.24亿元。6月20日，《人行泰安市中支推动非税收入直缴入库》被《金融时报》报道。

现金服务 优化现金供应服务，组织金融机构与公交公司联合建立硬币清分中心。组织金融机构做好贺岁普通纪念币、“和”字书法楷书普通纪念币的预约兑换工作。

社会信用体系建设 泰安市成为全省第4家实现中小微企业和农村地方征信数据库建设双达标的地市，实现全市地方法人金融机构查询省域征信服务平台纳入信贷审批流程全覆盖。实施信贷信息“红榜”发布制度，将238家“红榜”企业上传地方征信数据库。年内，办理各类信用报告查询15.1万笔。

【金融管理】 坚持依法从严治行，扎实推进法治央行建设，进一步提升金融管理水平。

金融稳定 推进存款保险制度实施，高质量完成2017年度存款保险风险评级、差别费率管理和保费核缴等工作。开展宏观审慎评估，约谈3家C类金融机构主要负责人。成立市级利率定价自律机制，维护公平有序的利率定价秩序。年内，发出2期风险警示和早期纠正通知书，督促问题金融机构有效化解风险。建立风险企业跟踪监测制度，密切关注辖区35家大型企业信用及经营状况，分解落实10家重点企业风险监测任务。开展对全市银行、保险、证券业机构的综合执法和专项检查21次，作出行政处罚4笔，维护正常金融秩序。联合公安机关开展专项打击假币违法犯罪活动，泰安市中支货币金银科被授予山东省打击整治假币违法犯罪专项行动先进集体。

反洗钱工作 年内，对1家存在严重违规问题的机构严格落实“双罚制”，加强与公检法等部门的情报会商和案件协查，向公安机关移交15起可疑交易线索，其中3起被立案侦查。建立与行业主管部门的联合监管机制，将典当、拍卖等特定非金融机构纳入反洗钱监管范围。

支付结算工作 在全省率先建立支付主体监管地图，对全市收单市场进行动态监管。年内，对6家收单机构和600家特约商户开展现场检查，协助公安机关侦破电信网络诈骗案件122起，成功劝阻受骗群众汇款1984人次。10月24日，《人行泰安市中支建立支付监管地图》被《金融时报》报道。

金融消费权益保护 9月26日，设立全市首个农村金融知识普及教育基地。与市消协等四家行业协会建立消费者保护合作机制，畅通金融消费者维权渠道。11月7日，

《人行泰安市中支设立农村金融知识普及教育基地》被《金融时报》报道。（张景浦）

中国银行业监督管理委员会泰安监管分局

【概况】 该局有在职职工62人，内设科室9个，下设新泰、肥城、宁阳、东平4个监管办事处，依法对全市银行业金融机构履行监管职责。2017年，泰安银监分局扎实开展各项工作，在复杂严峻的经济金融形势下，确保辖区银行业实现持续稳健运行。年末，全市银行业各项贷款余额2106.44亿元，较年初增长8.66%；各项存款余额3304.09亿元，较年初增长8.44%；不良贷款余额、不良贷款率控制在较低水平，信用风险整体可控；累计实现净利润27.69亿元，同比多盈4.58亿元。先后被银监会、山东银监局表彰为“政务信息报送先进单位”“优秀领导班子”“精神文明单位”；被市委、市政府表彰为“防范化解金融风险突出贡献奖”“市直2017年度经济社会发展综合考核先进单位”；有7个集体或项目、13名个人获评省局或市委、市政府以上表彰。

【支持地方经济发展】 落实全省新旧动能转换一号工程的有关要求，优化信贷结构。年末，辖区优先类、鼓励类、支持类贷款余额994.39亿元，较年初增加113.90亿元；维持类、限制类、制裁类贷款余额415.04亿元，较年初减少57.09亿元。落实泰安市委、市政府培植“三强”企业的有关要求，研究制定《关于全市银行业支持三强企业发展的实施意见》，全市“三强”企业贷款余额180.77亿元，较年初增幅12.07%。与市科技局联合制定《关于银行业金融机构加快实施创新驱动战略 深化科技金融创新融合的实施意见》，配套科创金融扶持政策，建立科技金融专业管理机制。确定4家科创金融重点辅导机构，新设3家科技专业支行。与市高新区管委会、市科技局联合组织“科技型、创新型企业专场银企对接会”，为科创企业新增贷款24亿元。联合市委宣传部组织“银行与文化旅游体育企业对接洽谈会”，整合全市40个重点文旅项目推介对接，达成授信意向10个。组织“增提创”暨“第三季千家企业百日行”活动，开展债委会联合走访、银证保协同走访、政监银共同走访，累计走访企业1326家、项目62个，新增授信74亿元，为595家企业减费让利5076.5万元。与团市委协同开展上百名青年企业家与银行高管的“银企融合之旅”活动，活动开展情况在新华网、《大众日报》等主流媒体报道40篇；开发并在互联网上线“泰安市银行业小微企业金融产品超市”，上线26家银行、九大类、159小类小微产品，累计访问超过3000人次，与地方门户网站、经信委、中小企业办端口对接，扩大覆盖面和影响力。

【防控重点领域风险】 构建“伞形”风险防控架构，参与山东银监局“风险地图”建设，发挥“风险雷达”预警作用，加强风险研判分析。坚持并加强债委会运行，落实牵头行责任，推动每季度对企业联合走访、预警分析，强化同业协同和银企互动。推动东顺纸业、瑞星集团等重点企业的风险化解工作，均已渡过难关，恢复正常经营，风险化解工作成效明显。依托“担保圈风险识别监测与共享系统”，按月绘制担保圈图谱，动态监测全市50个担保圈，重点突破肥城阿斯德集团担保圈，采用“债务打包处置并回购”的熔断法，有效切断风险传染路径。协同市法院出台“关于基本解决执行难问题的意见”。督导银行开展“合规制度建设年”活动，与各行签订《案件风险防控责任书》，组织全市200名支行行长参加预防职务犯罪警示教育。组织开展安全稳定隐患排查专项治理，与各行逐一签订责任书，在自查的基础上推动重点问题的整改。配合做好全市非法集资预警防控平台建设，加大打非宣传力度。联合市金融办，推进P2P网络借贷平台分类处置工作，进入整改验收阶段。

【推进银行改革转型】 推动泰安银行改革转型，保持平稳运行，济南分行正式开业，新设14家县域分支机构，完成9.08亿元资产证券化业务。督促各农商行严格信贷管理，加大不良贷款处置力度，开展资产质量真实性的自查核查，托清风险底数。召开两次农商行信访工作专题会议，督促省联社泰安办事处落实行业管理责任，将信访纳入对各农商行的考核，督促各农商行落实主体责任。推动各农村中小金融机构平稳运行，更好服务全市三农发展。针对沪农商村镇3家银行风险高企问题，与上海银监局监管联动，督促上海农商行承担兜底责任，制定一揽子风险化解方案，并由发起行调整高管层，加强管理帮扶，回到正常经营轨道。年内，引入青岛银行、威海商行两家机构，优化辖区银行业金融体系。

【深化监管工作成效】 注重问题线索的深挖深剖，强化现场检查深度，在内部管理、合规经营、信贷业务、票据业务等方面查清查实多项重大违规问题，并严肃问题，从严实施行政处罚。全年分局实施行政处罚17次，罚款280万元，处罚高管6人；对6家银行开展不规范经营和违规收费专项检查，查出违规业务24笔，责令全额退还收费446万元，对违规银行给予行政处罚；组织开展“EAST系统应用提升年”活动，每周开展2~3次专题培训，按季组织测试，督促员工提高系统应用熟练程度。年内，班子成员人均到银行、企业、办事处基层联系点调研30次，累计形成调研成果15篇，全局完成长篇调研50篇，编发政务信息400篇；印发《关于进一步规范信访处置工作的意见》，组织召开辖区银行业消保联席会议，对销售专区“双录”情况进行评估检查2轮次，确保“双录”要求严格落实；组织“金融知识进万家”宣传服务月、“送金融知识进校园”活动，活动组织扎实、亮点多、受众广、效果明显，受到银监会督导组的赞许，分局获全省“优秀组织单位奖”。

【加强监管队伍建设】 调整分局党建工作领导小组，制定党建工作计划和要点，继续将党建摆在首要位置纳入十项重点工作，全面明确党建目标和14方面重点内容。全年召开党委会37次，每季度系统研究党建工作，每月都有党建议题，研究审议党建事项40项，制定党建文件30余份，切实强化对党建工作的领导。针对银监会巡视反馈问题，成立领导小组，印发落实巡视整改任务的通知、任务分解和整改计划表，逐条逐项对照检查，查摆出五大方面24项具体问题，从系统整改和长效机制两个层面制定整改措施60项。将中共十九大精神的学习纳入分局党委会、支部学习的必学内容，中心组组织集中学习和专题研讨5次，班子成员到支部做宣讲9场，组织党员干部结合学习，撰写心得体会60份，组织开展“学习十九大精神、我来讲”“践行十九大精神，争做监管先锋”等活动。履行党风廉政建设党委主体责任，研究制定年度《党风廉政建设工作实施意见》，逐级签订责任书。开展员工个人消费贷款排查等多项廉政风险排查，召开廉政监督员会议2次，多渠道搜集违反中央八项规定的线索，实践运用好“四种形态”特别是第一种形态，把好廉政关。 （汪　洋）

9月8日，农发行泰安市分行与新泰市政府签订2018—2020年棚户区改造项目贷款战略合作协议 （张　帆　供）

【中国农业发展银行泰安市分行】 2017年年末，该行辖市分行营业部和新泰市、肥城市、宁阳县、东平县4个支行，有职工164人，其中市分行机关44人。

全年累计发放贷款16.07亿元，年末各项贷款余额69.5亿元，比年初减少12.9亿元；政府债券置换16.4亿元，同口径比增加3.5亿元；不良贷款保持零余额。重点建设基金投资3亿元。各项存款余额29

2017年中国农业发展银行泰安市分行各支行（部）基本情况

表16　　单位：万元

支行（个）	职工人数（人）	年末存款		年末贷款	
		金　额	比上年增（%）	金　额	比上年增（%）
市分行营业部	37	95926	-46.9	340885	-32.69
新泰市支行	21	94271	-37.15	149998	5.25
肥城市支行	20	20719	54.58	45614	-10.28
宁阳县支行	21	11000	65.05	40929	-3.40
东平县支行	21	68344	28.19	117971	43.13
合　计	140	290260	-32.32	695397	-15.67

亿元，比年初减少 13.8 亿元；存款日均余额 35.8 亿元，比年初减少 3.8 亿元。办理国际结算 9030.4 万美元；向地方上缴各类税金及附加 1275 万元；实现账面利润 1.25 亿元，同比减少 0.35 亿元。

信贷业务 支持粮棉油收购。贯彻落实国家粮食安全战略，累计发放粮棉油贷款 8.18 亿元，年末存量贷款客户 18 家，贷款余额 18.95 亿元，粮棉油库存总量 6.9 亿千克。发展棚改业务。开展高层对接，加大营销力度，与新泰市政府签订《2018—2020 年棚户区改造项目战略合作框架协议》，全年获批棚改项目 3 个，金额 25.6 亿元。支持金融扶贫攻坚。分析效应、收集证据，严格审核把关，认定扶贫贷款 3.16 亿元。做好易地扶贫专项贷款资金供应，累计到位 5.4 亿元。下派 1 名干部到肥城市桃源镇仁贵山村担任第一书记。严守风险防控底线。开展客户风险排查，根据客户风险变化，及时调整完善防控处置措施，逐一化解风险，守住风险防控底线。落实风险事项审议和报告制度，全年对自营性及按自营性管理客户 11 家，审批续授信 5.89 亿元；累计发放自营性贷款 7.08 亿元，累计收回自营性贷款 6.31 亿元。突出存款增效。市、县两级班子成员发挥“领头雁”作用，开展高端营销，努力挖掘存款资金来源。各支行（部）先后获得全省存款“每日明星”称号。年末人均存款 2155 万元。打好国际业务营销攻坚战。开展“激情夏日 决胜金秋”国际业务集中营销竞赛活动。推进已批待放项目贷款投放进度。全年累计发放基础设施类项目贷款 4.59 亿元。

管理服务 开展“全面提升管理年”活动，落实各项规章制度，严格业务操作标准，夯实基础管理。创新工作措施，提升服务“三农”能力。引入“烽火台”系统，实现对企业工商、法务、经营情况和风险舆情等信息的有效掌控；制定棚改贷款“问题销号管理”制度，推动项目营销顺利推进；创建《金色朝阳》专刊，宣传正能量，讲好农发行故事。（张　帆）

【中国工商银行股份有限公司泰安分行】 该行辖县（市、区）支行 7 个，分行营业部 1 个，各类网点 48 家，离行式自助银行 21 家，在职职工 972 人。全年实现拨备前利润 6.85 亿元，缴纳各项税金 8994 万元，全省系统内考核第 4 位，创历史最好成绩。全年获市委、市政府、监管部门、上级行奖项 100 项。其中，1 人获总行“大行工匠”称号，泰安分行获“省级文明单位”称号。

存、贷款业务 年末人民币全部存款余额 340.5 亿元，同比增加 35.45 亿元，增长 11.62%。其中对公存款余额 131.92 亿元，新增 20.18 亿元，储蓄存款余额 208.58 亿元，新增 15.27 亿元。人民币各项贷款余额 254.24 亿元，累计投放各项贷款 144.81 亿元。其中，公司贷款（不含票据）余额 130.93 亿元，新增 17.28 亿元，个人贷款余额 115.17 亿元，新增 18.33 亿元。新增融资重点投向大班额、风力光伏发电、城市公用设施、现代物流等板块，全年发放项目贷款余额 19.53 亿元。

2017 年中国工商银行泰安市分行各支行（部）基本情况

表 17　　单位：人、万元

单位	职工人数	人民币存款		其中：储蓄存款		人民币贷款		税金（含个人所得税）	
		余额	同比增（%）	余额	同比增（%）	余额	同比增（%）	余额	同比增（%）
市分行直管	325	576440	7.50	263241	9.62	616464	24.02	2741	-8.54
泰山支行	120	492818	15.43	357537	7.63	255216	23.90	831	-5.78
高新支行	53	224202	14.89	127393	6.71	234834	60.52	512	-11.27
岱岳支行	69	249240	23.97	126755	13.01	142374	22.64	501	7.28
新泰支行	159	824327	7.60	515164	4.95	564646	-4.21	2201	-5.46
肥城支行	134	647378	8.23	428889	9.23	412693	-5.59	1331	-13.74
东平支行	45	154788	10.25	115609	6.36	243177	4.25	505	-26.49
宁阳支行	67	235793	26.42	151186	10.43	73011	-38	371	-6.78
合计	972	3404986	11.62	2085773	7.90	2542415	8.51	8993	-8.97

普惠金融　坚持“做小、做实、做多、做优”的发展理念，依托优势产品，做好网贷服务。年末，小微贷款余额31.32亿元，较年初增加6.63亿元，小微贷款增速26.87%，比各项贷款增速高18.46个百分点，完成普惠降准贷款任务。在全国工行系统内率先成立个人贷款业务处理中心，实现同房管局直接联网办理抵押，提高业务处理效率，实现个人贷款发放36.05亿元。以汽车专项分期为龙头，推广分期付款业务，坚持“抵押为主、合作机构保证为辅”的专营模式，密切警银合作，接入交警部门抵押专线，有效防范风险的同时提升客户体验。

渠道建设与优质服务　坚持“服务口碑明显改善，三年建设客户满意银行”的总目标，提升服务水平。岱岳支行营业室以第一名的成绩通过“中银协五星级示范网点”小组验收，肥城支行泰西分理处、泰山阳光支行、新泰张庄分理处通过总行四星级网点验收。1人被中国银行业协会评为“明星大堂经理”，1人被总行评为“党员服务先锋岗”，2人获得总行“千佳服务明星”称号。

风险管理　年内，夯实精细化管理基础，做好分类管理，全面排查，逐一制定工作方案，创新方式方法，实现信贷风险稳步缓释，不良处置取得阶段性成果。全年化解缓释65户29.5亿元，年末剪刀差贷款余额较年初下降5.63亿元，在全省考核中，不良贷款余额、不良率实现“双降”工作目标。

社会责任　改进和提升扶贫相关工作，增强扶贫金融服务的精准性和有效性。做好对农业龙头企业、现代物流、农业基础设施等涉及“三农”领域的金融服务外；多途径加大助推脱贫帮扶力度，选派第一书记扎根包村点，帮助肥城市边院镇古店村改善村容村貌，解决村民用水、建设幸福院等问题。开展黄前水库水源地“地企共建文明乡村”活动，在岱岳区下港镇谷山村实施亮化工程。开展金融知识进万家活动，累计组织300人参与，受众人数4000人。开展走进社区、进商圈、进企业、进农村宣传98次，微博微信宣传46次，发放宣传折页、材料5000份。　（陈雪飞）

【中国农业银行泰安分行】　年末，各项存款、贷款的总量、增量均保持国有大型商业银行首位，年内实现拨备前利润7.67亿元，实缴税金8367万元。综合考评在全省农行居第2位，连续两年保持A类行，被省行党委授予“创建‘四好’领导班子先进集体”称号，被监管部门评为泰安市金融知识普及宣传工作突出单位、反洗钱工作A级机构。优质服务考核居全省农行第3位。

负债业务　各项存款余额498.83亿元，较年初增长52.75亿元，同比多增2.02亿元。其中，个人存款增长20.22亿元，对公存款增长32.53亿元，同比多增14.04亿元。

资产业务　各项贷款余额319.4

2017年中国农业银行泰安分行各支行（部）基本情况

表18　　单位：人、万元

单位	职工人数	年末存款		其中人民币储蓄存款		年末贷款		税金	
		余额	同比增（%）	余额	同比增（%）	余额	同比增（%）	总额	同比增（%）
新泰市支行	269	1071587	10.65	807013	8.84	943964	9.3	2304	-0.01
宁阳县支行	160	406533	14.25	270324	7.64	155247	29.88	420	15.14
肥城市支行	245	842542	10.73	594485	9.82	567339	4.22	1299	-19.24
东平县支行	145	432771	15.40	246830	4.24	245024	6.64	532	11.93
泰山支行	233	817111	8.00	586623	6.25	474221	9.42	1358	10.47
龙泽支行	182	677389	9.96	410105	0.06	423822	18.90	1117	2.57
市分行营业部	52	482028	16.20	73374	0.50	302906	25.31	—	—
高新区支行	18	75124	19.54	52543	21.93	27725	-1.60	93	-19.45
岱岳支行	25	180205	22.59	70208	17.06	53743	100.03	173	96.67
市分行直管	252	3043	-6.59	—	—	15	10.28	1072	4.45
合计	1581	4988335	11.83	3111506	6.97	3194007	12.31	8367	-6.27

8月30日，在全市金融机构与文化旅游企业对接洽谈会上，农行泰安分行与泰安市广播电视台签署银企合作协议　（许　兵　供）

亿元，较年初增长35.01亿元，存量、增量份额均居四行首位，增量居全市金融机构首位、全省农行第3位。其中，个人贷款余额144.27亿元，占全部贷款的45%，较年初增加29.02亿元；法人实体贷款余额175.13亿元,较年初增加7.4亿元。落实“信贷质量立行”理念，从严管贷治贷，信贷结构持续优化，不良贷款余额、占比实现双降，不良占比全省最低，不良余额及占比在国有大型商业银行中最低。

中间业务　突出“创收增效”目标，推进经营转型，组织开展网点中间业务创收竞赛活动，实现中间业务收入2.62亿元。金市通交易量、首发基金销量等指标保持全省农行首位，信用卡发卡量和消费额、分期交易额、保险手续费收入等指标居国有大型商业银行首位。外部银团贷款、财产权信托托管、类年金等7项业务有序开展。

服务“三农”　加大信贷支农力度，涉农贷款增加13.9亿元，新泰光伏发电、宁阳“大班额”等项目增加贷款8.55亿元，农家乐、农民“两权”抵押贷款、林权抵押农户贷款稳定增长。实施互联网金融服务“一号工程”，电商金融实现交易额15.9亿元，居全省农行首位，完成惠农通服务点互联网化升级849户。推进金融精准扶贫，建档立卡贫困户贷款余额2.11亿元。

（乔　鹏　许　兵）

【中国银行泰安分行】　该行辖属机构29个，在岗职工682人。其中，泰安城区网点总数16个，即分行1个、管辖支行3个、经营性支行12个；各县（市）网点总数13个，即管辖支行4个、经营性支行9个。连续第七年通过“省级文明单位”复审，连续第八年被评为“执行外汇管理规定A级”机构，连续第十一年获得“反洗钱工作A级”单位称号。

2017年中国银行泰安分行基本情况

表19　　单位：人、万元

单位	职工人数	人民币存款		其中：储蓄存款		人民币贷款		税金	
		余额	较上年增(%)	余额	较上年增(%)	余额	较上年增(%)	余额	较上年增(%)
市分行直管	247	552720	12.76	148561	0.48	415733	15.98	355	-108.15
泰山支行	68	180455	14.48	102138	4.35	147478	2.22	1057	-38.79
东岳支行	64	153646	5.25	110039	2.86	113125	2.05	651	-40.30
岱岳支行	74	233773	0.91	148110	3.60	196859	7.68	1768	6.44
肥城支行	70	305658	-5.08	148524	8.03	323146	4.48	-1602	-154.93
新泰支行	82	400292	11.69	236055	5.21	371026	-0.71	4046	7.07
宁阳支行	50	170378	4.84	85893	5.61	86042	43.33	304	-65.77
东平支行	31	74766	8.60	40897	-0.76	208499	2.79	2361	95.92
合计	686	2071688	6.94	1020215	4.10	1861909	6.87	8940	0.32

负债业务　本外币公司存款日均余额240.49亿元，较上年末增加17.19亿元。其中，公司存款日均余额124.45亿元，较年初增加7.22亿元，四大行市场份额24.13%，列第2位；个人存款日均余额116.04亿元，较年初增加9.97亿元，四大行市场份额14.85%，较年初提升0.29个百分点，列第1位。

资产业务　围绕支持实体经济，聚焦全市“三强”企业，回归银行经营本源，全行人民币贷款余额186.19亿元，较年初新增11.97亿元，列山东中行系统内第5位。设立普惠金融团队，落实普惠金融政策，担当社会责任。小微企业贷款增速14.15%，高于全行贷款增速；小微企业贷款家数1196家，较同比增加88家；小微企业申贷获得率95.83%。

国际业务　累计叙做国际结算10.84亿美元，市场份额45.57%，超越标杆5.57个百分点，列山东中行系统第2位；叙做跨境人民币10.91亿元，市场份额48.11%，超越标杆12.11个百分点，列山东中行系统第3位。叙做远期结售汇1.36亿美元，市场份额超过90%。泰安地区超千万美元客户33家，有27家在中国银行叙做业务，客户覆盖率81.82%，列山东中行系统第1位。

党的建设　全行29个营业网点，实现党员全覆盖、党支部全覆盖，做到党建工作与业务发展的有机结合。先后与泰安市住房公积金管理中心、泰安银监分局、中国农业发展银行泰安市分行、泰安市高新开发区政府签署“党建共建”协议，建立“党建共建”关系，联合开展党建工作。组织开展“中行好党员季度之星”评选活动，表彰先进基层党组织5个、优秀共产党员30人、优秀党务工作者7人。

11月8日，中国银行泰安分行举办“媒体开放日”，邀请驻泰安媒体记者体验中行智能服务　（姚晓军　摄）

科学管理　创新合规教育方式方法，开展合规教育情景剧大赛，建立“泰山微课堂”，举办“聆听身边事、学习身边人”员工先进事迹报告会，保持“无案件、无事故”内控目标。全年绩效考核列山东中行系统第3位，被中国银行山东省分行授予“中银卓越集体”，辖属岱岳支行营业部被中国银行业协会评为“全国五星级网点”。

社会责任　加快存量不良处置，大力管控潜在不良，全行不良贷款余额3.57亿元，较年初下降6300万元，不良率1.91%，较年初下降0.51个百分点，实现不良余额、不良率“双降”，维护地区金融稳定。在全市设立助农取款服务点92家，实现发卡1.97万张。全年缴纳税费5860万元。　（赵同健）

【中国建设银行股份有限公司泰安分行】　该行辖县（市、区）支行15个，营业网点45个；在岗人员1193人。一般性存款时点余额279.10亿元，日均余额280.64亿元，余额分别比年初新增8亿元、12.3亿元；各项贷款余额200.77亿元，比年初新增29.34亿元；中间业务净收入1.65亿元。

综合融资　紧盯重点工程项目建设，加大实体经济支持力度。累计投放对公贷款78.93亿元，累计办理表外信贷业务8.71亿元。发挥建行传统优势，重点投向基础设施、民生、棚改等领域，累计投放政府购买服务贷款3.7亿元。结合市银监局“增提创”主题活动、市人行“三强”企业金融服务调查等活动，为当地重点项目投放PPP项目贷款3.16亿元，为重点“三强”企业解决融资需求1.94亿元。组织开展“项目强行”大会战活动，已营销储备的项目41个，拟贷款金额98.24亿元。

普惠金融　成功上线泰安市中医院和东平县人民医院银医通项目，通过银医系统在医疗服务领域率先打造专业、高效、便捷的智慧服务品牌；完成泰安一中等银校一卡通项目，为校方和广大师生提供金融便利和服务升级；成功上线港华燃气代收费项目，持续深化代收费、公交IC、菜篮子闪付等民生服务；建设慧农通服务站建设完成

10处，为村镇居民提供便利的金融渠道支持。在泰安地区辖内6个县（市、区），86个乡镇（街道）建立裕农通金融服务点170个，率先通过对接各乡镇卫生院嵌入裕农通农村诊所模式，推行“基层首诊、分级医疗、双向转诊”服务模式，建设完成裕农通诊所模式服务点62个，完善“大病进医院，小病进社区”就医格局。以个人支农贷款为切入点，拓展农村金融市场，为产业链农户提供供应链金融服务，丰富涉农抵（质）押品种和业务办理模式。

渠道升级　按照“巩固城区、关注县域”的原则，调整优化物理网点及自助银行布局，推进网点升格2个，迁址装修网点4个。全辖292台现金类设备，开机率99.50%，缺钞率0.61%，全面实现核定标准，改造升级离行智能自助银行5处，完成离行自助银行建设3个，实现“网点＋自助”的渠道网络综合金融服务延伸。因地制宜推进网点分类建设，重点推进旗舰网点建设，探索和推进轻型网点建设。推进智慧柜员机应用，实现19大类276种标准功能，全年交易量181万笔，渠道迁移率95.13%，居系统第4；新型渠道交易量占比61.60%，较上年提升34.42%；全行自助柜员机交易量286万笔，台日均交易量207笔，智能加自助设备账务性交易量达到柜面的4.14倍。

风险管控　将资产质量作为工作的重中之重，推进“风险管理职责进党委”，深化信贷文化建设；形成新生资产会商机制、风险运作机制等一系列资产质量管理机制。创新不良处置模式成功化解“圈链”风险，成功处置肥城区域、市辖“三强”企业担保圈风险，优化资产质量，创造良好的经营环境。全年综合运用保全政策措施，处置不良贷款21.25亿元，处置计划完成率175.02%，处置额居系统第4、四行首位。

条线亮点　对公资金体内循环率和资金体内承接率分别为40.79%和38.96%，分别较年初提升4.12和3.17个百分点，提升幅度均排名系统第4。对公ETC（不停车电子

2017年中国建设银行股份有限公司泰安分行各支行（部）基本情况

表20　　单位：人、万元

单　位	职工人数	人民币存款		其中：储蓄存款		人民币贷款		税　金	
		余　额	同比增（%）	余　额	同比增（%）	余　额	同比增（%）	余　额	同比增（%）
分行直属	354	434985	6.45	249832	2.82	117517	-24.56	645	-45.00
泰山支行	101	190213	3.77	120821	1.67	219540	3.23	666	10.50
市中支行	98	249779	-0.62	176804	5.50	111966	35.26	362	-8.44
新泰支行	106	344692	8.06	209198	6.26	186254	34.68	576	-39.39
新汶支行	98	403963	-4.89	261998	-4.87	303985	-8.04	887	52.80
肥城支行	129	470471	3.95	259727	2.74	375516	-3.59	1024	-22.10
宁阳支行	48	126103	12.13	58458	6.39	99334	39.91	275	11.75
东平支行	42	101652	12.98	44671	4.65	247313	15.74	684	21.31
青年支行	54	68287	22.21	25901	-10.22	96246	6.54	337	90.67
东岳支行	43	90479	6.15	50335	-0.17	94678	18.49	229	-28.27
岱宗支行	36	62055	-27.66	32454	12.49	40687	-2.99	124	-58.56
农大支行	29	112412	-5.62	55197	8.97	24199	105.25	70	-62.03
大河支行	25	52990	3.32	36792	6.70	51877	-3.71	170	195.13
高新支行	15	37582	66.50	18130	17.65	21790	314.14	—	—
东城支行	15	28908	-7.00	26139	-9.16	10585	190.14	—	—
合计	1193	2774572	3.03	1626459	2.25	2001488	6.41	6049	-11.86

10月31日，建设银行山东省分行在泰安举办“不忘初心献礼十九大，砥砺前行再谱新篇章”主题宣讲活动　　（边晓冬　供）

收费系统）累计签约890张，完成全年营销计划的111.25%，系统第3。营销“五贷一透”大数据信贷客户66户，较年初新增8户，贷款金额4158万元，较年初新增1197万元；累计办理“小微快贷”31户，新增贷款792万元。龙支付客户签约15.9万户，计划完成率113%，系统第6；薪享通签约数量6346户，系统首位。移动金融交易量占比87.24%，比上年提升31.94%，提升值系统第2。移动金融交易量773.2万笔，同比提升223.8%，系统第2。

（边晓冬）

【交通银行泰安分行】 该行辖县（市、区）人工网点9个、自助网点24个（含离行单体4个），在用现金类设备42台、非现金类自助设备26台，职工223人。

存款业务　年末，人民币各项存款71.99亿元，其中人民币对公存款49.60亿元，人民币储蓄存款22.39亿元。

信贷业务　年末，各项贷款余额65.61亿元，其中公司贷款余额51.89亿元，小企业贷款余额7.62亿元，个贷余额6.1亿元。

普惠金融　8月，成立普惠金融事业部，精准服务小微企业、个体工商户、涉农企业及科技型中小企业。依托“专营团队+传统网点”的服务体系，建立小微业务专项授权机制，创新推出快捷抵押贷、税融通、POS贷、优贷通、租金贷等特色产品；助力科技型企业发展，给予相应的利率优惠政策。

服务发展　该行在营业厅设立智易通“电子柜员机”，实现开卡办卡、信用卡激活、信息更改等窗口业务的自助办理。窗口设置上，配置弹性窗口、涉外窗口、爱心窗口，方便市民按需办理业务。在营

2017年交通银行泰安分行各支行（部）基本情况

表21　　单位：人、万元

单位	职工人数	年末人民币存款		其中人民币储蓄存款		年末贷款	
		余额	同比增（%）	余额	同比增（%）	余额	同比增（%）
分行营业部	25	270078.71	-21.99	48698.75	6.79	97783.28	-43.80
长城路支行	12	59830.24	46.11	18256.30	4.87	59649.8	99.08
岱岳支行	10	44572.31	-31.47	18024.91	-6.27	16170.37	-43.23
岱北西路支行	14	57930.53	2.09	41689.37	0.78	45997.23	-18.80
花园支行	11	37036.30	17.14	21111.35	1.81	12618.93	-7.72
文化东路支行	11	23827.42	-65.89	19319.12	6.89	30921.56	0.66
向阳支行	14	40757.14	-0.83	29597.84	15.64	22643.88	65.61
新泰支行	12	148838.8	-29.98	20364.54	22.13	271251.1	-1.11
肥城支行	13	36999.27	-40.66	6807.35	12.35	99082.43	-3.33
合计	122	719870.72	-22.30	223869.53	6.23	656118.58	-9.37

业厅设立饮品区、茶艺社、金融知识介绍、反金融诈骗漫画等，为市民提供良好服务环境学习了解金融知识。完善网点基础设施建设，设置残障通道、助盲卡、爱心宝宝座椅等，满足市民的需求。

内部管理 该行发挥企业文化的引领、教育和提升作用。在职业发展、文化融入、工作幸福指数方面，为员工创造有利条件，让每名有上进心的员工都有施展的舞台。加强员工培养，强化培训课程设置与学习考核，全面提升员工综合素质。组织开展如“闻声如面”交银朗读大使评选、“新春启航、送福员工”书法志愿者活动、“绿色出行、拥抱春天、健康积分”全员健走、“亚健康与办公室常见慢性职业病”预防诊疗等活动。（韩　惠）

【泰安银行】 年末，该行有支行61个、营业部1家，其中县域支行26家，济南设有异地分行1家。资产总额为538.69亿元，较年初减少68.72亿元，降幅11.31%；负债总额为507.22亿元，较年初减少72.40亿元，降幅12.49%。实现拨备前利润96360万元，较上年同期减少24063万元，降幅19.98%；实现净利润42495万元，较上年同期增加3397万元，升幅8.69%。先后被《金融时报》评选为“年度最具竞争力中小银行”“年度最具成长性中小商业银行”，被中国银行业协会评为“文明规范服务示范单位”；先后获得“2016年度银联卡受理市场建设成长奖”“2017年山东省反洗钱业务技能竞赛”团体三等奖、“中国年度最佳雇主济南地区10强”“泰安市金融机构反洗钱业务竞赛”团体一等奖和“2017年度网络安全保护工作先进集体”等称号。

存款业务 年末，该行各项存款规模401.14亿元，较年初增加30.80亿元，增幅8.32%。其中储蓄存款212.70亿元，较年初增加28.04亿元，增幅15.19%；对公存款150.98亿元，较年初增加13.33亿元，增幅9.68%；保证金存款37.46亿元，较年初减少10.58亿元，降幅22.02%。

贷款业务 年末，该行信贷规模215.42亿元，较年初增加22.35亿元，增幅11.58%。其中贷款206.83亿元，较年初增加25.79亿元，增幅14.25%；公司类贷款156.67亿元，较年初增加3.41亿元，增幅2.22%；个人类贷款50.16亿元，较年初增加22.39亿元，增幅80.61%。票据贴现8.59亿元，较年初减少3.44亿元，降幅28.61%。

其他业务 该行银行卡累计发卡量83.95万张，电子银行客户数累计32.7万户，微信银行关注人数16.8万人，电子渠道办理业务688.65万笔，自助设备数量270台，

2017年泰安银行基本情况

表22　　单位：人、万元

单位	职工人数	年末存款		其中储蓄存款		年末贷款	
		余额	同比增（%）	余额	同比增（%）	余额	同比增（%）
管辖行一部	118	582566	−5.72	343750	4.51	424084	−21.43
管辖行二部	113	610139	5.41	354521	6.86	345094	36.87
管辖行三部	115	496600	0.34	250087	9.73	265790	16.76
管辖行四部	117	537693	3.17	328451	8.24	215046	13.89
管辖行五部	114	516177	2.97	293983	8.47	106800	−20.07
管辖行六部	68	56611	4407.21	50698	3936.44	660	—
新泰管辖行	116	297940	50.80	175145	33.38	105482	−10.12
肥城管辖行	102	227345	14.33	140631	40.28	75967	8.34
宁阳管辖行	84	165385	85.76	67028	38.29	80345	137.10
东平管辖行	86	170768	46.73	92016	44.82	131629	3.84
济南分行	53	15607	—	7146	—	13000	—
合计（含总部机关）	1473	4011427	8.32	2127084	17.65	2154156	11.58

11 月 10 日，泰安银行首家异地分行济南分行正式开业　（陈　潇　供）

电子银行柜面业务替代率 81.88%。

经营管理　总体经营形势良好。存贷款规模均实现稳步提升，主要监管指标基本保持平稳，总体保持良好的发展态势。金融市场业务。主体信用评级调升至 AA，资产证券化项目正式落地，成为上海票据交易所正式会员、天津金融资产交易所综合类会员。创设理财产品688期，累计募集理财资金 139.9 亿元，理财签约客户数量 4.75 万户。支持实体经济。大力支持“三强”企业，建立“一对一”针对性服务机制和“一户一策”服务计划，借助银行业“增提创”主题年暨“第三季千家企业百日行”活动，累计走访企业 130 家，授信金额增加 3.3 亿元，全市考核排名第二。与省科技厅、市科技局签署三方战略合作协议，累计向科技型企业提供信贷支持 13.48 亿元，支持科技型企业 69 家。创新小微信贷产品，推出家庭信用助业贷、光伏贷等 8 项新产品。国际业务快速发展，实现四层客户细分。零售业务。推出个人汽车消费贷款、个人房屋抵押消费贷款，上线济南分行铁旅卡，建设泰安第五中学校园、岱银集团银企、服装学院校园等一卡通项目，贵金属、代销保险等业务取得新突破。首家使用山东城商行联盟统一支付平台开展二维码收单业务，交易量全省排名第二。推动基础金融服务向行政村、社区的延伸，布放银行卡助农取款服务点 192 家，初步形成总行—县域城区支行—县域小微支行—助农服务点的金融服务格局。风险管理。推动信贷结构调整，操作风险与内控合规管理系统实现试运行上线，非零售内评体系—模型开发及体系建设项目、独立建设项目等快速推进，风险管理体系渐趋完善。互联网金融。新版直销银行上线，搭建电商平台，成为山东城商行联盟成员行中第一家拥有自主互联网网络专区的银行。电子银行新增客户数量全省第二，电子渠道交易笔数 688.65 万笔，同比增长 22%，交易金额 1667.99 亿元，同比增长 39%。科技水平持续提升，信息科技监管评级保持省内第一梯队位置。网点建设，首家异地分行济南分行正式开业，跨区域发展迈出关键的第一步。　（陈　潇）

【山东省农村信用社联合社泰安办事处】　辖农村商业银行 6 家、营业部 6 家、支行 124 家、分理处 122 家，在岗员工 3532 人，其中大专以上学历的员工 3253 人，拥有中级以上技术职称的 720 人。年内，实现拨备前利润 13.1 亿元；实缴税金 5.1 亿元，同比多缴 1.0 亿元。

存款业务　各项存款余额 845.7 亿元，较年初增加 84.3 亿元，增长 11.1%，存款市场占有率 25.4%，新增存款市场占有率 31.3%。其中储蓄存款余额 744.3 亿元，较年初增加 57.5 亿元；企事业存款余额 87.38 亿元，较年初增加 18.45 亿元。

9 月 19 日，泰安市人民政府与山东省农村信用社联合社战略合作框架协议暨银企合作签约仪式举行　（瞿　曜　供）

2017 年泰安市农村商业银行基本情况

表 23 单位：人、万元

单 位	在岗职工人数	年末存款		其中储蓄存款		年末贷款		税 金	
		余 额	增幅（%）	余 额	增幅（%）	余 额	增幅（%）	总 额	同比增（%）
泰山农商银行	583	1078515	13.19	814153	7.31	708026	9.05	10015	38.74
岱岳农商银行	659	2011705	13.41	1809430	10.50	1130869	10.18	9432	24.02
新泰农商银行	714	1667066	11.79	1480004	8.71	885824	1.95	11094	62.72
肥城农商银行	585	1648828	7.52	1485378	5.90	889606	11.53	11382	51.31
宁阳农商银行	472	962012	10.87	839555	10.49	492868	0.14	4029	-32.19
东平农商银行	485	1089077	9.42	1014928	7.02	508749	1.70	4376	-23.20
办事处	34	—	—	—	—	—	—	152	23.84
合 计	3532	8457203	11.07	7443448	8.37	4615942	6.49	50481	23.34

贷款业务　各项贷款余额 461.6 亿元，较年初增加 28.1 亿元，同比多增 3.8 亿元，贷款市场占有率 21.9%，全年累计投放贷款 473.9 亿元。涉农贷款余额为 347.7 亿元，较年初增加 19.3 亿元，增幅 5.9%；小微企业贷款余额 125.1 亿元，较年初增加 7.9 亿元，增幅 6.7%，高于各项贷款增幅 0.2 个百分点；消费贷款余额 98.7 亿元，较年初增加 42.3 亿元；抵质押贷款新增 27.1 亿元，新增占比 67.9%，抵质押贷款余额 193.2 亿元，余额占比 45.3%，较年初提高 2.3 个百分点。

中间业务　实现中间业务收入 4060.7 万元；银行卡存量 236.1 万张，卡存款余额 72.8 亿元，较年初增长 6.3 亿元；银联传统 POS 存量 5337 台；扫码支付商户 1.21 万户，较年初增加 1.1 万户；布放农金通 2742 台，较年初增加 864 台；新增自助设备 17 台，电子渠道替代率 70.0%；累计发行理财产品 728 期，募集资金 130.1 亿元。期末存续 230 期，存续规模 28.8 亿元；累计销售贵金属 12.0 万克；累计实现代理国际业务结算量 3472.3 万美元。

8 月 1 日，中国邮政储蓄银行泰安市分行三农金融事业部泰安分部挂牌仪式举行（隋晶晶　供）

深化战略合作　9 月 19 日，泰安市人民政府与山东省农村信用社联合社战略合作框架协议暨银企合作签约仪式举行。双方达成在新旧动能转换、农业供给侧结构性改革、重大市政项目建设、产业转型升级、普惠金融、全域旅游等方面展开合作。（翟　曜）

【中国邮政储蓄银行泰安市分行】 该行下辖一级支行 5 个、二级支行 21 个，内设管理机构 11 个。年末，全行从业人员 558 人。

负债业务　各项存款余额 332.84 亿元，同比增加 38.77 亿元，增幅 13.18%，其中自营储蓄存款余额 67.5 亿元，增加 6.1 亿元，增幅 9.9%；公司存款余额 26.95 亿元，同比增加 2.84 亿元，增幅 11.78%。

资产业务　各项贷款余额 58.45 亿元，同比增加 2.48 亿元，增幅

2017 年中国邮政储蓄银行泰安市分行各支行基本情况

表 24 单位：万元

单位	个人总资产						对公存款	信贷业务			
	时点余额净增	理财保有量净增	国债销量	基金有效销量	代理保险销量	年增合计	年增	小额年增	消费年增	个商年增	公司授信新增
新泰支行	10875.26	-626.96	3451.67	241.50	5603.30	19544.77	22509	1863	12917	2383	—
肥城支行	9873.78	-1895.71	2732.66	-82.94	4588.17	15215.95	-25889	712	4714	948	—
宁阳支行	6814.43	1707.12	1608.19	216.74	3927.38	14273.86	13036	1838	6870	615	—
东平支行	8258.99	598.53	1169.26	168.90	3308.89	13504.58	8889	1136	8176	628	—
中心支行	8194.76	-6240.72	6316.60	311.72	4023.00	12605.36	-1376	62	12462	2373	—
郊区支行	16600.13	-2264.33	5416.88	190.04	6164.15	26106.87	9489	675	6056	253	30000
合计	60617.35	-8722.08	20695.26	1045.96	27614.89	101251.38	26658	6287	51193	7199	30000

4.43%。零售贷款 30.14 亿元，同比增加 7.55 亿元，增幅 59%。其中，小额贷款余额 2.68 亿元，年增 0.63 亿元；个人商务贷款余额 2.89 亿元，年增 0.72 亿元；消费贷款余额 24.57 亿元，年增 5.12 亿元；小企业贷款余额 5.08 亿元，同比增加 1.08 亿元。公司贷款余额 16.8 亿元，同比增加 -6.3 亿元，增幅 -27.27%。票据业务实现收入 930.13 万元，国际业务实现收入 45.68 万元。

中间业务 全行信用卡发卡 20778 张，结存 46340 张。保险销售 22504.06 万元，基金有效销售 1045.71 万元，国债销售 18671.5 万元，理财保有量 111017 万元。自助设备新增 10 台，总量 74 台。手机银行客户 22.3 万户，同比新增 5.08 万户。

风险管理 全行不良贷款余额 1314 万元，年度下降 1962 万元；不良率（零售）0.37%，年度下降 0.6%。加大资产保全力度，全年累计清收不良资产 1382 万元，年度处置化解担保类小企业贷款 1 笔，实现新进收回 500 万元；成功通过法院网上拍卖及诉谈结合处置抵押物 3 宗，收回现金 230 万元。加大呆账核销处置力度，全年累计核销 1570 万元，清收核销后不良资产 428 万元。

合规管理 内控管理水平持续提高，探索突击检查、非现场检查模式，组织开展高风险网点、大堂式自动柜员机突击检查和网点负责人履职情况非现场检查。反洗钱岗位人员履职能力稳步提升，先后在中国人民银行泰安市中心支行、山东省分行组织的反洗钱知识竞赛中获得团体二等奖和团体第一名。消费者权益保护工作更加扎实，金融知识普及教育受到监管机构肯定和好评，被银监局评为 2017 年“金融知识进万家”活动先进单位。

党建工作 推进“强基固本 2.0”建设工程，组织开展“微党课”征集评比活动，开展“改进作风、提高效能、服务客户、廉洁自律”为主要内容的共产党员承诺践诺主题教育活动，建立党员学习室，为党员制作承诺践诺牌；参赛“微电影”作品《执着》获二等奖，“激扬青春竞头羊”演讲选拔赛获得三等奖；“预防职务犯罪 拒绝职务犯罪”演讲比赛中获得三等奖；开展“不忘初心，砥砺前行”纪念建党 96 周年系列主题营销活动；顺利通过“省级文明单位”复验，一级支行全部被评为市级文明单位。

企业文化建设 推进职工小家建设，建设职工小家 26 个，建家率 100%。开展“五必访”活动，为员工办好“12 件实事”，组织庆“三八”、健步走、足球、篮球比赛、T60 健身跑、省行运动会等丰富多彩的文体活动，组织参加省行劳模表彰大会，文艺演出获得一等奖。全行 5 名员工被省行评为劳动模范，3 个支行被评为先进单位。获得“振兴泰安劳动奖章”1 人，获全市“建功立业”先进个人称号 1 人。

（隋晶晶）

【兴业银行泰安分行】 该行包括营业部、肥城支行、岱岳支行以及光彩大市场、嘉德现代城、山景叠院、普照、东湖、岱东 6 家社区支行，设立业务营销团队 4 个、管理部门 7 个；全行员工 136 人，其中编内 116 人、编外 20 人。

负债业 该行各项存款余额

58.86亿元，其中，单位存款余额48.38亿元，个人存款余额10.48亿元。

资产业务　该行各项资产总额66.41亿元，各项贷款余额67.49亿元，较年初增加25.98亿元，增幅62.61%。其中个人贷款余额26.87亿元，单位贷款余额40.62亿元。

资产质量　年末，该行不良贷款余额2.37亿元，较年初减少8500万元，降幅26.4%；不良贷款率3.51%，下降0.19%，降幅4.25%。

业务发展　全力服务实体经济。以支持“三强”企业为出发点，以服务实体经济为落脚点，转变经营思路，通过全方位的优质服务，加强银企合作，在增强企业市场竞争力、加快企业产品结构调整、降低企业生产成本等方面起到推动作用。保持区域金融稳定。面对严峻的信用风险防控形势，按照“专业处置、多措并举、一企一策、争取政策”的原则，综合施策，加快不良贷款处置进度，主动加强与市政府、监管部门、行业协会的横向沟通，拓宽处置路径，创新处置手段。践行赤道银行发展绿色金融。成立6年来，累计为泰安实体经济提供节能减排、绿色环保融资50亿元。坚持一贯发展小微企业。小微企业作为国民经济生力军的作用与地位没有动摇、没有变化，保持扶持小微企业发展的战略定位，坚定不移。持续加大金融业务创新。突出兴业银行特色，持续加大产品创新，发展移动支付业务，着力构建“智慧城市”“智慧泰安”。（王元志）

【莱商银行泰安分行】　年末，该行辖分行营业部、新泰支行、岱岳支行、肥城支行、东平支行、宁阳支行、高新区支行（筹）等营业网点7家，实现泰安各县（市、区）网点全覆盖，内设企业金融部、零售金融部、授信审批部、合规风险部、业务运营部、综合部等管理型部室6个，合同制在编职工120人。全行资产总额30.1亿元，存款余额28.4亿元，贷款余额24.6亿元，年内实现账面利润6901万元，全年缴纳各项税款1318万元。

信贷投放　秉承“廉洁速贷、阳光信贷”理念，做实中小企业服务，加大对新旧动能转换优势产业、“三强”企业、普惠金融支持力度，支持实体经济。年末，该行表内外融资余额65.87亿，全年累计投放79.32亿。涉农贷款余额12.80亿元，小微贷款余额12.80亿元，小微企业贷款家数152家，小微企业申贷率97.71%。在“增提创”活动中，对接、走访企业58家，授信39家，授信总额15.97亿元，在泰安银监分局对泰安市27家银行业机构考评中排名第10。

金融服务　该行对总行推出的新产品，制订新产品“清零计划”，结合泰安当地实际，加大新产品的推广力度，拓展创新业务，实现经营性物业贷、知易贷、加成贷、POS贷、单位结构性存款清零，优化信贷结构，提升服务质效。

内控管理　践行“做客户放心满意的银行”品牌理念，推进组织架构改革和营业网点人员优化配置，细化职责分工、精简人员编制、优化人员配置。严明作风纪律，加强人才梯队建设，强化培训学习，提升职工素质，在中国人民银行泰安市中心支行开展的2017年度金融机构反洗钱工作考核评级中获得“反洗钱A级行”称号，新泰支行被总行授予“明星支行”。（韩　伟）

【济宁银行泰安分行】　年末，该行辖营业部、宁阳支行、泰山支行、肥城支行营业网点4个，在岗人员85人。

负债业务　年末，各项存款余额9.01亿元，较年初增加1.75亿元，增幅24.19%。其中，单位存款余额3.79亿元，保证金存款余额2.20亿元，储蓄存款余额2.96亿元。

资产业务　年末，各项贷款余额15.41亿元，较年初增加4.32亿元，增幅38.95%，其中公司类贷款余额14.13亿元，较年初增加4.25亿元。小微企业贷款余额10.48亿元，较年初增加3.88亿元。

业务发展　加大产品创新力度，面向手机QQ和微信用户，新上线小额信用循环个人贷款“微粒

9月8日，济宁银行泰安分行肥城支行开业　　（张　楠　供）

贷”业务，推出“仓满贷”“光伏贷”等特色产品，加大对涉农信贷的支持，新开办贵金属、积存金业务；践行绿色信贷理念，支持和对接企业新旧动能转换，助力生态环境保护建设；创新企业担保方式，相继推出租金质押贷款、应收账款质押贷款、股权质押贷款、对公理财产品质押贷款和机器设备按揭贷款，满足企业个性化融资需求；优化手机银行客户端及网上银行的使用，落实“便民、利民”服务宗旨。

提升服务　秉承“客户至上”的服务理念，以产品和服务创新为动力，提升客户体验和服务质效。11月，率先在全省城商行成功上线“CBUS5.0—智慧银行系统”，实现济宁银行对客运营系统的弯道超车。适应科技金融发展需要，适时推出微信支付、二维码收单等互联网金融产品。开展金融知识宣传活动，普及民众金融知识；开展防范电信诈骗宣传活动，维护金融消费者合法权益。（张　楠）

【齐鲁银行泰安分行】　年末，该行辖新泰支行、宁阳支行，有员工100人。分行营业室被中国银行业协会评为四星级网点。

年末，全行总资产45.02亿元，较年初增加7.73亿元，增长20.73%；各项存款40.24亿元，较年初增加9.38亿元，增长30.40%。各项贷款35.12亿元，较年初增加8.24亿元，增长30.65%；实现净利润9195万元，纳税总额1194万元。

业务发展　跟进政府重点项目，加大对财政系统、徂汶管委会、土地储备中心、泰山投资等重点项目的支持；推进授信业务发展，实现与当地多家优秀骨干企业的业务合作；在零售开门红、定制理财、互联网金融业务发展等方面推动零售业务转型；以“服务中小企业，服务城镇居民，服务地方经济”为目标，5月17日，宁阳支行正式开业，延伸金融服务，全力支持区域经济的发展。强化小微客群建设，响应国家普惠金融号召，推进科创企业、“新三板”企业及劳动密集型企业业务发展。年内，全行新增小微企业贷款7.49亿元，新增支持小微企业204家。

文化建设　秉持“扎根齐鲁，润泽泰安”的经营理念，践行社会责任，开展“爱心图书室”“金融知识进万家”等公益性活动；组织开展以“践行十九大精神，重温革命历程”为主题的系列活动。（杨雯茜）

11月21日，齐鲁银行泰安分行三周年行庆暨高端客户答谢会举行（杨雯茜　供）

【天津银行泰安分行】　年末，该行有员工68人。各项存款余额31.11亿元，较年初增长6.94亿元；各类授信余额36.47亿元，较年初增长9.75亿元。

信贷业务　新增横联系统签约客户21户，实现中小微企业贷款余额18.55亿元，较年初增加2.37亿元。累计完成国际结算量1268.19万美元，贸易融资投放量3.17亿元。累计发放个贷6.5亿元，余额9.25亿元，完成理财销售10亿元。

业务发展　该行通过表内外贷款、贸易融资等加大信贷资金投放力度。以债券直接融资、产业基金、PPP等创新业务为突破口，将重点项目和基础设施建设作为业务发展主要方向。与500家企业开展业务合作，与150家企业建立授信关系。加强三强企业支持力度，为10家“三强”企业提供8亿元的授信支持，帮助企业解决资金需求。拓宽企业融资渠道，深入民营、小微、科创及困难企业生产一线，走访企业40家、园区2个，通过制定“一户一策”综合服务方案，新增授信11457万元。加大文化旅游产业支持力度，创新服务模式，综合运用投行、租赁、资产证券化、投贷联动等多种方式，推出覆盖不同类型企业的特色业务和产品，为10家文化旅游企业提供资金支持10亿元。（周　言）

【中国民生银行股份有限公司泰安分行】　该行辖营业机构1处，内

8月30日，天津银行参加全市文化旅游体育产业签约仪式。市委常委、宣传部部长王永征（右四），副市长成丽（右二）出席　　（张嘉楠　供）

设9个部室，员工58人。研究生及以上学历员工占比30%，党员占比55%。秉持“服务大众，情系民生”的经营理念、“创新进取、专业高效、共同成长”的核心价值观，致力于为泰安地区的企事业单位和广大人民群众提供优质高效的金融服务，助力当地实力经济发展。

存款业务　吸收各项存款余额28.42亿元，较年初增加11.17亿元，增长64.72%，存款市场占有率1.1%。其中储蓄存款余额2.79亿元，较年初增长0.48亿元；对公存款余额26.01亿元，较年初增长10.70亿元。

贷款业务　发放各项贷款余额29.43亿元，较年初增长1.00亿元，贷款市场占有率1.5%。涉农贷款余额17.72亿元，较年初增长0.28亿元，同比多增4.53亿元，增幅34.34%，高于各项贷款增幅21.71个百分点；小微企业贷款余额3.52亿元，较年初增长0.60亿元，同比多增0.23亿元，增幅6.99%，低于各项贷款增幅5.64个百分点。

中间业务　实现中间业务收入4366.27万元，同比增加426.34万元。银行卡存量238.4万张，卡存款余额66.57亿元，较年初增加10.17亿元；银联传统POS存量6576台，较年初增加576台；新布放农金通98台，新增ATM56台，电子渠道替代率68.08%；发行理财产品229期，募集资金108.32亿元。期末存续72期，存续规模49.76亿元；销售贵金属9.7万克；实现代理国际业务结算量3125万美元。

（张嘉楠）

【上海浦东发展银行泰安分行】　该行设置营业网点2处，职工48人。年末，资产规模37.88亿元，实现拨备前利润12871万元，实缴税金1522万元。全省系统内考核第2名。

负债业务　实现本外币一般性存款余额34.77亿元，增加15.30亿元；其中单位存款24.00亿元，增加14.59亿元；储蓄存款1.90亿元，增加0.81亿元。

资产业务　各项贷款余额36.26亿元，增加3.21亿元。其中公司贷款余额32.58亿元，增加2.53亿元；个人贷款余额3.68，增加0.68亿元。

其他业务　成功上线热力支付宝渠道缴费、自来水线上缴费业务。推出房屋预售资金监管、房屋E售等现金管理业务和e企付、集团资金管理、结算性融资、在线账款管理等单位金融产品和“普发宝”“同享盈”等储蓄和理财产品。

助力小微企业发展　小微业务匹配专项贷款规模，针对小微企业流动资金贷款难，加大资金投放力度，以“携手、成长、共赢”的理念服务于目标客户。年末，小微贷款结余3.27亿元，新增0.61亿元，新发放贷款2.57亿元；小微企业贷款数116家，较年初增长60家，小微企业申贷获得率93%。

优质服务　以服务客户为中心，推进处理流程改造、规范化服务培训和技能练兵等，提高服务效率，提升服务水平，服务水平达到系统内A级网点标准。　（黄　磊）

【中国光大银行泰安分行】　该行设营业部1处，内部设5部1室，离行自助设备2台，员工53人。年末，各项存款规模26.6亿元。

对公业务　年末，公司存款余额22.38亿元，日均余额21.81亿元，较年初新增9.89亿元；公司授信表内外合计余额64.3亿元，较年初新增18.3亿元，全部为正常类贷款。公司客户394户，较年初新增106户。企业网上银行关联301户，关联现金管理账户34户，实现中间业务收入1114万元。贸金业务办理结汇业务19笔，金额1015.55万美元；开立非融资性保函16笔，金额6398.31万元；开立信用证1笔，金额51.5万美元；开立国内信用证4笔，金额1.1亿元，发放美元贷款1000万美元。创新业务方面，成功向中银租赁有限公司投放租赁保理2.3亿元，取得中油金鸿华东投资有限公司8亿元资产证券化业务的主承销商资格。

零售业务 年内，全面动员大做零售业务，走社区、进商圈、访千家、走万户，举办多场养生保健、插花品茶、红酒沙龙等特色理财课堂及客户回馈活动，让光大理财品牌深入泰城居民心中，零售客户较年初新增5963人。年末，对私存款余额4.3亿元，较年初新增1.13亿元；对私存款日均较年初新增近1亿元；九项资产余额8亿元，较年初增长3.5亿元；个人贷款投放2709笔、3.06亿元。 （宋礼鹏）

【概况】 年末，驻泰安保险公司54家，其中财产险公司25家、人身险公司29家。全市县级支公司和营销服务部总量293家，其中财产险公司136家、人身险公司157家。保险中介机构65家。全市保险从业人员4万人。

【行业发展】 全年保险业保费收入112.09亿元，增长19.57%。其中财产险公司实现保费收入25.51亿元，增长23.76%；人身险公司实现保费收入86.58亿元，增长18.38%。保费规模破百亿，实现历史性突破。全年累计各项赔款和给付支出32.89亿元，增长2.01%。其中，财产险赔款支出11.89亿元，增长26.79%；人身险赔款（给付）支出21亿元，同比降低8.16%。城镇职工大额补充医疗保险，累计承保泰安城镇职工78.66万人次；城乡居民大病保险服务人群418.86万人，协议保费2.6亿元，赔付金额1.53亿元，理赔人次10.39万人；城镇职工大病保险服务人群80.99万人，协议保费1620.89万元，赔付金额527.73万元，理赔789人次。在开展小麦、玉米等传统政策性农业保险和责任险的基础上，陆续开办首台（套）保险、助贷险、价格指数保险、环境污染责任险等创新险种。开展的大白菜价格指数保险，累计承保种植面积4766.67公顷（7.15万亩），实现保费收入813万元，累计赔付700万元；马铃薯价格指数保险累计承保面积4873.33公顷（7.31万亩），保费收入1024.1万元，累计赔付1269.62万元。全年开展首台（套）重大技术装备综合保险5笔，保费收入1169万元，承保金额2.93亿元。

【行业自律】 加强市场调研，了解行业动态。根据业务规模分类和市场情况到部分公司现场调研，了解和掌握市场状况。召开各类会议，学习中国保监会"1+4"（保监发〔2017〕34号、35号、40号、42号、44号）系列文件精神，防范化解各类金融风险，兜住风险底线，依法合规经营。按照山东保监局《关于转发〈中国保监会关于整治机动车辆保险市场乱象的通知〉》文件精神，达成行业共识，治理行业乱象，维护行业秩序。按照《山东省人身保险产品说明会综合管理自律公约》要求，对人身险公司产说会进行规范，有效规范人身险市场发展环境。

【服务会员】 反保险欺诈。全年接受疑似保险欺诈案件72件，公安立案3件，移送起诉2件，采取强制措施2人，合计减损153万元，财产险赔付率比全省平均值低5个百分点左右。诉调对接工作。经过与岱岳区法院的沟通协调，率先与岱岳法院开展保险纠纷的诉调对接工作。又相继与高新区法院、泰山区法院开展诉调对接工作。全年，通过诉调对接受理的案件75件，成功调解30件，成功率41.3%，调解协议司法确认3件，涉及保险机构10家，调解成功案件诉讼金额185万元，协议赔偿金额147万元。完善消费者权益保护的工作机制。全年处理保险投诉和咨询318件，其中电话咨询95件、来人来访25人次（含重访），实际投诉总量223件，比上年同期增长61%。

【宣传工作】 7月，围绕"远离贫困·从一份保障开始"的宣传主题，

12月19—20日，山东保监局局长孙建宁到泰安调研保险业发展状况

（张帅 供）

2017年12月泰安市财产保险业务情况

表25　　　　单位：万元

险种	承保数量/户/辆/笔		保险金额		保费收入		同比增长（%）	市场份额（%）	赔款件数		赔款金额		赔付率（%）
	当期	累计	当期	累计	当期	累计			当期	累计	当期	累计	
企财险	153	1720	129409.91	6202266.27	125.58	4695.35	-6.77		30	278	237.27	3060.03	65.17
机动车交强险	82800	804166	984050.30	8912866.45	6707.49	57595.33	12.33		5754	58066	3448.26	29947.46	52.00
机动车商业险	67562	632266	4261081.22	38930976.50	14031.85	139239.99	14.03		7647	72937	5270.22	53051.76	38.10
家财险	924	18979	31728.55	1139493.57	28.56	1349.85	54.44		2125	19486	123.39	993.14	73.57
责任险	1420	28294	458022.60	12775115.97	295.94	8322.63	40.42		157	1165	611.96	2445.02	29.38
保证险	229	2300	110186.72	627232.24	738.30	7484.43	96.83		21	136	81.95	583.23	7.79
工程险	3	44	17297.65	430858.24	10.00	717.94	83.23	100	4	37	11.38	295.38	41.14
货运险	2836	30532	102733.47	1369642.58	48.66	578.53	2.03		7	78	10.76	164.31	28.40
意外险	32437	262168	1463455.54	15315550.77	313.69	4888.76	26.67		1018	3318	432.38	2371.66	48.51
健康险	2675	50610	177029.83	121232981.60	52.56	16848.37	886.79		13134	56088	2141.75	9692.74	57.53
农业险	128	66728	6769.79	474463.18	129.51	13228.11	11.19		3773	30111	2403.57	15548.97	117.54
其他险	245	725	693.17	51081.35	17.15	107.38	1399.68		1	6	7.65	924.47	860.95
小　计	191412	1898532	7742458.76	207462528.72	22499.29	255056.65	22.95		33671	241706	14780.54	119078.17	46.69

2017年12月泰安市人身保险业务情况

表26　　　　单位：万元

项目	保险种类	保费收入（本月）			保费收入（累计）			同比增长%	市场份额（%）	退保支出（累计）	赔款支出（累计）				
		首期	续期	小计	首期	续期	小计				满期给付	死伤给付	医疗给付	年金支付	赔款支付
团体业务	人寿保险	703.73	109.78	813.51	7312.42	2591.11	9903.53	71.34		495.06	651.34	462.41	41.88	2157.22	0.33
	意外保险	652.23	1.50	653.73	6280.14	15.00	6295.14	5.82		0.86	—	134.67	50.52	63.67	1822.20
	健康保险	8559.22	63.13	8622.35	14908.31	494.52	15402.83	25.40		1013.86	—	—	25.68	2.75	6189.09
	分红保险	94.99	14.41	109.40	1373.59	1378.48	2752.07	27.92		185.32	389.02	2.70	0.43	9.43	—
	小计	10010.17	188.82	10198.99	29874.46	4479.11	34353.57	31.31		1695.10	1040.36	599.78	118.51	2233.07	8011.62
个人业务	人寿保险	1587.15	5625.51	7212.66	52043.20	102281.77	154324.99	31.26		16937.12	9272.21	3481.37	4171.61	12694.08	2382.36
	意外保险	325.80	336.60	662.40	3371.33	3882.28	7253.60	12.05		134.82	355.49	34.01	226.96	21.87	699.90
	健康保险	2041.70	3165.24	5206.94	45510.40	48183.56	93693.96	65.74	100	1428.37	698.18	1319.39	5918.38	41.72	3385.12
	分红保险	2316.21	9365.95	11682.16	60155.16	193123.97	253279.12	21.31		9559.05	11359.19	2295.39	1316.35	10989.83	177.15
	小计	6270.86	18493.30	24764.16	161080.09	347471.58	508551.67	30.61		28059.36	21685.07	7130.16	11633.30	23747.50	6628.45
银行业务	人寿保险	1734.47	1567.15	3301.62	190992.14	25103.32	216095.46	6.96		59043.69	3127.66	232.96	225.10	3859.22	132.68
	意外保险	232.85	1.44	234.29	1542.12	29.27	1571.39	5.88		1.11	—	3.00	—	22.91	102.81
	健康保险	60.77	22.64	83.41	12227.94	529.93	12757.87	582.64		8115.26	0.53	29.41	32.86	—	139.82
	分红保险	1482.10	2325.73	3807.83	43187.18	49314.19	92501.37	-16.27		61765.58	112429.75	507.45	184.12	3025.47	3321.16
	小　计	3510.19	3916.96	7427.15	247949.38	74976.71	322926.09	2.24		128925.64	115557.94	772.82	442.08	6907.60	3696.47
合　计		19791.22	22599.08	42390.30	438903.93	426927.40	865831.33	18.38		158680.10	138283.37	8502.76	12193.89	32888.17	18336.54

制定《泰安市保险行业协会关于开展2017年7•8保险公众宣传日活动的通知》，倡导全行业开展为期一个月的宣传活动。7月8日，组织驻泰安50家保险机构人员和社会爱心人士1000人开展“保险扶贫公益跑”活动，向群众发放宣传折页、预防非法集资手册普及保险知识，提高全国保险公众宣传日的认识度。全年在泰安电视台《泰安新闻》栏目上播出2次，计3分22秒；在《泰安日报》刊登信息6篇；在《山东保险信息》、山东保险信息网等省级刊物、网站上刊登信息36篇，基本覆盖山东省保险新闻宣传渠道和泰安主流媒体。 （张　帅）

【中国人民财产保险股份有限公司泰安市分公司】 年末，该公司实现年度保费10.18亿元，增速39.93%，成功打造10亿元量级地市公司。整体市场份额41.55%，增量份额稳居市场第1位。其中车险实现保费收入6.53亿元，年度保费首次突破6亿元。全险种累计处理赔案89116件，支付赔款4.6亿元。上缴各类税收（含车船税）1.15亿元，是全市纳税百强企业。被总公司评为全国重点城市分公司，成功晋升全国三类地市分公司之列。连续十二年获评“省级文明单位”。

参与社会治理 首席承办全市二级以上公立医院医疗责任险，为全市137家二级以上医院提供2.23亿元的风险保障。承办全市校园方责任保险，为全市1368所学校提供163.83亿元的风险保障。承保泰山风景区政府救助和自然灾害综合保险，提供2.9亿元风险保障。全省首家承保军队医责险。助力全市脱贫攻坚工作，与市扶贫办签订“保险精准扶贫合作框架协议”。

服务“三农” 开办14个政策性农业险种，为全市85.7万户养殖户提供18亿元风险保障，支付农险赔款8900万元。承办全市11.27万公顷（169万亩）政策性小麦保险，承保覆盖率71%。处理5月23日、6月2日全市小麦两次风灾赔案，支付赔款6100万元。在全市开办政策性养殖险，累计支付赔款2814万元。

理赔创新 推出“行车路上有人保”服务。路遇故障车辆、事故车辆主动停车，主动提供协助报案故障处理、救援服务、事故处理、现场调解等8个项目服务。开展人伤法律援助服务和交钥匙服务。开展“中国人保心服务、伴您国庆放心玩”活动。在高速路口搭建服务站点，为广大出行客户提供416件次服务。10月27日，联合泰山区人民法院建立道交保险纠纷一体化调处中心。为交通事故当事人提供赔偿调解、立案应诉和保险赔付的一体化处理模式，帮助客户解决诉讼疑难问题。

投身公益活动 连续两年赞助支持泰山国际马拉松，助推全市体育公益事业发展。承办全省治安保险工作会议。连续两年为全市700户村居配备治安电动巡逻车。投入40万元聘任四个县区贫困户担任协保员。联合市交警支队、市电视台支持赞助《天天说道》交通栏目。协助市安监局开展全市安全生产大检查及安全生产知识普及活动。

（李　乾）

【中国人寿保险股份有限公司泰安分公司】 该公司设综合管理部、人力资源部、监察部、财务部、客户服务中心、个险销售部、银行保险部、团体业务部、培训部、健康保险部10个部（室），是中国人寿的地市级分支机构，辖县（市、区）支公司5家，专业化支公司3家，县域营销服务部72个，中介代理机构428个，员工271人，持证保险代理人7819人。

良好业务 年末，泰安国寿实现总保费17.43亿元，增长14.89%，是全市唯一一个年度保费规模突破15亿元的保险公司，市场占有率18.87%，领先同业主要竞争对手6.6个百分点。

保障民生 开展“银龄安康”工程。年内为27万人次提供保障，为2500人支付赔款550万元。参与城镇居民补充养老保险，累计代理各类企业年金业务3亿余元，其中受托、投资和账户分别为9400万元、9400万元和9000户。在泰安市独家开办“女性安康防癌及意外伤害保险”。开展计划生育手术意外险项目，全市有育龄绝育人群2.15万人次参保，占全市适龄投保人群的90%以上。开展“学生平安保障”工程。2017年，全市学平险承保人数36.54万人，保费3000万元，累计为在校学生承担的意外、疾病、医疗风险保额550亿元，各类案件总给付金额2109万元，赔付率68.74%。理赔服务过程中，立足学生人群及家庭需求实际，快速反应，第一时间跟进服务，及时快速理赔。 （颜　健）

【中泰证券泰安分公司】 该公司辖营业部10家，其中市区5家、县(市、区）5家，分布在泰山区、高新区、新泰、新汶、肥城、宁阳、东平。有正式员工99人，全部具备证券从业资格，其中28人具备证券投资咨询从业资格。中泰证券泰安分

公司按照各项专业化证券业务协同发展的战略目标，全力推进包括证券经纪、投行业务、证券投资、资产管理、财富管理、研究业务、PB业务、场外衍生品业务、收益凭证业务、信用业务、期货中间介绍业务等在内的综合业务体系建设，协力总部旗下的鲁证期货、万家基金、中泰国际等子公司，利用公司各类业务牌照和多元化业务平台，在合规展业的前提下，为泰安资本市场发展提供全面优质的金融服务。

2017年，泰安分公司实现营业利润5665.74万元，全年缴纳增值税及附加等各项税款总额782.44万元，缴纳企业所得税税款总额407.95万元，地税和国税合计缴纳税款1190.39万元。

通道业务 全年分公司各营业部完成A股、基金交易总量1399.51亿元，实现佣金收入1.17亿元；各营业部客户资产总值103.51亿元，市场份额0.0597%，当地占比57.46%。

非通道业务 全年“两融”业务净收入0.6871亿元，“两融”余额6.3801亿元，新增“两融”账户605户。销售公募基金1.17亿元，私募产品1400万元，类固收产品保有量2.27亿元。

机构业务 机构业务开发私募基金托管外包业务实现突破，成功托管泰安金控集团全资子公司点石投资发行的两只私募股权投资基金。深度开发高净值机构客户，不断推动经纪业务与投行业务间的客户资源共享与糅合开发。

【中泰证券泰安分公司财富管理业务】 该公司转变经营理念形成自身经营特色，业务职能向多元化理财中心转移，服务品质借助互联网和APP平台实现全面化和即时化。综合理财服务的核心是以客户需求为重心，以各项牌照业务为基础，依托集成化、开放式的综合理财服务平台，通过综合理财服务账户体系，以高效率的账户“全业务”和便捷的支付结算功能为基础，实现传统和创新业务的服务集成，为客户提供更为专业化、综合化的理财服务。一方面，在提供综合化金融理财和优质服务的基础上做好基础客户维护工作；另一方面，利用综合型券商优势，借助丰富的业务种类和不断扩大的业务范围，为客户提供全方位、特质化服务。分公司注重员工综合能力培育和后台服务能力提升，不定期举办各类丰富多彩的业务培训和客户联谊活动，实现高效高能业务交流，加大公司品牌宣传力度，树立中泰特色行业形象，为投资者带来便捷、高效、全新、贴心的优质服务。 （孔　谦）

【海通证券泰安营业部】 2017年，泰安营业部在分支机构分类分级评定中被公司评定为“特色二级”营业部。年内，营业部实现净利润2216.68万元，缴纳各项税款总额437.36万元，其中缴纳增值税及附加173.79万元，企业所得税201.37万元，个人所得税62.05万元。

经纪业务 全年营业部完成交易量600.33亿元，其中A股交易量362.74亿元，B股交易量0.32亿元，基金116.22亿元，债券0.07亿元，债券融券回购交易120.98亿元，实现佣金及手续费收入2781万元，年末托管客户资产总值108亿元，市场份额为0.02093%。全年“两融”业务实现净收入757.31万元，“两融”余额1.7亿元，新增“两融”账户77户；IB业务收入32.8万元；销售各类公募基金6870万元，私募销售及引入金额3910万元，销售理财产品8亿元。

机构业务 加强对上市及拟上市公司、潜在发债企业、银行等单位的拜访，了解其投融资需求，助力企业发展。协助公司债券部发行15亿中票1单，5亿超短融1单；完成限售股市值托管业务1单，托管股份3271万股；股票质押存续规模1.4亿元。 （王琳琳）

编校　周　燕　　审稿　袁立轩

科技·教育

科技综述

【概况】 2017年，泰安市规模以上工业企业实现高新技术产业产值1633.32亿元，占规模以上工业总产值的比重29.76%。企事业单位主持或参与完成的科研成果获国家科技进步二等奖2项、省级各类科技奖励17项。发明专利申请1837件，授权425件。每万人口有效发明专利拥有量2.96件。2016年研究与试验发展（R&D）经费（该数据一般延迟1年公布）83.12亿元，占GDP比重2.51%，高出全省平均占比0.17个百分点。市科技局继续保持"省级文明单位"称号，被市委、市政府表彰为"市直2017年度经济社会发展综合考核先进单位"。

【区域科技创新体系】 完善泰山创新谷功能布局及建设内容，与创业黑马（北京）科技股份有限公司共建黑马学院泰安分院及黑马孵化加速空间，引入高水平管理团队2家，引进高端产业技术研究院7家。科技创新服务云平台建成运行，科技创新资源库、企业信息资源库逐步完善，为20家企业开展免费个性化定制服务。新组建市级产业技术研究院57家，总数210家。

【科技体制改革】 印发《关于深化科技体制改革加快创新发展的实施意见》，提出42条深化科技体制改革具体措施。制定《泰安市科研院所法人治理结构建设实施方案》，破除束缚科研院所创新发展的体制机制障碍。印发《关于对知识产权（专利）服务机构给予资金补助的通知》，支持知识产权（专利）服务机构加快发展。在全省首家设立科技成果转化风险补偿资金，6月，全市首家科技金融银行泰安银行擂鼓石支行揭牌开业。落实普惠性科技政策，148家企业享受研发经费加计扣除15.32亿元，50家企业获研发财政后补助2349.56万元，9家企业实现专利权质押融资1.18亿元，4家企业获科技成果转化贷款1470万元。

【科技计划与科技成果】 获国家重点研发科技项目计划立项4个，获省重点研发计划立项38项，省自然科学基金计划立项5项，省农业良种工程计划立项1项。争取泰山产业领军人才（项目）支持资金800万元；省级示范工程技术研究中心评估结果优秀5家，获创新服务平台资金补助500万元。获国家

9月8日，"牵手才智·助跑泰安"科技招才引智签约仪式举行。市委常委、常务副市长展宝卫，副市长成丽等出席签约仪式　（姚　文　供）

2017年泰安市获省级以上科学技术奖项目

表27

奖励名称	项目名称	完成单位（人）
国家科技进步奖二等奖	多抗广适高产稳产小麦新品种山农20及其选育技术	山东农业大学
国家科技进步奖二等奖	煤矿深部开采突水动力灾害预测与防治关键技术	山东科技大学
省自然科学奖二等奖	切换系统稳定性分析、控制和应用	山东农业大学
省技术发明奖一等奖	综掘工作面气载粉尘抑制关键技术及装备	山东科技大学
省技术发明奖二等奖	全降解食品包装材料关键技术研发与应用示范	山东农业大学
省科技进步奖一等奖	主要蔬菜卵菌病害关键防控技术研究与应用	山东农业大学
省科技进步奖一等奖	高性能电子玻璃纤维关键技术研发与大规模产业化	泰山玻璃纤维有限公司
省科技进步奖一等奖	金银花提质增效、综合开发关键技术研究与产业化应用	山东农业大学
省科技进步奖二等奖	煤矿综采成套装备绿色再制造关键技术及产业化	山东能源重型装备制造集团有限责任公司
省科技进步奖二等奖	蔬菜新发重要病毒病害检测预警和综合防控技术应用	山东农业大学
省科技进步奖二等奖	基于农田景观的粮棉重大害虫区域性持续治理技术	山东农业大学
省科技进步奖二等奖	银杏种质资源收集评价与新品种选育利用	山东农业大学
省科技进步奖二等奖	高异质性区域生态环境遥感监测关键技术及综合应用	山东科技大学
省科技进步奖三等奖	猪肉质量安全控制关键技术研究与示范	山东银宝食品有限公司
省科技进步奖三等奖	农业物联网智能信息服务平台与性能优化	山东科技大学
省科技进步奖三等奖	深部煤炭开采冲击地压动力灾害孕育演化机理及动态调控技术	新汶矿业集团有限责任公司
省科技进步奖三等奖	济阳坳陷复杂隐蔽油藏高效勘探	山东科技大学
省科技进步奖三等奖	岩土体预应力锚索锚固力损失控制补偿与安全监测关键技术	山东科技大学
省科技进步奖三等奖	内质网应激和功能异常脂蛋白致动脉硬化机制及作为干预靶	泰山医学院

2017年泰安市域内高新技术企业名单

表28

序号	证书编号	单位名称	所属区域
1	GR201537000242	山东泰开箱变有限公司	高新区
2	GR201537000584	山东泰开电力电子有限公司	泰山区
3	GR201537000558	泰山石膏有限公司	岱岳区
4	GR201537000256	山东泰开真空开关有限公司	高新区
5	GR201537000678	山东泰盈科技有限公司	高新区
6	GR201537000537	力博重工科技股份有限公司	高新区
7	GR201537000370	山东泰开自动化有限公司	高新区
8	GR201537000435	山东泰开互感器有限公司	泰山区
9	GR201537000156	山东众成饲料科技有限公司	肥城市
10	GR201537000740	山东泰开电力开关有限公司	泰山区
11	GR201537000561	山东泰开变压器有限公司	高新区
12	GR201537000668	山东视聆通讯有限公司	泰山区
13	GR201537000622	山东良达发兴圆环链有限公司	新泰市
14	GR201537000286	山东济海华元医疗科技有限公司	岱岳区
15	GR201537000035	山东泰开电器绝缘有限公司	泰山区
16	GR201537000643	山东沃而丰新能源工业有限公司	东平县
17	GR201537000191	山东阳光新材料科技有限公司	岱岳区
18	GR201537000392	山东金恒力机械制造有限公司	新泰市
19	GR201537000393	海斯摩尔生物科技有限公司	宁阳县
20	GR201537000216	泰安麦丰新材料科技有限公司	肥城市
21	GR201537000055	山东欧瑞安电气有限公司	高新区
22	GR201537000020	泰安中意重型工业设备有限公司	高新区
23	GR201537000347	泰山恒信有限公司	高新区
24	GR201537000084	山东泰开重工机械有限公司	高新区
25	GR201537000067	山东晨晖电子科技有限公司	高新区
26	GR201537000476	泰安磐然测控科技有限公司	高新区
27	GR201537000728	山东泰开电器开关有限公司	高新区

续表 28-1

序号	证书编号	单位名称	所属区域
28	GF201537000017	山东农大肥业科技有限公司	肥城市
29	GF201537000207	泰安市路达试验仪器有限公司	高新区
30	GF201537000031	泰安轻松表计有限公司	高新区
31	GF201537000227	山东众志电子有限公司	高新区
32	GF201537000057	泰安路德工程材料有限公司	泰山区
33	GF201537000252	泰安康平纳机械有限公司	泰山区
34	GF201537000033	山东厚丰汽车散热器有限公司	泰山区
35	GF201537000262	山东明佳科技有限公司	岱岳区
36	GF201537000002	山东容力达矿用电器设备有限公司	新泰市
37	GF201537000135	山东润通齿轮集团有限公司	新泰市
38	GF201537000104	山东祥瑞药业有限公司	东平县
39	GF201537000170	山东光大科技发展有限公司	东平县
40	GF201537000208	山东泰鹏新材料有限公司	肥城市
41	GF201537000071	肥城昌盛特种石墨有限公司	肥城市
42	GF201537000269	肥城三英纤维工业有限公司	肥城市
43	GF201537000040	泰安瑞泰纤维素有限公司	肥城市
44	GR201637001008	泰安协同软件有限公司	泰山区
45	GR201637000413	山东泰鹏智能家居有限公司	肥城市
46	GR201637000871	山东晶泰星光电科技有限公司	新泰市
47	GR201637000784	山东康盛医疗器械有限公司	岱岳区
48	GR201637000206	山东省联合农药工业有限公司	岱岳区
49	GR201637000565	泰安京泰生物技术有限公司	泰山区
50	GR201637000437	普瑞特机械制造股份有限公司	泰山区
51	GR201637000584	泰安汉威化工有限公司	岱岳区
52	GR201637000621	山东新合源热传输科技有限公司	宁阳县
53	GR201637000946	山东瑞泰玻璃绝缘子有限公司	新泰市
54	GR201637000806	山东泰鹏环保材料股份有限公司	肥城市
55	GR201637001109	山东一滕新材料股份有限公司	肥城市

续表 28-2

序号	证书编号	单位名称	所属区域
56	GR201637000064	肥城联谊工程塑料有限公司	肥城市
57	GR201637000697	鲁普耐特集团有限公司	岱岳区
58	GR201637000169	山东华兴纺织集团有限公司	宁阳县
59	GR201637001089	泰安现代塑料有限公司	岱岳区
60	GR201637000514	山东春潮集团有限公司	新泰市
61	GR201637001148	山东瑞福锂业有限公司	肥城市
62	GR201637000917	肥城金塔酒精化工设备有限公司	肥城市
63	GR201637000553	山东超威电源有限公司	宁阳县
64	GR201637000911	山东中玻节能环保发展有限公司	新泰市
65	GR201637000188	山东能源重装集团大族再制造有限公司	新泰市
66	GR201637001072	山东国泰科技有限公司	泰山区
67	GR201637001063	泰安泰山福神齿轮箱有限责任公司	泰山区
68	GR201637000821	山东泰开电工电器有限公司	泰山区
69	GR201637001054	山东泰山恒信开关集团有限公司	新泰市
70	GR201637000308	尤洛卡（山东）深部地压防治安全技术有限公司	高新区
71	GR201637001033	泰安东华合创软件有限公司	高新区
72	GR201637000274	山东友和安泰信息技术有限公司	高新区
73	GR201637000773	山东京卫制药有限公司	高新区
74	GR201637000142	山东泰华生物科技股份有限公司	高新区
75	GR201637000329	山东泰开电缆有限公司	高新区
76	GR201637000293	山东以利奥林电力科技有限公司	高新区
77	GR201637000877	泰安航天特种车有限公司	高新区
78	GR201637000387	山东五岳电器有限公司	高新区
79	GR201637000825	山东泰开特变有限公司	高新区
80	GR201637000870	山东泰开电器机构有限公司	高新区
81	GR201637001002	山东天路重工科技有限公司	高新区
82	GR201737000158	山东泰开精密铸造有限公司	泰山区
83	GR201737001105	泰石岩棉有限公司	岱岳区

续表 28-3

序号	证书编号	单位名称	所属区域
84	GR201737000526	山东德普化工科技有限公司	新泰市
85	GR201737000822	山东彩山铝业有限公司	宁阳县
86	GR201737001231	新东岳集团有限公司	东平县
87	GR201737001646	山东鲁普科技有限公司	泰山区
88	GR201737000866	泰安东升服装有限公司	泰山区
89	GR201737001791	泰山玻璃纤维有限公司	泰山区
90	GR201737000452	山东三同新材料股份有限公司	肥城市
91	GR201737001863	山东海燕医用材料制造有限公司	新泰市
92	GR201737001145	石横特钢集团有限公司	肥城市
93	GR201737001076	山东赛特电工股份有限公司	新泰市
94	GR201737000173	特变电工山东沈变电气设备有限公司	新泰市
95	GR201737001866	山东泰信幕墙工程有限公司	宁阳县
96	GR201737000044	肥城金塔机械科技有限公司	肥城市
97	GR201737001723	山东斯诺尔节能建材有限公司	新泰市
98	GR201737000950	山东泰邦生物制品有限公司	高新区
99	GR201737001767	山东宝来利来生物工程股份有限公司	泰山区
100	GR201737000994	山东润德生物科技有限公司	新泰市
101	GR201737001893	泰安巴夫巴夫农业科技有限公司	宁阳县
102	GR201737000476	新泰市佳禾生物科技有限公司	新泰市
103	GR201737002048	山东华阳农药化工集团有限公司	宁阳县
104	GR201737002028	东平九鑫生物化学有限公司	东平县
105	GR201737001663	山东鲁泰建材科技集团有限公司	肥城市
106	GR201737001570	山东大通前沿电子科技有限公司	泰山区
107	GR201737000632	山东融通电子科技有限公司	泰山区
108	GR201737001397	山东鸣迅智能科技有限公司	肥城市
109	GR201737000735	山东蓝光软件有限公司	泰山区
110	GR201737001650	浪潮软件股份有限公司	高铁新区
111	GR201737000394	山东泰克贝思计算机科技有限公司	肥城市

续表 28-4

序号	证书编号	单位名称	所属区域
112	GR201737001170	泰安泰山高压开关有限公司	泰山区
113	GR201737001098	山东北方光学电子有限公司	泰山区
114	GR201737000133	山东思科赛德矿业安全工程有限公司	泰山区
115	GR201737001944	泰安巨菱钻探装备有限责任公司	泰山区
116	GR201737000651	泰安鼎鑫冷却器有限公司	岱岳区
117	GR201737000332	泰安市一开电气有限公司	岱岳区
118	GR201737002047	特变电工昭和（山东）电缆附件有限公司	新泰市
119	GR201737000895	特变电工山东鲁能泰山电缆有限公司	新泰市
120	GR201737001746	泰安隆泰金属制品有限公司	肥城市
121	GR201737000335	山东军成机械科技有限公司	肥城市
122	GR201737001492	山东龙成消防科技股份有限公司	新泰市
123	GR201737001946	泰安大陆医疗器械有限公司	高新区
124	GR201737001842	山东电安电气有限公司	高新区
125	GR201737000219	山东中拓信息科技有限公司	高新区
126	GR201737001331	山东虎彩泰山印刷有限公司	高新区
127	GR201737000720	泰安东岳重工有限公司	高新区
128	GR201737000900	山东科德电子有限公司	高新区
129	GR201737001440	山东泰开高压开关有限公司	高新区
130	GR201737000862	山东泰开隔离开关有限公司	高新区
131	GR201737001425	山东鲁能奥特科技有限公司	高新区
132	GR201737000003	山东泰开成套电器有限公司	高新区
133	GR201737000132	山东爱客多热能科技有限公司	高新区
134	GR201737001560	尤洛卡精准信息工程股份有限公司	高新区
135	GR201737000351	山东能源重装集团鲁中装备制造有限公司	高新区
136	GR201737001708	泰安英迪利机电科技有限公司	高新区
137	GR201737000609	山东泰开汽车制造有限公司	高新区
138	GR201737001240	泰安众诚自动化设备股份有限公司	高新区
139	GR201737000191	泰山集团股份有限公司	高新区

科技进步二等奖2项，省科技进步一等奖3项、二等奖5项、三等奖6项，省自然科学奖二等奖1项，省技术发明一等奖1项、二等奖1项。山东农业大学毛志泉教授获泰安市科学技术最高奖。评出市科学技术合作奖2人、青年科技创新奖2人；市科技进步奖项目97项，其中一等奖10项、二等奖27项、三等奖60项；市技术发明奖3项，市专利奖40项。

【科技创新载体】 全市在高端装备制造、高端化工、信息产业、非金属材料等重点产业领域建设科技研发平台482家。新增孵化面积12.3万平方米，总孵化面积74.36万平方米；新增在孵企业147家，总数超过800家；科技企业孵化器、众创空间等孵化平台36家，其中国家级、省级、市级分别为7家、16家、13家。新增300家科技型企业加入省大型科学仪器设备协作共用网络平台，入网的科学仪器设备780台（套）。

【高新技术产业】 全市净增高新技术企业20家，总数139家。高新技术产业产值占规模以上工业总产值的比重提高1.46个百分点。新增科技型中小企业130家，总数782家。规模以上工业企业研究与试验发展（R&D）投入75.85亿元，占R&D总投入91.25%，增长8.14%。泰安高新区新增“瞪羚企业”8家，居全省第4位。

【科技人才】 全市引进高层次科技人才93人，其中两院院士7人、外籍院士1人、“千人计划”专家3人、国家特殊津贴专家2人、长江学者3人。18个项目列入省西部经济隆起带基层科技人才支持计划，1人入选泰山产业领军人才，3人入选西部人才培养计划。泰安华鲁锻压机床有限公司成功入选省首批引进高层次人才重点支持企业（战略性新兴产业领域类），可享有2个泰山产业领军人才工程配额。泰安市金飞虹织造有限公司国家“千人计划”专家工作站正式启动。

【合作与交流】 举办第四届国内科技合作对接交流暨人才需求发布对接会，36家高校、科研单位发布科技成果340项，市政府与山东大学、华中科技大学、武汉理工大学等12所高校签订高层次人才合作框架协议。举办“牵手才智·助跑泰安”招才引智签约仪式，作为第三十一届泰山国际登山节首次增加的“科技板块”重要内容，征集科技合作项目36个，引进高层次人才33人。举办2017（泰安）乌克兰科技成果对接交流活动，邀请乌克兰国家科学院和乌克兰国立技术大学7名专家到泰安市开展技术交流与合作。山东路德新材料股份有限公司入选首批山东省品牌国际科技合作基地。

【农业与社会科技】 围绕“62116”科技精准扶贫工作布局，通过智力扶贫、创业扶贫、产业扶贫等方式，推进科技扶贫工作。备案234名科技指导员为全市第十一批农业科技特派员，落实科技人员培训咨询费，到基层开展培训130期1.2万人次，转化农业科技成果130项，示范带动面积667公顷（10万亩）以上。农业科技园区通过国家、省级农业高新技术产业示范区验收，验收名次居全国、全省前列，依托5家星创天地、43家农科驿站、66家农业科技园区等平台，与贫困村结对帮扶，整合556万元涉农科技资金向贫困村倾斜。聚焦泰山茶、苗木花卉、肥城桃、大樱桃、食用菌等一批特色产业和支柱产业，以科技扶贫项目为抓手，推进产业结构调整和提质增效，打造一批科技精准示范样板，彰显科技精准扶贫特色。

【知识产权管理】 成立国家知识产权局专利局专利审查协作天津中心泰安实训基地；新增专利代理机构4家，总量8家；新增国家知识产权优势企业6家，累计7家；新增山东省知识产权示范企业2家，累计16家；通过企业知识产权管理规范管理体系认证企业8家，累计30家。查处假冒专利案件64件，专利纠纷立案、结案40件。肥城市成为国家知识产权强县工程试点市，泰安高新区进入国家知识产权试点园区行列。农大肥业、路德工程材料分别获第十九届中国专利奖优秀奖。

【创新创业大赛】 举办第三届泰安创新创业大赛，对获奖的45家创新创业企业和团队，给予创业辅导、创业投资、银行授信等多方位支持。路德新材料有限公司的“工程用高性能碳纤维智能格栅”项目获第六届全国创新创业大赛优秀奖，成为全省新材料行业3家获奖企业之一。

（姚　文）

【概况】 市气象局获省气象局评为全省气象部门综合目标管理考核优秀达标单位、全省气象服务先进集体、全省气象宣传工作先进单位；获市委、市政府“市直2017年度经济社会发展综合考核先进单位”。

泰安国家一般气象站、泰山国家基准气候站获省气象局授予的全省地面气象观测工作优秀集体。“天气猜猜看”APP获全省气象服务创新竞赛气象服务模式类二等奖。市气象局和新泰市气象局、宁阳县气象局、东平县气象局、泰山气象站继续保持省级文明单位。泰山气象站1人获中国气象局与人力资源和社会保障部表彰的全国气象工作先进工作者。市财政局1人获中国气象局授予的全国气象服务贡献奖。新泰市获中国气象局认定的第五批标准化气象为农服务县（市、区）。

9月14日，泰安市气象局向社会开放普及气象科学知识　（徐德力　供）

【气象防灾减灾】 市政府应急办召开全市气象灾害防御工作联席会议。年内，启动重大气象灾害应急响应1次，发布暴雨等气象灾害预警信号122期，森林火险气象等级预报182期，其他服务简报200期。暴雨预警信号成为泰安市城市防洪应急预案（泰城）启动先导。市人大常委会调研气象工作2次，市政协专题视察气象工作。

【公共气象服务】 完成世界摄影大会泰安分会场和泰山国际登山节气象服务保障任务。提供徂徕山汶河省级旅游度假区评估、徂徕山航空飞行营地选址、泰安中国人居环境奖和国家园林城市复审气候可行性论证资料。联合市农业局推进气象信息进村入户。市编办批复成立泰安市突发事件预警信息发布中心，宁阳县、肥城市编办批复成立宁阳县、肥城市突发事件预警信息发布中心。市突发事件预警信息发布中心发布非气象类预警信号4次。

【气象设施建设】 “风云三号”气象卫星省级利用站在新泰市投入业务试运行。泰安农业气象试验基地项目获省发改委批复，总投资2300万元。泰安农业气象试验基地列入中国气象局探测中心专项试验外场（农业气象）规划。泰山气象站综合改善项目获中国气象局批复，总投资460万元。泰山雷达大修方案获省气象局批复，中央财政投资427万元用于设备大修。完成区域站改造8个，建设加密土壤水分站2个、小气候观测站2个。建成泰山北斗卫星导航定位基准站。自立课题14项，培育创新项目7项。“风传感器智能防冻解冻设备”获准在全省40个国家气象观测站测试。组建泰安市气象局科技委。市气象局与中科院大气所、山东大学、南京信息工程大学合作开展泰山大气成分和为农气象服务研究。完成省气象局预报员专项、青年基金课题结题各1项。

【气候特点】 2017年，泰安市天气气候主要特点为降水量正常略偏少，气温偏高，光照不足。

降水量　1—12月，全市平均降水量621.3毫米，较常年同期664.5毫米偏少6.5%，属降水正常年份。其中，1月较常年偏多149.1%，属降水异常偏多月份；10月较常年偏多56.8%，属降水显著偏多月

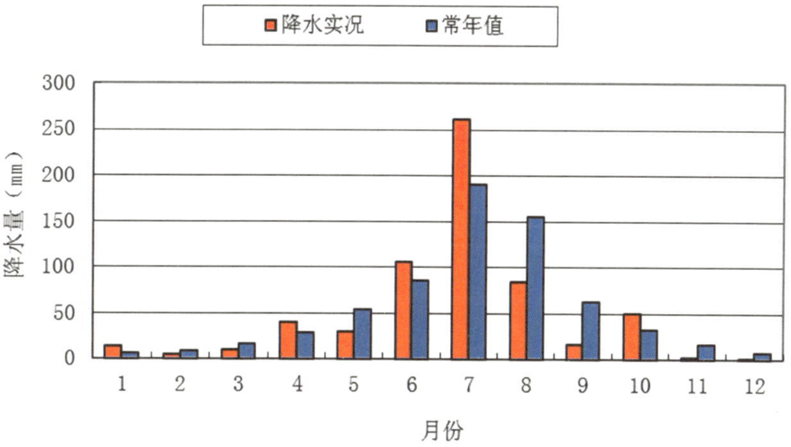

图3　泰安市2017年1—12月逐月降水量

份。9 月较常年偏少 74.4%，属降水显著偏少月份；11 月较常年偏少 86.1%；12 月较常年偏少 91.4%，属降水异常偏少月份（见图 3）。肥城市年降水量 544.2 毫米，较常年 645.7 毫米偏少 15.7%，为全市最少；东平县 740 毫米，较常年 614.3 毫米偏多 20.4%，为全市最多；泰安城区 569.6 毫米，较常年 685.6 毫米偏少 16.9%；新泰市 625.3 毫米，较常年 730 毫米偏少 14.3%；宁阳县 628.1 毫米，较常年 646.9 毫米偏少 2.9%。2 月 21 日，全市出现大范围降雪天气过程，2 站次达到大雪，3 站次达到中雪，出现道路结冰，对道路交通造成严重影响。

平均气温 1—12 月，全市平均气温 14.6℃，较常年 13.6℃偏高 1.0℃，属气温偏高年份，其中 5 月异常偏高，1 月显著偏高。年极端最高气温 37.0℃，7 月 24 日出现在宁阳县；年极端最低气温—11.7℃，12 月 17 日出现在肥城市。高温日数 10 天（见图 4）。

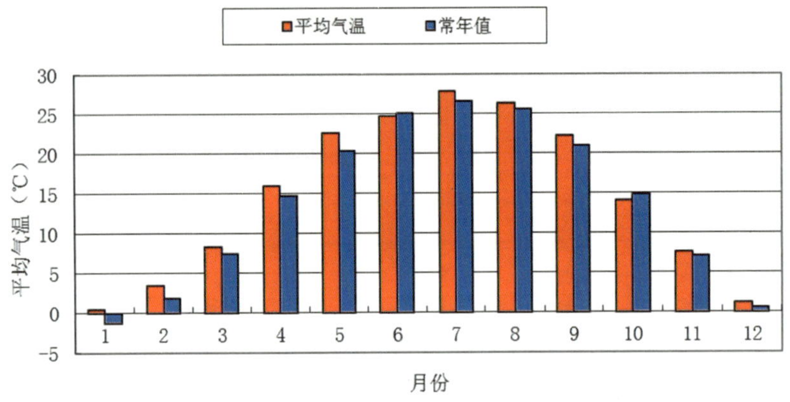

图 4　泰安市 2017 年 1—12 月逐月平均气温

日照时数 1—12 月，全市平均日照时数 2119.9 小时，较常年 2313.3 小时偏少 193.4 小时，属日照时数偏少年份。日照时数最多的是泰安城区 2336.3 小时，较常年同期 2453.5 小时偏少 117.2 小时；最少的是宁阳县 1858.1 小时，比常年同期 2272.7 小时偏少 414.6 小时(见图 5)。

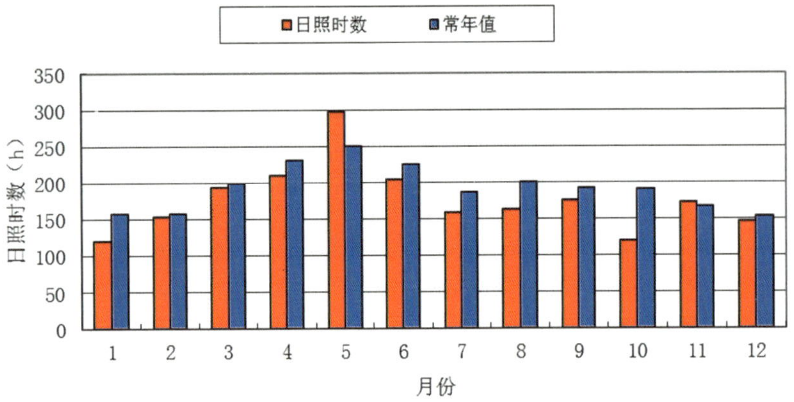

图 5　泰安市 2017 年 1—12 月逐月日照时数

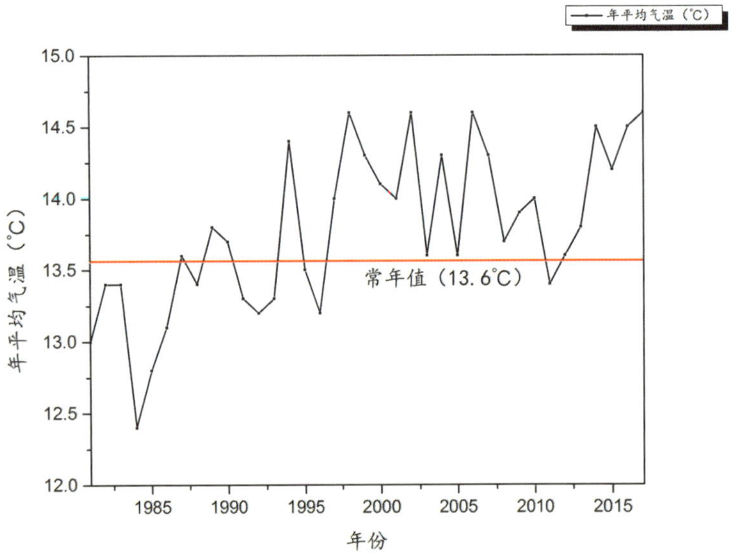

图 6　泰安市 1981—2017 年年平均气温变化趋势

霜、雪、雾、大风 终霜结束于 3 月 27 日，初霜开始于 10 月 3 日；终雪结束于 2 月 22 日，初雪开始于 12 月 14 日；大雾日数 14 天；大风日数 2 天。

【主要气候事件】 ①年初雾和霾频繁。1 月 1—3 日，大部分地区出现能见度不足 200 米的强浓雾和中度以上霾天气，局部地区能见度不足 50 米。1 月 9 日，出现能见度不足 500 米的浓雾，局部地区能见度不足 50 米。1 月 13 日，出现能见度不足 50 米的特强浓雾。②强风雹致气象灾害。6 月 2—3 日，出现雷阵雨天气过程，伴有大风，瞬时风力达 11 级，岱岳区、肥城市、宁阳县、东平县、高新区有 41 个乡镇、（办事处）受到不同程度的气象灾害影响，导致小麦、春玉米等部分农作物倒伏，蔬菜大棚损坏，核桃落果，树木折断。③夏季暴雨次数多、强度大。全市出现暴雨天气过程 7 次，国家站出现 10 站次暴雨。其中 7 月 7 日宁阳站 24 小时降水量 108.1 毫米，达到大暴雨级别。8 月，部分区域站达到暴雨量级。④夏季高温天气过程偏多。7 月 3—4 日、11—14 日、20—24 日，以及 8 月 4—6 日出现高温天气过程 4 次，最高气温分别出现在泰安城区 36.2℃、肥城市 35.4℃、宁阳县 37℃、泰安城区 35.2℃，最长连续高温日数达到 5 天，8 月 4 日市气象台发布高温黄色预警信号。⑤ 10 月降水异常偏多。10 月上旬，全市累计降水日数 5 天，平均降水量 45.5 毫米，较常年 9.9 毫米偏多 359.8%，降水异常偏多。10 月 8—9 日出现大雾天气。⑥年平均气温创历史新高。1—12 月全市平均气温 14.6℃，较常年 13.6℃偏高 1.0℃，除 6 月、10 月平均气温较常年偏低外，其他月份均较常年偏高。创 1981 年后历年平均气温最高值纪录（见图 6)。⑦年日照时数偏低。1—12 月，全市平均日照时数 2119.9 小时，较常年 2313.3 小时偏少 193.4 小时，属日照时数偏少年份，为 1951 年后第 5 位少值，仅次于 2003 年的 1974.7 小时、2006 年的 2036.8 小时、2016 年的 2055.2 小时和 2007 年的 2091.6 小时。（徐德力）

【概况】 全市地震系统按照探索防震减灾融合式发展，推进全市防震减灾工作再上新台阶总体工作思路，推进监测预报、震灾预防、应急救援和宣传教育体系建设。市地震局被省地震局表彰为全省市级防震减灾工作目标考核优秀单位，新泰市地震局、东平县地震局被省地震局表彰为全省县级防震减灾工作目标考核先进单位，新泰市被中国地震局表彰为 2017 年度全国县级防震减灾工作综合考核先进单位。

5 月 11 日，市政府举行首次地震应急处置桌面推演（赵红明　摄）

【监测预报体系建设】 完成地震烈度速报与预警工程项目泰安分项目 2 个改建基准站、3 个新建基本站、3 个改建基本站和 55 个一般站的选址和信息收集上报工作。完成“中国地震科学台阵探测”高新区、新泰市、宁阳县 3 个观测点野外实地勘选测试和设备安装工作。推进防震减灾“三网一员”（地震宏观测报网、灾情速报网、科普宣传网，防震减灾助理员）体系建设，全市 88 个乡镇（街道）、3754 个村（社区）全部完成建设任务，实现市、县、乡、村四级全覆盖。

【震灾预防体系建设】 开展山东省防震减灾“十三五”规划项目建设，肥城市“基层基础强化县”项目和东平县、肥城市、宁阳县 5 个“地震安全示范农居”项目被山东省地震局正式立项。组织开展地震安全示范社区、地震安全示范企业、地震科普示范学校创建申报工作，全市新认定省级、市级地震科普示范学校 6 所、16 所，国家级、省级、市级地震安全示范社区 5 个、5 个和 14 个，省级、市级地震安全示范企业 3 家、9 家。

【应急救援体系建设】 承办鲁中地震应急协作联动区第 11 次工作会议，依托泰山蓝天救援队开展社区地震应急疏散演练，泰安市、淄博市、潍坊市、滨州市、莱芜市 5 市进行交流发言，安排部署 2017—2018 年度协作区工作任务。举行市政府首次地震应急处置桌面推演。市政府副市长成丽、泰安军分区副司令员焦念斌参加并指挥推演，市防震减灾工作领导小组部分成员单位参加推演，分 3 个阶段演示震后 72 小时内市抗震救灾指挥部及各工作组的应急处置行动。市地震局派出救援队参加全省暨临沂市地震应急救援演练和 2017 年度全国地震应急响应演练山东区演练。分别开展远程机动、野外宿营、后勤保障、流动测震和地震快速响应、现场工作队紧急集结、现场流动台监测、现场通讯等科目。“5•12”全国防灾减灾日期间，由各县（市、区）政府主导，地震部门牵头，组织开展全市地震应急疏散演练。

【宣传教育】 加强与新闻媒体沟通合作，依托《泰安日报》载体开展宣传教育，推进防震减灾宣传教育“六进”活动。推进防震减灾宣传教育阵地建设，市地震局、市科协联合依托市科技馆进行防震减灾展区建设，项目总投资60万元。指导泰山区地震局投资54.8万元，增设防震减灾体验平台。指导新泰市地震局投资8万元，对宣教中心实施改造升级。泰山区防震减灾科普教育基地、东平县防震减灾科普宣教中心被中国地震局认定为国家防震减灾科普教育基地。 （赵红明）

【概况】 全市有各级各类学校1867所，在校生97.05万人，教职工7.42万人。学校中，幼儿园1136所，在园幼儿15.87万人，教职工1.54万人，专任教师1.17万人。普通中小学校699所，在校生60.96万人，教职工4.64万人，专任教师4.35万人（小学516所，在校生28.15万人，教职工1.97万人，专任教师1.9万人；初中152所，在校生22.17万人，教职工1.77万人，专任教师1.65万人；普通高中31所，在校生10.64万人，教职工8955人，专任教师8291人）。特殊教育学校7所，在校生1476人，教职工351人，专任教师305人。中等职业学校16所（不含技工学校），在校生4.49万人，教职工2957人，专任教师2237人。高校9所，在校生15.63万人，教职工9038人，专任教师6491人。

年内，深化教育体制机制改革，解决大班额问题年度目标任务和全面改薄任务，完成学前教育第二期三年行动计划，泰安一中新校区建成并招生，泰安市特殊教育中心落成启用。岱岳区、肥城市通过国家义务教育均衡发展县复查验收。完善现代职业教育体系，推进民办教育。新增市级规范化学校19所，市级以上规范化学校636所，占比89.9%；全市省级规范化学校184所，占中小学总数的26.3%。泰安市岱岳区职业中专、肥城市职业中专和东平县职业中专立项第二批省级示范性中职学校建设项目，泰安市文化产业中专通过省规范化中等职业学校建设项目验收，泰山职业技术学院和岱岳区职业中专被命名为省校企一体化合作办学示范院校。市教育局获第二届学宪法讲宪法活动暨全国青少年学生法治知识网络大赛杰出组织奖，继续保持“省级文明单位”称号。获市委、市政府“市直2017年度经济社会发展综合考核先进单位”称号。

【国家义务教育基本均衡发展复查验收】 11月15—17日，岱岳区、肥城市代表泰安市迎接义务教育发展基本均衡县国家复查验收。验收组听取岱岳区、肥城市政府工作汇报，查阅档案资料，分别召开人大代表、政协委员、校长、教师和学生家长代表等座谈会8个，实地查看中小学、教学点20所（个），检查政府推进义务教育均衡发展的举措、教育投入、校舍建设、办学条件、教师队伍建设、学校管理、教育质量、校园文化、学校安全等方面工作。验收组对全市义务教育均衡发展成绩给予肯定，岱岳区、肥城市通过国家义务教育基本均衡发展复查验收。

【解决中小学大班额问题】 全市解决大班额开工项目133个，竣工项目197个，竣工面积197.2万平方米，完成投资54.1亿元，新增学位15.2万个，新增用地229公顷，新增教师4280人。至年底，全市累计开工项目406个，竣工382个，开工面积379.25万平方米，竣工面积345.37万平方米，完成投资93.02亿元，新增教师8338人。经

6月22日，全市中小学“万名教师访万家”活动启动仪式举行（李喆 摄）

省批准，26个项目顺延至2018年实施。

【全面改善义务教育薄弱学校办学条件】 全市“全面改薄”工作累计投入资金16.14亿元，校舍开工面积86.35万平方米，校舍竣工面积68.51万平方米，运动场地开工面积68.7万平方米，运动场地竣工面积56.02万平方米，设备采购支出资金3.13亿元。

【教育经费保障】 继续落实小学710元、初中910元的城乡义务教育生均公用经费拨款标准，对寄宿制学校按照寄宿生年生均200元标准增加公用经费补助，落实特殊教育学校生均公用经费6000元标准。按照1250元和1000元的标准发放城乡初中和小学家庭困难寄宿生生活费补助，享受补助的学生占寄宿学生的比例从15%统一提高到30%。做好城乡义务教育学生“两免一补”（免杂费、免书本费，补助生活费）工作，向城市学生免费提供教科书。

【教师队伍】 全市中小学校补充新教师1873人，师范生实习支教1847人。评审通过中小学正高级教师13人、中小学高级教师335人、中小学一级教师929人、中小学二级教师358人、中专高级讲师8人、中专讲师42人、中专助理讲师2人、高级实验师1人、实验师2人。6人入围中职齐鲁名师、名校长建设工程人选，20人评为第九批省级特级教师。组织第六届市教育人才递进培养工程人选资质认定，认定泰山功勋教师30人、泰山功勋校长5人、泰山名师100人、泰山名校长15人、泰山教坛英才200人、泰山教学新星400人。完成市级以上培训71项，培训教师、校长6.55万人次。44名小学、初中校长到江苏省无锡市、常州市的13所中小学挂职培训。实施中小学教师县管校聘管理改革和乡村教师支持计划（2015—2020年），初步建立编制、财政、人力资源社会保障部门负责核定中小学教职工编制、人员经费、岗位总量，教育部门负责分配调整，学校负责岗位聘用、绩效工资分配、考核奖惩机制。班主任津贴提高到小学300元/月、初中400元/月、高中（中职）500元/月。开展特岗教师评聘，以农村义务教育学区为单位，每个学区评聘特级教师1人，全市评聘农村特岗特级教师84人。开展“2017泰安最美教师”评选和“寻找乡村教师”大型公益活动。泰安市1人获“2017齐鲁最美教师”，1人获提名奖。9月，开展师德建设活动月系列活动，组织教师宣誓活动，全体教师签订师德承诺书。

【中小学校长职级制改革】 按照《市委办公室市政府办公室关于转发市委组织部等部门〈泰安市中小学校长职级制改革实施办法（试行）〉的通知》要求，开展首批中小学校长职级认定工作。全市评定一级校长128人、二级校长333人、三级校长162人，另有在试用期内的21名初任校长直接定为三级二等校长，计636人。

【教师资格工作】 年内，1.06万人通过教师资格面试，涵盖幼儿园、小学、中学、中职4个学段，62个学科类别。6368人通过教师资格认定，取得教师资格证书。

【家访活动】 在全市教育系统先后启动开展“万名教师访万家”和“机关干部去家访”活动，将家访工作开展情况列入对县（市、区）教育综合督导评估内容，要求列入师德档案、业务档案，作为教师师德考核、年度考核及评优晋级的依据。年内，先后开展“十九大精神进家庭”“送课进家庭”“消防知识进家庭”“政风行风进家庭”“泰山诗文进万家”“关爱贫困生•家访送温暖”等系列活动，走访家庭23.6万户。

【学校安全工作】 持续开展“平安和谐”校园建设。投入建设资金1500万元，安装独立式消防烟感报警器、消防栓、灭火器、应急照明灯4750件，新购安保器械2890件，安装红外线校园侵入报警系统102套，增设高清视频监控1156个，配备专职安保员1778人，232所中小学校与公安“110”报警系统联网。全市学校聘任法制副校长、法制辅导员1118人，举办法制讲座、法制辅导报告1870次。开展以防震、防火、防交通事故、防恐怖袭击、防踩踏等应急疏散演练1.26万次。泰安六中、泰安英雄山中学、肥城市汶阳镇初级中学、宁阳县实验小学、东平县彭集街道中学、泰山学院附属中学6所学校被评为首批山东省学校安全文化建设示范学校，17所学校被评为第三批山东省学校安全文化建设基地学校。

【语言文字工作】 完成普通话测试任务7个，参加1.44万人。泰安市被认定为国家城市语言文字工作评估全面达标城市，成为山东省首批国家城市语言文字工作评估全面达标的5个城市之一。2名学生入围央视诗词大会百人团（全省共5人）。在全省第二届教师书法大赛中，泰安市获优秀组织奖。在全省首届小学生规范汉字书写大赛中，获团体一等奖1个、二等奖2个、三等奖2个，优秀指导教师4人，并获优秀组织奖。开展全市首届中小学生和教师书法大赛、“绿地杯”全市首届中小学生书法大赛，参与学生2.4万人。举办全市经典诵读骨干教师和书法骨干教师培训班，培训骨干教师320人，推荐语言文字国培、省培计划人选16人。启动国家三类城市语言文字工作评估复查工作，完成对肥城市复查。

【教育信息化】 市教育局被省教育厅评为组织开展教育信息化试点工作先进单位，全省共有5个地市获此荣誉。17所学校获评第一批省级教育信息化试点单位。在全省教育教学信息化交流展示评选活动，14件作品获一等奖，35件作品获二等奖。在全省首家推进中职区域信息化资源共享平台建设，完成基础平台、活动评审平台、资源共享服务平台的搭建与建设应用工作。成立微课联盟61个，有727门微课被推荐为市级优质资源，建设微课2552门，立项市级精品资源共享课程239门，做好校企一体化育人示范专业、精品资源共享课、微课程、教学质量评价等专题活动的建设与评审工作，与职业院校共同完成专业建设、课程建设、名师工作室创建和管理工作，实现数字化资源共建共享。

【各类考试】 新建新泰中学标准化考点1处和新泰市、东平县保密室2个。组织研究生考试、美术统考、教师资格考试、自学考试、专升本考试、春季高考、夏季高考、成人高考、初中学业考试、高中学业水平考试、大学英语四六级考试、计算机等级考试、英语等级等考试26项，累计参加考生46万人、150万科次。

【学生资助】 按照高校3000元、高中段2000元、学前1200元的学生资助标准，市、县两级财政拨付、发放各类资助资金4592.8万元，受资助学生5.26万人次。各级财政对中职免学费拨付5481万元，受益学生5.48万人次。落实生源地信用助学贷款，为6585名学生申请办理助学贷款，贷款金额5115.35万元。

【教育精准扶贫】 完成教育精准扶贫10项行动计划年度目标任务，28个新建、改扩建贫困村学校、幼儿园项目全部完工，累计投入资金2744万元。为东平县中小学及幼儿园建设争取上级专项资金1955万元，开展库区移民培训班32期，培训人员1392人。对全市1.11万名建档立卡贫困学生精准资助，发放助学金、补助金1431.33万元，免除杂费、保教费915.04万元。在市委脱贫攻坚年度考核中连续第2年获得“好”的最高等次。

【对外交流】 接待“汉语桥—美国校长访华之旅”“2017年海外华裔青少年寻根之旅”、芬兰罗凡涅米市市长、法国布列塔尼大区雷恩学区等30批次国（境）外访问团组、500人次。在加拿大新增设2所孔子课堂，与法国布列塔尼大区和澳大利亚南奥州新缔结友好姊妹学校8所。选拔师生到韩国参加2017韩国济州青少年国际论坛。举办2017中美校长对话暨合作洽谈会等高规格国际会议。在泰安一中、泰安二中、泰山中学市直学校试点开展国际理解教育。完成泰山职业技术学院中澳班、泰安一中中美班、泰山中学中加班3个中外合作办学项目延期报批工作。 （景　婧）

基础教育

【概况】 全市有各级各类幼儿园1136所，在园幼儿15.87万人，教职工1.54万人，专任教师1.17万人。其中，公办幼儿园810所，普惠性公办园比例77.6%，87个乡镇、街道设立中心幼儿园106所。全市有省级示范幼儿园153所、市级规范化幼儿园428所，其中农村幼儿园分别有82所、320所，分别占63%、82%。

全市有普通中小学校699所，在校生60.96万人，教职工4.64万人，专任教师4.35万人。其中，小学516所，在校生28.15万人，教职工1.97万人，专任教师1.9万人；初中152所，在校生22.17万人，教职工1.77万人，专任教师1.65万人；普通高中31所，在校生10.64万人，教职工8955人，专任教师8291人。小学、初中入学率100%。年内，新增市级规范化学校19所，全市市级以上规范化学校636所，占比89.9%，全市省级规范化学校184所，占中小学总数的26.3%。

全市有特殊教育学校7所，在校生1476人，教职工351人，专任教师305人。其中省级规范化学校3所、市级规范化学校4所，残疾儿童少年义务教育普及率96%。

【完成第二期学前教育三年行动计划】 按照规划，泰安市2015—2017年计划新建、改扩建幼儿园393所。年末，已开工402所，完工402所。2017年计划新建、改扩建99所，开工108所，完工108所，总投资1.9亿元，新增幼儿学位1.07

万个。其中贫困村幼儿园新建、改扩建项目15个，已全部竣工。投资950万元，新增幼儿学位1580个。投资5321万元，为363所幼儿园改善办园条件，全市达到省定基本办园标准的幼儿园占比83.94%。

【泰安一中新校区】 泰安一中新校区占地面积33.87公顷，总投资6.5亿元，建筑面积15.14万平方米，绿化面积14万平方米。9月1日，全市中小学暨泰安一中新校区开学典礼仪式在泰安一中新校区举行，泰安一中新校区正式启用。年内，按照新、老校区一体化招生办学思路，泰安一中招生2110人，其中新校区招生1342人、老校区招生768人。其中新校区平均分904分，老校区平均分881分。创新班招生600人，最高分1007分，最低分881分，平均分940分。

【德育综合改革】 落实《泰安市中小学生德育综合改革实施方案（2015—2020年）》，实施社会主义核心价值观和“四德工程”（爱德、诚德、孝德、仁德）进校园工作，推进德育课程一体化建设，实施学科德育工程。组织“我们的节日”主题教育实践活动，举办泰山国学小名士经典诵读电视大赛，中小学生科技创新、机器人、航模、“小哥白尼杯”科普知识竞赛等活动。在第24届全国青少年读书活动演讲活动中，泰安市5名选手进入山东赛区决赛，2人分别获演讲和讲故事比赛第1名。在教育部第二届全国青少年学生法治知识网络大赛中，参与学生26.4万人，占全省10%，各奖项获奖数量居全省前列。市教育局获地市级教育局杰出组织奖（全省6个），肥城市教育局获区（县）级教育局杰出组织奖（全

9月1日，泰安一中新校区首届学生报到并在签名板上写下自己的名字

（陈　阳　摄）

省14个），岱岳区、新泰市、宁阳县、东平县获区（县）级教育局优秀组织奖（全省35个）。创建全国文明校园2所（泰山学院附属中学、泰安市第一实验学校）、省文明校园13所、省文明校园提名学校29所、市级文明校园80所。创建心理健康特色学校27所。

【招生考试制度改革】 印发《关于2017年初中学生学业水平考试工作的实施意见》《关于2017年高中段学校招生录取工作的实施意见》《泰安市推进初中学业水平考试和普通高中招生录取改革实施方案》等文件，计划利用2年时间，实现录取总分由1060分降为750分，到2019年，普通高中录取采取“分数+等级”方式。年内，全市初中毕业生6.34万人，高中段学校招生计划6.36万人，继续将招生计划的60%作为指标生分配到各初中学校，高中自主招生计划3990人。继续实行“先出成绩、后报志愿”，规范加分项目，确保公平公正。

【特殊教育中心】 11月30日，泰安市特殊教育中心投入使用。该中心位于泰安高新区党校南支路，占地面积67.3公顷，总建筑面积3.3万平方米，该中心整合原山东省泰安盲人学校、岱岳区聋哑学校、泰山区育才学校3所学校，是集教育、康复、就业培训于一体的综合性特殊教育机构。教育层次涵盖学前教育、义务教育、中等职业教育、成人教育，教育对象为盲、聋、智障等有特殊教育需要的群体，教育内容包括文化教育、职业教育、就业培训、综合康复等。

【高中教育】 29名高中学生获全国物理、信息等竞赛一等奖。全市高考本科上线2.03万人，上线率58.54%，高于全省平均6.1个百分点。北京大学、清华大学录取学生13人，录取空军飞行员12人。

【体育艺术与健康教育】 全市有209支代表队、2757名中小学生参加田径、篮球、排球、足球、乒乓球、羽毛球、游泳七大联赛。在田径联赛中，44人次打破上届联赛纪录，

2017 年泰安市幼儿园基本情况

表 29

单位	园数（所）	离园人数		入园人数		在园人数		教职工（人）				代课教师（人）	办园条件			
		计	其中：女	计	其中：女	计	其中：女	计	其中：女	园长	专任教师		占地（平方米）	建筑面积（平方米）	图书（册）	电子图书（册）
合计	1136	56217	26571	52133	24359	158726	74838	15426	14404	1194	11718	508	2991385	1314723	1698380	164125
泰山区	176	7551	3537	11013	5183	27011	12650	2766	2661	222	2047	39	315316	179182	247644	93910
岱岳区	168	5294	2541	5399	2619	16080	7691	1800	1767	168	1508	—	431297	179238	191569	12494
新泰市	256	12473	5683	11613	5241	34263	15567	3461	3182	306	2521	223	659342	279906	350957	21714
肥城市	130	10525	5084	8196	3877	29599	14291	2603	2540	130	2226	—	564841	266432	318268	13282
宁阳县	95	8433	4020	7314	3433	20735	9968	2149	1830	102	1454	189	403603	169767	319280	8711
东平县	174	8298	3969	5702	2653	20180	9543	1457	1312	141	1115	51	325332	128368	156855	1524
高新区	120	3107	1469	2746	1270	9566	4493	1048	975	117	717	6	260529	94879	102875	10801
泰山景区	17	536	268	150	83	1292	635	142	137	8	130	—	31125	16951	10932	1689

2017 年泰安市小学基本情况

表 30

单位	小学（所）	教学点（个）	毕业生数（人）	招生数（人）	在校生数（人）	教职工人数（人）	专任教师数（人）		占地面积（平方米）	建筑面积（平方米）	图书（册）	计算机（台）	校园网（所）	电子图书（册）
							计	其中：达标人数						
合计	516	139	51217	63584	281502	19723	19062	19062	9639629.07	2407828.86	9624624	60944	515	326416
泰山区	54	3	7754	9385	41445	2114	2044	2044	566491.82	226474.18	1157675	7269	54	51149
岱岳区	58	23	4367	5914	24026	1783	1762	1762	1146206	307055	898715	6525	58	29442
新泰市	134	34	12011	16216	74593	5161	4912	4912	2560760.68	537867.78	2636537	15377	133	49220
肥城市	70	17	10756	10541	50927	3819	3648	3648	1646620.87	433199.13	1729287	11284	70	115829
宁阳县	70	12	6095	8941	36591	3115	2990	2990	1454781.01	410062.58	1529313	8392	70	54548
东平县	73	17	6670	8762	36904	2427	2408	2408	1180528.76	280802.32	927564	6192	73	10021
高新区	47	20	3045	3336	14861	1061	1056	1056	910976.93	172773.87	636136	4895	47	7850
泰山景区	10	13	519	489	2155	243	242	242	173263	39594	109397	1010	10	8357

2017 年泰安市普通初中基本情况

表 31

单位	校数（所）	毕业生数（人）	招生数（人）	在校生数（人）	教职工人数（人）	专任教师（人）		占地面积（平方米）	建筑面积（平方米）	图书（册）	计算机（台）	校园网（所）	电子图书（册）
						计	其中：达标人数						
合计	152	63391	50430	221690	17653	16515	16487	7165135.19	2542622.55	9313748	42613	153	437371
泰山区	21	9611	7578	35945	2578	2384	2383	827824.21	282172.48	1494989	7422	21	72776
岱岳区	22	7231	4846	25632	2063	1986	1986	1027074	343626.12	1024790	5333	22	41663
新泰市	28	14874	11848	54359	4154	4051	4045	1357904.71	511487.72	2450589	9195	28	18561
肥城市	29	11144	10639	31620	2967	2610	2603	1269393.50	496945.90	1713675	8475	29	242022
宁阳县	18	8479	5843	29603	2441	2240	2240	981987.05	418587.62	1170294	4658	18	54465
东平县	21	7886	6542	28725	2173	2004	1994	931124.30	298901.36	818838	4432	21	271
高新区	10	3505	2640	13116	1055	1021	1017	668228.42	151442.85	538006	2541	11	2503
泰山景区	3	661	494	2690	222	219	219	101599.00	39458.50	102567	557	3	5110

2017 年泰安市普通高中基本情况

表 32

单位	校数（所）	毕业生数（人）	招生数（人）	在校生数（人）	教职工人数（人）	专任教师（人）		占地面积（平方米）	建筑面积（平方米）	图书（册）	计算机（台）	校园网（所）	电子图书（册）
						计	其中：达标人数						
合计	31	35421	36145	106383	8955	8291	8217	3223158.64	1763071.8	4513984	18235	31	99309
泰山区	4	6440	6512	19184	1734	1613	1592	486325.00	223411.8	601236	3073	4	25222
岱岳区	5	5185	4955	15008	1092	1051	1035	482944.00	384877.0	747932	2302	5	6300
新泰市	6	8140	8133	24261	1961	1891	1890	801035.75	406317.0	1152332	4289	6	6886
肥城市	7	6357	6885	19955	1674	1434	1423	536953.36	250810.0	1095918	4279	7	42031
宁阳县	4	4829	4669	13368	1234	1113	1105	528140.64	305945.2	700325	1901	4	11635
东平县	4	4470	4855	14411	1221	1162	1145	377927.00	164111.0	206241	2291	4	6635
高新区	1		136	196	39	27	27	9832.89	27600.0	10000	100	1	600

2017年泰安市特殊教育学校基本情况

表33

单位	校数（所）	毕业生（人）						招生（人）						在校生（人）						教职工（人）		专任教师（人）		占地（平方米）	建筑面积（平方米）	图书（册）	电子图书（册）
		计	其中:女	特教校	女	随班就读	女	计	其中:女	特教校	女	随班就读	送教上门	计	其中:女	特教校	女	随班就读	送教上门	计	其中:女	计	其中:女				
合计	7	182	30	91	30	91	—	249	42	99	42	111	39	1476	584	899	361	462	115	351	180	305	166	106012	47315	43555	413
泰山区	2	51	17	47	17	4	—	40	12	30	12	10	—	294	125	268	112	26	—	131	71	109	63	37265	21496	10584	76
岱岳区	1	18	6	13	6	5	—	18	2	5	2	13	—	89	31	48	17	41	—	40	19	29	14	6449	6150	4448	2
新泰市	1	10	1	8	1	2	—	12	5	8	5	4	—	110	26	93	26	17	—	44	14	44	14	26756	3180	8224	220
肥城市	1	67	5	18	5	49	—	69	11	32	11	37	—	381	151	189	82	192	—	49	29	43	28	10744	7127	5486	10
宁阳县	1	27	1	4	1	23	—	48	6	14	6	34	—	290	119	154	76	134	2	51	26	47	26	13733	6877	7813	5
东平县	1	6	—	1	—	5	—	15	6	10	6	5	—	174	55	147	48	26	1	36	21	33	21	11065	2485	7000	100
高新区	—	3	—	—	—	3	—	6	—	—	—	6	—	23	14	—	—	22	1	—	—	—	—	—	—	—	—
泰山景区	—	—	—	—	—	—	—	41	—	—	—	2	39	115	63	—	—	4	111	—	—	—	—	—	—	—	—

19人次打破全市中学生最高纪录。在全省田径联赛中，团体总分居全省第3名。在省篮球联赛中，博文中学获初中男子组第2名，泰安一中获高中男子组第4名。组织足球、武术、橄榄球、棋类等16项市级单项体育比赛，304支代表队、2736名运动员参加149个项目的比赛，比赛场次3816场。泰安师范附属学校在山东省中小学排舞比赛中获小学甲组大集体自选冠军，泰安六中参加“舞动中国—排舞联赛”全国总决赛获中学生乙组小集体团体和规定动作冠军，泰安区三里学校周小涵在“金云龙杯”世界跆拳道公开赛中获个人竞技比赛42千克级金牌。将足球课列入体育课程，保证每周1课时。举办泰安市“市长杯”校园足球联赛、泰安市第三届“足协杯”校园足球比赛，2100人次参加比赛。在全省首次以地市为单位举办中国梦•校园情校园艺术节市级展演活动，3个县（市、区）参加全省展演。教育系统多个节目参加央视春晚泰安分会场表演。泰山冯玉祥小学、宁阳县伏山镇中心小学被评为全国优秀传统文化进校园示范学校。全年培训学校医务人员和卫生专干433人。19名教师被评为山东省学校毒品预防教育优秀教师。

【首届中小学校长办学和名师教学风采大赛】 8月25—26日，泰安市首届中小学校长办学和名师教学风采大赛举行，比赛采取分类评选、集中评议、综合评定的方式，分高中、初中、小学、幼教4个学段，校长、业务副校长和名师3个系列进行，通过材料评选和现场展示，评出金牌奖66人、银牌奖41人、铜牌奖27人。（景　婧）

中等职业教育与成人教育

【概况】 全市有中等职业学校16所，在校学生4.49万人，教职工2957人，专任教师2237人。有国家中等职业教育改革发展示范学校4所，立项山东省示范性中职学校建设单位5所，省级规范化学校实现6个县（市、区）全覆盖。

【特色名校建设】 泰安市岱岳区职业中专、肥城市职业中专和东平县

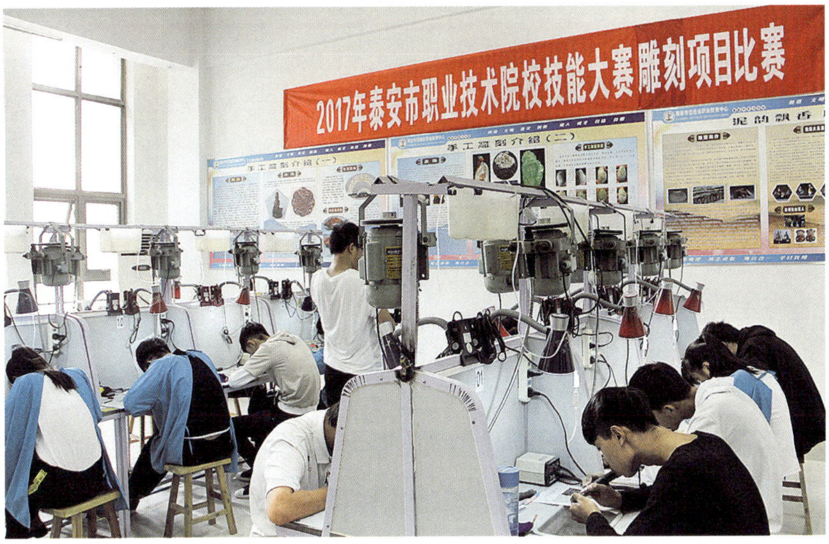

9月22日，2017年泰安市职业技术院校技能大赛举办。图为雕刻项目比赛现场 （李 喆 摄）

职业中专立项第二批省级示范性中职学校建设项目，泰安市文化产业中专通过省规范化中职学校建设项目验收，泰山职业技术学院和岱岳区职业中专被命名为省校企一体化合作办学示范院校。

【职业教育内涵发展】 围绕经济转型和产业升级需要，推进专业布局调整。年内，全市新增省中职品牌专业4个、省职业教育精品资源共享课程20门、“能工巧匠”进职校计划岗位10个、省职业院校现代学徒制试点项目2个。推进泰安市职业教育教学质量提升计划，评出2批21个市级“校企一体化育人”示范专业、77门市级精品资源共享课程和75个市级名师工作室。

【职业技能大赛】 在全国职业院校技能大赛中，泰安市选手获2银3铜；在省职业院校技能大赛和信息化大赛中，获1金16银25铜。9月22日，全市职业院校技能大赛开幕式在岱岳区职教中心举行，比赛设专业15个、项目48个，参赛1196人，为历年赛项和人数最多的一年。同日，开展“匠心筑梦”职业教育教学成果展活动，全市中职、高等职业院校及20家校企合作企业参加。市教育局获省教育厅信息化大赛优秀组织奖。

2017年泰安市中等职业学校基本情况

表34

单位	校数（所）	毕业生（人）		招生（人）		在校生（人）		教职工（人）		专任教师（人）		占地（平方米）	建筑面积（平方米）	图书（册）	电子图书（册）	计算机（台）
		计	其中：女	计	其中：女	计	其中：女	计	其中：女	计	其中：女					
合计	16	15448	8251	14927	7174	44904	19989	2959	1098	2231	916	2114615	1046145	1312645	10490	11658
泰山区	8	5769	3703	3062	1648	15061	6516	941	375	637	295	953499	517281	485288	3243	4354
岱岳区	1	1588	749	2083	1091	6269	3054	366	145	305	122	239000	118351	136047	2	1561
新泰市	2	1369	568	2623	1211	6087	2692	469	173	316	133	186735	98873	268852	1232	1319
肥城市	1	1974	920	2354	1099	5523	2561	432	134	376	125	90712	104105	190998	13	968
宁阳县	1	1877	1050	1576	625	4706	1918	359	127	288	102	377329	62596	70300	100	1907
东平县	2	1808	778	1299	579	3529	1530	232	94	209	89	133340	71939	86160	5500	949
高新区	1	1063	483	1930	921	3729	1718	160	50	100	50	134000	73000	75000	400	600

民办教育

【概况】 全市有民办性质学校316所，在校学生6.4万人，其中幼儿园289所，在园幼儿4.1万人。中小学学校24所，在校学生2.1万人。中等职业学校2所，在校学生2000人。民办高校1所。

【民办教育发展】 全市新增民办学校50所，其中民办幼儿园48所，民办中小学2所。9月21—23日，市政府办公室、市教育局、市财政局、市人力资源社会保障局、市国土资源局5部门一行10人，先后到济宁、青岛、潍坊3市考察民办教育工作情况。开展对《国务院关于鼓励社会力量兴办教育促进民办教育健康发展的若干意见》《泰安市人民政府关于进一步加快发展民办教育的意见》等民办教育政策落实情况专项督查活动，对照文件中提出的“民办教育与公办教育的平等政策、民办教育扶持政策、优惠政策”等有关规定，分县（市、区）、学校逐条落实。重点落实民办学校师资、招生等问题。 （景　婧）

高等教育

【概况】 市内有山东农业大学、山东科技大学泰安校区、泰山医学院、泰山学院、泰山职业技术学院、山东服装职业学院、山东财经大学东方学院、泰山护理职业学院、山东力明科技职业学院普通高等学校9所。年内招生5.2万人，毕业生4.14万人，在校生15.63万人，专任教师6491人。 （景　婧）

• 山东农业大学 •

【概况】 学校占地面积343公顷，建筑面积118万平方米，教学科研仪器设备总值6.88亿元，图书馆藏书265万册、电子图书616万册。在职教职工2677人。其中，教授、副教授898人，中国科学院院士2人，中国工程院院士3人，入选国家“百千万人才工程”专家10人，国家有突出贡献的中青年专家5人，“长江学者奖励计划”特聘教授1人，国家千人计划1人，国家青年“千人计划”2人，国家“万人计划”4人，国家杰出青年科学基金获得者5人，国家级教学名师4人；“长江学者和创新团队发展计划”创新团队2个，国家级教学团队3个；泰山学者工程专家30人，泰山产业领军人才工程专家8人。在校学生3.44万人，其中本科生3.08万人，博士、硕士研究生3573人。另有在职攻读硕士学位356人，继续教育类学生1.34万人。学校设有农学院等20个学院，有12个博士后科研流动站，10个一级学科博士点、49个二级学科博士点，24个一级学科硕士点、99个硕士点，89个本科专业；有1个国家重点实验室、2个国家重点学科、2个国家工程实验室、2个国家工程技术研究中心；2个农业部重点学科、1个农业部综合性重点实验室、2个农业部专业性（区域性）重点实验室、2个农业部农业科学观测实验站、1个国家小麦改良分中心、1个农业部谷物品质检测中心、1个农业部农药环境毒性研究中心；21个省级重点学科、4个省级协同创新中心、11个省级重点实验室、15个省级工程技术研究中心。有5门国家级精品课程，2门国家级双语示范课程，5门国家级精品资源共享课，9个国家级特色专业，2个国家级人才培养模式创新实验区。被中央文明办授予第一届全国文明校园。

6月26日，2017年全国普通高校招生咨询会暨首届泰山教育博览会举行
（陈　阳　摄）

【人才培养】 在教育部第4轮学科评估中，该校7个学科被评为B级，2个学科进入前5名。2个学科进入ESI（基本科学指标数据库）世界排名前1%，农林学科再次入选QS（世界大学学科排名）前200强。

遴选11个重点培育学科、7个一流培育专业。完成9个省高水平建设专业方案论证考评，调整增设1个本科专业，新增5个学士学位授予专业，1个本科专业通过全国工程教育专业认证，1个本科专业完成现场考查。加强教材建设，获全国农业教育优秀教材4部。强化实践教学，新建29个教学科研就业实践基地。加强教学成果培育，获山东省教学成果奖特等奖1项、一等奖5项、二等奖6项。新建26个优秀生源基地，招收本科生8042人。承办山东省农林水就业市场和毕业生秋季就业市场，本科毕业生7943人，考研率35.9%，就业率93%。215个项目入选国家级大学生创新创业训练计划。学校获评全国创新创业典型经验高校50强和全国深化创新创业教育改革典型经验高校。新增2个一级学科博士点、1个一级学科硕士点、1个专业学位授权点。入选农业部首批全国新型职业农民培育示范基地。

9月16日，由省教育厅关心下一代工作委员会主办的“院士回母校”山东省高等学校启动仪式暨首场活动在山东农业大学举办 （黄 伟 供）

【师资队伍】 引进高层次人才27人，其中第二层次人才6人，含国家杰出青年3人。1人入选国家“百千万人才工程”，3人入选国家“万人计划”科技创新领军人才，5人入选泰山学者特聘专家，1支团队获评“全国黄大年式教师团队”，1支团队入选省“外专双百”计划。落实青年教师成长计划，8人入选国际合作培养计划，选派45名青年教师到国内外高校、科研院所进修，选拔12名青年教师进行博士后研究，获国家和省博士后项目资助7人。聘任海外讲座教授8人、兼职教授53人，招聘各类优秀人才102人。实施师资博士后制度，招聘师资博士后5人。修订教师教学质量奖评选办法，26人获评年度教学质量奖，1人获评首批全国林业教学名师。

【科研服务】 新上各级各类科研项目539项，立项经费3.1亿元，其中国家自然科学基金项目91项，立项经费5067万元、省自然科学基金立项61项、经费1700万元，新上国家社科基金等社科课题86项。获各级各类研究成果奖励63项，其中国家科技进步二等奖1项，省科技进步一等奖1项、二等奖3项，省社科类优秀成果奖2项。授权专利320项，获植物新品种权10项，审定新品种11个。作物生物学国家重点实验室通过评估，获大型仪器平台建设资金5800万元。国家苹果工程技术研究中心通过科技部评估，农业部重点实验室（站）、省重点实验室和省工程技术研究中心等15个省部级平台通过评估（验收）。新上2个省级协同创新中心、7个省高校创新平台。举办扶贫活动34场次，派出专家220人次。组织专家服务团对菏泽市、临沂市相关县（市、区）扶贫重点区域和泰安市全境科技扶贫。选派3人担任第三轮第一书记，完成第二轮第一书记帮扶工作，受到省委组织部通报表彰。推进科技成果转移转化，签订各类合同126项，金额3161万元。

【合作交流】 获准招收学历留学生（硕士及以上）和港澳台地区学生资格。新增英国巴斯斯巴大学、多哥洛美大学等9所海外合作院校，新增英国切斯特大学食品硕士合作办学项目，中英土地资源管理本科教育项目通过评估。36人分获国家留学基金委、省政府公派留学项目资助。78名学生赴国（境）外学习交流，22名留学生到校学习交流，10个海外代表团到校交流考察。对接国家“一带一路”建设，作为中方发起单位之一参与组建“中俄教育科技联盟”，参加“一带一路”农林科技教育合作联盟，为12个国家学员进行国际教育培训。组织举办“植物遗传育种与绿色生产国际研讨会”“中德中小企业国际研讨会”等各类学术活动250场（次）。

（张焕远 黄 伟）

·山东科技大学泰安校区·

【概况】 山东科技大学是省属重点大学，学校在青岛、泰安、济南3地办学，校本部设于青岛校区。学校总面积243公顷，建筑面积146万平方米，资产总值34亿元，其中教学科研仪器设备总值6.8亿元。有博士后科研流动站9个，博士学位授权一级学科8个，博士学位授权二级学科33个；硕士学位授权一级学科24个，硕士学位授权二级学科119个；硕士专业学位类别8个，工程硕士授权领域18个；本科专业84个。有国家重点（培育）学科1个，山东省一流建设学科3个，省部级重点学科21个，工程学科进入ESI学科排名前1%。有省部共建国家重点实验室培育基地1个，国家地方联合工程研究中心1个，省部级实验室（基地）和工程（技术）研究中心53个，山东省协同创新中心4个。有国家级特色专业7个，国家级综合改革试点专业1个，省级品牌特色专业18个，省级高水平应用型立项建设专业群9个；国家级人才培养模式创新实验区1个，省级人才培养模式创新实验区2个；国家级精品视频公开课3门，国家级精品资源共享课3门，国家级精品课程4门，省级精品课程58门；国家级双语教学示范课程1门，省级双语教学示范课程3门；国家级教学团队1个，省级教学团队8个；国家级实验教学示范中心3个、虚拟仿真实验教学中心1个，省级实验教学示范中心7个，国家级工程实践教育中心1个、大学生校外实践教育基地1个。学校是国家“卓越工程师教育培养计划”和“大学生创新创业训练计划项目”实施高校。学校科技园入园企业、创业团队215家。

【院系设置】 泰安校区设资源与土木工程系、机电工程系、信息工程系、经济管理系、文法系、基础课部6个系（部）和继续教育学院、泰山科技学院（独立学院）、采矿工程研究院；青岛校区设矿业与安全工程学院、测绘科学与工程学院等18个学院、3个科研机构；济南校区设3个系（部）。

【教育教学】 全日制在校学生4万人，其中博士、硕士研究生5800人。录取普通本科生9327人、博士生99人、硕士生2375人，其中硕博连读研究生19人、全日制学术型硕士生830人、专业学位硕士生1048人。泰山科技学院录取本科生780人、专升本学生507人。录取成人教育学生9622人。授予博士学位51人、硕士学位1872人、学士学位8630人。学生参加科技竞赛244项，获省级以上奖励4165项，其中全国性奖励1299项，获全国大学生机器人大赛总决赛亚军、全国一等奖。本科生以第一作者发表论文361篇，其中SCI（科学引文索引）收录2篇、EI（工程索引）收录2篇、ISTP（科技会议录索引）检索1篇；研究生以第一作者发表SCI、CSSCI（中国社会科学类数据库）论文160篇。获授权专利692件，其中发明专利35件。获山东省优秀博士学位论文2篇、优秀硕士学位论文6篇、研究生优秀科技创新成果奖6项、专业学位研究生优秀实践成果奖9项、研究生导师指导能力提升项目12项。获批国家级创新创业训练计划项目52项、山东省教学改革研究项目8项、教育部产学合作协同育人项目20项。获全国煤炭行业教育教学成果特等奖1项、一等奖5项、二等奖16项，山东省第八届教学成果特等奖2项、一等奖9项、二等奖15项，山东省第四届青年教师教学比赛一等奖1项、三等奖4项。

【学科建设】 18个学科参加全国第4轮学科评估，9个学科进入B类，4个学科进入C类。对学位授权点进行动态调整，撤销二级学科硕士点1个，工程硕士授权领域1个，增设硕士专业学位类别1个；增设新兴专业、涉海专业方向5个。测绘工程专业通过教育部工程教育专业认证现场考察，学校运动队新增田径项目获教育部批准。实施一流学科培育工程，遴选地球科学、计算机科学与技术、数学、化学、材料科学等培育学科5个，进行重点支持建设。获批山东省“十三五”高等学校科研创新平台8个、山东省重点行业领域事故防范技术研究中心1个。获批山东省高等学校协同创新中心2个，其中立项建设1个、培育建设1个。

【科研工作】 科研立项702项，计划与合同经费2.97亿元，实到经费2.73亿元。国家级科研项目立项96项，其中“十三五”国家重点研发计划课题2项、国家自然科学基金73项、人文社科类国家级项目10项。省部级项目立项137项，其中山东省自然科学基金项目55项、山东省重点研发计划项目16项、教育部人文社科类项目7项、山东省社科规划项目21项。获各类科技奖励87项，其中省部级以上奖励50项、以第一单位获国家科技进步二等奖1项、山东省技术发明奖一等奖1项、山东省科技进步二等奖2项、山东省社科优秀成果二等奖 1 项，获教育部优秀成果奖二等奖 1 项、广西壮族自治区技术发明奖二等奖 1 项。获授权发明专利 334 项，发表 SCI、SSCI 检索论文 792 篇。科技园新增创业企业 23 家、创业团队 15 支，其中大学生创业企业 10 家。

【师资队伍】 有教职工 2800 人，其中教授 268 人，博士生导师 201 人。获批享受国务院政府特殊津贴 1 人，入选国家“千人计划”青年项目 1 人、山东省泰山学者特聘专家 2 人、首批省智库高端人才 3 人、青岛拔尖人才 2 人。1 人通过山东省教授二级岗位评审，“铝离子动力和储能电池创新团队”入选青岛市首批顶尖人才团队。引进国家“千人计划”“长江学者”“国家杰青基金”获得者为带头人的人才团队 1 支，引进山东省杰出青年科学基金获得者 1 人。招收博士后 24 人，办理博士后出站 36 人。获批中国博士后基金特别资助 3 项，面上一等资助 3 项、二等资助 5 项，省博士后创新资金专项资助 8 项。公开招聘引进 99 人，其中高级职称人员 3 人，博士 72 人。选派国外访问学者 23 人，国内访问学者 12 人，选派青年教师参加社会实践 47 人。

【交流合作】 学校与美国、英国等 23 个国家和地区的 120 多所高校和研究院所建立交流与合作关系，有中外联合实验室 6 个，开展国际科技合作项目 50 项。与美国、澳大利亚等高校开展中外合作办学项目 5 个，有俄罗斯、美国等 40 多个国家和地区的留学生 500 人。学校新增国（境）外友好大学和研究机构 12 所，新增教育、科技合作交流项目 3 项，聘请外籍教师及引智专家 88 人。选派 138 名教职工出国（境）学习进修、参会交流等，选派 195 名学生到国（境）外参加交流、实习等项目。招收留学生 143 人，其中研究生 26 人。 （齐敏华）

·泰山医学院·

【概况】 学校占地 200 公顷，校舍建筑面积 82 万平方米，固定资产 14.58 亿元，教学科研设备总值 3.15 亿元，馆藏纸质图书 208 万册。全日制在校本专科学生 2.2 万人，全日制硕士研究生 800 人，留学生 1000 人。校本部教职工 1500 人，其中专任教师 1100 人，享受国务院政府特殊津贴专家 17 人，山东省有突出贡献的中青年专家 6 人，全国优秀教师 7 人，山东省教学名师 8 人，泰山学者青年专家 2 人，山东省高等学校重点实验室首席专家 4 人，泰安市拔尖人才 3 人，二级教授 13 人。有本科专业 43 个，其中国家级特色专业 4 个、省级特色专业 8 个；有省级精品课程 43 门、省级双语教学示范课程 2 门、省级实验教学示范中心 2 个。有省级重点学科 7 个，重点实验室 5 个；有一级学科硕士授权点 4 个，学术型硕士学位授权点 36 个，专业型硕士学位授权点 22 个。有直属附属医院 1 所、非直属附属医院 18 所，其他各类实习见习教学基地250家。连续 13 年获评省级文明单位。

【教育教学】 获山东省高等教育省级教学成果奖一等奖 3 项、二等奖 7 项。新增医学实验技术本科专业。被省教育科学“十三五”规划重点课题立项项目 2 个，获批山东省教育科学规划课题项目 6 个，获山东省医教中心立项课题 5 项。新增纸质图书 63 万册。承担卫生专业技术资格考试 38 个专业和全国医用设备使用人员业务能力考评 20 个专业的命题工作。承办全国第四届康复治疗学与运动康复学专业学生技能大赛，并获特等奖。在第五届山东省大学生医药生物技术实验技能大赛等比赛中获各类奖项 30 项，在第十五届“挑战杯”大学生课外学术科技作品竞赛等大赛中获各类奖项 20 项。104 个项目获国家级大学生创新创业训练计划项目立项。获评山东省优秀硕士学位论文 2 篇、研究生优秀科技创新成果奖 1 项；获山东省研究生导师提升能力计划

6 月 30 日至 7 月 2 日，泰山医学院承办中国微循环学会神经保护与康复专业委员会成立大会暨 2017 泰山国际神经疾病峰会 （刘 伟 供）

项目2项、山东省研究生教育优质课程4门、山东省专业学位案例库3个。

【学科建设与科学研究】 11月，学校临床医学学科进入ESI全球排名前1%。获上级课题立项242项，立项资金1641.1万元。发表SCI、CSSCI和EI收录的论文136篇，其中SCI1区23篇、2区33篇。获上级科研奖励41项，其中山东高校优秀科研成果二等奖1项、三等奖8项。获国家授权的发明专利37项，实用新型专利70项，获软件著作权71项。3个实验室被认定为“十三五”山东省高等学校重点实验室，人文与社会医学研究中心被认定为“十三五”山东省高等学校社会科学研究平台。新发传染病溯源与防控协同创新中心获批第二批山东省高等学校协同创新中心。被市政府批准为泰安市化工预防重特大事故技术研究中心。承办泰山学术论坛国际神经精神病理学会议暨中国首届磷酸二酯酶专题学术会议、中国微循环学会神经保护与康复专业委员会成立大会暨2017泰山国际神经疾病高峰会议。

【教师队伍】 年度引进青年博士19人、硕士27人。15名教师攻读博士学位。新增“泰山学者”1人、泰安市拔尖人才1人。2名教师获第十一届山东省青年科技奖。实施青年教师成长计划，22名教师参加国内外访学进修，其中国际访问学者7人、国内访问学者15人。在复旦大学举办辅导员业务培训班，60人参加培训。

【医科大学筹建】 5月28日，省政府印发《关于组建齐鲁医科大学（筹）和新的齐鲁工业大学的通知》，决定整合泰山医学院、山东省医学科学院、山东省立医院，组建齐鲁医科大学（筹）。6月7日，成立齐鲁医科大学（筹）临时党委和行政领导小组。11月2日，省政府学位委员会印发《关于公布2017—2023年博士硕士学位授予立项（培育）建设单位的通知》，齐鲁医科大学（筹）获山东省博士学位授予A类立项建设单位。

【社会服务】 直属附院开展新诊疗技术应用51项。完善区域远程会诊中心，推进医疗联合体建设，继续援疆和支援地方医院建设。在全省卫生应急技能竞赛中获二等奖1项、三等奖2项。全年诊疗病人66.8万人次、出院病人53.04万人次、手术台次1.82万台，分别增长12.02%、6.89%、21.06%。继续教育学院获批国家远程继续医学教育信息平台“山东推广中心”；发挥学校学科专业优势，加强校企合作，探索适合国内医疗改革的非学历继续教育合作模式。

【合作交流】 加拿大、印度、新加坡等国家和地区的多所高校、研究机构到校学术交流。组团到韩国、俄罗斯等国家和地区的高校、医院访问学习。与俄罗斯、澳大利亚、韩国等国家或地区的多所高校、医院和科研院所建立友好合作关系，签订合作交流协议，在师生交流、派遣访问学者、学生就业、科学研究等方面开展合作交流。230名学生分别到韩国、俄罗斯高校进行专业学习，30名学生到中国台湾地区、韩国高校进行短期交流学习。接收8名韩国学生到校短期学习。招收留学生165人。 （刘　伟）

12月8日，第三届世界名山学术研讨会暨区域社会文化发展论坛在泰山学院开幕 （安其心　供）

·泰山学院·

【概况】 该院自1958年开始举办高等教育。建有校区2个，占地面积96.3公顷，建筑面积52万平方米。教学科研仪器设备总值1.17亿元，图书馆藏书165万册，电子图书9000GB。有教职工1246人。其中，专任教师921人，具有博士、硕士学位的人员757人，教授、副教授330人；新世纪百千万人才工程国家级人选、国务院政府特殊津贴专家、省重点学科首席专家、省突出贡献专家、省中青年学术骨干、省教学名师及省级以上各类专业技术拔尖人才 33 人；从国内外重点大学和科研机构聘请兼职教授 360 人。设有教学单位 19 个，本科专业 62 个，涵盖九大学科门类。有全日制普通在校生 1.93 万人。学校是全省高校 19 所省级教师教育基地建设单位之一。有省级重点学科（科研创新平台）7 个、省级本科特色专业 7 个、省级精品课程 39 门、省级双语教学示范课程 3 门、省级实验教学示范中心 1 个；国家级大学生校外实践教育基地 1 个；教育部综合改革试点专业 1 个，省级创新试验区 1 个。省级以上优秀教学成果奖 25 项，其中国家级教学成果奖 1 项。学生在全国和全省大学生各类比赛中获国家级奖励 225 项、省级奖励 465 项。毕业生考研录取率连续多年均在 30% 以上，就业率常年保持在 90% 以上。开展校内外文化活动 160 项，1 人获全国高校辅导员年度人物提名奖。办有《泰山学院学报》（自然科学版、社会科学版）。与加拿大等 9 个国家的多所大学建立交流与合作关系。

【教学工作】 获批学分制改革试点单位并在 2017 级新生全面推行学分制改革，教学改革深入推进，开展人才培养方案修订工作。与市教育局举办“互兼互聘”教师系列专题报告 60 场次。新增省级教学成果奖 7 项，省本科高校教改项目 8 项。举办第十二届山东省大学生物理教学技能大赛，省内 19 所高校的 253 名选手参加比赛。4 个专业群实现大类招生。举办各类招聘会 200 场次。学生在各级各类学科竞赛中获省级以上奖励 200 项。

【科研服务】 获批山东省 2017—2023 年硕士学位授予立项建设单位。新增山东省“十三五”高等学校重点实验室 1 个、人文社会科学研究基地 1 个。获省部级以上科研立项 31 项，横向项目 46 项。获各类科研奖励 23 项。实施《泰山学院服务泰安行动计划》，举办“校企产学融合、助推民企发展”项目洽谈会，举办“第三届世界名山学术研讨会暨区域社会文化发展论坛”等学术交流活动 5 场，邀请国内外知名专家作学术报告 80 场次。

【教师队伍】 加强“柔性引智”，与武汉大学、山东大学等高校（单位）5 位教授签订聘任协议。启动首轮岗位设置和全员聘用工作，制定《泰山学院首次岗位聘用实施方案》。2 人获“全国高校思想政治理论课教学骨干”称号，1 人获国内访学资助项目，6 人获国际合作项目，考取博士研究生 7 人，毕业返校博士 6 人，获批“山东省高校黄大年式教师团队”1 个。（安其心）

· 泰山职业技术学院 ·

【概况】 该院占地面积 63 公顷，建筑面积 25.8 万平方米，教学仪器设备总值 8372 万元。馆藏图书 75 万册，固定资产 4.5 亿元。建有泰安创业大学、泰安市第一公共实训中心、泰安市逆向工程与三维技术研究院、泰安市现代职业教育研究院、泰安市工艺美术学会、泰安市增材制造协会、泰安市机电职教集团、泰山书院。有国家实训基地 3 个、省“十三五”高等学校科研创新平台 1 个、省职业教育技艺技能传承创新平台 1 个。招生专业 38 个，其中国控专业、教育部财政部重点支持建设专业、省品牌专业群、省级特色专业、省名校重点建设专业、省现代学徒制试点专业、省“3+2”专本贯通培养专业 17 个。有省级精品课程、资源共享课 25 门。有国家专利发明 62 项。市厅级以上教科研项目 248 项，其中教育部重点课题 1 项、省级教改课题 27 项。市厅级以上教科研成果奖 114 项，其中国家级教学成果二等奖、省泰山文艺奖、省高校优秀科研成果一等奖 4 项。教职工 479 人，专任教师 354 人，其中，副高以上职称 112 人，“双师型”教师 245 人，硕士生导师 1 人，省职业教育名师工作室 1 个，省级教学团队 3 个。全日制在校学生 1.3 万人。获全国职

10 月 27—30 日，在 2017 年中国大学生射箭（射艺）锦标赛上，泰山职业技术学院代表队获传统弓组比赛混合团体项目亚军 （李 伟 摄）

教先进单位、全国社科组织先进单位、省级文明单位、省职教先进单位等称号。

【教育教学】①教学诊改全国试点。该院《内部质量保证体系建设与运行实施方案》经教育部审核后实施。在全国职业院校诊改工作师资培训会、北京大学（Ed.D.）教育论坛上交流诊改工作经验做法，7所院校到校学习考察。②专业建设和改革。新增3个专业、6个专业方向。新立项省职业教育技艺技能传承创新平台1个、省现代学徒制试点项目1个、省职业教育精品资源共享课程8门。“3+2”中高职贯通培养专业、定向士官培养专业内涵提升。③技能大赛。在省级以上技能大赛中获奖83项。其中国家级17项、省级66项，国赛、省赛获三等奖以上14项。④师资队伍。新增省职业教育名师工作室1个、市首席技师1人、市专业技术拔尖人才1人。5人被评为市级功勋教师、泰山名师、教学新星。10人入选省高等学校创新创业教育导师库，3人当选省级以上行业组织副主任、常务理事。招聘教师19人，4名教师取得TAFE（职业技术教育学院）证书。

【科研服务】该院教师获国家发明专利1项，发表学术论文72篇。市级以上课题立项44项，结题35项。新增省市科研成果奖6项，其中市科技进步奖2项、市社会科学优秀成果奖一等奖1项。立项省“十三五”高等学校科研创新平台1个，泰山书院、院科协分别被评为省优秀社会科学普及教育基地、省先进科协。入选全国3D打印造型师实训基地。承担省春季高考技能主考、市职业院校信息化大赛工作，承办新华网创客挑战赛颁奖典礼、省高职院校专业教师培训等活动5项。科技扶贫岱岳区房村镇，对口帮扶7所中职学校。教师受邀给市、县（区）人大代表作履职培训辅导报告3次。函授本科生591人，培训退役士兵501人。

【学生工作】①招生工作。录取新生3845人，在校学生1.31万人。②学生管理。开展特色主题教育活动29项，参加各类志愿服务活动52项。发放奖助学金及补贴804.5万元、学生入伍代偿款99.5万元。完成176名困难生建档立卡，41名学生应征入伍。在省大学生科技文化艺术节等赛事上获奖29项，1名团干部获省职业技能大赛二等奖，2名学生分获省高校十大优秀学生提名奖、市最美大学生称号，1个社团获省百佳学生社团称号。③创业就业。毕业学生3280人，“猫九创客团队”在黄炎培职业教育奖创新创业大赛中获省一等奖、全国三等奖，“猫九创客团队”成立信息科技有限公司,公司估值2300万元。“极乐鲜生团队”夺得新华网创客大学项目创客挑战赛第三季亚军。

【合作交流】①校企合作。入选第二批省校企一体化合作办学示范院校。成立校理事会、市增材制造协会、市逆向工程与三维技术研究院。校企共建东方领航、英特软件、旺旺集团等订单培养班，新增合作办学企业6家。②国际化合作。加入世界职教院校联盟，与圣劳伦斯国际教育共建语言培训中心，完成中澳合作办学项目延期申报，与加拿大卡纳多学院签订合作协议，新增注册澳方学籍学生149人。6家境外教育机构到校访问，到境外学习交流考察17人。③业内交流。2项案例在全国联席年会上推介，在全国性会议上发言8次。学院当选中国职教学会理事单位、全国增材制造企学研实践教育联盟单位会员、“一带一路”暨金砖国家技能发展国际联盟单位会员等。（马久虎）

7月11日，山东服装职业学院与山东岱银集团成立山东时尚研究中心签约仪式举行（刘田田 供）

·山东服装职业学院·

【概况】学院占地面积40公顷，建筑面积23万平方米，在校生1万人。建成新学生公寓、餐厅、实训楼，改造学院办公楼广场、校园道路、生活区等重要区域。深化综合改革、实施《管理水平提升行动计划》，完善以章程为核心的制度体系建设，强化内涵建设，学院被评为2017年度中国纺织行业人才建设优秀院校、省级文明单位、教育系统2017年度创建全国文明城市先进集体、全国职业教育管理创新学校、全国最具特色高等职业院校、全国纺织服装教育先进单位等。

【教学科研】 有普通高职、对口高职、五年制大专、本科“3+2”对口贯通培养及成人本科、试点本科、网络本科等办学层次。设有服装工程与管理系、服装设计与表演系、艺术与设计系、国际贸易系、基础部等系部8个，开设专业35个。有中央财政支持重点建设专业、实训基地和省特色专业7个，省级精品资源课程10门，首批山东省职业教育名师工作室1个，首批山东省职业教育技艺技能传承创新平台1个，3个省级教学改革项目结题并通过省专家组鉴定。获批“服装陈列与展示设计专业”教学指导方案开发牵头单位。获泰安市社会科学优秀成果奖2项，市科协优秀成果奖2项，获其他科研奖励30项。学院服饰博物馆被确立为“泰安市优秀社会科学普及教育基地”。举办第十六届校园文化艺术节，承担“泰山国际登山节”民族服饰展演项目，学院50名学生参加央视春晚泰安分会场演出。学生在泰安市职业院校技能比赛中获奖牌11枚，在全省职业院校技能比赛中获二等奖3个、三等奖2个，在第七届全国大学生外贸跟单（纺织）+跨境电商职业能力大赛中获一等奖，在第十一届“新道杯”全国大学生会计信息化技能大赛全国联赛山东省总决赛中获二等奖2个。参加山东省大学生田径锦标赛，获金牌2枚、铜牌2枚。加强数字化校园建设，完成“校园一卡通”建设任务。

【教师队伍】 教职工403人。其中专任教师350人，“双师型”教师180人，教授10人、副教授94人，硕士研究生219人。引进较高学历层次人才11人，5名教师入选泰安市社会科学专家，省级优秀教学团队2支，省级教学名师2人。在省级职业技术院校信息化教学大赛中获教学设计赛项一等奖和课堂教学赛项二等奖，在全国职业院校信息化教学大赛中获团体教学设计赛项一等奖。

【招生就业】 首次获单独招生资格，报到人数2742人，在校生人数1万人，在校生数量、招生类别、招生层次均达到历史最高水平。新生报到率增长3.15%，为历年之最。举行就业实习供需见面会，参加学院招聘企业312家。毕业学生1677人，初次就业率98.03%。

【合作办学】 与山东岱银集团成立省内首家“山东时尚研究中心”。与中兴通讯、北京宏大精英教育集团签订联合培养协议，开展“专业共建”合作。与市内各县（市、区）和万达、如意、康平纳、泰盈科技等企业开展多种形式合作，与17所中等职业学校签订“3+2”联合培养协议，与泰安银行签订数字化校园建设合作协议。至年底，与全国100家知名企业建立合作关系。

（刘田田）

·山东财经大学东方学院·

【概况】 该院占地面积22.75公顷，学校（非产权）校舍面积12.88万平方米。教育经费投入4853.48万元。固定资产总值6964万元，其中教学、科研仪器设备资产总值2463万元。图书馆建筑面积1.14万平方米，藏书44.36万册。设置教学系部8个。开设本专科专业33个，覆盖5个学科，具有一级学科8个，专业学位授权点17个。教职工405人。其中专任教师305人，包括教授46人、副教授75人。普通本专科毕业生2023人，本科毕业生一次就业率95.4%。计划招生2690人，其中本科1790人、专科

10月18日，山东财经大学东方学院举办“喜庆十九大 筑梦向未来”2017年迎新晚会

（聂圣军 摄）

900 人，报到率 90% 以上。在校生 7431 人，其中本科生 5411 人、专科生 2020 人。

【教育教学】 完成学分制改革管理制度制定，新的教务管理系统试运行。完成人事分配制度改革，初步确定聘期目标管理整体思路和基本架构。创新人才培养方式，突出应用型人才培养特色，逐步实现“选课程、选任课教师、选学习进度”学习机制。聘请 19 位督学参加教学督导工作，听课 529 节，被听课教师 223 人次，涉及课程 151 门次，指导教研活动 66 节次，组织督导反馈会 2 次。建立教学实习基地 40 个、学生社会实践基地 83 个、学生社团 80 个，在校生参与社会实践率 100%。“追锋”支教团队连续 5 年获省级重点团队，2017 年首次获国家级优秀团队。6 支团队获批山东省对口帮扶“千村行动”专项行动，首次有 1 支团队 80 名学生获国家级优秀团队、2 名教师获省级社会实践优秀指导教师称号、2 支服务队获省级优秀团队称号；5 名学生获省级暑期“三下乡”社会实践先进个人。举办大学生文化艺术节、青春杯足球赛、校园吉尼斯等 23 个校级活动，承办和主办山东“鲁能泰山杯”大学生足球联赛、2017 泰安高校摇滚之夜等 18 个大型活动，获山东省第七届全民健身运动会五子棋竞赛三等奖，第十五届山东省大学生科技文化艺术节舞蹈大赛优秀奖、小品大赛优秀奖。

【科研立项】 组织各类科研项目申报 15 次，获准立项 21 项（不含校级项目）。厅局级 12 项，其中重点项目 3 项；市级 5 项，其中重点项目 1 项；组织科研课题结项 35 项，其中厅局级课题 17 项、校级课题 13 项；组织 2015 年度校级教改项目结项 20 项，其中申请延期 1 项、终止项目 2 项。获泰安市第三十一次社会科学优秀成果一等奖、三等奖各 1 人。

制定《双师型教师引进与培养计划》，完成青年教师导师制培养项目 3 项，推荐 2 名青年教师参加山东省青年教师示范性培训班。1 名教师在山东省第三届高校青年教师教学竞赛中获二等奖。完成省、市、校级各类科研项目立项 30 项，增强服务社会能力。

【创新创业】 优化创新创业环境，帮助大学生增强创业能力，提升创业成功率。印发《大学生创新创业孵化基地管理办法》《创新创业基金使用与管理办法（试行）》《创新创业孵化基地建设方案》《创新创业导师管理办法》4 个规范性文件。10 月，“大学生创新创业孵化基地”改造完成，成为为学生服务，扶持学生创新创业实践的新型孵化器。组织申报国家级大学生创新创业训练计划项目，获立项 7 项。组织申报泰安市科技创新计划项目，获立项 4 项，资助经费 1.2 万元。举办第二届佰合杯“互联网+”大学生创新创业大赛，组织参加“建行杯”第三届中国“互联网+”大学生创新创业大赛，“一带一路一平尺”项目获山东省赛银奖。推动和实施“产教融合行动计划”，提高人才培养质量。在 POCIB 全国大学生外贸从业能力大赛中，东方学院获团体二等奖，3 名学生获个人三等奖。

（侣　亚）

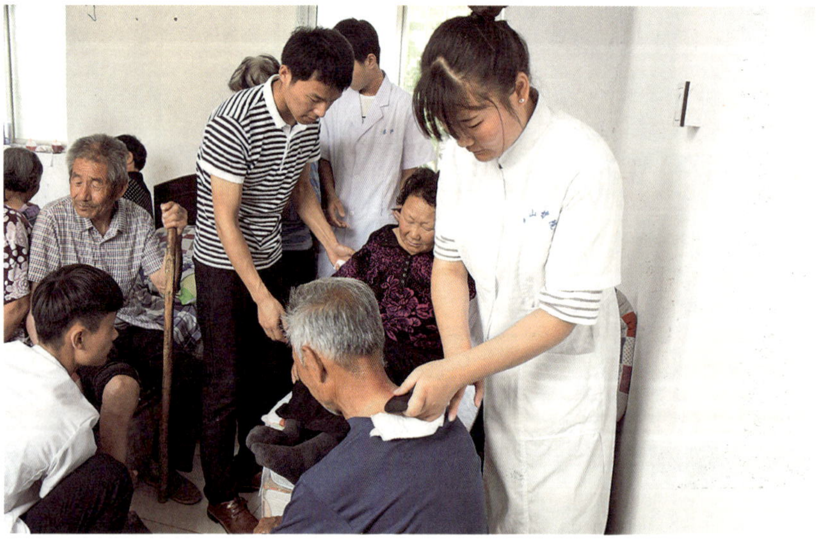

5 月 20 日，泰山护理职业学院组织送医下乡活动　（王　征　供）

·泰山护理职业学院·

【概况】 学院设有普通、基础、临床三大学科和教育技术中心 1 个，下设教研室 32 个、现代化实验室 101 个。在校学生 9509 人。教师人数 355 人。其中有正高级职称 5 人、副高级职称 60 人，具有博士、硕士学位教师 149 人，“双师”素质专任教师 97 人，占专任教师 63.82%。开设护理、涉外护理、助产、医学影像技术、康复治疗技术、药学等专业 12 个，其中护理和助产 2 个专业为高职高专提升发展能力专业，助产和医学物理诊查技术 2 个专业为市级教学改革试点专业。新建 2 号、3 号实训楼，建筑面积 1.65 万平方米。连续第 17 年获省级文明单位称号，学院“归途有我”志愿服务队被共青团中央表彰为中国青年志愿者服务春运行动优秀志愿服务集体。组队参加全国康复技能大赛，获团体二等奖和个人单项一等奖。

【教育教学】 探索校企合作理实一体化教学、现代学徒制教学、国际合作办学等多种新型教学模式，促进学生理论知识学习与实践能力锻炼相结合。西英格兰大学、英国诺桑比亚大学、菲律宾远东大学、德国养老护理代表团先后到学院访问交流。学习和引进菲律宾远东大学及其附属医院、中国台湾地区大仁科技大学护理教学计划，借鉴先进护理理念和护理技术，强化临床实践技能，培养高级护理人才。聘请2名美国专家到校任教讲学，向菲律宾远东大学输送第三批学生攻读硕士学历学位。2月，组织6名师生到台湾义守大学进行为期一学期的交流研修。组建文学社、画社、舞蹈社、摄影之家等学生社团10个，开展思政教育进教材、进课堂、进学生头脑“三进”活动，开展“忠心献给祖国、爱心献给社会、孝心献给父母、信心留给自己”为主题的“四心”等教育活动。

【学术科研】 学院获课题立项17项。其中山东省职业教育教学改革项目4项，山东省高等学校研究计划项目2项，山东省教育科学规划课题1项，泰安市科技发展计划4项，泰安市社会科学规划课题1项，泰安市哲学社会科学规划课题3项，山东省职业技术教育学会规划课题2项。学院鼓励学生科技创新，推进学生申报泰安市大学生科技创新行动计划项目，获立项项目8个。

10月17日，泰山护理职业学院社会科学界联合会成立，省社科联党组成员、副主席孙淑娜（前排右），学院党委书记刘连功（前排左）出席揭牌仪式 （王 征 供）

【学生工作】 构建以“三微”（微博、微信、微视频）为主要形式新媒体平台，加强宣传工作，创造思政学习氛围。组织以社会主义核心价值观与中华优秀传统文化为主题的系列文化活动，建立学院思政德育教育基地（徂徕山革命教育基地）。举办“泰山大讲堂”，邀请省政协常委、省行政学院原党委书记孙矩为全体党员和学生代表做“国学与核心价值观”讲座。通过结合学院学科、专业、课程等特色，以教师党员为骨干，学生党员为补充，建立110人的党员志愿服务队伍，开展内外妇儿、中医问诊、心肺复苏、按摩刮痧、康复保健等服务。全年开展服务活动40次，出动专家教授90人次，学生志愿者500人次，服务群众1.6万人。12月，被泰安市文明办命名为泰安市志愿服务基地。

【招生就业】 录取新生3959人。其中，三年制普通专科录取学生3362人，报到率96.73%。五年一贯制录取学生597人。建立起由实习指导教师、实习管理教师、实习班主任组成的学生实习管理团队，集中安排2791名学生到北京解放军总医院、上海长海医院等58家综合医院实习，其中50家为三级甲等医院。学院与北京、上海、深圳等地60家三级甲等医院和医疗机构（院所）建立合作关系，大专毕业生2261人，初次就业率91.5%，专业对口率80%。

（张宗起 王 征）

·泰安技师学院·

【概况】 学院占地面积10.6公顷，建筑面积7万平方米，资产总值1.92亿元，实训设备总值4260万元。在校学生9600人。学院秉承“高端引领、校企合作、多元办学、内涵发展”办学理念，培育具有专业技能和工匠精神的高素质技能人才。学院实施学历教育与社会培训相结合，坚持中级、高级、技师三位一体办学模式。设有数控技术、汽车工程、机械工程、商务管理、电气工程、信息工程6个系和基础部，开设数控加工、工程造价、汽

7月7日，泰安技师学院学生在2017年山东省黄炎培职业教育奖创新创业大赛中获一等奖 （石 璐 摄）

车制造与装配、电子商务等26个专业（工种）。其中焊接加工是省级重点名牌专业，电气自动化设备安装与维修是省级重点名牌专业、省技工院校百强专业、省级示范专业群建设项目，是山东省首批高技能人才培养基地、山东省首批技师培训基地、泰安市首席技师工作站。学院筹资1300万元，建设北校学生食堂和公寓综合楼，一期学生餐厅交付使用，新增餐位800个，二期工程主体建设完工。投资360万元完成校园数字化建设。先后获全国职业教育先进单位、全国职工教育培训示范点、山东省职业教育先进单位、山东省技工学校教学质量优秀单位等称号。

【教学科研】 学院教学改革以提升教学质量为目标，完善一体化教学人才培养模式，按照中级、高级、预备技师一体化贯通培养制定《技能人才培养方案》。建成市级名师工作室1个，市级精品资源共享课4个，市级微课联盟5个。新增齐鲁首席技师1人、市首席技师1人，2名年轻教师分获泰山教坛英才、泰山教学新星，3名教师在信息化说课大赛中获国家二等奖。“共享太阳能电动卡丁车”项目在省创新创意大赛中获一等奖。完成省级课题3项、市级课题立项4项。在技能大赛中，师生获一等奖1人、二等奖9人、三等奖22人。

【社会服务】 学院面向社会开展农村转移就业劳动者、失业人员、企业新招员工、毕业生职业技能培训、特种作业人员培训、创业培训、退役士兵技能培训工作。开展“金蓝领”技师培训项目，为师生深造及社会人员学历提升搭建平台，山东大学网络教育实现突破性发展，全年招生525人，增长76.8%。全年培训各类人员2800人，学院的社会培训功能得到充分发挥。

【招生就业】 全年招生人数2649人，毕业3847人，就业3816人，就业率99.2%。120家企业到校招聘，提供就业岗位4800个。建成青岛海尔、滁州立讯、烟台喜星电子、潍坊歌尔声学4个校外实训基地。为促进产教融合，举办2届校企合作洽谈会，新增省内外就业单位16个，与泰安市6家单位就3D打印、烹饪和酒店服务、数控技术、电气自动化、汽车检测与维修6个专业签订校企双向交流合作培养协议。组织1577人到喜星电子（烟台）有限公司、立讯精密工业股份（滁州）有限公司进行校外实践教学。

（张培明）

编校 王云勇 审稿 高兴学

文化·体育

文化综述

【概况】 2017年，市文广新局被国家新闻出版广电总局评为全国农家书屋全面建设十周年先进集体、全国新闻出版统计先进单位和全国广播影视统计先进单位，被全国“扫黄打非”办公室评为全国“扫黄打非”工作先进单位，被省文化厅评为17市文化建设综合评价先进单位，连续6年被评为省级文明单位，市文化市场综合执法支队获国家版权局查处侵权盗版案件有功单位一等奖。

【公共文化服务体系建设】 ①公共文化设施建设。3375个村、社区建成基层综合性文化服务中心，达标率达90%。肥城市“农村文体广场服务标准化试点”项目列入2017年度“山东标准”建设行动计划。全市7家公共图书馆参加全国县级以上公共图书馆评估定级，各级“三馆”全部免费对外开放。泰山大剧院采取托管运营的方式，引进舞台动作剧《功夫传奇》驻场演出。②开展文化惠民活动。开展首届文化惠民消费季，累计开展各类文化惠民活动6万场次，《中国文化报》专版刊发《山东泰安首届文化惠民消费季成效显著——“文化+”：培育消费新热点激发发展新动能》。组织“送戏下乡”演出3857场次，放映公益电影5.92万场次，建设固定银幕架1500个，完成“一村一年一场戏”和农村公益电影放映年度目标任务。开展全民阅读和农家书屋建设，6名个人、6个书屋、7个村、7个家庭在全省“齐鲁农家沁书香”系列乡村阅读活动中受到表彰。③打造群众文化活动品牌。开展“中国梦·泰山情”系列主题文化活动81个大项、3000场次，“‘鸡’祥如意·福惠万家”春节系列文化活动4.8万场次，“以文为媒·文化走亲”1.7万场次，惠及民众达600万人次。“‘以文为媒·文化走亲’群众文化活动新模式”和“桃木雕刻工艺生产性保护与振兴发展模式”2个文化项目获第三届省政府文化创新奖。4件作品入选全省群众艺术优秀新创作品，4个群众活动品牌入选省冬春文化惠民季活动品牌项目，肥城市文化志愿者舞蹈团在全国广场舞大赛中荣获第二名，泰山区、新泰市组织赴英国参加首届全英华人华侨新春团拜会演出活动被省文化厅评为2016年度优秀对外（港澳台）文化交流项目。④文化领域扶贫攻坚工作。各类文化惠民活动优先在各级贫困村开展，争取并发放省级补助革命老区、贫困地区村级综合性文化服务中心建设资金641万元，市级以上贫困村建成综合文化活动室545个，覆盖率达90%。为354个省级贫困村、251个市级贫困村每村配备1台便携式拉杆音响，组织引导群众开展文化活动。加强新闻出版广播影视行业扶贫，深入到全市4万户贫困家庭中开展调查摸底，基本完成广播电视信号扶贫工作任务。

【文化产业发展】 ①实施文化产业“十百千”工程。“十三五”期间，在全市建立10个以上国家级或省级文化产业示范园区、基地，建成100个以上投资过千万的文化产业项目，建设1000个以上投资过百万的文化产业项目。策划推出文化新闻出版广播影视文物项目98个，累计争取各类扶持资金1.3亿元。16个文化产业项目入选全省“重点文化产业项目库”，12家企业入选全省“文化企业融资贷款信息库”。全市文化产业项目投资过百万元的163个，过千万元的49个，过亿元的71个。重点打造总投资100亿元的泰山新闻出版小镇项目，在泰安高新区占地227公顷（3400亩），建成后预计年产值150

亿元、利税20亿元以上。徂徕山写生创作基地正式揭牌启用。②打造文化创意及会展品牌。指导成立全市创意创新发展联合会，2家企业被评为全省“文化创意集市创建单位”，其中丽泰泰山创业梦工厂与省文化厅直属企业山东省文化版权交易中心签署合作协议，成为全省首家文化版权服务机构。举办全国印刷设备智能化论坛暨新技术应用培训会、山东泰安首届新闻出版服务大会暨泰山新闻出版小镇项目发布会；举办中国电子游戏超级联赛2017山东游戏动漫博览会，与中国文化娱乐协签订战略合作协议，2018—2020年该项赛事连续在泰安市举办。③新闻出版广播影视行业发展。首届文化惠民消费季市级财政投入300万元，省级签约合作企业53家，市级签约26家，全市消费券使用金额324万元，直接拉动文化消费1343万元。全市21家城市电影院放映15万场次，观影200万人次，票房收入6184万元，增长18.7%；全市广播影视类从业人员5000人，营业收入2亿元。全市1500家新闻出版企业从业人员2.8万人，年销售收入68.8亿元、利润总额15.4亿元、总产值77.9亿元，分别增长11.2%、10.8%、12.3%。

【文化艺术创作】 ①戏曲艺术创作。山东梆子《官箴碑》代表山东省参加“第十五届中国艺术节展演”；新编现代戏山东梆子《泰山人》入选“山东省五个一精品工程”“山东省舞台艺术创作重点选题”“地方戏振兴和京剧扶持工程”；小戏《一个不能少》《还魂儿》入选国家艺术基金2017年度扶持项目。市山东梆子艺术研究院国家一级演员杨圣军入选文化部“名家传戏——当代戏曲名家收徒传艺工程”，山东梆子青年演员华茜茜在第三届中国戏曲黄河流域红梅大赛中荣获金奖。泰山皮影戏《石敢当为民除害保平安》入选文化部“全国曲艺、木偶、皮影戏优秀剧（节）目展演”。②美术及文学等创作。开展“深入生活、扎根群众”主题艺术创作实践活动，打造具有泰安特色的文艺精品。《人子·人》获省委宣传部“中国梦”长篇文学作品一等奖，长篇小说《天虫》被省作协评为全省年度重点扶持作品。举办刘宝纯诗书画全国巡展、山东油画作品展、郭震乾美术作品展、中国画临摹作品展、胶东民间窗花剪纸艺术展、庆祝“六一”儿童书画展等重大美术作品创作展览活动40场次。市美术馆3件美术作品入选“庆祝中国人民解放军建军90周年暨第13届全军美术作品展览”。举办2017年泰安市春节文艺晚会、第二届舞蹈大赛、第十二届器乐大赛、百姓天地大舞台等文艺活动。市文化馆张宁参加全国柳琴艺术展演，获得全国柳琴艺术展演专业青年C组金奖和专业组合重奏组金奖。市美术馆、市文化馆全年举办公益公教培训班300多个班次，学员累计千人次。市图书馆开展读书朗诵大赛、国学教育等各类读者活动、公益讲座50场次。③广播影视品牌打造。微电影《我的三奶奶》获中宣部“社会主义核心价值观主题微电影大赛”一等奖。电视剧《少林问道》作为泰安市首部登陆央视播出的电视剧，被评为山东省优秀电视剧。主旋律影片《苏庆亮》拍摄完成，反映泰安市志愿者精神电影《紫薇飘香》发行放映，建军节献礼电视剧《军人使命》上线公映，玄幻喜剧电影《墨玉太极》在北京举办首映礼，纪录片《传承中国梦》9月份央视老故事频道播出，魔幻电影《阿修罗》摄制完成。

【泰山文化传承与文化遗产保护】 制定《泰山文化生态保护区规划纲要》，加大泰山文化整体性保护力度。对上争取非物质文化遗产（简称“非遗”）项目资金200万元。全年新增国家级“非遗”传承人2人、省级“非遗”传承人7人、省非物质文化遗产生产性保护示范基地2个。全市“非遗”项目达901个，其中国家级11个、省级42个、市级219个、县级629个。泰安皮影戏国家级代表性传承人范正安被评为全国非物质文化遗产保护工作先进个人。组织“非遗”项目进校园，创新打造“非遗+游学”模式，推动351个“非遗”项目在全市中小学设立136个传统文化传承实践基地，开设663个优秀传统文化校本课程，“泰安市实施‘非遗+游学’创新非遗保护传承模式”被评为全省“非遗”保护十大亮点工作之一。加强文化交流，市级“非遗”项目“泰山剪纸”代表山东省参加文化部“海上丝绸之路非遗大展”；市级“非遗”项目“泰山杂技”随加拿大太阳马戏团在世界各地巡演；阐发泰山石敢当文化，举办泰山石敢当文化论坛和展览，出版《泰山文化之石敢当》专刊；在第五届世界摄影大会上组织开展“泰安非遗文化艺术展演”，向到会的42个国家的摄影师展示泰山文化。 （桑运昌）

【文化市场监管】 深化“放管服”改革，开展文化市场行政审批规范化建设，全面推行“多证合一”和“双随机一公开”，提高文化市场技术监管平台应用水平，逐步实现审批

信息及数据共享。强化文化市场事中事后监管，登记核准文化类民办非企业30家，全市有文艺表演团体13家，娱乐场所经营单位65家。开展网吧分级管理，为全市303家网吧建立信用档案和台账，构建互联网上网服务营业场所信用体系。

【文化市场综合执法】 先后查处各类违法案件47起，5个“扫黄打非”执法案卷代表泰安市参加省政府案卷评查，获全省第三名。泰安“月光宝盒”直播平台传播淫秽物品牟利案被确定为全国“扫黄打非”十大案件，成功破获全国最大的聚合类直播色情平台“月光宝盒”网络传播淫秽视频直播平台案件，已抓获犯罪嫌疑人54名，清理注册会员300万人，有效净化网络文化市场。全国“扫黄打非”以案施训培训会议在泰安市召开，“红叶直播”网络直播违法案件作为以案施训典型案件，代表山东省在文化部网络直播案件经验交流会上作典型发言。组织开展“剑网2017”专项行动，查处网络侵权盗版案件12起。配合全国反盗版联盟查处违规书店3家，收缴各类盗版图书5000册、光盘800张。全市各级调查处理各类文化市场问题举报262起，开展“双随机”执法行动152次，出动执法人员2000人次，检查文化市场经营场所1200家，依法行政处罚违规网吧50家，歌舞娱乐场所30家，出版物经营单位、印刷企业40家。（桑运昌）

【概况】 ①新闻出版。完成全市新闻出版类统计年报1000家，12家报刊、12家连续性内部资料出版物、395名新闻记者通过年度核验，版权登记作品60件，出版物审读96家。推动党政机关和民营企业软件正版化工作，开展版权保护宣传进校园活动，发放宣传材料3000份。组织开展出版物印刷发行市场专项检查，建立健全“一单两库一细则”，维护意识形态安全。②广播影视。建立由22个部门为成员单位的卫星电视传播秩序专项整治及广播电视安全播出工作联席会议制度，成立市、县两级中共十九大安全保障指挥部，制定应急预案，购买预警信息终端、录音电话等设备，设立专门的中共十九大安全播出办公室，为中共十九大期间广播电视安全播出提供组织保障。先后投入1000万元，推进实施中央广播电视节目无线数字化覆盖工程，列入第一批的泰安电视台、东平县广播电视台于2016年年底正式开播，列入第二批的新泰市广播电视台、肥城市广播电视台于7月份开播，基本完成建设任务。（桑运昌）

·泰安市广播电视台·

【概况】 市广播电视台下设广播、电视新闻、电视社教、电视文体、广播电视技术和电视党建六大中心，职能服务科室5个，台属事业单位1家和公司3家。广播有新闻、旅游、交通、都市音乐之声4个广播频率；电视有综合、公共、教科3个专业化频道。新媒体领域有手机台、泰山网、泰安民生网、泰山先锋网“一站三网”、楼宇电视等；泰安广播电视报每周一期，期发行量3万份。有不同规格的电视演播室5个、演播大厅2个、广播直播室6个；流动电台直播车和大型电视转播车2辆，流动文艺演出车2辆。全台职工600人，固定资产2.5亿元。年内，市广播电视台获全省广播电视公益广告优秀传播机构第一名、国家新闻出版广电总局广播电视公益广告传播机构扶持项目奖励，继续保持“市级文明单位”称号。全年广播4个频率播出2.6万小时，电视4套节目播出发射2万小时，实现全年广播电视安全优质播出。

【新闻、活动宣传】 ①重大主题宣传。完成省、市党代会，全国、省市“两会”，中共十九大等重大活动的宣传报道。围绕“建设富裕文明幸福新泰安”战略目标，相继开设《践行新理念 增创新优势 建设新泰安》《重效率 勇担当 作表率》《组织工作创新与突破》《学党章党规 学系列讲话 做合格党员》《脱贫攻坚 奔康致富》《督查追踪》《安如泰山》《创文明城市 倡文明新风》《不文明行为曝光台》《不文明行为随手拍》《创建文明城市在行动》《治理违法建设 改善城乡环境》等专栏。中共十九大胜利召开后，聚集广播、电视、泰山网、泰安周刊、泰安手机台等资源，策划推出《贯彻十九大精神 加快新泰安建设》《领航新征程 学习贯彻党的十九大精神》等专栏。利用网络广播电视台、泰山网、泰安手机台以及有较强影响力的微信公众平台及微博，推出一系列主题报道、新泰安发展建设重点稿件。②重大活动宣传。举办首届幼儿春晚、第五届创业大赛、2017泰安市“3•15”国际消费者权益日纪念大会，组织泰安市首届十大幸福家庭评选活动，开办大型电视直播节目《天天开发票·月月中大奖》，开播电视新闻类节目《泰安新财经》，开办《高校周刊》栏目，举办“五一”“十一”广电大型车展、“泰安百姓满意医院、泰安最美医生”颁奖典礼、第二届市直机关青年歌手大赛、首届“泰安最美大学生”颁奖典礼，举办“颂歌献给党·庆‘七一’经典歌曲大联唱”，策划实施“美丽乡村行”，完成第三十一届泰山国际登山节登山赛事在山东卫视频道及本台的重大直播和宣传报道，举办“天南地北泰安人”回家系列活动，举办“叙乡情 谋发展 促合作”恳谈会，举办并全媒体同步直播“回家”文艺主题晚会，承办“筑梦喀什 感恩援疆”文艺演出，举办“喜迎十九大 永远跟党走”泰安市大合唱文艺会演，组织第二届泰安十大女杰、泰安市十大杰出女企业家评选活动，全方位开展纪念徂徕山抗日武装起义80周年宣传报道，完成省委宣讲团在泰安市举办的中共十九大精神报告会、中国文联文艺志愿服务团“情系徂徕·放歌泰安”赴徂徕山革命老区慰问演出的直播任务，举办“泰山之歌创作征集颁奖晚会”及“泰山品牌论坛”。

【对外宣传】 全年在中央电视台播发稿件47条，其中《新闻联播》16条；在山东卫视《山东新闻联播》播发新闻稿件153条。完成市政府市长李希信就放管服、新旧动能转换在省台的两期节目访谈保障任务。与央视新闻与法频道合作，拍摄播出《见证·泰山》大型电视系列外宣片，与央视新闻频道联合摄制播出大型新闻系列片《新春走基层·东平湖移民搬迁记》。配合央视《还看今朝》“山东篇”的拍摄，提供高质量画面素材。为央视《大美中国·揽夏》制作《揽夏之泰山》和《神奇岱岳辉煌夏日》两期节目。先后为省、市承担纪念徂徕山抗日武装起义八十周年《齐鲁烽火》专题片、泰安经济发展形象片、泰安文化产业电视形象片以及山东山水林田湖修复工程专题片。

【公共文化服务】 广电艺术团坚持常年送文艺下乡，全年深入50个行政村（社区）演出，培训基层艺术骨干1000人次。电影发行放映公司在全市乡村放映公益电影4.2万场，观众达700万人次。继续办好《直通12345》栏目，举办“泰山国学小名士”经典诵读电视大赛，开通《新闻零距离》手语版、《“老赖”曝光台》，举办公益助学晚会、“寻找乡村教师”、首届中小学名师教学风采展播、“第二届泰安十大法制人物评选”、第五届“泰安十大孝子评选”、“第二届幸福家庭评选”等典型宣传活动，弘扬社会主义核心价值观。 （李申圣）

泰安日报社（泰安传媒集团）

【概况】《泰安日报》于1985年元旦创刊，前身是中共泰山地委于1939年10月创办的《泰山时报》，是山东省最早的地市党报。泰安传媒集团是市管国有企业，由泰安日报社代管，于2013年9月正式揭牌成立，是省新闻出版局批准设立的第6家报业传媒集团。泰安日报社旗下拥有《泰安日报》《泰山晚报》、“最泰安”客户端、ZAKER泰安等10个媒体，拥有全省一流的最泰安全媒体中央厨房；泰安传媒集团旗下拥有泰安传媒、泰报发行、《泰山晚报》、泰山网络、泰报置业、泰报会展、泰报广告、4个县域文化公司等10家有限责任公司。2017年，泰安日报社（集团）继续深耕媒体、深度跨界，落实自主经营，强化目标导向，重塑核心竞争力，媒体宣传、报业经营、产业运营取得显著成效，全年报业收入1.68亿元，房地产销售收入1.13亿元，实现总收入2.81亿元，总资产11.3亿元。报社（集团）现有干部职工570人，党委班子成员13人，其他集团高管6人。2017年，报社（集团）被评为“全国群众体育先进单位”“省级文明单位”，中国报业教育发展联盟、中国小记者团秘书处等多个项目落户报社。

【深化改革】 5月，市委常委会通过《关于改进和完善泰安传媒集团领导人员管理有关问题的决定》，明确将泰安传媒集团纳入市管，由泰安日报社代管，传媒集团领导班子由市委管理，报社党委同时为集团党委，报社党委委员为集团董事会成员，集团依法设立董事会、监事会和经营层。这一决议进一步理顺集团的体制机制，强化集团层面的领导力量，进一步拓展集团员工发展的成长空间。

【新闻宣传】 泰安日报社（集团）牢固树立政治意识、责任意识、大局意识，全力服务于市委、市政府的中心工作，采访发布一大批重点稿件、系列报道、系列评论、重大典型，充分运用短视频、H5、电子绘图、图表等新媒体技术，改进报道方式，完成泰安市第十一次党代会、泰安市“两会”、春季重点项目集中开工、登山节、徂徕山抗战80周年等各项宣传任务。《泰山晚报》官方微信制作的“市长答卷”，以新颖别致的形式引来众多网友、市民的留言点赞，不到24小时阅读量超过10万。报社（集团）紧密结合泰安实际，制定中共十九大精神宣传工作方案，通过开设报纸专栏、网站专题、电子号外、H5

制图等多种形式全方位宣传中共十九大精神和新泰安发展变化，中共十九大特别策划“数字里的获得感”获“中国报业中共十九大融合传播优秀作品十佳”。在对外宣传方面，在《人民日报》《新华每日电讯》《瞭望》《大众日报》等上级重点媒体刊发稿件57件，实现外宣数量质量双提升。各类新闻奖实现突破，其中山东新闻奖《泰安日报》6件作品获奖，《泰山晚报》揽获中国晚报最高奖赵超构新闻奖3个奖项。

9月21日，中国报业教育发展联盟成立大会暨ZAKER泰安上线仪式举行。图为与会领导按动启动球 （程文涛 供）

【媒体融合】 深化媒体改革，将旗下所有媒体彻底打通，整合重组为最泰安全媒体中心，实现不同媒体、媒介间的互通互融。9月，在省内率先同国内一流的资讯聚合平台ZAKER深度合作，上线ZAKER泰安，构建起日报、晚报、中华泰山网、最泰安、ZAKER泰安“五位一体”全面协调、互补共生的全媒体生态圈，标志着泰报媒体融合迈向一个全新的高度，走在全国地市报的前列。最泰安客户端全年发布稿件3.35万篇，开通直播80个，收获点击量861万次，装机量达14万部。中华泰山网全国城市网站综合传播力从1月份的第31位提升至第11位，创历史新高。《泰安日报》《泰山晚报》完成“5+2”改版，在有效控制成本的同时，利用“最泰安”客户端打造精品“泰周末”。音视频方面，承接泰安一中、省财金集团等多个宣传片，音视频业务成熟壮大。“最泰安”全媒体矩阵媒体用户数从年初119万升至313万，先后签约入驻新华社云直播、“央视新闻+”、人民日报社党媒平台，媒体公信力、传播力、影响力实现跨越提升。“最泰安”全媒体平台、中华泰山网、“最泰安”新闻客户端获“2017全国地市网络媒体十大品牌”称号。ZAKER泰安融媒体平台被评为山东省新闻出版广播影视产业重点项目。

【报业经营】 根据形势变化，成功调整《泰安日报》《泰山晚报》征订价格，“两报”发行保持平稳，《泰安日报》开机5.8万份，《泰山晚报》9万份，发行收入实现增量517万元。专题中心，以活动营销为抓手，精耕细作，夯实媒体“主阵地”，成功运作泰安风云榜评选、第四届泰山国际马拉松赛、春季房交会、三届大型车展、泰山书画艺术品博览会、泰安好医生评选、泰山登山比赛暨万人徒步行、泰山动漫嘉年华等40项活动，活动创收占总收入比例70%，全年完成营业收入7000万元。印务中心，科学管理、节能增效，确保“两报”高质量印刷，再获“全省印刷质量精品报”称号。新泰、肥城、宁阳、东平地方版公司，办报、发行、经营、跨界多业务齐头并进，效能显著；景区、高新区分社从无到有，起步平稳。

【产业跨界】 报社、集团全年坚持“调整结构，分灶吃饭，成本控制，利润考核”的目标导向，各产业平台竞争意识、综合实力明显提升，产业业态发展良好。会展公司全年举办泰山国际农业机械博览会、书画艺术品博览会、第三十一届泰山国际登山节系列活动、泰山教育博览会等展会136场，展览总面积41万平米，接待观众103万人次，其中自办展会30场，展会数量、层次、规模均较之往大幅提升，位居全省前列，打响泰山会展品牌、服务品牌。置业公司，安全施工，科学管理，较好完成传媒广场交房工作，记者村、传媒广场销售实现突破，销售额1.13亿元，超额完成全年任务。泰山网络系统集成公司和笑脸科技公司开拓发展，对外拓展迅速，对内保障得力，获得国家级AAA信用等级证书和双软认证。物业公司，改进服务管理，职工餐厅、二楼水吧软硬件升级，基础建设保障有序，安全管理和节能减排成效突出。培训公司，泰安市小记者团升级发展，教育培训、老年事业稳中起步，全年小记者招募2万人，组织各类小

9月6日，第三十一届泰山国际登山节暨中国泰安投资合作洽谈会开幕。图为中外嘉宾在会场品尝参展饮品　　（程文涛　供）

记者活动400场，成功策划实施泰山首届老年产业博览会、首届中华泰山诗文大会。舆情中心，编写发行《泰安市便民服务手册》，"12345"民生服务平台热线接通率一度在全国热线中排名第一，服务质量走在全省前列。

【泰山国际马拉松赛赛事活动升级】第四届泰山国际马拉松赛（简称泰马）全面升级，中国田协、省体育局、市政府共同主办，泰安传媒集团作为承办单位全权运营。赛期、路线、服务、保障等工作的全面升级，东岳庙会、马拉松体育博览会同期举行，实现赛展结合，打响"跑泰马，逛庙会"的城市品牌。4月23日，第四届泰马举行，现场1.93万人、线上5.6万人同时开跑。春季泰马备受好评，在厦门举办的第二届中国马拉松博览会上，获选中国田协铜牌赛事，跻身中国最具赞助价值体育赛事，居第59位。在全国纯市场化运作马拉松赛事里面，成绩突出。

4月23日，第四届泰山国际马拉松赛在泰安举办。图为副市长成丽（左三）为获奖选手颁奖　　（赵文文　摄）

【中国教育发展联盟落户泰安日报社】9月23日，中国报业教育发展联盟、中国小记者团成立大会在泰山国际会展中心举行，联盟秘书处设在泰安传媒集团。联盟的成立旨在依托全国各地的报业教育培训资源，建立起互联网条件下的全国报业与教育培训领域交流沟通、资源整合的综合发展平台，实现全国报业教育培训、小记者事业发展的大联动、大发展。全国1700家党报、党刊加入联盟，成为理事单位。联盟的成立为泰安传媒集团进一步发展小记者事业、整合全国资源开创条件，泰安日报社在全国影响力提升，泰安日报社品牌在全行业内打响。　　（程文涛）

文　物

【概况】全市有世界文化遗产3处，不可移动文物2422处，县级以上文物保护单位436处。其中，国家级重点文物保护单位14处、省级78处、市级110处、县级234处。8月，印发《泰安市人民政府关于进一步加强文物工作的实施意见》，提出坚持"保护为主、抢救第一、合理利用、加强管理"的文物工作方针，加大文物保护力度，推进文物合理适度利用，使文物保护成果更多惠及人民群众。

【重点文物保护工程】"十三五"期间，全市实施重点文物保护"125"工程（重点文物保护项目100项、馆藏文物20万件、发展博物馆50家），实现每15万人拥有1家博物馆的目标。年内，争取国家级和省级重点文物保护项目经费4821万元，其中国家级重点文物保护项

2017年泰安市省级以上重点文物保护单位名录

表35

序号	名 称	地 点	时 代	类 别	公布时间	批次
全国重点文物保护单位						
1	大汶口遗址	岱岳区大汶口镇、宁阳县堡头村	新石器	古遗址	1982年2月	2
2	岱 庙	泰安市泰山区	宋至清	古建筑	1988年1月	3
3	冯玉祥墓	泰安市泰山区泰山南麓	1953年	近现代重要史迹及代表性建筑	1988年1月	3
4	齐长城遗址	泰山景区、岱岳区、肥城	春秋、战国	古建筑	2001年6月	5
5	泰山石刻（包括：经石峪、唐摩崖）	泰山红门景区	北齐至唐	石窟寺及石刻	2001年6月	5
6	白佛山石窟造像	东平县东平镇焦村白佛山	隋、唐	石窟寺及石刻	2001年6月	5
7	泰山古建筑群	泰安市泰山区	明至清	古建筑	2006年5月	6
8	洪顶山摩崖	东平县旧县镇屯村铺村	南北朝	石窟寺及石刻	2006年5月	6
9	大运河	东平县彭集镇、宁阳县堽城镇堽城里村	春秋至清	古建筑	2006年5月	6
10	大汶口古石桥	岱岳区大汶口镇西南门外大汶河上	明	古建筑	2013年3月	7
11	萧大亨墓地石刻	岱岳区满庄镇东萧家林	明	石窟寺及石刻	2013年3月	7
12	颜子庙和颜林	宁阳县鹤山乡泗皋村	元、清	古建筑	2013年3月	7
13	棘梁山石刻	东平县戴庙镇棘梁山	北朝至宋	石窟寺及石刻	2013年3月	7
14	徂徕山抗日武装起义旧址	岱岳区房村镇黑石埠村，在徂徕山大寺	抗日战争时期	近现代重要史迹及代表性建筑	2013年3月	7
省级重点文物保护单位						
1	泰山盘路古建筑群（包括：无极庙、元始天尊庙、老君堂）	泰山景区	唐、清、民国	古建筑	1992年6月	2
2	范明枢墓	泰山南麓普照寺南	1950年	近现代重要史迹及代表性建筑	1992年6月	2
3	周明堂遗址	泰山景区大津口乡沙岭村明家滩	周	古遗址	2013年10月	4
4	藏峰寺遗址	泰山景区曹家庄村	元	古遗址	2013年10月	4
5	中天门二虎庙	泰山景区中天门管理区	明清	古建筑	2013年10月	4
6	泰山玉泉寺	泰山景区玉泉寺管理区	北魏	古建筑	2013年10月	4
7	桃花峪元君庙	泰山景区桃花峪管理区	清	古建筑	2013年10月	4
8	竹林寺	泰山景区竹林寺管理区	唐	古建筑	2013年10月	4
9	总理奉安纪念碑	泰山景区红门管理区	1929年	近现代重要史迹及代表性建筑	2013年10月	4
10	乐善桥	泰山景区竹林寺管理区	1936年	近现代重要史迹及代表性建筑	2013年10月	4

续表 35-1

序号	名 称	地 点	时 代	类 别	公布时间	批次
11	泰山革命烈士纪念碑	泰山景区红门管理区	1953 年	近现代重要史迹及代表性建筑	2015 年 6 月	5
12	泰山区清真西大寺（泰城清真寺）	泰山区财源街道清真寺街	明清	古建筑	2013 年 10 月	4
13	杨家庄七圣堂	泰山区上高街道杨家庄村	明清	古建筑	2013 年 10 月	4
14	省庄清真寺	泰山区省庄镇（东孙家庄村、二十里埠村、芝田村、岗上村、岳庄村、刘家庄村）	明至中华民国	古建筑	2013 年 10 月	4
15	萃英中学建筑群	泰山区岱庙街道青年路	清、中华民国	近现代重要史迹及代表性建筑	2013 年 10 月	4
16	泰安火车站站房（泰安府站钟楼）	泰山区财源街道龙潭路	1909 年	近现代重要史迹及代表性建筑	2013 年 10 月	4
17	汉明堂遗址	泰山区泰前街道	西汉	古遗址	2015 年 6 月	5
18	上高施氏牌坊	泰山区上高街道	清	古建筑	2015 年 6 月	5
19	泰安侵华日军司令部旧址（育英中学旧址）	泰山区岱庙街道	中华民国	抗战遗址、纪念设施	2015 年 6 月	5
20	山西会馆	岱岳区大汶口镇会馆街	明	古建筑	2006 年 12 月	3
21	无梁殿	岱岳区夏张镇梨园村	明	古建筑	2006 年 12 月	3
22	西界清真寺	岱岳区马庄镇前营村	明清	古建筑	2013 年 10 月	4
23	下旺清真寺	岱岳区粥店街道下旺村	清	古建筑	2013 年 10 月	4
24	中淳于瓷窑址	岱岳区满庄镇西北，西近中淳于村	隋唐至明	古遗址	2015 年 6 月	5
25	文姜城遗址	岱岳区大汶口镇和平街东北 500 米处	东周至汉	古遗址	2015 年 6 月	5
26	山西街村建筑群	岱岳区大汶口镇山西街村	明清、中华民国	古建筑	2015 年 6 月	5
27	泰安抗日烈士公墓	岱岳区祝阳镇陈良村	1946 年	抗战遗址、纪念设施	2015 年 6 月	5
28	夏张抗日武装起义纪念碑	岱岳区夏张镇夏北村北	1998 年	抗战遗址、纪念设施	2015 年 6 月	5
29	泰西抗日武装起义旧址	岱岳区道朗镇、肥城市仪阳镇	1938 年	抗战遗址、纪念设施	2015 年 6 月	5
30	新泰智人化石地点	新泰市东都镇乌珠台村西南	旧石器时代	古遗址	1992 年 6 月	2
31	新泰市周家庄东周墓群	新泰市青云街道办事处周家庄村	东周	古墓葬	2006 年 12 月	3
32	徐琛墓	新泰市羊流镇徐家庄村东南	元	古墓葬	2013 年 10 月	4
33	东街清真寺	新泰市放城镇东街村	明至中华民国	古建筑	2013 年 10 月	4
34	光明东村正觉寺	新泰市刘杜镇光明东村	明至中华民国	古建筑	2013 年 10 月	4
35	莲花山云谷寺	新泰市泉沟镇莲花山风景区	明清	古建筑	2013 年 10 月	4
36	青云山三官庙	新泰市汶南镇青云山村	清	古建筑	2013 年 10 月	4

续表 35-2

序号	名 称	地 点	时 代	类 别	公布时间	批次
37	阁老顶观音造像	新泰市放城镇郗家峪村南	宋、金	石窟寺及石刻	2013 年 10 月	4
38	大协炮楼	新泰市小协镇大协村	1938 年	近现代重要史迹及代表性建筑	2013 年 10 月	4
39	抬头寺遗址	新泰市汶南镇果庄村北	新石器时代至东周	古遗址	2015 年 6 月	5
40	新泰羊氏墓地	新泰市羊流镇沟西村、高新区天宝镇颜前村	东汉至隋	古墓葬	2015 年 6 月	5
41	陆房战斗遗址	肥城市安临站镇东陆房村东北 500 米处	抗日战争时期	近现代重要史迹及代表性建筑	1977 年 12 月	1
42	泰山显灵宫	肥城市石横镇石横四村内	明	古建筑	2006 年 12 月	3
43	护鲁山泰山行宫	肥城市孙伯镇大石桥村	明清	古建筑	2013 年 10 月	4
44	陶山朝阳洞石刻造像	肥城市湖屯镇陶山主峰西北侧山崖	宋至中华民国	石窟寺及石刻	2013 年 10 月	4
45	圭山石刻	肥城市王瓜店街道印山子村	明	石窟寺及石刻	2013 年 10 月	4
46	东向北阁	肥城市边院镇东向北村	明清	古建筑	2015 年 6 月	5
47	小中泉天主教堂	肥城市湖屯镇小中泉居委会中心街北	1910 年	近现代重要史迹及代表性建筑	2015 年 6 月	5
48	新城群力放水洞	肥城市新城街道东尚里村北	1960 年	近现代重要史迹及代表性建筑	2015 年 6 月	5
49	古磁窑址	宁阳县华丰镇西部、磁窑火车站东三千米处	宋、元	古遗址	1977 年 12 月	1
50	潘茂汉墓	宁阳县东疏镇潘家黄茂村北	汉	古墓葬	1977 年 12 月	1
51	宁阳文庙	宁阳县县城东街 313 号	元至清	古建筑	2006 年 12 月	3
52	宁阳禹王庙	宁阳县伏山镇堽城坝村北	明	古建筑	2006 年 12 月	3
53	宁阳灵山寺	宁阳县华丰镇灵山	唐至清	古建筑	2006 年 12 月	3
54	西太平窑址	宁阳县磁窑镇西太平村	唐、宋	古遗址	2013 年 10 月	4
55	义和寨寨墙	宁阳县磁窑镇贺家庄村	清	古遗址	2013 年 10 月	4
56	南陈村北窑址	宁阳县东庄镇南陈村	隋、唐、宋	古遗址	2013 年 10 月	4
57	神童山观音庵	宁阳县葛石镇黑石村	明清	古建筑	2013 年 10 月	4
58	神童山摩崖石刻	宁阳县葛石镇刘家庄村	北朝、五代	石窟寺及石刻	2013 年 10 月	4
59	堽城坝（闸）遗址	宁阳县堽城镇堽城里村	元	其他（大运河）	2013 年 10 月	4
60	郕城故城	宁阳县东庄镇南故城新村	东周至汉	古遗址	2015 年 6 月	5
61	关圣帝君庙碑	宁阳县东疏镇马庙村	明、清	石窟寺及石刻	2015 年 6 月	5
62	大孔扬水站	宁阳县城镇大孔家庄村	1978 年	近现代重要史迹及代表性建筑	2015 年 6 月	5
63	东平故城	东平街道宿城村附近	汉至唐	古遗址	1977 年 12 月	1

续表 35-3

序号	名 称	地 点	时 代	类 别	公布时间	批次
64	北桥墓群	东平县老湖镇北桥村	汉	古墓葬	1977 年 12 月	1
65	梁氏墓群	东平县老湖镇梁林村	宋	古墓葬	1977 年 12 月	1
66	理明窝摩崖造像	东平县斑鸠店镇六工山	唐	石窟寺及石刻	1992 年 6 月	2
67	尚书林	东平县梯门镇西梯门村	明	古墓葬	2013 年 10 月	4
68	常庄民居	东平县接山镇常庄村	明、清、中华民国	古建筑	2013 年 10 月	4
69	前山西屯大队部	东平县梯门镇前山西屯村	1975 年	近现代重要史迹及代表性建筑	2013 年 10 月	4
70	东平安山闸	东平县商老庄乡大安山村	明	其他（大运河）	2013 年 10 月	4
71	东平戴庙闸	东平县戴庙镇戴庙村	明	其他（大运河）	2013 年 10 月	4
72	阳谷邑故城	东平县旧县乡王古店村东	周、汉	古遗址	2015 年 6 月	5
73	山汉墓群	东平县东平街道焦村北白佛山前东侧	汉	古墓葬	2015 年 6 月	5
74	蔺桥	东平县接山镇桥村	金、明	古建筑	2015 年 6 月	5
75	银山石刻	东平县银山镇前银山村北	北朝、宋、清	石窟寺及石刻	2015 年 6 月	5
76	徂徕山摩崖石刻	高新区天宝镇后寺村北	北齐、唐	石窟寺及石刻	1992 年 6 月	2
77	博城故城	高新区北集坡镇后旧县村	东周至宋	古遗址	2013 年 10 月	4
78	山东省委旧址暨八路军山东抗日游击第四支队司令部旧址（光化寺）	高新区天宝镇后寺庄村西北	1938 年	抗战遗址、纪念设施	2015 年 6 月	5

目 9 项 3976 万元、省级重点文物保护项目 7 项 845 万元；推动大汶口考古遗址公园项目等重点项目建设；公布第三批、第四批市级重点文保单位保护范围和建设控制地带，启动第五批市级文物保护单位申报；推进“乡村记忆”工程，11 处传统特色民居入选省修缮计划。

【公共文博服务体系建设】 全市博物馆总数发展到 39 家，其中国有 9 家、非国有 30 家，泰山石敢当博物馆获评“山东省博物馆优秀社会教育活动案例”。

【文物安全】 开展文物安全大排查行动，对全市 72 处古建筑类和 130 处市级以上文保单位进行消防安全和运行管理情况检查。加强文物保护工程竣工验收和文物保护专项资金使用监管。11 月 8—10 日，全省文物安全管理暨国保单位保护管理机构负责人培训班在泰安市举办。

（桑运昌）

【概况】 全市拥有档案馆 8 个，其中国家综合性档案馆 7 个、专门档案馆 1 个，建筑面积 1.1 万平方米，馆藏档案 1108 个全宗，馆藏资料 135.97 万册（卷、件、张）。全市 6 个县（市、区）档案局均被评为全省档案宣传工作先进集体，市档案局被评为省级文明单位。

【档案资源建设】 ①档案接收。全年市档案馆接收 6 个全宗 58 卷、653 件档案、37 册资料；党和国家领导人、国际友人与泰山的胶片档案 2800 张。社会各界热心人士向市档案馆捐赠《古肥城氏族谱》《徂徕石氏宗谱》《泰安张氏家谱》《道德经感悟》《静海清漪》《静海清吟》等。②档案资料征集。市档案馆征集《泰山纪游》《巍峨的泰山》《中国泰山》《东岳志稿（第三辑）》《中华石文化与泰山》《泰山饮食文化》《泰安三千年人物传》《泰山一个民族的精神家园》等书籍。将原悬挂在市政大楼二楼大厅泰山全景画征集进馆。征集到市文联在徂徕山抗日武装起义 80 周年慰问演出活动中获赠的“徂徕山号坦克登陆舰模型”和 2 幅名家书画。征集反映泰安、泰山的历史文化、风土人情数码老照片 30 万张。到中国第二历史档案馆查阅并复印有关泰安和泰山的民国时期的档案 122 页，包括《伪山东省公署呈报泰安县古物保管委员会旧存岱庙古物被盗案（附该会组织规则）》《伪山东省公署呈请修葺圣贤陵庙及泰山灵应宫等古迹案》《山东省会警察署已故秘书主任李肇禔遗族一次邮金证书》《山东省府呈报泰安县调查泰安教养院面粉机发电机现又保留情形令仰查禁核明呈复由》《山东省泰安县江德树等呈请伪华北政务委员会停止中央农事试验场借地种棉的文书》《新编第四师在泰安一带战斗详报》《派徐宝箴赴泰山测候所查勘被劫情形》等。建成档案资料价值鉴定专家库。③档案开放鉴定。完成 8317 卷档案的开放鉴定工作，鉴定文件级条目 9.48 万条，开放文件级条目 1.03 万条。④档案资料整理。整理民国、革命历史档案 334 件、1101 卷。⑤国家重点档案抢救与保护。完成“民国档案修复”及“泰安市档案局 2017 年档案修复”2 个项目的招标、建设及验收工作，修复民国档案 6.8 万页，完成 7386 条重点档案文件级目录著录和开放鉴定。

【档案信息化建设】 完成民国档案数字化及馆藏档案数字化扫描，扫描 260 万页，校对目录 5.26 万条。完成“泰安市档案局数字档案馆安全保密系统基础设施升级改造”项目的招标、建设及验收工作，基础设施设备投入正常使用。制定完善数字档案馆管理制度 30 项，完成《数字档案馆制度汇编》的编制工作。做好 3 个网络平台数据的在线备份工作，组织市及所辖 6 个县（市、区）档案局先后 2 次赴省电子文件容灾备份中心进行异地容灾备份。对网站安全及内容建设进行 3 次整改，全年在网站及微信平台发布信息 344 篇。

【档案开发利用】 提供各界利用档案资料 326 人次、3336 卷（件），复制档案材料 1000 页；完成《抗日战争档案汇编·泰安卷》编纂工作，刻成光盘报往省档案局，由国家档案局统一编排出版；申报国家重点档案保护与开发项目并编辑出版《民国泰山》一书；与党史办联合出版《历史的足迹》及《泰安重要专题文献选编》。编辑出版《泰安市大事记（2016）》和《泰安市档案馆（局）大事记》。编辑整理《2017 年泰安市大事记》。《泰安档案精品集》获泰安市第三十一次社会科学优秀成果三等奖。

【档案业务管理】 对市直机关 130 人进行档案业务集中培训。全市有 8 个单位被省档案局表彰为“山东省档案工作科学化管理示范单位”，30 个单位被表彰为“山东省档案工作科学化管理先进单位”。与市委督查室组成联合督查组对全市 6 个县（市、区）国家综合档案馆建设情况专项督查。肥城市档案馆主体封顶，泰山区完成地质勘探，宁阳县开始动工，其他县（市、区）已完成选址规划工作。完成市档案局行政执法服务指南、行政执法主体资格清单、行政执法事项清单等制度的编制工作。

【档案宣传教育】 加强爱国主义教育基地建设，更换恒温一体机，安装触摸屏，改造空调，全年教育基地接待参观人员 1600 人。组织市直部门及县（市、区）档案局开展“档案——我们共同的记忆”“国际档案日”宣传活动，组织山东科技大学 100 名学生和泰安广电小记者团的 100 名小记者到市档案馆参观学习活动。市档案局 1 人被评选为山东省档案专家，2 人具备档案副研究馆员任职资格，14 人具备档案助理馆员任职资格。筹备档案学会换届工作，向组织部门上报档案学会换届申请，修改《泰安市档案学会章程》。编制《档案工作简报》25 期，培训档案人员 2100 人，其

11 月 16 日，泰山学院南苑书店开业 （韦 芹 供）

中143人取得省档案局颁发的“档案人员初任培训证书”。（李　梅）

【概况】 全市新华书店系统资产总额2.53亿元，其中流动资产1.42亿元、非流动资产1.11亿元。全年实现销售码洋3.59亿元，增长9.12%；实现利税4711.01万元，增长12.21%。年内，新华书店在第二十四届全国青少年爱国主义读书教育活动演讲（讲故事）比赛中荣获全省团体特等奖和全国组织特等奖；泰安、肥城、宁阳、东平分公司通过“省级文明单位”复查验收；泰山书城被评为“山东优秀书店”；新泰“知行书屋”、宁阳复圣中学校园书店被评为全省“最美校园书店”。

【图书销售】 全市新华书店系统发行各类图书3825万册，实现销售码洋3.59亿元。其中发行中小学教材教辅3176万册，销售码洋2.62亿元，增长3.97%。全年发行一般图书649万册，销售码洋0.97亿元，增长25.97%。全年中转图书20.7万件，代发图书码洋3.5亿元，增加2100万元，增长6%。做好中共十八届六中全会、中共十九大文件文献相关图书、《全面从严治党面对面》《习近平谈治国理政》等重点图书的发行工作。各县（市）新华书店在中心门店设立图书陈列专架，组织开展上门征订、送书上门，完成“农家书屋”用书配送任务。在泰山学院新建校园书店1家。全年征订发行青少年读书活动用书、国防教育军训教材等计70.08万册、码洋717.09万元，增长26.5%。参加“三下乡”活动，送书进社区、部队，到山村、医院、厂矿、企业等。

【发行网点】 全市新华书店系统有城乡营业网点54处，总营业面积2.5万平方米。其中泰安分公司自身设有图书发行网点4处，图书、电子音像制品经营面积7600平方米。泰山书城经营面积5100平方米，上架图书、电子音像制品9万种。泰安分公司图书物流中心占地2公顷，主要承担山东新华书店集团在鲁西南的图书代发任务。全市有校园书店26家，其中大学校园书店3家、中小学校园书店23家。

7月30日，著名儿童文学作家杨红樱在泰山书城举行小读者见面会

（韦　芹　供）

【经营管理】 泰安分公司坚持“为人民服务、为社会主义服务”的基本方针，加强经营管理，发挥图书发行主渠道作用。年内，深化内部考核管理制度和薪酬分配制度改革，强化人才队伍建设，建设学习型企业，打造创新型团队，推动实体书店转型升级，满足读者文化需求。组织书店中层干部、业务骨干到全省最美书店、最美校园书店参观学习，开阔发展思路，夯实书店发展智力基础。加强业务数据分析，提高图书动销率。利用“互联网+”继续扩大网上经营，发挥新华阅购和微书城、智慧书城的作用，丰富图书信息，开展网上图书营销活动，完善物流配送，提高发货速度，提升读者的网上购书体验。开展智慧书城进行机关、进学校、进社区活动。

【转型升级】 年内，新华书店贯彻落实集团“明确新定位、进行新布局、探索新路径”“三新”发展总战略，实施“四个一”工程（打造新华阅客综合文化服务平台，塑造全省第一教育装备营销商品牌，塑造全省第一教育培训服务商品牌，塑造全省第一教育旅游提供商品牌），以线上线下、多业态融合发展为重点，用创新引领发展，进一步加快书店转型升级步伐。注重数据收集，提升互联网化水平。完成MMS会员管理系统切换，扩大会员注册数量，通过微书城和智慧书城购书端，发布新书、畅销书和营销活动信息，增加读者黏度。推动线上线下融合，拓展实体书店营销空间。加大多元力度，加快融合发展步伐。新华书店各分公司注重将当地文化融入卖场建设，增强历史文化与实体书店融合，突出地方文化特色。泰山书城融入泰山石文化、玉文化、女儿茶文化；新泰新华书店着重体现“和圣”文化；肥城新华书店打造“君子书吧”，突出“一本书，一杯茶，一座城市的温度”的经营理念；宁阳新华书店引入复圣文化，在店堂显著位置增设宁阳历史文化墙；东平新华书店展现“古东原文化”的特色。各门店引进具有地方特色的特色商品和文化创意产品，提升门店个性化水平，彰显门店个性化特色。进一步扩大阅读区面积，增加富有特色的体验项目，为读者营造温馨温暖、高雅时尚的阅读体验。定期邀请知名作家到泰安开展文化交流活动，泰山书城全年开展各种营销活动120次。推进教育装备招投标工作，实行项目化管理，全市实现中标1430万元。

【文化活动】 年内，新华书店推动“书香泰安”全民阅读工程深入开展。2月11日，在泰山书城举办“闹元宵 猜灯谜 赢奖品”活动。4月9日，邀请著名节目主持人孟非到泰山书城举办读者见面会暨签售活动。4月15—16日，联合市教育局、体育局举办全市“新华书店杯”中小学生乒乓球比赛。全市有12支代表队、135名运动员参加比赛。4月23日，在泰山书城启动全民阅读暨2017齐鲁阅读季——新华书店日活动，举办“历经辉煌 传承久远”新华书店成立80周年图片展。5月21日，配合市委宣传部、市教育局等部门举办全市青少年新华书店杯“百年追梦 全面小康”演讲（讲故事）比赛。6月21日，在泰山书城举办“我是大明星”评委田慧读者见面会。7月1日至9月16日，举办第八届泰山书城著名书画家义卖助学活动，捐助20名贫困中小学生。7月30日，邀请“童书皇后”、著名儿童文学作家杨红樱在泰山书城举办读者见面会，与小读者分享阅读经验和写作心得。8月26日，在泰山书城举办“萌和尚”延参法师读者见面会。11月20日，著名主持人、作家大冰在泰山书城举办读者见面会。12月4日，国际安徒生获得者、中国儿童文学作家曹文轩做客泰山书城，举办读者见面会。

（韦　芹）

体　育

【概况】 2017年，全市体育系统以“群众体育全面提升科技水平、竞技体育全面向深度融合发展、体育产业全面向广度和深度延伸、体育彩票全面提升销量、机关建设全面向规范化发展”为重点，发扬“实干创新、争先夺金”的体育精神，抓住机遇，主动作为，全市各项体育事业科学发展、统筹发展、和谐发展、加快发展。年内，完成50个省级贫困村和23个市级贫困村的健身设施配建，为54个贫困村体育设施进行提档升级，全市贫困村健身设施覆盖率达97%；获得第十三届全运会金牌4枚、银牌4枚、铜牌5枚，省锦标赛金牌40枚、银牌31枚、铜牌43枚，亚洲级铜牌1枚，全国级金牌14枚、银牌16枚、铜牌11枚。成功承办2017中国·泰山国际山地户外运动挑战赛、第十三届全运会攀岩入围赛暨第二十五届全国攀岩锦标赛、泰山国际登山节登山比赛、泰山国际马拉松等多项大型品牌赛事活动。市体育局被国家体育总局表彰为“2013—2016年度全国群众体育先进单位”，连续保持“省级文明单位”称号。

【全民健身】 聚焦“幸福泰安”“健康泰安”建设，做实做好基本公共体育服务，推进群众体育工作健康有序发展。①建设全民健身设施。投入415万元为50个省级贫困村和23个市级贫困村配建健身设施，投入108万元为54个贫困村进行体育设施提档升级；在市体育中心攀岩场地建成国内首个球形结构标准速度赛道2条、标准攀石赛道10条、标准难度赛道4条；全市乡镇、街道体育设施配建率100%，社区93%，行政村96%。②开展全民健身活动。组织举办全民健身运动会赛事项目695项列全省第三位，日常活动815项列全省第一位，被省

4月12日，“打造体育休闲名城　助力幸福新泰安”2017年泰安市体育产业重点项目集中签约仪式举行　（吴　擎　摄）

9月9日上午，“2017穿越泰山国际户外挑战赛”在泰山景区鸣枪开跑，北京、上海、山东、江苏、河北、山西等地的2000余名队员参赛。图为比赛现场 （司 刚 摄）

体育局授予山东省第七届全民健身运动会“优秀组织奖”；承办2017全国新年登高健身大会华东区主会场活动、山东省全民健身月启动仪式、山东省暨泰安市“全民健身日”主题活动启动仪式等大型活动。③推进体育社团组织规范化建设。新成立市级单项体育协会6个，俱乐部6个，市级协会发展到43个，俱乐部107个。④建立全民健身志愿服务机制。全市社会体育指导员数量1.3万人，超过总人口的2.3‰。投入244.9万元购置国内最先进的国民体质监测车和检测仪器，全年监测1.1万人次。

【竞技体育】 ①全运参赛。第十三届全国运动会于8月27日至9月8日在天津市举行。泰安市培养输送的34名运动员参加田径、篮球、柔道等19个项目的预、决赛，其中28人参加决赛，取得4金、4银、5铜的历届全运会最好成绩。②省运备战。全年派出20个项目697名运动员参加山东省锦标赛，取得金牌40枚、银牌31枚、铜牌43枚、总分1917分，为参加24届省运会打下坚实基础。③体教融合。完成省、市、县三级中小学生体育联赛的组织和参赛工作，全市1000校次、2万人参赛。5300名中小学生参加普及游泳和超体重学生“健康夏令营”活动。④输送工作。35人与省队签订试训协议，20名运动员参加全国级以上比赛，取得亚洲级铜牌1枚，全国级金牌14枚、银牌16枚、铜牌11枚。⑤赛事组织。5月13—15日，承办中国·泰山国际山地户外运动挑战赛，14个国家的300名运动员参赛，全程170千米，是泰安市承办的最大规模国际性户外赛事。6月25—28日，承办第十三届全运会攀岩入围赛暨第二十五届全国攀岩锦标赛，31个省、自治区、直辖市和前卫体协、香港特别行政区、澳门特别行政区的34支代表队、400名运动员参赛，是攀岩运动进入中国以后最大规模的全国攀岩赛事。

【体育产业】 ①明确发展方向。印发《泰安市体育产业发展“十三五”规划》，布局“一核心、一示范、三集聚、三突破”空间格局，明确竞赛表演、健身休闲、体育用品制造销售、场馆服务、体育彩票等发力点。②培育市场主体。印发《泰安市体育产业发展引导资金管理办法》，列支体彩公益金450万元，对各县（市、区）体育产业项目进行资金扶持。举行2017年泰安市体育产业重点项目集中签约仪式，共涉及赛事活动和扶持建设项目64个，资金投入7382万元。③拉动赛事经济。举办承办2017中国·泰山国际山地户外运动挑战赛、第十三届全运会攀岩入围赛暨第二十五届全国攀岩锦标赛、泰山国际登山节登山比赛、泰山国际马拉松赛、中国坐标·泰安城市定向挑战赛、环泰山60千米徒步走等品牌赛事，泰山国际登山节登山比赛被国家体育总局、国家旅游局授予“国家体育旅游精品赛事”，泰安市被中国登山协会认定为首批“全国登山户外产业示范区”。

【体育彩票】 重视增机扩容，发展兼营店，全市新增终端112家。关注培训质量，提升销售素质，在全市选拔五星级销售师、竞彩培训师23人，壮大当地销售师队伍。铸造宣传品牌，塑造公益形象，全年冠名举办62场赛事，帮扶爱心困难群众6次，捐助爱心救助款2.8万元，彰显体彩公益形象。年内，全市销售体育彩票7.49亿元，目标任务完成率达134%，被省体育局授予体育彩票工作“突出贡献奖”。

【体育文化】 完成《泰安市体育志》编纂工作，全书15编69章，148万字，系统记录泰安体育事业发展轨迹和历史进程。 （吴 擎）

2017年泰安籍运动员在全国级比赛中获得奖牌情况

表36

序号	姓 名	运动会名称	项 目	名 次	时 间	地 点
1	鹿智文	全国赛艇春季冠军赛	赛艇 四人艇	第二名	3月	湛江
2	郭 欣	亚洲青年锦标赛	跆拳道 女子46公斤级	第三名	4月	哈萨克斯坦
3	徐统岩	全运会预赛暨全国锦标赛	激流回旋 男子单人团体赛	第二名	5月	河南宜阳
4	马艳茹	全国田径投掷项群赛	链球女乙	第七名	5月	江苏如皋
5	李星雨	全国田径投掷项群赛	链球女乙	第八名	5月	江苏如皋
6	崔孜一	全国田径投掷项群赛	链球女甲	第六名	5月	江苏如皋
7	王 凯	全国皮划艇青年锦标赛	500米 四人艇	第一名	5月	上海
8	王 凯	全国皮划艇青年锦标赛	200米 双人艇	第一名	5月	上海
9	王 凯	全国皮划艇青年锦标赛	1000米 双人艇	第一名	5月	上海
10	王 凯	全国皮划艇青年锦标赛	1000米 四人艇	第二名	5月	上海
11	王 凯	全国皮划艇青年锦标赛	500米 双人艇	第二名	5月	上海
12	王 凯	全国皮划艇青年锦标赛	500米 单人艇	第七名	5月	上海
13	王 凯	全国春季皮划艇冠军赛	500米 双人艇	第七名	3月	上海
14	王 凯	全国春季皮划艇冠军赛	200米 双人艇	第四名	3月	上海
15	李 巧	全国青少年武术套路锦标赛暨第九届亚洲青少年武术锦标赛选拔赛	武术套路 棍术	第一名	6月	江苏无锡
16	董 艺	全国青少年武术套路锦标赛暨第九届亚洲青少年武术锦标赛选拔赛	武术套路 剑术	第二名	6月	江苏无锡
17	董 艺	全国青少年武术套路锦标赛暨第九届亚洲青少年武术锦标赛选拔赛	武术套路 枪术	第四名	6月	江苏无锡
18	尹燕翔	全国柔道少年赛	柔道 男子66公斤级	第五名	8月	河北迁安
19	崔庆钊	全国柔道少年赛	柔道 男子90公斤级	第三名	8月	河北迁安
20	乔仁山	全国柔道少年赛	柔道 男子60公斤级	第三名	8月	河北迁安
21	卫一磐	全国柔道少年赛	柔道 男子66公斤级	第五名	8月	河北迁安
22	王凯乐	全国柔道少年赛	柔道 男子73公斤级	第三名	8月	河北迁安
23	贾梦歌	全国柔道少年赛	柔道 女子52公斤级	第五名	8月	河北迁安
24	高 雨	全国柔道少年赛	柔道 女子52公斤级	第七名	8月	河北迁安
25	王璐瑶	全国柔道少年赛	柔道 女子70公斤级	第二名	8月	河北迁安

续表36-1

序号	姓　名	运动会名称	项　目	名　次	时　间	地　点
26	胡金毅	全国跆拳道少年赛	女子63公斤级	第五名	7月	辽宁绥中
27	臧立明 李　定	第十三届全运会男子足球U18预赛	足球U18青年组	小组第一名	4月	山东潍坊
28	丁　睿	第十三届全运会拳击预赛暨全国男子拳击锦标赛	拳击80公斤级	第五名	4月	四川西昌
29	王海艳	第十三届全运会拳击预赛暨全国女子拳击锦标赛	拳击60公斤级	第三名	4月	四川西昌
30	胡　凯	第十三届全运会柔道预赛暨全国柔道锦标赛	柔道100公斤级	第三名	4月	湖南怀化
31	吴昊霖	第十三届全运会皮划艇激流回旋预赛暨全国锦标赛	激流回旋	第十二名	5月	河南宜阳
32	徐统岩	第十三届全运会皮划艇激流回旋预赛暨全国锦标赛	激流回旋 男子单人团体赛	第二名	5月	河南宜阳
33	高　状	第十三届全运会男排21岁以下组预赛	排球青年组	第二名	3月	广东台山
34	田秀秀 徐　悦	第十三届全运会女子手球预赛	手球青年组	第五名	5月	江苏常州
35	荣丹罗娜 杨　艺	第十三届全运会女子篮球青年组预赛	篮球U18青年组	小组第二名	3月	陕西渭南
36	宗　鹏	第十三届全运会赛艇预赛	赛艇 四人双桨	第九名	5月	天津海河
37	鲁　贤	第十三届全运会赛艇预赛	赛艇 双人单桨	第十名	5月	天津海河
38	李洪凤	全国山地自行车冠军赛暨第十三届全运会预赛	山地自行车	第十名	3月	广西河池
39	赵　艳	第十三届全运会武术套路预赛暨全国武术套路锦标赛	武术套路 太极拳太极剑全能	第十一名	5月	江苏无锡
40	李　壮	第十三届全运会武术套路预赛暨全国武术套路锦标赛	武术套路 对练	小团体 第三名	5月	江苏无锡
41	李学文	全国女子举重锦标赛暨第十三届全运会预赛	举重69公斤级	第十六名	4月	广东惠州
42	张　倩 郭慧珍	第十三届全运会排球项目女子21岁以下组预赛	排球 青年组	第一名	2月	福建漳州
43	胡　凯	第十三届全运会场地自行车预赛	场地自行车	第四名	5月	浙江长兴
44	陈忠洋	第十三届全运会武术散打预赛	散打65公斤级	小团体 第九名	4月	河南焦作
45	翟　超	第十三届全运会田径预赛	田径4×400米	第三名	5月	山东济南
46	银　山	第十三届全运会古典式摔跤资格赛暨全国锦标赛	古典跤66公斤级	第十五名	2月	陕西西安
47	程　凯	全国跆拳道青年锦标赛	跆拳道45公斤级	第一名	8月	四川成都
48	李　巧	全国武术冠军赛	武术套路螳螂拳	第二名	9月	重庆
49	李　巧	全国武术冠军赛	武术套路 双刀	第八名	9月	重庆
50	孙昌悦	全国武术冠军赛	武术套路 双刀	第五名	9月	重庆
51	闫玉汶	全国武术冠军赛	武术套路陈式太极	第八名	9月	重庆

续表 36-2

序号	姓 名	运动会名称	项 目	名 次	时 间	地 点
52	荣丹罗娜	第十三届全运会决赛	篮球 女子 U18 青年组	第一名	8 月	天津
53	翟 超	第十三届全运会决赛	田径 4×400 米男女混合接力	第一名	9 月	天津
54	胡 凯	第十三届全运会决赛	柔道男子 100 公斤级	第二名	8 月	天津
55	刘友宁	第十三届全运会决赛	竞走青少年组男子 10 千米	第二名	9 月	天津
56	翟 超	第十三届全运会决赛	田径 男子 4×400 米	第二名	9 月	天津
57	王海艳	第十三届全运会决赛	拳击 女子 60 公斤级	第三名	8 月	天津
58	李洪凤	第十三届全运会决赛	山地自行车	第三名	8 月	天津
59	张 倩 郭慧珍	第十三届全运会决赛	排球女子青年组	第三名	8 月	天津
60	李 壮	第十三届全运会决赛	武术套路 对练	第四名	8 月	天津
61	李 壮	第十三届全运会决赛	武术套路小团体	第四名	8 月	天津
62	臧立明 李 定	第十三届全运会决赛	足球 男子 U18 青年组	第五名	7 月	天津
63	丁 睿	第十三届全运会决赛	拳击男子 80 公斤级	第五名	8 月	天津
64	胡 凯	第十三届全运会决赛	场地自行车	第五名	8 月	天津
65	田秀秀 徐 悦 张苑琳	第十三届全运会决赛	手球 女子组	第五名	8 月	天津
66	翟 超	第十三届全运会决赛	田径 400 米	第六名	9 月	天津
67	韩继江	第十三届全运会决赛	田径 50 千米竞走	第七名	9 月	天津
68	杨 艺	第十三届全运会决赛	篮球女子 U18 青年组	第八名	8 月	天津
69	宗 鹏	第十三届全运会决赛	赛艇 四人双桨	第八名	8 月	天津
70	鲁 贤	第十三届全运会决赛	赛艇 双人单桨	第八名	8 月	天津
71	吴昊霖	第十三届全运会决赛	激流回旋	第十名	8 月	天津
72	杨 艺	第十三届全运会决赛	篮球女子三人篮球	第十二名	8 月	大津
73	王 颖	2017 年全国举重基地赛	举重 抓举	第一名	10 月	江苏常州
74	王 颖	2017 年全国举重基地赛	举重 挺举	第二名	10 月	江苏常州
75	王 颖	2017 年全国举重基地赛	举重 总成绩	第二名	10 月	江苏常州
76	杨怡丹	2017 年全国举重基地赛	举重 抓举	第一名	10 月	江苏常州
77	杨怡丹	2017 年全国举重基地赛	举重 挺举	第一名	10 月	江苏常州
78	杨怡丹	2017 年全国举重基地赛	举重 总成绩	第一名	10 月	江苏常州
79	周炜程	2017 年全国举重基地赛	举重 抓举	第二名	10 月	江苏常州
80	周炜程	2017 年全国举重基地赛	举重 挺举	第一名	10 月	江苏常州
81	周炜程	2017 年全国举重基地赛	举重 总成绩	第一名	10 月	江苏常州
82	刘正涛	2017 年全国举重基地赛	举重 抓举	第四名	10 月	江苏常州
83	刘正涛	2017 年全国举重基地赛	举重 挺举	第二名	10 月	江苏常州

续表 36-3

序号	姓　名	运动会名称	项　目	名　次	时　间	地　点
84	刘正涛	2017 年全国举重基地赛	举重 总成绩	第四名	10 月	江苏常州
85	李　杰	2017 年全国举重基地赛	举重 抓举	第四名	10 月	江苏常州
86	李　杰	2017 年全国举重基地赛	举重 挺举	第四名	10 月	江苏常州
87	李　杰	2017 年全国举重基地赛	举重 总成绩	第四名	10 月	江苏常州
88	蒋鹏宇	2017 年全国举重基地赛	举重 抓举	第六名	10 月	江苏常州
89	蒋鹏宇	2017 年全国举重基地赛	举重 挺举	第六名	10 月	江苏常州
90	蒋鹏宇	2017 年全国举重基地赛	举重 总成绩	第六名	10 月	江苏常州
91	李晓熠	2017 年全国少年田径锦标赛	链球女子 14 ~ 15 岁组	第六名	7 月	辽宁锦州
92	韩紫玉	2017 年全国少年田径锦标赛	链球女子 14 ~ 15 岁组	第四名	7 月	辽宁锦州
93	李星雨	2017 年全国少年田径锦标赛	链球女子 14 ~ 15 岁组	第三名	7 月	辽宁锦州
94	马艳茹	2017 年全国少年田径锦标赛	链球女子 14 ~ 15 岁组	第五名	7 月	辽宁锦州
95	徐统岩	2017 年全国激流回旋冠军赛	个人赛	第三名	10 月	贵州下司
96	王　凯	亚洲青年锦标赛－皮划艇	女子 500 米四人皮艇第二名	第二名	10 月	上海
97	田秀秀 徐　悦 张苑琳	全国女子手球锦标赛	手球 女子组	第五名	2 月	重庆
98	高一菲 张欣悦 孙文静 娄燕燕 王雅琪	全国女子足球 U14	足球	第五名	8 月	成都
99	刘友宁	全运会青少年比赛	男子 10000 米竞走	第二名	8 月	陕西渭南
100	闫玉汶	全国武术太极拳锦标赛	集体	第五名	11 月	浙江舟山
101	闫玉汶	全国武术太极拳锦标赛	团体	第三名	11 月	浙江舟山
102	闫玉汶	全国武术太极拳锦标赛	杨氏	第九名	11 月	浙江舟山
103	李　壮	全国武术套路冠军赛	三人对练	第三名	10 月	河北保定
104	范衍峰	全国田径投掷项群赛	链球男乙	第四名	4 月	江苏如皋
105	崔孜一	全国田径投掷项群赛	链球女甲	第六名	4 月	江苏如皋
106	马艳茹	全国田径投掷项群赛	链球女乙	第六名	4 月	江苏如皋
107	李星雨	全国田径投掷项群赛	链球女乙	第七名	4 月	江苏如皋
108	范衍峰	全国少年田径锦标赛	链球 14、15 组	第四名	7 月	辽宁锦州
109	李星雨	全国少年田径锦标赛	链球 14、15 组	第三名	7 月	辽宁锦州
110	韩紫玉	全国少年田径锦标赛	链球 14、15 组	第四名	7 月	辽宁锦州
111	马艳茹	全国少年田径锦标赛	链球 14、15 组	第五名	7 月	辽宁锦州
112	李晓熠	全国少年田径锦标赛	链球 14、15 组	第六名	7 月	辽宁锦州
113	鹿智文	全国青年锦标赛	赛艇 四人双桨	第二名	7 月	北京顺义
114	鹿智文	全国赛艇锦标赛	赛艇 四人双桨	第三名	7 月	北京顺义

续表 36-4

序号	姓 名	运动会名称	项 目	名 次	时 间	地 点
115	冀 翔	全国赛艇锦标赛	赛艇	第八名	7月	北京顺义
116	冀 翔	全国赛艇锦标赛	赛艇 U23	第四名	7月	北京顺义
117	陈乃坤	中华人民共和国第 13 届运动会	跳水双人十米台	第三名	8 月 28 日	天津
118	陈乃坤	中华人民共和国第 13 届运动会	跳水女子团体	第七名	8 月 28 日	天津
119	董传伦	中华人民共和国第 13 届运动会	跳水团体	第六名	8 月 28 日	天津
120	宋雪成	中华人民共和国第 13 届运动会	蹦床团体	第三名	8 月 27 日	天津
121	张 暖	中华人民共和国第 13 届运动会	蹦床团体	第七名	8 月 27 日	天津
122	陈 鹏	2017 全国青年体操锦标赛	男子甲组团体	第八名	6 月 13 日	陕西渭南
123	吴奕璇	2017 全国少年体操总决赛	女子 12 岁跳马	第四名	8 月 19 日	江苏苏州
124	吴奕璇	2017 全国少年体操总决赛	女子 12 岁平衡木	第三名	8 月 19 日	江苏苏州
125	吴奕璇	2017 全国少年体操总决赛	女子 12 岁团体	第二名	8 月 19 日	江苏苏州
126	王 华	2017 全国少年体操总决赛	女子 12 岁自由体操	第四名	8 月 19 日	江苏苏州
127	王 华	2017 全国少年体操总决赛	女子 12 岁高低杠	第三名 3	8 月 19 日	江苏苏州
128	王 华	2017 全国少年体操总决赛	女子 12 岁个人全能	第五名	8 月 19 日	江苏苏州
129	王 华	2017 全国少年体操总决赛	女子 12 岁团体	第二名	8 月 19 日	江苏苏州
130	王 华	2017 全国少年体操锦标赛（第二赛区）	女子 12 岁团体	第一名	7 月 16 日	四川成都
131	吴奕璇	2017 全国少年体操锦标赛（第二赛区）	女子 12 岁个人全能	第三名	7 月 16 日	四川成都
132	吴奕璇	2017 全国少年体操锦标赛（第二赛区）	女子 12 岁团体	第一名	7 月 16 日	四川成都
133	宋昊阳	2017 年全国少年田径锦标赛	基地男子 1415 组撑竿跳高	第一名	7 月 19 日	辽宁锦州
134	李 彪	全国竞走锦标赛基地组	竞走	第 8 名	4 月	江苏太仓
135	叶宽耀	全国竞走锦标赛基地组	竞走	第 3 名	4 月	江苏太仓

2017 年泰安市承办省级以上比赛情况

表 37

序号	比赛名称	时 间	地 点	人 数
1	2017 年山东省柔道乙组锦标赛	3 月 13—15 日	泰山学院	457 人
2	“泰山文明之光”2017 年全国首届长跑比赛暨全国全民健身环湖跑比赛	4 月 8 日	岱岳区天颐湖	5000 人
3	2017 年中国·泰山国际山地户外运动挑战赛	5 月 13—15 日	泰山景区、大汶口文化遗址、徂汶景区	300 人
4	2017 年全国女子投掷精英赛	5 月 16 日	泰山广场	18 人
5	2017 “泰山冠军”中国泰山登山系列大奖赛	6 月 3 日 11 月 11 日	泰安泰山	3000 人
6	第十三届全运会攀岩入围赛暨第二十五届全国攀岩锦标赛	6 月 25—28 日	市体育中心	700 人
7	2017 年山东省大中小学生体育联赛篮球比赛男子高中组	7 月 17—23 日	泰安二中篮球馆	550 人

续表 37

序号	比赛名称	时 间	地 点	人 数
8	2017 第 31 届泰山国际登山比赛暨第 22 届全国全民健身登泰山比赛	9 月 7 日	泰安泰山	3366 人
9	2017 山东省田径锦标赛	9 月 20—24 日	市体育中心	1573 人
10	2017 年山东省射箭冠军赛	10 月 13—16 日	泰山医学院老校区	200 人

2017 年泰山国际登山比赛个人成绩前三名

表 38

组 别	名 次	姓 名	参赛国家（单位）	成 绩
国际组（男子）	1	庞加约瑟夫•蒂奥菲尔	坦桑尼亚	58 分 10 秒
	2	安热尔•威利•吉普蓝盖特	肯尼亚	58 分 38 秒
	3	李子成	山东省	59 分 32 秒
国际组（女子）	1	洛娃•泽图娜•哈森	埃塞俄比亚	1 小时 13 分 10 秒
	2	麦亚姆•吉洛•博伊塞特	法国	1 小时 13 分 49 秒
	3	陈林明	天津市	1 小时 15 分 38 秒
南天门健身组（男子）	1	石繁荣	山东省	1 小时 2 分 42 秒
	2	赵 伟	辽宁省	1 小时 2 分 52 秒
	3	喻文利	重庆市大渡口区新山村街道	1 小时 3 分 34 秒
南天门健身组（女子）	1	张辉骥	重庆市大渡口区新山村街道	1 小时 12 分 39 秒
	2	王 欢	河北省	1 小时 16 分 42 秒
	3	曹凤英	河北省	1 小时 20 分 15 秒
中天门健身组（男子）	1	孙延实	安徽省	34 分 58 秒
	2	徐 海	山东省	36 分 13 秒
	3	张 琼	山东省	36 分 25 秒
中天门健身组（女子）	1	夏玉芬	辽宁省	44 分 54 秒
中天门健身组（女子）	2	张 谦	辽宁省	45 分 19 秒
	3	高隆凤	河南省	45 分 25 秒

编审　袁立轩

卫生和计划生育

综　述

【概况】 年底，全市有各级各类医疗卫生机构4260家，拥有病床3.18万张，卫生人员3.67万人，其中乡村医生7333人，卫生员372人。全市有综合医院75家、中医医院8家、专科医院19家、护理院1家；基层医疗卫生机构4062家，其中社区卫生服务中心（站）190家、卫生院69家、村卫生室2941家、门诊部37家、诊所（卫生所和医务室）825家；专业公共卫生机构86家，其中疾病预防控制机构9家、专科疾病防治院（所、站）9家、妇幼保健院（所、站）8家、采供血机构1家、卫生监督所（中心）6家、计划生育技术服务机构53家；其他卫生机构9家，其中疗养院2家、医学科学研究机构1家、其他6家。全市人均期望寿命79.86岁，高出全国3.52岁。泰安市连续11届获全国无偿献血先进城市。市卫计委继续保持“省级文明单位”称号，被市委、市政府表彰为“市直2017年度经济社会发展综合考核先进单位”。

【基层卫生】 联合市编办等4部门印发《泰安市基层医疗卫生机构标准化建设三年规划方案（2017—2019年）》，至年底，全市达标乡镇卫生院57家，社区卫生服务中心16家，村卫生室2770家，社区卫生服务站111家。岱岳区满庄镇卫生院推荐为全国百佳乡镇卫生院；7家社区卫生服务中心获评全国优质服务示范社区卫生服务中心，其中2家为全国百强社区卫生服务中心。11家乡镇卫生院获评全国“2016—2017年度群众满意的乡镇卫生院”。11月底，全省社区卫生服务能力提升培训班在泰安举办，泰安市卫计委在会上作典型发言，参会人员现场观摩岱岳区粥店社区卫生服务中心和肥城市新城社区卫生服务中心。同月，山东省乡镇卫生院评价工作培训班在泰安市举办，泰安市卫计委和岱岳区满庄镇卫生院在会上作经验介绍。

【家庭医生】 将家庭医生签约服务工作列为全市基层卫生工作重点，每月调度并全市通报，每季度召开一次形势分析会，推进整改落实。举办泰安市暨泰山区“世界家庭医生日”宣传活动，提高居民签约积极性和满意度。与市残联、扶贫办等部门联合印发文件，强化残疾人、建档立卡贫困人口签约工作。开展贫困人口和计划生育特殊家庭家庭医生签约服务“暖冬关爱行动”，

5月19日，2017年泰安市暨泰山区“世界家庭医生日”宣传活动在泰山区泰前街道科大社区举办　　（王　帅　摄）

2017年泰安市医疗卫生机构、人员和床位情况

表39

机构分类	机构数（家）	实有床位数（张）	在岗职工												
			合计	卫生技术人员									其他技术人员	管理人员	工勤技能人员
				小计	执业（助理）医师		注册护士	药师（士）	技师（士）		其他				
						执业医师				检验师		见习医师			
总　计	4260	31834	50552	36727	13535	11500	16023	1940	1824	1141	3406	868	1954	1586	2581
医院	103	24953	27431	23537	7782	7244	11808	1254	1194	737	1499	609	1279	944	1671
综合医院	75	18575	21018	18208	5966	5545	9245	905	907	583	1185	465	881	675	1254
中医医院	8	3463	4245	3614	1285	1215	1659	269	197	102	204	108	274	151	206
专科医院	19	2715	2099	1690	523	476	888	79	90	52	110	36	124	112	173
护理院	1	200	69	25	8	8	16	1	—	—	—	—	—	6	38
基层医疗卫生机构	4062	4918	18905	10023	4681	3295	3021	583	401	226	1338	217	329	346	503
社区卫生服务中心（站）	190	738	2358	2062	835	579	736	128	78	42	285	52	69	93	134
卫生院	69	4162	6198	5411	2236	1512	1535	415	309	177	916	134	238	232	317
村卫生室	2941	—	8121	416	313	78	103	—	—	—	—	—	—	—	—
门诊部	37	18	226	175	83	69	58	10	8	4	16	3	12	16	23
诊所.卫生所.医务室	825	—	2002	1959	1214	1057	589	30	6	3	121	28	10	5	29
专业公共卫生机构	86	1109	3126	2415	895	795	833	75	192	160	420	41	255	196	260
疾病预防控制中心	9	—	647	483	256	241	49	10	75	64	93	—	58	51	55
专科疾病防治院（所、站）	9	41	203	145	66	52	32	13	16	13	18	4	30	19	9
妇幼保健院（所、站）	8	1068	1685	1401	440	406	681	44	71	56	165	31	103	49	132
采供血机构	1	—	64	41	12	10	13	—	16	16	—	—	11	4	8
卫生监督所（中心）	6	—	117	96	—	—	—	—	—	—	96	—	3	11	7
计划生育技术服务机构	53	—	410	249	121	86	58	8	14	11	48	6	50	62	49
其他卫生机构	9	854	1090	752	177	166	361	28	37	18	149	1	91	100	147
疗养院	2	854	929	692	175	165	353	26	37	18	101	1	72	72	93
医学科学研究机构	1	—	71	15	—	—	—	—	—	—	15	—	6	12	38
其他	6	—	90	45	2	1	8	2	—	—	33	—	13	16	16

注：本表人员合计中包括乡村医生7333人和卫生员372人；不含乡镇卫生院在村卫生室工作的执业（助理）医师、注册护士数。

进村入户做工作，不让任何一个贫困特殊家庭掉队。岱岳区、宁阳县被确定为家庭医生签约服务省级试点县。9月，宁阳县代表泰安市在全省家庭医生签约服务试点地区培训班上作典型发言。全市签约服务机构329家，组建家庭医生团队847个，常住居民签约234.74万人，重点人群签约14.42万人，农村贫困人口和计划生育特殊家庭签约率100%。

【健康教育与扶贫】 开展健康教育讲座、“健康进万家·幸福伴我行”等活动，推进健康教育与健康促进工作。制作健康扶贫宣传片4期，宣传健康扶贫各类政策措施及工作成效。识别患病贫困人口4.03万人，逐人落实“八个一”［发放一张健康服务卡、建立一本健康档案、为持健康服务卡因病致贫人员明确一所定点乡镇卫生院（社区医疗服务中心）、确定一名家庭医生、与乡镇卫生院（社区医疗服务中心）签订一份承诺书、定期由乡镇卫生院（社区医疗服务中心）组织一次健康查体、组织一次健康会诊、村（社区）发放一张健康明白纸］工程，为贫困患者提供精准医疗和全过程健康管理服务。印发《“三个一批”（大病集中救治一批、慢病签约服务管理一批、重病兜底保障一批）行动计划》，对3.9万名患病贫困人口实施分类救治。开展“童心圆梦”“微笑山东”“大爱清尘”活动，对贫困先心病儿童、唇腭裂、尘肺病患者免费救治。实行优先就医“绿色通道”、住院“先诊疗、后付费”、门诊“两免两减半”（对建档立卡的贫困群众免收个人自付的普通门诊挂号费、诊查费，减半收取专家门诊诊查费及大型设备检查费）、商业补充保险兜底等便民惠民政策，将贫困患者住院个人自付费用控制在10%以内。对扶贫工作任务比较重的东平县4家县级医院，开展“一对一”对口帮扶。开展“健康助力幸福泰安”等公益活动88项，惠及贫困患者1.9万人。

（郭志刚　张　波）

6月23日，全国政协教科文卫体委员会副主任黄洁夫（前排左四）一行到泰安调研，市委副书记、市长李希信（前排左三）陪同活动。图为在泰安市妇幼保健院调研　（唐恒勇　摄）

【基本公共卫生服务】 全市基本公共卫生经费标准提高到人均50元，12类49项基本公共卫生服务项目规范进行，新增免费提供避孕药具和健康素养促进2个项目。建立居民健康档案467.3万份，建档率82.03%；65岁以上老年人健康管理50.03万人，管理率67.49%；65岁以上老年人健康体检人数50.11万人，体检表完整率99.82%，完成省科学发展观考核规定的77.72%的目标值；高血压管理45.34万人，糖尿病管理15.43万人；0～6岁儿童系统管理34.1万人，孕产妇系统管理6.27万人。4月，全省2016年度基本公共卫生服务项目绩效考核现场启动会在泰安市召开。岱岳区和东平县代表泰安市迎接省级考核，获全省第4名。

【公立医院改革】 2016年7月1日，全市19家城市公立医院启动改革，取消药品加成。2017年1月1日，新增3家城市公立医院参与改革。实现区域、机构、政策全覆盖。联合市委组织部、市编办等5部门印发《泰安市公立医院法人治理结构建设实施方案》，全市市属8家公立医院及6个县（市、区）18家二级以上公立医院（泰山区2家、岱岳区2家、新泰市5家、肥城市2家、宁阳县3家、东平县4家）的理事会全部组建完成并召开首届理事会成立大会。1—11月，全市区域内医疗费用增长幅度6.21%，列全省第3位；药占比29.16%，列全省第5位；百元医疗收入（不含药品收入）中消耗卫生材料费23.17元，列全省第2位；门诊次均费用233.23元，列全省第9位；住院次

3月24日，中国防痨协会2017年世界防治结核病日主题宣传活动在泰安市举办　　（马　克　摄）

均费用7970.71元，列全省第5位(注：完成情况越好，排名越靠前)。加强对分级诊疗、医联体建设调度，掌握工作进展情况。11月29日，印发《关于同意成立泰安市中心医院心血管专科联盟的通知》，由省级临床重点专科泰安市中心医院心血管内科牵头，成员单位21家，组建泰安市中心医院心血管专科联盟，实现医联体内诊疗信息互联互通、远程医疗协作、人员互动交流、检查结果互认。泰安市中心医院肿瘤专科联盟、泰安市中心医院康复医学专科联盟、泰安市肿瘤防治院医联体、泰安市中医肿瘤专科联盟、解放军第八十八医院外周血管诊治联盟相继成立。全市建成医疗集团5个、专科联盟8个、医共体14个、远程协作网4个。

【基本药物制度】　全市87家政府办基层医疗卫生机构和2897个实行一体化管理的村卫生室全部配备使用基本药物并实行零差率销售，制度覆盖率100%。规范基本药物网上采购行为，所有政府办基层医疗卫生机构全部通过省药品集中采购平台采购药品，基层医疗卫生机构基本药物订单总金额3.34亿元，总到货金额2.82亿元，总到货率和3日到货率分别为97.17%和79.56%。提高县级及以上医疗机构基本药物和常用药品使用量，强化基本药物临床用药主导地位，全市县级及以上医疗机构药品集中采购订单金额16.05亿元，其中基本药物到货金额占比28.94%。

（郭志刚　张　波）

【概况】　2017年，累计报告法定传染病23种2.49万例，死亡12例，报告发病率441.21/10万，死亡率0.21/10万，传染病信息报告质量较上年同期明显提高。

【重点传染病防控】　狠抓H7N9禽流感、手足口病、艾滋病、结核病等重点传染病疫情防控，抓好重点环节、重点人群防治，全市重点传染病疫情平稳。全市报告法定传染病病例2.49万例，报告发病率为441.21/10万，比上年报告病例数提高28.08%。强化艾滋病防控，加大自愿咨询检测、高危人群干预、治疗关怀等措施落实力度，全市新增艾滋病病毒感染者和病人106例，增长15.56%。加大结核病防治力度，全市肺结核可疑症状者接诊率2.7‰，活动性结核病患者治疗成功率94.63%，全市非结防机构报告肺结核及疑似患者总体到位率98.89%。核定15个结核病防治全额事业编制，足额落实每年65万元的结核防治工作经费。市卫计委等16个部门联合印发《泰安市结核病防治“十三五”规划》。承办中国防痨协会主办的以“加强学校结核病防治，保护学生身体健康”为主题的大型宣传活动。市卫计委、市总工会联合举办泰安市结核病防治工作岗位技能竞赛。

【免疫规划管理】　围绕国家扩大免疫规划各项任务指标，全面实施信息化、精细化、规范化管理，区域内2～3岁儿童免疫规划八苗17剂次全程接种率96.54%，经济社会发展综合考核免疫规划疫苗全程及时接种率92.78%。泰安市选送的《泰山石敢当，疫苗敢担当》科普视频获省“十佳”、中华预防医学会“优秀”科普视频。

【慢性非传染性疾病综合防控】 举办全市“一评二控三减四健”（健康评估，控烟、控酒，减盐、减油、减糖，健康体重、健康口腔、健康骨骼、健康心理）专项行动启动仪式，将专项行动与创建文明城市、卫生城市等工作相结合，组织开展健康评估、健康体重、健康骨骼等系列活动。泰山区举办健步走健康讲座5场，2000名在职人员参加全国“万步有约”职业人群健步走活动。泰山区在全省第2名，全国第46名。举办职业人群健骨操大赛，参加培训和比赛职工1万人，泰安市获全省职工健骨操比赛3等奖。

【妇幼保健】 与市人社局、市妇联联合印发《泰安市妇幼健康事业发展“十三五”规划》。继续实施免费孕前优生检查项目城乡人群全覆盖，累计开展免费孕前优生健康检查8.68万人。5月，肥城市和东平县计划生育服务站代表泰安市迎接国家卫计委开展的国家免费孕前优生健康检查项目全国第十次临床检验室间质量评价活动，取得总成绩优秀。4月，印发《泰安市产前筛查与产前诊断工作方案》。5月起，为符合条件的孕妇免费开展外周血胎儿游离DNA检测，全市筛查1.06万人。实施城乡免费产前血清生化筛查，免费筛查5.72万人。继续实施新生儿4项免费遗传代谢病筛查，新生儿4病筛查率99.87%，新生儿听力筛查率99.46%。岱岳区评选为全国妇幼健康优质服务示范县（区）。省遴选新泰市人民医院及肥城市人民医院为县级新生儿重症能力提升项目单位，提升新生儿救治能力。4月起，全市使用统一的母子健康手册，发放5.4万册。加强专业人员培训，举办免费孕前优生健康检查暨遗传优生项目，母子健康手册使用规范，基本公共卫生服务妇保儿保项目，泰安市《早产儿保健工作规范》，预防艾滋病、梅毒和乙肝母婴传播项目各项培训班。9月，与市总工会联合举办生育全程服务技能竞赛。10月，市代表队在省卫计委、省总工会联合举办的生育全程服务技能竞赛中获团体二等奖。是月，建立泰安市妇幼健康服务联合体，全市118家助产机构及基层医疗卫生单位建立紧密型医联体。11月，市卫计委被市委、市政府表彰为泰安市妇女儿童工作先进集体。与市公安局联合转发《山东省出生医学证明管理办法（试行）》，成立泰安市出生医学证明管理工作领导小组和专家组，建立出生医学证明专家会商制度。

（郭志刚　张　波）

【分级诊疗制度与医联体建设】 印发《泰安市人民政府关于印发泰安市医疗联合体建设推进工作实施方案的通知》，对建立符合规范运作的医联体备案制管理，推动医联体建设全面铺开。在泰安城区，成立泰安市中心医院医疗集团及泰安市妇幼健康服务联合体医疗集团2个。在县域，6个县（市、区）成立医共体12家。由城市大医院重点专科牵头，成立泰安市中心医院心血

2017年泰安市妇幼卫生保健情况

表40

项　目	指　标	项　目	指　标
孕产妇死亡率	7.82/10万	7岁以下儿童健康管理率	91.96%
孕产妇系统管理率	89.95%	3岁以下儿童系统管理率	91.27%
住院分娩率	100%	6个月母乳喂养率	92.71%
产后访视率	90.26%	6个月纯母乳喂养率	81.01%
婴儿死亡率	2.47‰	产前筛查率	77.78%
新生儿死亡率	1.59‰	新生儿四项遗传代谢病筛查率	99.87%
5岁以下儿童死亡率	2.8‰	新生儿听力筛查率	99.46%
5岁以下儿童中重度贫血患病率	2.12%		

管内科等专科联盟6家。依托大医院，分别建立市中心医院心电远程协作网、市中医医院远程会诊中心、泰医附院影像远程协作网及宁阳县县乡村远程会诊网，实现医联体内诊疗信息互联互通、远程医疗协作。三级医院门诊量出现明显下降趋势，其中三级综合医院门诊总量下降5.87个百分点。二、三级医院向基层医疗卫生机构转诊人数增长35.3%。110个县域内试点病种全部在县域内就诊，不再向市级以上医院转诊。全市12家县级医院全部达到国家基本标准，其中7家达到国家推荐标准；4家县级医院建成市级临床重点专科；133家社区卫生服务中心和乡镇卫生院与二级以上医院建立对口支援关系，其中远程协作网与112家社区卫生服务中心和乡镇卫生院联网，接受三级医院远程会诊指导。全市县域内就诊率由上年的73.8%上升为90.81%，基本实现大病不出县的目标。

【医疗质量管理】 印发《全市医疗质量安全核心制度落实年活动方案》，重点开展规范化病历评选、死亡病历讨论和督导检查、处方点评等活动，提升质量安全意识，落实监督管理责任。将相关质控工作交由各市级质控中心直接实施，明确质控中心实行主任负责制。成立市医疗设备器械管理质控中心。各质控中心召开会议和开展培训29次，培训2470人，发布质控报告19份，公布质控数据2次。

【医疗服务】 根据国家卫生计生委、国家中医药管理局《关于印发2017年深入落实进一步改善医疗服务行动计划重点工作方案的通知》要求，开展改善医疗服务行动计划，推动九大主题活动。转发国家卫生计生委医政医管局《关于继续组织开展进一步改善医疗服务行动计划宣传活动的函》，全市宣传报道3680次。推动实施全面预约诊疗工作，要求三级医院全面实施、二级医院启动实施预约诊疗服务。全市三级医院平均预约诊疗率50.8%，平均复诊预约诊疗率90.5%，其中市中心医院实现全预约诊疗，预约诊疗率100%。全市日间手术量2894例。市中心医院获评合理调配资源主题示范医院，宁阳县人民医院获评保障医疗安全主题示范医院。省卫计委表彰泰安市7个主题的7个先进医院（科室或个人）。完成泰山国际登山节、泰山国际马拉松等大型赛事活动医疗救护62次，出动救护车243辆次、医务人员902人次。组织夏季征兵体检，体检5796人，合格3357人。

8月16日，在市公安局举行“警医联动·共享健康”暨“首届泰安名医进警营”活动 （李英 摄）

【平安医院建设】 贯彻全省平安医院创建工作暨维护医疗秩序打击涉医违法犯罪专项行动会议精神，推进平安医院建设工作，构建安全稳定的医疗环境。5月，召开泰安市“警医联动·共建平安·共享健康”合作签约仪式暨平安医院建设现场推进会。8月，举行“警医联动·共享健康”暨“首届泰安名医进警营”活动启动仪式。市公安局、市卫计委签订“警医联动·共享健康”绿色通道协议。市中心医院、市中医医院、泰山医学院附属医院3家医院医疗专家团，在副市长、市公安局局长鞠向群带领下到交警支队岱宗坊交通管理岗、岱岳区分局粥店派出所、看守所、拘留所慰问基层一线值班执勤民警，并开展保健咨询和义诊活动，在市公安局举办健康大讲堂讲座。

【血液管理】 调整全市公民献血工作领导小组，印发《关于做好无偿献血进乡镇、进农村工作的通知》，推进无偿献血由城市向农村转移。年内，无偿献血5.22万人次，采集血液总量1877.6万毫升。其中采集全血4.9万人次、1761.8万毫升，采集血小板3207人次、5791个治疗量。临床供应红细胞类血液85536.5 U，机采血小板5732个治疗量，血浆649.81毫升，冷沉淀5264 U。临床用血100%来源于自愿无偿献血，千人口献血率16.76‰。

【惠民医疗服务】 按照《泰安市城乡医院对口支援工作实施方案(2016—2018年)》要求，35家支援单位对口帮扶133家受援单位，支援单位对受援单位派驻医务人员1618人，诊疗门、急诊患者4.06万人次，住院患者6983人次，开展住院手术2736人次。培训医师8283人，县医院派出学习人员372人，新建临床专科4个，开展新适宜技术24个，开展新项目21项。抽调6名专家开展全市城乡医院对口支援巡回培训。选派8家医疗机构14名中级以上医务人员，到西部经济隆起带和省扶贫开发重点区域开展服务工作。组织“全国爱眼日”“服务百姓健康行动”“政协委员医疗保健团下乡”等义诊活动。全年有100家医疗机构参与义诊活动，参与义诊医务人员960人，义诊病患1.2万人次，参加健康大讲堂4700人次，发放宣传材料5.5万份。 （郭志刚　张　波）

【概况】 中医药工作围绕卫生与健康事业发展中心任务，把握中医药事业发展机遇，融入医改，在规范管理、突出中医药特色、彰显中医药文化、提升中医药服务能力等方面成效明显。加强中医药政策法规学习宣传贯彻，印制《中华人民共和国中医药法》宣传小册子1000份。推进中医优势病种收费方式改革，完善相关政策，增加改革病种，将第二批改革病种在全市推开。启动实施全市基层中医药服务能力提升工程“十三五”行动计划，联合市人社局、市食药局印发《关于印发泰安市基层中医药服务提升工程“十三五”行动计划的通知》。举办全市基层中医药适宜技术推广培训班2期，邀请国内知名中医专家授课，培训基层中医药从业人员800人。全市17家中心卫生院国医堂建设项目单位通过省中医药管理局终期建设验收。新泰市、东平县通过全国基层中医药工作先进单位期满复审。东平县人民医院创建为全国综合医院中医药工作先进单位。新泰市中医医院和肥城市中医医院完成大型中医医院巡查。市中医医院对口援助贵州省台江县民族中医院工作有序推进。做好中医住院医师规范化培训招生工作。新增全省名老中医药专家传承工作室2个。山东省泰山疗养院、山东泰山温泉旅游开发有限公司、泰安市中医医院、泰安市泰山区财源街道社区卫生服务中心和泰安市金陡山工贸有限公司5家单位被公布为山东省首批中医药健康旅游示范项目。

（郭志刚　张　波）

5月26日，泰安市“警医联动·共建平安·共享健康”合作签约仪式暨泰安市“平安医院”建设现场推进会在市中心医院举行 （闫立勇　摄）

【政策法规】 ①法治宣传教育。制作宣传展板60块，发放宣传资料5000份，张贴海报1000张，现场接受群众政策咨询500人次。②放管服改革。重新公布225项权力清单，编制29项公共服务事项服务指南，完成47项公共服务事项和15项行政许可事项在山东省行政权力事项动态调整系统的录入运行。利用信用泰安网站和市政府政务网站，公开行政许可和行政处罚事项，实时接收发现无证经营违法违规行为，组织执法人员及时查处。③行政审批。市政务服务中心卫生计生委窗口办理护士首次注册、变更注册、延续注册、重新注册4410人，护士注销89人，待复审10人；医师首次注册、变更注册、助理升执业、备案、注销3821人，美容医师备案4人，医师多机构执业备案4人；医疗机构办结注册登记1个，年度校验、变更等受理33个，办结26个；变更麻醉药品、第一类

精神药品购用印鉴卡4个，“麻精药品购用印鉴卡”项目变更20个；“放射诊疗许可”发证14个，“放射人员证”发证49人；“涉水产品许可证”换发10个，“消毒产品许可证”新发换发12个。食品安全企业标准备案865份，其中制定488份，修订205份，延续5份，变更167份。

【卫生监督巡查】①医疗美容专项整治。全市经审批许可开展医疗美容服务医疗机构17家，其中门诊部4家、美容诊所8家、医疗机构医疗美容科5家。主诊医师23人。全市接投诉举报5件，办结5件；查处违法医疗美容广告4件，立案处罚4件，罚款1.45万元。②医疗机构依法执业、社会资本办医专项监督检查。监督检查一级及以下医疗机构405家，乡镇卫生院72家，二级及三级医疗机构34家，立案查处案件36件，罚没金额14.3万元；对社会资本办一级以上医疗机构进行监督检查，监督覆盖率100%。立案查处1家，罚款金额3.3万元。③医疗机构医疗废物监管。结合中央环保督察和水源地保护综合整治，强化对重点地区、重点单位医疗废物处置工作薄弱环节的监督检查，强化医疗卫生机构法制意识和医疗废物管理的主体责任，各县（市、区）建立村居收集、乡镇暂存、集中处置的管理模式，防止医疗废物从医疗卫生机构流失、泄露或扩散，造成疾病传播。④开展生活饮用水卫生安全专项整治和泰安城4区直饮水生产经营秩序集中整治。制定《全市生活饮用水卫生安全专项整治工作方案》，对每个县（市、区）随机抽取3家农村集中式供水单位进行现场检查，对存在问题的单位下发监督意见书，督促整改。8—10月，对泰山区、岱岳区、泰安高新区、泰山景区居民小区直饮水生产经营集中整治，实现统一监管、统一建档、统一标识、统一检测“四统一”监管模式。⑤开展学校卫生专项监督检查。与市教育局联合印发《关于印发〈全市学校卫生专项监督检查工作实施方案〉的通知》，各县（市、区）对辖区内20%以上的幼儿园、中小学（含中等职业学校）、普通高校等监督检查，并督促存在问题的学校限期整改。⑥做好公共场所“三小行业”（小浴室、小宾馆及小美容美发店）卫生监督专项整治。经过整治，633家住宿场所、86家洗浴场所、1931家美容美发场所符合检查标准，对78家住宿场所、18家洗浴场所、45家美容美发场所下达了限期整改意见书，立案50件。对1926家单位的顾客用品用具监督抽检，1834家检测合格，合格率为95.2%，对不合格单位下达限期整改监督意见书。⑦开展查处违法违规应用人类辅助生殖技术专项行动和产前诊断与筛查技术专项监督检查。对开展人类辅助生殖技术和产前诊断与筛查技术的单位进行拉网式监督检查，查处未经批准开展人类辅助生殖技术和产前诊断类技术、不具备资质开展孕妇外周血胎儿游离DNA检测或采血等违法行为，监督检查覆盖率100%。⑧开展餐具、饮具集中消毒服务单位专项监督检查。监督检查餐具、饮具服务单位35家，监督覆盖率100%，出动监督车辆83车次，下达监督意见书79份，抽检20家单位，抽检产品93份，全部合格并进行公示。⑨开展有关法律法规落实情况专项督查。5月，对全市《中华人民共和国传染病防治法》、国务院《艾滋病防治条例》《病原微生物实验室生物安全管理条例》《突发公共卫生事件应急条例》和卫生部《中华人民共和国传染病防治法实施办法》（简称“一法四规”），落实情况进行监督检查。6月8—9日，迎接省督导组对泰安市《中华人民共和国传染病防治法》等法律法规落实情况专项督查。（郭志刚　张　波）

11月24日，市卫计委、市红十字会在岱岳区大汶口镇卫生院举办健康扶贫暨医疗设备捐赠仪式　　（梁俊峰　摄）

卫生应急

【精神卫生】 牵头制定《泰安市精神卫生工作规划（2017—2020年）》和《泰安市严重精神障碍患者服务管理工作实施方案》，推进严重精神障碍患者管理工作。配合公安部门做好强制医疗执行工作，及时完成执行场所改造，2013年后经人民法院判决的16例强制医疗病人全部收治入院。全市确诊严重精神疾病患者并录入严重精神障碍信息系统2.4万人，年在管2.21万例，规范管理1.89万人，报告患病率4.28‰。在册患者管理率89.9%，规范管理率79.05%；在册患者服药2万例，服药率82.08%，精神分裂症服药率83.87%。

【应急管理】 组派队伍完成地震、道路运输行业和危化品事故应急救援演练任务。各级各医疗卫生单位逐级开展卫生应急技能竞赛。8月2—3日，市卫生计生委、市总工会联合举办突发事件紧急医学救援暨突发中毒处置和突发急性传染病防控卫生应急技能竞赛。选拔9名队员参加省级复赛，获山东省卫生应急技能竞赛团体二等奖、优秀组织奖和山东省卫生应急技能竞赛突发急性传染病防控项目三等奖，2名选手获个人二等奖，并授予全省卫生应急技术标兵，2名选手获个人三等奖，5名选手获个人优秀奖。

（郭志刚　张　波）

红十字会工作

【概况】 市红十字会开展“博爱泰山送温暖”活动，推进“三救三献”（应急救援、应急救护、人道救助和献血液、献造血干细胞、献人体器官组织）业务工作，树立泰安红十字会品牌，提高红十字会社会影响力。市红十字会投入物资折合人民币58.46万元，受助群众619户。遗体捐献登记18例，成功捐献6例；角膜捐献登记14例，成功捐献4例；器官成功捐献42例；造血干细胞成功捐献3例。从中国红十字基金会为30名白血病患儿申请到小天使基金94万元，为3名先天性心脏病患儿申请天使阳光基金9万元。市红十字会获全省红十字会系统应急救护培训工作先进单位、全省天使救助项目先进集体、全省红十字会系统遗体器官组织捐献工作先进单位。

【博爱泰山送温暖活动】 泰安市红十字会加大救助力度，扩大救助覆盖面，结合健康扶贫工作，开展系列的“博爱泰山送温暖活动”。春节期间，走访、救助困难家庭619户，发放油、粮、面及救助金计58.46万元。

【世界红十字日纪念活动】 5月4日，泰安市红十字会在泰山区省庄镇政府驻地联合开展大型宣传义诊活动，庆祝第70个世界红十字日。市中心医院、市中医医院等十几家医疗单位150名志愿者参加义诊活动，现场接受无偿献血和健康防病常识咨询，发放造血干细胞、无偿献血知识折页和健康科普宣传资料6000份。活动现场40人捐献血液1.6万毫升，接受群众咨询1200人次。

（郭志刚　张　波）

爱国卫生

【卫生创建】 2017年，泰安市、新泰市、肥城市被省爱卫会列为省级健康城市试点。新泰市、肥城市通过国家卫生城市复审，宁阳县、东平县通过省爱卫会组织的暗访、技术评估等环节。组织开展省级卫生先进单位、省级卫生乡镇、省级卫生村创建工作，年内创建省级卫生先进单位25个、省级卫生乡镇6个、省级卫生村83个。

【病媒生物防制】 开展病媒生物防制工作，各级举办病媒生物防制培训班18期，培训人员1520人。市政府拨付专项经费60万元，定期对泰安城区公园绿地、农贸市场、公厕、垃圾中转站等公共场所进行消杀，降低病媒生物密度，保障市民健康。　（郭志刚　张　波）

人口和计划生育

【概况】 2017年，全市出生8.83万人，出生率15.42‰，自然增长率10.27‰，合法生育率99.02%，男女出生人口性别比106.5。

【人口均衡发展】 落实全面两孩政策，泰安市成立实施全面两孩政策工作领导小组，制定《关于实施全面两孩政策的工作方案》，抓好任务落实。市卫计委与山师大、泰山医学院联合开展实施全面两孩政策课题研究，获市级社会科学优秀成果三等奖，为市委、市政府科学决策提供可靠依据。建立落实出生人口动态监测和预警制度，把握出生人口动态。6月，全国政协到泰安市进行“全面实施两孩政策后，医疗卫生服务面临的挑战与配套政策”专题调研，对泰安市工作给予肯定。

【基层基础工作】 3月，市委、市政府印发《关于改革完善计划生育服务管理的实施意见》《计划生育工作责任追究制度实施办法》，为计生工作健康发展提供保障。抓住机构改革和资源整合契机，市、县计划生育技术服务机构实现与妇幼保健机构融合，乡镇（街道）成立卫生计生办公室。7月，国家卫生计生委到泰安市现场调研，对计划生育基层工作网络和队伍建设、计划生育服务管理改革等工作给予肯定，并在国家卫生计生委《卫生计生工作交流》上刊文推广泰安市经验做法。加强流动人口服务管理，打造“情暖泰山”关怀关爱活动品牌，推进流动人口基本公共服务均等化。在国家流动人口动态监测抽样调查中，泰安市以各项数据零误差的总成绩，综合排名全国第一。重点服务对象省内、省外信息反馈率均为100%，分别高于国家标准15个百分点；生育服务登记接收率96%，高于国家标准16个百分点。泰安市提升留守儿童健康关爱工作经验做法得到省卫计委肯定。

【出生人口性别比综合治理】 召开工作推进会或调度会，对出生人口性别比综合治理实行专项考核，并作为“一票否决”指标。完善经常性工作机制，落实孕期监测和随访、B超管理、终止妊娠手术管理、终止妊娠药品管理、住院分娩实名登记、信息交流、部门联合督查、有奖举报“八项工作制度”，强化部门协作，靠制度规范和经常性工作防止“两非”（非医学需要的胎儿性别鉴定和非医学需要的选择性别的人工终止妊娠）行为的发生。打击“两非”行为，各县（市、区）组成专案组，实行时间、力量、办案“三集中”，突出跨区域“两非”案件、公立医院案件和有影响的重大案件的查处，做到快查、快办、快结，对部分案件公开曝光，形成震慑作用。强化责任追究，建立约谈制度，对出生人口性别比长期严重偏高、治理成效不明显、完不成控制指标的县（市、区）和乡镇，由市人口计生领导小组约谈党政主要负责人。全市查处“两非”案件38例，其中大案要案7例，移交司法机关追究刑事责任人1人，没收B超2台，罚没金额26.8万元。

【利益导向政策体系建设】 落实现有利益导向政策，全市独生子女父母奖励费落实率100%，发放奖励扶助和特别扶助金1.03亿元。市、县、乡三级加大政府投入，整合资源，向计划生育家庭倾斜用力。市县各部门、各单位在制定普惠性政策时，体现对计划生育家庭适度提高、适度提前、适度增加的优先优惠原则。发挥计划生育公益金和生育关怀基金作用，对计划生育困难家庭给予救助。全市走访慰问困难计生家庭1.26万户，发放救助金2756.92万元。开展“计生助福·金秋助学”活动，帮扶救助高中生和大学生1336人，发放助学金224万元。解决困难、改制、破产企业和离下岗职工中独生子女父母退休时的一次性养老补助落实难问题，市政府印发文件对市属国有企业的补助资金由市政府统筹协调解决，确保该项政策落实到位。全市落实企业退休独生子女父母一次性养老补助金1760.3万元。

【医养结合】 指导医疗机构开设老年人挂号就医等绿色通道，全市173家医疗机构，开通绿色通道165家。推动养老机构为入住老年人提供医疗卫生服务，全市106家养老机构，以不同形式提供医疗服务100家。落实医养结合机构内部医疗卫生管理工作，做好养老机构内设医疗卫生机构执业活动的日常监管和医务人员培训工作，提高医务人员诊疗能力。市、县、乡、村四级均建设具有一定规模和服务能力的医养结合型养老机构。立足泰山旅游资源优势，推进旅游养老和医疗保健养生服务相结合，推动生态养老、休闲度假、养生旅游等精品旅游线路的集中居住点与三级以上医院建立合作机制。拓展中医针灸、按摩、理疗相结合的特色旅游线路和服务项目，开拓大健康、大产业服务市场。（郭志刚　张　波）

编校　王云勇　　审稿　高兴学

社会管理·居民生活

人力资源社会保障

【概况】 2017年，全市人力资源和社会保障系统坚持“优质、高效、安全、满意”的目标定位，深入开展“服务能力提升年”“纪律作风建设年”“医保服务规范年”“人才工作创新年”“招商引资攻坚年”五项活动，巩固和提升“真情人社”“阳光人社”“和谐人社”“幸福人社”服务品牌，各项工作扎实推进。市人社局继续保持“全国文明单位”称号，推进“两学一做”常态化制度化和深化“放管服”改革的经验做法在全省推广，被市委、市政府表彰为“市直2017年度经济社会发展综合考核先进单位”。

·创业就业·

【概况】 实施就业优先战略和更加积极的就业政策，丰富完善促进就业创业的政策措施，全市就业局势总体稳定。全市新增城镇就业5.55万人，安置就业困难人员3846人，期末城镇登记失业率2.35%。

【创业带动就业】 做好市级创业孵化基地、创业示范园区、农民工返乡创业园评估认定工作。楼德商贸物流园、星火科技园被评为“山东省创业示范园区”。认定市级创业孵化基地、示范园区6家，农民工返乡创业园2家，协调财政拨付794万元。认定市级创业型街道(乡镇)12个、创业型社区30个，协调财政拨付96万元。搭建创业交流平台，举办全市创业培训师资提升培训班暨“山东省创业引领者专项活动暨创业培训讲师大赛”泰安赛区分赛，评选推荐5名优秀讲师参加省创业引领者专项活动暨创业培训讲师大赛。举办“泰安市第五届创业大赛”和6期“泰山创客训练营”，培训各类创业者360人。扩大创业担保贷款发放规模，为1473名各类创业人员发放贷款2.6亿元。

【就业公共服务】 继续开展“就业直通车”下基层活动，为各类人群提供创业就业精细化服务，提升创业就业服务能力。发挥人力资源市场功能，多渠道推介就业。组织开展以“促进转移就业 助力脱贫攻坚”为主题的“春风行动”和“就业援助月”活动，组织民营企业招聘周、“三八”妇女就业专场招聘会、政协委员招聘会、校园招聘会

3月8日，省人社厅党组副书记、副厅长夏鲁青（左），市委常委、常务副市长展宝卫（右）为泰安市就业创业培训协会、人力资源服务协会揭牌

（杜 倩 摄）

12月1日，国家外国专家局政策法规司巡视员韦大玮应邀在全市人社系统“服务能力提升年”“纪律作风建设年”双周课堂上作引才引智专题报告（高 雅 摄）

等各类专场招聘会，全市组织用工洽谈会275场，提供用工岗位10.7万个，进场求职9.46万人，推荐就业8万人。

【大学生就业创业】组织大学生创业企业参加全省“泛海扬帆山东大学生创业行动”首届创客节暨“泛海扬帆”山东大学生创业示范基地揭牌仪式。组织开展山东农业大学、山东科技大学、泰山学院等驻泰安高校“春季高校毕业生”供需见面会、山东科技大学秋冬季毕业生供需见面会、“济南都市圈”(7+2)齐鲁工业大学招聘会，组织参加省人社厅举办的北京、上海、长春等地“山东—名校人才直通车”活动，全市630家企业参加，提供就业岗位2.61万个，初步达成就业意向7800个。开展“三支一扶”大学生专题培训，培训60人。继续组织开展2017年高校毕业生“三支一扶”计划招募工作，招募高校毕业生58人。健全毕业生就业信息收集发布机制，整理收集毕业生就业信息2万条。认定市级就业见习基地170家，提供就业见习岗位2000个，组织1815名毕业生参加就业见习。

【“三强”企业就业服务】组织132家重点企业参加山东科技大学2017年春季毕业生供需见面会，与市委组织部人才办、市科技局、市经合局联合举办第四届国内科技合作对接交流会暨人才需求发布对接会，与12所高校、科研院所签订高层次人才合作框架协议，现场发布高层次人才需求198条，高校毕业生需求2000条。组织开展“三强”企业高校行活动，组织13家“三强”企业赴吉林大学、哈尔滨工业大学等8所高校招聘，达成就业意向237人，其中博士生2人、研究生191人、本科生44人。与哈尔滨理工大学签订《高层次人才合作框架协议》。

【困难群体就业】组织开展“就业援助月”活动，帮扶高校毕业生、农村转移劳动力、城镇困难人员、退役军人和“零就业”家庭人员等就业困难群体就业。活动期间，各级公共就业服务机构走访就业困难人员和零就业家庭502户，帮助572人就业困难人员享受政策，112家企业招用就业困难人员并享受扶持政策。开展就业鲁渝行——“百企万岗进重庆”和就业援藏专场招聘等专题活动，实施特色就业援助。创新就业服务方式，打造就业扶贫泰安模式，引导贫困人员就地就近就业，开展“畅通就业渠道，惠及贫困人口”为主题的就业直通车活动，全市对63个“就业扶贫车间”统一编号和统一标识，核实“就业扶贫车间”贫困人口就业450人，发放一次性奖补资金45万元。24个“就业扶贫车间”被认定为省级示范“就业扶贫车间”，4个“就业扶贫示范基地”入选全国就业扶贫基地。帮助有劳动能力贫困人口实现转移就业2676人，接受技能培训186人，成功创业30人。依托人社部“农村贫困劳动力就业信息平台”和省公共就业人才服务系统“精准扶贫”模块，完成农村贫困劳动力信息的核实和补充工作。

·社会保险·

【概况】稳步推进全民参保登记计划实施工作，被确定为全民参保动态管理试点城市。全市征缴各项社会保险费168.86亿元，增长7.8%。全市参加城镇职工养老保险135.27万人，收缴保险费80.11亿元；参加居民基本养老保险279.7万人，收缴保险费21.24亿元；参加职工基本医疗保险105.45万人，收缴保险费32.55亿元；参加居民基本医疗保险425万人，收缴保险费26.57亿元；参加失业保险61.95万人，收缴保险费2.37亿元；参加工伤保险89.43万人，收缴保险费4.09

亿元；参加生育保险 78.97 万人，收缴保险费 1.93 亿元。全市发放各项社会保险待遇 164.19 亿元，增长 11.8%，发放率保持 100 %。发放机关企事业单位离退休人员养老金 88.51 亿元；为 88.54 万名居民发放养老金 13.07 亿元；支付职工医疗保险基金 29.47 亿元、居民医疗保险基金 23.88 亿元、失业保险金 1.44 亿元、工伤保险基金 3.9 亿元、生育保险基金 3.92 亿元。

【养老保险】 推进机关事业单位养老保险制度改革，开展按新制度计发养老保险待遇试运行工作，集中开展原统筹试点期间个人缴费返还工作。做好社会保险缴费申报，加大稽核稽查力度，做到申报实、把关严、监管到位。调整提高养老保险待遇，确保养老金按时足额发放。机关事业单位养老保险制度改革后，第二次同步调整企业和机关事业单位退休人员待遇，涉及企业退休人员 19.58 万人，人均增加养老金 150 元；涉及机关事业退休人员 5.60 万人，人均增加养老金 218 元。采取集中认证和日常认证相结合做好养老金领取资格认证工作，与公安、民政、卫计委等部门配合，建立居民养老保险金领取资格定期协查机制，每月月初，由民政部门提供死亡人员名单给人社部门对比，防范瞒报、冒领养老金现象发生。稳妥推进被征地农民社会保障工作，全市分解落实滞留资金 7.02 亿元，为 28.8 万人建立个人账户。

【失业保险】 落实阶段性降低失业保险费率政策，确定 2017 年 1 月 1 日至 2018 年 4 月 30 日，失业保险费率由 1.5% 降至 1%，其中单位费率由 1% 降至 0.7%，个人费率由 0.5% 降至 0.3%。全年单位缴纳部分减少 5800 万元，个人缴纳部分减少 3900 万元，合计减少 9700 万元。落实困难企业援助政策，加大稳岗补贴力度，为全市 1203 家企业拨付稳岗补贴 7240 万元。调整失业保险金标准，自 11 月起，全市统一提高为每人每月 1030 元。继续实施扩大失业保险基金支出范围试点工作，全市安排扩大支出试点资金 6113.37 万元用于预防失业和促进就业。

【医疗保险】 调整职工医保个人账户划入基数，优化基金结构，充实统筹基金。与居民大病保险政策相衔接，及时调整居民基本医保纳入统筹限额。健全完善居民大病保险政策，全面实施职工大病保险制度。印发《泰安市居民医疗保险办法》及其《实施细则》，实现居民医保基金市级统收统支。在泰山区试点，将参加基本医保的职工和退休人员纳入职工长期护理保险保障范围。开展“医保服务规范年”活动，加强对定点医疗机构和药店的管理服务，通过实地稽查稽核，暂停整改定点医疗机构 7 家、药店 69 家，取消定点医疗机构、药店各 1 家，查处 322 名医保医师违规行为 384 人次，遏制不合理医疗费用过快增长势头。推行跨省异地就医直接结算，全市 15 家定点医疗机构顺利接入跨省异地就医结算平台，外省参保患者到泰安市就医联网结算 109 人次，全市参保人员在省外联网结算 834 人次。印发《关于进一步做好社会保险精准扶贫工作的意见》《关于做好医保扶贫考核工作的通知》等相关文件，重新核对系统内贫困人口参保信息，严格落实对贫困人口的医保优惠待遇；协调相关部门实施结算系统改造，为贫困人口医疗保险、医疗救助、医疗特惠险一站式结算创造条件。

【工伤保险】 印发《关于进一步做好工伤保险工作有关问题的通知》，进一步规范工伤认定的重点环节、基本程序，细化申报材料内容要求，建立县（市、区）重大工伤案件备案制度和市、县两级审核制度，加大对县（市、区）工伤认定工作的指导和监管。规范工伤经办，实行工伤医疗费用联网结算，加强医疗费用审核把关，将工伤基金支出稽查稽核同医保控费稽查稽核一并

3 月 30 日，开展以“话说居民养老保险”为主题的“12333”全国统一咨询日活动　（杜　倩　摄）

3月21日，泰安市"农行杯"社会保障卡知识竞赛决赛在市传媒大厦举行　　（高　雅　摄）

进行，加大对工伤基金支出的监督力度。推进建筑业按项目参加工伤保险工作，在建项目新开工项目参保率均达100%。顺利将新矿集团、肥矿集团工伤保险纳入全市统筹管理。

【生育保险】 根据全市生育保险基金收支和累计结余情况，按照"以支定收、收支平衡"原则，从7月1日起，将生育保险费率恢复到用人单位职工工资总额的1%，对享受生育津贴的产假天数进行明确，女职工正常生育的津贴天数改为98天，难产的增加15天，多胞胎生育的每多生一名婴儿增加15天，晚育（只针对一胎）的增加60天。

【劳动能力鉴定】 落实"两随机、两公开"（随机抽取专家等工作人员、随机选择工作场所，实现工作过程公开、结果公开）工作机制，实行业务流程分工和岗位责任制，严格规范劳动能力鉴定受理申请、专家管理、现场组织、规范文书和结论送达"五个"环节。组织2批8名专家参加全省巡回鉴定。将5家医院纳入劳动能力鉴定定点医疗机构，对场地设施、人员配备、现场流程等严格规范。简化鉴定申报手续，将原来6种表格合并到1张，将工伤职工基本信息提前录入专家评审表，在鉴定现场设立专家复审组，现场审核确定鉴定意见。鉴定结论内容涵盖工伤职工基本信息、伤情、治疗方式、查体情况、伤残等级及依据的国家标准，做到"过程公开、结论公开"，采取EMS邮寄方式送达。全年受理各类鉴定申请2255人次，其中工伤鉴定1276人次、病退鉴定979人次，鉴定结论维持率位居全省前列。

【社保基金监管】 完善第三方中介机构选聘评估机制，通过公开招标选取3家会计师事务所作为各项社会保险基金监督检查和内部审计指定机构，建立第三方中介机构参与社会保险审计检查选聘机制。开展居民养老保险经办机构内控制度专项检查，检查6个县（市、区）和高新区经办机构，延伸抽查14个乡镇（街道）人社所以及部分行政村（居）民委员会协办员。配合审计部门做好养老保险基金审计，运用"信息网络＋监督"的方式，对重复领取、死亡冒领、提前退休和一次性补缴四项指标疑（重）点信息进行核查。举办全市社会保险基金运行分析会。

·人才队伍·

【人才引进】 全年引进外国专家（海外人才）242人次，办理"外国人来华工作许可证"104项；新建泰安市引进国外智力成果示范推广基地11家；2个外国专家团队入选2017年山东省"外专双百计划"团队项目，2家单位获批省级引智示范基地，2个示范项目入选省引智示范推广项目，3个外国专家项目入选省引进外国专家项目。18名在泰安工作的外国专家获"泰山友谊奖"，1名外国专家获"齐鲁友谊奖"。将"外国专家泰安行"活动正式纳入泰山国际登山节内容。9月7—9日，举办第二届"外国专家泰安行"活动启动仪式及项目集中洽谈活动，组织100名外国专家和400家企事业单位现场洽谈，在活动中第一次实行新媒体直播宣传方式，第一次在大型涉外活动中采用现场同声传译，第一次举办招才引智成果展，活动落地项目18个，23名外国专家与企业签署合作协议。

【专业技术人才队伍建设】 印发《泰安市高层次人才服务绿色通道实施办法》，设立高层次人才服务专窗，建立起一整套高层次人才服务的制度体系。举办"泰安市人才工作者（深圳）培训班暨招才引智对接会"，与深圳市公共服务人才学院签订共建人才工作者培训基地协议，组织"三强"企业与深圳知名猎头公司签订引才协议。落实事业单位岗位设置管理政策规定，对因机构改革发生职能转变的31个事业单位的岗位设置方案按照岗位结构比例标准予以核准。组织开展中等职业学校和技工学校岗位设置调整工作，完成12个学校的岗位设置调整核准，提高中、高级教师岗位比例。组织开展2016年度全市中小学教师高级、中级职称评审工作，高级教师评审通过391人，一级教师评审通过597人。组织全市2016年度中等职业学校讲师中级评审，评审通过130人。首次使用山东省人事人才信息管理系统，全面推行网上职称评审。经过个人申报、单位审核、主管部门推荐，向省24个高评委推荐高级评审材料250份。组织开展各系列中级职称评审工作，受理申报材料759份，评审通过727人。高级工程师评审权限首次下放到市，受理各系列高级工程师职称申报材料264份，145人取得高级工程师资格。受理卫生副高级申报材料285份，157人通过评审。利用网络培训平台开展专业技术人员公共科目培训,在线报名学习7.7万人。组织开展专业技术人员专业知识培训，年备案项目108项，培训专业技术人员2.1万人。

【高技能人才队伍建设】 年内，新增高技能人才1.62万人，新增齐鲁首席技师11人（其中行业推荐4人）、市首席技师20人、泰山英才领军人才（产业技能类）1人，推荐7人参加山东省有突出贡献技师评选。新增齐鲁技能大师工作室1个、市技师工作站10家。制定《关于创新高技能人才队伍建设助推产业转型升级的意见》，在19个方面实现突破和创新，财政在职业能力建设方面预算翻番。突出抓好“金蓝领”培训项目和新技师培训项目，首次通过官方网站公布培训计划和教学内容供企业职工自主选择，设培训基地14处，培训学员832人。首次开展市技师工作站公开答辩评审，设立市技师工作站10个。首次将泰山英才领军人才（产业技能类）和市首席技师评选工作委托外市评审。举办2017年度“泰安农行杯”全市技能人才职业技能大赛，1200人报名参赛，各工种前三名奖励分别提高至2000元、1000元、600元。全市技工院校完成招生7526人，在校生2.47万人，毕业生当年就业率96%。组织开展民办职业培训学校设立和年检工作，上半年批准正式设立民办职业培训学校2家，对64所市属学校进行实地检查，不合格的学校予以限期整改或撤销。根据“放管服”总体要求，做好民办职业培训学校的审批管理权下放工作。做好职业资格清理整顿工作，国务院公布取消的7个批次、434项职业资格全部停止认证和鉴定。组织新职业报名鉴定6013人，开展日常鉴定216批次4.76万人，其中高技能人才1.45万人。

【人事代理】 提升人事代理服务水平，代理人员总数3.07万人，当年新增1036人；代理单位753家，当年新增17家。为43人办理退休手续，出具各类证明材料1万份，为225人确认评审并申报职称，为事改企单位调整工资3600人次。理顺代理人员代收代缴社保费流程，探索缴费新方式，为663名代理人员代缴社会保险费486.9万元。推进“流动人员人事档案规范年”活动，摸清档案管理现状，制定流动人员人事档案库房升级改造及档案整理工作方案。制定公共服务事项服务指南，印刷业务工作登记簿，规范流动人员人事档案管理及转接流程。依据《山东省流动人员人事档案管理服务规范化操作手册》，明确流动人员人事档案基本公共服务内容，规范完善档案接收、转递、管理程序和要求。加强流动人才党员管理，流动党员总数1265人，接转党组织关系106人次，其中转入24人、转出82人。做好党费收缴工作，收缴党费2739元。探索党员管理新模式，将1056名流动人才党员信息全部录入“灯塔——党建在线”系统和党员统计系统并

5月18日，全市服务“三强”企业专场招聘会在市人力资源市场举行

（隋 翔 摄）

7月1日，泰安市人才工作者（深圳）培训班开班暨招才引智签约仪式举行。市委常委、组织部部长高尚山（后排中）出席 （张 斌 摄）

比对。完成省委组织部督查考核工作，并按督察意见组织14名工作人员，每人负责90名党员，包干到人，登记造册。

·人事管理·

【公务员管理】 坚持公平公正、公开透明，为全市各级党政机关（参照公务员法管理单位）考录公务员（参照公务员法管理单位工作人员）302人。开展从当地优秀人才中考录基层公务员试点工作，在省财政困难县（岱岳区、宁阳县、东平县）每个县（区）招录5人，共招录15人。做好面向大学生村官、“三支一扶”计划和“大学生志愿服务西部计划”等服务基层项目人员的招录工作，面向服务基层项目人员定向考录计划18人。举办县（市、区）直部门科级公务员任职培训班1期，培训60人；市直部门科级公务员任职培训班1期，培训60人；新录用政法系统公务员初任培训班1期，培训66人；新考录的公务员初任培训班1期，培训195人；乡镇（街道）科级公务员任职培训班1期，培训60人。规范公务员日常管理，坚持分档核定优秀等次比例，审核批复2016年度市直行政机关公务员年度考核3896人，其中优秀等次747人、称职等次3063人、不确定等次73人、不进行考核10人、不称职等次3人。严格落实奖励审批制度，审批记三等功奖励105人、嘉奖642人。推荐拟受省以上奖励表彰候选集体39个、候选个人148人。组织选派2名享受省部级以上先进工作者和劳动模范待遇的基层一线先进模范进行休假疗养活动。依法审核登记公务员420人、参照公务员法管理单位工作人员28人。畅通“出口”，为1人办理辞职备案手续。

【事业单位人事管理】 坚持“公平公正，公开透明”，严格按照网上报名、笔试、资格审查、面试、考察、体检、公示、聘用8个工作步骤，为市直事业单位招聘259人，其中综合类82人、教育类177人。创新招聘方式，为市外事侨务办公室、中心医院分院（职业病防治院）、市文化艺术中心（市文化馆）招聘急需、短缺人才。指导、监督各县（市、区）、泰安高新区开展事业单位公开招聘工作，首次开展人员总量控制单位公开招聘工作，提高公开招聘科学性，为市属高等院校招聘教师39人，为市直公立医院招聘90人。加强事业单位工作人员绩效考核，规范考核等次比例和结果使用，考核部门单位280个，批复事业单位工作人员和机关工勤人员1.43万人，2452人被确定为优秀等次，其中691人记功。坚持“凡提必审、凡转必审、凡进必审”，对市直干部5100卷人事档案分类和入档；帮助市直各部门、单位查阅干部人事档案700次，转递干部档案及审核调动人员档案300次。做好事业单位工作人员辞职辞退人员备案，为事业单位42人办理辞职备案手续。

【军队转业干部安置】 坚持公开透明，接收转业干部210人（其中计划安置119人，自主择业91人）、随调配偶7人。举办全市2016年度军转干部教育培训班，培训军转干部49人。加强企业军转干部解困稳定工作，做好67名公益性岗位企业军转干部生活补助核发工作，为市直企业军转干部发放冬季生活补助、春节困难补助、“八一”困难补助、健康查体费等多项补助483万元。

【人事考试】 全年完成各类人事考试报名34项，报名人数2.54万人；上报省考试中心报名、审核数据32项；组织实施人事考试16项，参考人员7.71万人，累计动用考点60个，考场2831个，试卷保密封闭58人次56天。规范考试流程，细化规章制度，加大责任追究，重点完善主考、巡视、监考、保密、试卷押运、联络、协调等考务工作岗位人员行为规范、岗位职责和操作流程。加强考点、考场的一线监管，加强入场环节安全检查，加大巡视人员驻考场巡视力度。设立人事考试通报制度，开展人事考试环境综合治理专项行动，加强与市经济和信息化委员会、市公安局、市城市管理局三部门协调配合，通过“两微一站”新媒体发布考试公告，公布考试最新动态。

• 工资收入分配 •

【机关事业单位工资管理】 稳步推进员额法官检察官工资制度改革，为638名员额法官、检察官套改工资，基本工资人均增资额785元，工改保留津贴人均734元。会同市直机关工委、市财政局，开展精神文明奖规范发放有关工作。组织开展全市机关事业单位防治“吃空饷”工作，全市清理纠正长期病事假等情形的“吃空饷”人员49人，累计追缴资金48.15万元上缴国库。稳慎推进县以下机关公务员职务与职级并行制度，审批467人。做好津贴、经费标准调整工作，调整中小学班主任津贴、离休干部特需经费标准和野外工作津贴。审批市直机关事业单位日常工资业务4.15万人次，其中机关3528人次、事业3.80万人次。

【企业工资宏观管理】 及时调整公布全市最低工资标准，自2017年6月1日起，按地区分档调整最低工资标准。泰山区、新泰市、肥城市月最低工资标准由1550元调整为1640元，小时最低工资标准由15.5元调整为16.4元；岱岳区、宁阳县、东平县月最低工资标准由1390元调整为1470元，小时最低工资标准由13.9元调整为14.7元，平均增幅为5.8%。发布全市企业工资指导线，2017年全市企业工资指导线以2016年全市企业在岗职工平均工资5.02万元为基数，工资增长基准线为7.5%，上线（预警线）为12%，下线为3%。做好企业薪酬调查工作，调查各类企业342家，涉及职工13.3万人，公布全市260个职位（工种）工资指导价位。落实农民工工资支付保障制度，审核30户建设单位农民工工资保障金返回申请，返还农民工工资保证金5716.8万元。

1月22日，市人社局工作人员看望军转干部　（高　雅　摄）

• 劳动关系 •

【劳动合同管理】 开展劳动用工和劳动合同备案工作，推进劳动合同制度的实施，提高劳动合同签订率。全市有各类企业2.63万家，涉及职工67.9万人，签订劳动合同65.7万份，企业劳动合同签订率达96.8%。实行新立户企业通报制度，市直审核办理113家企业立户手续，督促企业为职工签订劳动合同2577份。推行劳动合同示范文本，在小微企业中广泛推行规范的劳动合同文本。规范用人单位解除和终止劳动合同备案手续，市直审核办理企业解除终止劳动合同备案手续2.8万人次，依法纠正用人单位违规解除劳动合同3700人次。加强劳务派遣用工管理，严把劳务派遣企业“入口关”，为6家新开办劳务派遣业务的企业发放劳务派遣行政许可证，对71家已取得劳务派遣经营许可证的单位进行年检。

【劳动人事争议调解仲裁】 印发《泰安市劳动人事争议兼职仲裁员管理办法》，建立兼职仲裁员管理制度，规范兼职仲裁员管理。开展劳动争议预防调解示范工作，深化专业性劳动争议调解工作机制。加强基层调解组织建设，完善争议预防调解工作机制。继续推进标准化劳动人事争议仲裁院建设活动，规范仲裁文书制作格式，提升仲裁文书制作水平。全市各级劳动人事争议调解仲裁机构处理各类劳动人事争议案件1211件（含仲裁机构上期转结争议31件）。其中，立案受理案件641件，按期结案率100%，当期结案661件（含上年未结31件），涉及劳动者726人，结案案件涉案金额1713.97万元。案外调解处理174件，各类基层调解组织受理劳动人事争议案件23件。

【劳动监察】 抓好农民工工资治欠保支工作，印发《关于清理解决拖欠农民工工资问题的通知》，对农民工工资支付情况实地督查。全面落实施工总承包企业负总责制度，加快推行农民工实名制管理、按月足额支付工资、委托银行代发、专用账户管理等制度，在工程建设领域全面实行工资保证金制度，开展农民工工资专项检查行动，检查用人单位467家，涉及职工8.7万人，其中建筑企业179家，涉及农民工4.2万人，为2876名农民工追回拖欠工资3972万元。开展清理整顿人力资源市场秩序专项行动，检查职介机构87家，勒令限期整改14家，清理无照无证“黑职介”6家，为求职者追回求职费用16万元。印发《企业劳动保障守法诚信等级评价实施办法》，发挥诚信评价强有力的激励和引导作用。开展2016年度用人单位劳动保障年检，检查市直各类用人单位599家，涉及职工6.1万人，其中实地年检100家，新增参保职工3128人，补签劳动合同3769份，补发拖欠工资698万元，补缴社会保险费1269万元。加大劳动监察执法力度，检查用人单位5718家，涉及职工51.6万人。全市受理举报投诉872起，其中非立案处理502起、立案370起，结案367起，当期结案率100%。

·基层基础·

【概况】 推进“三化”（标准化、信息化、一体化）建设，完成人事人才一体化系统建设试点一期建设。加强社保卡应用，被人社部确定为全国第三代社会保障卡试点城市。提升社保卡服务水平，社保卡实现即时补卡换卡。组织全市社保卡知识竞赛，推选参加省复赛并获二等奖。完成各类咨询服务事项3.7万件，所有咨询服务事项准确率、办结率、回复率、满意率均为100%，市人社局被市政府办公室表彰为“泰安市便民服务电话办理工作先进单位”。建立学习长效机制，举办“双周课堂”20期、基层平台工作人员培训班1期。评选表彰全市人社系统“十佳创新工作”。建立内部容错机制和外部容缺机制，对窗口业务办理有关材料“容缺后补”。完善“三书定责”廉政工作机制、“两随机两公开”工作机制、平时考核机制和大额财务支出评审机制，防范人社领域安全风险。

（沈红叶）

【概况】 2017年，全市民政系统围绕建设“现代大爱民政”的总体要求和“走前列、争一流”的目标定位，加大工作推力，民政各项事业取得新进展、新成绩，多项工作经验在全省、全国推广。“平台式”综合救助新模式被确定为全国15个社会救助最佳创新实践成果之一，“互联网+养老”的“智慧养老”服务模式被民政部推广，泰安市被确定为“国家康复辅助器具产业综合创新试点地区”，东平县被命名为“地名文化千年古县”。在全省民政工作综合评估中继续保持前列位次和“优秀”等次；继续保持“省级文明单位”称号。市民政局被省委、省政府表彰为“十九大安保维稳工作先进集体”，被市委、市政府表彰为“市直2017年度经济社会发展综合考核先进单位”。

【社会救助】 ①城乡低保、农村五保供养。农村低保标准平均达3762.5元，全部超过省定扶贫线，城乡标准比缩小到1.6∶1以内。将特困供养标准划分为基本生活标准和照料护理标准，基本生活标准全部达到每人每年5200元，照料护理标准按失能、半失能、自理老年人三个档次，每月分别达360元、180元、100元。②社会救助改革。建立困难群众基本生活保障工作协调机制，肥城市被确定为“救急难”国家试点单位，“平台式”综合救助新模式被确定为全国15个社会救助最佳创新实践成果之一。泰安市在全国社会救助信息化培训班上作典型发言。③脱贫攻坚。印发《关于农村最低生活保障制度与扶贫开发政策有效衔接的实施意见》，推动低保对象与扶贫对象一体化动态管理。建立渐退式扶贫机制，对摆脱贫困的家庭，延长3个月的政策扶持期，促进稳定脱贫。④特困供养机构整治。在全市组织开展农村特困供养机构专项整治行动，40个具备改造条件的敬老院完成升级改造。⑤社会救助管理。进一步规范社会救助申请、审核、审批、资金发放程序，完善公开公示监督机制。居民经济状况核对系统优化升级，市级交换平台与11个部门实现数据共享，年内开展核对30万人次。⑥减灾救灾。冬春期间，全市发放自然灾害生活救助资金 710 万元，救助受灾困难群众 5.83 万人。

【福利慈善事业】①养老服务体系建设。山东泰山社会福利中心项目一期工程全面竣工，整体验收基本完成。全市新建城市社区老年人日间照料中心 10 处、农村幸福院 52 处，新增养老床位 3000 张，总量达 3.8 万张。②养老服务机构管理。开展养老院服务质量建设专项行动，82 处养老机构完成整改任务，合格率达 74%。34 处乡镇敬老院转型为区域性养老服务中心。③养老服务创新实验工作。推进养老服务供给侧改革和社区治理暨养老服务创新试验区建设，探索由专业机构运营日间照料中心。做好省“两台一网”相关数据采集、录入工作。各县(市、区)“12349”信息平台全部建成运营。泰山区探索推出的“互联网 + 养老”的“智慧养老”服务模式被民政部推广。④福利保障。建立经济困难高龄、失能等老年人补贴制度，补贴费用按时发放。落实残疾人“两项补贴”制度，完成历史数据实录工作。“齐鲁福彩助残行动”完成。泰安市被民政部确定为“国家康复辅助器具产业综合创新试点地区”。⑤慈善事业。全市累计募集善款 1.48 亿元，救助困难群众 10 万人次。⑥福利彩票销售。全市销售福利彩票 6.66 亿元，增长 10.59%，销量增幅位居全省第二位，获得“全省年度销售增长优秀奖”。

【社会组织管理】①政策环境。推进“放管服”改革，严格落实四大类社会组织直接登记制度，建立权力清单、责任清单、失信“黑名单”制度，加强有效监管。做好社会组织公益捐赠税前扣除资格确认工作，审核认定 15 家。公布具备承接政府职能转移和购买服务条件的社会组织名录。②制度改革。印发《关于改革社会组织管理制度促进社会组织健康有序发展的实施意见》。推进行业协会商会与行政机关脱钩工作，认定应脱钩行业协会商会 125 家，年内完成脱钩 108 家，依法撤销“僵尸型”社会组织 17 家。深化社会组织“三证合一”制度改革，社会组织统一社会信用代码赋码率、换证率均达 95%。③监督管理。委托第三方对全市 23 家社会组织进行等级评估，确定 AAAAA 级 3 家、AAAA 级 11 家、AAA 级 9 家。推行“双随机一公开”监管机制，健全社会组织联合执法制度，做好社会组织年检、综合执法等工作。开展社会组织创新示范点创建活动，引导社会组织规范健康发展。举办第二届“泰山公益论坛暨公益文化节”。④党建工作。发挥社会组织党工委主体作用，市、县（市区）、镇三级建设一批社会组织党建孵化中心，实现社会组织党组织和党建工作“双覆盖”。

【基层社会治理】①社区治理。印发《关于加强和完善城市社区治理的实施意见》，为城市社区全面提质提供新的政策支撑。开展社区减负增效专项行动，建立社区工作准入制度、居民委员会工作制度。推行“四社联动”机制，形成社区资源共享、联合共治、改进服务、完善自治的格局。泰山区在民政部组织的“全国社区治理和服务创新实验区”中期评估中受到通报表扬。实施农村社区服务中心建设三年行动计划，新建农村社区服务中心 60 个，总量达 310 个。肥城市“五式工作模式”推进农村社区服务做法被民政部推广。②基层民主。指导村（居）健全完善村务公开民主管理制度，全市自治组织健全、制度完善、运行良好的村居达 3752 个，占 99%。全市选择首批 88 个村居开展社区协商试点工作，岱岳区全国城乡社区协商成果推介会上作典型发言。启动新一届村和城市社区“两委”换届选举工作。③社会工作。全市助理社会工作师及社会工作师人数增长 20%。全市社会工作岗位达 1034 个，增长 6.8%。市、县两级注册备案的志愿服务组织 3000 个、志愿者 24 万人。

【服务军队和国防建设】①双拥工作。做好随军家属随调以及走访慰

9 月 30 日，烈士公祭日活动在泰安革命烈士陵园举行　　（司　刚　摄）

问驻军和演习保障工作。双拥模范城中期评估得到省考评组充分肯定。泰安军用饮食供应站建成启用，被军委后勤保障部、民政部命名为“全国重点军供站”。山东边防徂徕山农场建成投产。②优待抚恤。提高优抚对象抚恤和生活补助标准，义务兵家庭优待金按时发放。做好优抚对象轮流休养工作，全年轮养6批次、650人。岱岳区在全省优抚精细化管理服务推进会上作典型发言。③烈士褒扬。组织开展“烈士纪念日”公祭烈士活动。在全省率先建成开通泰安革命烈士陵园“智慧陵园”系统。④退役士兵安置。自5月份起，在全市集中组织开展退役士兵安置和权益保障政策落实工作，做好信息登记录入、信息核查、研究确定处置意见及推进政策落实等各项工作，自1978年以来退役士兵安置积累的遗留问题全面“清零”。全市登记符合条件退役士兵3.72万人，为其中8463名退役士兵重新落实政策待遇。全市新接收退役士兵2392人，为其中2276名退役士兵发放自主就业金6300万元，符合政府安排工作条件的116人全部安置到事业单位和国有企业。⑤军休服务管理。做好军队离退休干部、退休士官、无军籍职工接收安置工作，全年接收军休干部和退休士官12人、无军籍职工5人。突出涉军群体维稳重点，做好中共十九大期间安保维稳工作。省民政厅在泰安市举办全省民政信访干部培训班。

【专项社会事务管理】 ①区划地名。完成第二次全国地名普查年度任务。国家《标准地名词典》泰安部分编纂工作得到民政部、省民政厅专家肯定。加强平安边界建设，开展“边界和谐走廊”创建活动。东平县被评为全国“地名文化千年古县”。②救助管理。开展“寒冬送温暖”“夏季送清凉”专项救助活动，为336名无法提供亲属信息的受助人员成功找到家人。③农村留守儿童关爱保护。建立农村留守儿童关爱保护工作联席会议制度，在市、县民政部门明确工作机构、乡（镇、街道）明确专干的基础上，为每个村（居）配备联络员1名。完成“合力监护、相伴成长”专项行动任务。④婚姻登记、收养登记管理。取消婚姻登记收费，全市6所婚姻登记处被评为国家AAA级婚姻登记机关。开展婚姻登记颁证、婚姻家庭辅导服务，提升群众满意度。⑤殡葬改革。落实普惠型惠民殡葬政策，累计减免群众基本殡葬服务费用1100万元。建成公益性公墓（骨灰堂）750处，农村生态型公益性公墓（骨灰堂）覆盖30%以上乡镇（街道）。生态葬法比率达30%。各村（居）普遍建立红白理事会，移风易俗工作走在全省前列。

（王先琪）

【民族团结】 9月，组织开展以“中华民族一家亲，同心共筑中国梦”为主题的第17个“民族团结进步宣传月”活动，利用各种传统媒体和移动媒介，解读传达中央、省委和市委民族工作会议精神，邀请赵勇、米培莲等模范典型举办民族团结进步先进事迹报告会，引导各族群众牢固树立正确的祖国观、历史观、民族观。年内，4个单位获第四批全省民族团结进步创建活动示范单位。依托常家庄“全国民族团结进步创建活动示范单位”的品牌优势，投资50万元建设泰安市伊斯兰教文化展览馆和民族团结进步展厅。联合泰山学院金坡教授编撰《泰安市伊斯兰教志》。组织民族宗教界群众集中收看中共十九大盛况，举办“学习领会十九大，携手共迎新时代”主题党日活动和中共十九大代表米培莲宣讲报告会。

【民族经济】 年内，对上争取少数民族发展资金362万元、少数民族教育专项资金90万元，连同市级少数民族扶持资金200万元，全部切块下达各县（市、区），用于民族村项目建设、贫困村帮扶和教育事业发展。继续开展“精准扶贫民族村、牵手助力奔小康”活动，全市有6个少数民族贫困村150户少数民族群众脱贫摘帽。发挥少数民族发展资金杠杆作用，撬动县、乡配套资金、民品企业帮扶资金、宗教慈善及社会资金参与扶贫事业，使资金使用更加规范、合理、高效。8月，全省加快新旧动能转化深化少数民族脱贫攻坚工作现场会在泰安市召开，泰安市少数民族脱贫攻坚项目立足生产实际、生态环保高效的做法得到肯定。春节前夕，组织发放全市穆斯林农户和城市穆斯林低保户春节牛羊肉价格一次性补贴，涉及家庭1.76万户，发放金额705万元。开展清真食品规范管理工作，加强清真食品领域监管，尊重少数民族群众风俗习惯，维护合法权益。

【宗教事务管理】 印发《关于对全市宗教活动场所进行全面检查的通知》，对全市201处场所进行全面检查，对其中15处场所列出整改限期，年内全部完成整改提升。泰安市依法治理基督教私设聚会点及宗教网格化管理工作经验得到上级肯定，以新华社清样形式呈中央领导参阅。继续以“规范”为主题开展和谐宗教活动场所创建工作，泰山王母池被评为“第三届全国创建和谐寺观教堂先进集体”。全面铺开宗教活动场所网上赋码暨宗教基础信息数据核改专项工作，完成201处场所及教职人员基础数据真实收集、准确核改。举办全市宗教活动场所消防安全及应急演练培训，开展“宗教政策法规学习月”宣传活动，加强宗教场所财务监督管理。修订印发《关于加强宗教团体管理工作的意见》，研究出台《宗教团体建设管理考核办法》，从制度层面加强规范管理。泰安市爱国宗教团体承办省伊协“卧尔兹”巡回演讲、全省道教界骨干人士培训班暨第二届讲经活动。

【宗教慈善活动】 组织开展“宗教慈善周”系列活动，宗教界人士踊跃参与扶贫攻坚、捐资助学、爱心志愿等活动，其中“慈善帮扶献爱心，牵手助力奔小康”活动筹集善款30万元。发出“文明开展宗教活动”倡议，倡导文明敬香、合理放生、正确祈福，凝聚起信教群众环境保护共识。先后举办“莲花心·佛子行”“牵手莘莘学子，助力民族栋梁”“九寨沟祈福法会”“桃源观传统文化公益论坛”“祝国迎祥祈福法会”等宗教公益活动，赢得社会各界好评。 （王桂林）

【概况】 年内，全市社会大局和谐稳定，各级“两会”、“一带一路”高峰论坛等重点敏感时期，没有发生有影响的信访问题。中共十九大期间，未发生进京非访，是全省最少的市之一，在全省中共十九大安保维稳工作总结会议上，泰安市被省委、省政府表彰为全省六个先进市之一。信访形势趋稳向好，进京非正常上访数量下降20%，进京上访数量按由多到少排全省第13位，到省上访批次下降0.3%，到市集体上访批次和人次分别下降34%和39.2%，上访中的过激行为持续减少，信访秩序明显好转。重点工作指标位居全省前列，全市纳入满意度评价的信访事项，群众对信访部门和责任单位的满意率分别为95.1%和96.6%；受理办理的“网上信访”，占信访总量的63.85%，主渠道作用明显。5月，在全省信访工作会议上，交流推广泰安市积案化解典型经验。9月，全省信访局长座谈会在泰安市召开，重点推广泰安市减少信访上行的经验做法。6月，国务院副秘书长、国家信访局局长舒晓琴到泰安调研。11月，国家信访局到泰安重点调研，12月，《山东省信访条例》执法检查组到泰安检查，均对泰安市信访工作给予肯定。市信访局被省委、省政府表彰为“全省党的十九大安保维稳工作先进集体”，被省文明委表彰为“省级文明单位”。1人被国家信访局表彰为“全国信访系统优秀信访局长”；1人被省委政法委、省人社厅表彰为“全省党的十九大安保维稳工作先进个人”，记二等功。

【案件处理】 年内，接待处理群众到市上访2440批次1.01万人次，其中集体访167批次4312人次；到省上访807批次1966人次，其中集体访49批次750人次；进京上访617批次1009人次，其中集体访58批次403人次。受理办理群众网上信访6283件、收信1077件、人民网留言1623件，合计8983件。立案督查上级交办及市领导批示重点信访事项22件，按期办结率100%，化解稳控率86%。受理信访复核事项6件，按期办结率100%。市、县党政主要负责人亲自办理信访事项168件，按期结案率100%。

【突出问题化解】 推进进京非访综合治理。排查梳理136件进京非访隐患，展开集中整治活动，年内办结率100%，化解稳定率94.1%。推进进京上访专项治理。对各级各部门进京到省到市上访情况定期通报，对问题突出的单位进行重点督导；对进京到省集体上访、重复上访，发生一起，督导一起；强力推动有关责任单位解决问题、化解矛盾，减少进京上访特别是重复上访。

【工作机制创新】 ①创新推行信访信息“网盾工程”。运用“互联网+”思维，在岱岳区试点打造以信访信息排查预警系统为主要平台的“网盾工程”，使隐患排查深入细致、信息传递便捷高效、预警处置及时到位。9月召开全市信访工作现场推进会，对该项工作宣传推广。省信访局3次组织调研组到泰安市调研。②创新推行领导干部“三合一”接访机制。修订完善《市级党政领导干部定期公开接待群众来访工作方案》，将公开接访、领导包案和积案化解三项工作统筹谋划安排，推动各级领导干部更多地采取重点约访、带案下访的方式接待处理信访难案。年内，市、县领导干部参与公开接访1276人次，接访673批次3273人次，化解率87.5%，由高到低排全省第四位。③创新推行“八项规定动作、四见面”督查督办工作法。做细做实跟踪实地督查，推动多件重点疑难复杂信访事项案结事了。④创新推行律师参与信访工作机制。将泰山法正律师事务所确定为常年法律顾问单位，根据工作需要，律师积极参与接访，当场向群众释法明理，参与信访积案化解会审评议。

【风险隐患防控】 重点敏感时期，实行领导干部每日公开接访、信访部门节假日照常接访等制度，畅通信访渠道，就地吸纳化解信访矛盾问题；排查梳理重点人员、重点群体，逐人逐案交办，压实责任单位化解和稳控责任。强化值班工作，筑牢最后一道防线。防控信访风险隐患。

【责任落实】 ①强化责任传导。市委、市政府与各县（市、区）党委、政府签订《2017年度信访工作目标责任书》，各县（市、区）与各乡镇（街道）签订责任书，明确任务、压实责任，形成一级抓一级、层层抓落实的良好工作格局。②强化考核考评。对全市经济社会发展综合考核信访工作项目实行量化考核，坚持实行信访工作年度专项考核，强化各级各部门及时就地妥善解决信访问题的正确导向。③强化追责问责。印发《泰安市信访工作责任制实施细则》，明确和压实信访工作的领导责任、部门责任、属地责任和工作人员责任。对信访工作失职失责行为，严肃倒查追责。年内，全市有23个单位受到通报批评，9名干部受到责任查究。

【宣传教育】 用好政务头条号等新媒体，加强信访法规宣传，提高群众依法信访、理性维权意识。采取辅导培训、互查抽查等形式，推进信访基础业务规范化建设，提高各级干部特别是信访工作人员依法行政意识、为民服务水平。先后赴浙江大学举办能力提升培训班、赴延安政德教育基地举办学习贯彻中共十九大精神党性教育培训班，提高全市广大专兼职信访干部的党性修养、专业素养。 （王建伟）

7月7日，市老龄办联合泰安爱尔光明医院举办“关爱老年人眼健康——泰安市白内障慈善公益救助行动”启动仪式，市人大常委会副主任、市工商联主席王淑玲（中）出席活动并致辞 （付群信 供）

【概况】 全市各级高度重视发展老龄事业，依法落实优待老年人规定和政策，维护老年人合法权益，完善养老服务体系，加快老龄产业发展，形成老龄工作合力，营造养老、孝老、敬老社会环境。市老龄办被评为“省级文明单位”。

【老年人优待政策落实】 ①做好高龄老年人生活补贴管理发放工作。全年全市为1.36万名90～99周岁老年人发放高龄补贴金838万元，为247名百岁及以上老年人发放长寿补贴金91.8万元。②落实各项优待老年人政策。实行65周岁以上老年人免费、60～64周岁老年人半价乘坐公交车政策，市、县两级财政给予运行补贴；岱庙、莲花山等各旅游景点对老年人实行减免门票费等优惠；公共文化娱乐和体育健身场所，对老年人优惠开放。③重视抓好老年人公益维权服务示范站创建工作。做好全市老年人公益维权服务示范站调查摸底工作，通过层层申报、严格审查，经山东省老年人公益维权服务示范站创建工作领导小组审定，市人民检察院老干部处、泰安爱尔光明医院等10家单位被评为第三批“山东省老年人公益维权服务示范站”。

【养老服务体系建设】 ①抓好养老服务机构财政扶持工作。2017年，省级财政扶持2家养老机构，分别是泰安市泰山区上高街道长寿养老院和肥城市孙伯镇怡康老年公寓，到位无偿资金36万元。市级财政扶持5家养老机构，拨付资金50

11 月 16—17 日，“2017 年泰山老年健康产业博览会”在泰山国际会展中心举办　　（付群信　供）

万元。②举办“2017 年泰山老年健康产业博览会”。该次博览会由山东省老年学学会主办，泰安市老龄工作委员会办公室与泰安日报社联合承办。展会面积 1 万平方米，划分为中老年健康养生区、养老机构及服务展区、医疗器械及辅助设备展区、老年生活辅助用品展区和其他涉老企业相关产品展示区。全国 200 家行业主流产品企业展出产品 400 种，打造一站式老年需求采购平台，让老年人体验全方位、丰富多彩的服务。③印发《“十三五”泰安市老龄事业发展和养老体系建设规划》。着眼于养老服务业发展的长远建设，加快医养融合和发展老年医疗机构，完善养老服务体系。

【银龄安康工程和老年人出行关爱工程】 加强与人寿保险公司等配合协作，宣传发动老年人自愿投保“银龄安康”意外伤害组合保险，年内，全市参保老年人数 40.15 万人，占适龄参保老年人的 46%。岱岳区财政拨出资金 50 万元，为 1 万名高龄、贫困老年人购买“银龄安康”意外伤害组合险；新泰市政府拨出专项资金 98.62 万元，为全市 1.97 万名贫困、高龄老人购买“银龄安康”意外伤害组合险。市老龄办被评为 2017 年度全省实施“银龄安康工程”先进单位。省老龄办、新华人寿保险股份有限公司山东分公司在泰安市启动“老年人出行关爱工程”试点工作，对老年人乘公交车、火车、轮船、飞机等开展投保，泰安新华人寿承保老年人出行关爱保险人数 3 万人。

【孝亲敬老文化载体搭建】 举办两场老年人“喜迎十九大·银龄展风采”艺术大赛彩排和比赛，300 名老年人参赛，17 个参赛节目全部获得省老龄办表彰，市老龄办获得“优秀组织奖”；举办第三届泰安市“银龄杯”广场舞大赛，推荐肥城炫夕阳舞蹈队参加全省决赛获二等奖；参选第六届“山东省老年书法美术大赛”，向全市老年人征集作品 53 幅，11 篇作品获奖，市老龄办获得“优秀组织奖”；组织开展山东省第六届“老年健康与长寿理论研讨会论文征集”工作，2 篇论文获奖，市老龄办获“优秀组织奖”；开展山东省“敬老养老助老主题公益广告作品征集”活动，获“优秀组织奖”；组织泰安高新区颐博养老护养院、泰山老年公寓等 6 家单位参加第九届山东老龄产业博览会，获“优秀组织奖”；泰安市 9 家单位获评“山东省银龄之家”，3 家单位获评“山东省优秀老年艺术团体”，配发多媒体播放器，改善老年群众的文体活动条件；开展敬老爱老助老创建活动，公共交通公司泰山百合服务厅、新泰市南山老年公寓两家单位荣获第二届全国“敬老文明号”称号，7 名个人获全国“敬老爱老助老模范人物”称号；泰山区岔河村和新泰市南公东村 2 家单位被命名为“山东省敬老文化教育示范点”；泰安市推荐的岱庙街道花园社区党总支书记刘欣荣获“山东省十大孝星”称号。加大老龄宣传报道和信息工作的力度，在市级以上报刊、网站、客户端等媒体发表各类老龄新闻稿件、信息 400 篇。重视办好泰安老龄工作网站，及时更新内容，增加新颖性和吸引力。

【敬老月暨庆祝老年节活动】 印发《关于开展 2017 年“敬老月”活动的通知》，开展以“关爱老年人，欢庆十九大”为主题的“敬老月”活动。①党政领导带头走访慰问老年人。市委书记王云鹏，市委副书记、市长李希信，副市长鞠向群，分别到泰山区上高街道岔河村、泰山区财源街道清真寺社区、泰山景区黄前镇大地村走访慰问老年人，送去党和政府的关怀和节日的祝福。全市组织开展走访慰问城乡困难、空巢、失独等老年人活动，走访慰问老年人200人。拨付市级慈善资金走访慰问贫困老人和百岁老人50人。各县（市、区）及市老龄委成员单位、企事业单位到敬老院以及困难老人、百岁老人和老党员、老干部家中走访慰问，为他们送去慰问品和慰问金。②开展丰富多彩老年文体活动。泰安市老龄办第一书记派驻村、新泰市东张庄村举办“喜迎十九大·欢度敬老月”戏曲进村慰问老年人演出，邀请菏泽市单县百花豫剧团为老年人进行慰问演出，受到广大老年人的欢迎。老年节期间，全市组织开展各类文化、教育、健身、娱乐活动，参加老年人30万人次，丰富广大老年人精神文化生活。③举办“第五届泰安市十大孝子”评选表彰活动。市老龄办会同市文明办、市财政局、泰安广播电视台等部门，联合开展“第五届泰安市十大孝子”评选活动，举行颁奖典礼，在泰安广播电视台展播孝子的先进事迹。

（陈　曦）

【概况】 年末，全市有残疾人34.02万人，占全市总人口的6.16%。其中视力残疾5.06万人，占14.86%；听力残疾8.22万人，占24.16%；言语残疾5205人，占1.53%；肢体残疾9.89万人，占29.07%；智力残疾2.27万人，占6.68%；精神残疾2.52万人，占7.40%；多重残疾5.55万人，占16.30%。全市各级残疾人联合会（简称“残联”）具有“代表、服务、管理”职能：代表残疾人共同利益，维护残疾人合法权益；开展各项业务和活动，直接为残疾人服务；承担市委、市政府委托的部分行政职能，发展和管理残疾人事业。市残联为正县级单位，机关内设办公室、组织联络维权部（挂宣传文体部牌子）、康复部、教育就业部（三部一室），编制12人。下属市残疾人培训服务中心，正科级全额拨款事业单位，编制9人；市残疾人康复中心，副县级全额拨款事业单位，编制20人。市残联继续保持“省级文明单位”称号，被市委、市政府表彰为“市直2017年度经济社会发展综合考核先进单位”。

【残疾人社会保障】 配合民政部门做好全市困难残疾人生活补贴及生活不能自理重度残疾人护理补贴发放工作。落实重度残疾人参加社会保险政府代缴或补贴个人缴费政策、重度残疾人提前5年领取养老金政策。泰山区、岱岳区、肥城市为重度残疾人购买意外伤害保险。实施“阳光家园”残疾人托养，提高残疾人的社会保障水平。

【残疾人扶贫】 继续实施省、市第一书记帮包村“助残致富奔小康”项目。市派第一书记帮包村“助残致富奔小康”项目投入资金30万元，按照每户残疾人家庭2000元的标准扶持贫困残疾人150户；省第一书记帮包村项目，2016—2017年投入230.6万元，按照每户残疾人家庭2000元的标准，扶持残疾人1153户，扶持1303户贫困残疾人发展加工业、养殖业、家电维修和服务业等项目。

【残疾人就业培训】 落实按比例安排残疾人就业政策，在2017年市直事业单位招考中，市残联定向招录残疾人1人。规范代扣代收残疾人就业保障金，全市征收残疾人就业保障金2514万元，其中市直征收1281万元，残疾人新增就业834人。实施“百千万残疾人就业创业扶贫工程”，通过扶贫基地安置带动498名残疾人实现就业增收，争取省资金97.5万元，扶持省级优秀扶贫基地5处、示范基地1处、文化示范基地2处，“共享阳光”残疾人自主创业标兵5人，致富能手5人。市级投入150万元对培育的15处市级残疾人扶贫基地和5个自主创业个人进行扶持。按照每人1万元的标准，帮助9名盲人开店。扶持50名残疾人网上创业，发放扶持资金10万元。对1479名残疾人（其中建档立卡贫困残疾人191名）进行职业技能或农村实用技术培训，使有就业需求的残疾人能够掌握一技之长。组织全市30名2017届高校残疾人毕业生参加全国大学生就业公共服务立体平台网上双选会。组织参加全省首届残疾人电商扶贫成果展暨第二届残疾人电商创业带头人培训班，1人获得“山东省残疾人电商创业十大标兵”称号，3人获得“山东省残疾人电商创业带头人”称号。

【残疾人教育】 落实《泰安市义务教育阶段重度残疾儿童少年送教上门服务工作实施方案》，为128名残疾儿童实施送教上门服务工作，为131名贫困大学生及贫困残疾家庭学生发放救助金。

【残疾人康复救助】 全市投入1500万元为1.9万名有康复需求的残疾人提供基本康复服务，康复服务率及残疾人康复满意率均达90%。推进0～9岁残疾儿童康复救助，按照每人1.2万～1.32万元标准，为915名残疾儿童提供康复救助，使有需求的0～9岁残疾儿童接受基本康复服务的比例达100%。落实残疾儿童康复纳入居民慢性病门诊报销政策。人工耳蜗项目实现0～6岁听障儿童“发现一例,救助一例”。全市为残疾人免费提供轮椅、助听器、助视器、盲杖、助行器等各类辅助器具1.2万件（套）。通过对上争取和政府采购等方式，为233名残疾人安装假肢、适配矫形器。

【残疾人维权】 改进信访工作方式方法，全市受理残疾人信访1000件次，处结率达98%。开通残疾人“12385”热线,并与“12345”市政府民生热线并线。推进残疾人家庭无障碍改造，为1440户贫困残疾人家庭无障碍改造。做好全市残疾人驾驶汽车补贴、燃油补贴发放工作。贯彻落实《山东省实施〈残疾人保障法〉办法》，落实残疾人免费乘坐市内公交车、免费进入旅游景点，听力残疾人减半交纳移动通信工具信息费，视力、听力、言语残疾人家庭免收电视初装费、减半交纳基本收视维护费，市、县图书馆免费对残疾人开放盲人有声读物图书室和电子阅览室等优惠政策。

【残疾人组织建设】 开展基层残疾人组织示范县、乡创建活动，泰山区、新泰市和12个乡镇（街道）被省残联评为省级示范县、乡。加大残疾人工作者培训力度，委托浙江大学开办全市残疾人工作者培训班，培训残联干部、残疾人专职干事（委员）200人次。

【残疾人宣传文体】 开办共享阳光•《新闻零距离》手语节目。举办“精准服务手拉手，阳光助残进万家”全省志愿助残阳光行动主题日活动。开展文化体育建设示范县创建和残疾人文化从业创业示范基地创建工作，泰山区、肥城市被省残联评为文化体育建设示范县（区）。开展残疾人文化周活动，组织参加全省第九届残疾人艺术汇演，丰富残疾人精神文化生活。组织参加全省首届残疾人象棋、乒乓球、田径、游泳锦标赛。开展残疾人基本服务状况和需求信息数据动态更新工作，完成3835个社区10.84万名持证残疾人核查任务。

【残疾人基础设施】 全市各级残联成立残疾人培训服务中心及残疾人康复中心、托养中心，为当地残疾人提供职业培训、就业指导、康复训练、用品用具供应等服务。

【扶残助残活动】 利用重大节日、节点开展各种扶残助残活动。春节前开展贫困群众“过暖冬”“过好年”走访慰问活动，全市走访慰问残疾人家庭1895户,发放面粉2万千克、食用油1000千克，支出慰问经费78万元。助残日期间，开展书画笔会、助残义诊、发放辅具等活动，受益残疾人1万人次。

【对上争取成果】 借助“进京双对接”“向上级汇报工作”等机会，加大对上争取力度，争取残疾人基本康复服务、农村贫困残疾人实用技术培训、阳光家园、残疾儿童康复救助、贫困重度残疾人家庭无障碍改造、残疾人康复和托养机构设备补贴等项目资金1939.4万元。12月8日，民政部、国家发展改革委、中国残联等6部委联合下发通知，泰安市被确定为国家康复辅助器具产业综合创新试点地区，成为全国12个试点地区之一。

【重大活动】 9月6—8日，成功举办2017第二届泰山国际福祉暨康复设备博览会和泰山国际残疾人论坛，中国残联，省残联，泰安市委、市政府领导出席活动开幕式并致辞。9月，承办“凯洋杯”山东省首届残疾人辅助器具服务技能大赛，泰安市分别获得二等奖及优秀奖。

【市残疾人康复中心】 2月，市残疾人康复中心成立，下设办公室、财务科、康复科、社区指导科、听力语言中心5个科室。3月初，一期建设项目完成。5月，市残疾人康复中心试运行。10月，各项业务正式运行。与市妇幼保健院合作开展0～9岁残疾儿童抢救性康复救助工作，对200名残疾儿童进行康复训练，35名儿童长期住院治疗。与泰安市中心医院分院合作开展成人康复工作，各项康复训练工作正常运行。与德国奥托博克公司（在泰安成立了泰安奥泰康复辅具有限公司）合作开展假肢、矫形器制作与适配工作，加挂“泰安市残疾人康复中心假肢矫形室”的牌子，完成假肢项目216例。筹建市残疾人辅具展示体验厅，该体验厅面积达800平方米，可展示国内外知名厂商产品1000件。制定《泰安市残疾人康复中心托养工作运行方案（试行）》，探索开展残疾人托养工作，完成10名残疾人托养服务试运行工作。

【市残疾人培训服务中心】 市残疾人培训服务中心语训部语训听障儿童10人，5名听障儿童完成康复训练，进入普幼。培训听障儿童家长18人。组织听障儿童参加首届山东省听力语言“明日之星”演讲比赛，1人获第三名，泰安市获得优秀组织奖。组织4期盲人按摩培训班，培训48名盲人，9名学员获得全国盲人医疗按摩人员资格证书，19名学员通过鉴定获得职业技能初级保健按摩师资格证书。培训全市残疾人辅助器具服务工作人员220人。开展“辅具流动服务车进村入户”活动，全市适配各种辅具9114件。

（董　卫　曹梅玲）

【居民收入】 2017年，泰安居民人均可支配收入25244元，增长8.8%，扣除价格因素，实际增长6.9%。其中，城镇居民人均可支配收入32739元，增长8.1%，扣除价格因素，实际增长6.2%；农村居民人均可支配收入15674元，增长8.6%，扣除价格因素，实际增长6.7%。

工资性收入　全市居民人均可支配收入中，人均工资性收入1.62万元，增长8.9%，占人均可支配收入的比重为64.1%，拉动收入增长5.7个百分点，仍是居民收入的主要来源。

经营净收入　全市居民人均经营净收入4759元，增长7.2%，占人均可支配收入的比重为18.8%

财产净收入　全市居民人均财产净收入1531元，增长10.1%，占可支配收入的比重为6.1%。其中，城镇居民人均财产净收入2560元，比重为7.8%；农村居民人均财产净收入188元，比重为1.2%。

转移净收入　全市居民人均转移净收入2776元，增长10.8%，占人均可支配收入的比重为11.0%。

【居民消费支出】 2017年，泰安居民人均消费支出15302元，名义增长8.9%，扣除价格因素，实际增长7.0%。其中，城镇居民人均消费支出19376元，增长8.2%，扣除价格因素，实际增长6.3%；农村居民人均消费支出10100元，增长8.6%，扣除价格因素，实际增长6.7%。

食品消费支出　全市居民人均食品烟酒支出4192元，增长7.1%，占消费支出的比重为27.4%，在八大类消费中比重最高，恩格尔系数下降0.5%。分城乡看，城镇居民人均食品烟酒支出4933元，增长6.1%，占消费支出的比重为25.5%，恩格尔系数下降0.5%；农村居民人均食品烟酒支出3246元，增长8.0%，占消费支出的比重为32.1%，恩格尔系数下降0.2%。

医疗保健消费支出　全市居民人均医疗保健支出1609元，增长14.2%，在八大类消费中增速最快。分城乡看，城镇居民人均医疗保健支出1837元，增长14.9%；农村居民人均医疗保健支出突破1000元，达1094元，增长12.4%。

教育文化娱乐支出　全市居民人均教育文化娱乐支出1873元，增长13.7%，在八大类消费中增速居次席。分城乡看，城镇居民人均教育文化娱乐支出2384元，增长11.8%；农村居民人均教育文化娱乐支出突破1千元，达1092元，增长16.8%。

交通通信消费支出　全市居民人均交通通信支出1952元，增长10.3%，在八大类消费中增速居第三位。分城乡看，城镇居民人均交通通信支出2562元，增长5.5%；农村居民人均交通通信支出1150元，增长11.8%。

衣着、居住、生活用品及服务支出　全市居民人均衣着支出1183元，增长3.8%；居民人均居住支出3104元，增长7.5%；居民人均生活用品及服务支出1094元，增长8.6%；居民其他用品和服务支出295元，增长7.3%。

（贾同林　刘　钊）

编审　袁立轩

县市区

泰山区

【概况】 泰山区因境内泰山而得名。泰山区为泰安市辖区，位于泰安市中部，东西南三面与泰安市岱岳区搭界，北部与济南市历城区、长清区毗连。地理坐标为北纬36°05′～36°20′，东经117°03′～117°13′。全区行政区域面积337平方千米，辖7个乡（镇、街道），187个村（社区）。2017年年末常住总人口74.35万人，人口自然增长率9.9‰。

全年实现生产总值542.1亿元，比上年增长7.0%。其中，第一产业增加值7.1亿元，第二产业增加值183.7亿元，第三产业增加值351.3亿元。三次产业比重为1.31∶33.89∶64.81。全社会固定资产投资348.4亿元，公共财政预算收入30.9亿元，公共财政预算支出23.5亿元。年末金融机构本外币各项存款余额285.1亿元，其中城乡居民储蓄存款余额206.2亿元。社会消费品零售总额376.8亿元，进出口总额53.7亿元，其中出口40.2亿元、进口11.6亿元。

农林牧渔业总产值8.6亿元，其中种植业实现增加值5.11亿元、林业0.24亿元、牧业1.66亿元、渔业0.1亿元，农林牧渔服务业1.49亿元。粮食总产量1.89万吨，蔬菜产量1.1万吨，园林水果产量6042吨，肉类总产量4727吨，水产品产量6吨，禽蛋总产量1564吨。全部工业增加值146.31亿元，比上年增长6.82%。规模以上工业企业168家，实现主营业务收入351.0亿元，实现利润28.9亿元，实现利税45.8亿元。具有资质三级及以上建筑企业74家，完成建筑业总产值79.88元。

公路通车里程676.7千米，其中高速公路通车里程42.1千米。公路完成客运量1091.7万人次，完成货运量1426.12万吨。全区城镇化率达91.5%，A级及以上旅游景区4家，全年实现旅游总收入124亿元。

普通初中21所，在校生3.59万人；小学54所，在校生4.14万人；幼儿园176所，在园儿童2.70万人。申报市（地）级及以上各类重要科技成果58项，立项49项，专利申请量87件，授权专利266件。档案馆1座，档案总量16.59万卷(件)。公共图书馆1座，文化馆1座，农村文化大院165处、文体广场201处，农家书屋120家。全年举办各类群众性文化活动150项。广播、电视人口综合覆盖率均达100%。卫生机构478家，其中医院（卫生院）39家、社区卫生服务中心68家。各类卫生机构有床位11257张，卫生技术人员1.10万人。体育馆1座，新增群众体育健身活动场地37个。全年参加市级及以上体育比赛共获奖牌85枚。

全区全体居民人均可支配收入35403元，比上年增长8.3%。其中，城镇居民人均可支配收入37962元，增长7.8%；农村居民人均可支配收入16701元，增长8.7%。年末城镇居民人均拥有房屋面积31平方米，农村居民人均拥有房屋面积43平方米。城镇职工基本养老、医疗、失业、工伤和生育保险参保人数分别达10.4万人、9.5万人、4.5万人、8.5万人和10.1万人。城乡居民养老保险有效参保人数11.05万人，新型农村合作医疗参合率达100%。城镇最低生活保障人数3785人，农村最低生活保障人数2774人。

2017年，泰山区获全国平安建设先进区称号。在2018年4月13日召开的全市经济社会发展综合考核奖励大会上，获市委、市政府2017年度经济社会发展综合考核一等奖。

【打造四大特色农业品牌】 ①泰山茶产业。全区茶园面积达666.67公顷（1万亩），年产值1.2亿元；发

2017年泰山区、泰山景区乡镇（街道）基本情况

表41

乡镇（街道）名称			财源	岱庙	泰前	徐家楼	上高	省庄	邱家店	大津口	下港镇	黄前
党委书记			周团结	马云峰	侯世民	玄冬梅	倪海亮	孙清华	杨　波	宋洪兵	齐洪淼	刘灿军
乡镇长（主任）			谢慧清	黄　新	武永明	周　涛	李　进	张明强	方增勇	张继亮	边立峰	李德胜
面积（平方千米）			12	9.6	70.2	20.4	30.2	68	74.3	64	155	106
实有耕地面积（公顷）			—	—	111	385.7	520.5	2174.3	3467	156	2133	979.5
村（居）民委员会（个）			29	20	24	16	25	37	36	9	34	29
人口（万人）			17	17	16.1	4.3	12.1	6.2	5.53	1.6	4.2	3.4
地方财政收入（万元）			89300	51316	59858	30589	27000	8221	5035	2200	406	1084
农业机械总动力（千瓦）			—	—	—	2510	590	28500	53000	300	38000	13730.8
农村用电量（万千瓦时）			—	—	—	920	3278	4640	9200	50	1361.65	0.3
农产品总量（吨）		粮食	—	—	—	2386.15	538	8058	12245	—	5000	740
		棉花	—	—	—	—	—	0.13	—	—	52.5	—
		肉类	—	—	—	289	651	1463	3952	40	2730	—
		牛奶	—	—	—	911.3	43.2	4063.8	3458.5	—	—	—
教育事业	普通初中	学校数（所）	—	—	1	1	2	2	2	1	1	1
		在校生数（人）	—	—	647	883	1975	2349	2356	510	1303	575
		专任教师（人）	—	—	42	60	126	179	164	56	90	81
	小学	学校数（所）	8	5	6	5	7	7	10	3	4	12
		在校生数（人）	5075	3403	5430	2268	3340	2661	1896	396	955	819
		专任教师（人）	222	179	206	103	148	145	117	54	116	76
卫生事业	乡镇卫生院	床位（张）	19	6	20	20	—	99	60	23	70	55
		专业技术人员（人）	67	40	64	40	67	98	105	36	84	65
	村级卫生室(社区门诊)	数量（所）	26	19	9	10	18	30	34	8	32	27
		乡村医生（人）	56	30	18	26	63	71	86	16	61	54
生活保障	居民人均可支配收入（元）		36637	37856	36708	30985	30861	23697	16700	23008	28264	—
	居民人均生活消费支出（元）		17112	—	—	7858	9276	—	7393	16370	17112	—
	享受最低生活保障金人数（人）		1130	1821	606	444	840	884	887	332	646	281
	入住敬老院人数（人）		—	—	34	5	30	14	22	12	28	16
	敬老院数（所）		—	—	1	1	1	1	1	1	1	1

8月20日，泰山区人民政府与北京跨区域产业协作中心举行京鲁（泰山）新旧动能转换跨区域协作项目签约仪式。图为签约仪式现场 （司 刚 摄）

展茶叶专业合作社11家，注册商标15个。建成全市首家大型茶文化主题商城，6月，举办全市首届泰山茶优秀品牌评选暨第五届泰山茶炒茶技能大赛。泰山区被列入“国家级茶叶综合标准化示范区”。②苗木花卉产业。全区苗木花卉面积8333.33公顷（12.5万亩），年产值15.9亿元。年销售额1000万元以上的注册林业龙头企业25家；拥有省级苗木花卉科技示范园区1个。拥有“泰山松”品牌，注册有“东岳”商标。率先在全省推出苗木花卉电商平台，并成为全国知名的苗木花卉重点产销区。2017年，该区列入“国家苗木花卉综合标准化示范区”。③奶牛养殖产业。率先在全国开展牛奶价格指数保险试点工作；山东亚奥特乳业有限公司为省级农业龙头企业，先后获中国绿色食品、中国驰名商标等多项称号，亚奥特牌入选“山东省首批知名农产品企业产品品牌”。④有机蔬菜产业。培育壮大有机蔬菜加工企业，其中亚细亚食品有限公司发展成为国内最大的有机蔬菜出口企业、国家级农业龙头企业。

【就业和社会保障扶贫工程】 年内，泰山区对673名有劳动能力的贫困人口建档立卡，优先安排农家乐服务、苗木基地日常管理等岗位；鼓励企业吸纳安置贫困人员，设立就业创业扶贫基地3个、就业“扶贫车间”3个。推进社保扶贫，确保应保尽保。4142名贫困人口大病起付标准减半，医疗费用每段补偿比例提高5%，年度大病最高支付限额提高至50万元；该区财政共承担精准贫困人员居民医保个人缴费部分62.2万元；为874名建档立卡重度残疾人代缴居民养老保险费28.9万元。

【打造乡村旅游连绵带】 年内，泰山区将“旅游+乡村”作为发展全域旅游重要突破口，打造独具特色的北部山区乡村旅游连绵带。策划建设水牛埠村艾家庄依托古石头村落、绿城太阳谷、亓家滩绘画写生培训基地等乡村旅游精品项目。引导有条件的乡村挖掘自身优势，打造田园农事体验游、乡村特色采摘游、茶文化休闲游等休闲乡村游品牌。争取各级旅游扶贫资金，其中大河峪村100万元旅游扶贫资金已发放到位并投入使用。截至年底，该区共培育旅游强乡镇6家、旅游特色村13家。 （刘玉朴 栗长峥）

【概况】 该区因位于泰山脚下，泰山古时也称岱岳而得名。全区行政区域面积1750平方千米。辖11个镇、街道，472个村（居）委员会。2017年年末常住人口61.12万人(不含北集坡、徂徕、化马湾、良庄、房村、黄前、下港7乡镇街道,下同)。

全区实现生产总值332.1亿元，比上年增长7.6%。其中，第一产业增加值37.3亿元，增长4.7%；第二产业增加值140.4亿元，增长6.4%；第三产业增加值154.5亿元，增长9.3%。三次产业结构由上年的11.4∶42.2∶46.4优化为11.2∶42.3∶46.5。三次产业对生产总值的贡献率分别为2.3%、45.8%和51.9%，分别拉动GDP增长0.5、2.8和4.3个百分点。全年一般公共预算收入18.9亿元，一般公共预算支出33.3亿元。固定资产投资389.4亿元。实现社会消费品零售总额190.8亿元。金融机构人民币存贷款余额达580.6亿元、394.7亿元。

全年农业增加值27.1亿元，增长5.6%；林业增加值0.1亿元，

2017年岱岳区、泰安高新区乡镇（街道）基本情况

表42

乡镇（街道）名称			粥　店	天　平	山　口	大汶口	祝　阳	范　镇	角　峪	马　庄	满　庄
党委书记			李成勇	张　强	赵传星	赵永东	张和江	燕　光	王宝元	秦　晓	高传波
乡镇长（主任）			刘　峰	朱　涛	王建斌	裴敦友	王　翠	朱荣斌	马　林	李　东	杜传军
面积（平方千米）			94.3	64.4	56	90.7	88.8	68.7	63.7	57.2	112.9
实有耕地面积（公顷）			588.6	1416.3	2850.68	5466.67	4460.5	4277.2	3639.3	3839.3	4607.2
村（居）民委员会（个）			34	34	43	45	56	39	29	36	42
人口（万人）			6.17	3.21	5.3	7.4	5.8	6.1	3.3	5.1	7.35
地方财政收入（万元）			77512	29965	2900	5505	1243	2921	584	2734	36789
农业机械总动力（千瓦）			1750	4200	26000	—	21800	19850	25242	280000	11.6
农村用电量（万千瓦时）			36000	1020	2600	2086.18	3512	3200	2660	4548	73000
农产品总量（吨）		粮食	2.5	525	7950	77310.2	43299.72	47600	18232	60721	56350
		棉花	—	—	—	—	726.13	—	122	—	56
		肉类	991	18	2529	7636.01	4270.34	7228	1745	2682	8540
		牛奶	731	—	9600	2633.2	7853	17523	—	4692	18750
教育事业	普通初中	学校数（所）	1	1	2	2	2	2	1	2	2
		在校生数（人）	2564	73	2017	2288	1495	1884	848	1547	3544
		专任教师（人）	123	—	150	165	145	139	84	133	208
	小学	学校数（所）	8	8	5	12	4	5	3	4	6
		在校生数（人）	4009	1255	2080	1922	1431	1569	705	1255	3578
		专任教师（人）	178	104	119	148	218	120	70	87	142
卫生事业	乡镇卫生院	床位（张）	50	38	60	99	96	70	50	99	120
		专业技术人员（人）	122	47	93	80	80	70	55	59	128
	村级卫生室（社区门诊）	数量（所）	36	28	34	46	47	39	26	34	38
		乡村医生（人）	158	64	83	82	88	106	76	90	139
生活保障	居民人均可支配收入（元）		26300	11201	15186	—	13526	—	—	15006	24563
	居民人均生活消费支出（元）		10496	9012	9112	—	9890	—	—	8253	17500
	享受最低生活保障金人数（人）		550	212	330	738	683	349	386	419	489
	入住敬老院人数（人）		5	8	25	5	13	17	4	18	26
	敬老院数（所）		1	1	1	1	1	1	1	1	1

续表 42

乡镇（街道）名称			夏　张	道　朗	北集坡	徂　徕	良　庄	房　村	化马湾	天　宝
党委书记			白安东	朱英文	颜丙洪	杨中军	李新卫	公维刚	刘　灏	郭吉永
乡镇长（主任）			张清华	李安军	王　卫	孔祥国	王文强	彭　彬	王　勇	陈爱鹏
面积（平方千米）			122	105	133.53	140	141	94.7	100.2	158
实有耕地面积（公顷）			6842.8	4704.9	4902.1	3733	5427	4587	2173.33	5745.8
村（居）民委员会（个）			71	43	63	34	40	31	31	50
人口（万人）			6.3	3.5	5.9	5.7	7.5	6	3.72	8.3
地方财政收入（万元）			2038	4465	5250	2853	532	3038	497	3028
农业机械总动力（千瓦）			87181	29700	—	800	75387	46869	20000	55799
农村用电量（万千瓦时）			9043810	5305	12418.44	4320	5000	4000	2571	3747
农产品总量（吨）		粮食	60456	25000	22339.34	21000	35040.95	25919	35637	70641
		棉花	194	50	1.62	—	—	—	—	—
		肉类	4659	5000	1932.24	1560	5849.75	3183	367	8030.6
		牛奶	6722	43000	1970.55	4800	3264	1500	278	—
教育事业	普通初中	学校数（所）	1	2	1	2	2	1	1	2
		在校生数（人）	1973	1214	1108	1422	2269	1745	1113	2815
		专任教师（人）	134	115	86	131	197	116	96	197
	小学	学校数（所）	6	2	11	5	10	7	5	10
		在校生数（人）	1732	962	1984	1272	2149	1937	923	2933
		专任教师（人）	110	102	158	105	187	151	102	184
卫生事业	乡镇卫生院	床位（张）	99	50	40	50	99	60	40	40
		专业技术人员（人）	55	49	23	68	78	40	55	69
	村级卫生室（社区门诊）	数量（所）	54	38	36	36	34	27	34	47
		乡村医生（人）	104	73	118	87	126	68	98	206
生活保障	居民人均可支配收入（元）		13877	13500	—	12000	14428	12000	13111	11183
	居民人均生活消费支出（元）		9221	—	—	9670	5800	7304	10987	8263
	享受最低生活保障金人数（人）		1061	235	979	595	518	689	243	861
	入住敬老院人数（人）		23	13	17	31	26	45	20	17
	敬老院数（所）		1	1	1	1	1	1	1	1

下降2.6%；畜牧业增加值8.6亿元，增长2.3%；渔业增加值0.1亿元，增长2.5%。粮食播种面积6.21万公顷（93.2万亩），粮食总产量45.7万吨，粮食单产490千克/亩。蔬菜产量132.5万吨，园林水果产量5.85万吨，肉类总产量5.72万吨，水产品产量1650吨。全区新增农民专业合作社130家，总数达984家；新增家庭农场119家，总数达356家。无公害、绿色、有机农产品生产基地分别达2万公顷（30万亩）、8000公顷（12万亩）和1666.67公顷（2.5万亩）。农机化水平达86%。完成农田水利项目县、丰山小流域治理等工程，饮水安全提升工程受益人口达85个村、7.8万人。全年完成造林333.33公顷（0.5万亩）；新建和完善高标准农田林网733.33公顷（1.1万亩）；完成“三边”绿化105千米；完成全民义务植树131万株；中幼林抚育完成2000公顷（3万亩），森林覆盖率达26.4%。新增经济林面积166.67公顷（2500亩）、苗木花卉面积20公顷（300亩），林下经济产业基地达666.67公顷（1万亩）。林业专业合作社达185家，省级5家；林果苗木网上交易额达30万元。

全年规模以上工业增加值增长8.9%，其中国有经济下降23%，股份制经济增长9.6%；轻工业增加值增长7.6%，重工业增加值增长9.2%。全区27个有生产活动的大类行业中，13个行业工业增加值增速实现增长。其中，食品制造业增加值增长125.6%，拉动规模工业增长3.1个百分点；非金属矿物制品业增加值增长7.8%，拉动规模工业增长1个百分点。全区在国家重点调度统计范围内的78种规模以上工业产品中，产量同比增长的有24种，占30.8%。产销衔接保持稳定。全区工业产销率为99%，国有工业、集体工业、股份制工业产销率分别为100%、99.8%和99.4%。规模以上工业企业主营业务收入245.3亿元，利税25.0亿元，利润18.8亿元。全社会用电量28.1亿千瓦时，增长1.6%；工业用电量16.4亿千瓦时，增长2.8%。全区资质以上建筑企业39家，完成总产值104.9亿元，下降6.6%。其中，建筑工程产值完成96亿元，安装工程建筑产值完成8.6亿元。建筑业从业人员2.9万人，其中工程技术人员5136人。全年新引进重点产业项目114个，合同引资额1293亿元，其中投资过亿元项目68个、过50亿元项目9个、过30亿元项目12个、过10亿元项目22个；已开工项目46个。

全区完成公路货运量1951.7万吨，货物周转量12亿吨千米，分别增长15.3%和4.8%。全区国省道总里程336.3千米，其中国道143.1千米、省道193.2千米。按技术等级分，高速公路67.6千米，一级公路93.9千米，二级公路154千米，三级公路20.9千米。按路面类型分，沥青路面273.5千米，水泥路面62.8千米。全年接待游客1202.4万人次，实现旅游收入26.7亿元，分别增长16.5%和20.8%。桔子水晶酒店、中达御景酒店建成投入使用，天房温德姆酒店（五星）加紧建设。泰山天颐湖旅游度假区被评为国家AAAA级旅游景区、省级旅游度假区，泰山九女峰乡村旅游度假区成为全市首个乡村旅游集群片区，并列入省政府乡村旅游提档升级的重点集群片区。举办天颐湖花灯会、首届长跑比赛、香椿采摘节、泰山花海首届菊花节、泰山天颐湖首届3D灯光艺术节等活动。

年末有各级各类学校（幼儿园）267所，其中幼儿园169所、小学58所、初中22所、高中5所、特殊教育学校1所、成教学校11所、职业学校1所。在校生8.71万人，其中幼儿园1.61万人、小学2.40万人、初中2.56万人、高中1.50万人、特殊教育48人、职业学校6269人。2017年高考，全区本科上线3456人，上线率达67.6%，创历史最高。区教育局和英雄山中学被省教育招生考试院和空军招飞局济南选拔中心联合评为2017年度空军招飞工作先进单位。全区发明专利申请132件，授权50件，有效发明专利294件。年末有医疗卫生机构14处，其中医院1处、乡镇卫生院9处、社区卫生服务中心2处、妇幼保健院1处、皮防所1处。各级各类医疗卫生机构实有床位1736张，其中区直952张（含第一人民医院、皮肤病防治所及妇幼保健院），乡镇784张（含粥店、天平社区卫生服务中心及各乡镇卫生院）；拥有卫生技术人员2472人，其中执业医师、执业助理医师816人，注册护士860人。稳妥实施全面“二孩”政策，人口自然增长率控制在6.3‰以内。开展农村有线数字电视“户户通”工程，新发展电视用户1.21万户，新发展宽带6057户，新发展双向用户8505户。全区11个镇街图书馆分馆、464个流通服务点全部免费开放。加大非物质文化遗产保护力度，全区有省级非物质文化遗产项目2项、市级31项、区级76项。在全国第十三届运动会中，岱岳区籍运动员翟超夺得4×400米混合接力金牌，400米接力银牌。

全区全体居民人均可支配收入24694元，增长8.7%。其中，城镇居民人均可支配收入32332元，增长8.1%；农村居民人均可支配收入15006元，增长8.5%。全区一般公共预算中用于民生方面的支出达28.3亿元，占财政支出的85.1%。脱贫攻坚成效明显，实施产业扶贫项目94个，4371人实现脱贫。各项社会保险基金总收入21.77亿元，发放各项社会保险待遇18.73亿元。全区新增就业再就业8960人，居民基础养老金实现5连涨，企业退休职工待遇实现13连涨。发放城乡低保金1817万元、五保供养资金872.5万元。完善养老服务设施，设立社区日间照料中心2处、农村幸福院6处，新增养老床位400张。提高抚恤补助标准，投入110万元为全区优抚对象办理医疗保险，审核报销优抚对象医疗补助费100万元。为448名现役士兵发放义务兵家庭优待金654万元，为353名退役士兵发放自主就业金946万元。

2017年，岱岳区被评为全国“最美揽夏地”十强，被评为山东电子商务示范县，被列入国家级农村综合性改革试点县，被认定为山东省重点服务业城区，被评为全省未成年人思想道德建设先进县、民族团结进步创建示范单位、法治创建先进区。满庄镇被评为全国特色小镇、山东省绿色生态示范镇和全省重点示范镇，山口镇、大汶口镇、角峪镇被命名为山东省卫生乡镇，范镇郑寨子村被授予全国文明村。满庄卫生院、天平社区卫生服务中心分别被评为全国百佳乡镇卫生院、全国优秀示范社区卫生服务中心。区职教中心获评全国特色办学职业院校、省示范校及优质特色中等职业学校，英雄山中学获评全国教育改革创新示范校、省级文明校园。在2018年4月13日召开的全市经济社会发展综合考核奖励大会上，岱岳区获市委、市政府2017年度经济社会发展综合考核二等奖。

【构建“一区三园四带多极”发展格局】 2017年，岱岳区经济工作坚持“进中求好”总基调，围绕“打造泰城新区，建设幸福岱岳”奋斗目标，按照“工业强区、城市兴区、旅游活区”的发展思路，加快构建“一区三园四带多极”发展格局。“一区”即增强中心城区辐射带动力，大力发展城市经济，打造泰城新的发展中心；“三园”即打造3个优势产业集聚园区，山东岱岳经济开发区主攻“现代服务”，大汶口工业园主攻“高端制造”，岱岳新兴产业园主攻“新兴产业”；“四带”即抢抓重大基础设施建设机遇，打造新104国道、大汶河、西联、济泰高速4条产业带；“多极”即引导各镇发展各具特色的镇域经济，建成具有较强产业支撑力的重点镇和中心镇，培育形成多个实力雄厚、产城融合、特色鲜明的现代城镇。

2月16日，岱岳区2017年春季重点项目建设集中开工仪式举行。图为泰安金融商务区二期项目开工奠基仪式　　（司　刚　摄）

【深化人才发展体制机制改革】 岱岳区坚持突出“高精尖缺”导向，创新政策机制，优化引才模式，逐步构建起市场化引才聚才工作新格局。①政策引领增强引才聚才“磁力”。印发《关于大力培植工业“三强”企业的实施意见》等文件，设立人才工作专项资金和产业发展扶持引导资金，构建“人才+科技+产业+项目+资本”的创业投融资模式，实现创业人才、创新项目与创投资本的无缝对接、融合发展。年内，向创业企业提供信贷资金1820万元，为高新技术企业提供过桥资金2100万元，为各类创业人才提供担保贷款1340万元，奖励“新三板”挂牌企业172万元。②企业主导增强引才聚才“动力”。实施“牵手才智·助跑岱岳”行动，分批组织重点骨干企业到经济发达地区和高校院所对接人才项目。引导、鼓励企业借助人才协会组织、猎头公司、人力资源中介机构，引进人才智力和技术成果。2017年，新引进院士3人，享受国务院政府特殊津贴专家2人，海外高层次人才1人；新落地国内外500强、行业100强项目5个。③服务先行增强引才聚才“活力”。实行区人才工作领导小组成员单位联系重点企业项目制度，在园区和重点企业成立科学技术协会，在驻泰安高校设立大学生创业就业服务站。创建大学生公众微信服务平台和大学生就业创业QQ群，及时发布人才需求、创业岗位信息。组织开展“牵手才智·助跑岱岳”大学校园行、人才招聘会12场，提供招聘岗位3800个，为在校大学生提供政策咨询、指导培训等服务。

【重点项目集中开工】 2月18日，岱岳区2017年春季重点项目建设集中开工仪式在60万吨微粉加工项目现场举行。50个重点项目集中开工，总投资391.2亿元，2017年计划完成投资127亿元。年内，岱岳区委、区政府把招商引资和项目建设作为工作主线，开展“重点产业招商引资和重点项目建设突破年”活动，实行重点项目区级领导包保帮促制度，全力抓招商、合力攻项目，竭力提高项目签约率、开工率、竣工率、成活率“四个率”，为打造经济发展新空间、产业聚集新格局和经济增长新板块提供强力支撑。 （程建民）

【概况】 新泰取境内新甫山及泰山首字而得名，地处山东省中部。全市行政区域面积1933平方千米。辖20个乡（镇、街道）。2017年年末常住总人口127.42万人（不含天宝镇，下同）。

经济运行总体平稳 全年实现GDP842.6亿元，按可比价格计算，比上年增长6.2%。按常住人口计算，人均GDP达6.62万元，增长9.0%。其中，第一产业增加值（不含农林牧渔服务业）59.0亿元，增长4.7%；第二产业增加值404.9亿元，增长5.9%；第三产业增加值378.7亿元，增长6.6%。三次产业结构为7.0∶48.1∶44.9。

服务业稳定发展 服务业实现增加值378.7亿元，按可比价计算，比上年增长6.6%。服务业增加值占GDP比重达44.9%，比上年提高0.2个百分点。实现服务业税收收入18.8亿元，占全部税收比重41.4%。

非公有制经济繁荣活跃 年底，全市市属私营企业1.15万家，投资者2.11万人，雇工7.13万人，注册资金686.7亿元，分别增长22.7%、14.0%、16.3%和54.5%。

农业生产形势较好 全年农林牧渔业完成增加值62.3亿元（含农林牧渔服务业），按可比价计算，比上年增长4.8%。其中，农业（种植业）增加值32.9亿元，林业增加值2.0亿元，牧业增加值24.0亿元，渔业增加值1040万元，服务业增加值3.3亿元。

主要农副产品产量保持稳定 全市农作物总播种面积10.7万公顷，其中粮食播种面积6.2万公顷、油料2.1万公顷、棉花292.5公顷、蔬菜及食用菌2.3万公顷。

林业生产平稳推进 当年造林面积1143公顷，其中用材林66公顷、经济林810公顷。

现代农业加快推进 年末农用机械总动力达96.7万千瓦，农用拖拉机2.10万台。农村用电量1.7亿千瓦时。全年农用化肥（折纯）施用量3.1万吨。有效灌溉面积4.2万公顷。

工业经济增长加快 2017年，全部规模以上工业增加值比上年增长6.4%，实现工业总产值1101.9亿元，增长18.5%。其中，轻工业产值221.7亿元，占工业总产值20.1%；重工业产值880.2亿元，占工业总产值79.9%。

工业质量效益显著提升 全市规模以上工业产销率为98.9%。实现主营业务收入1010.8亿元，比上年增长4.8%；实现利税101.2亿元，增长32.5%；实现利润51.3亿元，增长43.3%。年末全市规模以上工业企业302家，其中主营业务收入过亿元企业129家，过10亿元企业4家，利税过千万元企业97家。

固定资产投资保持平稳 2017年全市完成固定资产投资656.7亿元，比上年增长9.4%。服务业投资256.3亿元，下降4.1%，第三次产业投资占比39.0%。

建筑业增长放缓 全市三级及以上（新资质）建筑企业81家，完成建筑业总产值71.7亿元，比上年下降21.0%，其中国有及国有控股企业完成建筑业总产值10.8亿元。

城市建设稳步提升 全年城市维护建设资金支出12.1亿元。供水综合生产能力17.8万立方米/日，用水普及率为100%；集中供热面积743万平方米；绿地面积3190公顷，建成区绿化覆盖率达44.9%，人均公共绿地面积18.9平方米。

道路交通建设加强 年末全市等级公路通车里程达3431.3千米，其中高速公路通车里程78.4千米。全市交通总周转量达586970.6万吨千米，其中货物周转量达572725.8万吨千米，旅客周转量达142448.1万人千米。

邮政通信业稳定发展 全市邮政业务总量19678万元，比上年增长26.4%；函件7.7万件，特快专递7.1万件，汇票2.0万张，包件87.5万件，定销报刊1130.3万份。全社会完成电信业务量23230万元，固定电话用户6.78万户，移动电话用户129.94万户。上网用户（含宽带、拨号、无线网卡）96.66万户。

消费市场平稳运行 全年实现社会消费品零售总额344.1亿元，

比上年增长9.8%。年末全市城乡集贸市场117个，其中消费品综合市场103个、农副产品专业市场8个、工业品消费市场2个、工业生产资料市场4个。全市有个体工商户6.83万户，从业人员15.11万人，注册资金44.2亿元，分别比上年增长10.9%、13.2%、26.2%。

外贸进出口快速增长 对外贸易实现进出口总值185568万元，增长18.0%。其中，出口149192万元，增长18.2%；进口36376万元，增长16.9%。

财税收支保持平稳 公共财政预算收入完成40.6亿元，比上年下降3.0 %。其中,税收收入31.0亿元，下降1.0 %。公共财政预算支出完成64.7亿元，下降1.0%。2017年，全市税收合计45.3亿元,增长2.9%。其中，国税部门实现税收收入21.0亿元，增长37.3%；地税部门实现税收收入24.3亿元，下降15.5%。

金融市场发展稳健 年末，金融机构各项存款余额本外币635.7亿元,比年初增加42.7亿元。其中，住户存款余额454.8亿元，比年初增加38.5亿元。人民币各项存款余额632.9亿元,比年初增加42.9亿元。年末，金融机构各项贷款余额本外币395.1亿元，比年初增加14.1亿元。人民币各项贷款余额394.9亿元,比年初增加13.9亿元。

科技创新取得新成效 全年获科技成果55项，其中泰安市级14项、新泰市级40项。实施各类科技计划69项，其中省级9项、泰安市级21项、新泰市级39项。

教育水平继续提升 全市拥有普通初级中学28所，专任教师4051人，在校生5.44万人；普通高级中学6所，专任教师1891人，在校生2.43万人；中等职业学校2所，专任教师316人，在校生6087人；小学134所，专任教师4912人，在校生7.46万人；幼儿园256所，专任教师2525人，在园儿童3.43万人；特殊教育学校1所，在校学生93人。

医疗卫生服务能力快速提升 全市有各类卫生机构49所（不含计生服务站，下同），其中医院及卫生院40所。实有病床6505张。全市各类卫生技术人员7190人，其中执业医师2284人、执业助理医师416人、注册护士3173人、药剂员348人。

文化服务深入推进 艺术表演场所2处，年内，各类获奖表演节目17个。全市有剧场、影剧院12处，文化馆1处，公共图书馆1处；有广播电台1座，节目2套，日播音时间达36小时；电视台1座，转播节目35套。

体育事业稳步发展 2017年，在国家级比赛中，全市运动员获国家级奖牌15枚，其中金牌5枚。全年体育彩票发行额达15100万元，比上年增长7.1%。

人口总量基本稳定 常住人口127.42万人（不含天宝镇），比上年增长1.9‰。其中，城镇人口81.64万人，增长32.6‰；农村人口45.78万人，下降48.4‰。年平均常住人口127.30万人（不含天宝镇）。公安户籍（不含天宝镇）总户数49.53万户，总人口136.11万人，其中女性66.24万人、男性69.86万人，男女性别比为105.5%。总人口中，城镇人口70.46万人，乡村人口65.65万人、当年出生率28.16‰，死亡率14.18‰，人口自然增长率13.98‰。

居民生活持续改善 全市居民人均可支配收入25781元,增长8.7%。其中，城镇居民人均可支配收入33723元，增长8.4%；农村居民人均可支配收入15686元，增长8.6%。

就业形势保持稳定 年末，城镇登记失业人员6515人，城镇登记失业率为2.54%。

社会保障体系更加完善 年内，全市有21.6万人参加城镇基本养老保险，68.9万人参加农村养老保险，121.5万人参加基本医疗保险。全市低保对象1.2万户（含新汶矿业集团）1.97万人，发放保障金5940.9万元。农村五保供养人数2486人，社会救济总人数（含新矿集团）3.97万人。全市有各种社会福利收养单位（含敬老院）27家，床位3779张。全年销售福利彩票10474.1万元，筹集社会福利基金209.5万元。

2017年，新泰市在中国中小城市综合实力百强县中居第36位，比上年前移2个位次；获中国新能源最具投资潜力百强县、国家节水型城市、全国“互联网＋智慧能源”示范基地、全国政务服务突出贡献奖、全省节能环保产业示范市等多项省级以上称号。在2018年4月13日召开的全市经济社会发展综合考核奖励大会上，获市委、市政府2017年度经济社会发展综合考核一等奖。

【首届中国“互联网＋文创”高峰论坛暨新泰城市吉祥物发布会举办】 5月21日，首届中国“互联网＋文创”高峰论坛在新泰市举办，新泰城市吉祥物“心态宝宝”在发布会上首次亮相。此次活动由中国电子商务协会、新泰市人民政府主办。“心态宝宝”由巫永坚设计打造。其外形取“X”“T”，也为“新泰”两字拼音的首字母，以“心对心”的表现方式，表达积极乐观的心态，寓意心与心的交流沟通。发布会上，新泰国际青年艺术基地正式开园。“互联网＋文创”主题论坛开讲，

2017年新泰市乡镇（街道）基本情况

表43

乡镇（街道）名称			青云	新汶	东都	小协	翟镇	泉沟	羊流	果都	西张庄	楼德
党委书记			吕熙伟	李彬	王茂宁	张新	刘焕校	史新国	李兴胜	郭仕峰	泥德润	何涛
乡镇长（主任）			季伟	李建军	张鑫	孔雨	耿燕	陈凯	白宗成	徐继刚	孙法伟	王道梅
面积（平方千米）			145	35.8	63.4	39.1	63.6	92.6	172.2	48.3	43	93.8
实有耕地面积（公顷）			3637	406	2538	1227	2650	3036.5	10	2448	2426	5040
村（居）民委员会（个）			77	18	33	18	46	33	90	34	28	36
人口（万人）			20.1	10.4	7.3	5.1	7.5	4.9	10.5	4	4.5	7.7
地方财政收入（万元）			38394	47533	15815	6320	23770	13030	11694	9287	31750	14000
农业机械总动力（千瓦）			33226	1086	11000	12610	32000	78000	42000	61259	9650	92000
农村用电量（万千瓦时）			2822	1093.9	1372	469	1633	481	183.7	401.7	2935.3	1017
农产品总量（吨）		粮食	6652	3063	16577	5801	16200	19193	70000	31725	26637	45192
		棉花	54	—	—	8	—	53	—	—	—	4020
		油料	3116	—	2083	896	581	1898	9600	1131	528	3152
		水果	50636	2086	6035	17	226	3566	1800	204	3080	120
教育事业	普通初中	学校数（所）	2	1	1	1	1	1	2	1	1	1
		在校生数（人）	11326	1607	1599	820	2936	2192	3651	1118	1356	3168
		专任教师（人）	682	96	140	120	175	164	164	89	117	225
	小学	学校数（所）	12	7	6	4	5	6	13	6	6	9
		在校生数（人）	17814	2325	2224	170	3423	2974	6688	1842	2606	3065
		专任教师（人）	1178	238	196	1593	152	161	312	100	150	201
卫生事业	乡镇卫生院	床位（张）	2806	—	25	315	60	180	60	30	30	800
		专业技术人员（人）	1356	31	12	117	107	63	98	47	40	182
	村级卫生室	数量（所）	87	18	28	18	42	28	64	31	25	36
		乡村医生（人）	212	22	84	45	113	77	64	65	81	141
生活保障	居民人均可支配收入（元）		33723	17729	17361	15100	25616	15829	17000	13377	15828	11781
	居民人均生活消费支出（元）		20323	13297	10520	9900	11075	9336	10284	3841	11075	4120
	享受最低生活保障金人数（人）		1467	374	930	380	845	561	931	428	987	1155
	入住敬老院人数（人）		720	306	32	19	25	19	32	24	22	166
	敬老院数（所）		2	3	1	1	1	1	1	1	1	1
	社会福利企业数（家）		11	—	6	2	—	—	—	—	—	5
	福利企业残疾员工数（人）		242	—	48	36	—	—	—	—	—	87

续表 43

乡镇（街道）名称			禹村	宫里	谷里	石莱	放城	刘杜	汶南	龙廷	岳家庄	新甫
党委书记			李希刚	范纯学	李绪涛	李怀爱	高　飞	肖　娟	潘吉民	朱　峰	刘西涛	刘祥军
乡镇长（主任）			张　鲁	张永珍	范育民	马　强	陈　涛	马桂前	井梓童	张仕峰	李怀坤	葛翔千
面积（平方千米）			89.2	85.1	94.8	163.1	69	51.6	185.2	152.2	68.1	64
实有耕地面积（公顷）			3208	4226	3701	5170	3298	2732	5317	5140	2720	1840.9
村（居）民委员会（个）			36	43	51	69	23	28	85	53	25	37
人口（万人）			5.8	6.4	5.8	6.9	3.5	3.2	10.8	6.5	4.0	4.6
地方财政收入（万元）			1450	4500	10831	3026	848	2743	16600	4155	1533	5853
农业机械总动力（千瓦）			43000	8236	36000	78000	32000	27800	38711	33000	6000	21082
农村用电量（万千瓦时）			467.3	776	470	312	51	374	216.4	323	788	1187
农产品总量（吨）		粮食	25940	46991	27351	7790	15176	5714	35307	5646	7858	976
		棉花	40	1.2	27	28	—	11	1.7	14	15	—
		油料	3776	2326.5	8224	8	3564	6292	9306	9848	8070	87
		水果	2913	3086.6	280	122	1822	1752	17398	34427	3140	243
教育事业	普通初中	学校数（所）	1	1	1	1	1	1	2	2	1	—
		在校生数（人）	2106	1700	2368	2780	1138	785	4149	2083	1331	—
		专任教师（人）	159	88	122	101	97	49	252	166	83	—
	小学	学校数（所）	8	8	8	10	4	6	15	11	4	4
		在校生数（人）	2474	3200	2928	4160	1720	1268	5503	2264	2018	5316
		专任教师（人）	175	192	172	280	133	113	391	166	86	523
卫生事业	乡镇卫生院	床位（张）	99	30	40	26	20	35	30	35	20	—
		专业技术人员（人）	97	43	68	46	42	17	63	60	37	—
	村级卫生室	数量（所）	35	33	35	61	22	28	84	48	22	35
		乡村医生（人）	100	130	96	131	59	55	214	121	65	87
生活保障	居民人均可支配收入（元）		14236	11521	13980	13350	13500	10878	17562	13206	12825	16680
	居民人均生活消费支出（元）		8542	5000	9520	10680	7900	7577	9659	10983	8300	13520
	享受最低生活保障金人数（人）		1157	800	522	635	587	473	3376	1006	963	621
	入住敬老院人数（人）		110	108	44	42	28	11	220	24	76	45
	敬老院数（所）		1	1	1	1	1	1	1	1	1	1
	社会福利企业数（家）		—	1	1	—	1	2	20	1	—	—
	福利企业残疾员工数（人）		—	10	11	—	2	3	1	92	—	—

5月21日，首届中国"互联网+文创"高峰论坛暨新泰城市吉祥物发布会在新泰召开（李 红 供）

参会代表以"互联网时代文创的发展机遇""中国农村电商的文化创意""互联网+县域电商""用文创活化乡村产业"等内容为切口进行主题演讲。

【"和美新泰"莲花小镇设计大赛暨旅游小镇发展高峰论坛】 7月22—23日，新泰市政府联合省互联网传媒集团、《生活日报》等单位，共同举办"和美新泰"莲花小镇设计大赛暨旅游小镇发展高峰论坛。该次大赛创作内容包括游客中心建筑创意设计、莲花台建筑创意设计及单体民宿创意设计三大类，最终由专家评审委员会评出一等奖3个、二等奖6个和入围奖若干。在山岳型景区旅游小镇发展高峰论坛会上，国内知名的旅游和景观设计专家以及投资机构应邀对山岳型景区的旅游规划、旅游营销、景观设计等作专题讲座。其间，与会领导、专家及设计师实地参观考察新泰经济社会发展及莲花山旅游建设情况。

【高标准农田建设模式创新试点项目】 6月21日，省农业综合开发办公室调研组到新泰市调研高标准农田建设模式创新试点项目实施进展情况。调研组实地察看山东惠美农牧发展有限公司生态园区建设和试点项目实施进展情况，了解园区建设和产业发展规划，对该生态园区以种养结合循环农业为主线，有机茶和食用百合产业为主导，科技创新为主题，"种植、养殖+加工+休闲旅游"的经营模式给予肯定。

（李 红）

【概况】 肥城因西周时期称肥子国而得名，地处山东省中部、泰山西麓，为"中国佛桃之乡"。全市行政区域面积1277平方千米，辖14个镇（街道）。2017年年末常住人口96.89万人，人口自然增长率8.59‰。

全年实现生产总值808.8亿元，比上年增长6.8%。其中，第一产业增加值52.5亿元，第二产业增加值401.5亿元，第三产业增加值354.9亿元。全社会固定资产投资完成648.0亿元，公共财政预算收入40.4亿元，公共财政预算支出56.7亿元。社会消费品零售总额319.9亿元，进出口总额32.9亿美元。年末，金融机构各项存款余额500.3亿元，其中城乡居民储蓄存款余额368.8亿元。

粮食播种面积7.37万公顷，粮食总产量53.18万吨，蔬菜产量163.5万吨，园林水果产量8.23万吨，肉类总产量6.82万吨，水产品产量5000吨。全年新增造林面积0.17万公顷。全市拥有农业机械总动力98.03万千瓦。规模以上工业企业327家，实现增加值302.9亿元，比上年增长4.3%，实现主营业务收入844.5亿元，实现利润60.6亿元，实现利税94.1亿元。资质三级及以上建筑企业73家，实现建筑业增加值99.2亿元，比上年增长33.5%。

公路通车里程2755.64千米。邮政业务总量1亿元。城镇化率61.2%。开工保障性安居工程6760套，基本建成2428套。城市空气质量良好率80%。污水集中处理率96.2%，垃圾无害化处理率100%。A级及以上旅游景区16家，全年接待旅游人数200万人次，实现旅游总收入26亿元。

有中等职业学校1所，在校生5486人。普通高中6所，在校生1.98万人。普通初中27所，在校生3.14万人。小学88所，在校生5.07万人。幼儿园130所，在园幼儿2.96万人。取得重要科技成果23项，获市级及以上科学技术奖7项，专利申请量756件，授权专利611件。档案馆1个，公共图书馆1所，文化馆1个，农村文化大院实现全覆盖。广播、电视人口综合覆盖率均达100%。医疗卫生机构569所，其中医院（卫生院）31个、社区卫生服务中心2个。各类卫生机构有床位

2017年肥城市乡镇（街道）基本情况

表44

乡镇（街道）名称			新城	老城	潮泉	王瓜店	桃园	王庄	湖屯	石横	仪阳	安临站	孙伯	安驾庄	边院	汶阳
党委书记			李宝军	孙栋	于芳	肖海霞	王涛	和强	于辉	孙衍辉	崔绪昌	王开军	韩宁	荆文忠	桑逢智	宋玉革
乡镇长（主任）			孟宪栋	冉祥银	朱建国	杜辉	赵健	李军	卢军	李开磊	王继荣	梁乙胜	董振	刘文涛	韩鹏	姬建芳
面积（平方千米）			55.4	78.7	52.9	91.8	100.8	93.7	85.3	94.4	97.4	130.9	70.9	134.2	111.2	79.5
实有耕地面积（公顷）			1163	3709	2451	3984	5067	5333	4527	4654	3429	4134	3208	7196	6580	4361
村（居）民委员会（个）			43	30	11	37	40	53	53	48	49	48	17	71	80	53
常住人口（万人）			14.1	8	2.2	8.1	4.3	5.51	8.4	8.7	4.5	5.6	2.9	8.1	8.4	7
地方财政收入（万元）			34531	6835	380	37175	5360	5145	10243	45743	10800	3571	4233	6953	22910	10845
农业机械总动力（千瓦）			87949	31000	38084	101000	130000	156670	110000	110681	72962	6910	60149	92423	77136	55228
农村用电量（万千瓦时）			1596	1210	270	3250	4200	982	2092	109680	2100	4890	231	2688	9437	1780
农产品总量（吨）		粮食	7831	20628	9926	57000	51897	71187	31355	37765	28153	8200	63400	94719	80000	44260
		棉花	23	114	19	—	106	201	5	54	59	480	210	128	64	—
		肉类	17	8827	2546	5265	8334	6687	4443	2324	2800	9780	1500	1755	3000	1024
		牛奶	—	18903	20	2400	—	—	—	1656	—	4300	—	2153	3000	2975
教育事业	普通初中	学校数（所）	—	2	1	1	1	1	1	1	—	1	1	2	2	1
		在校生数（人）	—	1527	544	2700	1252	1294	1097	1646	—	1006	744	1676	1921	1904
		专任教师（人）	—	178	54	178	120	110	106	178	—	145	75	166	173	140
	小学	学校数（所）	—	3	1	9	7	6	5	6	5	9	1	9	11	3
		在校生数（人）	—	1732	748	4996	1741	1995	1836	2651	1545	1954	1238	2746	3137	2883
		专任教师（人）	—	226	67	369	171	185	182	214	205	186	115	265	201	201
卫生事业	乡镇卫生院	床位（张）	120	218	20	99	62	60	40	120	180	76	40	90	90	80
		专业技术人员（人）	75	98	30	94	62	54	37	76	69	39	42	101	111	84
	村级卫生室（社区门诊）	数量（所）	23	33	10	30	29	28	38	37	25	27	17	42	54	36
		乡村医生（人）	66	71	17	120	86	91	60	105	76	96	69	78	97	126
生活保障	居民人均可支配收入（元）		—	15914	16446	—	24205	16601	—	—	16847	13738	13004	15966	16826	—
	居民人均生活消费支出（元）		—	7100	9985	—	15099	7210	—	—	9003	7896	9360	13128	14302	—
	享受最低生活保障金人数（人）		426	1313	389	977	652	1405	550	1096	970	1316	1066	2376	7042	1879
	入住敬老院人数（人）		76	30	18	52	33	40	40	145	97	56	124	50	65	196
	敬老院数（所）		2	1	1	2	1	1	1	1	1	1	1	1	2	1

9月2—3日，全国首届左丘明文化学术研讨会在肥城市召开（郝　航　供）

4671张，卫生技术人员0.54万人。体育馆1座，新建公共健身工程85个。全年参加市级及以上体育比赛获金牌76枚。

全市全体居民人均可支配收入26335元，比上年增长8.8%。其中，城镇居民人均可支配收入34354元，增长8.3%；农村居民人均可支配收入16446元，增长8.7%。居民基本养老保险参保人数51.71万人，居民基本医疗保险参保人数73.06万人。城镇最低生活保障人数0.23万人，农村最低生活保障人数1.61万人。

2017年，肥城市在全国中小城市综合实力百强、中小城市投资潜力百强分列第42位、第14位，分别比上年前移3个和2个位次，在全省分列第8位和第1位，中国工业百强县列第76位。先后获全国义务教育发展基本均衡市、农作物生产全程机械化示范县、农村集体“三资”管理示范县、群众体育先进单位和全省中共十九大安保维稳先进集体、生态文明乡村建设先进县、农产品质量安全县、民间文化艺术之乡、社会科学普及示范县（市、区）、购物旅游示范城市等称号。在2018年4月13日召开的全市经济社会发展综合考核奖励大会上，获市委、市政府“2017年度经济社会发展综合考核一等奖”。

【肥城经济开发区创建为省级经济开发区】 7月21日，省政府批复肥城经济开发区升级为省级经济开发区。肥城经济开发区规划面积6.27平方千米，包括肥城市现代盐化工产业园区3.54平方千米、肥城市循环经济产业园区2.73平方千米，为肥城传统工业强区，产业基础和产业优势鲜明。2017年，肥城市突出园区转型升级，深入挖掘发展潜力。3月，启动省级经济开发区申报创建工作，成立申报创建工作小组，先后赴梁山、东营、临港等地考察学习，召开协调推进会议。4月，起草并上报《肥城市人民政府关于设立省级经济开发区的请示》，并经泰安市人民政府将《泰安市人民政府关于申请将肥城经济开发区升级为省级经济开发区的请示》呈报省政府。后经省环保、住建、国土、经信等部门相继出具初审意见后由省商务厅呈报省政府。省政府于7月21日批复。

【全国首届左丘明文化学术研讨会召开】 9月2—3日在肥城市召开。研讨会由中国先秦史学会、清华大学出土文献研究与保护中心和肥城市委、市政府联合主办，来自中国社会科学院、中国先秦史学会、清华大学、中国孔子研究院等高校、科研院所的20名专家学者和左丘明文化研究者、爱好者参加学术研讨活动。其间，“中国先秦史学会左丘明文化研究基地”在肥城正式揭牌成立。与会学者分别从左丘明文化的内涵与外延、地位与影响、精神与实质，以及《左传》作者与成书年代、《左传》思想与学术价值研究等方面展开研讨，并为肥城考古与文物、历史文化的保护与开发提出建设性意见建议。

【西徐村获评全国文明村镇】 2017年11月，肥城市汶阳镇西徐村被中央文明委表彰为全国文明村镇。该村以“生态引领打造靓丽西徐、书香为魂打造文明西徐、产业支撑打造富裕西徐”为发展理念，发展苗木产业、改善农村环境、弘扬特色文化和吉祥文化产业。成立乡村文明和美丽乡村建设工作组，累计投资270万元，开展美丽乡村建设宣传教育。投入120万元，打造“一园两场三街”工程，将村内闲置坑塘打造成垂钓游乐园。新建400平方米文体广场，打造书法文化特色广场。规划建设灵芝产业园，发展灵芝种植，打造吉祥文化。硬化道路15万平方米，栽植樱花、块柏等常绿植物5000株，安装路灯150盏，粉刷墙面1万平方米。组建欧阳中石农民书法协会，设置书法绘画培训中心，提高村民文化素质。

（庄惠丽　郝　航）

宁阳县

【概况】 西汉，汉高祖于泰山之南置县，因山南为阳，更取“安宁祥和”之意，故名宁阳。位于泰安市西南部。全县行政区域面积1125平方千米。辖13个乡镇（街道）、562个村（居）。2017年年末常住人口77.45万人。

经济综合 全年实现生产总值444.89亿元，比上年增长7.1%。三次产业比重调整为12.7∶43.2∶44.1，其中，第一产业增加值56.43亿元，增长5.6%；第二产业增加值192.39亿元，增长4.5%；第三产业增加值196.07亿元，增长10.2%。完成固定资产投资414.2亿元，增长9.5%。实现地方财政收入11.5亿元，地方财政支出36.4亿元。社会消费品零售额180.3亿元，增长10.1%。城镇居民人均可支配收入32256元，增长8.4%；农村居民人均可支配收入14853元，增长8.7%。年末，金融机构各项存、贷款余额达265.1亿元、112.3亿元，分别增长15.0%、10.9%。

农业 全县粮食播种面积8.28万公顷（124.2万亩），同比下降2.2%，总产57.6万吨，下降0.7%，单产463.7千克，增长1.4%。新增造林面积1800公顷（2.7万亩），其中人工造林面积1533.33公顷(2.3万亩)、森林抚育面积4000公顷（6万亩），商品材产量5.7万立方米。蔬菜产量99.11万吨，园林水果产量9.55万吨，肉类总产量10.34万吨，水产品产量1810吨，养殖总面积800公顷（1.2万亩）。现代农业加快融合发展，探索农业“新六产”，促进立体化、复合式全产业链发展，全县新增土地流转面积2533.33公顷（3.8万亩），农业龙头企业、合作社、家庭农场、“三品认证”分别新增5家、107个、47家、12个，“产业＋文化＋旅游”、田园综合体等新业态迅速成长。

工商服务业 规模以上工业企业315家，规模以上工业增加值增长6.8%，实现主营业务收入1009.2亿元、利润58.9亿元、利税96.8亿元。全年实施工业技改项目175个，完成技改投资181亿元。“2358”工程成效显著，海力集团、圣奥化工等5家企业列入全市“三强”企业培植范围，27家重点培植企业实现主营业务收入302亿元、利税23.2亿元，均增长12%。全县销售收入过亿元企业达217家，其中过10亿元的21家；纳税过亿元、过千万元企业分别达3家、27家。全社会消费品零售额实现180.3亿元，增长10.1%。新批外商投资企业9家，全年实际到账外资6662万美元，完成进出口总额8.3亿元，比上年增长40.9%、8.9%。全县电商平台达38家，从业人员3万人，电商交易额达128.6亿元。全年完成服务业增加值196亿元，比上年增长10.2%。

重点项目建设 全年完成固定资产投资414.2亿元，分春秋两季集中开工总投资194亿元的54个项目，在建项目达102个，其中过10亿元项目7个。20个项目纳入全市重点建设项目范围，其中新建项目列全市第一位。全年到位各类无偿资金25.5亿元，比上年增长10.4%。举办通州、杭州招商引资推介会，累计签约项目56个，总投资达178.3亿元。山东恒信集团与江苏永钢集团建立战略合作关系，总投资110亿元的恒信高科能源项目顺利签约。

生态县建设 编制全国首个县级生态文明社会创建规划，全县关停整改“散乱污”企业583家，淘汰燃煤小锅炉516台，关闭搬迁禁养区畜禽养殖场447家。实施“蓝天工程”，PM_{10}、$PM_{2.5}$改善率保持在两位数以上。新增成片造林1733.33公顷（2.6万亩），新建完善农田林网3800公顷（5.7万亩）、绿色通道176千米，森林覆盖率达38%。全面推行河长制，境内26条河流干渠全部纳入管理，实施引汶进城、城区水系、生态湿地等重点工程。

城乡建设 科学编制《宁阳县多规合一暨城乡总体规划》，以创建国家卫生县城、省级文明县复审为抓手，总投资101.9亿元的八大类34项城建重点工程全部达到计划预期。新建改造城区主次干道11条、农贸市场9处、街头绿地11处、体育公园1处，栽植苗木150万株，硬化街巷500条，城区298座旱厕全部拆除改造，清理各类垃圾近30万吨。洸河生态片区腾空收储土地88.8公顷（1332亩）。拆除违章建筑738万平方米。“城中村”开发改造累计拆除旧村房屋121万平方米，竣工回迁楼132栋。乡镇建设完成投资15.4亿元，创成省市级示范村12个、达标村167个。

改革创新 改革调整县级行政权力事项262项，其中取消105项。全面推进“五十证合一”登记制度改革，累计发放新照998个。推行“互联网＋政务服务”和“四减一容”受理机制，313个事项实现“最多跑一次”或“零跑腿”，93%的行政许可事项实现网上申办，即办件比例达30%。在全市首家设立10亿元东岳财富县域产业引导基金，智基股权投资基金规模扩至5亿元，基金使用规模达2.9亿元，撬动社会资本5.3亿元。10个项目纳入财政部PPP项目库，获中央、省级奖

2017年宁阳县乡镇（街道）基本情况

表45

乡镇名称			文 庙	八仙桥	泗 店	东 疏	鹤 山	伏 山	堽 城	蒋 集	磁 窑	华 丰	东 庄	葛 石	乡 饮
党委书记			孙 浩	鲍怀东	杜焕军	范长征	孟令民	马祥波	齐华东	贾德果	张 玮	乔田海	刘玉华	刘志强	郭怀锋
乡镇长（主任）			赵丽娜	张 辉	徐 锋	刘 站	赵世民	高卫东	颜承根	王艳苹	侯妍妍	潘洪勇	褚 峰	宁 鹏	刘恒桥
面积（平方千米）			27.28	24.04	56.06	83.98	98.11	84.32	118.29	65.00	158.72	108.09	99.65	132.25	67.87
耕地面积（公顷）			1072	1621	3923	6408.4	6314	5988	7417.5	3200	9023.8	6347.8	5686	6665.87	4721
村（居）民委员会（个）			16	24	36	49	46	59	62	32	92	59	45	27	15
常住人口（万人）			2.9	4.5	4.2	5.6	4.6	5.6	7.6	3.7	10.0	8.0	5.2	5.1	3.3
地方财政收入（万元）			14700	4372	6264.17	7978	6727.4	9114.32	11023.8	5916.33	28868.7	9736.84	544.5	7976.29	1443.4
农业机械总动力（千瓦）			50111	57176	72048	80222	76622	86532	89918	87421	100144	99546	79381	100711	71852
农村用电量（万千瓦时）			445.8	393.5	1220.3	1455.7	1014.2	1320.3	1904.4	872.8	1762.9	1567.5	1015.3	1597.4	696.6
农产品总量（吨）		粮食	11710.6	14052.9	59290.7	72015.3	72015.6	66404.8	83592.8	35655.8	71157	51525.5	38405.3	72675.8	64331.1
		棉花	—	—	—	5.6	45.9	10.6	2.5	—	0.3	32.2	36	35.3	24.9
		肉类	3654.1	1380.5	5439.7	7328.2	11849.4	8928.2	13063.9	7919.2	10467.2	10463.9	11447.9	8861.2	2930.5
		牛奶	2534.5	5719.5	5838.5	22404.5	—	10702	504.8	3812.5	11007.4	4197.4	1060.8	1988.6	6920
教育事业	普通初中	学校数（所）	原学校改为县属		1	1	1	1	1	1	2	1	1	1	1
		毕业生数（人）			297	462	380	583	438	306	848	476	282	292	220
		在校生数（人）			1126	1581	1626	2083	1564	1182	3437	1996	1432	1184	908
		专任教师（人）			120	158	122	165	111	103	230	144	97	99	77
	小学	学校数（所）	3	2	5	5	8	7	9	6	9	10	6	8	3
		毕业生数（人）	200	312	160	272	315	346	352	221	649	417	303	262	181
		在校生数（人）	1829	2562	1173	1625	1894	2339	2381	1658	4806	2592	2199	1930	1308
		专任教师（人）	110	148	142	163	169	275	241	118	276	261	153	209	113
卫生事业	乡镇卫生院	床位（张）	46	28	190	98	59	110	126	110	60	145	70	100	63
		专业技术人员（人）	76	92	163	151	108	127	151	125	118	174	149	154	78
	村级卫生室（社区门诊）	数量（所）	9	20	27	42	41	48	55	27	72	48	35	44	28
		乡村医生（人）	25	35	54	89	59	82	95	46	142	106	122	110	68
生活保障	居民人均可支配收入（元）		25819	25362	22637	21985	20759	22319	22209	21115	23760	23962	21256	21776	20428
	居民人均生活消费支出（元）		—	—	—	—	—	—	—	—	—	—	—	—	—
	享受最低生活保障（人）		485	422	932	1793	1350	1875	1763	891	1880	906	801	1431	1225
	入住敬老院（人）		61	79	164	149	96	206	144	112	336	199	187	96	151
	敬老院数（所）		—	1	1	1	1	1	1	1	1	1	1	1	1

补资金 3084 万元。新认定国家高新技术企业 4 家，高新技术产业产值占比达 24.5%。新增省级著名商标、名牌产品 3 个。实施“双创”，新增市场主体 5638 户，总数达 3.3 万户。

民生事业 全年投入民生资金 31 亿元，占财政总支出的 85.2%。完成 50 个省市级贫困村和 4744 户 9016 人的脱贫任务。新增城镇就业 7242 人。全年社保基金收缴 20.9 亿元，增长 17.3%。开工建设各类保障性住房 1683 套，建成 1492 套。投资 8.6 亿元新建、改扩建学校 19 所。开展全民健康大查体，45.8 万名群众在家门口享受到优质医疗服务。509 个行政村完成文化服务中心改造，禹王庙、颜子庙文物修缮保护工程基本完工。

2017 年，宁阳县被列入全国第一批区域性良种（蔬菜）繁育基地、第二批国家级农村职业教育和成人教育示范县，被评为全国群众体育先进单位、全国 2015 年度市级工会财务工作先进单位、全国科协系统先进集体、全国“五好”县级工商联。被列为全省 I 型小城市试点、第三批全省“四德工程”建设示范县、全省中共十九大安保维稳工作先进集体、山东省家庭教育示范基地、第三批省级健康促进县试点、省级非物质文化遗产生产性保护示范基地。成功申报蟠龙山国家级森林公园，八仙桥街道被评为全国创建无邪教示范乡镇，伏山镇被评为全国第四批标准化气象灾害防御乡，宁阳县供销社被评为全国百强县级社。在 2018 年 4 月 13 日召开的全市经济社会发展综合考核奖励大会上，宁阳县获市委、市政府 2017 年度经济社会发展综合考核二等奖。

10 月 12 日，全省抓党建促村级集体经济发展工作推进会在宁阳召开。图为与会人员在温氏集团观摩考察（赵文文 摄）

【全省抓党建促村级集体经济发展工作推进会召开】 10 月 12 日在宁阳召开。省委书记刘家义会前作出批示，省委常委、组织部部长杨东奇出席会议并讲话，副省长于国安主持会议。中组部组织二局副局长孙智宏等到会指导。泰安市委书记王云鹏出席并致辞，市领导高尚山、刘学保、陈湘安参加有关活动。其间，与会人员观看全省 17 市抓党建促村级集体经济发展工作专题片，观摩考察宁阳县北关兴隆综合市场、吴村圣地农庄、辛安村辛安庄园、温氏集团、彩石村林果基地等现场。泰安市委、省农业厅、省供销社、烟台市福山区委、沂南县委、齐河县宣章屯镇党委、邹平县明集镇党委、寿光市东斟灌村党支部 8 个单位在会上作交流发言。

【宁阳蟠龙山获批国家级森林公园】 2017 年 1 月 20 日，宁阳蟠龙山通过国家林业局审批，成为国家级森林公园。蟠龙山森林公园位于宁阳县境中南部，由蟠龙山、凤凰山两个景区组成，地处黄淮分水岭地带。总面积 2448.1 公顷，森林面积 2039 公顷，森林覆盖率 83.3%。蟠龙山公园铺满绿色森林的山体连绵逶迤，山峦叠嶂，似巨龙蜿蜒在宁阳大地上，蟠龙山因此得名。公园内有植物 77 科 212 属 320 种，列入国家Ⅰ、Ⅱ级保护的有 9 种。昆虫有 403 种，野生动物兽类 15 种，两栖类 7 种，爬行类 9 种，蜘蛛类 4 种，鸟类 126 种。列入国家Ⅰ级保护的 1 种，国家Ⅱ级保护的 12 种。有独特的“森林蟠龙、好运枣园、世外梨园、观音紫藤、欢乐五重、五朵金花”等特色森林旅游景观。景区内有汉马河和石集河，大小水系资源 26 处，山峰 226 座。有明清宁阳古八景“蟠龙玉洞”“杏岭丹霏”以及魁星阁、王母池、励士亭、观音庵、刘桢书画院、后梁摩崖石刻、神童亭等历史人文景点 30 多个。

【全国第一批区域性良种蔬菜基地落户宁阳】 2017 年 1 月 9 日，宁阳县被认定为全国第一批区域性良种（蔬菜）繁育基地。年内，宁阳县设定“创宁阳种子品牌，建全国种子强县”的总体目标，规划形成“三区一场一基地”的发展格局。全县拥有蔬菜种子商标 34 个，省、市级品牌 3 个，获发明奖 2 个。年发展蔬菜制种基地2000公顷（3万亩），总产量260万千克，产值2.9亿元，其中黄瓜制种666.67公顷（1.0万亩），总产60万千克，所生产销售的黄瓜种子占全国年度用种总量的20%。建立市级蔬菜制种科技示范园2处，与高校院所、科研机构签订合作协议并建立科研基地4处，该蔬菜制种科技示范区域已辐射形成涉及113个行政村、1.6万多农户的连片制种基地，每年农民纯收入增加近1.8亿元。全县种子企业发展至17家，其中市级龙头企业4家、太空蔬菜市级龙头企业4家；蔬菜（黄瓜）良种代繁单位20家，经营蔬菜种子的门店511家；规模蔬菜育苗企业5家，育苗面积26.67公顷（400亩），年蔬菜育苗总量5000万株，销售额2000万元。

【宁阳县工商联获全国“五好”县级工商联称号】 2017年12月，宁阳县工商联获全国“五好”（领导班子好、会员发展好、商会建设好、作用发挥好、工作保障好）县级工商联称号。年内，宁阳县工商联突出“联”字架桥引路，紧抓“好”字助力发展，充分发挥桥梁纽带作用，调研走访30次，深入企业50家，收集意见建议30条，协助解决实际问题8个。建设服务型商会，制定商会发展规划，指导全县15个乡镇（街道、开发区、产业园）健全商会组织，直属商会达10个。新吸收会员67个，会员总数近2000个。开展“爱心企业家”“党员模范经营户”评选挂牌等活动，在县电视台开辟《民营企业家风采》栏目。搭建服务平台，开展“人才、科技、银企”对接服务，与县商务局联合举办全县第二届电子商务论坛，与中小企业局联合举办全县中小微企业管理模式创新培训班。在非公有制经济领域开展“不忘初心、富而思源”主题教育活动，与21个村签订帮扶协议，帮扶贫困户349户、705人，合计帮扶资金366万元。（侯胜男）

【概况】 东平因《尚书·禹贡》中“大野既潴，东原底平”之说而得名。位于泰安市西南部。全县行政区域面积1340平方千米，辖14个乡（镇、街道）。2017年年末常住人口76.33万人。

全年实现生产总值396.5亿元，比上年增长6.4%。其中，第一产业增加值44.6亿元，第二产业增加值182.2亿元，第三产业增加值169.8亿元。固定资产投资完成353.2亿元，公共财政预算收入11.5亿元，公共财政预算支出38.0亿元。社会消费品零售总额171.1亿元，进出口总额4.1亿元。年末金融机构各项存款余额272.3亿元，其中城乡居民储蓄存款207.4亿元。

粮食播种面积9.01万公顷，粮食总产63.83万吨，棉花总产5326吨，油料总产2.1万吨，蔬菜产量82.3万吨，园林水果产量1.18万吨，肉类总产量4.43万吨，水产品产量7.21万吨。全年完成成片造林729公顷（10935亩），新增造林443.53公顷（6653亩），更新造林285.47公顷（4282亩），新建完善农田林网700公顷（10500亩），“三边”绿化71.85千米。全县拥有农业机械总动力108.6万千瓦。规模以上工业企业310家，实现增加值比上年增长3.6%，实现主营业务收入948.8亿元、利润52.5亿元、利税67.3亿元。资质三级及以上建筑企业27家，实现建筑业总产值62.2亿元，比上年增长0.4%，实现利税2.1亿元。

公路通车里程2729.59千米，其中高速公路通车里程34.36千米。公路、水路完成客运量597.5万人次，货运量4552.5万吨。完成电信业务总量2200万元，移动业务收入1.8亿元，联通业务收入6400万元。开工保障性安居工程2029套，竣工572套，城市基础设施建设完成投资5800万元，村镇建设完成投资11.48亿元。城市空气质量良好率64.8%。城区污水集中处理率97%，垃圾无害化处理率100%。A级及以上旅游景区14家，全年接待旅游人数670万人次，实现旅游综合收入40亿元。

有中等职业学校2所，在校生3529人。普通高中4所，在校生1.44万人。普通初中21所，在校生2.89万人。小学73所，在校生3.69万人。幼儿园174所，在园幼儿2.02万人。取得重要科技成果12项，获市级及以上科学技术奖1项，国内发明专利申请量115件，授权专利11件。有博物馆1个、档案馆1个、公共图书馆1个、文化馆1个、农村文化大院716个。广播、电视人口综合覆盖率均达100%。医疗卫生机构573所，其中医院（卫生院）19个、社区卫生服务中心3个。各类卫生机构有床位2886张，卫生技术人员3335人。体育馆1座，新建公共健身工程129个。全年参加市级及以上体育比赛获金牌16枚。

城镇居民人均可支配收入28284元。农村居民人均可支配入14315元。居民基本养老保险参保人数46.89万人，城乡居民医疗保险参保人数63.54万人。城市最低生活保障人数1005人，农村最低

2017 东平县乡镇（街道）基本情况

表 46

乡镇（街道）名称			东平	彭集	沙河站	州城	新湖	商老庄	戴庙	银山	斑鸠店	旧县	老湖	梯门	大羊	接山
党委书记			许洪顺	靳庆新	李便宁	仲光亮	郭东	齐宝鹏	王建军	李振福	范思安	徐国庆	李茂忠	牛东	张格柱	王冰
乡镇长（主任）			郑兴利	王乾	李杰	杨爱华	桑鹏	潘军	宋衍东	姚来涛	李传科	乔曙光	史金龙	常传奎	吴晓剑	李振兴
面积（平方千米）			160.9	75	66.2	66	104.8	92.9	86.9	104.5	76	70.9	112.9	89.8	82.9	149.4
实有耕地面积（公顷）			4741	4891	4467	3867	5667	3461	3121	3934	4380	1530	4702	4533	5277	8533
村（居）民委员会（个）			74	53	65	71	54	35	48	44	40	30	71	42	37	52
人口（万人）			14.7	6.7	5.8	6.3	5.3	3.3	4.1	6.04	5	2.8	6.95	3.7	3.4	6.5
地方财政收入（万元）			13886	5833	1365	1816	1094	1438	1974	4649	1184	3648	3050	6272	1217	5124
农村机械总动力（千瓦）			140400	32800	150000	700	68000	2830	7600	1213	130	1036	98168	21527	141600	115000
农村用电量（万千瓦时）			11219	4697.00	2178	3578	2390	1839	2455	4400	3044	6693	4375	4855	2162	4723
农牧产品总量（吨）		粮食	58600	39513	58413	30034	87825	35000	450200	39794	28800	1021	37842	58121	61696	133609
		棉花	1152	0.987	46.5	47	25.8	—	119	118	320	93	826	798	243	542
		肉类	3800	862.83	3843.3	2862	5944.5	3600	2142	4764	3964	1440	6480	2364.28	2869	4771
		牛奶	200	—	2217.1	21.6	32	—	2628	1955	—	744	—	—	—	583
教育事业	普通初中	学校数（所）	1	1	1	2	1	1	1	2	1	1	1	1	1	2
		在校生数（人）	1184	1648	986	1700	1260	360	706	2050	1370	530	1158	1300	780	1765
		专任教师（人）	144	136	85	150	97	39	45	146	94	65	113	70	67	165
	小学	学校数（所）	8	10	7	6	7	4	6	8	6	4	8	5	5	8
		在校生数（人）	1676	1903	1532	2000	1600	1900	1923	3260	1827	1210	2249	1430	910	1985
		专任教师（人）	154	155	106	110	118	122	120	166	121	128	184	95	67	137
卫生事业	乡镇卫生院	床位（张）	60	37	40	100	20	30	105	65	60	30	60	30	30	50
		专业技术人员（人）	127	66	55	74	30	20	157	85	73	25	94	48	39	114
	村级卫生室(社区门诊)	数量（所）	45	37	37	30	37	20	23	39	37	12	35	23	18	38
		乡村医生（人）	132	74	92	87	70	76	86	130	40	66	146	57	45	179
生活保障	居民人均可支配收入（元）		15583	15836	14129	15096	13480	11357	13085	14315	15319	12604	8458	11376	11640	14888
	居民人均生活消费支出（元）		9469	8400	6358	12076.73	9135	4700	10460	8175	9191.4	10063	5631	9130	6984	8653
	享受最低生活保障金人（人）		1521	2397	1872	3009	1510	557	1333	1560	1678	853	2984	1347	1452	3270
	入住敬老院人数（人）		156	112	75	134	46	51	107	57	68	123	146	56	76	74
	敬老院数（所）		1	1	1	1	1	4	1	1	1	1	2	1	1	1

4月13日，全县"美丽东平"建设暨国家卫生县城创建和违法建设治理行动动员会议召开　　（陈　琛　摄）

生活保障人数2.56万人。福利中心1处，床位200张。

2017年，东平县被认定为千年古县、国家高效节水灌溉示范县。"东平湖鲤鱼"被列入国家地理标志保护产品，浮粮店被列入省级传统村落名录，南堂子村被评为全省休闲农业与乡村旅游示范点。万里图书馆被评为国家级图书馆。在2018年4月13日召开的全市经济社会发展综合考核奖励大会上，东平县获市委、市政府2017年度经济社会发展综合考核二等奖。

【东平县创建国家卫生县城】 12月22日，东平县创建国家卫生县城通过省级技术评估，获得申报国家卫生城市"入场券"。年内，东平县围绕"推进宜居立县、建设美丽东平"目标，坚持党委领导、政府主导、部门联合、社会参与，以网格化、常态化、精细化"三化引领"为抓手，创新实施"条块结合""创卫街长制"等制度，创建国家卫生县城工作取得阶段性成果。全县累计出动21.6万人、宣传车2013辆，印发宣传单35.2万份，清理广告牌匾2.3万块。投入资金1.25亿元，新增环卫设施9197个，拆除违建44.06万平方米，清理垃圾61.7吨，维修主次干道934条，新增绿化面积18.8万平方米，处理乱停乱放7.6万件，"门前五保"落实1.78万户。城市基础设施进一步完善，卫生管理水平显著提升，城市环境面貌和市民文明素质得到提高。

【东平湖网箱网围集中整治】 2017年，东平县加强东平湖生态环保建设，对网箱网围进行集中整治。县政府成立东平湖综合整治指挥部，联合环保局、交通局、水产局、东平湖管理综合执法局、公安局湖上分局等县直部门及沿湖乡镇（街道），落实乡镇（街道）属地责任，明确专职牵头部门，形成"属地管理、权责明确、上下联动、合力共为"的责任体系。坚持一天一调度，一周一会商，加大巡查执法，强化协同作战。至年底，累计腾空水面6666.67公顷（10余万亩），拆除违规私设网箱、网围和网箔7.5万架，倾销湖内养殖存鱼1750万千克，实现东平湖1958年建库以后无网箱网围养殖生态保护。

【东平电商产业园被认定为全国首批农村创业创新基地】 6月上旬，东平电商产业园被农业部认定为全国首批农村创业创新基地。该产业园以打造"一体化、集成式"的"互联网+"创业生态服务区为目标，推进农村电商发展和创业创新工作。专门设立电商学院，与阿里研究院、淘宝大学合作，启动电商大讲堂系列实战培训、电商创业培训进乡村、残疾人培训班等系列培训活动，邀请专家讲师授课，组织开发系列本土课程。至年底，累计举办各类实战培训53期，培训学员5000人；与县就业办合作开展的电商创业培训进乡村活动走进14个乡镇和街道，培训人员1600人。

（李姗姗　杜　梅）

编校　戚淑娟　　审稿　周美广

人　物

市级领导人

崔洪刚　男，汉族，1961年5月出生，山东淄博人。1982年11月加入中国共产党，1978年10月参加工作。中央党校研究生学历。

1978年10月至1979年9月，淄博市淄川区洪山公社十里村下乡知青；1979年9月至1981年7月，淄博师范专科学校中文系中文专业学习；1981年7月至1982年11月，淄博市张店区石桥公社干部；1982年11月至1984年11月，淄博市委老干部局办公室干事；1984年11月至1985年5月，淄博市委老干部局办公室副主任（1983年3月至1985年5月，淄博市委整党办公室秘书）；1985年5—6月，淄博市委办公室办事员；1985年6月至1986年7月，淄博市委办公室副科级秘书；1986年7月至1989年11月，共青团淄博市委副书记；1989年11月至1993年2月，淄博市周村区委副书记；1993年2月至1996年12月，淄博市周村区委副书记、区长；1996年12月至1999年2月，淄博市委副秘书长（正县级）；1999年2月至2001年2月，淄博市博山区委书记；2001年2月至2004年6月，淄博市副市长兼淄博高新技术产业开发区工委书记、管委会主任；2004年6月至2006年12月，淄博市委常委兼淄博高新技术产业开发区工委书记、管委会主任（2004年3月至2006年1月，在中央党校在职研究生班〈导师制〉社会学专业学习）；2006年12月至2012年2月，济宁市委常委、副市长；2012年2月至2013年2月，济宁市委副书记；2013年2—3月，滨州市委副书记；2013年3月至2018年4月，滨州市委副书记、市长；2018年4月以后，泰安市委书记兼市委党校校长。

王云鹏　男，汉族，1961年11月出生，山东巨野人。1982年8月加入中国共产党，1981年1月参加工作。省委党校研究生学历。

1981年1月毕业于曲阜师范学校大专班中文专业。曾任济宁团市委常委、工农青年部部长，济宁团市委常委、宣传部部长，济宁团市委副书记，微山县委副书记（挂职），济宁团市委书记，汶上县委副书记、代县长，汶上县委副书记、县长，汶上县委书记等职。1999年10—12月，济宁市委常委、汶上县委书记；1999年12月至2006年12月，济宁市委常委、秘书长；2006年12月至2009年2月，泰安市委常委，市政府副市长、党组副书记，市国资委党委书记；2009年2—3月，泰安市委副书记、市政府党组副书记、市国资委党委书记；2009年3月至2011年12月，泰安市委副书记；2011年12月至2012年2月，泰安市委副书记、市政府党组书记、代市长；2012年2月至2016年6月，泰安市委副书记，市政府市长、党组书记；2016年6—7月，泰安市委书记、市长，市委党校校长；2016年7月至2017年2月，泰安市委书记、市委党校校长，市人大常委会主任；2017年2月至2018年1月，泰安市委书记、市委党校校长；2018年1—3月，山东省人大常委会副主任，泰安市委书记、市委党校校长；2018年3月以后，山东省人大常委会副主任。

李希信 男，汉族，1962年11月出生，山东临邑人。1983年7月参加工作，1984年7月加入中国共产党。省委党校研究生学历。

1983年7月毕业于山东农业大学农学系农学专业。曾任平原县王打挂乡党委干事、团委书记，德州地委组织部副科长、正科级巡视员，陵县县委常委、组织部部长，陵县县委副书记、副县长、代县长，陵县县委副书记、县长，陵县县委书记等职。2006年12月至2007年4月，德州市委常委候选人；2007年4月至2008年1月，德州市委常委、秘书长；2008年1月至2010年12月，德州市委常委、副市长；2010年12月至2013年12月，聊城市委常委、政府党组副书记、副市长；2013年12月至2015年5月，泰安市委副书记；2015年5月至2016年6月，泰安市委副书记、统战部部长；2016年6—7月，泰安市委副书记、市长候选人，市委统战部部长；2016年7月至2018年10月，泰安市委副书记，市政府市长、党组书记；2018年10月调济南工作。

张　涛 男，汉族，1972年1月出生，山东临清人。1993年1月加入中国共产党，1993年7月参加工作。研究生学历，公共管理硕士。

1993年7月毕业于山东大学管理科学系管理科学专业。曾任山东工艺品进出口集团股份有限公司科员、发制品厂副厂长、办公室副主任、办公室主任、总裁助理兼办公室主任，新华锦集团有限公司人力资源部总经理，共青团山东省委企业工委副书记等职。2004年9月至2011年1月，团省委副书记、党组成员；2011年1—4月，团省委副书记、党组成员，省青联主席；2011年4月至2013年2月，团省委副书记、党组成员兼山东青年政治学院党委书记，省青联主席；2013年2—6月，团省委书记、党组书记兼山东青年政治学院党委书记，省青联主席；2013年6月至2016年11月，团省委书记、党组书记兼山东青年政治学院党委书记；2016年11月至2018年4月，泰安市委副书记（正厅级）；2018年4月以后，泰安市委副书记（正厅级）、东平县委书记。

郭德文 男，汉族，1964年5月出生，山东烟台牟平人。1986年6月加入中国共产党，1987年7月参加工作。研究生学历，工程硕士。

1987年7月毕业于山东师范大学中文系。曾任山东师范大学外办干部、省政府外事办公室宣传处干部、省政府外事办公室机关党委主任科员、省政府外事办公室秘书处副处长，省政府外事办公室秘书处副处长，挂职新泰市委副书记，省政府外事办公室机关服务中心主任，挂职新泰市委副书记，新泰市委副书记（正县级），东平县委副书记、县政府县长、党组书记，新泰市委副书记，新泰市委副书记、市政府市长，新泰市委书记，新泰市委书记、党校校长、市人大常委会主任等职。2012年1—2月，泰安市委常委候选人；2012年2月以后，泰安市委常委、政法委书记。

展宝卫 男，汉族，1962年12月出生，山东东平人。1982年7月参加工作，1983年12月加入中国共产党。研究生学历，管理学博士。

1982年7月毕业于泰安师专中文系汉语言文学专业。曾任东平三中教师，东平县委党校教师，东平县委组织部干事、秘书、组织员办公室副主任，泰安市委组织部副科长，泰安市委办公室副科级秘书、正科级秘书、副县级秘书，泰安市委政策研究室研究员（副县级）、副主任，泰山区委常委、区政府副区长，泰山区委副书记，泰安经济开发区、泰安高新技术产业开发区管委会主任、党工委副书记，泰安经济开发区、泰安高新技术产业开发区党工委书记、管委会主任，宁阳县委书记，宁阳县委书记、党校校长，宁阳县委书记、党校校长，县人大常委会主任等职。2011年12月至2012年1月，泰安市政府党组成员，宁阳县委书记、党校校长，县人大常委会主任；2012年1—2月，泰安市政府党组成员，宁阳县委书记、党校校长；2012年2—12月，泰安市政府副市长、党组成员，宁阳县委书记、党校校长；2012年12月至2013年12月，泰安市政府副市长、党组成员；2013年12月至2017年2月，泰安市政府副市长、党组成员，市国资委党委书记；2017年2—3月，泰安市委常委，市政府副市长、党组成员，市国资委党委书记；2017年3—4月，泰安市委常委，市政府常务副市长、党组副书记，市国资委党委书记；2017年4月以后，泰安市委常委，市政府常务副市长、党组副书记。

李灿玉 男，汉族，1961年9月出生，山东莱芜人。1986年10月加入中国共产党，1982年7月参加工作。大学学历。

1982年7月毕业于山东农学院林学专业。曾任齐河县农业引用外资项目办公室干部，莱芜市科协干部，莱芜市委研究室秘书、副主任、主任，泰安市政府办公室正科级秘书，莱芜市委办公室副主任，莱芜市委副秘书长、办公室副主任，莱芜市委副秘书长、办公室副主任、市档案馆（局）馆（局）长，莱芜市委副秘书长、市档案馆（局）馆（局）长，莱芜市教育局局长、党委书记，莱芜市钢城区委副书记、区长，高青县委书记、县人大常委会主任兼县委党校校长。2012年3月至2016年12月，淄博市副市长；2016年12月至2017年1月，泰安市委常委；2017年1月以后，泰安市委常委、统战部部长。

郝　红 女，汉族，1966年10月出生，山东寿光人。1985年1月加入中国共产党，1987年7月参加工作。大学学历，工商管理硕士。

曾任省文化厅人事处副处长，省纪委驻省文化厅纪检组正处级检查员、副组长，省纪委机关党委副书记、第八纪检监察室副主任、主任等职。2016年12月任泰安市委常委、市纪委书记；2018年1月任泰安市委常委、市纪委书记、市监委主任。

宋洪银 男，汉族，1964年1月出生，山东肥城人。1983年6月加入中国共产党，1985年7月参加工作。省委党校研究生学历。

1985年7月毕业于曲阜师范学院政治系政治专业。曾任肥城县新城镇党委秘书，泰安市委组织部青年干部科干部、企事业干部科（青年干部科）副科级干事、企事业干部科（青年干部科）副科长、主任科员、企事业干部科（青年干部科）科长，泰安市委组织部副部长，新泰市委副书记，泰安市泰山区委副书记、区人民政府代理区长、区人民政府区长、党组书记，泰安市泰山区委书记、党校校长；泰安市泰山区委书记、党校校长，区人大常委会主任等职。2015年5月至2016年1月，泰安市委常委，泰山区委书记、党校校长，区人大常委会主任；2016年1—4月，泰安市委常委，泰山区委书记、党校校长；2016年4月以后，泰安市委常委、秘书长。

高尚山 男，汉族，1969年2月出生，山东临朐人。1991年4月加入中国共产党，1992年7月参加工作。大学学历。

1992年7月毕业于聊城师范学院中文系汉语言文学专业。曾任济南市天桥区委组织部干事、科员、副主任科员，省委组织部办公室干部、副主任科员、主任科员，省委组织部研究室（政策法规处）主任科员、助理调研员，省委组织部组织处副处长，省委组织部组织三处处长，省党员干部现代远程教育中心主任、省委组织部组织三处处长，省党员干部现代远程教育中心主任等职。2016年12月至2017年1月，泰安市委常委；2017年1月以后，泰安市委常委、组织部部长，市老年大学校长。

王永征 男，汉族，1964年2月出生，山东鄄城人。1989年1月加入中国共产党，1984年7月参加工作。研究生学历，管理学硕士。

1984年7月毕业于山东建筑工程学院工民建专业。曾任泰安市城乡建委规划设计室干部，泰安市建委施工科副科长、基建科副科长、基建科科长，泰安市盐化工总厂筹建处副主任，泰安市建委主任助理、泰安经济开发区（高新技术产业开发区、泰山旅游度假区）管委会副主任、党工委委员，泰安市建委副主任、泰安经济开发区（高新技术产业开发区、泰山旅游度假区）管委会副主任、党工委委员，泰安市建委副主任、泰安经济开发区（高新技术产业开发区、泰山旅游度假区）管委会副主任、党工委副书记，泰安市城建国资公司董事长、党委书记，泰安市岱岳区委副书记，泰安市岱岳区委副书记、代区长、区长，泰安市岱岳区委书记、党校校长，泰安市岱岳区委书记、党校校长、区人大常委会主任，泰安市委副秘书长（正县级）等职。2017年2月以后，泰安市委常委、宣传部部长。

李保泉 男，汉族，1965年8月出生，山东齐河人。1989年加入中国共产党，1983年10月参加工作。在职研究生学历。

1983年10月至1989年7月，四十三军某部战士；1989年7月至1993年6月，济南军区内长山守备师军医；1993年6月至1996年12月，济南军区内长山要塞区政治部组织科副连职干事、正连职干事；1996年12月至1998年2月，济南军区海防二团政治处组织股股长；1998年2—12月，济南军区内长山要塞区政治部干部科副营职干事；1998年12月至1999年9月，济南军区联勤部政治部组织处副营职干事；1999年9月至2003年6月，济南军区政治部纪检部纪检监察处副营职干事、正营职干事、副处长；2003年6月至2009年9月，济南军区政治部纪检部副团职干事、正团职干事、案件审理室主任（正团职）；2009年9月至2014年12月，济南军区政治部纪检部副部长；2014年12月至2017年6月，莱芜市委常委，莱芜军分区政治委员；2017年6月至2018年1月，莱芜市委常委，莱芜军分区政治委员（调整改革重新任命）；2018年1—4月，泰安军分区政治委员；2018年4月以后，泰安市委常委，泰安军分区政治委员。

唐福泉 男，汉族，1963年7月出生，山东荣成人。1986年7月加入中国共产党，1989年7月参加工作。经济学博士。

1989年7月硕士研究生毕业于山东大学经济管理学院国民经济计划与管理专业。曾任省人事厅调研室干部、副主任科员、主任科员，省人事厅政策法规处助理调研员、副处长，淄博市沂源县委副书记，淄博市临淄区委副书记、代理区长、区长、区政府党组书记，淄博市临淄区委副书记、区长、区政府党组书记兼齐鲁化工区管委会副主任、工委副书记，淄博市临淄区委副书记、区长、区政府党组书记兼齐鲁化工区管委会主任、工委副书记，淄博市临淄区委书记，淄博市临淄区委书记、区人大常委会主任、区委党校校长兼齐鲁化工区管委会主任、工委副书记，淄博市临淄区委书记、区人大常委会主任、区委党校校长兼齐鲁化工区工委书记等职。2010年1—4月，淄博市副市长、市政府党组成员，淄博市临淄区委书记、区人大常委会主任、区委党校校长，齐鲁化工区工委书记；2010年4月至2011年12月，淄博市副市长、市政府党组成员；2011年12月至2012年2月，淄博市副市长、市政府党组成员，淄博市委秘书长；2012年3月至2013年12月，淄博市委常委、秘书长；2013年12月至2014年1月，泰安市委常委；2014年1月至2017年1月，泰安市委常委、组织部部长，市老年大学校长；2017年1—2月，泰安市委常委；2017年2—3月，泰安市人大常委会主任；2017年3月以后，泰安市人大常委会主任、党组书记。

张书盈 男，汉族，1962年3月出生，山东泰安人。1980年7月参加工作，1984年12月加入中国共产党。中央党校大学学历，会计师。

1980年7月毕业于山东财政学校财税专业。曾任泰安县夏张公社税务所征收员、泰安县（市）财税局预算会计、泰安市泰山区财政局预算科副科长、预算科科长，泰安市泰山区财政局副局长，泰安市财政局预算外资金管理科副科长，泰安市财政局行财科科长，泰安市财政局副局长，泰安市财政局副局长、市国有资产管理局局长，泰安市财政局副局长、企业管理处主任，泰安市审计局局长、党组书记，泰山区委副书记，泰山区委副书记、区长，泰安市委副秘书长，泰安市委组织部副部长、市人事局局长、编办主任，泰安市政府党组成员、市政府办公室党组书记、市委组织部副部长、市人事局局长、编办主任，泰安市政府党组成员、秘书长、市政府办公室党组书记、市委组织部副部长、市人事局局长、党组书记、编办主任，泰安市政府党组成员、秘书长、市政府办公室党组书记等职。2012年2—3月，泰安市政协副主席、党组成员，市总工会党组书记；2012年3月至

2013 年 12 月，泰安市政协副主席、党组成员，市总工会主席、党组书记；2013 年 12 月至 2015 年 1 月，泰安市政协副主席、党组成员，市总工会主席、党组书记，市政协科教文卫体委主任、社会法制和民族宗教委主任；2015 年 1 月至 2017 年 2 月，泰安市政协副主席、党组成员，市总工会主席、党组书记；2017 年 2—3 月，泰安市人大常委会副主任，市总工会主席、党组书记；2017 年 3 月以后，泰安市人大常委会副主任、党组副书记，市总工会主席、党组书记。

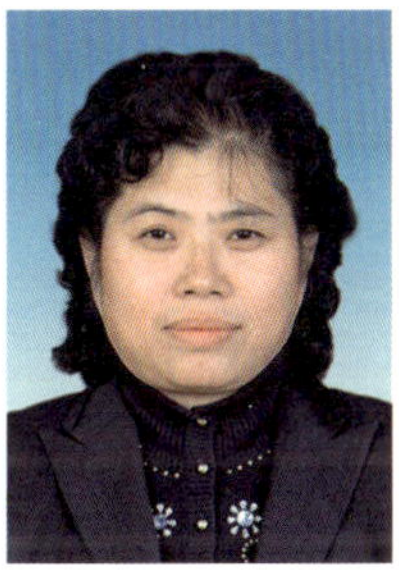

王淑玲　女，汉族，1967 年 11 月出生，河北沧州人。1993 年 8 月参加工作，1997 年 12 月加入九三学社。研究生学历。

1990 年 7 月毕业于山东矿业学院煤田地质系矿山测量专业。曾任泰安市政府办公室技术科科员、副科长，泰安市司法局副局长，泰安市泰山区政府副区长，泰安市泰山区政府副区长、九三学社市委副主委，泰安市工商联（总商会）主席（会长）等职。2012 年 2 月至 2017 年 2 月，泰安市政协副主席、市工商联（总商会）主席（会长）；2017 年 2 月以后，泰安市人大常委会副主任、市工商联（总商会）主席（会长）。

陶长江　男，汉族，1960 年 4 月出生，山东莱芜人。1985 年 6 月加入中国共产党，1982 年 7 月参加工作。省委党校大学学历。

1982 年 7 月毕业于泰安师专中文系汉语言文学专业。曾任泰安地区新汶水泥厂团委副书记（主持

工作），泰安团地委干事，泰安市委组织部党政干部科副科级干事，泰安市委组织员办公室正科级组织员，泰安市委组织部党政干部科科长，泰安市委组织部助理调研员、党政干部科科长，泰安市委组织部副部长，泰安市委组织部副部长、泰安市党员干部现代远程教育中心主任，泰安市委组织部副部长、市委老干部局局长，泰安市委组织部副部长、市编办主任，泰安高新区党工委书记、管委会主任等职。2013 年 12 月至 2017 年 1 月，泰安高新区管委会主任（副厅级）、党工委书记；2017 年 1—2 月，泰安高新区管委会主任（副厅级）、市人大常委会党组成员；2017 年 2—5 月，泰安市人大常委会副主任、党组成员，泰安高新区管委会主任；2017 年 5 月以后，泰安市人大常委会副主任、党组成员。

刘学保　男，汉族，1962 年 6 月出生，山东汶上人。1987 年 12 月加入中国共产党，1984 年 7 月参加工作。省委党校研究生学历。

1984 年 7 月毕业于山东师范大学中文系汉语言文学专业。曾任泰安教育学院教师，泰安市教育局科员，泰安市教委办公室副主任、主任科员，泰安市委办公室主任科员，泰安市委政研室政治文教科科长，东平县委常委、组织部部长，东平县委副书记、组织部部长，肥城市委副书记、纪委书记，肥城市委副书记，泰安市安全生产监督管理局（安全生产委员会办公室）局长（主任）、党组书记，新泰市委副书记、市政府市长，宁阳县委书记、党校校长等职。2017 年 2—3 月，泰安市人大常委会副主任，宁阳县委书记、党校校长；2017 年 3 月以后，泰安市人大常委会副主任、党组成员，宁阳县委书记、党校校长。

曹步山　男，汉族，1962 年 10 月出生，山东莱芜人。1986 年 6 月加入中国共产党，1981 年 7 月参加工作。省委党校研究生学历。

1983 年 9 月至 1986 年 7 月，江西水利专科学校水土保持专业学习。曾任新泰市水利局技术员，泰安市水土保持委员会办公室助理工程师，泰安市水利水产局科员、工程师，泰安市水土保持科学研究所党支部副书记、副所长，高级工程师（主持全面工作），泰安市水土保持科学研究所党支部书记、所长，泰安市水利与渔业局水土保持科科长，泰安市大汶河管理处党支部委员、副主任，泰安市大汶河管理处主任、副书记，泰安市水利和渔业局党委委员、大汶河管理局局长、党支部书记，泰安市水利和渔业局党委副书记、副局长，大汶河管理局局长、党支部副书记，泰安市水利和渔业局党委书记、大汶河管理局局长，泰安市水利和渔业局局长、党委书记等职。2017 年 2—3 月，泰安市人大常委会副主任；2017 年 3 月以后，泰安市人大常委会副主任、党组成员。

鞠向群 男，汉族，1963年4月出生，山东沂水人，1985年7月参加工作，1989年11月加入中国共产党。全日制大学本科学历。

1985年7月毕业于山东大学光学系技术光学专业。曾任省公安厅刑事侦查处办事员、科员、副科长，省公安厅刑事侦查总队大要案侦查科科长，省公安厅刑事侦查总队副总队长、副总队长兼反恐和打黑工作处副处长，省公安厅反恐和打黑工作处处长，省公安厅反恐怖总队总队长等职。2013年3—4月，泰安市副市级干部；2013年4月至2015年5月，泰安市副市级干部，市政府党组成员，市公安局局长、党委书记、督察长；2015年5—6月，泰安市人民政府副市长人选、党组成员，市公安局局长、党委书记、督察长；2015年6月以后，泰安市人民政府副市长、党组成员，市公安局局长、党委书记、督察长。

成丽 女，汉族，1972年2月出生，山东日照人。1993年6月加入中国共产党，1993年7月参加工作。研究生学历，工商管理硕士。

1993年7月毕业于临沂师范专科学校外语系英语教育专业。曾任日照市东港区日照街道党工委组织干事，日照市妇联权益儿童部、儿童部科员，日照市妇联儿童部副部长、部长，济宁市妇联副主席、党组成员，省妇联办公室副主任、研究室副主任、组织联络部部长等职。2015年5—6月，泰安市政府副市长人选、党组成员；2015年6月以后，泰安市政府副市长、党组成员。

张红旗 男，汉族，1967年8月出生，山东单县人。1985年12月加入中国共产党，1987年7月参加工作。研究生学历，农业推广硕士。

1987年7月毕业于单县师范学校中师专业。曾任单县师范办公室秘书，单县李新庄乡科员、党委秘书、团委副书记、团委书记，单县李新庄乡党委副书记，单县李半庄乡党委副书记、乡长，单县杨楼乡党委书记，巨野县副县长，巨野县委常委、办公室主任，巨野县委常委、副县长，巨野县委副书记，曹县县委副书记、副县长、代县长，曹县县委副书记、县长，定陶县委书记，菏泽市定陶区委书记等职。2016年12月至2017年1月，菏泽市政府党组成员、泰安市副市长人选；2017年1月以后，泰安市副市长、党组成员。

赵德健 男，汉族，1972年3月出生，山东单县人。1992年7月加入中国共产党，1994年7月参加工作。法学博士。

1994年7月毕业于山东农业大学园艺系蔬菜专业。曾任山东农业大学园艺系辅导员，山东农业大学党办秘书、副科级秘书、正科级秘书、校直团总支书记，山东农业大学经济管理学院党总支副书记，山东农业大学团委书记，共青团泰安市委书记、党组书记，东平县委副书记、代县长、县长，东平县委书记、党校校长，泰安市东平县委书记、党校校长、东平县人大常委会主任等职。2017年2—3月，泰安市政府副市长，东平县委书记、党校校长；2017年3月至2018年4月，泰安市政府副市长、党组成员，东平县委书记、党校校长；2018年4月以后，泰安市政府副市长、党组成员。

袁久党 男，汉族，1967年1月出生，山东新泰人。1989年7月参加工作。民建会员。研究生学历。

1989年7月毕业于山东矿业学院采矿工程系采矿工程专业。曾任新泰市王家寨煤矿技术员、生产技术科科长，新泰市王家寨煤矿副矿长、筹建处副主任，新泰市煤炭工业管理局副局长，新泰市政府副市长，泰安市煤炭工业管理局副局长、局长，泰安市安全生产监督管理局局长人选等职。2017年2—4月，泰安市政府副市长、市安监局局长人选；2017年4月以后，泰安市政府副市长、市安监局局长。

周桂萍 女，汉族，1960年12月出生，山东蒙阴人。1989年9月加入中国共产党，1990年8月参加工作。研究生学历，管理学硕士。

曾任沂南县饮食服务公司职工，沂南县新新综合服务公司经理，沂蒙制动材料总厂副厂长，省经济

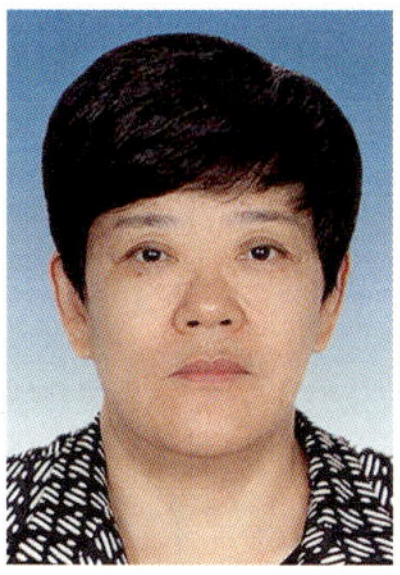

贸易委员会企业处科员、主任科员、助理调研员，挂职任鱼台县副县长、鱼台县委副书记，汶上县委副书记、县长，汶上县委书记等职。2010 年 1—2 月，济宁市副市长，汶上县委书记；2010 年 2—4 月，济宁市副市长，济宁北湖省级旅游度假区党工委书记，汶上县委书记；2010 年 4 月至 2011 年 12 月，济宁市副市长，济宁北湖省级旅游度假区党工委书记；2011 年 12 月至 2015 年 1 月，滨州市委常委、宣传部部长；2015 年 1—2 月，泰安市委常委；2015 年 2 月至 2017 年 2 月，泰安市委常委，市政府副市长、党组副书记；2017 年 2—3 月，泰安市政协主席；2017 年 3 月以后，泰安市政协主席、党组书记。

徐恩虎　男，汉族，1964 年 12 月出生，山东汶上人。1998 年 9 月加入民革，1992 年 7 月参加工作。研究生学历，工学博士。

1992 年 7 月至 1995 年 3 月，山东矿业学院教师；1995 年 3 月至 1999 年 3 月，东北大学工程力学专业博士研究生；1999 年 3 月至 2001 年 1 月，山东科技大学资源环境学院实验中心主任；2001 年 1 月至 2002 年 5 月，山东科技大学资源环境学院实验中心主任，民革泰安市委副主委；2002 年 5 月至 2003 年 1 月，山东科技大学资源环境学院实验中心主任，民革山东省委委员、泰安市委副主委；2003 年 1 月至 2005 年 12 月，东平县政府副县长，民革山东省委委员、泰安市委副主委（其间：2005 年 1—12 月，主持民革泰安市委工作；2005 年 3 月至 2006 年 3 月，挂职诸城市副市长）；2005 年 12 月至 2006 年 2 月，东平县政府副县长，民革山东省委委员、泰安市委主委；2006 年 2 月至 2007 年 5 月，泰安市政府副市长，民革山东省委委员、泰安市委主委；2007 年 5 月至 2008 年 12 月，泰安市政府副市长，民革山东省委常委、泰安市委主委；2008 年 12 月至 2012 年 5 月，泰安市政府副市长，民革山东省委常委、泰安市委主委，市红十字会会长(兼)；2012 年 5 月至 2017 年 2 月，泰安市政府副市长，民革山东省委副主委、泰安市委主委；2017 年 2 月以后，泰安市政协副主席，民革山东省委副主委、泰安市委主委。

张庆明　男，汉族，1961 年 7 月出生，山东泰安人。1989 年 2 月加入中国民主建国会。1983 年 7 月参加工作。大学学历，历史学学士。

1983 年 7 月毕业于曲阜师范大学历史系历史专业。曾任莱芜师范政教组教师，泰安师专政史系教师，泰安市工商联科员，民建泰安市委筹备组及民建泰安市委驻会干部、驻会秘书（副科级），新泰市翟镇副镇长（正科级），新泰市人民政府市长助理，新泰市人民政府副市长等职。2001 年 2 月至 2002 年 2 月，泰安市政协副主席，市工商业联合会副会长；2002 年 2 月至 2011 年 12 月，泰安市政协副主席，市工商业联合会（市总商会）主席（会长）；2011 年 12 月至 2012 年 2 月，泰安市政协副主席；2012 年 2 月至 2017 年 2 月，市政府特邀咨询；2017 年 2 月以后，泰安市政协副主席、民建泰安市委主委，省政协常委、民建省委常委。

刘　君　男，汉　族，1958 年 6 月出生，山东临清人。1976 年 6 月参加工作，2000 年 4 月加入九三学社。上海医科大学普外专业硕士研究生，医学博士，主任医师。

曾任滕州城郊下乡知青，鲁南化肥厂职工医院卫生员，枣庄市立医院医师，泰安市中心医院医师、主治医师，泰安市中心医院副主任、主任、副主任医师，泰安市中心医院院长助理、副主任医师，泰安市中心医院副院长，泰安市中心医院副院长、九三学社泰安市委主委等职。2008 年 1 月至 2010 年 7 月，泰安市政协副主席，市中心医院副院长，九三学社泰安市委主委；2010 年 7 月以后，泰安市政协副主席，市中心医院院长，九三学社泰安市委主委。

王昌元　男，汉　族，1962 年 4 月出生，山东宁阳人。1983 年 7 月参加工作，1997 年 12 月加入中国民主促进会。理学硕士。

1983 年 7 月毕业于曲阜师范大学数学系数学专业。曾任泰安师范专科学校数学系教师，泰山医学院讲师、副教授、教授、数学教研室主任，泰山医学院信息科学系副主任，泰山医学院信息工程学院副院长，民进泰安市委主委、泰山医学院信息工程学院副院长等职。2008年1月至2013年1月，泰安市政协副主席，民进泰安市委主委，泰山医学院信息工程学院副院长。2013年1月以后，泰安市政协副主席，民进泰安市委主委，泰山医学院现代教育技术中心主任。

马纯勇　男，汉族，1964年1月出生，山东泰安人。1988年5月加入中国共产党，1985年8月参加工作。本科学历。

曾任泰安市化肥厂财务科会计、审计科副科长，泰安对外经济技术合作公司财务部副经理、经理，泰安对外经济技术合作公司副经理（主持工作），泰安对外经济技术合作公司总经理，泰安市外经委（局）副主任、党委委员，泰安市对外贸易经济合作局副局长、党委委员，泰安市商贸国资公司董事、总经理、党委委员，泰安市商贸国资公司董事长、总经理、党委书记，泰安市审计局局长、党组书记等职。2017年1—2月，泰安市政协党组成员；2017年2月以后，泰安市政协副主席、党组成员。

程　明　男，汉族，1962年9月出生，山东泰安人。1987年12月加入中国共产党，1979年12月参加工作。在职研究生学历，法学硕士。

曾任惠民地区印染厂工人，惠民地区水利学校教师，共青团泰安市委宣传部干事、经济部副部长、组织部副部长、组宣部部长，泰安市人民政府外事（侨务）办公室副主任、党组成员，泰安市人民政府外事(侨务)办公室主任、党组书记，泰安市旅游局局长、党组书记等职。2017年2—3月，泰安市政协副主席、市旅游发展委主任；2017年3月以后，泰安市政协副主席、党组成员。

孙岱峰　男，汉族，1962年1月出生，山东邹城人，民盟盟员。1984年7月参加工作。大学学历。

1984年7月毕业于山东纺织工学院纺织机电系。曾任泰安毛纺厂干部、生产计划科副科长、生产计划科科长、销售科科长，泰安市泰山区政府副区长，泰安市司法局副局长、民盟泰安市委副主委，市中级人民法院副院长、民盟泰安市委副主委，市中级人民法院副院长(正县级)、民盟泰安市委主委等职。2017年2月以后，泰安市政协副主席、市中级人民法院副院长、民盟泰安市委主委。

陈湘安　男，汉族，1959年4月出生，山东泰安人。1976年7月参加工作，1984年4月加入中国共产党。大学学历。

曾任泰安县省庄公社桑家疃大队民办教师，莱芜市（县级）城关镇党委宣传干事，共青团莱芜市（县级）委宣传部部长，泰安市委组织部党政科干事、副科级干事，泰安市委组织员办公室组织员（正科级），泰安市委组织员办公室副主任、市委组织部组织科科长，宁阳县委常委、组织部部长，宁阳县委副书记、组织部部长，宁阳县委副书记、县长，东平县委副书记、县长，东平县委书记、党校校长，东平县委书记、党校校长、县人大常委会主任等职。2011年12月至2012年2月，泰安市政府党组成员；2012年2月至2017年2月，泰安市政府副市长、党组成员；2017年2—3月，泰安市政府党组成员；2017年3月以后，泰安市委农村工作领导小组副组长。

朱旭光　男，汉族，1961年6月出生，山东滕州人。1978年6月参加工作，1981年3月加入中国共产党。在职大学学历。

曾任滕县印刷厂工人，滕县法院书记员，滕县法院副院长，滕州市法院副院长（正科级），滕州市法院代理院长、院长，枣庄市中级人民法院副院长、党组副书记，枣庄市中级人民法院副院长、党组副书记、执行局局长等职。2010年12月至2011年1月，泰安市中级人民法院党组书记、副院长、代院长；2011年1月至2012年6月，泰安市中级人民法院院长、党组书记；2012年6月以后，泰安市中级人民法院院长、党组书记、市法官协会会长。

苏金森 男，汉族，1966年10月出生，福建莆田人。1993年11月加入中国共产党，1990年7月参加工作。大学学历，法学学士。

1990年7月毕业于华东政法学院法律系法学专业。曾任威海市环翠区人民检察院干部、助理检察员、检察员、副科长、科长、副科级检察员，威海市环翠区初村镇党委副书记，威海市环翠区人民检察院党组成员、副检察长、检察委员会委员、正科级检察员，威海市环翠区人民检察院党组成员、副检察长兼反贪局局长，乳山市人民检察院检察长、党组书记，威海市人民检察院副检察长、党组成员兼乳山市人民检察院检察长、党组书记，威海市人民检察院副检察长、党组成员、正处级检察员，省人民检察院政治部副主任，省人民检察院政治部副主任、检察员，省人民检察院控告申诉检察处处长、举报中心主任、国家赔偿中心主任等职。2015年1—2月，泰安市人民检察院代检察长、党组书记；2015年2月以后，泰安市人民检察院检察长、党组书记。

吕军德 男，汉族，1960年12月出生，山东莱芜人。1982年4月加入中国共产党，1980年7月参加工作。省委党校大学学历。

1980年7月毕业于泰安师范专科学校。曾任肥城县城关公社团委干事、副书记，肥城县委办公室秘书，肥城县委调研室副主任，中共泰安地委纪委研究室副科级检查员，泰安市纪委调研室副主任（正科级）、主任，泰安市纪委办公室主任，泰安市粮油集团总公司（局）纪委书记、党委委员，泰安市粮油集团总公司（局）副总经理（副局长）、党委委员，泰安市粮食局副局长、党委委员、党委副书记，泰安市粮食局局长、党委书记，泰安市委统战部副部长、台办主任，泰安市委统战部常务副部长（正县级），泰安市委副秘书长、市直机关工委书记等职。2015年11—12月，泰安市委党校常务副校长（副厅级），市委副秘书长、市直机关工委书记；2015年12月以后，泰安市委党校常务副校长（副厅级）、校委会主任，行政学院院长。

姚霆 男，汉族，1963年5月出生，江苏建湖人。1985年7月加入中国共产党，1982年7月参加工作。大学学历。

1982年7月毕业于泰安师专中文系。曾任泰安商业技校教师、办公室副主任，泰安市委研究室秘书、政教科副科长、政教科科长、《泰安工作》编辑部主任，新泰市委常委、宣传部部长，新泰市委副书记、宣传部部长，新泰市委副书记，泰安市委宣传部副部长（正县级），泰安市委宣传部副部长、文明办主任（正县级），泰安市教育局局长、党委书记，泰安市政府党组成员，办公室党组书记，泰安市政府秘书长、党组成员、办公室党组书记等职。2015年5—6月，泰安市政府秘书长、党组成员，办公室党组书记，泰山景区管委会主任、党工委副书记；2015年6月至2016年12月，泰山景区管委会主任、党工委副书记；2016年12月以后，泰山景区党工委书记。

王光锋 男，汉族，1960年6月出生，山东新泰人。1984年12月加入中国共产党，1977年7月参加工作。大学学历。

曾任新泰县汶南公社中南辰小学民办教师，新泰县汶南公社联中教师，新汶市教育局干部，新汶市政府办公室干部，新泰市政府办公室副科长、科长，新泰市政府办公室副主任、研究室副主任，新泰市政府办公室副主任、研究室主任，新泰市谷里乡（镇）党委书记，宁阳县政府县长助理、党组成员，经贸委主任，宁阳县政府副县长，宁阳县委常委、县政府副县长，泰安市乡镇企业管理局局长、党组书记，泰安市中小企业局局长、党组书记，泰安市经贸委副主任、党委副书记兼市中小企业办主任、党总支书记，泰安市政府副秘书长、市经贸委副主任、党委副书记，泰安市经贸委主任、党委书记，泰安市经济和信息化委员会主任、党委书记等职。2016年12月至2017年1月，泰安市经济和信息化委员会主任、泰山景区管委会主任；2017年1月以后，泰山景区管委会主任、党工委副书记。

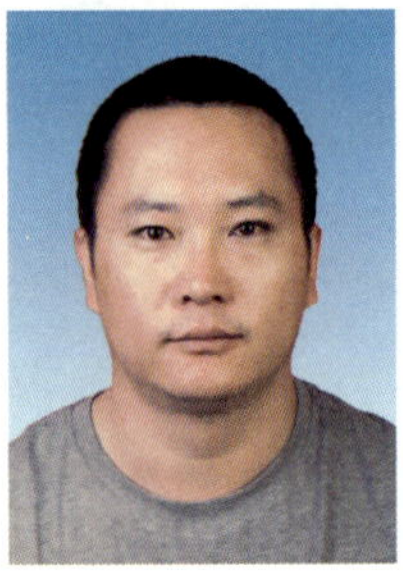

张树强 男，1980年5月出生，泰安市泰山区人，中专学历，高级技工，泰安启程车轮制造有限公司热加工车间副主任，市级“劳模创新工作室”带头人。2018年4月被中华全国总工会授予全国五一劳动奖章。

他于2012年2月进入泰安启程车轮制造有限公司，工作脚踏实地、善于学习钻研，所带领的班组从一股新生力量成长为技术型与知识型相结合的综合班组，他本人也由一名普通的技术工人成长为一名专业的知识型技术人员。他不断探索铝轮毂新产品工艺攻关，先后完成300套新产品试制技术攻关，一次合格率达90%以上。2015年，牵头成立泰安启程创新工作室，累计完成创新项目260项，节约成本1600万元。其中，组织成立创新公关小组，先后解决铝液烧损、天燃气消耗等问题，有效减少粉尘排放和二氧化碳排放，将轮毂组合轮辋（RIM）产品电镀合格率由原来的60%提高到92%以上；组织成立综合攻关QC小组，通过不懈的摸索努力，OEM产品生产效率达300件/天，提高生产效率40%以上，其中一款OEM产品达每天380件的生产效率，每年可为公司增加经济效益60万元。创新工作室先后被市总工会命名为“劳模创新工作室”、泰安市“职工创新技术竞赛示范企业”。他关心设备，先后撰写、编制多篇生产及设备标准化使用规范，解决大量生产中的技术难题，由他发现并处理的设备大小隐患300起。他注重安全生产管理，提出安全整改项60条，参与内部安全审核20次，公司获山东省安检局“安全生产标准化二级单位”，他本人获海纳川“安康杯”安全隐患排查一等奖。他积极参与公司质量体系认证工作，先后参与修订工艺规程15项、配合公司内部审核30次。他关心职工，为公司困难职工、家庭募集帮扶资金，为工友捐款，发动青年职工进行岗位练兵，参加技能比赛，在他的影响下，车间86人获高级工资格证书。他本人先后获全国五一劳动奖章、山东省“富民兴鲁”劳动奖章，“振兴泰安”劳动奖章，泰山区“第十届”“第十二届”职工技能竞赛铸造工组一等奖，泰山区“技术能手”，北汽集团一级劳动奖章，公司年度设备“技改之星”“技术标兵”等称号。

（市总工会　供）

康瑞霞 女，汉族，1962年9月出生，山东泰安市宏兴物资有限公司董事长。2017年获“全国三八红旗手”称号。

1994年，她自筹5000元创立泰安市宏兴物资有限公司。她把“诚信”作为企业的基本经营理念，加强企业信誉建设，重视产品售后服务，经常教育公司员工：“客户就是上帝，任自己吃点亏，也不能亏待了客户”。这种经营理念深受客户好评，“买得放心，用得踏实”是客户对宏兴公司的评价。她坚持“高效创新、细化管理、提高效益、全面发展”的经营理念，重视对员工的培训培养，坚持让员工与企业一起成长的发展模式，逐步把企业发展成为有5个分公司的大型销售、房地产、民间资本管理、典当行、物流集团。在职员工120人，资产总额1亿元，主营碳结钢、合结钢、轴承钢等10个品种的钢材，成为全国各地14家钢厂的泰安总代理，钢材销往全省及华东地区、东北地区、中原地区。她热心公益事业，先后为四川地震贫困母亲、孤寡老人、贫困大学生等捐款30余万元，并多次为农村修路、修桥捐资，受到社会的赞誉和同行的好评。公司连续多年被授予“明星企业”，她本人被选为泰安市工商联女企业家商会常务副会长，先后获全国三八红旗手、建国60年山东省60位女企业家，省三八红旗手，泰安市十大行业杰出女性，抗震救灾慈善之星，岱岳区慈善之星等称号。

范红艳 女，汉族，1968年7月出生，大学学历，中共党员。泰安市中级人民法院未成年人案件综合审判庭副庭长。

她自1998年开始致力于青少年犯罪的审判、帮教和预防工作，形成的“范红艳工作法”受到最高院领导肯定。贯彻教育、感化、挽救的工作方针，进行审判方式改革，先后建立社会调查、心理评估、圆桌审判等适合未成年人的审判方式和工作流程。她对未成年犯不是一判了之，而是继续跟踪帮教、回访考察，帮助失足少年彻底改过自新，重新做人。她在全省率先建立轻罪未成年人前科封存消灭制度，最大限度地降低刑罚对未成年人健康成长的不利影响。建立“未成年人救助基金”，先后救助涉案未成年被告人、被害人、辖区内急需救助的留守儿童30万元。她热心青少年犯罪预防工作，先后创办泰安市8家青少年法制教育基地、社区未成年人思想道德暨法制教育基地。她担任着泰城20所学校的法制副校长、省护航行动讲师团成员，开展“法律进校园、进社区、进机关、进厂矿、进警营”活动。先后作法制报告400场，教育青少年20万人次。她以朴素的家庭责任心，撑起父亲患癌、两个兄长聋哑残疾的特殊家庭，把3个侄女培养成大学生、硕士生、博士生，以一颗至诚至爱之心赢得广大群众的信任和尊重。她先后获全国三八红旗手、全国模范法官、全国政法系统优秀党员干警、全国未成年人思想道德建设工作先进工作者、全国岗位学雷锋标兵、省三八红旗手、省优秀共产党员、省十佳女法官、省道德模范、感动齐鲁政法人物等称号。

（市妇联　供）

韩建军　男，汉族，1973年7月出生，中共党员，大学学历，二级警督。1992年参加工作，1995年参加公安工作。泰安市公安局交通警察支队泰山区城东大队副大队长。2017年5月被人社部、公安部表彰为全国特级优秀人民警察。

从警21年间，他始终践行“人在路上、心在路上”的诺言，全身心投入到疏堵保畅工作中。白天迎着朝霞上岗，下午看着日落执勤，长年的风吹日晒，让他的皮肤变得黝黑，被泰安市民亲切地称为“小黑哥”。2016年9月，山东卫视《齐鲁先锋》栏目以《韩建军：“小黑哥”治堵记》为题，专题报道其先进事迹。他负责的辖区地处老城区，又是泰山旅游的必经之路，单位多，游客多，人流密集，车流量大，是泰城交通最繁忙、矛盾最突出的路段之一。面对交通压力，他深入学校、企事业单位开展交通宣传，实行定人、定岗、定时、定责、定路段制度；在辖区大中学校前设立助学岗，发展交通志愿者参与交通安全劝导和宣传工作；坚持集中行动与常态管理相结合，突出辖区交通秩序混乱区域、马路市场、摩托车、代步车、行人和非机动车等顽疾的治理。先后查处各种交通违法行为10万起，抓获各类违法犯罪嫌疑人210人，处置各种治安险情160起，完成各类警卫安保任务1000次。他立足辖区交通资源，先后总结出“勤、细、严、创”四字工作法、“非机动车双向分道行驶”工作法和“高峰限时禁左”“车流快出慢进”工作法，缓解辖区交通拥堵问题，打造安全畅通的交通环境。他带领的老市委岗，先后被评为全市、全省、全国青年文明号。他本人先后获全国特级优秀人民警察、全国交警系统执法标兵、中国好交警、全省优秀人民警察、齐鲁先锋警员、山东省优秀共产党员等称号和山东省道德模范提名奖。2012年6月，被省公安厅记个人二等功；2014年9月，被省公安厅表彰为“山东最美警察”并记一等功。

许晓峰　男，汉族，1972年10月出生，中共党员，大学学历，三级警督。1996年参加公安工作。泰安市公安局刑事侦查支队警犬技术大队副大队长。2017年5月被公安部表彰为全国优秀人民警察。

1996年从中国刑警学院毕业后，他以对公安事业的无限忠诚和对警犬技术的满腔热情全身心投入到警犬训导工作中。他致力于警犬技术工作的发展建设，以科学的理念推动警犬技术工作向基层延伸，先后完成市局警犬基地环境提升改造工程、各县（市、区）分局警犬技术专业队伍组建等工作，带犬参与现场勘查300起，其中警犬发挥作用280起。他连续带出的4头优秀警犬，在各类警务活动中均有出色表现。2015—2017年，他与战友们一道，带犬参与安检50次，完成历届“两会”、外国元首、政要到泰安访问的警卫任务、纪念抗日战争胜利70周年暨世界反法西斯战争胜利阅兵等大型活动的安保工作。2015年10月26日，在他的倡导组织下，成功举办全市公安机关警犬技术工作成果汇报展示，得到公安部刑侦局、省公安厅、市委、市政府等领导的充分肯定，11月，他提请各级领导批准，成功举办泰安市第一届警犬技术大比武。2016年4月12日，公安部警犬技术南京片区会议在泰安召开，对泰安的警犬技术工作给予很高的评价。在他的不懈努力下，公安部对泰安市警犬工作给予重点关注，并责成南京警犬研究所对泰安市给予警犬技术装备优先配置，泰安市警犬装备数量达227头，民警数量与警犬数量比达18∶1，装备规模位居全国前列。他本人多次被公安部抽调带搜爆犬，先后参加北京奥运会、十一届全运会、广州亚运会、深圳大运会等大型活动的安保工作，获公安部优秀训导员、南京片区警犬技术先进个人、全国优秀人民警察、全省公安机关奥运安保先进个人、全省优秀人民警察、齐鲁先锋警员等称号；立二等功1次、三等功2次。

杨延超 男，1971年3月出生，汉族，中共党员，1989年参加工作。2005年从部队转业参加公安工作。泰安市公安局财源派出所清真寺警务区警长。2017年5月被公安部表彰为全国优秀人民警察。

他于2011年11月就任清真寺社区民警。清真寺社区是泰安城区最大的以少数民族群众为主的社区之一，有居民2310户1.10万人，其中回族居民4600人，旅馆业、餐饮业等场所200家，社会治安复杂。面对复杂形势，他扑下身子摸情况，不分上下班，放弃节假日，一有时间就下社区，短短两个月就对社区基本情况了如指掌，先后为案件侦办提供有效信息270条，提供租房、移车等便民服务1170次，发现整改各类隐患358处。2016年9月建立清真寺警务室，并逐步将其打造成集巡逻防控、宣传教育、便民服务为一体的实战型警务室。他善于化解矛盾纠纷，维护少数民族团结，2016年有效化解涉少数民族矛盾纠纷190起，妥善处置涉少数民族案事件48起。他心系群众，为老百姓排忧解难，创新“三知三会”（知民情、知民俗、知民意，会沟通、会协调、会训导）社区警务工作法，对社区基层基础工作起到良好的指导作用并在全局得到推广。清真寺街道两侧违章建筑及占道经营问题一直是让人头疼的难题，2015年在创城活动的大形势下，他主动接下任务，多次与房主对接，讲政策、讲法律、耐心规劝，配合社区、行政执法等单位拆除违章建筑面积计1万平方米，清理露天烧烤摊9家，清理各类小广告300条，对100住户进行养犬登记并发放“文明养犬倡议书”，清真寺街多年拥堵杂乱的问题得到彻底解决，维护了社区的和谐稳定。他本人先后获全国优秀人民警察、全省优秀人民警察等称号，被泰安市政府评为泰安市民族团结进步模范个人并记二等功，被泰安市公安局评为泰安最美警察并记三等功，获泰安市公安局嘉奖2次。《人民公安报》、人民网、新华网、大众网等党媒党刊以及凤凰网、网易、新浪、搜狐等主流媒体均对其典型事迹有所报道。

张传苍 男，汉族，1966年8月出生，大学学历，中共党员。泰安市公安局指挥中心情报信息中心主任。2017年被省委、省政府表彰为全省十九大安保维稳工作先进个人并记一等功。

中共十九大安保期间，他团结带领全市公安情报部门提前着手、超前启动，主动作为，以“控住重点人，防住重点事”为着力点，坚持情报引领，下先手棋、打主动仗，在重大事件预警、重点人员稳控、综合分析研判等核心任务完成上狠下工夫，全力服务中共十九大安保维稳任务。他带领情报信息中心通过预警发现全市纳控人员在京、进京轨迹线索407条涉及277人，迅速开展稳控措施，做到第一时间成功稳控，有力维护全市安定团结、和谐稳定的局面。工作中他始终严以律己，坚持以实际行动影响民警，以人格力量感召民警，关心民警，弘扬爱岗敬业、无私奉献的精神，始终保持奋发有力、开拓进取的良好精神状态，中共十九大安保期间没有休息过一天，经常加班到半夜，得到领导和同志们的一致好评。

徐　磊 男，1978年4月出生，汉族，中共党员，大学学历。新泰市公安局新汶派出所副所长。2017年7月，经公安部批准，省公安厅为徐磊记个人一等功。

他十年如一日扎根基层，立足本职，创新公安基层基础工作，探索出平安救助站、信访维稳“三变”思路、矛盾纠纷动态管理等先进管理经验和工作模式，在创安维稳领域展现出较强生命力，引起中央综治委、共青团中央的密切关注。他提出“变被动稳控为主动化解、变针锋相对为温情感化、变单一训诫为帮扶救助”的“三变”信访维稳新机制，使辖区派出所6起信访积案全部化解。他于2010年年底自行垫资2000元，在新泰市青云街道银河社区设立“平安救助站”，对辖区刑释解教和前科劣迹分子、问题青少年进行帮扶救助，帮助其重归社会，先后有31名特定对象得到救助，11人实现自主创业。他被任命为辖区云山村的第一书记后，先后筹措资金40万元，让村民吃上“自来水”。同时，创新推出矛盾纠纷动态管理模式，化解村里各类矛盾纠纷30起。组织村民成立“小剧团”，排演群众喜闻乐见的防盗、防骗等题材的“法制小品”5场次，受教育群众400人次。加大打击违法犯罪工作力度，先后破获各类刑事、治安案件50起，打击处理各类违法犯罪嫌疑人60人，追回网上逃犯3人，在单位的绩效考核中名列第一。他本人先后被省公安厅评为齐鲁先锋警员、全省优秀人民警察、平安社区卫士、学雷锋工作先进个人、齐鲁公安英才标兵型人才；被新泰市委、市政府评为十大杰出青年、劳动模范，立二等功、三等功各1次。

（市公安局　供）

先进个人名录（部分）

全国五一劳动奖章获得者

张树强　泰安启程车轮制造有限公司热加工车间副主任

第一届全国文明家庭

王长义、王长信家庭　宁阳县鹤山镇山后村

全国三八红旗手

康瑞霞　泰安市泰山区乡镇企业局建材公司技术员

范红艳　泰安市中级人民法院未成年人案件综合审判庭副庭长

全国最美家庭

王炳兰　山东省泰安市东平县商老庄乡八里湾村村民

全国巾帼建功标兵

李延峰　泰安市鲁阳金属制品有限公司

张海燕　山东海天智能工程有限公司

全国维护妇女儿童权益先进个人

赵士梅　泰安泰山赵氏建材有限公司董事长

全国特级优秀人民警察

韩建军　泰安市公安局交通警察支队泰山区城东大队副大队长

全国帮教能手

冯大勇　新泰市公安局国内安全保卫大队副大队长

全国优秀人民警察

许晓峰　泰安市公安局警犬技术大队副大队长

杨延超　泰安市公安局泰山区分局财源派出所警长

全国打击拐卖妇女儿童犯罪活动情报协作专项研判行动成绩突出个人

黄良贵　东平县公安局指挥中心副主任兼情报信息中心主任

全国公安监管工作成绩突出个人

张国泽　肥城市拘留所所长

全国公安优秀刑警

许晓峰　市公安局警犬技术大队副大队长

全国煤炭青年科技奖

蒋　成　山东能源新矿集团新巨龙公司新阳能源

2017年度“中国好人”

陈　兰　山东能源新矿集团中心医院护士

李道明、李浩父子　李道明生前系东平县斑鸠店镇斑鸠店村村民；李浩系东平县斑鸠店镇斑鸠店村村民

韩立奎　宁阳县老韩头鞋业公司经理

李心军　泰山爱心人慈善协会理事，泰安氧气厂厂长

朱仁和　生前系肥城市经信局退休干部

毕德标　泰安市公路局工程一处职工

王瑞光　东平县公安局银山派出所辅警

尹作春　新泰市翟镇唐立庄个体工商业者

孙香田　新泰市新汶街道大寺山村村民

宁廷祥　宁阳县蒋集镇西北村村民

全国“敬老爱老助老模范人物”

刘　欣　刘汝卫　张　瑄　张继武

全国社科工作先进个人

王元军　泰安市社会科学界联合会党组成员、秘书长

刘西栋　泰山区委宣传部副部长、社科联党组书记

房庆安　泰安市泰山石敢当研究院院长

山东省劳动模范

张　冰　山东厚丰汽车散热器有限公司销售部销售员

赵　丽（女）　泰开集团有限公司执行副总经理

赵士梅（女）　泰安市泰山区泰前街道御碑楼社区经济委员会副主任

吕　彬　泰山云谷互联网产业集团有限公司总裁

张德刚　泰山玻璃纤维有限公司党委委员、副总经理

康俊昌　泰安市里峪惠民林果专业合作社副理事长

李钦顺　新泰市国有太平山林场场长

陈爱武　新泰市唯特果树研究所技术员

王光忠　新泰市青云街道福田社区党委副书记

张　宸　新泰市青云街道青云社区党委书记、居民委员会主任

麻宝忠　特变电工山东鲁能泰山电缆有限公司党委书记、总经理

王同伟　山东泰山轮胎有限公司车间主任

贾衍强　山东众成饲料科技有限公司锅炉工

李云岱　兴润建设集团有限公司高级管理人员

杨仁庚　肥城市王瓜店大丰粮食种植专业合作社理事长

贾爱云（女）　肥城市汇隆农产品专业合作社理事长

李海燕（女）　山东华兴纺织集团有限公司细纱挡车工

朱宁鹏　山东华宁矿业集团有限公司鑫安煤矿运转工区维修队长

李万海　宁阳县圣地农庄农业休闲观光专业合作社理事长

张　辉　山东友邦肥业科技有限公司董事长

武　辉　中国邮政集团公司山东省东平县分公司投递员

焦恩岭（女）　东平县市容环境卫生管理处环卫工人

耿进平　东平县银山镇耿山口村党支部书记

李　勇　新东岳集团有限公司董事长

吴同殿　泰安市泰山区邱家店镇前旧县村党支部书记、村民委员会主任

刘电新　山东泰山安康生态乳业有限公司董事长

张道恒　新汶矿业集团有限责任公司孙村煤矿技术员

张若祥　新汶矿业集团有限责任公司党委书记、董事长

李修林　肥城白庄煤矿有限公司掘进一区副区长

宋其涛　泰安市泰山景区客运有限公司董事长、总经理

韩　丽（女）　国电石横发电有限公司电气队继电保护班工作组组长

郁国强　泰山中联水泥有限公司副总经理

刘艳林（女）　泰山酒业集团股份有限公司质量管理委员会主任

庞广礼　山东泰邦生物制品有限公司总经理

宋宪臣　中国邮政集团公司泰安市分公司投递员

纪　伟　石横特钢集团有限公司党委书记、总经理

程化伟　中国移动通信集团山东有限公司泰安分公司副总经理

缪　超　中国联合网络通信有限公司泰安市分公司岱岳区分公司总经理

山东省先进工作者

张玉晶　泰安市地方税务局泰山分局局长

申洪英（女）　泰安市岱岳实验中学党支部书记、校长

高　罡　新泰市公安局禹村派出所所长

梁　栋　肥城市中医医院针灸科主任

许振坡　宁阳县公安局刑警大队大队长

展长顺　东平县总工会主席

宋尊柱　泰安市高新技术产业开发区国家税务局党组书记、局长

安红强　泰安市泰山风景名胜区管理委员会桃花峪管理区党支部副书记、副区长

刘温来　泰安市委宣传部市文明办活动协调科科长

许兴堂　山东省泰安第一中学教师

李　平（女）　泰安市中医医院副院长、肺病科主任

第十届“齐鲁巾帼十杰”提名奖

王素美　泰安市中医医院副院长

山东省最美书香家庭

叶远存　孙红霞家庭　新泰市谷里镇金谷园小区
曹洪欣　刘金凤家庭　肥城市新城嘉园小区

山东省幸福进家先进个人

姜婷婷　泰安市妇联组宣部副部长
王　丽　岱岳区妇儿工委办副主任
曹学红　新泰市汶南镇妇联主席
崔西兰　新泰市青云街道妇联主席
贾天秀　新泰市妇联办公室
王道华　新泰市疾病预防控制中心妇委会主任
李　园　肥城市妇联发展部部长
王金苓　肥城市新城街道妇联
孙栈桥　肥城市边院镇妇联主席
张　红　肥城市石横镇妇联主席
赵云霞　肥城市教育局妇委会主任
李雅琪　肥城市政务服务中心管理办公室
陈　超　肥城市总工会办公室副主任
王　新　肥城市地方税务局人事科副科长
王　芳　肥城市国家税务局人事教育科科长
刘　丽　东平县妇儿工委办主任
郭香莲　东平县戴庙镇妇联主席
邢淑臻　东平县彭集街道妇联主席
谭　平　东平县大羊镇妇联主席
吴　英　东平县公路局
李淑君　东平县市场监管局
张　燕　泰山景区大津口乡妇联主席

第一届全省文明家庭

张维明　于　蕊家庭　泰安市泰山区岱庙办事处
吕云成　李元爱家庭　泰安市泰山区岱庙街道花园社区
刘梅元　汪庆菊家庭　泰安市岱岳区粥店街道粥店社区
鲁　华　康　蔚家庭　新泰市向阳路平阳社区
刘　珂　葛慧玲家庭　新泰市新汶街道大洛沟社区
孟宪玺　马桂荣家庭　肥城市汶阳镇教师公寓
王　桥　宁留青家庭　宁阳县伏山镇府前路 1 号
刘振安　王桂平家庭　东平县东平街道李范村社区
方振玉　瞿广红家庭　东平县锦绣华庭小区
任中兴　杨会利家庭　泰安市泰山区文化路农大社区
沈　健　陈海玲家庭　泰安市泰山区泰前街道温泉东区
孟广琴家庭　泰安市岱岳区天平街道大陡山村
吴丽华家庭　肥城市新城办事处
董世英家庭　宁阳县文庙街道张庄村

山东省优秀共青团干部

徐　丽　泰安行政管理执法局团总支书记
孟宪青　泰安市肿瘤防治院团总支书记
石仁斌　中国移动通信集团山东有限公司泰安分公司党群工作部副主任、团委书记
程祥钊　国网山东省电力公司泰安供电公司党群工作部团青干事、团委委员
董加军　共青团岱岳区委书记

山东省维护青少年权益先进个人

陈　娜　泰安市泰山区人民检察院公诉科副科长

山东青年五四奖章

张　宸　新泰市青云街道青云社区党委书记、居委会主任兼胡家沟村党支部第一书记

山东省优秀共青团员

王　杰　山东能源新矿集团协庄煤矿生产技术部科员
刘雪梅　东平县卫生和计划生育局人秘科科员
杨辰宇　泰安市第二中学高一 5 班学生
巩　妤　新泰市实验中学学生
周博雯　宁阳第一中学高二年级 3 班学生

山东省最美志愿者

孔祥利　山东能源新矿集团新巨龙公司青工

山东省青年志愿服务先进个人

张玉慧　国网肥城市供电公司营销部党支部书记
朱　颖　泰安市妇幼保健院团委书记、工会办公室副主任

第六届全省道德模范

一、敬业奉献模范

苏庆亮　生前系泰安市岱岳区扶贫办副主任、

天平街道大陡山村党支部书记

二、助人为乐模范

孙牧业　宁阳县鹤山镇颜子教育发展促进会会长

三、见义勇为模范

孙毅敬　泰安市第二人民医院职工

四、诚实守信模范

李道明、李浩父子　李道明生前系东平县斑鸠店镇斑鸠店村村民；李浩系东平县斑鸠店镇斑鸠店村村民

第六届全省道德模范提名奖

一、助人为乐

赵庆收　生前系济南赵氏中医诊所医生，东平县老湖镇前梁村人

二、见义勇为

毕德标　泰安市公路局工程一处职工

三、诚实守信

和　亭　泰安市岱岳区范镇兴隆水泥构件厂厂长

四、敬业奉献

李希恩　泰安市质量技术监督局党组成员、稽查局局长

五、孝老爱亲

苗锡香　泰安市岱岳区道朗镇朱家洼村村民

肖秀敏　肥城市康泰养老院院长

第四届全省未成年人思想道德建设工作先进个人

程彦辉　宁阳县实验小学教师

公海坤　肥城市教育局基教科教师

江　刚　泰安高新技术产业开发区凤凰小学校长

马玉飞　泰山景区宣传办公室副主任

王　磊　肥城市文明办未成年人工作科科长

张　君　泰安市泰山区委宣传部文明办科长

张乐宽　东平县东原实验学校校长

周琳青　泰山学院附属中学教师

2017 年度全省最美志愿者先进典型

最美志愿者：

冉卫忠　泰安市汇元公益事业发展中心志愿者

孙永合　泰安市义工联合会志愿者

刘如伟　泰安市岱岳区天平街道池子崖社区书记助理

徐勤启　新泰市文艺志愿者服务队队长

胡维庆　肥城市蓝水滴助残公益发展中心理事长

李国安　泰安市无偿献血志愿服务队队长

2017 年全省脱贫攻坚先进个人

陈锦勇　市国土资源局局长

徐　敏　宁阳县华丰镇扶贫办主任

耿进平　东平县银山镇耿山口村党支部书记

李海燕　山东海燕医用材料制造有限公司董事长

齐鲁最美警察

许晓峰　泰安市公安局警犬技术大队副大队长

省公安厅记个人一等功

徐　磊　新泰市公安局新汶派出所副所长

省公安厅记个人二等功

吴利宾　市公安局岱岳区分局经济犯罪侦查大队商贸侦查中队指导员

冯大勇　新泰市公安局国内安全保卫大队副大队长

明　翌　肥城市公安局桃花源派出所副所长

高兴业　宁阳县公安局经济犯罪侦查大队大队长

解西团　东平县公安局治安警察大队四中队中队长

石　磊　泰安市公安局国内安全保卫支队副支队长

张华林　泰安市公安局技术侦察支队科员

赵振兴　泰安市公安局治安警察支队高铁片区管理大队教导员

李文海　泰安市公安局刑事科学技术研究所副主任

刘　明　泰安市公安局交通警察支队机动大队副大队长

杜启功　泰安市公安局高速公路交通警察支队岱宁大队事故中队中队长

全省公安机关“迎接十九大忠诚保平安”主题活动先进个人

记二等功：

苏庆明　宁阳县公安局磁窑派出所副所长

雷　鸣　泰安市公安局国内安全保卫支队副支队长

唐立峰　泰安市公安局技术侦察支队科员

战科任　泰安市公安局交通警察支队泰山区城西大队副大队长

记三等功：

马　鸣　泰安市公安局泰山区分局刑事侦查大队副大队长

乔丕华　新泰市公安局禹村派出所副所长

吴殿勇　泰安市公安局治安警察支队主任科员
张　璞　泰安市公安局警务督察支队副支队长

全省统计系统先进个人（记三等功）

沈　峰　泰安市统计局办公室主任
毕国栋　泰安市统计局农调队副队长

2017 年度机关党建宣传报道工作先进个人

霍　真　泰安市岱岳区委区直机关工委
刘冬梅　肥城市委市直机关工委
陈其刚　东平县委县直机关工委

山东省十大孝星

刘　欣

山东省实施银龄安康工程先进个人

朱广丽　于海深　张　玮　付群信

第二届全省党校系统精品课一等奖

张文臻

山东省优秀社科联工作者

李光冉　泰安市社科联党组成员、副主席
纪维鹏　新泰市社科联社科部副主任
张业民　东平县社科联主席
屈克英　泰山职业技术学院科研处副处长、社科联秘书、副教授
王凌云　山东服装职业学院科研处处长、社科联秘书、副教授

全市十九大安保维稳工作先进个人

记二等功：

赵永斌　泰山区委常委、政法委书记
张　力　泰山区委办公室副主任、区信访局局长
刘　涛　市公安局泰山区分局党委委员、副局长
杨昭晖　岱岳区副区长、党组成员，市公安局党委委员、调研员，区公安分局局长、党委书记、督察长
张向峰　岱岳区委办公室副主任、区扶贫开发领导小组办公室主任
张继庆　岱岳区委办公室副主任、区信访局局长
倪建军　新泰市委副书记
夏　谦　新泰市委政法委常务副书记
杨世崇　新泰市委办公室副主任，市信访局党组书记、局长
吴　涛　新泰市公安局情报信息中心主任、市森林公安局土门林区派出所教导员
有保龙　肥城市委办公室副主任、市信访局局长
李　利　肥城市委维稳办主任
梁　栋　肥城市公安局禁毒大队指导员
刘均鹏　肥城市公安局网络安全保卫大队副大队长
李　甡　宁阳县政府党组成员、副县长，县公安局党委书记、局长
孙召斌　宁阳县信访局党组成员、复查办主任
王洪亮　东平县政府党组成员、副县长，县公安局党委书记、局长
郑玉寅　东平县委办公室副主任、信访局局长
贾圣华　东平县委办公室副主任、维稳办主任
齐华东　宁阳县堽城镇党委书记
孔祥湖　泰安高新区党工委副书记
苏建东　泰山景区下港镇党委副书记
孙　鹏　市纪委信访室主任
赵敬利　市委办公室调研员
于善波　市综治办副主任
郭连勇　市信访局副县级信访督查专员
赵　兵　市信访局驻京工作办公室主任、信访教育接待站副主任
尚晓琳（女）　市委维稳办副主任
刘爱强　市公安局泰山区分局党委副书记、政委
宋洪昉　市公安局岱岳区分局警务保障室情报信息中心主任
李兴林　市公安局交通警察支队岱岳区大队汶口中队中队长
陈绪峰　市退伍军人和军队离退休干部安置办公室主任
徐西昌　市人力资源和社会保障局劳动监察处处长
邵洪文　市安全生产监督管理局党组成员、副局长

记三等功：

曹　磊　泰山区委办公室副主任、区机要保密局局长
石春雷　泰山区委办公室主任科员、维稳办主任
沈坤远　泰山区委政法委常务副书记
杨卫兵　泰山区民政局党委书记、局长
孟　军　泰山区水务局党组副书记、副局长，区水资源管理中心主任
李惠清（女）　泰山区财源街道党工委副书记

高　强　泰山区岱庙街道党工委副书记
徐　庆　泰山区邱家店镇党委副书记
赵培祥　岱岳区委政法委主任科员
刘廷镇　市公安局岱岳区分局反恐处突队队长
方红垒　岱岳区信访局副局长
李洪涛　岱岳区民政局党组成员、副局长
李伯印　岱岳区安全生产监督管理局副局长
张　辉（女）　岱岳区山口镇党委副书记
孙丽丽（女）　岱岳区大汶口镇党委副书记
田运军　岱岳区满庄镇党委副书记
刘增锋　岱岳区道朗镇党委副书记
张　雷　新泰市信访局党组成员、市政府信访复查办主任
王作东　新泰市卫生和计划生育局党委书记、局长
李　焱　新泰市中小企业办公室党总支书记、主任
牛其锁　新泰市人民法院立案二庭庭长
孙　辉　新泰市检察院控申科科长、副科级检察员
程　亮　新泰市公安局交警大队指导员
周广明　新泰市公安局刑侦大队指导员
李焕武　新泰市公安局青云派出所民警
李云珠（女）　新泰市公安局指挥中心科长
张　新　新泰市小协镇党委书记
刘　波　新泰市翟镇党委副书记
高慎波　新泰市泉沟镇党委副书记
李光磊　新泰市禹村镇党委副书记
刘斯花（女）　新泰市放城镇党委副书记
梁　炜　肥城市纪委信访室主任
丁兆秀　肥城市委办公室科员
王　勇　肥城市政府法制办副主任
张　亮　肥城市综治办副主任
肖传奎　肥城市信访局副主任科员
王庆元　肥城市公安局特警大队副大队长
张新利　肥城市财政局副局长、党组成员，经济开发投资公司经理、党支部书记
赵　猛　肥城市人力资源和社会保障局副主任科员
董庆焕　肥城市住房和城乡建设局局长、党委书记
马　斌　肥城市市场监督管理局办公室主任
汪　杰　肥城市仪阳街道党工委政法委员
聂志峰　肥城市汶阳镇人大副主席
朱立新　宁阳县委办公室副主任、县机要保密局局长
朱开东　宁阳县委政法委副书记、县委防范和处理邪教问题领导小组办公室主任
柳齐鲁　宁阳县住房和城乡建设局党委书记、局长
刘志华　宁阳县安全生产监督管理局党组书记、局长
纪维建　宁阳县交通运输局党委书记、局长
裴保华　宁阳县卫生和计划生育局党委副书记、主任科员
高　伟　宁阳县中小企业局党委委员、副局长
郭富泉　宁阳县公安局华丰派出所副所长
刘　峰　宁阳县公安局文庙派出所民警
杜焕军　宁阳县泗店镇党委书记
马祥波　宁阳县伏山镇党委书记
焦　阳（女）　东平县委政法委副书记
张传晶　东平县信访局副局长
孙　涛　东平县委维稳办协调指导科科长
张恭杰　东平县公安局党委委员、主任科员
李　强　东平县民政局局长
赵自强　东平县安全生产监督管理局局长
路　刚　东平县东平街道党工委副书记
彭　杰　东平县梯门镇党委副书记
侯　铖　东平县商老庄乡党委副书记
王太华　东平县新湖镇党委副书记
陆继帅　东平县沙河站镇党委副书记
公维刚　泰安高新区房村镇党委书记
时先进　市公安局高新区分局房村派出所教导员
彭　彬　泰安高新区房村镇党委副书记、镇长
李　军　市公安局高新区分局化马湾派出所教导员
吴同兴　泰山景区综合行政执法局机动执法大队主任科员
宗振胜　泰山景区大津口乡党委组织委员
孙　雷　市纪委信访室副主任
尉海波　市委政法委信息中心科员
屈　明　市信访局接访科科长
郭培强　市信访局督查科科长
王明军　市委维稳办协调指导科科长
孙士刚　市委维稳办督查调研科科长
王　伟　市公安局泰山区分局上高派出所所长
梁树声　市公安局岱岳区分局大汶口派出所副所长
孔祥鹏　市公安局高新区分局治安管理大队科员
孙建东　市公安局泰山景区分局警务保障室民警
张振安　市公安局指挥中心指挥调度室主任
陈　伟　市公安局治安警察支队治安行动大队副大队长
王　前　市民政局计财科科长

孙方杰　市司法局律师科科长
李　民　市财政局办公室主任
贺　哲　市人力资源和社会保障局办公室科长
杨新培　市住房和城乡建设局勘察设计科科长
朱士忠　市规划监察支队副大队长
乔立峰　市交通运输局人事科科长
刘建国　市卫生和计划生育委员会党委委员、副主任
赵　峰　市食品药品监督管理局办公室主任
徐建果　市中级人民法院立案二庭科员
郑冬梅（女）　市人民检察院控告申诉处处长、举报中心主任

嘉　奖：

耿　超　泰山区委宣传部副部长、区文明办主任
于　伟　泰山区委统战部副部长、区台办主任
周传兴　泰山区信访局副局长
陈　安　市公安局泰山区分局刑侦大队副大队长
钱祥村　市公安局泰山区分局国内安全保卫大队科员
王　荷　泰山区经济和信息化局党委委员、副局长
房宝玉　泰山区教育局党委书记、局长
孙文红（女）　泰山区人力资源和社会保障局党委委员，区劳动人事争议仲裁院院长、党支部书记
王　娟（女）　泰山区住房和城乡建设局党委委员、副局长、主任科员
周　峰　泰山区交通运输局党委委员、主任科员
姚学璋　泰山区文化广电新闻出版局党委委员、副局长
王　勇　泰山区商务局党委委员、主任科员
张　辉（女）　泰山区泰前街道党工委副书记
徐　刚　泰山区上高街道党工委副书记
张永智　泰山区徐家楼街道党工委副书记
孙业存　泰山区省庄镇党委副书记
戴英民　岱岳区经济和信息化局党委书记、局长
李　鹏　岱岳区供销社党委书记、理事会主任
彭永强　岱岳区财政局党委委员、主任科员、副局长
李　君　岱岳区人力资源和社会保障局党委委员、区就业办主任
吴乃华　岱岳区住房和城乡建设局党委委员、主任科员
赵　嵩　岱岳区水务局党委副书记
于光岭　岱岳区农业机械管理局党委委员、副局长
张仁伟　市公安局岱岳区分局满庄镇派出所所长
齐润国　岱岳区粥店街道党工委副书记
焦克静　岱岳区天平街道党工委副书记
刘明坤　岱岳区祝阳镇党委副书记
贾晓东　岱岳区范镇党委副书记
关承虎　岱岳区角峪镇党委副书记
刘加亮　岱岳区马庄镇党委副书记
王东泉　岱岳区夏张镇党委副书记
范清君　新泰市委宣传部常务副部长
鲁法文　新泰市委政法委副书记
董　峰　新泰市纪委常委、纪检监察干部监督室主任
董合新　新泰市委政策研究室副主任
陈　民　新泰市信访局党组成员、副局长
王前伟　新泰市委远教中心副主任、市委组织部干部监督教育科科长
韩明凯　新泰市政府办公室科长
高　飞　新泰市维稳办科员
丁洪存　新泰市青云街道党工委副书记
王婷婷（女）　新泰市果都镇党委副书记
安顺国　新泰市西张庄镇党委副书记
李慎道　新泰市岳家庄乡党委副书记
赵卫国　新泰市公安局汶南派出所副所长
张　波　新泰市公安局新汶派出所副所长
李　峰　新泰市公安局龙廷派出所民警
代传松　新泰市公安局泉沟派出所副所长
方　涛　新泰市公安局特巡警大队指导员
李同军　新泰市公安局国保大队中队长
李安合　新泰市公安局交警大队副中队长
尹训义　新泰市公安局警务督察大队副大队长
朱　兵　新泰市公安局羊流派出所民警
王秀民　肥城市文明办副主任
武心军　肥城市人民政府教育督导室督学
王宜忠　肥城市国土资源局党组副书记、主任科员
于建昌　肥城市商务局党组成员，商业贸易局党委书记、副局长
王　利　肥城市住房和城乡建设局党委委员，房产管理局局长、党委副书记
李　博　肥城市人民法院主任科员、法警大队大队长
秦　伟　肥城市人民检察院副科级检察员、控告申诉检察科科长

李恒广　肥城市老城街道党工委委员、办事处副主任
张建东　肥城市潮泉镇党委副书记、政协主任
陈玉红（女）　肥城市桃园镇副镇长
冉祥燕　肥城市王庄镇副镇长
吴元胜　肥城市安驾庄镇党委副书记、政协主任
李晓磊　肥城市边院镇党委副书记、政协主任
朱朝阳　肥城市公安局安驾庄派出所所长
李胜利　肥城市公安局石横派出所副所长
张业豪　肥城市公安局龙山派出所副所长
刘百达　肥城市公安局老城派出所警长
郭　彬　肥城市公安局副主任科员、治安警察大队副大队长
秦国君　肥城市公安局老城派出所副所长
朱忠琢　宁阳县食品药品监督管理局党组书记、局长
程令文　宁阳县财办党组成员，县物资集团总公司党委书记、经理
侯典辰　宁阳县信访局党组成员、主任科员
王东阳　宁阳县人力资源和社会保障局党委副书记、主任科员
王传强　宁阳县煤炭工业管理局党委委员、副局长
冯　彪　宁阳县粮食局党委委员、副局长
徐家申　宁阳县委防范和处理邪教问题领导小组办公室副主任，县委政法委政工科科长
董广军　宁阳县教育局副主任科员、学校安全科科长
邢东升　宁阳县公安局交警大队高管中队队长
王　健（女）　宁阳县公安局经侦大队副政治教导员
赵传安　宁阳县公安局信访科副科长
王凡文　宁阳县蒋集镇人大主席
乔国良　宁阳县鹤山镇党委副书记
宁　辉　宁阳县磁窑镇党委副书记
张连忠　宁阳县葛石镇党委委员
李　龙　宁阳县乡饮乡党委副书记
屈　伟　东平县委办公室科长
付海红（女）　东平县政府法制办副主任
王文霞　东平县委宣传部常务副部长
陈　峰　东平县经济和信息化局副局长
何　冰　东平县教育局局长
黄良贵　东平县公安局指挥中心副主任、情报中心主任
夏玉强　东平县公安局治安大队五中队中队长
宋　钢　东平县人力资源和社会保障局副局长
刘景倩　东平县国土资源局局长
朱东升　东平县住房和城乡建设局副主任科员
李子武　东平县卫生和计划生育局局长
梁　华　东平县人民法院信访办主任
宁晓民　东平县农业机械管理局局长
崔兆国　东平县大羊镇人大副主席、综治办专职主任
董广庆　东平县旧县乡党委副书记
吴衍涛　东平县老湖镇党委副书记
杨　振　东平县银山镇党委副书记
高厚强　泰安高新区纪工委副书记
李昌勇　市公安局交警支队高新区大队副大队长
杨和瑞　泰安高新区市场监督管理局副局长
李海强　泰安高新区安全监督管理局副局长
刘金鑫（女）　市公安局高新区分局指挥中心科员
王庆敦　泰安高新区社会事业局副局长、综合科科长
张洪伟　泰安高新区建设局副局长、建设管理科科长
李　明（女）　泰安高新区人事劳动局副局长、社会保障科科长
李延村　泰安高新区房村镇党委副书记
刘鸿飞　市公安局泰山景区分局治安管理大队民警
张守群　泰山景区大津口乡党委副书记
亓玉才　泰山景区黄前镇党委副书记
张合民　泰山景区下港镇副镇长
许　珂　市委办公室信息调研室副主任科员
王庆锋　市委办公室研究室科员
孟庆曜　市新闻中心副主任
牛　毅　市委宣传部文教科主任科员
梁　忠　市综治办指导（综合）科科长
王　峰　市委政法委法制教育中心副主任
韩大伟　市委政法委法制教育中心副主任
李新民　市信访局办公室主任
范明强　市信访局调研科科长
刘　强　市政府信访事项复查复核委员会办公室主任
冯　娟（女）　市信访局信息管理科科长
朱　海　市政府应急管理办公室处置协调科科长
王传民　市教育局副调研员
牛　波　市教育局纪委副书记

宋　锐　市经济和信息化委员会企业科主任科员
苏晓雷　市公安局泰山区分局警务保障室信息调研科科长
马　帅　市公安局岱岳区分局山口派出所科员
曹君培　市公安局泰汶分局汶西派出所所长
李　震　市公安局陶山分局治安特警大队教导员
成春燕（女）　市公安局国内安全保卫支队机动侦察大队科员
孔　巍　市公安局刑事侦查支队五大队科员
李海峰　市公安局经济犯罪侦查支队办公室科员
王　鑫　市公安局交通警察支队泰山区城西大队副大队长
宋建波　市公安局特巡警支队党总支委员、副支队长
刘　伟　市公安局高速公路交通警察支队岱宁大队副大队长
燕荣喜　市民政局优抚科科长
周长庚　市民政局优抚科主任科员、副科长
严劲松　市司法局社区矫正科科长
刁　忠　市人力资源和社会保障局劳动人事争议调解仲裁管理处综合科科长
李树伟　市人力资源和社会保障局劳动人事争议调解仲裁管理处主任科员
金　剑　市国土资源执法监察支队二大队副主任科员
李　燕（女）　市住房和城乡建设局办公室副主任科员
边乐林　市建筑工程管理局办公室主任
张松磊　市规划监察支队科员
张　峰　市交通运输局安全监督科科长
刘含赟（女）　市农机局综合科科员
许　琨（女）　市卫生和计划生育委员会疾控科科长
王爱英（女）　市卫生和计划生育委员会基层指导科科长
许西成　市环境保护局办公室主任
黄　勇　市国有资产管理监督委员会信访工作科科长
李国振　市安全生产监督管理局危化科科员
徐立帅　市安全生产监察支队科员
杨海昌　市食品药品监督管理局餐饮科科长
张　红（女）　市工商行政管理局企业注册局企业信用监管科副科长
魏建清　市行业管理办公室秘书科科长
范昌旺　市中级人民法院执行局执行指挥中心主任
徐元强　市中级人民法院副主任科员
李新芳　市人民检察院控告申诉处副处长
张　涛　市人民检察院控告申诉处副处长
孙启亮　市高铁新区建设发展中心党委委员、办公室主任

全市妇女儿童工作先进个人

任秀林　泰山区妇联党组书记、主席
王　玲　岱岳区妇联党组书记、主席
王文娟　新泰市妇联副主席
李　莉　肥城市妇联副主席
赵　静　宁阳县委组织部干部一科科长
史桂玲　东平县教育局学生资助管理中心主任
陈　玉　泰山风景名胜区管理委员会农林局副局长、妇委会主任
张晓丹　市中级人民法院民一庭审判员
王　静　市人民检察院未检处副处长
王　璐　市财政局行政政法科副科长
郑　雷　市文化广电新闻出版局市场科科长
刘　霞　市总工会女职工委员会主任
宋岱东　共青团泰安市委经济统战部部长
张伟贞　市妇联党组成员、市妇儿办主任
李瑞莲　市残疾人联合会组宣部科员

第六届泰山功勋教师

孙桂芝（女）　泰安市岱岳区范镇中心小学
张向军　泰安市岱岳区马庄镇回民中学
张　军　山东省泰安英雄山中学
田洪文　新泰市青云街道朝阳学校
杨崇燕（女）　新泰市平阳小学
李　伟　新泰市实验中学
李　娟（女）　新泰市实验中学
徐加华　山东省新泰市第一中学
刘西朋　新泰市新汶中学
任　娟（女）　肥城市实验幼儿园
尹衍翠（女）　肥城市龙山小学幼儿园
付冬梅（女）　肥城市龙山小学
付继强　肥城市王瓜店街道办事处新胜小学
朱丰菊（女）　肥城市实验中学
马成东　肥城市边院镇过村初级中学
刘永福　肥城市孙伯镇初级中学

王海英（女） 肥城市龙山中学仪阳校区
张兴刚 肥城市职业中等专业学校
李　方（女） 宁阳实验幼儿园
张晶晶（女） 宁阳县实验小学
刘　拴 山东省宁阳第一中学
付秀芹（女） 宁阳县职业中等专业学校
亓明国 东平县实验小学
赵兴秋 山东省泰安市实验学校
王书茵（女） 山东省泰安师范学校附属学校
石　菁（女） 山东省泰安第一中学
刘　芳（女） 山东省泰安第二中学
陈佳敏（女） 山东省泰山中学
徐春华（女） 泰安长城中学
张子学 泰山职业技术学院

第六届泰山功勋校长

张伶然（女） 新泰市实验幼儿园
朱立赟 新泰市协庄学校
申洪英（女） 泰安市岱岳实验中学
秦洁新 泰山学院附属中学
赵景喜 东平高级中学

第六届泰山名师

陈玉芝（女） 泰安市泰山区岱庙实验学校
陈　丽（女） 泰安市第一实验学校
靳传凤（女） 泰安市泰山区邱家店镇中心小学
王　勇 泰安泰山实验中学
高　峰 山东省泰安第六中学
王德秀（女） 山东省泰安东岳中学
王　霞（女） 泰安市泰山区上高街道办事处凤台中学
杨建华 泰安市泰山区省庄镇第一中学
马　伟（女） 泰安市泰山区徐家楼街道办事处泮河中学
乔　玮（女） 山东省泰安迎春学校
杨洪全 泰安市文化产业中等专业学校
靳艳丽（女） 泰安市岱岳区范镇中心小学
张金龙 泰安市岱岳区粥店街道粥店中学
倪香红（女） 山东省泰安第十五中学
刘振国 泰安市岱岳实验中学
张　峰 山东省泰安英雄山中学
马广忠 山东省泰安英雄山中学
王　彬 山东省泰安英雄山中学
宋圣君 山东省泰安英雄山中学
刘　宏 山东省泰安英雄山中学
王光栋 山东省泰安英雄山中学
王海红（女） 泰安市岱岳区职业教育中心
梁彩霞（女） 新泰市宫里镇中心幼儿园
徐勤杰 山东省新泰市第一实验小学
刘姝琪（女） 新泰市平阳小学
王成惠（女） 新泰市青云街道朝阳学校
段光爱（女） 新泰市天宝镇中心小学
高翠珠（女） 新泰市新汶街道中心小学
孙　燕（女） 新泰市放城镇中心小学
王　霞（女） 新泰市实验中学
石军清 新泰市新甫中学
陈振华 新泰市翟镇初级中学
冉　蕾（女） 新泰市泉沟镇初级中学
徐迎新（女） 新泰市羊流镇羊祜学校
时成霞（女） 新泰市汶南镇第二初级中学
张　健 山东省新泰市第一中学
刘　洋 山东省新泰市第一中学
刘敬国 山东省新泰市第一中学
高　升 新泰市特殊教育学校
鹿　平（女） 肥城市实验幼儿园
张秀霞（女） 肥城市实验幼儿园
王化芬（女） 肥城市实验小学
范振霞（女） 肥城市白云山学校
王　亮 肥城市白云山学校
周长云（女） 肥城市仪阳街道中心小学
汪向鲁 肥城市汶阳镇高淤小学
陈　强 肥城市孙伯镇中心小学
李敏敏（女） 肥城市石横镇中心小学
肖玉华（女） 肥城市实验中学
宋华丽（女） 肥城市湖屯镇初级中学
张泽春 肥城市潮泉镇初级中学
贾同斌 肥城市龙山中学仪阳校区
胡宝华 肥城市龙山中学仪阳校区
李海军 肥城市第一高级中学
李庆林 肥城市第一高级中学
张　鹏 肥城市泰西中学
张作旺 肥城市泰西中学
张　蕾（女） 肥城市职业中等专业学校
杨东云（女） 肥城市进修学校
李二琳（女） 宁阳县蒋集镇大槐幼儿园
郭淑文（女） 宁阳县八仙桥街道中心幼儿园

黄利红（女） 宁阳县第三小学
吴艳秋（女） 宁阳县八仙桥街道西关小学
王利芳（女） 宁阳县泗店镇牛村小学
李翠花（女） 山东省宁阳第十二中学
陈跃忠 宁阳县乡饮中心学校
张庆营 山东省宁阳复圣中学
宋学庆 山东省宁阳实验中学
杨广银 宁阳县第二十中学
孔 燕（女） 山东省宁阳第四中学
张国栋 山东省宁阳第一中学
张业山 山东省宁阳第一中学
陶传京 山东省宁阳第二中学
刘晓梅（女） 宁阳县职业中等专业学校
王爱英（女） 东平县第三实验小学
冯 文（女） 东平县沙河站镇中心小学
胡彦平（女） 东平县实验中学
李和东 东平县实验中学
潘国伟 东平县佛山中学
吴厚新 东平县新湖镇中学
陈士民 东平高级中学
李曙光 东平高级中学
赵庆旺 东平高级中学
杜庆春 东平明湖中学
张 春 泰安市岱岳区北集坡街道办事处中心小学
李广勇 泰安市岱岳区北集坡街道办事处第一中学
朱爱芳（女） 山东省泰安师范学校附属学校
张 艳（女） 山东省泰安市实验学校
王 昕（女） 山东省泰安市实验学校
别华伟（女） 泰安市泰山外国语学校
刘树乾 山东省泰安第一中学
卢宏亮 山东省泰安第一中学
马启银 山东省泰安第一中学
王晓辉 山东省泰安第二中学
王庆峰 山东省泰山中学
汪承春（女） 山东省泰山中学
颜 斌 泰安长城中学
贾 丽（女） 泰安长城中学
王焕英（女） 泰山护理职业学院
孔 巍（女） 泰安市特殊教育中心

第六届泰山名校长

荆 华（女） 肥城市实验幼儿园
张凤梅（女） 泰安市岱庙办事处三友小学
谢清田 泰安市岱岳区岳峰小学
王甲文 新泰市新汶街道良庄实验小学
贾同文 肥城市汶阳镇中心小学
商 勇 宁阳县泗店镇中心小学
张德峰 东平县第三实验小学
辛 诚 东平县第四实验小学
马 彬 泰安市岱岳区道朗镇第一中学
陈绪强 新泰市实验中学
韩 伟 新泰市龙廷镇岙阴初级中学
薛 华 山东省宁阳第十一中学
赵元成 肥城市第六高级中学
张 亮 泰安市理工中等专业学校
蒋永森 宁阳县特殊教育中心

2017 年度泰安市首席技师

郑常春 山东北方光学电子有限公司
刘艳丽（女） 山东岱银服饰有限公司
赵兴朋 泰安市岱岳区泰峰农牧机械厂
王后强 泰安合仁堂医院
徐勤山 山东能源重型装备制造集团有限责任公司新汶分公司
柏贞松 山东中选机械设备有限公司
路克友 山东泰鹏集团有限公司
张福伟 肥城市高级技工学校
刘自友 山东华阳农药化工集团有限公司
宁廷文 山东金阳矿业集团有限公司
胡千鹏 瑞星集团股份有限公司
师荣鑫 泰安市航天特种车有限公司
刘军华 中国重汽集团泰安五岳专用汽车有限公司
张 平 泰安市御座宾馆
郗洪滨 泰安市中医医院
刘海廷 泰安东岳山庄有限公司
郭洪昆 泰安市泰山区岱宗大街蒙妮坦专业发型美容中心
苏 涛 泰安蓝海御华大饭店有限公司
郭 鹏 泰安技师学院
王亚楠（女） 泰山职业技术学院

首批泰安市企业“安全生产管理标兵”

李 瑛 新汶矿业集团有限责任公司泰山盐化工分公司安监处长
裴孝清 山东鲁能泰山矿业开发有限公司安全部经理

曹亭国　山东石横特钢集团有限公司安环部安全监督科科长
刘学森　泰安交运集团安全机务处处长
乔建斌　泰安启程车轮制造有限公司安全科科长
赵　强　特变电工山东鲁能泰山电缆有限公司安全管理部部长
陈西迎　国网山东电力公司肥城市供电公司安全监察质量部主任
薛忠伟　山东鲁泰建材科技集团有限公司安全科科长
薛厚新　泰山酒业集团股份有限公司安全生产部经理
张正涛　益海嘉里（泰安）油脂工业有限公司安全主任
方　勇　新东岳集团有限公司安全部经理
华宝存　蒙牛乳业泰安有限责任公司安全办公室主任
唐凤莲　泰山燃气集团有限公司安全科副主任
刘　莹　山东能源重装集团泰装工程装备制造有限公司安监处长
赵志勇　泰安岱银新宇纺织有限公司安全办主任
马怀秋　山东光大科技发展有限公司安全科科长
宋庆辉　山东能源重装集团鲁中装备制造有限公司安全设备部副部长
李延升　山东泰山路桥工程公司机务安全部主任
高仲峰　新汶矿业集团有限责任公司安全监察局副主任工程师
侯永强　山东泰山国家粮食储备库副主任兼安全科科长

首批泰安市企业“安全生产管理标兵”提名奖获得者

刘吉运　山东瑞泰化工有限公司安全部部长
张玉生　泰山景区客运有限公司安全生产监督监管检查组办公室主任
戴　超　国网泰安供电公司安质部主任
陈友明　新泰中联泰丰水泥有限公司生产副总兼安全环保办公室主任
殷　超　泰山中联水泥石灰岩矿安全科科长
姜　波　泰山通达货运索道有限公司桃花源站站长
吴树青　山东泰山普惠建工有限公司安全处处长
程　东　泰安市泰山东城热电有限责任公司安全监察部主任
孔凡勇　东平中联美景水泥有限公司安全管理办公室主任
张文光　山东超威电源有限公司安全职业卫生科科长

泰安市地方史志工作先进个人

高　珍　泰安市委宣传部
葛宗泰　泰安市发展和改革委员会
王先琪　泰安市民政局
桑运昌　泰安市文化广电新闻出版局
陈凤云　泰安市林业局
张婷婷　泰安市总工会
张洪燕　泰安市农业局
崔延庆　泰安市教育局
吴　昊　泰安市公安局
石汝刚　泰安市财政局
张　文　泰安市交通运输局
杨　宁　泰安市审计局
刘庆斌　泰安市委党校
裴　鹏　泰安市国土资源局
李　燕　泰安市住房和城乡建设局
吴克欣　泰安市泰山风景名胜区管理委员会
张　谦　泰安高新技术产业开发区天宝镇人民政府
李钦峰　泰安高新技术产业开发区徂徕镇人民政府
张　斌　泰安市人力资源和社会社会保障局
王立峰　新汶矿业集团有限责任公司办公室
王百灵　肥城矿业集团有限责任公司办公室
黄　伟　山东农业大学
彭锡瑞　泰山区党史办
刘令智　泰山区老龄办
程建民　岱岳区党史史志办公室
张洪谱　岱岳区党史史志办公室
柏钦战　新泰市地方史志编纂委员会办公室
刘　晓　新泰市地方史志编纂委员会办公室
牛尊先　新泰市东都镇
刘灿武　新泰市翟镇大港村
郝　航　肥城市地方史志办公室
姚玉军　肥城市孙伯镇人民政府
王善玉　肥城市仪阳街道史志办
吕吉功　肥城市石横镇人民政府
吕洪亮　宁阳县伏山镇人民政府
韩　卿　宁阳县住房和城乡建设局
侯胜男　宁阳县党史史志办公室
李姗姗　东平县史志编纂委员会办公室

杜　梅　东平县史志编纂委员会办公室
方　雷　东平县《今日东平》报社

《泰安年鉴（2018）》优秀撰稿人

刘淑文　市委办公室
苏智伟　市人大机关
白　霞　市政府办公室
吴向军　市政协机关
郭启辉　市纪委监委机关
王　雷　市委组织部
张　兵　市委老干部局
高　珍　市委宣传部
李　明　市精神文明建设委员会办公室
王　勇　市委统战部
朱传伏　市机构编制委员会办公室
陈来明　市直机关工委
梁　波　市人防办
葛宗泰　市发展和改革委员会
王　涛　市物价局
韩　念　市经济和信息化委员会
刘　丽　市公安局
高　磊　市财政局
王先琪　市民政局
沈红叶　市人力资源和社会保障局
裴　鹏　市国土资源局
郭洪省　市城市综合管理执法局
张　文　市交通运输局
焦　健　市水利和渔业局
和沐雯　市商务局
张　波　市卫生和计划生育委员会
杨　宁　市审计局
王　斌　市环保局
吴　擎　市体育局
孙　富　市统计局
石亚男　市林业局
郝贞明　市安全生产监督管理局
张作祥　市旅游发展委员会
王玉梅　市食品药品监督管理局
刘　丽　泰安高新技术产业开发区管理委员会
吴克欣　泰山风景名胜区管理委员会
祝　捷　市委党校
程文涛　泰安日报社
李　梅　市档案局
赵红明　市地震局
赵传勇　市经济合作局
陈　曦　市老龄委员会办公室
马　峰　市金融工作办公室
郝　飞　市供销社
林　营　泰安市中级人民法院
贾秀梅　市妇女联合会
董玉文　市文联
韩　超　市社科联
曹梅玲　市残联
刘德超　泰安军分区
徐德力　市气象局
张　成　泰安海关
汪　洋　泰安银监分局
赵同健　中国银行泰安分行
翟　曜　省农信社泰安办事处
张　帅　泰安保险协会
马久虎　泰山职业技术学院
司　刚　泰安日报社
王国梁　泰安日报社
赵文文　泰安日报社
刘玉朴　泰山区史志办
程建民　岱岳区史志办
李　红　新泰市史志办
郝　航　肥城市史志办
侯胜男　宁阳县史志办
杜　梅　东平县史志办

编校　戚淑娟　　审稿　周美广

附　录

2017年中央、省主要媒体关于泰安的重要报道索引

《人民日报》

山东泰安缓解节假日停车难问题，推出便民新举措 市政中心停车场免费对外地车开放　（4月5日）

泰安城管局：OFO单车擅自占道经营，严重违反规定　（4月13日）

省庄镇东孙村书记米培莲与村民交谈　（8月24日）

《人民日报》客户端

今天，复兴号高铁正式提速，时速350千米　（9月21日）

新华社

500年历史西林樱桃走上电商模式　（5月24日）

大型文化出版项目《中华泰山文库》正式签约　（6月11日）

首届泰山国际农机博览会开幕，百余家国内外知名企业参展　（8月27日）

从“一山独秀”迈向“山水名城”——泰安立足“绿水青山”重构城市发展格局调查　（9月25日）

从“一山独秀”迈向“山水名城”——泰安立足“绿水青山”重构城市发展格局调查　（9月26日）

新华每日电讯

泰山国际登山节新增“科技板块”　（9月7日）

中国报业教育发展联盟成立　（9月25日）

新华网

山东：小微企业升级开始申请符合条件补助10万元　（2月6日）

山东省泰安市大项目建设蓄“雷霆”之势发力　（2月19日）

2017泰山国际马拉松赛开跑　19278名选手参赛　（4月24日）

新泰六个园区成全国农村创业创新园区　（6月20日）

摩托车考前撞伤泰安高考生逃逸 交警一路追到济南　（6月20日）

《大众日报》

妈妈，你怎么来了？　（1月28日）

财政去年出资7.6亿元买服务在体育文化科技等多方面引进社会力量参与　（2月24日）

离家70载，跨越2000多千米泰安籍烈士顾效熙终归故里　（4月14日）

80%老建筑保留　20%老建筑改建大汶口古镇不重造景重文化体验与绿色休闲　（5月9日）

上半年全市GDP实现1682.4亿元 服务业入库税收超半壁江山　（8月7日）

看“一山独秀”变“山水名城”——泰安重构城市发展框架，建设碧水蓝天宜居宜业家园　（8月10日）

泰山区取消屠宰企业成立生猪配送点成为全省第一个开展试点的市中区，村民可买到廉价放心肉　（8月12日）

整治兼顾发展鸭倌变菇农（8月20日）
泰安探索实施“支部+协会”社会组织党建工作新模式（8月25日）
沿着“体育+”之路奔跑（9月8日）
绿色满城扮靓“山水名城”（10月13日）
宁阳三举措开展行业扶贫（10月27日）
黄前镇贫困户有了“阳光”收入（12月15日）
“社区+高校”碰撞出爱的火花（12月15日）
加快推进大项目建设构筑经济新“高地”“龙头”舞动幸福岱岳（12月29日）
泰山区省庄镇“人才+项目”领跑经济发展（12月31日）

凤凰网

2017年泰山东岳庙会启会（4月11日）

《光明日报》

泰山脚下慢生活（2月4日）

光明网

百余家国内外品牌企业亮相首届泰山国际农机博览会（8月26日）

《经济日报》

山东泰安开工近300个大项目（2月26日）

新锐大众

泰安上半年新增市场主体2.27万户（8月4日）

《支部生活》

从历史传承中走来的文旅古镇（12月份）

中国经济网

山东泰安近三百个大项目开工建设总投资过千亿元（2月20日）

《中国绿色时报》

泰山实施引鸟治虫工程（7月25日）

中国网

2017泰山国际马拉松开跑19278名选手参赛（4月24日）

中国新闻网

2017泰山国际马拉松赛鸣枪　2万中外选手激情奔跑（4月23日）
第七届泰山石敢当文化节在泰安开幕（9月5日）

中新社

春访泰山五贤祠风骨犹存翰墨香（5月5日）
假装在婺源，其实在山东（4月1日）
致即将逝去的花季（4月21日）

中新网

泰山祈福旅游促销暨碧霞元君标准像搜寻整理活动开启（1月18日）
清明小长假泰山景区迎客14余万人次（4月5日）
2017年泰山东岳庙会启会海峡两岸信众朝圣祈福（4月11日）
泰安体育产业重点体育项目签约　65万人将受益（4月12日）
2017泰山国际马拉松赛鸣枪　2万中外选手激情奔跑（4月23日）
“洋弟子”点赞中国武术“武德胜过一时成败”（5月11日）
国内外百余家农机企业亮相首届泰山国际“农机会”（8月27日）
第七届泰山石敢当文化节在泰安开幕（9月5日）
第七届泰山石敢当文化节在泰安开幕（图片）（9月5日）
山东泰安市民绿色骑行一小时迎接“世界无车日”（9月23日）
泰山第二届发呆大赛首场比赛玉泉寺开启（9月23日）
白象与泰山再携手，将公益环保进行到底（9月26日）

中央电视台

会当凌绝顶　泰山观日出（1月1日）
你好2017！各地群众迎接元旦到来（1月1日）
撞钟辞旧岁祈福迎新年（泰山弘德楼撞钟）（1月1日）
山东泰山：苍山负雪明烛天南（1月2日）
花灯璀璨元宵节（泰山天颐湖花灯）（1月2日）
渐行渐近年味浓（1月21日）
山东新春走基层东平湖搬迁记：一户都不能少（1月21日）

泰山千年弘德楼撞响新年钟声（1月27日）
山东新春走基层东平湖搬迁记：我们的新家（1月27日）
撞钟祈福辞旧岁　张灯结彩迎新年（1月28日）
重传承　品文化　民俗里面年味浓（泰山皮影）（1月29日）
组合提要　大年初四出游迎来小高峰（泰山旅游）（1月31日）
春节出游人数及旅游收入双双走高（用泰山镜头）（2月3日）
山东新春走基层东平湖搬迁记：我家住在东平湖（2月9日）
山东新春走基层东平湖搬迁记：南堂子村：为了一个沉甸甸的承诺（2月11日）
践行“雷锋精神”各地志愿者在行动（3月5日）
多地警方联手破获跨省特大毒品案：抓吸毒人员牵出网上贩毒大案（3月23日）
多地警方联手破获跨省特大毒品案：多地出击跨省贩毒网络被摧毁（3月23日）
多地警方联手破获跨省特大毒品案：医药代表参与贩卖“咳嗽水”（3月23日）
各景区客流激增　踏青赏花为首选（泰山旅游）（4月3日）
泰山消防密织游客“安全网”（4月13日）
组合提要　小长假第一天景区游客量平稳上升（4月29日）
【山东泰安】游客突发心脏病消防爬泰山救人（5月2日）
【山东泰安】防火器材普及家庭全民演练（5月13日）
全国助残日：推进残疾康复及预防（5月21日）
【山东】节日出行路　绷紧安全弦（5月27日）
【山东】货车追尾驾驶员被困紧急救援（5月28日）
南水北调工程累计输水100亿立方米（东平）（6月9日）
【现场山东泰安】孩子左手被卡　消防切割快递传送带（6月12日）
山东新泰：90后好小伙勇救落水女子（7月7日）
山东新泰：迈莱河突发洪水　多方合力抢险（7月29日）
山东泰山：登山疲劳过度晕倒　消防紧急救援（8月12日）
山东泰安：八旬老人跌落水井　紧急施救（8月26日）
第31届泰山国际登山比赛今天举行（9月7日）
山东泰安：孩子太淘气　脚下缝隙拔不出（9月12日）
山东泰安国税全面推行智能化办公（9月22日）
同升一面旗祝福祖国更加繁荣富强（10月1日）
【山东东平“双节”假期　中秋】贫困村里庆双节搬新居（10月5日）
欢乐假日见证祖国发展变迁（天颐湖花海）（10月7日）
齐聚泰山　海峡两岸同胞敬天祈福（10月15日）
山东东平耿山口村1800名村民乔迁新居（10月19日）
【山东】情系徂徕文艺志愿者放歌泰安（10月31日）
多地降温　泰山迎降雪（11月3日）
多地迎来大风降温天气　泰山出现降雪（11月3日）

中央人民广播电台

祈福2017，各地群众多种形式迎接新年（1月1日）
正月初二回娘家　各地迎来出行客流小高峰（1月29日）
大年初四，各地返程客流回升（1月31日）
泰山景区迎来客流高峰　旅游秩序面临大考（4月3日）
第一时间：清明长假第二天，泰山景区游客数量“井喷”，旅游秩序面临大考（4月3日）
第一人物：跟着劳模游泰山活动启动，劳模游泰山同时捡拾泰山上的垃圾，向游客倡导环保出行文明旅游（4月29日）
山东泰安女医生给自己做胃镜（7月23日）
山东省泰安市“公开亮诺”活动日前正式启动（8月12日）
泰山国际登山节（9月8日）
第一时间：降水大雾阻碍返程路，山东高速公路通行压力大（10月8日）
十九大报告系列解读《伟大变革》第八篇：从严治党在路上！（10月26日）
《伟大变革》第八篇：从严治党在路上（10月26日）
第一时间：山东62个市县发布降温蓝色预警（10月29日）

著名商标

泰安市荣获中国驰名商标企业情况

表 47

序号	企业名称	商标名称	商品名称	时　间	区　县	认定单位
1	泰山玻璃纤维有限公司	CTG 及图	非纺织用玻璃纤维线	2009	泰山区	商标局
2	新东岳集团有限公司	东岳 DONGYUE 及图	自行车内外胎	2009	东平县	商标局
3	光明起重机械集团有限公司	金斗山及图	起重机	2009	新泰市	商标局
4	山东泰鹏实业有限公司	安琪尔	床罩、被子、被罩	2009	肥城市	商标局
5	山东泰安山锅集团有限公司	第 714344 号图形	锅　炉	2010	岱岳区	商标局
6	泰山集团泰安市普瑞特机械制造有限公司	普瑞特	金属容器	2010	泰山区	商标局
7	泰安泰山工程机械股份有限公司	岱峰 DaiFeng 及图	移动吊车	2010	泰山区	商标局
8	泰山石膏股份有限公司	泰山及图	石膏板	2010	岱岳区	商评委
9	山东正方轮胎有限公司	正　喜	车辆轮胎	2011	宁阳县	商标局
10	泰山集团股份有限公司	TAISHAN 及图	锅　炉	2011	开发区	商标局
11	山东春潮色母料有限公司	春潮及图	塑料着色母料	2011	新泰市	商标局
12	瑞星集团有限公司	东平湖及图	尿　素	2011	东平县	商标局
13	山东银宝食品有限公司	银宝及图	猪肉、猪肉食品	2011	肥城市	商标局
14	肥城富世康面粉有限公司	富士康	面　粉	2011	肥城市	商标局
15	肥城金塔机械有限公司	金字及图	蒸馏塔	2011	肥城市	商标局
16	泰安华鲁锻压机床有限公司	华　鲁	剪板机；折弯机	2012	岱岳区	商标局
17	山东九鑫机械工具有限公司	泰山及图	扳手（手工具）	2012	东平县	商标局
18	山东光大日月油脂股份有限公司	智　育	食用油 食用油脂	2012	东平县	商标局
19	山东索力得焊材有限公司	索力得 SOLID 及图	金属焊丝	2012	肥城市	商标局
20	山东亚奥特乳业有限公司	亚奥特 YAT	牛奶制品	2012	泰山区	商标局
21	山东云宇机械集团有限公司	云宇及图	汽车配件	2013	肥城市	商标局
22	泰开电气集团有限公司	泰　开	高压断路器	2013	开发区	商标局
23	山东省肥城桃开发总公司	肥　城	桃	2014	肥城市	商标局
24	山东三和化工有限公司	阳和及图	三聚氰胺	2014	新泰市	商标局

续表47

序号	企业名称	商标名称	商品名称	时　间	区　县	认定单位
25	东顺集团股份有限公司	顺清柔及图	卫生纸 纸手帕	2014	东平县	商标局
26	山东同创汽车散热装置股份有限公司	TCAC图形	汽车发动机冷却用散热器	2014	宁阳县	商标局
27	山东一滕新材料股份有限公司	一滕集团及图	工业用纤维素	2014	肥城市	商标局
28	泰安安能电气集团有限公司	安能信锐及图	变压器、电开关	2014	开发区	商评委
29	泰安市泰山索道运营中心	第5139629号图形	旅客运输（游客）、汽车运输	2015	泰山景区	商标局
30	山东九鑫日用化工有限公司	满　婷	肥　皂	2015	东平县	商标局
31	肥城阿斯德化工有限公司	阿斯德	甲　酸	2015	肥城市	商标局
32	山东新轮轮胎有限公司	新轮 XIN LUN及图	车辆轮胎	2015	肥城市	商标局
33	山东华泰电缆有限公司	华泰及图	电源材料（电线、电缆）	2015	新泰市	商标局
34	山东康平纳集团有限公司	第3752835号图形	呢绒、布、毛织品	2015	泰山区	商标局
35	山东亚奥特乳业有限公司	亚奥特 YAT	牛奶制品	2015	泰山区	商评委
36	山东傲饰服饰有限公司	傲饰及图	服　装	2015	肥城市	商标局
37	泰石岩棉有限公司	泰　石	非金属耐火建筑材料	2016	岱岳区	商标局
38	山东泰丰钢业有限公司	青云山	非金属套管、金属套管	2016	新泰市	商标局
39	山东泰山轮胎有限公司	泰山及图	汽车轮胎、拖拉机轮胎	2016	肥城市	商标局
40	泰安路德工程材料有限公司	路　德	非金属栅栏、非金属搁栏、土隔膜	2016	泰山区	商标局
41	兴润建设集团有限公司	兴润建设	建筑服务	2016	肥城市	商标局
42	鲁普耐特集团有限公司	鲁普耐特及图	绳索、非金属缆、捆扎用非金属线	2017	岱岳区	商标局
43	泰安仕全兴涂料有限公司	名士达 MINGSHIDA及图	木材涂料（油漆）、清漆、漆	2017	岱岳区	商标局
44	山东龙成消防科技股份有限公司	薪薪及图	灭火器	2017	新泰市	商标局
45	山东肥城精制盐厂	鲁祥 Luxiang及图	盐	2017	肥城市	商标局

泰安市荣获山东省著名商标企业情况

表 48

序号	申请单位	注册商标	认定商品或服务	认定时间	区 划
2014 年认定（14 件）					
1	泰安路德工程材料有限公司	路 德	非金属栅栏；非金属搁栅；非金属建筑材料	2014	泰山区
2	泰安嘉和重工机械有限公司	嘉和及图	挖掘机	2014	泰山区
3	山东省联合农药工业有限公司	联农及图	杀虫剂	2014	岱岳区
4	泰安市君乐太阳能有限公司	君 乐	太阳能热水器；太阳集热器	2014	岱岳区
5	山东泰丰钢业有限公司	青云山	钢管；金属管	2014	新泰市
6	山东泰丰新水管业股份有限公司	泰水及图	非金属管道；非金属水管	2014	新泰市
7	新泰市永佳化工有限责任公司	永佳及图	色母粒	2014	新泰市
8	山东天源重工集团有限公司	力德利及图	起重机；起重机（升降设备）；起重葫芦	2014	新泰市
9	山东肥城精制盐厂	鲁祥及图	盐	2014	肥城市
10	泰安瑞泰纤维素有限公司	瑞泰及图	衍生物纤维素（化学品）	2014	肥城市
11	肥城瑞达家具有限责任公司	鲁翔及图	家 具	2014	肥城市
12	泰安市正大油脂有限公司	鲁 统	食用油	2014	肥城市
13	中国重汽集团泰安五岳专用汽车有限公司	五岳及图	汽车起重机底盘；自卸车	2014	开发区
14	山东彩山兴业装饰材料有限公司	彩山及图	金属片和金属板	2014	宁阳县
2014 年续展（18）件					
15	泰安东升服装有限公司	MOTO-BOY	服 装	2014	泰山区
16	山东岱银纺织集团股份有限公司	岱银 DAIYIN 及图	纱 线	2014	泰山区
17	普瑞特机械制造股份有限公司	泰山及图	酿造机器	2014	泰山区
18	山东新煤机械装备股份有限公司	零点及图	单体液压支柱三用阀	2014	新泰市
19	山东泰山恒信开关集团有限公司	泰山恒信	电开关；高低压开关板；配电盘及图	2014	新泰市
20	新泰市新汶食品酿造有限公司	泰山圣宝及图	酱油；醋	2014	新泰市
21	山东泰山起重机械有限公司	劲王 JINWANG	起重机	2014	新泰市
22	泰安百川纸业有限责任公司	百 川	羊皮纸；印刷纸	2014	新泰市
23	泰安市亚圣食品有限公司	亚圣斋及图	人食用蚕蛹；鱼制食品；鹌鹑蛋	2014	岱岳区
24	山东山口生物发展股份有限公司	山口及图	酱油；醋；酱菜	2014	岱岳区
25	山东宏康机械制造有限公司	宏康及图	锻压设备	2014	岱岳区
26	肥城米山水泥有限公司	米山及图	水 泥	2014	肥城市

续表 48-1

序号	申请单位	注册商标	认定商品或服务	认定时间	区划
27	山东新轮轮胎有限公司	新轮及图	自行车轮胎；车辆轮胎	2014	肥城市
28	山东鲁珠集团有限公司	鲁珠及图	水泥	2014	肥城市
29	山东同创汽车散热装置股份有限公司	TCAC及图	汽车发动机冷却用散热器	2014	宁阳县
30	山东天和纸业有限公司	天和兴及图	木浆纸	2014	宁阳县
31	尤洛卡矿业安全工程股份有限公司	尤洛卡	测压仪器；测量仪器	2014	开发区
32	山东泰邦生物制品有限公司	鲁岳及图	医药生物制剂；血液制品	2014	泰山景区
2015年认定（14）件					
33	兴润建设集团有限公司	兴润建设及图	建筑	2015	肥城市
34	肥城联谊工程塑料有限公司	联谊九州及图	塑料材料（纤维代用品）；纺织用玻璃纤维织物；无纺布	2015	肥城市
35	鲁变电工有限公司	鲁变及图	变压器；配电盘；配电箱	2015	肥城市
36	山东中玻节能环保发展有限公司	中玻所及图	人造树脂（半成品）；合成树脂（半成品）；有机玻璃	2015	新泰市
37	山东天力重工集团有限公司	天特及图	起重机	2015	新泰市
38	山东德鲁克起重机有限公司	德鲁克	起重机；起重葫芦；升降设备提升机	2015	新泰市
39	泰安泰山亚细亚食品有限公司	九洲丰园及图	速冻菜；腌制蔬菜	2015	泰山区
40	山东前程似锦人力资源有限公司	前程似锦及图	商业管理咨询；替他人作中介；人事管理咨询	2015	泰山区
41	山东德泰机械制造集团有限公司	守德及图	车辆底盘；车辆车轴；陆地车辆用连接杆	2015	新泰市
42	泰安海威数控机床有限公司	泰山海威及拼音	农业机械；模压加工机械；机床	2015	开发区
43	山东宏瑞达电力设备有限公司	鲁一及图	变压器（电）；变压器；调压器	2015	岱岳区
44	山东岱岳制盐有限公司	东岳及图	食盐	2015	岱岳区
45	山东鲁燕色母粒有限公司	金燕及图	色母粒	2015	岱岳区
46	新东岳集团有限公司	正航及图	车辆用轮胎（摩托车轮胎）；脚踏车车胎	2015	东平县
2015年续展（30）件					
47	泰安仕全兴涂料有限公司	名士达及图	木材涂料（油漆）	2015	岱岳区
48	泰安市泰山日出酒业有限公司	泰山日出及图	酒（白酒）	2015	岱岳区
49	山东泰安山锅集团有限公司	图形	低压蒸气锅炉；热水采暖锅炉	2015	岱岳区
50	山东泰山华岳玻璃有限公司	泰山华岳及图	建筑玻璃；楼房用窗玻璃；隔热玻璃	2015	岱岳区
51	泰山石膏股份有限公司	泰山及图	石膏板	2015	岱岳区
52	泰安鲁普耐特塑料有限公司	鲁普耐特及图	绳索；网（绳网）	2015	岱岳区

续表 48-2

序号	申请单位	注册商标	认定商品或服务	认定时间	区 划
53	新东岳集团有限公司	锦科及图	车辆用轮胎；自行车轮胎	2015	东平县
54	山东九鑫日用化工有限公司	满 婷	肥皂；浴液；化妆品；洗发剂	2015	东平县
55	光明起重集团有限公司	金斗山及图	起重机	2015	新泰市
56	新泰市新汶食品酿造有限公司	新汶及图	酱油；醋；调味品	2015	新泰市
57	山东电力管道工程公司	森波管道及图	水泥管	2015	新泰市
58	山东大唐宅配家居有限公司	图 形	家具；有抽屉的橱；碗柜	2015	泰山区
59	山东宝来利来生物工程股份有限公司	宝来利来及图	非医用饲料添加剂	2015	泰山区
60	山东岱银纺织集团股份有限公司	雷诺及图	衬衣；男女式茄克衫；牛仔系列服装	2015	泰山区
61	山东厚丰汽车散热器有限公司	鲁美及图	散热器（汽车配件）	2015	泰山区
62	山东亚奥特乳业有限公司	亚奥特 YAT	牛奶；牛奶制品；酸奶	2015	泰山区
63	山东金彩山酒业有限公司	彩山及图	酒（白酒）	2015	宁阳县
64	山东华阳农药化工集团有限公司	神农丹	农 药	2015	宁阳县
65	山东鲁峰专用汽车有限责任公司	鲁峰及图	汽车；汽车配件；挂车	2015	开发区
66	力博重工科技股份有限公司	力博科技及图	传送带；机器、马达和引擎调速器	2015	开发区
67	山东泰鹏集团有限公司	安琪儿	床罩；被子；被罩	2015	肥城市
68	泰安九洲金城机械有限公司	力星及图	起重设备；装卸设备	2015	肥城市
69	山东阿斯德化工有限公司	春旺及图	尿 素	2015	肥城市
70	肥城康王酒业有限公司	康王河及图	酒（白酒）	2015	肥城市
71	肥城阿斯德化工有限公司	阿斯德	甲 酸	2015	肥城市
72	山东润东建材有限公司	双吉及图	石 膏	2015	肥城市
73	山东依诺威强磁材料有限公司	依诺威及图	磁铁；磁性材料和器件	2015	肥城市
74	山东泰鹏环保材料股份有限公司	泰鹏及图	喷胶棉；太空棉；无纺布	2015	肥城市
75	山东农大肥业科技有限公司	农大及图	肥 料	2015	肥城市
76	泰安市泰山旅游服务公司	天街及图	饭店；柜台出租	2015	泰山景区
2016 年认定（15）件					
77	山东弘兴玉米开发有限公司	绿 环	食用玉米淀粉；含淀粉食品；含淀粉食物	2016	宁阳县
78	山东友邦肥业科技有限公司	友邦及图	农业肥料；肥料；农业用肥	2016	宁阳县
79	泰安市遇石记玉石制品有限公司	遇石记及图	玉石（泰山玉）	2016	泰山区
80	山东乐通电缆有限公司	啄木鸟及图	电线；电缆；电话线	2016	肥城市
81	山东又工机械工具有限公司	又工及图	扳手（手工具）	2016	肥城市

续表 48-3

序号	申请单位	注册商标	认定商品或服务	认定时间	区　划
82	泰安瑞泰达机械有限公司	瑞泰达	车辆拉力杆；车辆用悬挂弹簧	2016	肥城市
83	山东众成饲料科技有限公司	Chang-ho 昌浩	饲　料	2016	肥城市
84	山东泰邦生物制品有限公司	CTBB 及图	血液制品（人血白蛋白、静注人免疫球蛋白、破伤风人免疫球蛋白）	2016	泰山景区
85	山东龙成消防器材有限公司	薪薪及图	灭火器	2016	新泰市
86	新泰市兴泰酿造有限公司	青云山及图	酱油；醋	2016	新泰市
87	泰安泰山国泰拖拉机制造有限公司	泰　山	拖拉机	2016	新泰市
88	山东飞扬化工有限公司	绿色泰丰及图	酯；琥珀酸	2016	新泰市
89	山东宝来利来生物工程股份有限公司	宝来利来及图	非医用饲料添加剂	2016	泰山区
90	山东社汇酒业有限公司	唐龙一品液 及图	白　酒	2016	东平县
91	山东新东岳集团有限公司	速至及图	自行车胎；车辆轮胎（力车、摩托车胎）	2016	东平县
2016 年续展（34）件					
92	泰安泰山工程机械股份有限公司	岱峰及图	移动吊车	2016	泰山区
93	泰安路德工程材料有限公司	美格瑞诗	非金属栅栏；非金属搁栅；非金属建筑材料	2016	泰山区
94	山东科大中天电子有限公司	宏天及图	电工仪表及仪器；电压表；电度表	2016	泰山区
95	山东泰山啤酒有限公司	泰山及图	啤　酒	2016	泰山区
96	山东仁达铝业装饰有限公司	仁　达	金属片和金属板；金属门；金属窗	2016	岱岳区
97	山东泰山衡器有限公司	泰　衡	台秤；案秤	2016	岱岳区
98	泰安科诺型钢股份有限公司	欣诺及图	未加工或半加工普通金属；铁板；钢板	2016	岱岳区
99	山东云宇机械集团有限公司	云宇及图	汽车配件	2016	肥城市
100	山东富世康工贸有限公司	富世康及图	面　粉	2016	肥城市
101	肥城金塔机械有限公司	金字及图	蒸馏塔	2016	肥城市
102	山东鲁泰建材科技集团有限公司	鲁泰及图	非金属板	2016	肥城市
103	山东索力得焊材股份有限公司	索力得及图	金属焊丝	2016	肥城市
104	山东金泰山漆业有限公司	鲁乐及图	铝涂料；银涂料；油漆	2016	肥城市
105	肥城泰西无纺材料有限公司	东岳及图	工业滤毯；工业滤布	2016	肥城市
106	山东一滕新材料股份有限公司	一滕集团及图	纤维素；工业用纤维素醚	2016	肥城市
107	山东泰山轮胎有限公司	泰山及图	拖拉机轮胎	2016	肥城市
108	山东农大肥业科技有限公司	农大及图	肥　料	2016	肥城市

续表 48-4

序号	申请单位	注册商标	认定商品或服务	认定时间	区划
109	肥城市阳光食品有限公司	旭 光	方便面	2016	肥城市
110	山东华阳农药化工集团有限公司	华阳及图	农 药	2016	肥城市
111	山东华兴纺织集团有限公司	图 形	纱；线	2016	肥城市
112	新东岳集团有限公司	东岳及图	车辆轮胎	2016	东平县
113	东顺集团股份有限公司	顺清柔	卫生纸；纸手帕；纸巾纸	2016	东平县
114	泰安市泰山女儿旅游商贸有限公司	泰山女儿	茶；茶叶代用品	2016	开发区
115	泰开集团有限公司	泰开及图	高压断路器；高压隔离开关	2016	开发区
116	泰安东岳重工有限公司	东岳及图	汽车起重机	2016	开发区
117	山东大宝养殖加工有限责任公司	赛星 SAIXING	死家禽；火腿	2016	新泰市
118	山东泰山生力源玻璃有限公司	谷字牌及图	玻璃瓶罐	2016	新泰市
119	山东北方中意新材料有限公司	泰岳及图	玻璃钢用建筑材料；玻璃钢建筑构件	2016	新泰市
120	山东裕鑫玻璃纤维有限公司	图 形	纺织用玻璃纤维织物；玻璃布	2016	新泰市
121	泰安市雅邦工贸有限公司	雅邦斯诺尔 及图	油漆；刷墙用白浆；防火漆	2016	新泰市
122	山东华泰电缆有限公司	华泰及图	电源材料（电线、电缆）	2016	新泰市
123	山东汶阳春酒业有限公司	汶阳春	食用酒精	2016	新泰市
124	山东三和生物科技有限公司	阳和及图	三聚氰胺；未加工人造树脂	2016	新泰市
125	山东社汇酒业有限公司	唐龙及图	酒	2016	东平县

泰安市地理标志证明商标情况

表 49

序号	单位名称	商标名称	商品类别
1	山东省肥城桃开发总公司	肥城桃	桃
2	宁阳县林果协会	宁阳大枣	干 枣
3	肥城市王庄粉皮协会	孔庄粉皮	粉 皮
4	东平县安山大米行业协会	安山大米	大 米
5	新泰市农村合作经济组织联合会	新泰芹菜	新鲜芹菜
6	泰安市岱岳区泰安煎饼协会	泰安煎饼	煎 饼
7	泰安市岱岳区徂徕镇果树农民经济协会	徂徕黄金梨	梨
8	东平县核桃发展协会	大羊薄皮核桃	核桃（坚果）
9	肥城市桃木雕刻协会	肥城桃木雕刻	桃木工艺品
10	泰安市水产研究所	泰山赤鳞鱼	活 鱼

续表49

序号	单位名称	商标名称	商品类别
11	宁阳县泗店镇蟋蟀产业协会	宁阳蟋蟀	蟋蟀（活的）
12	宁阳县泗店镇蔬菜协会	许家桥大白菜	大白菜
13	泰安市岱岳区下港乡特色农产品产业协会	泰山板栗	新鲜栗子
14	新泰市楼德镇煎饼协会	楼德煎饼	煎 饼
15	泰安市岱岳区岱绿特蔬菜协会	泰安黄芽白菜	大白菜（新鲜蔬菜）
16	泰安市岱岳区岱绿特蔬菜协会	泰安大白菜	大白菜（新鲜蔬菜）
17	宁阳县泗店镇蔬菜协会	宁阳桥白	大白菜
18	东平县彭集街道花生产业协会	彭集花生	新鲜花生
19	新泰市维特果树研究所	新泰苹果	苹 果
20	新泰市黄山红山羊研究所	新泰红毛山羊	活 羊
21	新泰市草猪养殖协会	新泰草猪	活 猪
22	泰安市岱岳区化马湾乡大樱桃协会	化马湾大樱桃	樱 桃
23	泰安市岱岳区泰山玉产业协会	泰山墨玉石雕	玉雕艺术品，玉雕手饰
24	泰安市岱岳区夏张镇夏张红农产品协会	泰安红心萝卜	萝卜（新鲜的）
25	泰安市传统食品协会	泰安豆腐	豆 腐
26	肥城市汶阳镇河岔口鸭蛋产销协会	河岔口鸭蛋	鸭 蛋
27	新泰市刘杜镇甜红子山楂协会	新泰甜山楂	山楂（新鲜的）
28	泰安市泰山林业科学研究院	泰山四叶参	四叶参（中药材）
29	泰安市泰山林业科学研究院	泰山黄精	黄精（中药材）
30	泰安市泰山林业科学研究院	泰山何首乌	何首乌（中药材）
31	泰安市泰山林业科学研究院	泰山紫草	紫草
32	泰安市葡萄酒协会	泰山南麓葡萄酒	葡萄酒
33	肥城市边院镇农业综合服务中心	雨山核桃	核桃（新鲜水果）
34	肥城市边院镇农业综合服务中心	大王樱桃	樱桃
35	泰安市葡萄酒协会	泰山南麓葡萄酒	葡萄酒
36	新泰市横山丝研究所	新泰横山丝	生丝
37	新泰市放城镇马家寨香椿协会	马家寨子香椿芽	香椿芽（新鲜的）
38	肥城市边院镇农业综合服务中心	韩庄头豆腐皮	豆腐皮（豆腐制品）
39	泰安市岱岳区良庄镇瓜菜专业技术研究会	泰安红根韭菜	新鲜韭菜；
40	泰安市岱岳区良庄镇瓜菜专业技术研究会	泰安红根菠菜	新鲜菠菜；

名 牌 产 品

2017年泰安市新增荣获“山东名牌产品”称号企业情况

表50

序号	企业名称	产品名称	行政区划
1	山东中玻节能环保发展有限公司	烟气除尘碳纤维复合材料阳极管	新泰市
2	山东新智机械有限公司	常压连续脱硫机	新泰市
3	山东宏康机械制造有限公司	数控开卷矫平剪切生产线	岱岳区
4	山东塔高矿业机械装备制造有限公司	矿用单体液压支柱	宁阳县
5	山东安信机械制造有限公司	液压支架、单体液压支柱	肥城市
6	泰安泰山工程机械股份有限公司	履带式吊管机	泰山区
7	山东泰丰钢业有限公司	石油套管	新泰市
8	山东瑞泰玻璃绝缘子有限公司	盘形悬式玻璃绝缘子	新泰市
9	山东泰开电器绝缘有限公司	棒形悬式复合绝缘子	泰山区
10	山东泰开电器绝缘有限公司	环氧浇注绝缘子及绝缘拉杆	泰山区
11	山东德泰机械制造集团有限公司	商用车底盘悬挂件	新泰市
12	山东润通齿轮集团有限公司	陆地车辆传动齿轮	新泰市
13	山东明佳科技有限公司	360度高精度标签在线检测系统	岱岳区
14	山东大唐宅配家居有限公司	书　柜	泰山区
15	山东新泰秋实节能科技有限公司	智能微耗商用灶	新泰市
16	鲁普耐特集团有限公司	碳纤维绳	岱岳区
17	泰安市泰山女儿旅游商贸有限公司	茶　叶	高新区
18	山东肥城精制盐厂	食用盐	肥城市
19	山东岱岳制盐有限公司	食用盐	岱岳区
20	山东雷诺服饰有限公司	职业装	泰山区
21	泰安金飞虹织造有限公司	泰山御锦	岱岳区
22	泰山玻璃纤维有限公司	节能环保型无氟无硼玻璃纤维	泰山区
23	泰安路德工程材料有限公司	涤纶经编土工格栅	泰山区
24	山东泰开自动化有限公司	智能型电力高频直流电源柜	高新区
25	中国重汽集团泰安五岳专用汽车有限公司	自卸汽车	高新区
26	中国重汽集团泰安五岳专用汽车有限公司	半挂车	高新区

2017年泰安市新增荣获“山东服务名牌”称号单位情况

表51

序号	企业名称	服务品牌
1	山东潍坊百货集团股份有限公司泰安中百大厦	中　百
2	山东肥城农村商业银行股份有限公司	情怀五心　服务桃乡
3	山东新泰农村商业银行股份有限公司	
4	泰安市泰山瀛泰国际旅行社有限公司	泰山瀛泰
5	泰安兴润检测有限公司	兴润检测
6	泰安市泰山区图书馆	咱们的图书馆

文　件　选　目

泰安市人民政府、市政府办公室文件

泰政发〔2017〕1号　泰安市人民政府关于大力培植“三强”企业的实施意见

泰政发〔2017〕2号　泰安市人民政府2016年政府信息公开工作年度报告

泰政发〔2017〕3号　泰安市人民政府关于印发《泰安市残疾人事业发展“十三五”规划》的通知

泰政发〔2017〕4号　泰安市人民政府关于推进全市商贸流通现代化的实施意见

泰政发〔2017〕5号　泰安市人民政府关于印发《泰安市土壤污染防治工作方案》的通知

泰政发〔2017〕6号　泰安市人民政府关于加强困境儿童保障工作的实施意见

泰政发〔2017〕7号　泰安市人民政府关于授权（委托）泰安高新区管委行使市县行政权力的通知

泰政发〔2017〕8号　泰安市人民政府关于印发《泰安市荣誉市民称号授予办法》的通知

泰政发〔2017〕9号　泰安市人民政府关于进一步加强文物工作的实施意见

泰政发〔2017〕10号　泰安市人民政府关于印发《第三十一届泰山国际登山节暨2017中国泰安投资合作洽谈会总体方案》的通知

泰政发〔2017〕11号　泰安市人民政府关于切实做好财政资金统筹使用工作的实施意见

泰政发〔2017〕12号　泰安市人民政府关于印发《泰安市“十三五”战略性新兴产业发展规划》的通知

泰政发〔2017〕13号　泰安市人民政府关于进一步深化预算管理制度改革的实施意见

泰政发〔2017〕14号　泰安市人民政府关于进一步运用政府引导基金促进股权投资加快发展的意见

泰政发〔2017〕15号　泰安市人民政府关于推进市以下财政事权和支出责任划分改革的实施意见

泰政发〔2017〕16号　泰安市人民政府关于完善信用联合奖惩机制推进社会诚信建设的实施意见

泰政发〔2017〕17号　泰安市人民政府关于印发《泰安市“十三五”卫生与健康规划》的通知

泰政发〔2017〕18号　泰安市人民政府关于印发《泰安市网络预约出租汽车经营服务管理暂行办法》的通知

泰政发〔2017〕19号　泰安市人民政府关于落实公平竞争审查制度的意见

泰政发〔2017〕21号　泰安市人民政府关于餐饮质量安全提升工程的实施意见

泰政发〔2017〕22号　泰安市人民政府关于公布市政府规范性文件清理结果的决定

泰政发〔2017〕23号　泰安市人民政府关于助推新旧动能转换做好当前和今后一段时期就业创业工作的实施意见

泰政办发〔2017〕1号　泰安市人民政府办公室

关于转发市发展改革委泰安市2017年国民经济和社会发展计划的通知

泰政办发〔2017〕2号　泰安市人民政府办公室关于加强旅游市场综合监管的通知

泰政办发〔2017〕3号　泰安市人民政府办公室关于推进农村一二三产业融合发展的实施意见

泰政办发〔2017〕4号　泰安市人民政府办公室关于印发《泰安市违法建设处置指导意见》的通知

泰政办发〔2017〕6号　泰安市人民政府办公室关于促进建材工业稳增长调结构增效益的通知

泰政办发〔2017〕7号　泰安市人民政府办公室关于加快推进现代农业产业园发展的通知

泰政办发〔2017〕8号　泰安市人民政府办公室关于进一步加强房地产市场调控工作的通知

泰政办发〔2017〕10号　泰安市人民政府办公室关于支持优秀舞台艺术传承发展的实施意见

泰政办发〔2017〕11号　泰安市人民政府办公室关于加快推进"多证合一"改革的通知

泰政办发〔2017〕12号　泰安市人民政府办公室关于开展泰安市2017年度政风行风测评评议工作的实施方案

泰政办发〔2017〕13号　泰安市人民政府办公室关于印发《全面推行行政执法公示制度执法全过程记录制度重大执法决定法制审核制度实施方案》的通知

泰政办发〔2017〕14号　泰安市人民政府办公室关于印发《泰安市医疗联合体建设推进工作实施方案》的通知

泰政办发〔2017〕15号　泰安市人民政府办公室关于印发《泰安市食品安全工作评议考核办法》的通知

泰政办发〔2017〕16号　泰安市人民政府办公室转发市民政局等部门关于做好农村最低生活保障制度与扶贫开发政策有效衔接的实施意见的通知

泰政办发〔2017〕17号　泰安市人民政府办公室关于印发《泰安市政务信息系统整合共享实施方案》的通知

泰政办发〔2017〕19号　泰安市人民政府办公室关于印发《泰安市人民政府办公室（泰安市人民政府法制办公室）主要职责内设机构和人员编制规定》的通知

泰政办发〔2017〕20号　泰安市人民政府办公室关于印发《泰安市发展和改革委员会主要职责内设机构和人员编制规定》的通知

泰政办发〔2017〕21号　泰安市人民政府办公室关于印发《泰安市科学技术局主要职责内设机构和人员编制规定》的通知

泰政办发〔2017〕22号　泰安市人民政府办公室关于印发《泰安市民政局主要职责内设机构和人员编制规定》的通知

泰政办发〔2017〕23号　泰安市人民政府办公室关于印发《泰安市司法局主要职责内设机构和人员编制规定》的通知

泰政办发〔2017〕24号　泰安市人民政府办公室关于印发《泰安市人力资源和社会保障局（泰安市外国专家局）主要职责内设机构和人员编制规定》的通知

泰政办发〔2017〕25号　泰安市人民政府办公室关于印发《泰安市国土资源局（泰安市测绘地理信息局）主要职责内设机构和人员编制规定》的通知

泰政办发〔2017〕26号　泰安市人民政府办公室关于印发《泰安市规划局主要职责内设机构和人员编制规定》的通知

泰政办发〔2017〕27号　泰安市人民政府办公室关于印发《泰安市住房和城乡建设局主要职责内设机构和人员编制规定》的通知

泰政办发〔2017〕28号　泰安市人民政府办公室关于印发《泰安市交通运输局主要职责内设机构和人员编制规定》的通知

泰政办发〔2017〕29号　泰安市人民政府办公室关于印发《泰安市水利和渔业局主要职责内设机构和人员编制规定》的通知

泰政办发〔2017〕30号　泰安市人民政府办公室关于印发《泰安市农业局主要职责内设机构和人员编制规定》的通知

泰政办发〔2017〕31号　泰安市人民政府办公室关于印发《泰安市商务局主要职责内设机构和人员编制规定》的通知

泰政办发〔2017〕32号　泰安市人民政府办公室关于印发《泰安市文化广电新闻出版局（市文物局）主要职责内设机构和人员编制规定》的通知

泰政办发〔2017〕33号　泰安市人民政府办公室关于印发《泰安市卫生和计划生育委员会（泰安市中医药管理局）主要职责内设机构和人员编制规定》的通知

泰政办发〔2017〕34号　泰安市人民政府办公室关于印发《泰安市人民政府外事侨务办公室主要职

责内设机构和人员编制规定》的通知

泰政办发〔2017〕35 号　泰安市人民政府办公室关于印发《泰安市民族与宗教事务局主要职责内设机构和人员编制规定》的通知

泰政办发〔2017〕36 号　泰安市人民政府办公室关于印发《泰安市人民政府国有资产监督管理委员会主要职责内设机构和人员编制规定》的通知

泰政办发〔2017〕37 号　泰安市人民政府办公室关于印发《泰安市体育局主要职责内设机构和人员编制规定》的通知

泰政办发〔2017〕38 号　泰安市人民政府办公室关于印发《泰安市统计局主要职责内设机构和人员编制规定》的通知

泰政办发〔2017〕39 号　泰安市人民政府办公室关于印发《泰安市林业局主要职责内设机构和人员编制规定》的通知

泰政办发〔2017〕40 号　泰安市人民政府办公室关于印发《泰安市旅游发展委员会主要职责内设机构和人员编制规定》的通知

泰政办发〔2017〕41 号　泰安市人民政府办公室关于印发《泰安市安全生产监督管理局主要职责内设机构和人员编制规定》的通知

泰政办发〔2017〕42 号　泰安市人民政府办公室关于印发《泰安市食品药品监督管理局（泰安市食品安全委员会办公室）主要职责内设机构和人员编制规定》的通知

泰政办发〔2017〕43 号　泰安市人民政府办公室关于印发《泰安市工商行政管理局主要职责内设机构和人员编制规定》的通知

泰政办发〔2017〕44 号　泰安市人民政府办公室关于印发《泰安市质量技术监督局主要职责内设机构和人员编制规定》的通知

泰政办发〔2017〕45 号　泰安市人民政府办公室关于印发《泰安市人民政府法制办公室（泰安市人民政府行政执法监督局）主要职责内设机构和人员编制规定》的通知

泰政办发〔2017〕46 号　泰安市人民政府办公室关于印发《泰安市物价局主要职责内设机构和人员编制规定》的通知

泰政办发〔2017〕47 号　泰安市人民政府办公室关于印发《泰安市粮食局主要职责内设机构和人员编制规定》的通知

泰政办发〔2017〕48 号　泰安市人民政府办公室关于印发《泰安市人民防空办公室主要职责内设机构和人员编制规定》的通知

泰政办发〔2017〕49 号　泰安市人民政府办公室关于印发《泰安市市级财政专项资金管理暂行办法》和《泰安市市级财政专项资金信息公开暂行办法》的通知

泰政办发〔2017〕50 号　泰安市人民政府办公室关于深化改革全面清理规范涉企收费的实施意见

泰政办发〔2017〕51 号　泰安市人民政府办公室关于加快推进畜禽养殖废弃物资源化利用工作的通知

泰政字〔2017〕1 号　泰安市人民政府关于公布市政府领导同志工作分工的通知

泰政字〔2017〕9 号　泰安市人民政府关于印发《泰安市政府投资项目管理办法》的通知

泰政字〔2017〕11 号　泰安市人民政府关于公布首批泰安市企业“安全生产管理标兵”及提名奖获得者名单的通知

泰政字〔2017〕18 号　泰安市人民政府关于公布 2017 年第一批调整市级行政权力事项的通知

泰政字〔2017〕23 号　泰安市人民政府关于给予市国土资源局记集体二等功奖励的通报

泰政字〔2017〕28 号　泰安市人民政府关于公布泰安市 2017 年度国有建设用地供应计划的通知

泰政字〔2017〕31 号　泰安市人民政府关于公布全市最低工资标准的通知

泰政字〔2017〕34 号　泰安市人民政府关于公布第三批、第四批市级重点文物保护单位保护范围和建设控制地带的通知

泰政字〔2017〕37 号　泰安市人民政府关于发布 2017 年企业工资指导线的通知

泰政字〔2017〕45 号　泰安市人民政府关于加强安全生产应急救援体系建设的实施意见

泰政字〔2017〕46 号　泰安市人民政府关于命名第六届泰山功勋教师 泰山功勋校长 泰山名师 泰山名校长的通报

泰政字〔2017〕47 号　泰安市人民政府关于授予刘锦川先生等 18 名外国专家泰山友谊奖的决定

泰政字〔2017〕48 号　泰安市人民政府关于调整市级行政权力事项和清理规范行政审批中介服务收费项目的通知

泰政字〔2017〕64 号　泰安市人民政府关于 2017 年度泰安市专利奖励的决定

泰政字〔2017〕65 号　泰安市人民政府关于

2017年度泰安市科学技术奖励的决定

泰政字〔2017〕67号　泰安市人民政府关于实行国土资源田长制管理的通知

泰政字〔2017〕70号　泰安市人民政府关于深化税收保障工作的实施意见

泰政字〔2017〕72号　泰安市人民政府关于命名2017年度市级“花园式单位”“花园式小区”的通报

泰政字〔2017〕76号　泰安市人民政府关于公布泰安市第一批历史建筑名单的通知

泰政字〔2017〕77号　泰安市人民政府关于印发《泰安市公共资源交易平台管理实施细则》的通知

泰政字〔2017〕78号　泰安市人民政府关于印发《泰安市小型水库管理实施办法》的通知

泰政字〔2017〕79号　泰安市人民政府关于2016年度全市社会综合治税暨地方税收保障工作先进单位和先进个人的通报

泰政字〔2017〕81号　泰安市人民政府关于印发《泰安市公共信用信息管理办法》的通知

泰政字〔2017〕86号　泰安市人民政府关于印发《泰安市城市房屋安全管理办法》的通知

泰政字〔2017〕88号　泰安市人民政府关于印发《泰安市居民基本医疗保险办法》的通知

泰政办字〔2017〕2号　泰安市人民政府办公室关于启用泰安市人民政府外事侨务办公室新印章的通知

泰政办字〔2017〕3号　泰安市人民政府办公室关于印发《2016年度泰安市政务公开工作考核实施方案和泰安市政务公开第三方评估实施方案》的通知

泰政办字〔2017〕4号　泰安市人民政府办公室关于印发《泰安市市场主体住所（经营场所）登记管理暂行办法》的通知

泰政办字〔2017〕5号　泰安市人民政府办公室关于印发《泰安市居民经济状况核对管理办法》的通知

泰政办字〔2017〕6号　泰安市人民政府办公室关于2016年11—12月份政务信息采用情况的通报

泰政办字〔2017〕7号　泰安市人民政府办公室关于印发《泰安市人民政府重大行政决策听取人大代表意见制度和泰安市人民政府加强与市人大代表联系制度》的通知

泰政办字〔2017〕8号　泰安市人民政府办公室关于公布2016年度泰安市首席技师名单的通知

泰政办字〔2017〕9号　泰安市人民政府办公室关于启用泰安市机关事务管理局印章的通知

泰政办字〔2017〕10号　泰安市人民政府办公室关于表彰2016年度全市政务信息工作先进单位和先进个人的通报

泰政办字〔2017〕11号　泰安市人民政府办公室关于启用泰安市人民政府国有资产监督管理委员会印章的通知

泰政办字〔2017〕12号　泰安市人民政府办公室关于启用泰安市高铁新区建设发展中心印章的通知

泰政办字〔2017〕13号　泰安市人民政府办公室关于表彰2016年度应急管理工作先进单位及先进个人的通报

泰政办字〔2017〕14号　泰安市人民政府办公室关于印发《2017年全市应急管理工作要点》的通知

泰政办字〔2017〕15号　泰安市人民政府办公室关于开展发票摇奖活动的通知

泰政办字〔2017〕16号　泰安市人民政府办公室关于印发《2017年市政府规章和规范性文件制定计划》的通知

泰政办字〔2017〕17号　泰安市人民政府办公室关于印发《市政府领导工作补位制度》的通知

泰政办字〔2017〕18号　泰安市人民政府办公室关于建设市级政务信息资源共享系统的通知

泰政办字〔2017〕20号　泰安市人民政府办公室关于启用泰安市旅游发展委员会印章的通知

泰政办字〔2017〕21号　泰安市人民政府办公室关于表彰2016年度市政府民生服务工作先进单位和先进个人的通报

泰政办字〔2017〕22号　泰安市人民政府办公室关于2017年1—2月份政务信息采用情况的通报

泰政办字〔2017〕24号　泰安市人民政府办公室关于印发《泰安市危险化学品安全综合治理实施方案》的通知

泰政办字〔2017〕26号　泰安市人民政府办公室关于公布2017年第一批新开工重点建设项目名单的通知

泰政办字〔2017〕27号　泰安市人民政府办公室关于2016年度全市政务公开工作情况的通报

泰政办字〔2017〕29号　泰安市人民政府办公室关于转发市卫生计生委市财政局市国资委泰安市产前筛查与产前诊断工作方案的通知

泰政办字〔2017〕30号　泰安市人民政府办公室关于公布第十二批农业产业化市级重点龙头企业名单的通知

泰政办字〔2017〕32号　泰安市人民政府办公

室关于进一步加强小麦病虫害防控工作的通知

泰政办字〔2017〕33号　泰安市人民政府办公室关于成立部分临时机构和议事协调机构的通知

泰政办字〔2017〕34号　泰安市人民政府办公室关于印发《泰安市住户调查样本轮换工作实施方案》的通知

泰政办字〔2017〕35号　泰安市人民政府办公室关于调整部分议事协调机构的通知

泰政办字〔2017〕36号　泰安市人民政府办公室关于2017年3—4月份政务信息采用情况的通报

泰政办字〔2017〕38号　泰安市人民政府办公室关于建立泰安市农村留守儿童关爱保护工作联席会议制度的通知

泰政办字〔2017〕39号　泰安市人民政府办公室关于印发《2017年泰安市政务公开重点工作任务分解表》的通知

泰政办字〔2017〕40号　泰安市人民政府办公室转发市商务局、市财政局《泰安市冷链物流发展示范城市建设实施方案》的通知

泰政办字〔2017〕41号　泰安市人民政府办公室关于印发《泰安市〈京津冀及周边地区2017年大气污染防治工作方案〉实施细则》的通知

泰政办字〔2017〕42号　泰安市人民政府办公室关于印发《泰安市煤炭清洁利用监督管理办法》的通知

泰政办字〔2017〕43号　泰安市人民政府办公室关于调整部分议事协调机构的通知

泰政办字〔2017〕44号　泰安市人民政府办公室关于进一步加强成品油监管工作的通知

泰政办字〔2017〕47号　泰安市人民政府办公室关于2017年5—6月份政务信息采用情况的通报

泰政办字〔2017〕48号　泰安市人民政府办公室关于扎实推进生态修复城市修补工作的通知

泰政办字〔2017〕49号　泰安市人民政府办公室关于修改泰政发〔2015〕19号和泰政字〔2017〕9号文件部分内容的通知

泰政办字〔2017〕50号　泰安市人民政府办公室关于印发《泰安市2017年市县政务服务平台完善提升工作实施方案》的通知

泰政办字〔2017〕51号　泰安市人民政府办公室关于成立或调整部分临时机构和议事协调机构的通知

泰政办字〔2017〕52号　泰安市人民政府办公室关于印发《泰安市首届文化惠民消费季实施方案》的通知

泰政办字〔2017〕53号　泰安市人民政府办公室关于进一步规范征地管理工作的通知

泰政办字〔2017〕54号　泰安市人民政府办公室关于印发《泰安市生活垃圾分类工作实施方案》的通知

泰政办字〔2017〕55号　泰安市人民政府办公室转发《市环保局　市畜牧兽医局泰安市禁养区内畜禽养殖场（小区）和养殖专业户关闭搬迁工作方案》的通知

泰政办字〔2017〕56号　泰安市人民政府办公室　泰安军分区动员处关于调整泰安市征兵工作领导机构成员的通知

泰政办字〔2017〕57号　泰安市人民政府办公室关于印发《泰安市政务信息资源共享管理暂行办法》的通知

泰政办字〔2017〕58号　泰安市人民政府办公室关于开展泰安农业公园创建工作的通知

泰政办字〔2017〕59号　泰安市人民政府办公室关于印发泰安市环境空气质量生态补偿暂行办法的通知

泰政办字〔2017〕60号　泰安市人民政府办公室关于进一步推进乡镇消防队伍建设的通知

泰政办字〔2017〕61号　泰安市人民政府办公室关于印发《泰安市政府办公系统年度综合评价暂行办法》的通知

泰政办字〔2017〕62号　泰安市人民政府办公室关于开展投资建设项目区域化评估评审工作的通知

泰政办字〔2017〕63号　泰安市人民政府办公室关于优化投资建设项目审批流程提高审批服务效率的实施意见

泰政办字〔2017〕64号　泰安市人民政府办公室关于公布第二届市政府应急管理专家组成员名单的通知

泰政办字〔2017〕67号　泰安市人民政府办公室关于成立泰安市政府性债务管理领导小组的通知

泰政办字〔2017〕68号　泰安市人民政府办公室关于2017年7—8月份政务信息采用情况的通报

泰政办字〔2017〕69号　泰安市人民政府办公室关于公布泰安市保留村（社区）开具证明材料清单的通知

泰政办字〔2017〕71号　泰安市人民政府办公室关于进一步推行政府购买服务加快政府采购改革的

意见

泰政办字〔2017〕72 号　泰安市人民政府办公室关于调整泰安市政务公开领导小组的通知

泰政办字〔2017〕73 号　泰安市人民政府办公室关于做好会议、公文确定事项督查落实工作的通知

泰政办字〔2017〕74 号　泰安市人民政府办公室关于进一步加强和改进新形势下政府督促检查工作的通知

泰政办字〔2017〕75 号　泰安市人民政府办公室关于公布 2017 年第二批新开工重点建设项目名单的通知

泰政办字〔2017〕76 号　泰安市人民政府办公室关于提高城乡居民最低生活保障标准和农村特困人员救助供养标准的通知

泰政办字〔2017〕77 号　泰安市人民政府办公室关于印发《泰安市高龄老年人生活补贴管理实施办法》的通知

泰政办字〔2017〕78 号　泰安市人民政府办公室关于印发《泰安市第一批土地整治项目数量质量双提升工作试点方案》的通知

泰政办字〔2017〕79 号　泰安市人民政府办公室关于进一步加快推进水肥一体化工作的通知

泰政办字〔2017〕80 号　泰安市人民政府办公室关于印发《泰安市环境保护约谈办法》的通知

泰政办字〔2017〕81 号　泰安市人民政府办公室关于调整泰安市城市市区高污染燃料禁燃区的通知

泰政办字〔2017〕83 号　泰安市人民政府办公室关于印发《泰安市医疗纠纷预防与处置办法》的通知

泰政办字〔2017〕84 号　泰安市人民政府办公室关于印发《泰安市生态环境监测网络建设工作方案》的通知

泰政办字〔2017〕85 号　泰安市人民政府办公室关于做好 2016 年度市级预算执行和其他财政收支审计查出问题整改工作的通知

泰政办字〔2017〕86 号　泰安市人民政府办公室关于 2017 年 9—10 月份政务信息采用情况的通报

泰政办字〔2017〕87 号　泰安市人民政府办公室关于试行职工长期护理保险制度的通知

泰政办字〔2017〕89 号　泰安市人民政府办公室关于进一步做好军人抚恤优待工作的通知

泰政办字〔2017〕91 号　泰安市人民政府办公室关于成立部分临时机构和议事协调机构的通知

泰政办字〔2017〕92 号　泰安市人民政府办公室关于印发《泰安市政府办公系统年度综合评价实施细则》的通知

泰政办字〔2017〕93 号　泰安市人民政府办公室关于 2016 年度节能目标责任考核情况的通报

泰政办字〔2017〕94 号　泰安市人民政府办公室关于建立打击取缔“地条钢”长效监管机制的通知

泰政办字〔2017〕95 号　泰安市人民政府办公室关于进一步加强政府性债务管理防控政府债务风险的实施意见

泰政办字〔2017〕96 号　泰安市人民政府办公室全面推行政务服务大厅“一窗受理，集成服务”的通知

泰政办字〔2017〕97 号　泰安市人民政府办公室关于进一步加强统计基层基础工作提高统计数据质量的意见

泰政办字〔2017〕98 号　泰安市人民政府办公室关于加快推进泰山康复辅助器具产业园建设的意见

泰政办字〔2017〕99 号　泰安市人民政府办公室关于印发《泰安市安全生产巡查工作制度》的通知

泰政办字〔2017〕100 号　泰安市人民政府办公室关于建立泰安市公共资源交易管理工作联席会议制度的通知

泰政办字〔2017〕101 号　泰安市人民政府办公室关于公布第四届泰山乡村之星名单的通知

泰政办字〔2017〕102 号　泰安市人民政府办公室关于印发《泰安市法治政府建设情况报告规定》的通知

泰政办字〔2017〕104 号　泰安市人民政府办公室关于公布 2017 年度泰安市首席技师名单的通知

先进单位名录（部分）

全国工人先锋号获得单位

泰安市泰山风景名胜区管理委员会消防队
石横特钢集团有限公司轧钢厂技术科

第五届全国文明单位

中共泰安市委办公室
山东省泰安市国家税务局
中共泰安市委宣传部
泰安市公安局
泰安高铁新区建设发展中心（泰安旅游经济开发区管理委员会）
山东省肥城市国家税务局

第五届全国文明村镇

岱岳区范镇郑寨子村
新泰市汶南镇双山村
肥城市汶阳镇西徐村
宁阳县蒋集镇郑家龙泉村

第一届全国文明校园

山东农业大学
泰山学院附属中学
泰安市第一实验学校

第四届全国未成年人思想道德建设工作先进单位

泰安市岱岳实验中学

全国巾帼建功先进集体

泰安市财政局

全国巾帼文明岗

泰山燃气集团有限公司调度及热线服务中心
肥城市国地税联合办税服务厅
泰安市住房公积金管理中心服务大厅
泰安市劳动就业办公室

全国维护妇女儿童权益先进集体

泰安市司法局

第十三届“科学实验嘉年华”优秀组织单位

共青团泰山区委员会
泰安市泰山区岱庙街道办事处团工委

全国优秀动感中队

新泰市实验中学“六一中队 ”
新泰市第一实验小学“阳光中队”

全国优秀公安基层单位

东平县公安局国内安全保卫大队

打击整治网络侵犯公民个人信息犯罪专项行动成效突出单位

泰安市公安局网络安全保卫支队

公安部南京片区警犬技术装备建设示范单位”

泰安市公安局

第三次全国农业普查先进集体

泰安市统计局

全国“敬老文明号”

泰安市公共交通公司泰山百合服务厅
新泰市南山老年公寓

全省乡村文明行动城乡环卫一体化工作先进市

泰安市

全省乡村文明行动移风易俗工作先进市

泰安市

全省乡村文明行动城乡环卫一体化工作先进县（市、区）

泰山区　新泰市

新增省级文明单位

泰安市泰山区政协办公室
泰安市泰山区人民政府办公室
中共泰安市岱岳区委组织部
泰安市岱岳区审计局
泰安市岱岳区文化广电新闻出版局
中共新泰市委宣传部
新泰市人民政府办公室
新泰市社会治安综合治理委员会办公室
新泰市发展和改革局
中共肥城市委肥城市人民政府信访局
肥城市机关行政事务管理局
中共宁阳县委组织部
宁阳县交通运输局
宁阳县城市管理行政执法局
山东宁阳经济开发区管理委员会
中共东平县委宣传部
东平县教育局
新汶矿业集团有限责任公司
中国工商银行股份有限公司泰安分行
泰安日报社
泰安市规划设计院
泰安市档案局
泰安市民族与宗教事务局
泰安市地震局
华润泰安医药有限公司
泰安市文学艺术界联合会
山东省泰安市社会劳动保险事业处
泰安市老龄工作委员会办公室
泰安市社会科学界联合会
泰安市房产管理局
中共泰安市泰山区纪律检查委员会

新增省级文明村镇

泰山区徐家楼街道
泰山区省庄镇东羊楼村
岱岳区山口镇
岱岳区天平街道南大圈村
岱岳区角峪镇先锋村
岱岳区夏张镇上王庄村
新泰市龙廷镇
新泰市石莱镇
新泰市青云街道小泉沟村
新泰市新汶街道中合寨村
新泰市新甫街道葛沟河村
新泰市泉沟镇徐家塘村
新泰市谷里镇于枣林村
新泰市新甫街道孔家岭村
肥城市湖屯镇
肥城市汶阳镇汪城宫村
肥城市安驾庄镇马家埠村
肥城市边院镇韩庄头村
肥城市湖屯镇张店村
肥城市潮泉镇上寨村
宁阳县堽城镇
宁阳县东庄镇南故城村
宁阳县鹤山镇孔庙村
东平县梯门镇
东平县大羊镇南留屯村
东平县接山镇朝阳庄村
泰安高新区北集坡街道
泰山景区大津口乡艾洼村

新增省级文明社区

泰山区上高街道双龙社区
岱岳区粥店街道六郎坟社区
新泰市新汶街道张庄社区
肥城市新城街道伊家沟社区
宁阳县文庙街道北关社区

第一届省级文明校园

泰安英雄山中学
山东省泰安第六中学
肥城市桃园镇初级中学
新泰市协庄学校
东平高级中学
泰安市岱岳区岳峰小学
山东省新泰市第一实验小学
肥城市潮泉镇中心小学
东平县实验小学
泰安高新技术产业开发区凤凰小学
新泰市平阳小学
泰安师范附属学校
宁阳县第三小学

第五届全省未成年人思想道德建设工作先进县（市、区）

泰安市岱岳区

新泰市

第四届全省未成年人思想道德建设工作先进单位

共青团泰安市泰山区委员会

泰安市广播电视台

宁阳县妇联

山东省泰山中学

2017年度全省“最佳志愿服务项目、最佳志愿服务组织、最美志愿服务社区”先进典型

最佳志愿服务项目：

泰山小荷公益事业发展中心“村妈妈赋能课堂”项目

泰安市科普志愿者协会“爱护我们的身体”——女童保护项目

泰安市泰山区上高街道双龙社区“心手相连 和美家园”项目

新泰市公益志愿者协会“竹溪助学”项目

肥城市爱心协会“超仁妈妈”——给困境儿童一双翅膀项目

泰安市宁阳县“名著周末”全民阅读项目

最佳志愿服务组织：

泰安市手拉手公益事业发展中心

泰安市岱岳区岳峰小学峰之行志愿服务队

新泰市网络志愿者协会

泰安市宁阳县奉阁志愿团

泰安市东平信息港公益协会

泰安高新区徂徕镇艺术团

最美志愿服务社区：

泰安市泰山区岱庙街道丽景社区

泰安市岱岳区粥店街道过驾院社区

肥城市新城街道丰园社区

泰安市宁阳县文庙街道北关社区

泰安高新区北集坡街道凤凰社区

省公安厅记集体二等功

泰安市公安局警犬技术大队

泰安市公安局泰山景区分局岱顶派出所

泰安市公安局岱岳区分局侦破“5•06”网上赌博案专案组

肥城市公安局桃花源派出所

肥城市公安局侦破“2016.7.19”特大电信诈骗案专案组

宁阳县公安局侦破“4•22”系列抢夺案专案组

泰安市公安消防支队泰山中队

全省公安机关“迎接十九大忠诚保平安”主题活动

优秀单位：

市公安局

先进集体：

市公安局岱岳区分局警务保障室情报信息中心

肥城市公安局特警大队

宁阳县公安局八仙桥派出所

东平县公安局东平派出所

2017年全省脱贫攻坚先进集体

山东省派驻东平县整体脱贫第一书记工作队

宁阳县科技局

2017年度机关党建宣传报道工作先进单位

泰安市委市直机关工委

泰安市岱岳区委区直机关工委

肥城市委市直机关工委

东平县委县直机关工委

山东省十大创新巾帼文明岗

国网山东省电力公司东平县供电公司调度控制分中心调控运行班

山东省幸福进家先进单位

泰安市妇联

泰安市岱岳区妇联

新泰市妇联

新泰市青云街道办事处

新泰市汶南镇

新泰市疾病预防控制中心

新泰市青云街道青云社区居委会

肥城市妇联

肥城市新城街道办事处

肥城市边院镇

肥城市石横镇

肥城市教育局

肥城市政务服务中心管理办公室

肥城市总工会

肥城市地税局
肥城市国税局
东平县妇联
东平县彭集街道办事处
东平县戴庙镇
东平县大羊镇
东平县公路局
东平县市场监管局
泰安市泰山景区妇委会

山东省巾帼居家创业就业脱贫行动“大姐工坊(大姐农家乐)”

肥城市华峪土元养殖场
肥城市罗窑欣旺家庭农场
肥城市磊鑫毛绒玩具加工店
肥城市孙伯镇兰芳农家乐餐馆
宁阳县每日传播防雨用品制造厂
宁阳县圣地农庄休闲观光专业合作社
东平县塘坊乡村旅游专业合作社
东平县鑫宇公寓用品有限公司
东平县巾帼编织协会

山东省巾帼居家创业就业脱贫行动示范基地

泰安泰昇服饰有限公司
泰安农家女家政服务有限公司
山东海工科技有限公司

山东省“平安家庭”示范县(市、区)

肥城市

山东省“平安家庭”示范乡(镇、街道)

泰山区邱家店镇
岱岳区粥店街道办事处
新泰市谷里镇
肥城市潮泉镇
宁阳县八仙桥街道办事处
东平县东平街道办事处

山东省“平安家庭”示范村(社区)

泰山区财源街道办事处铁路新村社区
岱岳区山口镇新庄村
岱岳区满庄镇满庄南村
新泰市青云街道福田社区
新泰市龙廷镇掌平洼村
肥城市新城街道办事处巧山社区
宁阳县文庙街道文成园社区
东平县州城街道南门村
泰山景区大津口乡艾洼村

山东省五四红旗团委

泰安市住房和城乡建设局团委
泰安市金融团工委
泰山护理职业学院团委
东平县公安局团委

山东省五四红旗团支部(总支)

山东能源肥矿集团有限公司中心医院内科系统第一团支部
泰安市规划局机关团支部
新泰市新汶街道大洛沟社区团支部
泰安市泰山区财源街道后七里社区团总支
泰安市岱岳区天平街道池子崖社区团支部
宁阳县鹤山镇鹤舞青春俱乐部团支部
肥城农村商业银行股份有限公司团支部

山东省青年志愿服务先进集体

泰安市住建局青年志愿者服务队

第六届地科杯珍惜资源爱我国土征文优秀组织奖

共青团泰山区委员会

山东省青年安全生产示范岗

山东能源新矿集团新巨龙公司综掘一区

山东省青年文明号

山东能源新矿集团新巨龙公司青年宣讲队

新时代最具成长力企业品牌

山东能源新矿集团翟镇煤矿“星火”青年志愿服务品牌

全省国土资源系统先进集体

泰安市国土资源局

山东省银龄之家

泰山区财源街道铁路新村社区老年活动中心

嘉德社区银龄之家
岱岳区粥店办事处李家庄社区银龄之家
徂徕镇北望村
新泰市翟镇银龄之家
肥城市高新区穆庄老年人日间照料中心
宁阳县伏山镇银龄之家
东平县东平街道平湖社区卜楼村银龄之家
新矿集团中心区离退休职工管理服务站

山东省优秀老年艺术团体

泰山区丽景社区老伙伴艺术沙龙艺术团
新泰市老干部艺术团
肥城市文化志愿者舞蹈团

山东省敬老文化教育示范点

泰山区上高街道岔河村
新泰市新甫街道南公东村

山东省实施银龄安康工程先进单位

泰安市老龄办

2017 年度山东省优秀史志成果

优秀基层（专门）志：

《山口镇志》（岱岳区）
《伊家沟村志》（肥城市）
《古店村志》（肥城市）
《宁阳人大志》
《羊祜志》（新泰市史志办）
《东平风物志》（东平县史志办）
《泰安市体育志》

优秀年鉴：

《肥城年鉴 (2017)》
《岱岳区年鉴 (2017)》
《宁阳年鉴 (2017)》

优秀信息化建设成果：

“泰安史志”微信　肥城市情网

优秀旧志整理成果：

《泰安府志》（清乾隆点校本）

2017 年度经济社会发展综合考核先进单位

一、突出贡献奖

1. 山水林田湖草生态保护修复工程对上争取突出贡献奖
泰安市国土资源局
泰安市财政局
泰安市环保局
2. 防范化解金融风险突出贡献奖
泰安市金融办
泰安银监分局
泰安金控集团
3. 棚户区改造突出贡献奖
泰安旅游经济开发区（高铁新区）

二、县（市、区）

1. 2017 年度经济社会发展综合考核一等奖
新泰市　肥城市　泰山区
2. 2017 年度经济社会发展综合考核二等奖
岱岳区　宁阳县　东平县
3. 2017 年度经济发展突出进步奖
泰安高新区
4. 2017 年度社会管理突出进步奖
泰山景区

三、市直 2017 年度经济社会发展综合考核先进单位

1. 经济管理类
泰安市财政局
泰安市发展和改革委员会
泰安市住房和城乡建设局
泰安市经济和信息化委员会
泰安市水利和渔业局
泰安市农业局
泰安市科学技术局
2. 社会事业类
泰安市人力资源和社会保障局
泰安市教育局
泰安市民政局
泰安市交通运输局
泰安市卫生和计划生育委员会
泰安市扶贫办
泰安市人民防空办公室
泰安市残联
3. 执法监督类
泰安市公安局
泰安市国土资源局
泰安市机构编制委员会办公室
泰安市委政法委
泰安市规划局
泰安市工商行政管理局

泰安市人民检察院
泰安市纪委机关
4. 党政综合及群团类
泰安市委组织部
泰安市委办公室
泰安市政府办公室
泰安市委宣传部
泰安市委统战部
泰安日报社
泰安市委老干部局
泰安市科协
5. 驻泰双管类
泰安市地方税务局
泰安市供电公司
泰安市气象局
泰安市银监分局
人行泰安市中心支行
泰安市国家税务局
泰安市检验检疫局
泰安海关

全市十九大安保维稳工作先进集体

泰山区委政法委
泰山区经济和信息化局
泰山区民政局
泰山区供销社
泰山区泰前街道党工委、办事处
泰山区上高街道党工委、办事处
泰山区徐家楼街道党工委、办事处
泰山区省庄镇党委、政府
岱岳区委政法委
岱岳区委维稳办
岱岳区信访局
市公安局岱岳区分局
岱岳区民政局
岱岳区人力资源和社会保障局
泰山商业总公司
岱岳区粥店街道党工委、办事处
岱岳区范镇党委、政府
岱岳区角峪镇党委、政府
新泰市委办公室
新泰市委政法委
新泰市人民法院
新泰市信访局
新泰市交通运输局
新泰市民政局
新泰市人力资源和社会保障局
新泰市安全生产监督管理局
新泰市综合行政执法局
新泰市公安局楼德派出所
新泰市公安局开发区派出所
新泰市新汶街道党工委、办事处
新泰市宫里镇党委、政府
新泰市汶南镇党委、政府
肥城市公安局
肥城市安全生产监督管理局
肥城市民政局
肥城市经济和信息化局
肥城市交通运输局
肥城市卫生和计划生育局
肥城高新技术产业开发区
肥城市新城街道党工委、办事处
肥城市湖屯镇党委、政府
肥城市石横镇党委、政府
肥城市安临站镇党委、政府
肥城市孙伯镇党委、政府
宁阳县公安局
宁阳县民政局
宁阳县经济和信息化局
宁阳县国有资产管理局
宁阳县供销社
宁阳县公安局交警大队
宁阳县文庙街道党工委、办事处
宁阳县八仙桥街道党工委、办事处
宁阳县东疏镇党委、政府
宁阳县华丰镇党委、政府
宁阳县东庄镇党委、政府
东平县委政法委
东平县信访局
东平县公安局
东平县人力资源和社会保障局
东平县房地产管理局
东平县行业管理办公室
东平县州城街道党工委、办事处
东平县东平街道党工委、办事处
东平县接山镇党委、政府

东平县大羊镇党委、政府
东平县戴庙镇党委、政府
东平县彭集街道党工委、办事处
市公安局高新区分局
泰安高新区党工委政法委员会
泰安高新区龙泉社会事务管理中心
泰安高新区化马湾乡党委、政府
泰山景区泰山票务交通管理处
泰山景区南天门管理区
泰山景区黄前镇党委、政府
市委维稳办
市经济和信息化委员会
市教育局
市公安局交通警察支队机动大队
市公安局信访处
市财政局
市人力资源和社会保障局
市住房和城乡建设局
市交通运输局道路运输管理处
市卫生和计划生育委员会
市安全生产监督管理局
市食品药品监督管理局
市工商行政管理局
市行业管理办公室
市金融工作办公室
市企业国有资产管理中心
泰安旅游经济开发区(市高铁新区建设发展中心)
新汶矿业集团翟镇煤矿
新汶矿业集团孙村煤矿
新汶矿业集团泰兴物业公司
新汶矿业集团社会管理中心
肥城矿业集团白庄煤矿
肥城矿业集团曹庄煤矿
山东鲁中能源集团有限公司
山东鲁安能源集团有限公司

全市妇女儿童工作先进集体

泰山区妇女联合会
岱岳区妇女联合会
岱岳区教育局
新泰市妇女联合会
新泰市人力资源和社会保障局
肥城市妇女联合会
肥城市潮泉镇
宁阳县妇女联合会
东平县妇女联合会
市委办公室
市政府办公室
市委组织部
市委政法委员会
市委市直机关工作委员会
市教育局
市公安局治安警察支队
市民政局
市司法局
市医疗保险事业处
市农业局
市卫生和计划生育委员会
市统计局
泰安日报社
市广播电视台
市委宣传部宣传科

泰安市地方史志工作先进集体

泰安市统计局
泰安市体育局
泰安市泰山风景名胜区管理委员会研究室
泰安市徂徕山林场
泰安日报社党委办公室
泰安市地方税务局
泰安市河道管理局
山东黄河河务局东平湖管理局
新汶矿业集团有限责任公司办公室
肥城矿业集团有限责任公司
泰山区委党史征集研究办公室
岱岳区党史史志工作办公室
新泰市地方史志编纂委员会办公室
新泰市市场监督管理局
新泰市新汶街道办事处张庄社区居委会
肥城市地方史志办公室
肥城市汶阳镇人民政府
肥城市新城街道办事处
宁阳县党史史志办公室
宁阳县鹤山镇人民政府
东平县财政局
东平县史志编纂委员会办公室

2012—2017年度泰安市优秀地方史志成果

志书类：

《岱岳区志》

《山口镇志》

《莲花山志》

《伊家沟村志》

《古店村志》

《东平风物志》

《东平湖志》

《泰安市体育志》

《泰安市地方税务志》

《大汶河志》

《山东鑫泰建设集团志》

《张庄社区志》

《肥城市人口和计划生育志》

《泗店镇志》

《东庄镇志》

《国网东平县供电公司志》

《徐坦村志》

《东平县自来水志》

《东平县人民医院志》

《新汶矿业集团志》

《唐营村志》

《州城街道志》

《光明水库志》

《谷里村志》

《东疏镇志》

年鉴类：

《泰山区年鉴（2017）》

《岱岳区年鉴（2017）》

《新泰年鉴（2017）》

《肥城年鉴（2017）》

《宁阳年鉴（2017）》

《东平年鉴（2017）》

《山东农业大学年鉴（2017）》

地情资料类：

《新泰石刻集萃》

《左丘明研究文集》

《东原星火——万里在东平早期革命活动资料专辑》

《宁阳历史文化大观》

《泰山宗谱叙录》

《记忆柴汶河》

《使命——东平湖移民后扶10年回眸》

《史海漫笔》

《明代内阁首辅许彬史料集》

《跟我游牛山》

《新泰区域文化通览》

《兵家圣地云蒙山》

《民族脊梁李少浦传》

《齐风鲁韵起华章新泰故事》

《新泰牛氏文化》

《记忆平阳河》

《孙村纪事》

2017年度市级“花园式单位”

泰安基准地震台

山东省泰安监狱

泰安市泰山岳溪泉饮品有限公司

肥城市住房和城乡建设局

山东省宁阳复圣中学

2017年度市级“花园式小区”

恒基·东尚小区（泰安市人和物业管理服务有限公司）

岩庄社区居住小区（泰安市岱岳区天平街道办事处岩庄社区）

华府新天地小区（泰安泰山永和房地产开发公司新泰分公司）

特变·森林花园小区（新泰特变电工房地产开发有限公司）

古店社区居住小区（肥城市新城街道办事处古店社区居民委员会）

金阳御景花园小区（宁阳宏远物业管理有限公司）

中海·名士豪庭小区（宁阳中海物业管理有限公司）

清河上城小区（泰安市商城物业管理有限公司）

花千树小区（泰安辰邦地产有限公司）

索　引

说明：

1. 本索引为综合性主题索引。
2. 索引款目按汉语拼音字母（同音字按声调）顺序排列。表格、示意图在其后注明“表”“图”字样。
3. 款目后的阿拉伯数字表示内容所在的页码，数字后的字母 a、b、c 分别表示版面区域。
4. 同一主题的内容在文中多处出现的，在其款目后用不同的页码标明。
5. 对特载、附录等栏目不作主题索引。

A

B

C

D

F

G

H

J

K

L

M

N

P

Q

R

S

T

W

X

图书在版编目(CIP)数据

泰安年鉴. 2018 / 泰安市地方史志办公室编.——北京：方志出版社，2018.8
ISBN 978-7-5144-3192-6

Ⅰ.①泰… Ⅱ.①泰… Ⅲ.①泰安—2018—年鉴
Ⅳ.①Z525.23

中国版本图书馆CIP数据核字（2018）第195360号

泰安年鉴（2018）

编　　者：泰安市地方史志办公室
责任编辑：刘　珊

出 版 人：冀祥德
出 版 者：方志出版社
地址　北京市朝阳区潘家园东里9号（国家方志馆4层）
邮编　100021
网址　http://www.fzph.org
发　　行：方志出版社图书经销中心
电话（010）67110500
经　　销：各地新华书店
印　　刷：山东黄氏印务有限公司

开　　本：889×1194　1/16
印　　张：30.75
字　　数：824千字
版　　次：2018年10月第1版　2018年10月第1次印刷
印　　数：0001～2000册

ISBN 978-7-5144-3192-6　　定　价：298.00元